Vienne

une histoire musicale

Note de l'éditeur

Cet ouvrage a connu une précédente édition sous forme de deux albums illustrés (vol. 1 : 1100-1848 ; vol. 2 : de 1848 à nos jours) parus successivement en 1990 et 1991 aux Éditions Bernard Coutaz, et dont seul le texte a été ici repris.

Henry-Louis de La Grange

VIENNE
UNE HISTOIRE MUSICALE

Fayard

À la mémoire de Maurice Fleuret

CHAPITRE PREMIER

Haute époque : chants d'amour et de foi

L'esprit de la musique ne souffle pas n'importe où. Il lui faut des conditions géographiques particulières, un environnement favorable, une certaine opulence et le panache de l'Histoire. Or, si jamais il a existé au monde un site prédestiné, c'est bien celui de Vienne. Entre les petites montagnes du Wienerwald et le large Danube, la ville s'étale « dans une plaine souriante et sur un sol très fertile et très heureusement disposé, riche en blé, en vigne et toutes sortes de fruits […], hébergeant à la fois six peuples puissants, Allemands, Italiens, Hongrois, Bohémiens, Polonais, Slovaques… » Cette description de 1649 dit l'essentiel de ce qui donne à Vienne son caractère d'exception et va faire sa fortune : la richesse du sol et une situation unique au carrefour de l'Europe.

Depuis l'époque romaine, en effet, les deux facteurs ont scellé le destin de la ville. Dès lors, grâce à cette fabuleuse voie de communication qu'est le Danube, Vienne s'imposera comme place forte stratégique, puis comme centre de rencontre et d'échange. Mais l'avantage de sa situation de plaque tournante, Vienne ne tarde pas à le payer très cher. Il lui faut livrer passage aux envahisseurs celtes, germains, lombards, avars et slaves… plus tard, au Moyen Âge et à la Renaissance, elle voit sous ses murs de nombreuses et sanglantes batailles. Elle doit sans cesse veiller à la menace et se défendre contre les assaillants. À deux reprises, aux XVIᵉ et XVIIᵉ siècles, elle subit même le siège des Ottomans. Cent ans plus tard, elle doit résister aux armées suédoises et, à une époque aussi proche de nous que le début du XIXᵉ siècle, elle est encore occupée deux fois de suite par les troupes de Napoléon.

Peut-être est-il conforme au destin historique de ce lieu de passage que les premiers musiciens y soient itinérants ! Certes, la Vienne des premiers Babenberg était loin de ressembler à la glorieuse capitale de Marie-Thérèse ou de François-Joseph. Le château des margraves était perché en nid d'aigle sur le Leopoldsberg, commandant à la fois la plaine, l'agglomération et l'accès de la ville par le Danube. C'est là que, à partir de 976, date à laquelle Léopold Ier accède au margraviat d'Autriche, va se développer peu à peu une culture savante qui, à ses débuts, ressemble beaucoup, au moins pour ce qui est de la musique, à celle des autres cours d'Europe.

Cependant, avant 1100, il est impossible de parler de ces villages pressés au pied de leur château comme d'une ville véritable. La première mention d'une paroisse remonte à 1137 et la fondation du premier monastère est postérieure à 1155. Mais le margrave Henri II Jasomirgott, ayant perdu la souveraineté de la Bavière, s'installe définitivement à Vienne en 1156 et prend le titre de duc. La métropole est née. Sous le règne de trois de ses descendants, Léopold V le Vertueux (1177-1194), Frédéric Ier le Catholique (1194-1198) et Léopold VI le Glorieux (1198-1230), la ville s'étend, s'étoffe, et la cour s'enrichit au point d'attirer les regards de l'Europe. C'est que les ducs ont su s'attacher poètes et chanteurs *(Minnesänger)* dans le nouveau palais qu'ils se sont fait construire au cœur même de la cité et dont le souvenir vit encore aujourd'hui au lieu même de la place « Am Hof ».

CHANTS DE COUR

Le premier de ces Minnesänger à conquérir une célébrité internationale est un Alsacien, Reinmar von Hagenau, surnommé le « Rossignol » par son compatriote Gottfried de Strasbourg, l'auteur de *Tristan et Iseut*. Reinmar avait été appelé à Vienne vers 1180 pour "dire et chanter" et, ce faisant, élever le goût des « chevaliers et dames » de la cour. En même temps, il avait introduit le « nouvel art lyrique » que développaient alors les Troubadours languedociens, même s'il passe pour s'être également inspiré de la chanson populaire locale, encore que les très rares exemples qui ont subsisté de ses chansons, notées bien plus tard, ne permettent pas de juger de toutes ces finesses. Quoi qu'il en soit, on sait que Reinmar charmait aux larmes ses auditeurs distingués par des poèmes d'émouvante tendresse, de forme délicate et de doux sentiments. Évidemment, comme partout en cette haute époque du Minnelied, il ne s'agissait guère que de célébrer la femme pure, sublimée, idéale et seule capable de susciter l'amour courtois.

Le plus célèbre élève de Reinmar a été sans conteste Walther von der Vogelweide (1170?-1230?). Né peut-être en Autriche et vraisemblablement dans le Tyrol du Sud, il va passer à Vienne toute la première moitié de sa vie. C'est en grande partie grâce à cet illustre Minnesänger qui, semble-t-il, eut maints conflits esthétiques avec son ancien maître Reinmar, que la cour des Babenberg acquiert alors sa notoriété européenne. Il faut dire que le style de Walther est particulièrement admiré de tous pour ce qu'il unit la simplicité du chant d'amour populaire aux exigences formelles et stylistiques du *Minnegesang* classique devenu genre de référence. Accompagné d'une harpe ou d'un rebec, mais parfois aussi sans accompagnement, les Minnesänger déclament maintenant des chants chevaleresques, des chants de chasse, des chants guerriers et des chants d'amour, voire à l'occasion des chants politiques. Ceux de Walther von der Vogelweide étaient connus pour leur verdeur, sinon leur virulence lorsqu'ils s'en prenaient sans le moindre ménagement au clergé local et même à la lointaine papauté. Un rival de Walther, qui ne saurait donc être soupçonné de partialité, reconnaît que ses poèmes chantés ont séduit et conquis des milliers d'auditeurs par une liberté de ton et une vivacité d'imagination tout à fait aptes à véhiculer les principaux débats et les grandes idées du temps.

Mais, au moment où Léopold VI (1198-1230) succède à l'âge de 24 ans à son frère mort en Terre sainte, se dessine une réaction contre le caractère chevaleresque et quelque peu conventionnel du Minnegesang. La mode est à un style plus naturel, plus humain, plus proche du village que du château, et Walther voit alors son étoile pâlir. Il perd peu à peu la faveur du nouveau souverain et finit par quitter la cour viennoise en 1198 pour reprendre la route et passer un temps au service du roi d'Allemagne Philippe de Souabe, ce qui, évidemment, n'était pas déchoir dans la hiérarchie. Certains auteurs prétendent qu'il aurait regagné Vienne et la cour des Babenberg en 1203 pour y séjourner cinq années encore. Sa vie reste aussi imprécise que son œuvre, réduite aujourd'hui à quelques chants dont l'authenticité a d'ailleurs été contestée. Même sa célèbre chanson de croisade, le *Palästinalied* (Chant de la Palestine) souffre maintenant d'une remise en cause, puisqu'on a récemment identifié un premier état de cette mélodie chez le troubadour Jaufré Rudel.

À peine Walther parti, arrive Neidhart von Reuenthal (1190?-1246?). Sa production sera plus populaire encore, plus marquée par le divertissement, plus dionysiaque et donc, pour tout dire, déjà viennoise. Sur des rythmes de danse, on chante ici en vers sobres les joies d'une vie idyllique au sein de la nature, égayée par le chant de la campagne, par les plaisirs de l'amour et de la bonne vie. Mais Neidhart, lui, n'est pas seul à la cour des Babenberg. Le prêtre Reinmar von Zweter, originaire du Palatinat, le Styrien Ulrich von Liechtenstein composent également des *Tanzwisen* (Chansons à danser). Tannhäuser, le chanteur itinérant que la légende et surtout le drame wagnérien ont immortalisé, maintient et même rehausse à son tour la renommée de la cour viennoise entre 1228 et 1265. Faute d'avoir manqué perdre son âme dans les bras de Vénus, comme chacun le sait depuis Wagner, cette haute et digne figure célèbre en vers et en musique les faiblesses de la chair et même celles de la boisson. Dans le lied *Frauendienst* (Au service des femmes), il rend hommage au charme et à la beauté de ces jeunes Viennoises qui l'avaient peut-être convaincu de renoncer, pendant quelques années au moins, à sa vie errante et de servir son maître et bienfaiteur Frédéric II, nommé « le Belliqueux ». Il est vrai que ces ardeurs sont dans l'esprit du temps, à en juger par l'excès où les mène Ulrich von Liechtenstein, à force de « bizarreries » et « extravagances » soulignées par les auteurs de l'époque.

Or, à cette musique extrêmement profane répond au même instant, ici comme ailleurs en Europe, le plain-chant des églises et des monastères. Mais les couvents sont volontiers hors de la ville, les églises sont pauvres, et seule l'école de chant de la cathédrale Saint-Étienne se trouve dès 1237 mentionnée par les chroniqueurs. Vienne n'a jamais été une cité pétrie de religion et la musique sacrée y sera essentiellement musique d'apparat.

Mais voici que, sous le règne de Léopold VI, notre petite capitale devient deuxième ville du Saint Empire, après Cologne. Pourtant, en 1246, avec la mort de Frédéric II, dernier souverain Babenberg, au pied de sa forteresse de Wiener Neustadt, c'est l'âge d'or des Minnesänger viennois qui prend fin. Le noble chant le cède à la danse, la voix aux instruments. Trompettes, timbales, trombones, pipeaux, harpes et violes exaltent de leur éclat toutes les cérémonies et les fêtes à la cour du roi bohémien Ottokar. Mais on chercherait en vain le nom d'un musicien célèbre ou le titre d'une œuvre immortelle, à tel point que le seul événement de quelque importance pour la postérité reste la fondation, en 1288, de la Sankt-Nicolai-Bruderschaft, c'est-à-dire de la première guilde de musiciens, dont le but officiel est « d'honorer Dieu par l'art ». Or, cette « Fraternité » va être d'une longévité impressionnante puisqu'elle ne sera dissoute qu'en 1782 et par ordre impérial. C'est en fait la toute première de ces nombreuses et puissantes associations d'amateurs ou de professionnels à qui Vienne devra la création de ses principales institutions musicales à partir du XVIIIᵉ siècle.

La conquête de l'Autriche par l'empereur d'Allemagne Rodolphe Iᵉʳ ouvre, à la fin du XIIIᵉ siècle, plus de six cents ans de souveraineté des

Habsbourg, même si cette autorité doit rester au début âprement discutée. Mais l'heure est aux catastrophes : épidémies de peste, incendies, inondations, effondrement économique... Qui plus est, le margraviat, maintenant duché, se trouve à plusieurs reprises divisé entre les héritiers. Certes, la musique court encore les rues et places de la ville aux rares heures de fête, elle suit de ses chants tragiques *Geisslerlieder* (Chant des flagellants) les flagellants de la semaine sainte, mais c'est surtout dans les monastères qu'elle demeure protégée. La musique de la cour, elle, va considérablement s'estomper jusqu'au début de la Renaissance et ne se consacrer qu'aux banquets, chasses, cortèges, défilés militaires, à grand renfort de trompettes et timbales, ces indispensables attributs sonores de la puissance séculière.

On mesure le faible rayonnement de cette longue période par les rares événements qui la jalonnent et qui sont tous en retard par rapport au reste de l'Europe. La musique religieuse ne devient polyphonique qu'aux environs de 1300. Les premiers luthistes, venus d'Espagne et de France, n'arrivent à Vienne que dans le dernier tiers du XIVᵉ siècle, alors qu'on en reste encore aux Minnesänger, les ultimes il est vrai, Oswald von Wolkenstein (1377-1445), qui a laissé un grand nombre de chants à une et à plusieurs voix, et Hugo von Montfort, dont la mort en 1423 marque à retardement la fin du haut Moyen Âge viennois. Vers 1432, le premier drame religieux est représenté au château royal par l'Université de la ville où une chaire ne sera créée cependant que cinquante ans plus tard et avec certains professeurs venus de France – mais l'enseignement musical était présent depuis un siècle dans les maîtrises de la cathédrale Saint-Étienne et du Schottenstift, le monastère bénédictin des Écossais, le plus ancien de Vienne.

Sous le règne d'Albert Iᵉʳ (1411-1439), la cour finit même par être jalouse de l'église et crée une maîtrise pour son usage personnel. C'est là qu'on trouve au moins un musicien de renom, le Liégeois Jean (ou Johannes) Brassart, auteur prolifique de pièces religieuses, premier d'une longue lignée de compositeurs franco-flamands engagés les uns après les autres dans la chapelle des Habsbourg. Parmi les nombreuses pages de Brassart qui nous sont parvenues, il faut retenir le chant funèbre isorythmique dédié à la mémoire d'Albert II, son maître, *Romanorum Rex inclite,* et le motet, également isorythmique *O Re Frederice,* composé en 1440 pour le couronnement de son successeur, Frédéric III. C'est sans doute en remerciement que celui-ci va nommer Brassart Cantor Principalis, titre dont le musicien ne pourra pas goûter longtemps le prestige et les bénéfices puisque, peu après, il s'en retourne mourir dans son pays natal, sans doute vers 1445.

LE MONOPOLE FRANCO-FLAMAND

Rien ne prouve que ni Albert II ni son cousin et successeur Frédéric III (duc de 1439 à 1493 mais également roi d'Allemagne) (*) aient jamais passé beaucoup de temps à Vienne. Leurs résidences préférées sont Graz, Wiener Neustadt et Linz. Pourtant, c'est sous le règne de Frédéric III qu'a été construite la chapelle de la Hofburg, qui va jouer un rôle décisif dans l'histoire musicale de Vienne. Il faut savoir que, à partir de 1477, l'Autriche s'ouvre à une influence étrangère que rien auparavant ne pouvait laisser prévoir. Maximilien, fils de Frédéric III, épouse Marie de Bourgogne, fille de Charles le Téméraire. Non seulement Vienne se devra donc d'avoir une chapelle musicale de haut niveau mais, comme celle de Bourgogne, composée de chanteurs et d'instrumentistes internationaux, venus tout exprès d'Allemagne, de Flandre, de Bourgogne, et même d'Angleterre. Cette nouvelle Chapelle se développe si rapidement que l'empereur, finalement peu soucieux de la gloire de Vienne, va pouvoir la démanteler et l'expédier partie en Allemagne du Nord et partie en Bourgogne sous la direction de son Cantor principal, le compositeur wallon Nicolas Mayoul. On connaît précisément le répertoire de Frédéric III car il a été intégralement noté dans un grand recueil découvert en 1885 à Trente et connu pour cela comme *Trienter codices*. Il comprend des pièces originaires de plusieurs pays d'Europe, mais surtout des Flandres, et pour la majeure partie religieuses.

À la mort de l'empereur, sa Chapelle bourguignonne va être tout naturellement transférée aux Pays-Bas par le jeune Philippe le Beau, son petit-fils, qui règne désormais sur les Flandres. Pendant ce temps, le fils et l'héritier de Frédéric III, Maximilien Ier, fait revenir en 1496 d'Augsbourg à Vienne sa Chapelle allemande. Pour lui conférer un prestige nouveau, il engage comme responsable l'un des plus illustres musiciens de l'époque avec Josquin Després, le Flamand Heinrich Isaac (1450-1517).

Ce grand maître a alors dépassé la quarantaine. Il est nommé par Maximilien *Hofkompositor,* mais il ne fera jamais de longs séjours à Vienne, ayant une préférence marquée pour l'Italie – d'ailleurs, en 1515, il obtiendra de l'archiduc la permission définitive de résider à Florence,

---

(*) La numérotation des ducs et archiducs d'Autriche est loin d'être simple. En effet, elle diffère selon qu'on parle du duc, du roi d'Allemagne ou de l'empereur, alors que le même personnage a souvent cumulé les trois titres. Frédéric V, archiduc d'Autriche, est également Frédéric IV roi d'Allemagne. Après son couronnement, en 1452, il devient en plus Frédéric III, empereur romain.

au point qu'on peut se demander s'il n'était pas seulement une caution pour Vienne... Il se trouvait déjà à Florence en 1496, sous le nom d'Arrigo Tedesco, lorsqu'il est présenté au souverain d'Autriche. Il fait alors partie de la maison du duc Laurent de Médicis dont il est assez proche pour avoir mis en musique ses très profanes, pour ne pas dire très licencieux, *Canti carnascialeschi*. Mais c'est à Innsbruck, l'année suivante, qu'Isaac reçoit sa consécration autrichienne. Il y fera par la suite de nombreux séjours. Cette ville semble l'avoir séduit plus qu'aucune autre, à en croire la douloureuse nostalgie qu'il aura à la quitter, comme le révèle sa pièce la plus célèbre et peut-être la plus touchante, le lied *Innsbruck, ich muss dich lassen* (Innsbruck, il faut que je te laisse). Aussitôt nommé, Isaac se rend immédiatement à Vienne où il fera des séjours intermittents jusqu'à sa mort, en 1517. Sa production est d'une abondance et d'une diversité confondantes. Chansons allemandes, françaises, italiennes,- latines même, pièces instrumentales de danse ou de concert, tous les genres ont été abordés par lui. Mais la plus grande partie de son œuvre est sacrée, innombrables services et motets dont la plupart sont encore inédits et sans doute antérieurs à la période viennoise. Cependant, c'est à la cour des Habsbourg qu'Isaac dédie son chef-d'œuvre, le *Choralis Constantinus,* trois volumes de messes et motets conçus pour être chantés aux offices d'un bout à l'autre de l'année liturgique. Or, les messes d'Isaac, et particulièrement les cinq du troisième volume, donnent le texte alternativement à l'unisson et en polyphonie de quatre à six voix pour obéir au rite spécial en usage à la Chapelle de Maximilien. Ce sera le prototype absolu de la messe musicale à l'allemande.

Deux des élèves d'Isaac comptent parmi les membres les plus éminents de la nouvelle Chapelle de Maximilien, le Suisse Ludwig Senfl (1486?-1542) et le plus génial organiste autrichien Paul Hofhaimer (1459-1537), à qui l'empereur manifestera plus tard sa reconnaissance en lui accordant un titre de noblesse. Hofhaimer et Senfl figurent l'un et l'autre sur la célèbre gravure de Hans Brugkmair, *Le Triomphe de Maximilien,* comme musiciens illustres de la Chapelle itinérante. Mais on y voit aussi son directeur, le prêtre Georges Slatkonia. Originaire de Laibach (Ljubljana), en Carniole, celui-ci a été nommé dès 1496 chapelain de la cour et cantor. Sa tâche est avant tout de réorganiser la Chapelle impériale, chose à quoi il se consacrera jusqu'à sa mort, même à l'époque où l'empereur fait de lui son conseiller privé en même temps que l'évêque de Vienne.

FASTES IMPÉRIAUX

Sous les ordres de Slatkonia travaille un Singmeister, Hans Kerner, qui dirige les chanteurs et les instrumentistes et qui est chargé de leur recrutement, en général parmi les laïques. À lui incombe la préparation de toutes les musiques de la cour, religieuses ou non. Le chœur compte alors une quarantaine de choristes adultes et dix-huit enfants, ainsi que des instruments à vent, à cordes et à percussion. Lors du Congrès de Vienne en 1515, les rois de Pologne et de Hongrie sont accueillis à Schwechat (commune où se situe aujourd'hui l'aéroport) par le fracas de quarante-cinq trompettes et six paires de timbales. À ces instruments d'éclat, qui rehaussent les tournois, les chasses et les grands bals de la cour, il arrive qu'on ajoute également les sonorités plus raffinées des flûtes, cromornes, cornets, chalumeaux, vielles à roue, violes et violes de gambe.

Trois organistes, dont Hofhaimer, et de nombreux luthistes sont en plus au service de l'archiduc Maximilien. Sa fille, Marguerite d'Autriche, souveraine des Pays-Bas, exerce toujours une puissante influence sur son père. Or elle pratique elle-même la musique et a fait de sa cour de Malines un centre littéraire, artistique et musical de haut rang. Lorsque, au retour d'un voyage en Espagne, en 1503, elle rencontre son père à Hall, dans le Tyrol, une chapelle de trente-neuf musiciens et choristes l'accompagne et collabore pour l'occasion avec celle de Maximilien afin de donner plus de faste à ces journées de fête.

Les compositeurs les plus souvent joués chez Maximilien sont franco-flamands. On chante les Messes, les Motets et les Chansons d'Obrecht, de Josquin, de Pierre de la Rue, de Brumel, de Compère, etc. Mais les œuvres des membres de la Chapelle impériale occupent évidemment une place de choix, et en premier lieu celles de Heinrich Isaac. Cependant, au goût des voix assemblées s'ajoute bientôt celui des instruments solistes. Comme organiste, Hofhaimer n'a pas beaucoup de rivaux. Il semble avoir réellement fasciné ses contemporains par sa virtuosité – le mot n'est pas trop fort pour tout nouveau qu'il soit – et par ses étonnantes improvisations, objet de louanges hyperboliques par les poètes du temps. Malheureusement, il ne reste presque rien des pièces de clavier de ce premier compositeur authentiquement autrichien. Seules ses pages polyphoniques demeurent en grand nombre. Ses talents multiples l'amènent à enseigner à quantité d'élèves et disciples, surtout des organistes, surnommés les « Paulomines », qui vont essaimer dans les pays voisins. En outre, Hofhaimer est appelé à prodiguer ses conseils techniques aux facteurs d'orgue de l'Europe entière. Il est donc explicable que

Maximilien ait choisi la solennité du congrès de Vienne, en 1515, pour anoblir un artiste aussi utile à la gloire de l'Empire.

Ce congrès, Maximilien veut lui donner un brillant tout spécial pour bien marquer le coup de maître qu'il vient de réaliser en mariant ses petits-enfants, Marie et Ferdinand, avec les enfants du roi Ladislas de Hongrie. C'est ce mariage qui doit assurer plus tard la souveraineté des Habsbourg sur la Hongrie. Comme déjà l'écrivain humaniste Conrad Celtis en 1504, Benedictus Chelidonius, père abbé du Schottenstift, reçoit commande d'un drame en vers latins, *Voluptatis con virtute disceptatio* (Débat entre la volupté et la vertu), dont chaque acte se termine par un chœur, préfigurant ainsi, à un siècle de distance, l'opéra vénitien. Cette création d'un genre nouveau obtient un succès si considérable que sa partition sera l'une des premières à sortir des presses de la toute récente imprimerie de la cour. Pour la même occasion, Ludwig Senfl compose un motet allemand, *Lust mag mein Herz* (La Joie de mon cœur) qui contient en acrostiche le prénom des deux enfants impériaux, Ludwig et Maria.

Un autre congrès, non moins brillant, a lieu trois ans plus tard, mais à Augsbourg, cette fois sous le nom de *Reichstag* (Réunion de la Diète impériale). La Kapelle et la Hofmusik de Maximilien y sont naturellement présentes, après quoi Slatkonia et Hofhaimer rentrent à Vienne tandis que les autres musiciens vont prendre leur quartiers d'hiver à Innsbruck. Car, en ce début du XVIe siècle, la Chapelle archiducale reste toujours itinérante, puisque Maximilien Ier a été élu roi d'Allemagne puis couronné empereur et qu'il se doit à tous ses sujets. Ainsi cette Chapelle ne paraît-elle que très rarement à Vienne, d'autant que l'empereur éprouve une certaine méfiance envers une cité où son père, Frédéric III, a été autrefois assiégé par son propre frère, Albert VI, sans que les Viennois se soient mobilisés avec beaucoup de zèle pour le défendre.

À la mort de Maximilien, en 1519, sa Chapelle est entièrement dissoute, comme c'est la coutume. Il s'avère que cette disparition va couper court à ce qui aurait pu devenir l'institution fondatrice d'une grande tradition musicale viennoise. Hofhaimer en est la première victime, qui, pendant les dix-huit années qu'il va survivre à son maître, ne cesse plus de voyager en de nombreux pays avant de revenir dans sa province natale pour mourir à Salzbourg auprès du prince archevêque. Quant à Senfl, il achève le *Choralis Constantinus* d'Isaac, note le répertoire complet des motets de la cour dans un *Liber selectarum cantionum,* et s'en va finir sa vie à la cour de Munich. Ainsi retombe dans la dispersion un élan qui aurait pu mener bien plus loin. Il est vrai que la Renaissance est l'âge de la mobilité des idées et des artistes et non point celui des dynasties musicales stables. Vienne ne fait pas exception à la règle.

Et il ne faudra pas attendre de Charles Quint le rétablissement du prestige musical de Vienne. Pourtant, élevé en grande partie à la cour de sa tante, Marguerite d'Autriche, à Malines, il a évidemment pratiqué la musique dès son plus jeune âge. Devenu roi d'Espagne, prince des Pays-Bas et roi de Sicile lors du décès de son grand-père maternel, en 1516, il va également succéder en 1519 à son grand-père paternel, Maximilien, comme empereur, roi d'Allemagne et archiduc d'Autriche. Mais, comme on sait, ses ambitions universelles l'occupent beaucoup et, dès 1521, il va confier ses possessions allemandes et autrichiennes à son frère, l'archiduc Ferdinand.

Devenu roi de Bohême et de Hongrie en 1526, roi de Rome (c'est-à-dire héritier du trône impérial) en 1531 et empereur en 1556 sous le nom de Ferdinand Ier, le frère de Charles Quint rétablit dès 1527 la Chapelle impériale. Pour cela, il en appelle au vieux compositeur allemand Heinrich Finck, auteur fécond de lieder polyphoniques et de musique sacrée. Mais celui-ci meurt au bout de six mois. Il est aussitôt remplacé par le Flamand Arnold von Bruck (à l'origine Prugkh) (1490-1554), secondé par le Tchèque Stefan Mahu (1480/90-1541) et un autre Flamand de plus grande envergure, Peter Maessins (1505?-1563). C'est ce dernier qui succédera à Bruck en 1546 et donnera tant de satisfaction à Ferdinand qu'il sera anobli par lui en 1562. Ainsi la cour de Ferdinand demeure-t-elle, comme tant d'autres, une colonie polyphonique néerlandaise, ce qu'atteste encore, après la disparition de Maessins en 1563, la présence pour un an du Liégeois Jean Guyot (ou Johann Castileti). Mais, pour les besoins d'une écriture musicale de plus en plus serrée, brillante et contrastée, ces musiciens étrangers ont obtenu d'augmenter l'effectif de leurs interprètes de cinquante-six à quatre-vingt-trois chanteurs et musiciens. C'est ce que souligne, dès 1548, Wolfgang Schmeltzl, musicien allemand établi en Autriche, maître d'école de Schottenstift, dans une chronique intitulée *Lobspruch der Stadt Wien* (Éloge de la Ville de Vienne) où il célèbre l'importance que Vienne a désormais retrouvée comme centre de création et d'exécution musicales.

Ferdinand avait résolu de laisser à chacun de ses trois fils un morceau de l'Autriche. Après sa mort en 1564, les deux Chapelles archiducales de Graz et d'Innsbruck vont donc faire pièce à celle de Vienne dont Maximilien II poursuit cependant la tradition flamande avec l'engagement du célèbre Jacob Vaet (?-1567), originaire de Courtrai. Le nombre des Motets que Vaet a dédiés à de grands personnages et, en particulier, aux membres de la famille Habsbourg, montre un courtisan avisé sous un musicien d'expérience. Cependant, la présence fréquente de ses œuvres dans les différentes anthologies de l'époque prouve que sa musique, savante et relativement scolastique, a été partout exécutée et admirée, notamment par Roland de Lassus. L'élégie funèbre que son élève le plus fameux, Jacob Regnart, va amoureusement tisser à sa mémoire, est considérée comme un des chefs-d'œuvre de la tradition du *cantus firmus*.

La mort de Vaet laisse un tel vide que les responsables de la Chapelle archiducale envisagent sérieusement de proposer le poste à Palestrina. Le fait même que Vienne puisse se placer en concurrence avec le Vatican est un signe évident de sa grandeur nouvelle. Mais on ne quitte pas si facilement le service du pape et, finalement, c'est un nouveau Flamand, Philippe de Monte (1521-1603), qui sera engagé en 1568. Plus exactement, c'est un Flamand d'Italie, qui a reçu la plus grande partie de son éducation musicale à Naples et à Rome. Sa renommée l'a déjà mené à la Chapelle de la reine Mary, en Angleterre, où il a fait la connaissance de William Byrd. Il s'est également lié d'amitié avec Roland de Lassus. Maître de chapelle de Maximilien II, il continuera cependant ses voyages pour recruter des musiciens en Flandre et ailleurs, et pour suivre son prince à Prague où il mourra.

La production de Philippe de Monte surpasse de loin celle de la plupart de ses contemporains. Chez lui, la qualité et la quantité vont de pair, dans 1217 Madrigaux dont 144 sacrés, 38 Messes, 45 Chansons françaises (la plupart sur des poèmes de Ronsard), 319 Motets, etc. Cette exceptionnelle abondance semble être la principale raison pour laquelle le nom de Monte est aujourd'hui moins célèbre que ceux de Lassus ou de Palestrina, parce qu'aucun musicologue n'a eu le courage et la patience de se mettre à l'étude d'une œuvre de cette dimension. Cependant, on en connaît assez pour cesser aujourd'hui de considérer comme preuve de conservatisme sa réticence devant le chromatisme alors en progression dans toute la musique de l'époque. En fait, il n'était pas moins audacieux que ses plus grands rivaux. S'il vise à l'effet, c'est en transgressant fréquemment les règles du contrepoint strict et en se laissant guider de manière toute moderne par les textes. Il réalise l'heureuse alliance de la grâce mélodique des madrigalistes italiens et de la vigueur contrapuntique des polyphonistes néerlandais. La très haute estime qu'avait pour lui Rudolf II, successeur de Maximilien II, est attestée par un honneur tout à fait exceptionnel pour un musicien : en 1581, Monte reçoit les insignes de la Toison d'Or après un concert donné à Prague et au cours duquel il a dirigé l'une de ses vingt-trois Messes, pour trois chœurs, orgue et instruments.

Autour des deux astres que sont, à la cour de Maximilien II, Jacob Vaet et Philippe de Monte, gravitent quelques compositeurs de moindre dimension. Engagé tout d'abord comme ténor, le Lillois Alard Gaucquier (?-1583) devient Vice-Kapellmeister à la mort de Vaet. Quant à Jacob (ou Jacques) Regnart (1540?-1599), originaire de Douai, formé à la fois à l'école de Vaet et des maîtres italiens, il ne passe ici que quelques années avant de suivre Rudolf II à Prague, pour revenir à Innsbruck où il entre au service de l'archiduc Ferdinand. Mais c'est pendant ses années viennoises que Regnart publie un recueil aujourd'hui considéré comme un tournant dans l'histoire de la musique germanique. Il s'agit de *Teutsche Lieder* à trois, à quatre et à cinq voix. Parmi ceux-ci, les *Kurtzweilige teutsche Lieder* (chants allemands gais) à trois voix « dans le style de la villanelle napolitaine » (Nuremberg, 3 volumes, 1576 à 1579), constituent une tentative originale de synthèse de l'art populaire et de la tradition polyphonique sous l'égide d'une Italie seule alors à pouvoir réunir les goûts. Le succès de ces pièces s'imposera d'emblée à tout le monde allemand et vaudra à leur auteur une réputation égale à celle de Roland de Lassus.

Le dernier des Franco-Flamands à la cour viennoise est le Liégeois Lambert de Sayve (1549-1614) qui a déjà occupé plusieurs années durant la charge de maître de chapelle à l'abbaye de Melk, puis auprès de l'archiduc Mathias à Prague. En 1612, lorsque Mathias est couronné empereur, il fait de Sayve son Kapellmeister. Mais l'Italie, entrevue par Regnart, gagne chez Sayve en influence, non seulement dans ses *Canzoni alla napolitana* publiés à Vienne, mais dans ses *Sacrae Symphoniae* très largement marquées par l'exemple de Venise et du style polychoral des Gabrieli.

Depuis la fin du XVe siècle, l'imprimerie a pris une importance prépondérante dans la diffusion de la musique à Vienne. Par exemple, le répertoire de la Chapelle impériale a été intégralement préservé grâce aux cinq volumes publiés à Venise par Petrus Joanellus, dédiés à l'archiduc d'Autriche et intitulés *Novi atque catholici thesauri musici,* où l'on remarque un livre entier de motets à la seule gloire du souverain et de sa famille. L'ensemble de ce répertoire est frappé déjà du sceau de la Contre-Réforme, ce qu'impose le rapide développement du protestantisme (en 1580, les protestants sont majoritaires à Vienne). À la Chapelle impériale même, il a fallu congédier plusieurs musiciens soupçonnés de sympathie pour la Réforme. La première musique instrumentale à sortir des presses viennoises est l'*Harmonia a 5* de l'aumônier de la cour, l'Espagnol Matteo Flecha, que sa dévotion n'empêche pas d'écrire aussi des Madrigaux destinés à l'empereur et qui sont de nos jours vantés par Alfred Einstein.

L'orgue aussi se développe, à la ville et surtout à la cour, où plusieurs virtuoses se partagent les charges du service. Parmi eux, l'Anversois Charles Luython (1557?-1620) va faire une carrière étonnante. Arrivé à Vienne à l'âge de dix ans, il y a été formé par Vaet, Gaucquier et Monte. Après avoir achevé ses études en Italie, il est engagé en 1576 comme Cammermusicus par Rudolf II. Il publie alors plusieurs recueils de musique vocale, profane et religieuse, et, en 1596, ajoute à son titre de premier organiste celui de Hofkomponist, hérité de Monte. Ses pièces d'orgue, au moins celles qui nous sont parvenues, soutiennent sans peine la comparaison avec celles de Sweelinck et de Frescobaldi. Pourtant, en 1612, à la mort de Rodolphe II, Luython n'est pas réengagé. Il va devoir lutter de toutes ses forces pour obtenir de Mathias Ier la pension et le solde des salaires qui lui sont dus, mais sans succès. Et c'est ainsi qu'il va finir par mourir dans la misère, à Prague, après avoir vendu son fameux clavecin que Praetorius a décrit et qui possédait plusieurs claviers et un système de touches spéciales pour l'exécution des degrés chromatiques, diatoniques et enharmoniques.

Deux luthistes éminents ont été pendant un temps membres de la Chapelle viennoise. Tous deux sont originaires de Hongrie, Melchior Neusiedler et Valentin Graeff (connu sous le pseudonyme de Balin Bakfart) qui portera le titre de Kammermusiker. Il faut rappeler à ce sujet que les premières tablatures de luth à avoir été imprimées en pays germanique, *Utilis et compendiaria introductio* (Introduction utile et compendieuse) et *Ein schone kunstliche Underweisung zu lernen auff der Lautten und Geygen* (Une belle méthode artistique) de Hans Judenkünig, avaient paru à Vienne en 1519 et 1523, sans qu'on sache exactement aujourd'hui qui était ce Judenkünig assez célèbre pour être édité le tout premier mais pas assez respectable pour être admis à la cour.

Comme auparavant, la Chapelle archiducale et impériale emploie de nombreux interprètes de valeur. On crée pour eux des titres nouveaux et l'on voit poindre déjà la hiérarchie musicale viennoise des siècles à venir : Cammermusicus, mais aussi Cammerbassist, et bientôt Kammersänger. La présence dans la Hofkapelle de Rudolf II de nombreux Italiens comme le trompettiste Alessandro Orologio, le Vice-Kapellmeister Camilio Zanotti, l'organiste Liberale Zanthi, annonce le règne ultramontain qui se prépare et qui va durer.

Bien que l'Autriche ait vécu, en cette fin du XVIe et ce début du XVIIe siècle, tant de troubles et tant de conflits, la Chapelle impériale semble n'en pas souffrir, et c'est bien un miracle. En 1529, les Turcs assiègent Vienne et incendient ses faubourgs ; en 1593, ils déclarent une nouvelle guerre ; en 1605, ils envahissent la Hongrie. En 1608, Rudolf II et son frère Mathias s'entre-déchirent dans un conflit certes familial mais pourtant sans merci, qui ne s'achèvera que quatre ans plus tard avec la mort de Rudolf et le couronnement de Mathias. Au début du siècle nouveau, le roi de France Henri IV semble résolu à attaquer l'Autriche. En 1618, la Bohême se révolte contre les Habsbourg et se choisit un souverain allemand, protestant de surcroît, ce qui contraint Ferdinand II, le cousin et successeur de Mathias, à entrer en campagne…

On dirait que ces secousses, toutes ces horreurs de haine et de mort, ont ici préservé la musique comme un dernier havre de douceur et d'esprit. Mieux, il semble que plus l'Europe centrale se déchire, plus la lumière méditerranéenne attire les regards. C'est que le baroque est en train de se décider en Italie et que l'Autriche toute proche va en être la première atteinte. Des siècles durant, la Vienne musicale avait été un peu allemande et beaucoup flamande. Elle allait désormais devenir italienne.

CHAPITRE II

Les volutes du baroque

Est-ce à cause de la haute barrière des Alpes, de la barrière des langues, de la barrière que le protestantisme est en train de dresser tout autour de la péninsule papale…, mais il semble que l'exemple italien, pour fort et exclusif qu'il devienne, ne s'impose en Autriche qu'avec un décalage de plusieurs décennies. La Contre-Réforme, il est vrai, réquisitionne pour l'Église la totalité des talents, et les formes profanes, porteuses alors d'une véritable révolution esthétique, doivent se contenter d'attendre leur moment.

Aussitôt après avoir accédé au trône en 1619, Ferdinand II (1619-1637) est contraint de livrer une double bataille, contre ses sujets tchèques qui se sont révoltés et contre le protestantisme qu'ils ont embrassé et qui, même à Vienne, continue de gagner du terrain. Les premières années de son règne sont donc placées sous le signe de la recatholicisation obligée du pays, ce qui demande évidemment l'appui militant des musiciens d'église.

Auparavant, Ferdinand, archiduc d'« Autriche intérieure », résidait à Innsbruck où il entretenait déjà une Chapelle de dix-huit chanteurs, autant d'enfants et vingt-trois instrumentistes, engagés pour la plupart à Venise et placés sous l'autorité d'un Kapellmeister italien, Giovanni Priuli, et de l'organiste de la cour, Giovanni Valentini. Une fois couronné, l'empereur choisit Vienne comme résidence et capitale, et commence par y transporter sa Chapelle. Sa première épouse, Maria Anna de Bavière, étant morte avant le sacre, Ferdinand se remarie en 1622 avec Éléonore de Gonzague, princesse de Mantoue, amie des arts et des artistes, qui va fortement contribuer à l'italianisation de la cour et de la

Chapelle impériale. Huit ans plus tard, le nombre des chanteurs et instrumentistes s'est encore accru. Il atteint alors quarante-cinq membres. Et en 1637, à la mort de l'empereur, Vienne va s'enorgueillir d'un ensemble très riche, composé de vingt-sept chanteurs et de vingt-deux instrumentistes, auquel s'ajoutent quatre organistes pour la Chapelle et dix trompettistes avec les timbaliers de rigueur.

Naturellement, de par leur fonction politique de soutien à la Contre-Réforme, les compositions sacrées tiennent le haut du pavé à la cour de Ferdinand II. Mais autant la polyphonie a tendance à devenir serrée, autant le goût nouveau pour le contraste et la somptuosité sonores exige des effectifs de plus en plus importants et diversifiés. À la Chapelle royale, le nombre des chanteurs augmente de quatre-vingts à cent - dès 1637 les premières solistes féminines y sont admises dans les ouvrages profanes et les castrats vont y faire leur apparition vers 1640. Avec de si importantes ressources vocales, l'un des organistes de la cour, un élève de Merulo nommé Francesco Stivori, et son successeur, Alessandro Tadei (1585?-1667), pourront composer l'un et l'autre des Messes à seize parties. De son côté, avec ses Motets édités à Venise, Priuli poursuit la même tendance, mais c'est chez un autre organiste de la cour, Giovanni Valentini (1582?-1649), qu'elle atteint son apogée lorsque, en 1621, il publie des pièces pour sept chœurs. Même le chef de la Kantorei de Saint-Étienne, Christoph Strauss (1575?-1631), qui pourtant avait pratiqué avec beaucoup de conviction le style polyphonique de l'époque précédente dans ses Motets à dix voix de 1613, est conduit à publier l'année de sa mort à Vienne une Messe à huit, neuf, dix, onze, douze, treize et vingt parties, autant voix qu'instruments, avec basse générale et orgue! Enfin l'influence de Gabrieli se manifeste plus clairement encore, quelques années après, dans la *Messe de saint Théophile* pour double chœur et orchestre, de Pietro Verdina, et dans le *Sacri concentus* de Priuli. On dirait que les tribunes de la basilique vénitienne de Saint-Marc, avec les effets de masses, de couleurs et de relief qu'elles ont suscités, obsèdent les compositeurs de Vienne au point d'être désormais seules à les inspirer.

La musique de chambre, évidemment plus discrète, s'italianise également avec les *Musiche concertate* de Priuli et ses *Delicie musicali* dédiées à l'impératrice Éléonore, mais aussi avec les *Sonate, Sinfonie, Gagliarde, corrente e brandi con due violini e un basso di viola* du violoniste de la cour, Giovanni Battista Buonamente, pièces qui annoncent la vogue future des Sonates en trio à la cour viennoise.

En 1614, l'écho de l'*Euridice* de Peri (1600) et de l'*Orfeo* de Monteverdi (1607) avait atteint en premier Salzbourg qui déjà, en matière d'opéra, donnait donc le ton. On y avait représenté cette année-là une

Hoftragicomedia italienne d'auteur inconnu, *Orfeo*, qui sera reprise plusieurs fois les années suivantes. Et on y verra aussi quelques drames sacrés à partir de 1615. Cependant, à Vienne, l'apparition du nouveau genre est plus tardive car le goût viennois passe déjà pour extrêmement conservateur. En 1625, une « Comédie en vers italiens » est jouée et chantée par les musiciens de la cour dans la grande salle de la nouvelle Hofburg, à l'occasion de l'anniversaire de l'empereur. Mais on suppose que c'était là une de ces comédies en madrigaux dont Orazio Vecchi nous a laissé un exemple accompli avec *L'Anfiparnasso*. Le succès est tel que l'ouvrage va être repris chaque année et toujours pour la même occasion. Même s'il ne s'agit pas à proprement parler d'un opéra, cette pièce a sa place dans l'histoire viennoise du théâtre musical, à côté des *Introduzioni ai balli* représentés aussi à plusieurs reprises à cette époque-là.

LES PRÉMICES DE L'OPÉRA

D'ailleurs, les principaux interprètes mantovans des opéras de Monteverdi ont été engagés à la Chapelle impériale. Il est donc vraisemblable que la création, en 1628 à Vienne, de son *Ballo delle ingrate* leur a été confiée, comme, deux ans plus tard, à l'occasion du mariage de l'héritier au trône avec l'infante d'Espagne, celle du mélodrame anonyme *Allegrezza del Mondo*. Cependant, la première représentation d'un opéra proprement dit, dont on ait gardé la trace et dont on connaisse l'auteur, n'aura lieu qu'à l'extrême fin du règne de Ferdinand II, en 1633. Il s'agit de la tragicomédie en trois actes et un prologue, *Il Sidonio,* de Lodovico Bartolaia, ténor de la cour, dont le livret a été préservé mais pas la musique. Le goût du faste, qui caractérisera toute l'époque baroque, s'y manifeste déjà puisque le personnage personnifiant la Paix apparaît, grâce à une machine volante, dans un nuage qui s'entrouvre. La distribution exceptionnellement nombreuse ne comprend pas moins de dix-huit solistes et de cinq groupes de chœurs.

Cependant, *Il Sidonio* a été précédé, en 1631, du premier ballet équestre *(Balletto epithalamico reale a cavallo)*, *Il Sole e dodici Segni del Zodiaco,* dont la musique est vraisemblablement de Jacomo Paradis, lequel cumule à la fois les fonctions de grand écuyer de la cour et d'instrumentiste à la Hofkapelle. Mais la cour viennoise s'enorgueillit déjà de la présence d'un compositeur de ballet, Santo Ventura, et surtout d'un véritable compositeur de théâtre, Antonio Bertali (1605-1669), originaire de Vérone. Sept ans après son arrivée à Vienne, il a donné en 1631, pour le troisième mariage de l'empereur avec une infante d'Espagne, une première Cantate dramatique. Quant à la musique sacrée, la tâche de composer les nombreuses Messes et Motets de rigueur incombe au Kapellmeister vénitien Giovanni Valentini. Déjà membre de la Chapelle de l'archiduc Ferdinand à Graz, Valentini a gagné Vienne quelques années plus tôt. Il y joue désormais un rôle considérable comme conseiller musical de l'empereur et maître de musique des enfants impériaux (notamment le futur Ferdinand III).

Les chroniques du temps disent alors de Ferdinand II : « Sa Majesté impériale aime tout particulièrement la chasse et la musique. Elle prend beaucoup de peine pour se procurer des musiciens de premier choix et dépense toujours beaucoup d'argent pour les gens des deux professions, la musique et la chasse, et leur fait de nombreux cadeaux. » De Ferdinand III (1637-1657), le fils et le successeur de Ferdinand II, un poème italien de son frère, l'archiduc Léopold Guillaume, proclame que « son sceptre repose sur la lyre et l'épée ». En effet, le nouvel empereur n'est pas seulement un poète de talent, c'est aussi un compositeur abondant de pages religieuses, et même d'un *Drama musicum* dont le titre a été perdu mais dont on sait qu'il a été représenté à la cour en 1649. Sous le règne d'un tel souverain, la musique ne va pas manquer de s'épanouir encore plus, et sous toutes les formes.

Dans le domaine instrumental, la présence de l'organiste Johann Jakob Froberger (1616-1667) pèse d'un grand poids. Après un premier séjour de quelques mois, en 1637, il est nommé Hoforganist en 1641, et il séjournera à Vienne jusqu'en 1645, puis de 1653 à 1657. Dans l'intervalle, il entreprend de longues tournées dans les principales capitales européennes et, pendant son absence, il est remplacé par l'un ou l'autre de ses assistants, Wolfgang Ebner et Carlo Ferdinando Simonelli. Ainsi Froberger apprend-il à connaître, dans leurs pays mêmes, les œuvres des grands maîtres du luth et du clavier italiens, anglais et français. De ces derniers il retiendra l'art de l'ornementation ainsi que le goût de la musique à programme. Avec une aisance de plume très rare, il sait concilier la polyphonie libre, la hardiesse du langage harmonique italien, la rigueur de la variation allemande et les agréments de la musique de danse française. C'est celle-ci qui lui sert de modèle pour les Suites qu'il est le premier à composer selon l'alternance des mouvements de danse. Ses œuvres, souvent brillantes et toujours admirablement écrites, des *Canzoni* variés ou non, des *Capriccii,* des *Ricercari,* mais aussi des Fantaisies, ont servi d'inspiration à Jean-Sébastien Bach. À la mort de Ferdinand III, Froberger dédiera à sa mémoire un *Lamento* pour clavecin, dans le rythme de l'allemande et qui s'achève par un arpège ascendant symbolisant la montée de l'âme vers le ciel.

Également originaire de Souabe comme son maître Froberger, Wolfgang Ebner (1610?-1665) n'en a pourtant pas l'envergure. Lui aussi a composé pour Ferdinand III, mais de son vivant, un hommage en forme de monument musical. Il s'agit de trente-six variations sur une aria originale du souverain. Organiste puis Kapellmeister à la cathédrale Saint-Étienne, Ebner a passé la plus grande partie de sa vie à Vienne où il est l'objet d'une admiration très vive. Ses œuvres d'orgue, dont il ne reste malheureusement que peu de pages, révèlent un goût prononcé de la virtuosité et de l'effet superficiel. La tradition d'abord instrumentale instaurée ainsi par ces deux grands organistes va être maintenue sous le règne suivant par l'Autrichien Johann Heinrich Schmelzer (1620?-1680), le Saxon Johann Kaspar Kerll (1627-1693) et le Toscan Alessandro Poglietti (?-1683). Le plus complet des trois est sans conteste Kerll, qui a composé beaucoup d'opéras (disparus pour la plupart, à l'exception de leurs livrets) et des volumes d'œuvres sacrées. Fils d'un organiste, il a été appelé à Vienne dès son jeune âge par l'archiduc Léopold Guillaume, qui le confie à Giovanni Valentini et l'envoie ensuite à Rome pour parachever ses études avec Carissimi et, peut-être, Frescobaldi. Après plusieurs années à Munich où il a été Kapellmeister et où il a composé de nombreuses pièces lyriques pour la scène, il est invité par l'empereur Léopold Ier à regagner Vienne et nommé organiste à la cathédrale Saint-Étienne. Johann Pachelbel y est pendant quelque temps son assistant et peut-être même son élève. Organiste de la cour viennoise à partir de 1677, Kerll écrit cette année-là, pour les étudiants du collège jésuite de la ville, un drame allégorique de style vénitien, *Pia et fortis mulier S. Natalia*, et le dédie au couple impérial. La postérité a surtout retenu ses différents recueils de pièces d'orgue qui sont fortement influencées par sa formation italienne et parfois inspirées par des événements contemporains. Ainsi la *Modulatio organica super Magnificat* a-t-elle été composée pendant l'épidémie de peste de 1679, tandis que la *Missa in fletu solatium* perpétue le souvenir du siège de Vienne par les Turcs en 1683.

Mais les pièces de Kerll n'ont ni la force ni l'originalité de celles de Froberger. Comme celles de son collègue Poglietti, avec qui il était intimement lié, elles intègrent parfois des chants d'oiseaux ou s'inspirent d'événements concrets. Il faut remarquer pourtant que le style concertant de ses dernières compositions sacrées emploie certains procédés modernes comme le chromatisme et la dissonance, dans un style qui n'est pas éloigné de celui des *Geistliche Concerte* (Concerts religieux) de Schütz. En revanche, Poglietti a été surtout célèbre comme maître du clavecin auquel il dédie des *Ricercari* parfois tout à fait rigoureux mais aussi, à l'opposé, des pièces de genre tout à fait extravagantes. Une Suite *Sopra la Ribellione di Ungheria* dépeint les péripéties de la révolte de trois nobles hongrois protestants contre les Habsbourg en 1671, une Toccata les horreurs du siège de Philippeville. Elles comptent parmi les rares exemples connus de musiques évoquant des événements historiques. Certes, les chants d'oiseaux ont déjà inspiré souvent les musiciens depuis Isaac et Janequin mais, avec un *Capriccio sur le cri de la poule et du coq,* Poglietti instaure au clavecin une pratique que prolongeront ailleurs Pasquini et Daquin. Son œuvre la plus originale et donc la plus intéressante reste pourtant le vaste cycle *Rossignolo,* dédié à Éléonore, troisième épouse de Léopold Ier. Il comprend plusieurs Airs, Caprices, Ricercari nourris par le chant du rossignol, ainsi qu'une *Aria Allemagna con alcuni Variationi sopra l'Eta della Maestà vostra* qui flatte délicatement la coquetterie de la jeune impératrice en lui offrant dix-neuf variations, une par année de son âge, alors qu'elle a déjà atteint vingt-deux ans. Avec beaucoup d'esprit, Poglietti emprunte dans certaines de ces variations des éléments à la musique populaire de différents pays ou provinces de l'empire, Bohême, Hollande, Bavière, Pologne, Hongrie et Styrie, le tout pris dans une écriture instrumentale extrêmement brillante et d'un modernisme harmonique parfois saisissant. C'est sans doute pourquoi la musique de Poglietti a traversé les siècles sans perdre sa fraîcheur et mériterait bien d'être jouée plus souvent. Le moins qu'on puisse lui accorder est de la reconnaître comme passage obligé entre Froberger et les grands maîtres de la fin du baroque, Bach et Händel notamment.

Quant à l'Autrichien Johann Heinrich Schmelzer, il a signé comme Kerll des ballets pour les spectacles de la cour dont il a été le premier violon et le Vice-Kapellmeister, puis le Kapellmeister. Il est le premier à y introduire des danses non seulement italiennes, mais proprement autrichiennes, *Bauernmädel* (Fille de paysan), *May Blumen* (Fleurs de mai), *Aria viennense*, etc., avec une diversité rythmique peu commune et des éléments d'origine authentiquement populaire. Mais il est surtout passé à l'histoire avec ses trois recueils de musique de chambre pour deux instruments ou plus. Les six sonates, pour violon et continuo, du recueil intitulé *Sonatae unarum fidium* (Nuremberg, 1664), auront été les premiers duos de ce type à être publiés.

Il n'en reste pas moins que le principal phénomène du règne de Ferdinand III (1637-1657) est l'entrée en force du théâtre musical dans les esprits comme dans les pratiques. Le premier compositeur lyrique à avoir été en rapport suivi avec la cour viennoise n'est autre que le plus illustre de tous, le fondateur du genre, l'immortel Claudio Monteverdi. Quelque temps, celui-ci va jouer de loin le rôle de conseiller musical de la cour viennoise. En 1638, il dédie à l'empereur son huitième livre de Madrigaux « amoureux et guerriers » et, deux ans plus tard, à l'impératrice l'épais recueil de musique sacrée de la *Selva Morale*. Certaines sources tiennent que son *Arianna* aurait été représentée à la Hofburg, mais rien n'est moins certain. Ce qui l'est en revanche, c'est que le célébrissime maître a été invité par l'empereur à s'installer à Vienne. Or, à l'époque, il est déjà trop âgé pour entreprendre un si long voyage, changer ses habitudes et quitter cette Venise où il est vénéré. Toutefois, il aura à cœur de manifester sa reconnaissance au souverain en lui faisant parvenir, en 1641, la partition autographe de son dernier opéra *Il Ritorno d'Ulisse* qui, pourtant, ne sera jamais représenté à Vienne.

Faute de Monteverdi, l'empereur Ferdinand III commande à son meilleur disciple, Francesco Cavalli, l'*Egisto,* en 1642, avant de reprendre en 1650 *Il Giasone.* À la fin de son règne seront encore donnés (à Prague, pour son second mariage) *I Trionfi d'Amore* d'un Giovanni Felice Sances qui sera aussitôt nommé Vice-Kapellmeister, ainsi que *La Gara, L'Inganno d'Amore* et *Teti* d'Antonio Bertali, Kapellmeister de la cour depuis la mort de Valentini en 1649. C'est ce dernier ouvrage qui est choisi pour célébrer en 1652 la naissance de l'infante Marguerite d'Espagne, future épouse de Léopold Ier. On a commandé alors une nouvelle salle et des décors somptueux à Giovanni Burnacini, constructeur du Théâtre des Saints-Apôtres de Venise et père d'un décorateur qui bientôt deviendra encore plus célèbre que lui et qui sera engagé à son tour à Vienne. Au troisième acte, on assiste à un tournoi entre les « quatre » parties du monde, chacune étant incarnée par un escadron d'aristocrates. L'éclairage de la salle est assuré par huit grands lustres en forme d'aigles et, de chaque côté de la scène, par des pages porteurs de torches. Le parterre communique avec la scène pour permettre l'utilisation d'un espace plus vaste au moment du tournoi. Au cours du même acte, une machine volante introduit Jupiter sur un aigle, après quoi l'Honneur personnifié vient remettre sur la scène à l'Europe (rôle tenu par l'empereur lui-même) la palme de la victoire.

Deux ans plus tard, le même Burnacini, cette fois avec l'aide de son fils Ludovico Ottavio, est chargé d'aménager à Ratisbonne un nouveau théâtre de circonstance, extrêmement luxueux et conçu pour faciliter les changements de décors à vue. L'ouvrage, qui doit marquer la réunion de la Diète impériale, est *L'Inganno d'Amore* d'Antonio Bertali encore. Telle est l'ingéniosité des deux architectes que le théâtre entier pourra être démonté et transporté ensuite à Vienne par bateau. Jusqu'à sa mort survenue en 1669, Bertali reste donc le principal compositeur d'opéras et de musique sacrée de la cour. Cependant il tient aussi une certaine place dans l'histoire de la musique instrumentale à cause de ses deux recueils de musique de chambre à trois et à six parties, publiés en 1671 et 1672, et de ses *Canzoni* antiphoniques pour cuivres. Ses opéras sont modelés sur ceux de Cavalli et de Cesti, avec des airs brefs de forme strophique, de longs récitatifs et quelques ariosos. Les ensembles y sont rares, comme toujours dans la tradition vénitienne dont ils relèvent ouvertement. Ces ensembles sont plus fréquents dans ses oratorios qui, contrairement à ce qu'on pourrait imaginer, possèdent une expressivité plus forte, plus intense que ses compositions théâtrales profanes.

À Vienne, dans la première moitié du XVIIe siècle, en effet, on a vu naître et prospérer très rapidement ce nouveau genre de musique sacrée, qui satisfait à la fois la bonne conscience et le goût du spectacle. C'est à Rome que l'oratorio est apparu vers 1640 et qu'il a été cultivé avec beaucoup d'éloquence et de succès par Pietro della Valle, Stefano Landi et surtout Giacomo Carissimi. Or, le premier oratorio donné à Vienne fixe tout de suite une forme spécifiquement viennoise, le *sepolcro*. Contrairement à l'oratorio romain, qui remplace l'opéra pendant toute la période du carême et qui est en général exécuté en concert, le *sepolcro* est toujours représenté à l'église, le jeudi saint, avec un décor et des costumes, et tout près d'un tombeau évoquant le Saint-Sépulcre. Le premier *sepolcro, Santi risorti* de Valentini (1643), sera suivi en 1649 d'un oratorio véritable mais d'auteur inconnu, *Il secondo Abramo disformato nel riformare il primo* et, entre 1660 et 1665, Bertali se verra commander chaque année un grand oratorio par Ferdinand III.

C'est que l'oratorio va se développer désormais comme un genre rival de l'opéra, sous le nom d'*azione sacra* ou *rappresentazione sacra*. À Vienne, il est vrai, tout est prétexte à spectacle, et même pour les Jésuites. Ne vont-ils pas construire au Professhaus, vers 1650, un grand théâtre pour célébrer les vertus chrétiennes par de richissimes représentations dont les protagonistes sont des saints ou des martyrs, des princes ou des figures allégoriques, morales ou géographiques ? Le plus célèbre des ouvrages donnés ici est la *Pia et fortis mulier* de Kerll, véritable pendant sacré du *Pomo d'Oro* de Cesti, ce qui est tout dire. La parenté est d'autant plus évidente que, exactement comme les opéras de cour, ces drames se terminent en général par un épilogue ou *licenza,* à la gloire du souverain et de sa maison.

Ces drames jésuites, dont la musique n'est pas entrée dans l'immortalité, demeurent tout de même importants pour l'histoire puisque, en pleine *furia* italienne, ils restent le domaine réservé, le dernier bastion des compositeurs germaniques. C'est ainsi que le Wurzbourgeois Ferdinand Tobias Richter (1651-1711), maître de musique des enfants impériaux et successeur de Poglietti au poste de Hoforganist, a laissé six de ces *Ludi caesarei,* dont le principal, *Hymenaei de Marte Triumphus* (1692) lui avait été commandé pour le mariage de l'empereur, son maître et ancien élève. Ce spectacle, qui durait deux soirées successives, avait nécessité de renforcer le chœur de la Chapelle impériale par tous ceux des églises de la ville. Plus tard, Jakob Stupan von Ehrenstein se spécialisera lui aussi dans le drame jésuite. Ses dernières créations vont jusqu'à incorporer des éléments populaires, chansons de chasse et de pêche, et même chansons à boire. La tradition du genre va donc se prolonger jusqu'en 1768, mais en perdant peu à peu de sa sévérité. Par opposition, le *sepolcro* voit se renforcer au même moment son caractère purement sacré, avec la suppression de la mise en scène et de toute expression théâtrale. Désormais, on se contentera d'interpréter la partition devant un groupe de statues de bois revêtues de costumes.

Lui-même élève de Wolfgang Ebner, et peut-être aussi d'Antonio Bertali, l'empereur suivant, Léopold Ier (1658-1705), pratique la musique en véritable professionnel. Non seulement il compose, et avec abondance, mais, deux ans après son avènement, il dirige la représentation de *Il Re Gelidoro* de Bertali, ouvrage dans lequel il avait déjà paru plusieurs fois comme danseur. Cet homme étrange, faible et maladif, avait été destiné dès l'enfance à l'état ecclésiastique. S'il a régné, ce n'est que parce que son frère, Ferdinand IV, pourtant plus robuste, était mort un an après avoir été désigné comme prince héritier. Or Léopold Ier devait occuper le trône pendant près d'un demi-siècle. Il dut même, à plusieurs reprises, se faire chef de guerre, chose pour quoi il n'avait aucun goût et, en apparence, pas le moindre talent. Un concert bien exécuté lui procurait plus de joie qu'une victoire remportée. Ses généraux se plaignaient qu'il n'y eût pas assez d'argent pour l'armée mais qu'il dépensât des sommes folles pour ses représentations d'opéras. Sans doute est-ce pour cette raison que Vienne faillit capituler devant les Turcs, en 1683, et ne dut son salut qu'à l'arrivée in extremis de l'armée du roi de Pologne, Jean III Sobieski.

UN DÉCOR DE DÉLIRE

Près de trois cents opéras et sérénades, cent oratorios ou *sepolcri* seront exécutés à Vienne sous le règne de ce souverain-artiste qui va faire construire en 1659, sur le Josefplatz, un théâtre lyrique permanent, théâtre qui sera détruit par un incendie pendant le siège de 1683 et cédera finalement la place à de nouvelles fortifications. La plupart des œuvres représentées ont pour auteurs les compositeurs ordinaires de la cour, Antonio Bertali (mort en 1669) et Antonio Draghi (Kapellmeister de la cour à partir de 1682). L'empereur lui-même n'est pas en reste, avec 170 pièces de musique de chambre vocale, quatre oratorios, quatre *sepolcri*, deux Messes, trois Sérénades, six partitions lyriques et cent trois danses. Dans le petit club des têtes couronnées qui se piquent d'art musical, qui dit mieux?

Mais le point culminant de la vie musicale du temps est atteint sans aucun doute en 1668 avec la représentation du colossal spectacle commandé au Toscan Antonio Cesti (1623-1669) pour le mariage de l'empereur avec l'infante Marguerite-Thérèse dont c'est également l'anniversaire. Léopold Ier n'a pas hésité à faire revenir Ludovico Burnacini de Venise et à lui commander un immense théâtre d'apparat à la hauteur du spectacle le plus somptueux qu'ait jamais connu l'époque baroque. Antonio Cesti, le compositeur de l'illustre *Pomo d'Oro,* est né à Arezzo. Il est entré très tôt dans les ordres, après quoi il a été promu Maître de chapelle du couvent franciscain et de la cathédrale de Volterra. Mais c'est à Venise qu'il a conquis une véritable réputation européenne avec *L'Orontea,* créée en 1649 au Teatro di Santi Apostoli. Trois ans plus tard, il est engagé à Innsbruck par l'archiduc Ferdinand Karl, après que deux autres de ses opéras ont triomphé à Venise. Cependant, Cesti continue de voyager. En 1658, il est à Rome où il parvient à se faire libérer de ses vœux à condition de ne pas quitter la ville et le service du pape. Mais, rompant l'engagement qu'il a pris envers la cour vaticane, il rentre l'année suivante à Innsbruck où il passera encore quelques mois. L'archiduc Ferdinand Karl étant mort en 1665, sa chapelle est transférée cette année-là à Vienne où Cesti arrive en avril 1666 pour recevoir le titre absolument cocasse de *Capelan d'honore und intendenta delle musiche theatrali.* Tandis qu'il commence la composition de l'ouvrage qui lui a été commandé pour le mariage de l'empereur, il fait représenter successivement, en 1666 et 1667, *Nettuno e Flora, Le disgrazie d'Amore, La Semirami* et le ballet équestre, ce dernier dans la cour du château royal. Il est alors au sommet de sa gloire et de son talent.

Créé les 12 et 14 juillet 1668 dans un théâtre en bois construit tout exprès sur le bastion de la Burg, *Il Pomo d'Oro* occupe une place d'exception dans l'œuvre de Cesti et dans l'histoire de la représentation théâtrale, avec ses cinq actes, représentés en deux soirées d'au moins quatre heures chacune, ses vingt-quatre décors et ses soixante-sept scènes, ses nombreux premiers et seconds rôles, et son orchestre de fosse d'une dimension jamais surpassée jusque-là : vingt-cinq instrumentistes, trompettes, cornets et trombones (pour les scènes infernales), flûtes, bassons, plus les cordes et le continuo. En fait, bien plus que d'un opéra, il s'agit d'une sorte de spectacle total où la poésie, la musique, la danse, la mise en scène, la décoration et l'architecture concourent à l'effet général. Le sujet en a été emprunté à une pièce anglaise du poète élisabéthain George Peele, *Le Jugement de Pâris,* et l'ensemble s'achève, comme il se doit, par un épilogue ou *licenza* à la gloire des souverains et de leur famille, notamment de Marguerite-Thérèse d'Espagne, jeune épouse de l'empereur, victorieuse de tous les tournois. Les personnages, tous plus ou moins symboliques, ne sont évidemment pas là pour soutenir une quelconque tension dramatique. Seul le rôle de Momo, le bouffon des dieux de l'Olympe, qui commente et parodie les événements, se distingue par sa vitalité et sa verve comique qui va jusqu'à la critique sociale. Parmi les décors conçus et réalisés avec une imagination inépuisable par Lodovico Burnacini, il y en a d'aussi spectaculaires que l'Olympe et l'Assemblée des Dieux, le Palais de Pâris, la Bouche de l'Enfer, le Ciel et la Voie lactée, un Port de mer, les Grottes d'Éole, l'Arsenal de Mars, le Temple de Pallas à Athènes, l'Atrium du Palais de Vénus, etc.

Burnacini a conçu le théâtre avec une telle science de l'acoustique que, d'après Francesco Sbarra, le librettiste du *Pomo d'Oro,* aucun des cinq mille spectateurs n'a perdu une seule syllabe du texte, ce qui laisse rêveur le familier des salles d'aujourd'hui. L'empereur lui-même a contribué à l'événement en composant des airs supplémentaires. Toutefois, la musique de Cesti est d'ordinaire plus remarquable et plus remarquée pour sa souplesse et sa diversité dans l'expression, que pour sa pompe et son éclat. On peut donc s'étonner qu'elle ait été capable d'animer cette succession de scènes grandioses, dans lesquelles la reprise de certains airs préfigure l'emploi du leitmotiv. Quoi qu'il en soit, le public impérial a déjà pris conscience, à Vienne, des mérites exceptionnels de Cesti puisque *Il Pomo d'Oro* n'a été que le point culminant d'un véritable festival de ses œuvres qui a duré deux années entières. Bien que le livret, traduit et publié à l'époque en allemand et en espagnol, ait été intégralement conservé, il n'en est malheureusement pas de même de la partition qui, malgré la redécouverte récente d'une partie des troisième et quatrième actes, reste incomplète. Le beau largo confié à Proserpine au premier acte a été longtemps attribué à tort à Francesco Sacrati. La seule reprise connue du *Pomo d'Oro,* à Aidenbach en 1981, a prouvé que l'ouvrage, même pour ce qu'il en reste, ne mérite absolument pas l'oubli dans lequel il est tombé depuis trois cents ans.

Tout au long du règne de Léopold Iᵉʳ, entre 1657 et 1705, le rythme des représentations d'opéras va s'accélérer d'une manière vertigineuse. Alors que, sous l'empereur précédent, de 1630 à 1657, seize représentations lyriques, opéras, oratorios et spectacles divers, avaient été montées à la cour, leur total, pour la période allant de 1658 à 1705, atteint le chiffre stupéfiant de quatre cents. L'empereur lui-même se fait la main, en 1660 et 1663, avec deux *sepolcri, Il Sacrificio d'Abramo* et *Il figluol prodigo,* en 1680 avec un ouvrage allemand, *Die vermeinte Bruder und Schwesterliebe* (Le Prétendu Amour entre frère et sœur), et trois ans plus tard avec une comédie pastorale, *Der thörichte Schäfer* (Le Sot Berger). Cependant, on ne fait plus appel, comme auparavant, à des compositeurs célèbres venus d'ailleurs, du rang d'un Cavalli ou d'un Cesti, mais aux simples Kapellmeister de la cour, c'est-à-dire d'abord au très présent Antonio Bertali, dont il ne faut pas oublier qu'il est le premier compositeur italien à occuper hors de son pays un poste fixe dans une cour étrangère. Il produit un nombre imposant d'oratorios et de motets et apporte lui aussi sa contribution aux fastes du mariage impérial avec un ballet équestre, *La Contesa dell'aria e dell'acqua* (La Lutte de l'Air et de l'Eau), agrémentée de musiques de trompettes de Schmelzer. À sa mort, survenue deux ans plus tard, Bertali est remplacé par son assistant, le Romain Giovanni Felice Sances, qui conservera sa charge jusqu'à sa mort, en 1679, et sera l'un des premiers compositeurs de l'histoire à intituler « cantate » des œuvres de chambre pour voix seule et instruments. Lui encore va fournir régulièrement la cour en opéras, oratorios et pièces sacrées de toute importance.

Mais la quasi-totalité des ouvrages représentés à Vienne à partir de 1680 ont pour auteur le successeur de Sances, Antonio Draghi (1634?-1700). C'est le compositeur de cour idéal, qui s'adapte avec une facilité déconcertante à tous les genres, à tous les styles, à toutes les circonstances. Il est né à Rimini mais on ne sait presque rien de ses années de formation en Italie. On connaît en revanche celle de son arrivée à Vienne, 1658, date à laquelle il entre au service de l'impératrice douairière Eleonora. Les premières tâches qu'il accomplit sont littéraires puisqu'il s'agit de la rédaction de livrets pour Pietro Ziani et Antonio Bertali. Le premier opéra qu'on puisse lui attribuer avec certitude est *La Mascherata* (1666). Trois ans plus tard, il est nommé Kapellmeister de l'impératrice Eleonora puis, en 1673, directeur de la musique dramatique à la cour impériale, et enfin, en 1680, à la mort de Schmelzer, Kapellmeister principal et Hofkompositor, postes qu'il occupe jusqu'à ses derniers jours. Draghi est certainement le musicien lyrique le plus fécond de tout le XVIIe siècle, avec un catalogue de 174 ouvrages profanes qui comprennent 124 opéras (dont 60 en un acte), la plupart sur des sujets mythologiques, à quoi s'ajoutent encore 41 oratorios ou *sepolcri* et deux Messes. C'est à Draghi que l'on doit l'un des premiers spectacles comiques représentés à Vienne, *La Laterna di Diogene* (1674), qu'il faut considérer comme l'ancêtre de l'opéra-bouffe du XVIIIe siècle et même des comédies populaires viennoises du XIXe. Pour rédiger les livrets et poèmes indispensables, la cour a désormais son Hofpoet attitré, naturellement un italien pur-sang. Cette charge, que le célèbre Métastase illustrera glorieusement au cours du siècle suivant, est successivement remplie par Aurelio Amalteo, puis par Nicolo Minato, auteur de cent soixante-dix livrets, la plupart mis en musique par Draghi.

Dans les pièces scéniques de Draghi, les ensembles et les chœurs sont plus soignés que le reste, et les récitatifs souvent plus réussis que les airs qui contiennent une abondance de formules stéréotypées. Le style ne se différencie pas de celui pratiqué à la même époque à Venise et l'on n'y relève pratiquement aucune originalité. En effet, Draghi n'a presque pas eu de contact avec des musiciens extérieurs au cercle viennois. Il connaissait parfaitement les goûts de son souverain et savait trop bien comment les satisfaire pour se livrer à la moindre expérience. Léopold Ier lui marquera ostensiblement son impériale satisfaction en composant lui-même des airs d'appoint pour une trentaine de ses opéras, en les dirigeant à plusieurs occasions ou en dansant lui-même dans les ballets, comme il l'avait fait pour *Il Re Gelidoro* de Bertali. Mais, grâce à Draghi, à sa plume intarissable, Vienne devient, dans les vingt dernières années du XVIIe siècle, le principal centre lyrique de tradition italienne hors de la péninsule.

Il ne faut pas oublier non plus que les grands événements de la cour sont célébrés par de brillantes représentations qui alors sont toujours des œuvres collectives, même si elles n'atteignent plus la somptuosité incomparable du *Pomo d'Oro* de 1668. En 1674, la naissance d'une princesse impériale est fêtée, dans le théâtre de Burnacini et devant des décors conçus et réalisés par ses soins, avec un opéra de Draghi, *Il Fuoco Eterno,* pour lequel Santo Ventura a écrit les ballets et Schmelzer une partie des airs. Les mêmes auteurs collaborent à une soirée plus étonnante encore, quatre ans plus tard, peu après la naissance du prince héritier. L'ouvrage, dédié à la gloire des Habsbourg, s'intitule *La Monarchia latina trionfante,* ce qui, malgré la circonstance et le titre de romain que porte encore l'empereur germanique, est quelque peu excessif pour ce qui relève de sa latinité.

À la fin du règne de Léopold Ier, on attend et réclame un si grand nombre de représentations d'opéras et d'oratorios qu'un seul compositeur ne suffit plus, à la cour viennoise, comme du temps des Bertali et des Draghi. Plusieurs de ces inépuisables fournisseurs de musique sont pourtant demeurés relativement obscurs, comme par exemple deux petits maîtres de l'école vénitienne, Carlo Agostino Badia (1672-1738), Hofkompositor de 1694 à sa mort, auteur de vingt opéras ou sérénades, et de trente-quatre oratorios dans un style vénitien très traditionnel mais qu'étoffe une écriture orchestrale exceptionnellement riche, et Marc' Antonio Ziani (1653?-1715), compositeur presque aussi prolifique, Vice-Kapellmeister dès 1700, puis nommé Hofkapellmeister en 1712, après le couronnement de Charles VI, et enfin le contre-ténor Antonio Pancotti (1635?-1709), successeur de Draghi comme Kapellmeister de la cour. La vogue croissante des castrats est attestée à Vienne par la présence du Bolonais Pier Francesco Tosi (1646-1727), Hofkomponist sous le règne de Joseph Ier, auteur d'un des premiers traités sur l'art vocal, qui a reçu plusieurs fois la mission de recruter en Italie des chanteurs pour la Chapelle impériale, et en particulier des castrats.

Mais ce début du XVIIIe siècle connaît toutefois un événement remarquable et qui mérite bien d'être détaillé : la présence à la cour d'un compositeur de tout premier ordre, qui n'est pas d'origine italienne mais de souche autrichienne authentique. Né près de Graz dans une famille de paysans, Johann Joseph Fux (1660-1741) a reçu une formation précoce d'organiste, suivie d'études universitaires chez les Jésuites, études qu'il a parachevées en Italie, notamment à Rome avec Bernardo Pasquini. Dès 1698, l'empereur Léopold Ier a distingué ses talents d'exception et l'a nommé Hofkomponist, titre spécialement créé pour lui. Cinq ans plus tard, Fux accepte le poste de Vice-Kapellmeister à la cathédrale Saint-Étienne où il succède en 1712 au Kapellmeister en titre. Sous le règne très bref de Joseph Ier (1705-1711), il conserve sa charge de compositeur et il y ajoute, sous le règne de Charles VI (1711-1740), celle de Kapellmeister de la cour, succédant ainsi à Ziani. En 1716, il a déjà composé, pour la naissance de l'archiduc Léopold et après la victoire sur les Turcs du prince Eugène de Savoie, une *festa teatrale* qui s'efforce de reprendre la tradition du *Pomo d'Oro, Angelica vincitrice d'Alcina*. Elle est représentée en plein air, dans le parc du château de la Favorita, avec des machines de Ferdinando Galli-Bibiena et un décor qui utilise l'étang tout entier, avec ses deux îles. L'orchestre est divisé en deux groupes, selon la tradition vénitienne. Avec son double ensemble de vents, il joue un rôle d'importance dans les scènes de magie comme dans l'air de vengeance d'Alcina. L'ouvrage entier a remporté un grand succès lors de sa reprise moderne à Graz au début des années 1980.

Lorsque, en 1723, le jeune archiduc accède au trône de Bohême, c'est évidemment à Fux qu'il commande un nouvel opéra de circonstance, toujours à la gloire des Habsbourg, *Costanza e Fortezza* (le titre reproduit la devise personnelle du monarque). La représentation a lieu en plein air, au Hradšany de Prague. On a confié à Giuseppe Galli-Bibiena, membre de la célèbre dynastie bolonaise, le soin d'édifier un fastueux théâtre et de dessiner de stupéfiants décors qui comprennent notamment des grottes, un plan d'eau et même des cascades. L'intrigue évoque un épisode de la république romaine et de la guerre avec les Étrusques. Le premier décor représente le temple de Vesta, le palais de Tarquin en ruines, le Janicule occupé par les Étrusques, le tout sur un fond de forêts. Et dans la scène finale, chef-d'œuvre du décorateur, une sombre caverne se transforme en un arc de triomphe pour l'apothéose de l'impératrice Élisabeth Christine. À en croire le célèbre flûtiste Johann Joachim Quantz, qui fait partie de l'orchestre avec deux autres musiciens saxons non moins célèbres, le luthiste Sylvius Weiss et le compositeur Carl Heinrich Graun, et, aux côtés de l'illustrissime violoniste istrien Giuseppe Tartini, cent chanteurs et deux cents instrumentistes ont participé à cette représentation en trois actes et trente-sept scènes, sous la direction d'Antonio Caldara. Car Fux, vieillissant, souffre alors d'une crise de goutte. Plein de prévenance, l'empereur l'a fait venir spécialement et l'a installé à quelques pas de lui dans la tribune d'honneur pour lui offrir la compensation de voir son œuvre dans tout l'éclat de la représentation. Mais, comme c'est alors la coutume, la soirée s'achève par un ballet du Hofkompositor Nicola Matteis (1675?-1737).

L'année suivante, pour l'exécution d'un nouvel opéra de Caldara, *Euristeo,* le compositeur hambourgeois Johann Mattheson, qui est de passage à Vienne, note la présence de l'empereur Charles VI au clavecin et celle des deux archiduchesses, Marie-Thérèse et Marie-Anne, dans la distribution. En 1719, Charles VI avait déjà accompagné et dirigé l'*Elisa* de Fux, qui mettait en scène le sujet de Didon et Enée. On raconte que, à l'issue de ce spectacle, le compositeur a voulu exprimer à l'empereur-chef d'orchestre sa reconnaissance en termes fleuris et que, en panne d'épithète, il a fini par regretter que le souverain n'ait pas fait de la musique sa profession. Ce à quoi Charles VI, sans doute quelque peu agacé, répond en substance : « Vous devriez être pourtant le dernier à vous plaindre de la situation que j'occupe... »

Avec ses quinze opéras, ses quatorze oratorios, ses quelque quatre-vingts messes, ses innombrables motets et son abondante production de musique instrumentale, Fux compte parmi les compositeurs les plus fertiles de l'époque baroque. C'est encore à lui qu'on commandera, en 1736, un Te Deum pour le mariage de l'archiduchesse Marie-Thérèse avec François-Étienne de Lorraine. On a recensé aujourd'hui près de cinq cents partitions de sa plume sur les six ou sept cents qu'il aurait achevées. Publié en 1725 aux frais de l'empereur, son ouvrage théorique, le *Gradus ad Parnassum* est considéré comme le premier traité moderne de contrepoint, peut-être le plus important. Il a été tenu pour fondamental par toute l'époque classique, et l'on a tort de ne le connaître que par les citations qu'en ont faites des épigones tardifs comme Albrechtsberger, Cherubini, Schenker et beaucoup d'autres. À travers ses élèves, notamment Gottlieb Muffat et Georg Christian Wagenseil, que nous retrouverons parmi les représentants du préclassicisme viennois, Fux a exercé sur les générations suivantes une influence aussi profonde que durable.

À cause du sérieux, pour ne pas dire de la sévérité de ses ouvrages, Fux a été surnommé le *Palestrina autrichien,* ce qui paraît le mettre définitivement au rang des irréductibles nostalgiques du passé. Or il n'en est rien. Fux a effectivement pris pour modèle les œuvres du grand Romain et il a prolongé la tradition des œuvres *a cappella* mais, dans le *Gradus ad Parnassum,* il les distingue de celles qu'il a composées en *stylus mixtus,* c'est-à-dire des pièces concertantes et qui font d'ailleurs, elles, appel aux instruments parmi lesquels un rôle important est dévolu aux vents. Sa musique instrumentale, et en particulier le *Concentus musico-instrumentalis* de 1701, qui comprend des sonates et suites aux distributions infiniment variées, prouve qu'il connaissait parfaitement et savait heureusement concilier le style français, avec ses rythmes caractéristiques, ses titres ou ses suggestions de programme, le style italien et des éléments issus du folklore autrichien. À l'occasion, il pouvait même s'inspirer de la « Musique des Janissaires » ! De fait, l'ensemble de sa production révèle deux tendances : d'une part une monumentalité, un sentiment dramatique, une ostentation et une fantaisie d'ornementation absolument baroques, et d'autre part une inspiration mélodique dépouillée, nourrie d'une expressivité sensible, extrêmement variée dans ses nuances. Pourtant il faut reconnaître, dans les opéras de Fux et surtout dans les grands chœurs en style savant de *Costanza e Fortezza,* une magnificence un peu raide qui est nettement plus ecclésiastique que théâtrale, ce qui n'empêche pas que le rôle de Fux dans l'histoire du théâtre viennois reste de premier plan. Grâce à lui et aux réformes introduites dans la rédaction des livrets par le poète de la cour, Apostolo Zeno, l'*opera seria* viennoise se distingue désormais de celle de la péninsule par une splendeur orchestrale et une rigueur contrapuntique qui lui appartiennent en propre. Les grands opéras de Fux reposent sur des ensembles de solistes et des chœurs à quatre ou cinq voix, et aussi sur la grande aria da capo avec accompagnement obligato. Certains de ces accompagnements recourent même à des procédés comme la fugue et le canon. Dans l'orchestre, les instruments à vent occupent une place de plus en plus importante et Fux y introduit pour la première fois le chalumeau, ancêtre de la clarinette. Cette diversité de timbres prépare déjà celle de Gluck.

L'INVASION ITALIENNE

À côté de Fux, dans son ombre qu'on peut imaginer favorable, s'affirment d'autres grandes personnalités musicales, telles que Giovanni Battista Bononcini (1670-1747), Antonio Caldara (1670 ?-1736), Francesco Conti (1681-1732), Giuseppe Porsile (1680-1750) et Luca Antonio Predieri (1688-1767). Né à Modène, Bononcini a déjà conquis la célébrité en Italie pour sa *Camilla, regina dei Volsci* lorsqu'il est engagé en 1698 par Léopold Ier, qui lui offre tout de suite un salaire des plus confortables. En 1708, c'est son ouvrage, *Il Natale di Giunone festeggiato in Samo,* qui inaugure le tout nouvel Opéra, le Kärntnerthortheater de Giuseppe Galli-Bibiena. Bononcini conservera la confiance et la considération de la cour pendant tout le règne de Joseph Ier mais il quittera Vienne à la mort du souverain, en 1711, et pour plus de vingt ans pendant lesquels il composera avec acharnement pour les différents théâtres de Rome et de Londres. C'est seulement vers 1740 qu'il rentre définitivement à Vienne où il donne à la cour encore trois opéras, avant de s'éteindre sept ans plus tard dans un dénuement et une obscurité que ne pouvaient laisser prévoir le triomphe des vingt-deux ouvrages, oratorios, *opere serie* et comédies qu'on lui avait commandés. Il faut préciser que Bononcini a eu longtemps mauvaise réputation à cause des « artifices contrapuntiques » et des éléments prémonitoires du style « galant » que l'on décèle dans sa musique. Mais il exploite en général une veine tendrement lyrique, et même pastorale, qui a nourri ses très nombreuses (plus de cent) cantates. Quoi qu'il en soit, Händel, qui a été pendant un temps son rival à Londres, avait assez d'admiration à son égard pour s'approprier certains de ses airs, en les étoffant et en les ornant à plaisir. Bien sûr, personne, en ce temps-là, ne se choquait ni même ne s'étonnait de tels emprunts, considérés plutôt comme un hommage.

Quant au Vénitien Antonio Caldara, élève de Giovanni Legrenzi, il a commencé sa carrière à Venise, à Mantoue et à Rome avant de faire partie de la Chapelle du futur Charles VI à Madrid. Dès 1712, il est à Vienne et attend à peine trois ans pour devenir Kapellmeister de la cour. Il va y demeurer jusqu'à sa mort, en 1736, et y composer en vingt ans une centaine d'opéras, dont près de cinquante expressément pour la cour viennoise, et naturellement une quantité d'oratorios. Il avait l'estime et la faveur de tous, et notamment de son collègue Fux. Sa musique, avant tout ses cantates, conservera une vraie popularité pendant tout le XVIIIᵉ siècle, au point qu'on en décèle l'influence jusque chez Mozart.

Le Florentin Francesco Conti, qui fut à ses débuts virtuose du théorbe, a également, à partir de 1706, alimenté l'insatiable cour viennoise d'une cinquantaine de partitions, opéras, oratorios, intermezzi comiques, dont la plupart ont été repris un peu partout à travers l'Europe. Il avait, entre autres tâches, celle extrêmement importante d'écrire chaque année un opéra pour le carnaval et il a le mérite d'avoir introduit à Vienne, dans ses propres opéras, à partir de 1713, des *intermezzi* comiques. Sa pièce *Don Chisciotte in Sierra Morena* a été qualifiée par Mattheson d'« excellent chef-d'oeuvre de musique comique » – elle a d'ailleurs été reprise récemment dans le cadre d'un festival anglais. En définitive, si Fux est resté fidèle à un certain nombre de modèles qu'il tenait pour des critères absolus, Conti, lui, a beaucoup expérimenté et modifié considérablement son style en fonction des livrets qu'il mettait en musique. Or, son dernier ouvrage, *Issipile,* comme celui qui achèvera la carrière de Bononcini, utilise, en 1732, un des premiers livrets écrits à Vienne par Pietro Metastasio.

Il faut dire que la carrière à Vienne de Métastase, poète dramatique romain prodigieusement fécond (1698-1782), ne peut pas être séparée de l'histoire viennoise de l'opéra. Engagé par l'empereur en 1730, sur la recommandation de son prédécesseur Apostolo Zeno, Métastase va y passer les dernières cinquante-deux années de sa vie. C'est là qu'il exercera sur l'ensemble de l'opéra italien et allemand une influence aussi déterminante que celle de Lully au siècle précédent. Il rédigera une quantité astronomique de livrets et de textes de cantates en style galant et en vers italiens, renommés pour leur charme, leur douceur, sinon pour leurs élans de passion. Ces textes vont être mis en musique par tous les musiciens du XVIIIᵉ siècle à peu d'exceptions près, certains par soixante ou soixante-dix compositeurs dont une majorité de Viennois.

Mais voici qu'apparaît l'un des rares Napolitains à avoir été en poste à la cour viennoise. C'est Giuseppe Porsile (1680-1750), que Charles VI a tout d'abord engagé pour sa Chapelle de Barcelone, puis attiré à Vienne en 1714. Entre 1717 et 1737, Porsile accouche pour son maître de vingt et un ouvrages lyriques et de treize oratorios. Bien que sa réputation n'ait pas franchi les frontières de l'Autriche, il y jouit d'une grande faveur car le goût académique des Viennois apprécie son adoption de la pompeuse ouverture à la française et son talent de contrapuntiste, à une époque où pourtant triomphe partout la mélodie accompagnée. De plus, Porsile a su rassembler dans sa musique certains éléments nord-italiens, qui

deviendront bientôt les ingrédients essentiels du style classique, et cultiver en même temps les timbres instrumentaux avec un sens de l'expression qui lui vient évidemment de son Sud natal.

En 1741, à la mort de Fux, ce n'est pourtant pas à Porsile qu'échoit le
poste envié de Kapellmeister mais au Bolonais Luca Antonio Predieri
(1688-1767) qui va s'y illustrer une décennie durant, avec une dizaine
d'opéras (dont six sur des livrets de Métastase) et deux oratorios.
Pourtant, à cette époque de transition, où le style musical est en pleine
mutation, la Chapelle impériale qui, sous le règne de Charles VI, a
compté jusqu'à 134 membres, est en train de perdre de son importance
au fur et à mesure que se multiplient les entreprises privées de théâtre.
Pour autant, la réputation de Vienne comme capitale de la musique italienne au Nord des Alpes n'est pas encore ternie. En effet, si nous échappent les raisons précises pour lesquelles, en 1740, Antonio Vivaldi s'y
rend à l'âge de soixante-deux ans, tout porte à croire qu'il s'attend à y
recevoir au moins une commande ou peut-être même une charge, étant
donné les contacts qu'il a déjà noués en 1728 avec l'époux de Marie-
Thérèse, François-Étienne de Lorraine. Mais ses espoirs ont sûrement été
déçus, à en juger par le seul document qui atteste de sa présence à
Vienne, un reçu daté du mois de juin 1741 et signé de sa propre main,
pour sceller la vente de plusieurs de ses autographes à un aristocrate
d'origine vénitienne. L'illustrissime Prêtre roux loge alors chez la veuve
d'un sellier et c'est là que la mort va le surprendre un mois plus tard. Il
ne faut même plus espérer retrouver aujourd'hui la moindre trace de ce
séjour viennois car cette maison de la Kärntnerstrasse, où il a habité, a été
détruite en 1858 lors du percement de la Ringstrasse, et le cimetière où
il a été enterré a disparu lui aussi depuis longtemps. Dans ses dernières
années, sa prodigalité bien connue avait laissé Vivaldi complètement
démuni, de sorte que son enterrement fut celui d'un pauvre, presque
d'un indigent.

La chronique viennoise de la première moitié du XVIIIe siècle serait
incomplète si l'on n'y ajoutait les succès remportés par quelques musiciens de marque venus de l'étranger. Certes les opéras de Händel sont
étrangement absents de la scène viennoise comme ceux de Rameau,
mais l'un des plus célèbres compositeurs lyriques allemands, Johann
Adolf Hasse (1699-1783), y est représenté en 1744, 1762, 1767, 1768,
1770 et 1771. On ne saurait pour autant en tirer la moindre conclusion
sur une influence nouvelle de l'art allemand en Autriche puisque les
quatre opéras que lui a commandés la cour viennoise utilisent des livrets
de Métastase et que sa musique célèbre avant tout le triomphe du beau
chant à l'italienne, même dans son *Egeria* offerte à Joseph II pour son

couronnement et où quatre archiduchesses le disputaient aux artistes les plus titrés. Un autre visiteur de qualité est, à plusieurs reprises, le Napolitain Nicola Porpora (1686-1768) dont trois ouvrages ont été demandés et montés à Vienne entre 1714 et 1718, pour les anniversaires des deux souverains, ce qui montre à quel point il est alors admiré jusque loin de chez lui. Un de ses opéras, *Angelica,* créé à Naples en 1720, utilise d'ailleurs l'un des premiers poèmes connus de Métastase. En 1737, l'oratorio *Gedeone* lui est commandé pour la Hofkapelle de Charles VI. Cinq ans plus tard, après la création de *La Rosmene,* Porpora consent à s'installer à Vienne. Mais, au début de la guerre de Sept Ans, sa situation devient précaire, le nombre des productions lyriques a été considérablement réduit, et il finit par quitter Vienne sans espoir de retour. On reparlera plus loin des contacts qu'il a noués avec Joseph Haydn à l'extrême fin de ce séjour.

Il faut enfin mentionner le bref passage viennois (1643-1645) d'Orazio Benevoli (1605-1672) car le futur maître de Chapelle du Vatican, et auteur de la fameuse *Missa Salisburgensis* (1628) pour 53 voix, écrivit pour Vienne des Messes pour dix ou douze chœurs ; et enfin, pour revenir au théâtre, il ne faut pas oublier les commandes passées à Niccolo Jommelli (1714-1774), là encore sur des livrets de Métastase, *Catone in Utica* et *Achille in Siro,* qui méritent l'attention car l'emploi du chœur, l'ampleur et l'étendue symphoniques de certain tutti comme la suppression de toute césure entre les soli, les dialogues et les chœurs ont vraisemblablement servi de modèle à Gluck. L'Italien du Sud Tommaso Traetta (1727-1779), quant à lui, s'est rendu à Vienne par trois fois pour assister à l'exécution des pièces *Armida* (1761), *Ifigenia in Tauride* (1763) et *Fetonte* (1768). Gluck dirigera le second de ces ouvrages à Florence en 1767, onze ans avant de mettre en musique le même sujet. En outre, Traetta bouscule la forme même de l'opera seria en introduisant des airs brefs, intitulés cavatas ou cavatinas (dont on sait que le genre va faire grande carrière), et reprend quelques-uns des traits essentiels de l'opéra français, en particulier de Rameau, qu'il va également transmettre à Gluck. N'avait-il pas signé déjà une adaptation italienne de *Castor et Pollux* sous le nom de *I Tindaridi* pour l'Opéra de Parme en 1760 ?

L'HEURE OÙ LES JEUX SE FONT

Mais, au tableau de l'époque préclassique, il est indispensable d'ajouter encore la musique de danse, qui prend une importance croissante, à la cour comme à la ville, et commence à adopter un caractère spécifiquement viennois. Dans un recueil manuscrit exhumé à Kassel, on trouve dès 1650 une suite de danses allemandes intitulée *Wiennische Ballet*. Même à la cour, on entend de ces danses rustiques dans les divertissements impériaux, lorsque les souverains, déguisés en bergers ou en aubergistes de campagne, arborant les costumes nationaux des différents États de la couronne, accueillent leurs invités par une pastorale ou une « noce paysanne » (Marie-Antoinette s'en souviendra-t-elle à l'heure de faire construire un hameau dans le parc de Trianon ?).

Une tablature de luth leipzigoise de 1681 contient une *Partita ex Vienna* dont l'une des pièces, *Brudertanz,* passe pour être à l'origine de la valse viennoise. Il est vrai que le rythme à trois temps s'impose déjà à un grand nombre de chants populaires. Le plus célèbre, *O du lieber Augustin,* qui immortalise la survie miraculeuse d'un chanteur tombé ivre dans la fosse des pestiférés pendant l'épidémie de 1679, date sans doute de la fin du XVIIIe siècle. Mais le rythme ternaire se manifestait aussi dans des mélodies plus anciennes, comme *Hab ich kein Federbett* (Si je n'ai pas d'édredon), ou le *Grossvatertanz* (Danse du grand-père) cité par Bach dans sa *Cantate paysanne* et par Schumann dans *Papillons* et *Carnaval*. Bref, par ses rythmes autant que par ses mélodies, par son esprit autant que par sa forme, l'art populaire viennois se glisse avec obstination dans la musique savante de l'époque, sapant peu à peu les principes dominants du haut-baroque et le pathos propre à l'opéra.

Mais l'apparition prochaine du Singspiel viennois ne serait pas tout à fait explicable sans une autre influence populaire, celle du théâtre des rues de la capitale. Lointain descendant de la commedia dell'arte italienne, ce théâtre de tréteaux a prospéré à la fin du XVIIe siècle dans des baraques installées sur les principales places. Au début du siècle nouveau, il va être pour ainsi dire institutionnalisé par le comédien styrien Josef Anton Stranitzky (1676-1726), inventeur du personnage burlesque de Hans Wurst, qu'il incarnera d'innombrables fois à la scène et qui va donner son nom au genre. Après avoir animé une baraque foraine du Hohe Markt, Stranitzky reprend en 1712 la gérance du Stadttheater situé près du Kärntnerthor et construit en 1708 sur des plans de Galli-Bibiena. Il y tient tête avec succès à la concurrence italienne du Burgtheater. La tradition qu'il a ici fondée sera prolongée par Gottfried Prehauser (1699-1769) et Josef Felix von Kurz (1717-1784), inventeur, lui, du personnage de Bernardon. Ainsi est né un genre nouveau et strictement viennois, un théâtre d'improvisation dans lequel la musique joue un rôle d'autant plus important que la plupart des pièces satirisent en les parodiant les pompes de la scène lyrique, ses *accompagnati,* ses *lamenti* et ses ensembles stéréotypés. Un témoin, Johann Basilius Küchelbecker, écrit en 1730 : « À Vienne, on a toute l'année, sauf pendant le Carême et l'Avent, des comédies allemandes qui sont représentées tous les jours à l'exception du vendredi, dans le Stadttheater reconstruit près du Kärntnerthor. [...] L'orchestre est composé d'excellents musiciens, tels qu'on n'en trouve pas facilement en Allemagne même. »

En 1731, un ouvrage de Stranitzky parodie l'un des opéras du compositeur hambourgeois Reinhard Keiser, *Die Romische Lucretia* (La Lucrèce romaine). L'effet comique provient en grande partie de ce que le même acteur tient les rôles de Tarquin le Superbe et de Hans Wurst. Un autre, *Prinzessin Pumphia,* où tous les rôles féminins sont confiés à des hommes, se gausse ouvertement des castrats. Hors la parodie, le mélange constant des styles populaire et savant apporte aussi d'intarissables effets comiques. Il arrive qu'un « duo de vengeance » tourne à la polka au moment où les deux adversaires se réconcilient. Les scènes conventionnelles de fantômes, qui sont monnaie courante dans les *opere serie,* sont également tournés en ridicule : lorsque paraît le spectre attendu du bien-aimé, un adagio pathétique et distingué se transforme en rengaine rapide et lourdement plébéienne.

Le jeune Josef Haydn ne dédaignera pas de composer, sur des livrets de Kurz, plusieurs comédies musicales, et notamment un « opéra-comique » intitulé *Der Krumme Teufel* (Le Diable boiteux), qui lui est payé vingt-cinq ducats, somme considérable pour un débutant. Mais c'est pourtant une excellente affaire pour le commanditaire puisque l'ouvrage fait bientôt le tour de l'Allemagne. La partition a malheureusement disparu mais quatre volumes manuscrits de textes, et deux d'arias de comédies allemandes composées entre 1754 et 1758, ont en revanche subsisté. Quelques-unes de ces arias sont vraisemblablement de la plume de Haydn.

Pour l'art instrumental, le début du XVIIIᵉ siècle s'impose aussi comme une époque de transition, marquée ici par la présence et l'activité de plusieurs Autrichiens de valeur. Certes, le père de Gottlieb Muffat (1690-1770), Georg Muffat, organiste à Strasbourg, à Salzbourg, puis à Passau, était d'origine écossaise et allemande, mais son fils Gottlieb n'en a pas moins passé toute sa vie à Vienne, où il est arrivé à l'âge de vingt et un ans. Il y est organiste de la cour à partir de 1717. Professeur des enfants impériaux et notamment de Marie-Thérèse, il assiste aussi son maître Fux à Prague pendant les répétitions de *Costanza e Fortezza.* Ses *Componimenti musicali* (1736?) seront répandus dans tout le monde germanique. Ses illustres *72 Versetl sammt Toccaten,* brèves fugues pour orgue publiées en 1726, dépassent en importance tous les autres recueils du début du XVIIIᵉ siècle. Ils s'en distinguent aussi parce que, comme celles de *L'Art de la fugue* de Bach, les fugues de Muffat ne sont pas précédées de préludes. Quinze ans plus tard, Muffat est promu premier organiste de la cour. Mais ses *Ricercari* inédits ont certainement plus de vie, pour ne pas dire plus de souffle que ses fugues. Muffat se distingue en fait de ses prédécesseurs par l'utilisation de matériaux profanes, et même rustiques, parfois en rythmes de danse, et cela y compris dans ses « Versets » sacrés. Parmi les nombreuses pièces inédites, il en est d'hyperexpressives (le *Capriccio desperato* par exemple). De nombreux éléments, comme les préludes en arpèges, les rythmes pointés et les « petites reprises » sont empruntés à Couperin. Cette influence française vient contrebalancer chez Muffat celle de l'Italie, et l'apparition de « Finales » de forme libre, remplaçant les gigues antérieures, comme son traitement très libre des tonalités, font de lui un ancêtre incontestable du classicisme viennois, alors que ses formes à l'antique maintiennent les traditions rigoureuses du passé.

Comme Gottlieb Muffat, Georg Reutter II (1708-1772) est le fils d'un organiste de renom international, mais cette fois purement viennois. Élève de Caldara, il est envoyé sur le conseil de Fux en Italie pour parachever ses connaissances, après quoi il se voit attribuer en 1731 le titre et la fonction de Hofcomponist. Avant la mort de Charles V, c'est-à-dire avant 1740, il n'écrit pas moins de trente-huit opéras, ce qui fait de lui le compositeur le plus prolifique de la cour viennoise après Caldara. Kapellmeister de la cathédrale Saint-Étienne, il est l'auteur d'une œuvre qui constitue un véritable trésor pour les musicologues. En effet, cette *Missa S. Caroli* de 1734 témoigne à elle seule de l'évolution du style et du goût car elle contient aussi bien des morceaux contrapuntiques à l'ancienne que d'autres, d'écriture exclusivement harmonique, qui accompagnent les prouesses d'un soliste virtuose de l'instrument ou de la voix. C'est Georg Reutter qui, en 1739, engagera Joseph Haydn enfant comme membre de la Kantorei. Il est anobli en 1740, mais il n'obtient finalement le titre de Kapellmeister qu'en 1769, à la mort de Predieri, alors qu'il assure de fait cette responsabilité depuis dix-huit ans. Toutefois, le nombre des musiciens de la Chapelle impériale n'a pas cessé de diminuer à cette époque, de 134 sous le règne de Charles VI à une vingtaine, et la qualité des exécutions s'en ressent. Le Kapellmeister n'a plus la haute main sur les représentations théâtrales. En 1742 s'est ouvert dans l'ancien Ballhaus (Jeu de Paume) le premier théâtre privé, « avec privilège de la cour », le Burgtheater. Marie-Thérèse elle-même va le fréquenter et parfois le louer pour des spectacles de commande. Mais, dix ans plus tard, la ville et la cour reprennent la direction du Burgtheater et du Kärntnerthortheater (ou Stadttheater). En outre, le comte Durazzo a été nommé en 1760 directeur de la musique de cour et de chambre. Grâce à lui, l'opéra va connaître à Vienne un nouvel âge d'or. Cependant, jusqu'à sa mort, Reutter mène une existence confortable en cumulant les avantages de Kapellmeister de la cour et de la cathédrale. Plus encore que ses opéras et oratorios, ses symphonies et divertissements instrumentaux adoptent déjà les schémas classiques. Certes, son contemporain le musicologue anglais Charles Burney, alors en voyage d'étude en Autriche, a condamné sa musique comme « riche en bruit et pauvre en signification ». Mais il n'en reste pas moins que Reutter a joui jusqu'au bout de l'estime de la cour qui voit en lui longtemps et « incontestablement le plus grand compositeur qui ait chanté la louange du Seigneur ».

Il est vraisemblable que si Reutter a déplu à Burney c'est que, en 1772, il appartient désormais à un époque révolue. Au milieu du XVIIIe siècle, l'art musical est en pleine mutation. La logique abstraite des parties le cède à la saveur des timbres. La palette orchestrale annexe de nouveaux instruments tels que la clarinette. Et, comme l'enseignement musical a été considérablement développé sous le règne de Léopold Ier, Vienne possède désormais, pour tous les instruments, ses propres virtuoses capables de rivaliser avec les plus célèbres Italiens. On commence même à voir apparaître les premières dynasties viennoises d'instrumentistes, comme les hautboïstes de la famille Glätzl, les trompettistes de la famille Christian, etc.

Conséquence de ce phénomène nouveau, les alternances dynamiques en terrasses de la fin du baroque en arrivent à lasser les oreilles raffinées du siècle des lumières. Elles leur semblent quelque peu rustiques et démodées en comparaison des subtils effets de gradation, mis au point à Mannheim par des compositeurs dont la plupart sont d'ailleurs viennois ou bohémiens. Dans les œuvres instrumentales, le matériau thématique a besoin d'un contraste nouveau et d'un développement. Né au théâtre mais désormais divorcé de lui, un genre indépendant, la symphonie, prospère à Vienne comme ailleurs. Vers 1740, aux trois mouvements originels de cette symphonie naissante s'ajoute un menuet qui lui donne sa forme définitive. Bref, la scène est maintenant toute prête pour l'explosion fabuleuse qui va faire de Vienne, dans le dernier tiers du XVIIIe siècle, non plus une succursale de Venise ou de Milan, mais la capitale de la musique germanique, et peut-être bien de la musique tout court.

CHAPITRE III

Les trois piliers du classicisme :
Gluck, Haydn, Mozart

Depuis plus d'un siècle, Vienne s'était donc découvert une *passione predominante* pour le théâtre. À partir de 1750, cette passion va gagner toute la ville et mobiliser d'abord les couches les plus fortunées de la société. Certes, à Schönbrunn, à la Favorita, à Laxenburg et dans les différents parcs royaux, les souverains continuent de commander pour les grandes occasions des représentations fastueuses mais, maintenant, la cité elle-même doit satisfaire par des spectacles quotidiens l'appétit théâtral de ses habitants. Aussi la cour et la ville soutiennent-elles *intra muros* les deux grandes scènes dont nous avons déjà parlé mais qui ne sont pas exclusivement lyriques puisque la séparation des deux genres, parlé et chanté, ne s'est pas encore traduite dans l'architecture.

L'opéra italien, qu'il soit sérieux ou qu'il soit bouffe, a imposé ses conventions à tous, même aux compositeurs germaniques. Chez ceux-là, de plus en plus nombreux, une réaction ne pouvait manquer de s'élever un jour. C'est ce mouvement que l'histoire considère aujourd'hui comme une véritable révolution musicale, une révolution qui s'accomplit d'abord à l'intérieur des frontières de l'Autriche et qui, pour la toute première fois, va placer le pays à l'avant-garde de l'Europe. Gluck en sera le Robespierre.

Rien ne semblait pourtant destiner Christoph Willibald Gluck à un tel rôle. Son appartenance ethnique n'a jamais été précisée avec certitude mais il est vraisemblable que sa famille était d'origine bohémienne. Son père, Alexander, avait occupé tout d'abord un poste de forestier à Erasbach, non loin de Ratisbonne, dans ce Haut-Palatinat incorporé depuis peu à l'empire autrichien. Né en 1714, le fils aîné, Christoph

Willibald, n'a que trois ans lorsque Alexander s'installe à Reichstadt (aujourd'hui Liberec), en Bohême du Nord, pour passer ensuite au service de la duchesse de Toscane, puis du comte Philipp Joseph Kinsky, et enfin du prince Philipp Hyacinth Lobkowitz.

LE CHEVALIER DES TEMPS NOUVEAUX

Après des études musicales sérieuses qui lui ont appris notamment à jouer du violon et du piano, Christoph se rend tout seul à Prague, vers l'âge de quatorze ans, avec pour tout viatique une lettre de recommandation du curé de sa paroisse. Il gagne déjà sa vie comme organiste, violoniste, chanteur et, bien sûr, professeur, ce qui ne l'empêche pas de se perfectionner lui-même dans ces différentes disciplines et même de s'inscrire à l'Université en 1731 pour suivre le cours de philosophie. C'est là que, grâce au répertoire très étendu du Théâtre de Prague, il apprend à connaître l'opéra italien.

On suppose que c'est avec un billet d'introduction du prince Lobkowitz qu'il débarque à Vienne vers 1734 pour se présenter au prince Antonio Melzi qui l'engage aussitôt dans son orchestre milanais. Bien que Gluck n'ait sans doute pas été l'élève de Gianbattista Sammartini, qui n'était son aîné que de trois ans, leur rencontre vers 1737 a été déterminante pour la formation du jeune musicien. Car il est évident que les symphonistes milanais de l'école sammartinienne répondaient plus à la curiosité de Gluck que des compositeurs viennois tels que Fux et Reutter.

En 1741, à vingt-sept ans, Gluck a le privilège d'ouvrir la saison du Teatro Regio Ducale de Milan avec son premier opéra, *Artaserse,* sur un livret de Métastase, dont il ne subsiste malheureusement que deux airs. Le succès immédiat va permettre au jeune maître de recevoir les années suivantes sept commandes italiennes, et d'être représenté successivement à Venise, Crema, Turin, et à Milan chaque année jusqu'en 1745, date à laquelle il part pour Londres où il est invité par le théâtre du Haymarket. En Angleterre, il fait la connaissance de Händel qui lui prodigue ses conseils éclairés. Mais ses deux opéras londoniens ne lui procurent pas le succès espéré, de sorte qu'il part pour Hambourg, et de là pour Dresde où il ne parvient pas à sortir victorieux de sa rivalité avec le compositeur local, le célèbre Johann Adolf Hasse.

La liste des ouvrages de Gluck est déjà longue à cette époque mais, comme c'est alors la coutume, il a pris l'habitude d'emprunter souvent et abondamment à ses opéras précédents, ce qui fait que plusieurs sont en réalité de véritables *pasticci.* Or, la nouvelle de ses triomphes parvient jusqu'en Autriche, d'où la commande, en 1748, d'une *Semiramide riconosciuta* destinée à célébrer les vertus de Marie-Thérèse à l'occasion de son anniversaire. L'événement doit marquer d'une pierre blanche la réouverture du Burgtheater après sa rénovation. Cette fois, Gluck compose une partition entièrement nouvelle, trop sans doute pour les oreilles du librettiste, Métastase, qui vient de faire sa connaissance et qui, dans une de ses lettres, le juge « un peu fou » et se plaint de l'« insupportable barbarie » *(unerträglich, erz-vandalisch)* d'une musique où se reconnaissent déjà, dans l'inspiration mélodique, un goût du naturel, du lapidaire, et des éléments de marche, de lied et de danse empruntés au folklore austro-bohémien.

Sans doute à cause de la jalousie du Kapellmeister de la cour, Georg Reutter, Gluck n'obtient pas le poste officiel que vraisemblablement il convoite. Il est donc forcé de quitter à nouveau Vienne, non sans s'être fiancé avec la jeune Marianne Bergin, fille aînée d'un riche négociant viennois d'origine savoyarde. Après avoir rempli une commande de la cour danoise et composé un opéra, ou plutôt une *Serenata,* célébrant la naissance de l'héritier du trône, Gluck repasse par Vienne, où cette fois il se marie. C'est alors qu'il livre tour à tour au Nuovo Teatro de Prague deux ouvrages sur des livrets de Métastase, *Issipile* et *Ezio.* Ce dernier compte parmi ses meilleures partitions, au point que Gluck ne manquera pas d'y puiser souvent pour ses œuvres futures.

En 1752, Gluck exécute deux nouvelles commandes toujours sur des livrets de Métastase : pour Prague encore une *Ipermestra* et, pour le San Carlo de Naples, sur le livret que Mozart reprendra à la fin du siècle, une *Clemenza di Tito* qui sera interprétée par l'un des plus illustres castrats d'Italie, Cajetano Majorano Caffarelli (l'ouvrage a été repris en 1987 à Metz). Cette fois, on parlera dans toute l'Italie du triomphe remporté par Gluck. Car Naples l'a définitivement sacré *il divino Boemo*. Il rentre donc à Vienne couvert d'une gloire nouvelle, suffisante en tout cas pour qu'il puisse s'y établir et y trouver un poste digne de lui. Il a alors trente-huit ans. Malheureusement, son rêve d'être engagé par la cour ne va pas se réaliser, de sorte qu'il accepte l'offre du favori de l'impératrice, le Feldmarschall Joseph Friedrich Wilhelm de Saxe-Hildburghausen, qui le nomme Konzertmeister et Kapellmeister en second de son orchestre privé. Cette prestigieuse phalange donne régulièrement, sous la direction de Giuseppe Bonno, de « magnifiques » concerts (si l'on en croit Métastase) avec des solistes venus de tous les pays d'Europe, et cela dans le palais même que le maréchal habite à la Josefstadt (palais Rofrano, aujourd'hui Auersperg), un des chefs-d'œuvre architecturaux de Fischer von Erlach. Pour son nouveau patron, Gluck écrit des symphonies et des airs de concert. Pendant les mois d'été, il poursuit son activité à la campagne, au château de Schlosshof, dans le Marchfeld. Mais les restrictions imposées à partir de 1756 par la guerre de Sept Ans vont réduire le train de vie du maréchal, qui se voit obligé de dissoudre son orchestre. Quoi qu'il en soit, Gluck n'aura jamais à regretter les années passées à son service car elles ont consolidé sa réputation et, en outre, l'auront mis en rapport avec deux personnages de grand poids dans les affaires théâtrales de Vienne, le prince Kaunitz qui deviendra bientôt chancelier de l'impératrice, et le comte génois Giacomo Durazzo.

En 1750, Kaunitz avait rédigé pour l'empereur un *Mémoire sur l'entreprise des spectacles dans la ville de Vienne* où il faisait l'éloge de l'opéra-comique français, ce qui l'amenait à préconiser une réorganisation complète des théâtres de la capitale. Et en effet, le Burgtheater étant au bord de la faillite, son directeur, le baron Lopresti, allait devoir démissionner dès l'année suivante. Kaunitz décide alors de confier la direction des deux théâtres de Vienne au comte Durazzo. Ancien ambassadeur de la République de Gênes, marié à une Autrichienne, Durazzo a passé deux ans à Paris avant son arrivée à Vienne et il y a noué de nombreux contacts avec des musiciens et des impresarii français. Or, après une longue histoire faite en grande partie de rivalités et de conflits, l'Autriche est alors sur le point de s'allier à la France contre la Prusse. En 1756, cette alliance marquera le début de la terrible guerre de Sept Ans, au cours de laquelle l'empire danubien va perdre la Silésie. Vienne est donc toute prête à faire bon accueil à l'art français, et la création par Durazzo, dès 1752, d'un « Théâtre français près de la cour » paraît ainsi toute naturelle, comme la nomination du déjà célèbre Bohémien comme chef des concerts du Burgtheater, après sa rénovation par l'architecte français Nicolas Jadot.

Deux ans plus tard, en 1754, pour le Festival que son patron le Feldmarschall a organisé à l'intention de la famille impériale dans son château du Schlosshof, le *Boemo* compose un petit opéra bouffe, *Le Cinesi* (Les Chinoises), sur un livret rédigé dix-neuf ans plus tôt par Métastase pour Caldara. La pièce est représentée avec un décor doré, « dans le goût chinois », dont Giovanni Maria Quaglio a rehaussé l'effet par une multitude de prismes en cristal de Bohême *(Le Cinesi* sera exhumé et repris de nombreuses fois au cours des années 1980). Le succès de ce bref divertissement théâtral, où Gluck s'essaye pour la première fois au genre comique, est alors si vif qu'on le voit bientôt reparaître sur ordre de Marie-Thérèse au Burgtheater. Aussi, l'année suivante, Gluck reçoit-il commande, pour la cour, d'un divertissement italien à deux personnages, *La Danza,* ainsi que d'une *Festa teatrale* en un acte, *L'Innocenza giustificata*, fondée sur le même sujet que *La Vestale* de Spontini. En rédigeant le livret de cette fête théâtrale, le comte Durazzo s'est contenté d'emprunter, pour les airs, à des livrets déjà existants de Métastase, mais en réduisant souvent la longueur des strophes. Pour le reste, il a mis en pratique avec conviction toutes ses conceptions de réformateur, d'abord en choisissant un sujet tragique puisé dans l'antiquité et traité avec la noble simplicité qu'il convient, ensuite en excluant les personnages secondaires et les intrigues amoureuses jusque-là de rigueur, enfin en faisant du chœur un personnage à part entière. L'ouvrage est si apprécié qu'il sera repris lui aussi plusieurs fois pour célébrer quelques-uns des événements du règne de Marie-Thérèse.

Et cependant, à cette époque-là, Gluck, à son grand dépit, n'est toujours pas titulaire d'un poste officiel. Certes, un contrat le lie désormais à la cour, mais le misérable salaire qu'on lui a concédé, 500 florins, ne concerne que « la composition de musique orchestrale et théâtrale ». Dans ces conditions, il n'est pas surprenant qu'il fasse bon accueil à la commande reçue du Teatro Torre Argentina de Rome et qu'il consente de s'y rendre en 1756 pour les représentations de cet *Antigono* construit une fois de plus sur un livret de Métastase (déjà mis en musique, douze ans auparavant, par Hasse à Dresde). Toute l'attention de la ville pontificale est alors dirigée vers cette création d'importance. Les compositeurs du cru, dévorés de jalousie, manifestent leur exaspération en organisant une cabale. Heureusement, les effets en seront contrecarrés par le cardinal Albano qui s'est fait le protecteur de Gluck et qui, d'ailleurs, a été à l'origine de la commande romaine. Le pape Benoît XIV témoignera son estime et sa reconnaissance à l'illustre étranger en le nommant Chevalier de l'Éperon d'Or, titre que le roturier Gluck porte désormais avec une évidente fierté et une certaine ostentation jusqu'à la fin de sa vie.

Cette même année 1756, la cour viennoise demande à Gluck un opéra nouveau pour l'anniversaire de l'empereur. Il choisit cette fois un livret relativement sobre de l'inévitable Métastase, *Il Re Pastore*, qui a déjà servi cinq ans plus tôt à Giuseppe Bonno et resservira au jeune Mozart en 1775. Sans doute cette tâche de circonstance ne soulève-t-elle pas chez Gluck un enthousiasme très chaleureux puisqu'il reprend ici de nombreux airs antérieurs mais en y ajoutant des vocalises particulièrement redoutables et sans doute destinées à mettre en valeur la virtuosité acrobatique des deux principaux chanteurs de la première. En outre, *Il Re Pastore* utilise pour la première fois un procédé qui sera repris dans la seconde *Iphigénie*. C'est l'Ouverture, ici déjà bi-thématique, qui s'enchaîne sans interruption avec la première scène.

Immédiatement après, le jeu de la politique internationale, combiné à l'influence du comte Durazzo, va avoir une conséquence que rien dans le passé de Gluck ne laissait prévoir, celle de le transformer pendant quelques années en compositeur d'opéras-comiques français. Certes, au début, il ne s'agissait que d'adapter à la scène autrichienne des pièces venues de Paris. Mais bientôt Gluck ne se satisfait plus de ce rôle de tâcheron, et le voici qui remplace peu à peu les ariettes ou vaudevilles originaux par des airs de sa composition. Ainsi naissent successivement *La fausse Esclave* (1758), *L'Île de Merlin* (id.), *La Cythère assiégée* (1759), *L'Arbre enchanté* (id.), *Le Diable à quatre* (1760), *Le Cadi dupé* (1761), *La Rencontre imprévue* ou *Les Pèlerins de la Mecque* (1764), sur des livrets de Favart, Sedaine, Anseaume, etc. Ces pièces sont alors représentées successivement au Burgtheater, à Schönbrunn et à Laxenburg pour les fêtes de la cour. Or, la suppression des récitatifs et des airs *da capo,* les arias bouffes italiennes mêlées aux *canzonette* vénitiennes ou napolitaines, et parfois même aux refrains de Vienne, aux danses de Bohême et aux ländler campagnards, tout cela donne à ces partitions une saveur originale que le temps n'a d'aucune façon ternie. Et puis, l'effectif orchestral viennois permet des effets qu'ignorent encore les salles parisiennes. Enfin, les sujets turcs du *Cadi dupé* et de *La Rencontre imprévue* permettent au futur auteur d'*Orfeo* d'introduire dans son orchestre un piccolo, des pifferi et une variété d'instruments à percussion, clochettes et cymbales, toutes sonorités épicées que Mozart va reprendre plus tard dans *L'Enlèvement au Sérail.*

Mais Gluck n'en a pas abandonné pour autant l'opéra italien. En 1760, à l'occasion du mariage de l'archiduc Joseph, il écrit une *serenata* intitulée *Tetide,* qu'il dirige lui-même au Redoutensaal. L'intrigue en a été conçue à nouveau par Durazzo qui a chargé un de ses amis italiens de composer les vers. La décoration de Giovanni Nicolo Servandoni et les extravagantes machines, pour lesquelles on a fait venir tout exprès un spécialiste de la Comédie-Italienne de Paris, procurent au spectacle une magnificence telle que le Kapellmeister impérial, Georg Reutter, voit d'un très mauvais œil ce nouvel empiétement sur ses prérogatives. Il adresse à la cour une lettre de doléances qui va faire son effet. Gluck est ainsi récompensé de ses succès récents… par un ajournement *sine die* de toute nomination à un poste officiel de la cour.

Il se trouve que l'auteur comblé ne se laisse pas décourager, et d'autant moins qu'il a dans ses cartons plusieurs projets de première importance. Une nouvelle figure vient en effet de faire son apparition sur la scène viennoise. Il s'agit de Raniero de Calzabigi, un Italien de Livourne, homme d'affaires de moralité douteuse, inventeur d'un nouveau système de loterie, dangereux intrigant et grand aventurier devant l'Éternel. Au cours des quelque dix années qu'il vient de passer en France, Calzabigi a commencé la publication·intégrale des livrets de Métastase. Mais, surprenant paradoxe, il les a fait précéder d'une longue préface qui fait l'éloge de la musique française, notamment des tragédies de Lully, et prône l'unité absolue entre poésie et musique, ce à quoi le poète italien n'avait évidemment jamais prétendu. Le charme personnel et la culture de Calzabigi lui procurent sans tarder le soutien de Kaunitz tandis que ses idées sur le théâtre éveillent l'intérêt de Durazzo qui s'empresse de le présenter à Gluck.

L'ENFER DE GLUCK MET LE FEU AU THÉÂTRE

Si curieux que cela puisse paraître, la première collaboration entre ce réformateur du théâtre lyrique et notre musicien produit non pas un opéra mais un ballet-pantomime. C'est *Don Juan ou le Festin de pierre*, œuvre qui, à la fin de 1761, sera représentée onze fois au Burgtheater sous la direction du compositeur, avec une chorégraphie du maître de ballet milanais Gasparo Angiolini et des nouveaux décors de Quaglio. Dans ses précieuses notes sur la vie musicale viennoise, le comte Zinzendorf juge la musique de Gluck « fort belle » mais trouve le sujet « extrêmement triste, lugubre, effroyable ». En effet, Gluck a délibérément rompu avec une longue tradition de ballets aimables et décoratifs, de sorte que l'ouvrage s'achève sur l'apparition de la statue et la mort du héros, sans que rien d'équivalent au sextuor final de Mozart ne vienne atténuer le climat tragique des dernières scènes. À la création, le public manifestera plus de stupeur que d'enthousiasme. Mais l'empereur fait compliment à Gluck de sa musique « divine » et le récompense par une tabatière d'or et une somme de cent ducats. Juste après la dernière représentation de 1761, « les feux de l'enfer, mal éteints, vont dévorer le théâtre en quelques heures », et il faudra deux ans pour le reconstruire (Jean-Georges Prod'homme rappelle aussi que, vingt années plus tard, l'Opéra de Paris sera entièrement détruit par un incendie après une représentation d'*Orphée* parce que, cette fois encore, les *feux de l'enfer* étaient mal éteints !).

La partition du *Don Juan* de Gluck comprend trente numéros, ce qui ne s'était encore jamais vu dans un ballet. Bien des traits y annoncent le futur *drama giocoso* de Mozart, notamment l'unité tonale, l'introduction des trombones pour la scène finale, et jusqu'à certains thèmes. Mais la postérité est redevable à Calzabigi d'un autre ouvrage autrement important et autrement célèbre que le ballet *Don Juan.* En effet, Gluck lui-même désignera son partenaire non seulement comme le librettiste d'*Orfeo ed Euridice,* mais aussi et surtout comme l'instigateur de l'ensemble du projet. Le *Boemo* va donc consacrer plusieurs mois à la composition de ce chef-d'œuvre et investir une somme d'efforts considérable dans les répétitions qui s'étaleront sur plusieurs semaines et exigeront un contact permanent entre le compositeur, le librettiste, le chorégraphe Angiolini et le décorateur Quaglio. Pendant tout cette période de surmenage, Gluck se révèle « un vrai tyran ». D'après les souvenirs d'un ancien contrebassiste, Joseph Kämpfer, « vingt fois, trente fois ne suffisent pas pour faire répéter aux musiciens de l'orchestre les plus habiles – parmi lesquels il y a des virtuoses – les passages où il a en vue un effet d'ensemble. Alors il les brusque à tel point qu'ils refusent souvent d'obéir et que seuls les encouragements de l'empereur : "Vous savez bien qu'il est ainsi. Mais, dans le fond, il n'est pas si méchant!" ont pu les convaincre de jouer sous sa direction. Aussi faut-il au moins les payer double […].»

Fidèle à ses principes, Calzabigi a expérimenté dans son livret des « réformes » fondamentales, réformes dont l'opéra baroque italien avait alors grand besoin car depuis longtemps il ne faisait que se survivre. Ce sont l'unité d'action, la réduction du nombre des actes, la vérité des sentiments, le petit nombre de protagonistes, la brièveté des airs et leur intégration à des « scènes » cohérentes, leur fonction dramatique (avec des récitatifs accompagnés de préférence à l'orchestre), enfin le rôle de premier plan dévolu au chœur. Pourtant, quelques-uns des traits les plus conventionnels subsistent encore, par exemple le personnage de l'Amour et le dénouement heureux, calqués sur le modèle de l'opéra français. Mais les innovations introduites par Gluck dans sa partition apparaissent tout simplement révolutionnaires, qu'il s'agisse de la suppression du *recitativo secco* et de l'air *da capo,* de l'abrègement du récit et de leur transformation en *arioso,* de la priorité accordée à l'orchestre et notamment au timbre de chaque instrument, de la variété et de l'expressivité des formules d'accompagnement, des modulations rares mais toujours génératrices des plus puissants effets dramatiques, etc. La première représentation d'*Orfeo* va se dérouler le 5 octobre au Burgtheater, avec l'orchestre de l'Opéra français renforcé pour l'occasion par des musiciens de la troupe allemande. Gluck lui-même dirige au clavier, comme c'est alors l'habitude. D'après les contemporains, le succès sera dû en grande partie à l'interprétation vivante et sensible du rôle principal par le castrat Gaetano Guadagni. Après qu'il a fait œuvre de pionnier et créé le modèle d'un genre et d'un style si nouveaux, on pourrait s'attendre à ce que

Gluck abandonne à jamais les vieilles lunes de l'art lyrique. Or il n'en est rien puisque, pendant les répétitions d'*Orfeo*, il compose déjà, sur le livret de Métastase, un *Trionfo di Clelia* pour l'inauguration du Théâtre de Bologne, et qu'il va écrire aussitôt après pour le Burgtheater son dernier opéra-comique, *La Rencontre imprévue* ou *Les Pèlerins de La Mecque*. L'orientalisme de l'instrumentation est ici encore plus poussé que dans *Le Cadi dupé* : il va jusqu'à gagner les vocalises de l'air du Calender. À juste titre, cet ouvrage est encore aujourd'hui considéré comme le meilleur que Gluck ait composé dans le genre comique. Mozart utilisera l'air en *sol* majeur du Calender, « Les Hommes, pieusement, nous croient des Sages », pour un de ses derniers cycles de Variations pour le pianoforte.

La démission de Durazzo en 1764 libère Gluck de l'obligation de composer à la chaîne des opéras-comiques, elle l'accable par compensation d'une nouvelle incertitude. Heureusement, il ne tarde pas à se rendre compte que le départ de son protecteur, bientôt remplacé par le comte Sporck, ne lui a pas ôté, loin de là, les faveurs impériales. Il reçoit tour à tour commande de trois ballets, *Alessandro, Semiramis* et *Iphigénie*, et de deux petites *azione musicale*, notamment *Il Parnaso confuso* destiné aux quatre jeunes archiduchesses et qui est représenté à l'occasion du second mariage de leur frère, le futur Joseph II, qui dirige lui-même au clavier. En 1765, une autre pièce d'occasion, *La Corona*, ne verra jamais les feux de la rampe à cause de la mort de l'empereur François Ier. Mais un *dramma per musica*, *Telemaco nell'isola di Circe*, composé sur un livret de Marco Coltellini et dans le style italien le plus traditionnel, avait été achevé peu de temps auparavant pour les fêtes du second mariage du futur Joseph II. Gluck y revient à peu de choses près à sa manière précédente, avec de longs passages de *recitativo secco*, sinon des airs à vocalises. L'ouvrage n'en est pas pour autant sans force et sans valeur puisque Berlioz, qui en retrouvera plus tard la partition à la Bibliothèque du Conservatoire, s'avoue « transporté » par sa seule lecture (ce *Telemaco* a été repris au Festival de Salzbourg en 1987).

Entre 1765 et 1767, aucun événement de poids ne marque la vie et la carrière de Gluck, sinon un bref voyage à Florence pour diriger un *prologo* commandé par l'archiduc Léopold, duc de Toscane. Pendant de longs mois, il travaille sans doute à la partition d'*Alceste* qui sera créée à Vienne au lendemain de Noël 1767. Dans cette nouvelle *tragedia messa in musica*, la « réforme » n'est plus une expérience de principe mais un fait accompli. Cette fois, le livret de Calzabigi s'est libéré de toutes les conventions auxquelles *Orfeo* sacrifiait encore. De plus, le poète s'efforce de ressusciter l'esprit de la tragédie grecque, avec une intrigue qui ne met en scène que deux personnages et leurs confidents, plus deux comparses, le grand prêtre et le héraut. Le peuple grec, incarné par le chœur, tient ici un rôle décisif. Le langage de Gluck a pris un accent dramatique tout neuf, avec des mouvements impétueux et des basses puissantes par quoi s'expriment les mouvements de l'âme. L'orchestration aussi va bien plus loin, notamment en tirant des vents en général et des trombones en particulier des effets subjugants et littéralement inouïs.

Dans sa célèbre *Dédicace à l'archiduc Léopold*, le compositeur ne craint pas de mettre l'accent sur la nouveauté de son style en précisant ses intentions de réformateur. Après avoir rappelé que la musique doit être la servante de la poésie « pour l'expression et pour les situations de la Fable », il prône un naturel nouveau, une nouvelle simplicité, la suppression des ornements superflus, la plus grande unité entre les récitatifs et les airs, et il affirme que l'Ouverture doit préparer les spectateurs à l'action qui va se dérouler. Le jeune Mozart de douze ans, en voyage à Vienne avec son père, assistera à une représentation d'*Alceste* dont il tirera de nombreux enseignements. De tous les ouvrages de Gluck, c'est à celui-ci qu'il conservera toujours sa prédilection, tandis que son père, lui, apprécie mieux la fade *Parthenope* de Hasse, représentée au même moment.

Pour *Alceste,* Angiolini a été remplacé par un nouveau maître de ballet français, l'illustre Jean-Georges Noverre, auteur des *Lettres sur la danse, sur les ballets et les arts.* Mais la sombre grandeur et l'uniformité de l'ouvrage ne laissent pas de surprendre encore une fois le public de Vienne, dont Léopold Mozart, qui fait remarquer qu'il répugne « à se rendre au théâtre pour entendre chanter le *De Profundis* ». Cependant, les courtisans les plus avisés ne manquent pas de reconnaître dans le sujet d'*Alceste* une allusion discrète au récent veuvage de l'impératrice, tant et si bien que personne n'ose condamner ouvertement la pièce. Et c'est ainsi qu'*Alceste* va dominer littéralement la scène viennoise pendant deux années successives.

ATTENDEZ QUELQUES JOURS
ET JE VOUS DONNERAI DES NOUVELLES DE L'AUTRE MONDE !

Le troisième volet de la « réforme », *Paride e Elena,* marque aussi la fin de la collaboration de Gluck avec Calzabigi. Bien qu'il soit d'un tout autre caractère qu'*Orfeo* et *Alceste,* plus pastoral et galant que tragique, cet ouvrage n'a rien, du point de vue musical, à envier aux deux précédents. Mais il ne trouvera pas le cœur des Viennois, ni à sa création le 3 novembre 1770 au Burgtheater en l'honneur de l'archiduc de Toscane, le futur Léopold II, ni aux représentations suivantes. Gluck reconnaît lui-même que sa musique a été alors jugée « barbare et extravagante ». Le modernisme saisissant de la scène où les deux héros découvrent leur amour réciproque n'est pas compris. Quant au contraste voulu par Gluck entre musique phrygienne et musique spartiate, il passe quasiment inaperçu, comme les innovations formelles, stylistiques et expressives dont toute la partition déborde. Cet échec, auquel le « clan » Métastase-Hasse n'est évidemment pas étranger, affecte profondément le maître vieillissant et l'incite à se retirer pour l'instant de la scène. Installé dans sa belle propriété du Rennweg, il met en musique les Odes que le poète hambourgeois Friedrich Klopstock lui a fait parvenir. Il enseigne la musique aux enfants impériaux, notamment à l'archiduchesse Maria-Antonia, future épouse de Louis XVI.

C'est le départ pour Paris de cette jeune princesse qui va être à l'origine d'une nouvelle orientation de sa carrière. Devenue la dauphine de France, Marie-Antoinette ne lui ménagera pas son appui là-bas. Mais c'est encore le librettiste normand d'*Iphigénie en Aulide*, François-Louis Gaud le Bland du Roullet, attaché à l'ambassade de France à Vienne, qui exerce à ce moment-là une influence déterminante sur Gluck en lui suggérant d'écrire pour la première fois une tragédie française, cette fois d'après la pièce de Racine. Le livret est rédigé en collaboration étroite avec le compositeur qui se passionne pour son sujet et se jette même dans l'étude du français avec un zèle touchant. Dans un délai relativement court, Gluck achève ainsi la partition d'*Iphigénie en Aulide* puis se rend à Paris, au début de 1774, pour diriger la première qui sera aussitôt suivie de trente autres représentations. Du jour au lendemain, Gluck est devenu le héros de la France. On lui demande immédiatement de préparer une adaptation française d'*Orfeo* qui, sous le nom de *Orphée et Eurydice,* remporte bientôt un égal succès.

La nouvelle de ses triomphes lointains est parvenue jusqu'à Vienne. Gluck y trouve à son retour, à l'automne, un décret impérial signé de Marie-Thérèse lui octroyant la charge, convoitée depuis si longtemps, de Hofcomponist, avec un salaire de 2 000 florins. Ajouté aux sommes considérables qu'il vient de gagner à Paris, ce salaire fait tout à coup de lui un homme riche. Il faut savoir que Paris avait vu une version révisée d'*Iphigénie,* puis celles de *L'Arbre enchanté,* de *Cythère assiégée* (1775) et d'*Alceste* (1776) (plus profondément modifiée que toutes les autres partitions), et enfin trois ouvrages nouveaux, *Armide* (1777), *Iphigénie en Tauride* et *Echo et Narcisse* (1779). Mais, après le triomphe de la seconde *Iphigénie,* l'échec d'*Echo et Narcisse,* donné la même année dans une salle bien trop grande et qui ne convenait pas à son caractère, va convaincre Gluck de ne point s'établir en France comme il en avait eu un moment l'intention. Les intrigues et les querelles qui ont entouré la première l'ont douloureusement marqué, et son état de santé précipite encore sa décision de regagner l'Autriche. En effet, pendant les répétitions d'*Echo,* il a été atteint d'une hémorragie cérébrale. Au retour au pays natal, il s'installe avec prudence à la campagne, au sud de la capitale. Au lieu de composer un nouvel ouvrage dans la fièvre ordinaire, il travaille avec calme à une version allemande de la seconde *Iphigénie* qui sera représentée au Burgtheater, en 1781, avec l'*Orfeo* et l'*Alceste* italiens, au cours d'un véritable festival de ses œuvres. Il assiste également son élève Antonio Salieri dans la composition d'un opéra, *Les Danaïdes,* lequel, si curieux que cela puisse paraître, sera créé à Paris sous le nom du maître, évidemment plus connu là-bas que celui du disciple.

Gluck va passer ses dernières années, d'abord dans un immeuble du Michaelerplatz, là même où Mozart lui rendra visite, puis dans une maison plus spacieuse de la Wiedener Hauptstrasse. Une seconde attaque l'oblige à annuler un nouveau projet de voyage à Paris. Désormais, Gluck ne compose plus mais sa célébrité est alors si considérable en Europe que plusieurs étrangers illustres font tout exprès le voyage de Vienne pour s'entretenir avec lui, notamment le compositeur et musicographe prussien, Johann Friedrich Reichhardt, ami de Goethe et maître de chapelle de Frédéric le Grand, et l'infatigable voyageur britannique Charles Burney. Si l'auteur d'*Orphée* est terriblement diminué par la paralysie du côté droit, qui l'empêche d'écrire, son esprit n'a rien perdu de sa vivacité. À son élève Antonio Salieri qui lui demande conseil pour un air confié à la « voix de Dieu », à la fin de son oratorio *Le Jugement dernier,* Gluck répond : « Je croi [*sic*] que celui-ci est plus à sa place que l'autre, parce qu'il se détache davantage du chant commun des hommes et que, par conséquence, il est plus adapté à l'idée que nous pouvons nous former de la majesté divine : si pourtant vous n'estes pas persuadé de ma raison, attendez quelque jour, et je vous donnerai des nouvelles de l'autre monde. » Deux semaines plus tard, le 14 novembre 1787, le vieux maître succombe à une troisième et dernière attaque, due sans doute au fait que, bravant les consignes des médecins, il a vidé d'un trait le verre d'alcool qu'un de ses amis avait imprudemment laissé à sa portée.

La postérité immédiate saura bien reconnaître et mesurer tout ce que ce musicien rare, étranger de fait à toute tradition, a su apporter à la musique de son temps, avec ce style parfaitement unitaire mais qui synthétise pourtant des éléments fort disparates, comme la majesté haendélienne, la simplicité rythmique héritée de l'opéra-comique français et le chant populaire autrichien. Le poète allemand Christoph Wieland va ainsi résumer ce rôle historique : « Nous voici donc parvenus à l'époque où la musique a recouvré ses droits. Grâces soient rendues au génie puissant de Gluck qui restaura son règne. [...] Fidèle à ce principe de Pythagore, il a préféré les muses aux sirènes, substituant aux vains et faux ornements cette noble et mâle simplicité qui seule, dans les arts comme dans les lettres, fut toujours le caractère du vrai, du grand, du beau. » Et le philosophe Johann Herder louera lui aussi Gluck pour avoir « envisagé la nécessité d'une liaison intime des sensations purement humaines et de la fable elle-même avec la musique » et « fait servir la musique uniquement aux paroles, au sentiment, à l'action. »

Bien que Gluck soit né et qu'il ait été formé ailleurs, Vienne l'a pourtant reconnu de son vivant comme l'un des siens et parmi les plus grands. Elle lui a offert toutes les occasions de s'épanouir et, pour une fois, elle a su reconnaître la dimension unique de son génie. Mais la réciproque est également vraie. La renommée internationale de Gluck, son influence universelle sur la musique théâtrale du XIXᵉ siècle et sur des créateurs aussi différents que Beethoven, Berlioz et Wagner auront considérablement servi et rehaussé la gloire d'une capitale qui avait pris depuis si longtemps l'habitude de faire venir d'ailleurs l'immense majorité de ses musiciens. Certes, Gluck doit plus à son sang bohémien ou allemand, à sa formation italienne ou aux influences françaises qui ont formé son dernier style qu'au cadre et à l'esprit de Vienne. Le fait qu'une grande partie de sa vie et de sa carrière s'y soit déroulée va tout de même s'avérer capital pour l'histoire, ne serait-ce qu'à cause de l'empreinte indélébile qu'il va laisser sur toute la musique dramatique viennoise, et notamment sur celle de Mozart et Beethoven.

HAYDN : COUPÉ DU MONDE, J'AI ÉTÉ CONTRAINT DE DEVENIR ORIGINAL

Aussi essentielle soit-elle, cette réforme du théâtre lyrique n'est pas la seule que l'Europe musicale va devoir à l'Autriche. Il y a aussi celle de la musique instrumentale, plus importante encore puisqu'il s'agit ici d'une véritable métamorphose. À première vue, Haydn semblait aussi peu fait pour devenir l'artisan d'un phénomène si vaste, que Gluck avait paru, au départ, doté d'un tempérament de réformateur. Lorsque naît Joseph Haydn en 1732 à Rohrau (ou Trstnik), en Basse-Autriche, au bord de la Leitha qui marque la frontière avec la Hongrie, Bach et Händel approchent de la cinquantaine, Rameau vient de la dépasser et Gluck n'a que dix-huit ans. Mais Gluck et Haydn, les deux grandes figures de la musique autrichienne du milieu du XVIIIe siècle, ont ceci de commun d'avoir conçu et mis au point avec une sage lenteur, et par un processus d'évolution plutôt que de révolution, les innovations qui vont leur valoir une place éminente dans l'histoire. L'enfant Haydn est bien loin de faire preuve de ces dons miraculeux qui, vingt ans plus tard, vont distinguer le petit Mozart de tous ses semblables. C'est uniquement à sa jolie voix et à la justesse de son intonation que le fils du charron Matthias Haydn doit d'être engagé comme choriste à la cathédrale Saint-Étienne de Vienne par Georg Reutter qui vient d'y succéder à son père comme Kapellmeister. Nous sommes en 1740 et Joseph Haydn n'a que huit ans. Il vivait depuis deux années chez son cousin, maître d'école dans la petite ville de Hainburg sur le Danube, lequel avait déjà commencé son éducation musicale.

Les neuf années qui suivent, le jeune Haydn sera donc logé et nourri aux frais de la ville de Vienne dans l'immeuble proche de la cathédrale Saint-Étienne où est installée la Kantorei. Reutter ne se contente pas de diriger les petits chanteurs, il doit aussi s'occuper de leur formation musicale, leur faire travailler le solfège, le chant, le clavecin et le violon, à défaut de la théorie et de l'histoire de la musique. De cette enfance austère et studieuse, les seuls moments que Haydn évoquera plus tard avec émotion et plaisir restent les fastueuses cérémonies de la cathédrale, les concerts auxquels il assiste ou le plus souvent participe, et les nourritures substantielles offertes alors aux petits chanteurs et qui rassasient enfin son estomac toujours creux. Mais au moins peut-il se familiariser avec les musiques de Fux, Caldara, Reutter, Ziani et Bonno, qui lui tiennent lieu de leçons de composition. Joseph, que l'on appelle alors à l'autrichienne *Sepperl*, a la bonne surprise d'être un jour récompensé par l'impératrice pour son interprétation d'un solo de musique religieuse. Mais il ne se prend pas au sérieux, et l'humour qui plus tard caractérisera sa musique se manifeste déjà dans les mille tours qu'il aime jouer à ses camarades. Ainsi, pour avoir coupé la natte de l'un d'entre eux, se voit-il corrigé à coups de canne… et chassé finalement de la Kantorei. Il est vrai que sa position y était depuis quelque temps menacée puisqu'il avait dépassé l'âge de la puberté et que sa voix commençait à muer. Reutter avait, semble-t-il, suggéré une méthode, bien connue en cette époque de gloire des castrats, pour qu'il conserve à jamais sa voix pure de soprano. Heureusement, Matthias Haydn eut vent de la proposition et y mit aussitôt son veto le plus formel.

Au mois de novembre 1749, à l'âge de dix-sept ans, Haydn se trouve, subitement sans moyen de subsistance sur le trottoir de Vienne. Tout de suite, il prend conscience de l'insuffisance de sa formation. Mais, pendant les quelques mois suivants, où il partage la mansarde d'un chanteur d'église, Johann Michael Spangler, il parvient tout juste à se nourrir en prêtant son concours épisodique de compositeur d'occasion à des ensembles de sérénades de plein air. C'est alors qu'un commerçant du nom de Buchholz accepte de lui prêter les cent cinquante florins qui vont lui permettre de poursuivre ses études. Dans la chambre misérable et glaciale où il s'est installé à bon compte, Haydn dévore le *Gradus ad Parnassum* de Fux, le *Vollkommener Kapellmeister* de Mattheson et les cours de basse chiffrée de David Kellner. Il découvre aussi les premières Sonates pour clavier de Carl Philipp Emanuel Bach, qui révèlent à son esprit émerveillé un paysage musical entièrement nouveau, en tout cas fort éloigné du style galant et rococo auquel il est habitué. Par chance, l'acteur Kurz-Bernardon, ayant entendu par hasard une de ses sérénades nocturnes fonctionnelles et alimentaires, lui confie le livret de *Krumme Teufel* (Le Diable boiteux) qu'il mettra en musique en quelques jours, comme on l'a vu plus haut.

Pendant toute cette période, Haydn ne vit que des leçons qu'il donne. Or, il vient d'emménager dans un immeuble voisin de la Michaeliskirche, près de la Hofburg, là où demeurent aussi deux Italiens illustres, le poète Pietro Metastasio et le vieux compositeur napolitain Nicola Porpora. Ce dernier prodigue régulièrement des leçons de chant à une protégée de Métastase, Marianne Martinez, fille d'un aristocrate espagnol qui partage son appartement. Bientôt, le jeune Haydn est chargé d'accompagner ces leçons et Porpora se trouve bientôt si satisfait de son travail qu'il l'engage comme factotum et accompagnateur attitré pour les cours. L'accord conclu stipule que le jeune homme aura également droit à quelques leçons de composition.

À cette époque-là, pour améliorer son ordinaire, Haydn tient chaque dimanche le violon ou l'orgue dans l'église des Barmherziger Brüder. Ses premières Sonates ont déjà attiré l'attention de quelques mécènes de l'aristocratie viennoise et c'est ainsi que la comtesse Thun a choisi de devenir son élève de chant et de piano. Un autre de ses protecteurs, Karl Joseph von Fürnberg, l'invite souvent à participer à des séances de musique de chambre dans son château de Weinzierl, près de Melk. Fürnberg sera en partie responsable de la vocation de « quartettiste » de Haydn puisqu'il va lui commander ses premiers Quatuors. En 1758, il le présente au comte bohémien Franz von Morzin qui l'engage promptement comme Kapellmeister pour son orchestre, avec un salaire modeste de 200 gulden. Désormais, Haydn va partager son temps entre le palais viennois du comte et sa propriété de Lukavec où il compose sa Première Symphonie et la dirige avec le plus vif succès à la tête d'un orchestre de... seize musiciens. Le prince Paul Anton Esterhazy, qui assistait, semble-t-il à cette première, passe aux yeux de la postérité pour avoir deviné le génie qui habite l'auteur de cette modeste partition. Et c'est ainsi que, en 1760, l'orchestre du comte Morzin ayant été licencié, Haydn entre enfin au service d'une grande et richissime famille aristo-cratique, pour y demeurer trente années consécutives. Un autre événe-ment capital intervient au même moment, dont les conséquences seront bien moins heureuses : le mariage de Haydn avec Maria Anna Keller, la fille d'un perruquier viennois, de trois ans son aînée. C'est un mariage de raison s'il en fut puisque le musicien aurait préféré en tout la sœur cadette pour qui il avait depuis longtemps un penchant avoué. L'épouse s'avérera de caractère acariâtre et jaloux – mais son mari devait lui four-nir bien des raisons de l'être. Elle ne lui donnera pas d'enfants. Mais le plus grave est encore qu'elle déteste la musique et qu'elle ne s'intéressera jamais à l'activité professionnelle de son illustre mari.

Grâce à leur gigantesque fortune et à la position d'exception qu'ils occupent à Vienne comme fidèles soutiens de la souveraineté des Habsbourg en Hongrie, les Esterhazy entretiennent une véritable cour dans leur château d'Eisenstadt. Mélomanes de générations en généra-tions, ils ont constitué depuis longtemps un petit orchestre qui ne va pas tarder à s'agrandir, surtout après la mort du prince Paul Anton, à qui son frère Nicolas, dit « le Magnifique », succède en 1762. Mais bientôt l'or-chestre lui-même ne suffit plus à satisfaire l'appétit insatiable que ce fas-tueux potentat montre pour la musique. Il va donc faire construire successivement deux théâtres, l'un dans le parc d'Eisenstadt, l'autre dans l'immense propriété qu'il possède sur l'autre rive du lac de Neusiedler. Dans la même fièvre de grandeur, le modeste pavillon de chasse de Suttor va devenir sans tarder l'immense palais d'Esterhaza, bâti sur le modèle de Versailles, et Nicolas le Magnifique y transportera sa cour à partir de 1766.

On l'a vu, c'est la Première Symphonie de Haydn qui, dès 1760, a attiré l'attention du prince Paul Anton Esterhazy, ce qui suffit à prouver l'importance qu'on accorde désormais à l'art instrumental en Autriche. De longue date, il est vrai, cet art-là était l'apanage des compositeurs autochtones, au point que Fux et Gluck avaient été les premiers et les seuls Autrichiens à s'imposer vraiment dans le registre lyrique. À l'époque où il dirigeait l'orchestre du Feldmarschall von Hildburghausen, Gluck avait certes composé et dirigé des pièces orchestrales, mais ses Symphonies ressemblent comme des sœurs à des ouvertures d'opéras, si bien qu'on soupçonne plusieurs d'entre elles d'avoir appartenu à des œuvres théâtrales aujourd'hui disparues. Comment la musique instrumentale s'était-elle donc affranchie du joug de la scène et à quel moment avait-elle cessé de faire figure de cousine éloignée de l'œuvre par excellence, l'opéra ? À la vérité, le phénomène est intervenu progressivement et on ne peut guère l'expliquer que par les influences diverses qu'a subies par vagues la musique autrichienne. Celle de l'Italie tout d'abord avec les sonates d'église ou de chambre sur le modèle vénitien. Plus tard, celle des nombreuses Sonatines et Sonates pour petits et grands ensembles de Johann Heinrich Schmelzer, qui combinent les formes strictes comme la variation avec d'autres d'origine populaire, mais dans des pièces encore brèves et essentiellement décoratives. Or, à la même époque, les célèbres Sonates d'église du Bohémien Heinrich Ignaz Biber (1644-1704), préservées pour la plupart dans les archives du prince-évêque von Liechtenstein-Kastelkorn, au château de Kromeriz en Moravie, témoignent du haut niveau de la culture instrumentale en pays tchèque. Évidemment, Biber est un musicien d'une tout autre dimension que Schmelzer. Ses nombreuses Sonates déploient une abondance de formes différentes, une richesse d'écriture dans l'unité thématique, ainsi que des ressources harmoniques et contrapuntiques qui ne pouvaient manquer d'influencer les générations suivantes, d'autant plus que, habitant Salzbourg et appartenant à la maison du prince-évêque, Biber n'en jouit pas moins d'une grande célébrité à Vienne et sera même anobli par l'empereur Léopold Ier. On peut donc le considérer comme le premier Tchèque à avoir marqué de son empreinte la musique viennoise. Or ce courant, qui vient de Bohême, va se prolonger jusqu'au XIXe siècle.

Mais voici que, au début du XVIIIe siècle, les Sonates de Fux présentent, comme on pouvait s'y attendre de la part de l'auteur du *Gradus ad Parnassum*, des mouvements fugués à l'ancienne, des sarabandes et des variations, mais aussi des ländler et des menuets. Un peu plus tard, Nicola Porpora, qui a été quelque temps le mentor de Haydn, publie en 1754, à Vienne, douze Sonates pour deux violons et basse continue que le jeune homme a certainement connues et qui doivent être comptées parmi les ancêtres de la symphonie puisque la distinction n'est pas encore faite entre musique de chambre et musique d'orchestre. Enfin, il faut compter également avec Giovanni Battista Sammartini (1700-1775) dont Haydn a lui-même contesté l'influence. Gluck, en revanche, connaissait parfaitement sa musique et l'avait même rencontré à Milan. À partir de 1730, Sammartini compose une nombre important de Concerti grossi et de Symphonies, celles-ci réservées tout d'abord aux seules cordes et divisées en trois mouvements. Mozart les a certainement entendues lors de ses séjours à Milan. Mais Haydn affirmera toujours avoir reçu avant tout l'influence des Sonates de Carl Philipp

Emanuel Bach, sans que l'on sache exactement s'il s'agit de celles dédiées au roi de Prusse (1742) ou au duc de Wurtemberg (1744). Il y a puisé en tout cas une liberté et une spontanéité expressive que ne possédaient nullement les modèles autrichiens.

Mais nous sommes encore loin de Vienne. La véritable symphonie viennoise, elle, est née à la fois de la Suite en cinq mouvements *(Aufzugsuite),* c'est-à-dire d'une simple musique de circonstance, de la Sonate d'église baroque avec ses polyphonies savantes, et de la Symphonie napolitaine. L'un de ses fondateurs oubliés est le Viennois Georg Matthias Monn (1717-1750), fils d'un cocher, organiste à la Karlskirche, qui a composé dès 1740 une symphonie en quatre mouvements dont le troisième est un menuet. Toutefois, les différents morceaux relèvent toujours de la même tonalité. Ils sont encore très brefs, à l'image des thèmes eux-mêmes, et l'ensemble reste marqué d'une indiscutable empreinte italienne, malgré quelques signes avant-coureurs du style classique dans la structure thématique et les épisodes où triomphe l'écriture polyphonique. D'ailleurs, les cordes ne sont encore divisées qu'en trois parties, et le rôle exclusivement concertant des vents manifeste la survivance du concerto grosso de l'époque baroque.

Au contraire de Monn, mort à trente ans, Georg Christoph Wagenseil (1715-1777), élève préféré de Johann Joseph Fux, nommé Hofkomponist dès 1739, va conquérir une gloire européenne. On représente ses opéras un peu partout en Italie et Haydn va même en diriger plusieurs à Eisenstadt. Quant à ses premières symphonies, composées dans les années 1740, elles ressemblent encore à des ouvertures. Leur forme est binaire, mais avec un épisode en forme de développement dans la reprise. Le second thème est souvent en mineur, ce qui va devenir jusqu'à Schubert un trait caractéristique du style viennois. Souvent, les différents volets de l'exposition sont unifiés par le retour d'un motif commun. Toutefois l'orchestration demeure relativement sommaire puisque les parties de vents peuvent être supprimées si l'on ne dispose pas des instruments nécessaires. Il n'est pas indifférent de savoir que les six *Symphonies à quatre parties obligées avec les cors de Chasses,* de Wagenseil, seront publiées à Paris vers 1760.

Florian Léopold Gassmann (1729-1774) joue également un rôle important dans l'histoire de la symphonie autrichienne. Tout d'abord compositeur de ballets, puis auteur d'un opéra-comique à succès, *La Contessina* (1780), il fonde en 1771 la Tonkünstler Sozietät qui donne régulièrement, sous sa direction, des concerts symphoniques au profit des musiciens nécessiteux avec des instrumentistes venus principalement de la Chapelle impériale. Le premier programme, joué le 29 mars 1772, se limite à son propre oratorio, *Betulia liberata.* Par la suite, les « académies » de la Tonkünstler-Sozietät sont données chaque année au Kärntnerthortheater, deux à Pâques et deux à Noël. À partir de 1783, ces concerts s'installent au Burgtheater. Certes, Gassmann n'a que trois ans de plus que Haydn, mais son développement de compositeur a été infiniment plus rapide. Bien que le style théâtral et le style symphonique ne se différencient vraiment chez lui qu'après 1770, ses ouvertures d'opéra des années 1760 sont souvent dotées d'une introduction lente, et divisées en quatre mouvements distincts dont la construction relativement complexe annonce déjà la forme-sonate.

Un dernier pionnier viennois de la symphonie mérite encore d'être mentionné. C'est Léopold Hofmann (1738-1793), élève de Wagenseil, organiste et plus tard Kapellmeister de la cathédrale Saint-Étienne, qui sera l'un des premiers à composer systématiquement, et cela dès 1760, des symphonies en quatre mouvements.

Dès leur apparition, ces œuvres, publiées à Paris, seront diffusées dans toute l'Europe. La réputation de ce maître aujourd'hui oublié était à l'époque suffisante pour que Haydn s'en plaigne. Dans l'une de ses lettres, il l'accuse même de se considérer comme « le seul à avoir conquis accès au Parnasse ». Ainsi l'influence de Sammartini sur Haydn et l'école classique viennoise, et celle, encore plus souvent citée, de l'école de Mannheim n'auront-elles pas été aussi prédominantes qu'on l'a prétendu. L'essentiel est peut-être que, en assimilant peu à peu toutes les tendances successives de la musique du début du XVIIIᵉ siècle, les styles rococo, préclassique, galant, *l'Empfindsamkeit* (l'expression des sentiments), le style d'église, le style concertant et même celui du théâtre, qui tous se manifestent à un moment ou à un autre dans son œuvre, Haydn se soit peu à peu forgé un style autonome mais proprement autrichien et qui, dans une large mesure, sera également celui de Mozart.

Enfin, ce style dit « classique », qui a peu à peu découvert les ressources dialectiques des tonalités et des modulations ainsi que l'importance des contrastes thématiques, ce style qui nous paraît aujourd'hui si typiquement « viennois », Haydn a eu tout loisir de le mettre au point lentement par des expériences successives mais toujours loin de Vienne. En effet, son poste d'Esterhaza lui offre l'inappréciable avantage de vivre à l'abri de tout souci matériel et d'avoir en permanence à sa disposition un orchestre de premier ordre, et même une salle d'opéra de cinq cent places. Mais, en contrepartie, ce poste le tient en permanence éloigné de la capitale. On pourrait imaginer que les trente années de sa vie que Haydn a passées au service exclusif des Esterhazy à Eisenstadt et à Esterhaza, l'aient laissé ainsi à l'écart des grands courants de l'époque. Or, à l'entendre, c'est tout le contraire : « coupé du monde, j'ai été contraint de devenir original ». D'ailleurs, cet isolement est tout relatif puisque l'insatiable appétit de musique nouvelle du prince Nicolas incite son premier Kapellmeister à maintenir le contact avec Vienne ou l'Italie, à se faire envoyer toutes les partitions importantes qui viennent de paraître et à inviter aussi des musiciens étrangers de premier plan. Malgré tout, Haydn se plaint souvent de végéter loin de la capitale où son patron ne consent à passer que quelques mois par an, dans son vaste palais de la Wallnerstrasse. De temps à autre, il obtient tout de même la permission de s'y rendre seul mais, dans ce cas, on ne tarde jamais à le rappeler d'urgence.

Parmi ces séjours de Haydn à Vienne, certains sont passés à l'histoire. Celui de 1770, lorsqu'il vient diriger son opéra-comique, *Lo Speziale,* avec toute la troupe d'Esterhaza dans la maison d'un noble viennois, le baron Gottfried von Sumerau, dans le faubourg de Mariahilf. Celui de 1775, avec l'oratorio *Il Ritorno di Tobia,* qu'il conduit au succès pour la plus grande gloire de la Tonkünstler-Sozietät. L'année suivante, comme l'archiduc Ferdinand lui a commandé un nouvel opéra, *La vera Costanza,* il se rend encore à Vienne pour les répétitions, et toujours avec les chanteurs d'Esterhaza. Cependant, les intrigues et les cabales qui sont alors montées contre lui l'indignent à tel point qu'il repart avant la première, lui, ce compositeur que le *Wiener Diarium* avait pourtant qualifié dès 1766 de « chéri de notre nation »! Désormais, il laissera volontiers le champ libre aux compositeurs que très évidemment les Viennois lui préfèrent, et qui sont d'abord des Italiens comme Pasquale Anfossi, Giuseppe Scarlatti, Nicolo Jomelli, Tomaso Traetta, bientôt Antonio Salieri, et puis quelques Autrichiens qui ont trouvé audience à Vienne comme Giuseppe Bonno, Léopold Gassmann et Carl Ditters von Dittersdorf et, naturellement, le grand Christoph Willibald Gluck. Haydn est trop philosophe pour se plaindre longtemps de l'attitude des Viennois à son égard. Il aura toutefois de nouvelles raisons de leur en vouloir lorsque, en 1778, la Tonkünstler Sozietät pose des conditions inacceptables à son admission, alors même qu'elle a envers lui une solide dette de reconnaissance pour le triomphe du *Tobia* qu'il a dirigé trois ans plus tôt à son bénéfice. Au moins une fois, Haydn va prendre sa revanche, au point que Vienne devient pour quelques jours de 1773 une véritable succursale d'Esterhaza. En effet, l'impératrice Marie-Thérèse, qui a assisté à la création de la symphonie composée en son honneur par Haydn (n° 50) et à la première de *L'Infedelta delusa,* s'est prise d'un tel enthousiasme pour l'opéra-comique *Philémon et Baùcis,* donné devant elle au Théâtre de marionnettes du château princier, qu'elle fait venir la troupe entière, avec Haydn en tête, pour une série de représentations exceptionnelles dans la capitale.

Tout au long de ces années 1770, Haydn compose vingt-trois Symphonies (dont celles qu'on a surnommées *Sturm und Drang*), dix-huit Quatuors et onze opéras, plus les très nombreux arrangements d'ouvrages de Paisiello, Sarti, Anfossi, Gazzaniga, Salieri, Cimarosa, Dittersdorf, etc., qu'il lui faut adapter aux effectifs de l'orchestre Esterhazy. Cette activité paraît surhumaine quand on sait que Haydn est également tenu de diriger chaque semaine deux concerts et deux représentations d'opéra, et de participer presque chaque jour à un concert de musique de chambre. Or, les années 1780 ne seront pas moins fécondes, avec vingt-deux Symphonies, trois opéras et dix-huit Quatuors. Mais l'événement capital de cette nouvelle décennie est sans conteste l'amitié que Haydn va nouer avec Wolfgang Amadeus Mozart, qui est de vingt-quatre ans son cadet mais qui occupe déjà une place considérable dans la vie musicale de l'empire des Habsbourg. La date exacte de leur première rencontre n'a pas pu être jusqu'ici précisée, mais il est vraisemblable que l'occasion s'en est trouvée lors d'un des séjours de Mozart à Vienne, pendant ces années d'errance qui l'ont conduit successivement en France, en Angleterre, en Italie et en Allemagne, dans l'espoir toujours déçu de trouver un poste qui assure sa subsistance sans lui retirer la liberté dont il a tant besoin pour créer.

MOZART : TROP DE GÉNIE POUR PLAIRE

Le tout premier séjour viennois de Mozart remonte à 1762 (l'année de la création d'*Orfeo*, de Gluck), lorsque les deux enfants prodiges, Wolfgang et Nannerl, furent invités à se produire deux fois de suite devant l'impératrice Marie-Thérèse et son mari, à Schönbrunn. Comme d'habitude, le jeune garçon joue les petites pièces de son répertoire. Puis il interprète un concerto de Wagenseil, lequel a été convoqué pour authentifier le miracle. À la fin de l'audience, le petit prodige soulève l'enthousiasme général en jouant avec la même aisance par dessus le linge dont on a recouvert le clavier. Léopold Mozart avait espéré voir récompenser son fils de manière plus substantielle. Hélas! Wolfgang devra se contenter de compliments chaleureux mais peu nourrissants avant de reprendre très vite le chemin de Salzbourg avec sa famille. Cinq ans plus tard, Léopold revient à Vienne avec ses deux enfants. Une épidémie de variole sévit à ce moment-là dans toute la Basse-Autriche. Les deux adolescents en sont atteints, mais ils se remettent très rapidement et passent ensuite toute l'année 1768 dans la capitale. Wolfgang joue de nouveau en présence de l'impératrice et de son fils, l'empereur Joseph II. Au Burgtheater, on se le rappelle, il assiste à une représentation de l'*Alceste* de Gluck. Il compose alors son premier opéra-comique, *La Finta semplice,* dont une série de méchantes cabales empêchent finalement la représentation. À titre de dédommagement, il reçoit commande d'une messe solennelle pour l'inauguration de l'orphelinat impérial du Rennweg, messe que l'adolescent va diriger lui-même, en décembre 1767, dans l'église attenante. C'est pendant le même séjour qu'il compose pour le théâtre de verdure du célèbre docteur Franz Anton Mesmer le bref Singspiel *Bastien und Bastienne,* dont le livret est modelé sur *Le Devin de Village* de Jean-Jacques Rousseau.

Après leur troisième et dernier voyage en Italie, en juillet 1773, Mozart et son père se retrouvent pour la troisième fois à Vienne. Cette fois, ils y font la connaissance de plusieurs artistes influents tels que le maître de ballet Noverre et le Kapellmeister de la cour, Giuseppe Bonno (1711-1788), Viennois de souche sous son nom italien, Hofkomponist depuis 1739, auteur prolifique d'opéras et d'oratorios, et qui, dès l'année suivante, à la mort de Gassmann, va obtenir le poste très convoité de Hofkapellmeister. Cependant, une nouvelle audience chez l'impératrice reste encore sans résultat tangible pour Mozart. Aussi le fait le plus marquant de son troisième séjour reste-t-il sa découverte des Quatuors op. 9, op. 17 et op. 20 de Haydn, révélation qui l'incite aussitôt à composer lui-même six Quatuors (K. 168 à 174) où il se libère pour la première fois des influences, notamment italiennes, qui ont marqué ses œuvres de jeunesse. À l'exemple de Haydn, il y insère même deux Finale en forme de fugues, les premières fugues qu'il ait jamais écrites.

Huit ans plus tard, en 1781, le succès d'*Idoménée* à Munich convainc Mozart que « Salzbourg n'est pas un lieu pour [son] talent ». Contre le gré de son père, il décide de s'installer à Vienne, après s'être définitivement brouillé avec son ancien patron, l'archevêque Colloredo, qui le traite comme un laquais et prend très mal ses velléités d'indépendance. Avant de le gratifier de ce coup de pied qui a fait couler tant d'encre, le comte Karl Arco a pourtant donné au jeune musicien quelques conseils dont, hélas, il faudra plus tard reconnaître le bien-fondé : « Croyez-moi : vous vous laissez trop éblouir, ici… La renommée d'un homme dure bien peu !… Au début on récolte tous les éloges, on gagne aussi beaucoup, c'est vrai !… Mais combien de temps ? Au bout d'un moment, les Viennois réclament encore du nouveau. »

Mais, Mozart n'a que vingt-cinq ans, il a déjà atteint un sommet de maîtrise artistique et il n'est pas du tout disposé à prêter l'oreille à de tels avertissements. Première imprudence, il s'installe un temps chez ses amis, les Weber, dont il avait aimé autrefois à Mannheim la fille Aloysia. Or il leur reste deux filles à marier, et ils vont tout faire pour que Mozart soit obligé d'épouser l'une d'elles, Constance, à une époque où sa situation des plus précaires aurait dû lui interdire de fonder famille. Pour assurer sa subsistance, il accepte donc quelques élèves, participe régulièrement aux soirées musicales que le baron Gottfried van Swieten donne chez lui le dimanche, ainsi qu'à d'autres concerts privés. Un jour de la fin de l'année 1781, il est convié à la cour pour une sorte de joute privée avec le célèbre pianiste italien Muzio Clementi, compétition qui doit avoir lieu sous les yeux de l'empereur. Les deux artistes improvisent tout d'abord séparément, puis ensemble, après quoi ils jouent chacun leurs sonates. Cependant, la virtuosité célèbre de l'Italien n'inspire à Mozart que quelques remarques dédaigneuses. Et Clementi lui-même reconnaîtra plus tard que son adversaire a remporté tous les honneurs. « Jamais je n'avais entendu jouer avec tant d'esprit et de grâce, ajoute-t-il. Ce qui m'a le plus étonné, c'est un Adagio avec quelques variations improvisées, pour lequel l'empereur avait choisi le thème que nous devions ensuite varier en nous accompagnant à tour de rôle. » Le souverain, pourtant réputé pour son sens de l'économie, allait ce jour-là marquer sa satisfaction par un exceptionnel cadeau de cinquante ducats.

Pendant toute cette période, Mozart se consacre essentiellement à la composition de son premier Singspiel, *L'Enlèvement au Sérail*. C'est une commande du comte Franz Orsini-Rosenberg, intendant des théâtres impériaux, pour le « Théâtre National allemand de la cour », créé par Joseph II au Burgtheater et triomphalement inauguré en 1778 par un ouvrage du même type, *Die Bergknappen* (Les Mineurs), du compositeur et altiste viennois Ignaz Umlauf (1746-1796), nommé depuis lors Kapellmeister de la nouvelle entreprise.

Au Burgtheater, le 16 juillet 1782, la première de *L'Enlèvement* est fort bien accueillie, et cela malgré l'inévitable cabale montée par le parti italien. Même le vieux Gluck, qui assiste à l'une des onze représentations, se trouve assez impressionné pour exiger qu'on en donne quelques-unes de plus. L'empereur Joseph II va naturellement assister à la première. Musicien de formation, élève de Florian Gassmann, il joue du piano et du violoncelle, il chante, compose même à l'occasion, et déchiffre avec une facilité étonnante. Malheureusement, ce grand réformateur, cet humaniste, ce génial souverain du « Siècle des Lumières », n'a de goût véritable que pour la musique du passé. Après la première de *L'Enlèvement,* il fait à Mozart cette remarque devenue légendaire : « Votre partition contient un bien grand nombre de notes! », à quoi le respon-

sable, offusqué, répond du tac au tac : « Il y en a juste ce qu'il faut, Sire! »
À la vérité, outre les notes, le Singspiel de Mozart contenait aussi plus de
musique, et de la meilleure, que tous les autres Singspiele de ses contemporains réunis. Mais l'empereur n'y avait pas pris garde. Malgré tout,
L'Enlèvement sera repris un peu partout en Allemagne sans que ce succès
international rapporte un seul centime supplémentaire au compositeur,
puisque le XVIII° siècle ignore encore les droits d'auteur et que Mozart n'a
d'autre rémunération que le montant de la commande. Y a-t-il relation
de cause à effet, mais, pendant l'année qui suit, le genre du Singspiel va
prospérer, notamment avec trois nouveaux ouvrages d'Ignaz Umlauf. Et
puis, le retour en force de l'opéra italien interrompt tout à coup les activités du « Théâtre national » et bannit pour quelques années le Singspiel
qui se réfugie alors dans les salles de faubourg comme celle de
Leopoldstadt, ouverte depuis 1781.

Mais Vienne est avant tout le *pays du clavier.* Mozart l'a bien compris
dès son arrivée, et c'est donc au clavier qu'il dédie la plupart de ses compositions viennoises : variations, pièces diverses, sonates en solo, à quatre
mains, ou avec violon, et surtout concertos qu'il joue lui-même tantôt
dans les soirées d'orchestre privées du comte Johann Esterhazy, tantôt à
l'ambassade de Russie, chez le prince Galitzine, tantôt encore chez le
riche imprimeur-éditeur Johann Thomas von Trattner dont l'épouse
Thérèse, excellente pianiste, est son élève assidue, tantôt enfin chez
Gottfried van Swieten, fils du médecin personnel de Marie-Thérèse et
directeur de la grande Bibliothèque de Vienne. À l'époque où il séjour-
nait à Berlin comme ambassadeur d'Autriche en Prusse, Van Swieten
avait découvert les chefs-d'œuvre de Bach et de Händel. Il avait même
commandé des pièces nouvelles à Carl Philipp Emanuel Bach. C'est à
son instigation que Mozart arrange alors pour quatuor à cordes plusieurs Fugues du *Clavier bien tempéré* et les fait précéder de Préludes originaux, travail qui va exercer sur toute sa production future une
influence profonde, et en premier lieu sur l'œuvre clef des premières
années viennoises, les Six Quatuors dédiés à Joseph Haydn et publiés
comme « op. X » en 1785. Car on est presque certain que, en 1781, l'année où Haydn publie ses Quatuors op. 33, qui sont sans doute les plus
révolutionnaires qu'il ait jamais écrits, Mozart a déjà fait sa connaissance. En tout cas, il est certain que, trois ans plus tard, en 1784, les
deux musiciens ont participé, Haydn au violon et Mozart à l'alto, à une
soirée de quatuors chez le compositeur anglais Stephen Storace. Ainsi
s'explique la publication, l'année suivante, des six Quatuors que le jeune
maître dédie à son « cher ami Giuseppe Haydn » et qui sont précédés
d'une longue dédicace italienne, rédigée en termes chaleureux et parti-

culièrement fleuris. Cette année-là, Mozart et Haydn se retrouvent en présence de Léopold Mozart pour jouer les trois derniers Quatuors de l'« opus X ». C'est là que Haydn dit solennellement au vieillard : « Je vous déclare devant Dieu, en honnête homme, que je tiens votre fils pour le plus grand compositeur dont le nom et la personne me soient connus ; il a du goût et, outre cela, la plus grande science dans l'ordre de la composition. » L'admiration de Mozart pour Haydn n'est pas moins chaleureuse puisqu'il affirme volontiers que « personne autant que lui n'est capable de tout, badiner et bouleverser, provoquer autant le rire que la plus profonde émotion ».

Mais cette époque d'épanouissement vaut également beaucoup pour les grands concertos de piano. Mozart n'en composera pas moins de quinze entre *L'Enlèvement* et *Les Noces,* c'est-à-dire entre 1782 et 1786, notamment les grands chefs-d'œuvre en ré mineur (K.466), ut majeur (K.467), la majeur (K.488) et ut mineur (K.491). Son succès et sa réputation sont alors au zénith. Il a des protecteurs haut placés comme la comtesse Thun-Hohenstein et son gendre le prince Carl Lichnowsky, la baronne Waldstatten, excellente pianiste, qui est intervenue pour que Léopold Mozart donne son consentement au mariage de Wolfgang, et qui sera elle-même plus tard la dédicataire d'une Sérénade nocturne. Il y a encore le comte Hattfeld et Nikolaus von Jacquin, le célèbre botaniste, dédicataire de plusieurs lieder, dont le fils va devenir l'élève et l'ami intime de Mozart ; le Hofrat Franz von Greiner, père de l'écrivain Caroline Pichler, franc-maçon et ardent mélomane, qui donne des soirées musicales dans sa vaste maison de la Mehlgrube. Mozart participe à de nombreux concerts, il est admis à la fin de 1784 parmi les francs-maçons, dans la loge *Zur Wohltätigkeit* (À la bienfaisance), où siège également le prince Carl Lichnowsky. Elle se fondra plus tard avec une autre, *Zur wahren Eintracht* (À la véritable concorde). Pour cette dernière loge, Mozart composera l'année suivante l'illustre *Mauerische Trauermusik* (Ode funèbre maçonnique) à la mémoire de deux aristocrates franc-maçons, dont le comte Franz Esterhazy. En 1786, pour la visite officielle du gouverneur général des Pays-Bas, ce prince von Sachsen-Teschen qui a épousé l'une des archiduchesses d'Autriche, il reçoit commande d'un petit ouvrage comique allemand, *Der Schauspieldirektor.* Il est représenté à l'Orangerie de Schönbrunn au même programme que *Prima la Musica* de Salieri qui a la chance, lui, d'être compositeur attitré de la cour. Pour ce lever de rideau, Mozart a dû se contenter, comme pour *L'Enlèvement,* d'un livret modérément humoristique de l'acteur silésien Christian Stephanie le jeune. Il en souffre d'autant que, depuis plusieurs mois déjà, il travaille avec le nouveau librettiste à la mode, un juif vénitien nommé Emmanuel Conegliano, devenu par son baptême Lorenzo da Ponte. La rencontre historique de Mozart et de Da Ponte a vraisemblablement eu lieu en 1783 chez le baron Raimund von Wetzlar, mélomane et mécène, dans sa belle villa proche de Schönbrunn. Mozart reconnaîtra plus tard sa dette de reconnaissance envers le librettiste des *Noces* en déclarant que, à l'époque, il avait déjà lu et rejeté au moins « cent livrets ».

Installé à Vienne depuis peu, Da Ponte a déjà collaboré, pour des ouvrages comiques, avec Salieri et Martin y Soler. C'est, semble-t-il, Mozart qui a dirigé son attention sur la pièce récente de Beaumarchais, *Le Mariage de Figaro*. Le choix semble pour le moins audacieux étant donné, d'une part, le succès récent, à Vienne, du *Barbier de Séville* de Paisiello, auquel on ne manquera évidemment pas de comparer le nouvel ouvrage et, d'autre part, le fond révolutionnaire de la pièce française. D'ailleurs, *Le Mariage de Figaro* avait été auparavant interdit par l'empereur et il ne faudra pas trop de toute la diplomatie de Da Ponte et sa promesse de transformer complètement le texte original pour lever au moins provisoirement l'interdiction impériale. En dépit de la légende qui veut que *Figaro* ait été achevé en six semaines, cette œuvre miraculeuse a dû certainement occuper Mozart pendant plusieurs mois. Il a sans aucun doute collaboré à la rédaction du livret mais, dans le même temps, il a dû mener à bien un nombre impressionnant d'autres partitions dont la plupart sont des chefs-d'œuvre. Quoi qu'il en soit, les *Noces de Figaro* atteignent à des sommets inconnus jusque-là dans l'art lyrique, et il se trouve que c'est aussi l'un des premiers opéras de l'histoire à ne pas être le fruit d'une commande. Sans qu'aboutissent les mauvaises intrigues de plusieurs collègues de Mozart, notamment celles de Salieri et de Righini, l'ouvrage est donc créé au Burgtheater le 1er mai 1786. Il fait aussitôt l'unanimité absolue, ce qui est tout à fait rare. Le ténor irlandais Michael Kelly, le premier Basilio des *Noces,* évoquera plus tard le « visage mince et animé » du maître, « illuminé d'un feu sacré », tel qu'il l'a observé au long des répétitions. Il décrira les applaudissements sans fin des musiciens d'orchestre à la générale, après le grand air de Figaro qui conclut le premier acte. Le soir de la création, la salle est comble et, comme la plupart des airs sont bissés, la soirée se prolonge interminablement.

Après un tel triomphe, Mozart peut envisager l'avenir avec confiance. D'ailleurs, quelques semaines plus tard, on reprend à Vienne et sous sa direction, dans un petit théâtre proche du palais Auersperg, *Idomeneo,* l'opera seria qu'il a composé pour Munich. De plus, il est toujours fêté lors de ses « académies » ou des concerts publics que, désormais, il organise régulièrement. Cela se passe en général au Burgtheater, ou bien avec un orchestre d'amateurs, le matin, dans un pavillon situé dans les jardins du château d'Augarten, lieu ouvert au public par décret impérial en 1775. Un habile impresario, Philippe Jacques Martin, y a pris l'initiative de ces *Dilettantenkonzerte,* subventionnés par le Geheimrat Franz Bernhard von Kees, ami proche de Joseph Haydn. L'orchestre cst composé d'amateurs et seuls les bassonistes, les trompettistes et les timbaliers sont des professionnels. Les répétitions étant pratiquement inexistantes, la qualité des exécutions est certainement médiocre. Mais cette situation n'a rien d'exceptionnel à l'époque et les *Dilettanten* sont vraisemblablement meilleurs lecteurs à vue que la plupart des professionnels aujourd'hui. Philippe Jacques Martin, l'organisateur des *Dilettantenkonzerte,* dirige également une autre série de concerts donnés le vendredi dans la belle salle de fête et de bal de la Mehlgrube (sur le Neuer Markt) – c'est là que Mozart donne en 1785 six concerts d'abonnement où il joue ses œuvres au piano en dirigeant l'orchestre. D'autres soirées d'orchestre et de chambre ont lieu également au Trattnersaal (sur le Graben), chez les Trattner avec qui Mozart est lié d'amitié. En général, toutes ces « académies » lui rapportent des sommes importantes. Ainsi sa situation financière est-elle pour l'instant excellente, d'autant plus qu'il a vendu pour 450 florins à Artaria, qui est désormais l'éditeur le plus important de Vienne, les six Quatuors opus X.

Mais ce sont justement ces succès trop tapageurs qui éveillent les plus virulentes jalousies. Après neuf représentations, *Figaro* est retiré de l'affiche, vraisemblablement à cause des pressions exercées par les compositeurs italiens de la cour, Salieri en tête. L'empereur lui-même, amateur d'art italien et donc de voix avant tout, y a trouvé excessif le rôle imparti à l'orchestre. Mozart est amèrement déçu. Seul le succès remporté par la reprise de Prague, à la fin de l'année, le console un peu. Et, puisque Prague est si bien disposée envers lui, il accepte la commande d'un nouvel opéra bouffe dont il promet de venir diriger lui-même la création sur place. Ce sera *Don Giovanni.* Pendant la composition de ce *dramma giocoso,* nouveau fruit de sa collaboration avec Lorenzo da Ponte, Mozart produit encore de la musique de chambre, et notamment les deux splendides Quintettes à cordes K.515 et 516. Et voici qu'au retour de Prague, où *Don Giovanni* a été chaleureusement accueilli, Mozart apprend que, Gluck étant mort, l'empereur lui a enfin accordé le titre de Kammermusicus, mais avec un salaire de 800 gulden alors que son prédécesseur en touchait 2 000. « C'est trop pour ce que je fais, confie-t-il avec un sourire amer, mais trop peu pour ce que je pourrais faire ! » On sait aujourd'hui que les raisons véritables de cet engagement étaient pour ainsi dire négatives : « parce qu'un artiste au génie si éminent ne devrait pas avoir à chercher sa subsistance à l'étranger ». Quoi qu'il en soit, la situation matérielle de Mozart est par trop précaire pour qu'il puisse se permettre de refuser. Décidément, il n'est pas facile pour un artiste, en cette fin du XVIIIe siècle, de vivre uniquement de son art, même lorsqu'on a du génie! Et Mozart en a à revendre, et bien trop de toute évidence pour plaire à la Vienne d'alors.

LE PARADIS ET LE CALVAIRE

Les leçons qu'il donne restent sa principale ressource mais elles l'empêchent de composer autant qu'il voudrait. À l'automne de 1787, un jeune musicien allemand, âgé de dix-sept ans, envoyé par le frère de l'empereur, l'archiduc Maximilien-François, électeur de Cologne, force un jour sa porte avec un rouleau de manuscrits sous le bras. Mozart, qui le met au piano, est aussitôt frappé par ses dons d'improvisateur et déclare sans ambages : « Ce jeune homme mérite l'attention. Un jour le monde l'acclamera », jugement prophétique puisqu'il s'agit tout simplement de Ludwig van Beethoven… L'année suivante, 1788 voit la création viennoise de *Don Giovanni,* par ordre exprès de l'empereur. Il y a quinze représentations successives, mais on ne peut vraiment pas parler de succès car il est clair pour tous que Mozart n'est plus l'homme du jour. D'ailleurs, après la première, le jugement de l'empereur ne fait que confirmer l'impression générale : « L'opéra est divin, peut-être encore plus beau que *Figaro,* mais ce n'est pas un mets pour le goût des Viennois. » Ce à quoi un critique de Francfort ajoute impitoyablement : « Encore un opéra qui donne le vertige à notre public… Certes, la musique est grande et harmonieuse, mais elle est plus difficile et savante que faite pour le plaisir… » Profondément scandalisé par la nouvelle de ce demi-échec, Haydn, par solidarité, refuse d'exécuter la commande qu'il vient de recevoir du théâtre de Prague. À l'ami qui la lui a fait parvenir, il répond en décembre 1787 : « Si je pouvais seulement expliquer à chaque amoureux de la musique l'art inimitable de Mozart, sa profondeur, son émotion de l'âme, sa conception musicale unique, tels que je les comprends et les ressens moi-même, alors toutes les nations lutteraient pour posséder un tel trésor à l'intérieur de leurs frontières… Cela me met en colère que ce Mozart, cet être d'exception, n'ait pas encore été engagé pour une cour royale ou impériale! Pardonnez-moi si je sors de mes gonds, mais j'aime tellement cet homme! »

L'année 1788 va voir décliner la popularité viennoise de Mozart qui, jusqu'alors, n'avait pas cessé d'augmenter. Ses revenus, eux aussi, baissent car les concerts par souscription, qui s'étaient avérés tellement lucratifs, se sont interrompus : la guerre contre les Turcs coûte une fortune à l'Autriche, et beaucoup d'aristocrates ont dû quitter Vienne pour s'installer à la campagne. Mozart compose désormais de la musique de chambre pour des séances privées, en 1787 les premiers Quintettes, en 1788 le Quintette avec clarinette, ainsi que la dernière trilogie symphonique, dont on est presque sûr que Mozart n'a jamais eu l'occasion de l'entendre, en tout cas pas en entier, ce qui en dit long sur la curiosité qu'éprouve le public viennois pour ses œuvres! Constance est souffrante et les finances du ménage sont de plus en plus chancelantes. Mozart doit déménager sans cesse, presque toujours pour réduire son train de vie : il aura occupé pas moins de onze logements pendant ses dix années viennoises et tous ces changements l'épuisent. Il redouble ses efforts pour obtenir un poste à la cour, mais en vain. Il songe même à s'expatrier en Angleterre. Du voyage en Prusse qu'il entreprend avec le prince Carl Lichnowsky au début de 1789, il ne ramène que la mince commande de six Quators dont il n'achèvera que trois. Sans cesse, dans des lettres qui, à les lire aujourd'hui, arrachent le cœur, il est obligé de solliciter l'aide financière de son ami et frère en maçonnerie, le négociant Michael Puchberg, celui-là même qu'il remerciera un jour par un cadeau royal, le grand Divertissement pour trio à cordes. À l'automne, *Figaro* est tout de même repris au Burgtheater et Mozart reçoit la commande d'un nouvel opéra, *Cosi fan tutte,* pour lequel il va collaborer une dernière fois avec Lorenzo da Ponte. Haydn se trouve alors à Vienne pour quelques jours et Mozart l'invite aux répétitions. L'honoraire de deux cents ducats (900 florins) qu'il a reçu permet au compositeur de respirer un peu et de rembourser une partie de ses dettes. Mais la première, au Burgtheater le 26 janvier 1790, passe à peu près inaperçue. *Cosi* ne dépassera pas une dizaine de représentations.

Or, Joseph II meurt quelques jours après cette création et Mozart perd avec lui un protecteur qui n'avait jamais compris grand chose à sa musique mais qui, au moins, l'avait fait jouer. Le frère et successeur du souverain défunt, Léopold II, connaît Mozart pour avoir entendu *Les Noces* à Florence, du temps qu'il était archiduc de Toscane. Autre bon signe, Salieri qui sait le peu de sympathie qu'a toujours eue pour lui le nouvel empereur, a enfin lâché prise. Mozart prend donc la peine de se rendre à Francfort pour le couronnement dans l'espoir d'obtenir une charge ou au minimum une commande : « Enfin la chance commence à me sourire », s'exclame-t-il dans une lettre. Mais les Pays-Bas sont en pleine révolte et l'empereur a des affaires bien plus pressantes à régler. Toutes les démarches que Mozart entreprend auprès de lui échouent l'une après l'autre. On ne lui fait même pas l'honneur d'une réponse. Bref, il est clair désormais que le nouvel empereur reste encore plus imperméable à sa musique que le précédent. En fait, il ne jure que par les Italiens et en particulier Cimarosa. Quant à son épouse, Maria Luisa, elle est surtout connue pour avoir traité *La Clemenza di Tito* de « *porcheria tedesca* » !

En 1790, les nouveaux souverains auraient pu voir au Théâtre de la Cour à la fois *Cosi fan tutte* et *Les Noces* mais, à leur première sortie théâtrale, le 20 septembre, ils sont entrés dans la salle au moment précis où le héros d'*Axur, re d'Ormus* de Salieri monte sur le trône. Léopold II va finalement confirmer l'Italien dans le poste de Kapellmeister qu'il occupe déjà depuis deux ans. Quant à Mozart, il assiste cette année-là, avec une profonde tristesse, au départ pour l'Angleterre de son ami fidèle et admirateur fervent Joseph Haydn, enfin libéré de ses obligations envers les Esterhazy par la mort du prince Nicolas. L'impresario britannique Salomon avait également l'intention, en se rendant à Vienne, d'engager Mozart mais ce dernier s'est donné quelques mois pour réfléchir. Le 15 décembre, les deux musiciens ne se quittent pas de la journée et passent ensemble une soirée d'adieu pendant laquelle Haydn doit consoler son jeune collègue qui, en proie à une tristesse amère, lui dit : « Nous nous disons sans doute notre dernier adieu dans cette vie. » Haydn, ému, pense que ces paroles s'appliquent à lui qui, à son âge, est sur le point de courir les risques d'un long voyage. Bientôt, Mozart recevra de Londres une offre plus alléchante encore : trois cents livres sterling pour deux opéras, et la possibilité d'augmenter encore cette somme en donnant des concerts. La tentation ne parvient pourtant pas à l'arracher de Vienne, son paradis et son calvaire.

Le dernier hiver, Mozart compose encore un Quintette à cordes puis un ultime concerto pour piano, qu'Artaria va aussitôt publier, en même temps que toute une série de danses orchestrales très brillantes et destinées aux bals du Redoutensaal. À quoi s'ajoute la tâche alimentaire, fournie par son protecteur, le baron van Swieten, d'arranger pour une salle dépourvue d'orgue plusieurs grandes partitions vocales et chorales de Händel, le *Messie, Acis and Galatea*, l'*Ode for St Cecilia's Day* et l'*Alexander's Feast*. Le 4 mars, Mozart joue son dernier Concerto pour piano au Jahn'sche Saal, ouvert l'année précédente par le traiteur de la cour, Ignaz Jahn, au cours d'une académie organisée par le clarinettiste Joseph Beer. C'est dans la même salle que sera créée, dix-huit mois après la mort du compositeur, l'illustre *Requiem*, pendant une soirée donnée au bénéfice de sa veuve. Mais le travail de fond, celui qui absorbe le plus Mozart, c'est la composition d'un nouveau Singspiel, cette fois d'après le livret d'un ami, maçon comme lui, l'impresario-acteur Emanuel Schikaneder, qu'il connaît depuis sa jeunesse et qui dirige depuis deux ans le Freihaustheater ou Theater auf der Wieden construit cinq ans plus tôt et situé sur une île au milieu de la Wien. L'été de 1791, que Mozart passe à écrire *La Flûte enchantée* dans un petit studio noyé dans la verdure et proche du théâtre, aura été l'un des plus heureux de sa vie. La collaboration avec Schikaneder, dont il écoute souvent les conseils avisés, lui apporte de grandes satisfactions. Ce travail exaltant est interrompu en juillet – et cela au moment où il est presque achevé – par une commande de la cour, qu'il exécute en trois semaines, un opera seria, *La Clemenza di Tito,* destiné à célébrer à Prague le couronnement de l'empereur comme roi de Bohême. Le livret de Métastase, déjà mis en musique par Gluck et d'autres, a été « rajeuni » et surtout abrégé par le nouveau poète de la cour, Caterino Mazzolà, Lorenzo da Ponte ayant été congédié depuis le printemps après avoir été mêlé à plusieurs scandales. Le 6 septembre 1791, Mozart est au pupitre de la première représentation, soirée qui sera quelque peu troublée par l'arrivée tardive du souverain et de sa suite, ainsi que par leurs conversations ininterrompues jusqu'à la chute du rideau. Leurs majestés estimaient sans doute avoir suffisamment honoré Mozart en assistant, quelques jours plus tôt, à une représentation de *Don Giovanni* et en entérinant le choix de trois de ses Messes pour les cérémonies religieuses du couronnement.

Trois semaines plus tard, Mozart dirige à Vienne une autre création bien plus importante. En effet, toutes les circonstances ont été réunies pour faire de *La Flûte enchantée* le chef-d'œuvre du genre nouveau, de ce Singspiel qui est en réalité ici un Märchenspiel, c'est-à-dire un opéra féerique en même temps qu'allégorique. Loin des théâtres de cour, Mozart a pu travailler sans contrainte avec Schikaneder au plus viennois de tous ses ouvrages lyriques. Il y a mis en scène quelques-unes des figures les plus savoureuses du théâtre populaire. La simplicité du langage qui est le leur côtoie sans cesse une musique à laquelle les fondements maçonniques du livret ont apporté une profondeur, une noblesse toutes nouvelles et qui, parfois, semblent rejoindre les grandes pages de Gluck. Partition d'une diversité confondante, donc, et si éclatante d'originalité et d'invention qu'on ne s'étonne pas de la voir conserver à travers les âges un prestige unique et intact. Le succès véritable de *La Flûte* ne viendra, comme c'est souvent le cas, qu'au bout de quelques représentations mais il est colossal : vingt-quatre représentations pendant le seul mois d'octobre, trente-cinq avant le début de décembre, de quoi sauver Schikaneder de la faillite et garantir pour de longues années la santé financière de son théâtre !

La joie n'est pas parfaite car Mozart est déjà en mauvais état physique. Il a dû renoncer à diriger plusieurs des répétitions de *La Flûte*. Pendant les derniers mois qu'il lui reste à vivre, il ne composera plus que le Concerto pour clarinette (pour son ami Anton Stadler), une cantate maçonnique (pour la loge *Zur gekrönten Hoffnung* (À l'espérance couronnée) dont le grand maître est le patron de Haydn, le prince Nicolas Esterhazy) et l'illustre *Requiem*, composé entre le 8 octobre et le 20 novembre et demeuré fragmentaire, et qui a suscité, comme on sait, beaucoup de commentaires. Depuis 1964, on n'ignore plus l'histoire de la commande de cette œuvre ultime par le comte Walsegg zu Stuppach qui espérait la signer lui-même. Un livre récent de H.C. Robbins Landon a enfin dissipé bien des légendes sur la fin de Mozart, et même sur son enterrement, qui a eu lieu non pas sous l'orage mais par un jour particulièrement doux et légèrement brumeux de décembre. Même la légèreté coupable de Constance et son indifférence vis-à-vis du génie et de la personne de son époux appartiennent, semble-t-il, au domaine de la fiction. Ce qui est sûr c'est que Mozart est mort à une heure moins cinq du matin, le 5 décembre 1791, à trente-six ans, vraisemblablement d'une infection streptococcique et d'une insuffisance rénale, aggravées d'une hémorragie cérébrale, à un moment même où sa situation financière s'améliorait rapidement et où le succès de *La Flûte* avait toutes les chances de métamorphoser à la fois sa vie matérielle et son destin de compositeur. Il est certain aussi qu'il a payé fort cher l'indépendance de son caractère et l'espoir chimérique de s'imposer à Vienne sans l'appui d'un véritable patron. Mais sa plus grande faute aura été sans doute d'avoir obéi à son bouillonnant génie et d'avoir rompu si vite et si totalement avec la mode et le goût italiens, tout puissants depuis plus d'un siècle dans la capitale autrichienne. Ainsi sa musique sera-t-elle restée livre clos pour la grande majorité de ses compatriotes. Trois mois avant sa mort et conscient de sa fin prochaine, l'auteur de *La Flûte enchantée* écrit ces lignes déchirantes : « Je le sens et mon état me le dit : l'heure sonne! Je vais devoir mourir. Je suis à la fin, avant même d'avoir pu jouir de mon talent. Et pourtant la vie était si belle! Nul n'a le droit de choisir : il faut se soumettre au commandement du destin. Je termine donc mon chant funèbre car je ne dois pas le laisser inachevé. » Or il n'eut même pas cette satisfaction.

LA POSTÉRITÉ RECONNAÎTRA LES SIENS

La carrière météorique de Mozart, le récit navrant de ses dix années viennoises nous ont quelque peu détourné de Haydn encore que son activité soit bien peu liée à Vienne au cours des années mozartiennes ! Rien n'a pu le convaincre en effet d'abandonner le confort et la sécurité du poste d'Esterhaza. Et pourtant sa réputation européenne n'a pas cessé de croître depuis 1780 et les éditeurs de tous les pays se bousculent pour publier ses œuvres. La maison Artaria, fondée à Viennc par deux cousins du même nom en 1770, va jouer ici un rôle de premier plan. C'est que, à peine cinq ans plus tard, cette firme a quitté le Tuchlauben pour une situation tout à fait centrale sur le Kohlmarkt, à côté de la Michaeliskirche. Elle comprend alors non seulement un magasin de musique mais aussi un atelier de gravure et une imprimerie. Artaria va donc imprimer une grande partie des nouvelles partitions de Haydn. Plus tard, il sera le principal éditeur de Beethoven. Si, à cette époque, la publication des opéras est encore fort rare, en revanche, celle des partitions instrumentales devient un commerce très lucratif. Il est vrai que, sans bourse délier, les éditeurs peuvent alors se permettre de reprendre et de diffuser toute œuvre susceptible de se vendre. Il ne faut pas chercher d'autre cause à la diffusion quasi automatique de toute la production de Haydn à travers l'Europe.

De partout lui arrivent des témoignages d'admiration. D'Espagne, le roi Charles III lui a fait parvenir en 1781 une tabatière d'or sertie de diamants, que son ambassadeur à Vienne est venu spécialement lui remettre à Esterhaza. Un peu plus tard, la cathédrale de Cadix lui a passé commande d'Adagios orchestraux pour les *Sept Dernières Paroles du Christ,* destinés à être exécutés pendant la Semaine sainte et qu'il ne composera qu'en 1786. En Italie, la Société philharmonique de Modène l'a élu parmi ses membres. À Paris, les Concerts de la Loge Olympique ont commandité en 1784 (pour vingt-cinq louis d'or chacune) ses Symphonies dites « parisiennes ». D'ailleurs, plusieurs éditeurs français se servent désormais de son nom pour populariser et vendre sans vergogne des œuvres apocryphes. En Angleterre, le directeur des Professional Concerts de Londres avait cherché dès 1783 à le persuader de le rejoindre. En fait, il est si populaire dans ce pays que quatre-vingt-trois de ses symphonies y sont bientôt disponibles en partition, et cela dès 1787. De Naples, de Prusse, de Russie, des commandes et des hommages de toutes sortes lui parviennent sans cesse. On comprend sans peine que les Esterhazy n'envisagent pas de se séparer d'un maître de chapelle dont la gloire leur est si profitable.

À Vienne, Haydn ne manque pas non plus d'amis très actifs, comme Franz Bernhard von Kees qui organise régulièrement des concerts chez lui avec un orchestre d'amateurs. Il y a aussi le Hofrat Greiner chez qui Mozart et Salieri ont également leurs habitudes ; Stephen Storace, le compositeur anglais dont la sœur, Nancy, a créé le rôle de Suzanne dans *Les Noces*; le négociant Michael Puchberg qui est sans doute avec Mozart à l'origine de l'initiation maçonnique de Haydn, en 1785, dans la loge *Zur wahren Eintracht*; Johann Tost, le riche drapier, violoniste et fervent mélomane qui est le dédicataire des Quatuors op. 51 et 54; Peter von Genzinger, le gynécologue attitré des Esterhazy, dont l'épouse, Marianne, chanteuse et musicienne de grande culture, entretient avec Haydn et pendant des années une correspondance très nourrie.

Tout au long de la décennie 1780, Haydn ne compose plus que trois opéras dont seul *Orlando paladino* (1782) fera le tour de l'Allemagne avant d'atteindre Vienne en 1791. En 1783, *Armida* clôt ainsi sa grande période lyrique. L'ouvrage va être donné l'année suivante en version allemande, au Kärntnerthortheater, par la troupe de Schikaneder. Certainement l'admiration de Haydn pour les opéras de Mozart aura été pour beaucoup dans son abandon du théâtre. Mais la musique instrumentale n'est-elle pas devenue son théâtre à lui, son théâtre intérieur, un théâtre libéré de toutes les contraintes de l'action et de la scène, un théâtre d'un comique irrésistible parfois, mais aussi d'une étonnante gravité avec les Adagios où revit le souvenir de Gluck dans les harmonies statiques et les trémolos prolongés? Et puis Haydn, pénétré qu'il est du génie dramatique de Mozart, est peut-être choqué de voir la scène viennoise envahie par des ouvrages bien inférieurs aux siens, comme ceux de Salieri par exemple. Car il n'ignore pas que, faute d'avoir empoisonné l'auteur du *Requiem,* Salieri a été maintes fois son rival victorieux, et qu'il occupe depuis très longtemps ce poste de Hofkapellmeister si fort convoité par Mozart.

Or Salieri vivra jusqu'à un âge avancé et recevra presque tous les honneurs que l'époque est capable de lui accorder. Né à Legnano en 1750, il commence sa carrière à la basilique Saint-Marc de Venise, où il est l'élève de Lotti et de Pacini. Il n'a que seize ans lorsque Florian Gassmann découvre son talent et l'emmène avec lui à Vienne. C'est là qu'il se lie bientôt avec Métastase puis, comme on l'a vu, avec Gluck qui contribuera beaucoup à le lancer. Douze ouvrages de Salieri ont été représentés à Vienne, la plupart au Burgtheater, au cours des années 1780. Il y aborde tous les genres à la mode, l'opéra comique ou dramatique italien, la tragédie lyrique à la française, et même le Singspiel dans *Der Rauchfangkehrer (Le ramoneur)* en 1781. Ce n'est pas tout à fait une exception puisque, au milieu de cette décennie, une autre pièce approchant le Singspiel sera triomphalement accueillie au National Theater. Il s'agit de *Doktor und Apotheker* (1786) composé sur un texte de Stephanie, le librettiste de *L'Enlèvement* de Mozart, par le Viennois Carl Ditters von Dittersdorf (1739-1799), violoniste virtuose, élève de

Bonno, assistant de Gluck en plusieurs occasions et Kapellmeister à Johannisberg dans le Nassau, puis à Oels en Silésie prussienne. Et ce premier essai sera suivi sous peu de deux ouvrages du même type, c'est-à-dire intermédiaires entre le Singspiel et l'*opera buffa*.

Mais Dittersdorf n'écrit pas seulement pour le théâtre. Il pratique avec un succès au moins égal le genre symphonique. Après plusieurs recueils édités à Amsterdam et à Paris (dont la très européenne *Sinfonia nel gusto di cinque nationi* de 1767 qui comprend un Allegro allemand, un Andante italien, un Allegro anglais, un Menuet français avec Trio turc, et un Finale polyglotte c'est-à-dire autrichien), c'est à Vienne qu'il publie en 1785 ses premières *Symphonies exprimant trois Métamorphoses d'Ovide,* œuvres à programme et toutes en quatre mouvements. Sans avoir la prodigieuse diversité ni la vitalité foncière des Symphonies de Haydn, celles de Dittersdorf font un large usage de mélodies rustiques. Sur le même registre instrumental, il faut encore mentionner l'abondante production de chambre et d'orchestre de deux Tchèques installés à Vienne, Léopold Kozeluch (1747-1818) et Johann Baptist Vanhal (1739-1813), celui-ci violoniste de talent, symphoniste épris comme Dittersdorf de tonalités mineures jusqu'à frôler le romantisme, et de la musique à programme (en 1798, la bataille d'Aboukir lui inspire une Sonate!); avec celles de Dittersdorf, leurs œuvres ont connu dans certains pays comme l'Allemagne du Nord, une vogue encore plus grande que celle de Haydn, et cela jusqu'à la fin du siècle. Exaspéré par le succès durable des œuvres de Kozeluch, qui a été nommé compositeur de la cour l'année suivant la mort de Mozart, avec un salaire double du sien, Beethoven lui assène l'épithète de « *miserabilis* ». Il avait cependant une qualité qui manquait, hélas, trop souvent à Mozart : il écrivait une musique que tout le monde pouvait comprendre. Enfin, les Symphonies de Carlo d'Ordonez (1734-1786), sont appréciées de l'Italie à la Suède et passent parfois pour être de la main de Haydn. Écrites tantôt dans un style orchestral, tantôt dans celui de la musique de chambre ou d'église, ces pièces d'Ordonez présentent d'étranges singularités comme sa *Sinfonia solenne* en sept mouvements ou sa Symphonie avec quatre trompettes disposées en deux groupes antiphoniques. Haydn a même dirigé à Esterhaza une parodie d'Ordonez, pour théâtre de marionnettes, de l'*Alceste* de Gluck (1775). Trois ans plus tard, le Singspiel du même auteur, *Diesmal hat der Mann den Willen* (Cette fois-ci c'est la volonté du mari), a ouvert la saison du Burgtheater de Vienne, ce qui dit assez la notoriété d'un tel compositeur totalement oublié aujourd'hui.

Dans les années 1790 et malgré le retour en force de l'opéra italien qui suit l'accession au trône de Léopold II, le Singspiel continue à faire

fureur. La pièce du Bohémien Wenzel Müller (1767-1835), Kapellmeister du Leopoldstädter-Theater à partir de 1786, *Das Sonnenfest der
Braminen* (La Fête solaire des Bramhmanes) (1790), sera représentée au
moins quatre-vingts fois en quinze ans. Elle sera, semble-t-il, louée autant
par Haydn que par Mozart. Sa pièce suivante, *Das Neusonntagskind*
(1793), battra même ce record et l'un de ces airs est encore considéré à
Vienne comme un chant populaire, comme l'est aussi *Es gibt nur a
Kaiserstadt, es gibt nur a Wien* (Il n'y a qu'une ville impériale, il n'y a
qu'une Vienne). Müller continuera jusqu'à sa mort à composer des
Singspiele dont les plus populaires seront les derniers, *Der Barometer-
macher auf der Zauberinsel* (Le Fabricant de baromètres sur l'île enchan-
tée) (1823) et *Der Alpenkönig und der Menschenfeind* (Le Roi des Alpes
et le Misanthrope) (1828), sur des livrets de l'illustre acteur, auteur dramatique et directeur du Théâtre de Leopoldstadt, Ferdinand Raimund
(Beethoven empruntera en 1803 aux *Schwestern von Prag* – Les Sœurs de
Prague – de Müller le thème des Variations en Trio *Ich bin der Schneider
Kakadu*). Au même théâtre de Leopoldstadt, le Morave Ferdinand
Kauer (1751-1831) donnera en 1799 une *Donauweibchen* (La Sirène du
Danube), « conte populaire romantico-héroïque avec des lieder » représenté plus de cent fois et repris à Weimar par Goethe qui le jugera digne
d'être mentionné dans son roman *Les Affinités électives*. Pendant ce
temps, un autre Singspiel, *Das unterbrochene Opferfest* (La Fête de sacri-
fice interrompue) du Rhénan Peter Winter, élève de Salieri, triomphe au
Kärntnerthortheater depuis 1796, tant et si bien que Schikaneder lui en
commande un autre pour son théâtre, *Babylons Pyramid* (La Pyramide
de Babylone) (1797). De son côté, le répétiteur et Kapellmeister du
Burgtheater, Joseph Weigl (1766-1846), fils du violoncelliste de l'orchestre d'Esterhaza et propre filleul de Joseph Haydn, auteur à succès de
ballets et d'opéras italiens, n'accède à la plus haute célébrité qu'avec ses
deux Singspiele, *Das Waisenhaus* (L'Orphelinat) (1808) et surtout *Die
Schweizerfamilie* (La Famille suisse) (1809), hymne attendrissant à la
Patrie, pastorale montagnarde où dominent les rythmes à 6/8. Elle fera
le tour du monde et continuera d'être jouée jusqu'à la fin du XIXᵉ siècle.
Il faut citer encore Franz Xaver Sussmayr, le dernier élève de Mozart, qui
va se distinguer en 1794 avec *Spiegel von Arkadien* (Le Miroir
d'Arcadie), commandé par Schikaneder. Parmi les derniers représentants de cette tradition authentiquement viennoise figure aussi Ignaz
von Seyfried (1776-1841), élève d'Albrechtsberger et de Winter, chef
d'orchestre au théâtre de Schikaneder pour qui il compose successivement *Der Friede* (La Paix) (1797) et *Der Wundermann am Rheinfall*
(L'Homme à miracles à la chute du Rhin) (1799). Ami proche de

Beethoven, Seyfried dirigera la création de la version originale de *Fidelio* en 1805. Enfin, un autre chef d'orchestre, ancien élève de Haydn et ami de Beethoven, interprète attitré de leurs œuvres, le Morave Paul Wranitzky (1756-1808), est l'auteur d'un Singspiel intitulé *Oberon*, créé en 1789 et dont la popularité poussera Schikaneder à commander aussitôt à Mozart *La Flûte enchantée*. Son œuvre très abondante comprend non seulement des Singspiele – en 1796, un air de *Das Waldmädchen* (La Fille de la forêt) sera choisi par Beethoven pour un cycle de variations pour piano –, des opéras et des ballets, mais aussi 51 Symphonies et de nombreuses partitions de chambre. Pour tous ces noms et tous ces titres aujourd'hui tombés dans l'oubli, on voit que les feux de paille du succès ne garantissaient d'aucune manière l'entrée au Panthéon de la postérité !

Comme au début du siècle, la visite de compositeurs célèbres venus de l'étranger continue de soulever à Vienne curiosité et sympathie. En 1784, Giovanni Paisiello (1740-1816) assiste à la création de son opéra-comique *Il re Teodoro in Venezia*, que le Burgtheater lui a commandé sur un livret de Giovanni Battista Casti, le nouveau poète officiel de la cour. Mozart et Da Ponte vont plus tard assister à une représentation de cet ouvrage la veille même de la première des *Noces*. Immédiatement viendra la reprise triomphale de son *Barbier de Séville*, qui passe pour avoir laissé des traces reconnaissables dans le style des grands ouvrages mozartiens. La même année, Giuseppe Sarti (1729-1802) s'arrête à Vienne, en route pour la Russie. Il est reçu par l'empereur, qui fait partie de ses fervents admirateurs et qui lui offre la recette entière d'une représentation de son populaire opéra-bouffe *Fra i due Litiganti* (qui est cité dans la dernière scène de *Don Giovanni)*. À cette occasion, Sarti rencontre Mozart, à qui il fait bonne impression. Bien plus tard, il n'en traitera pas moins ses œuvres de « barbares » et qualifiera son art de « musique à se boucher les oreilles ». Et puis il y a Domenico Cimarosa qui jouit également d'une solide renommée à Vienne, depuis qu'y ont été créés *L'Italiana a Londra* (1785), *Le Trame deluse* (1787), et *I due Baroni* pour lequel Mozart compose un air en 1789. La cour viennoise peut même se flatter de lui avoir commandé en 1792 son ouvrage le plus illustre, *Le Mariage secret*. Enfin l'Espagnol Vicente Martin y Soler (1754-1806) passe trois ans à Vienne, de 1785 à 1788, s'attache la faveur de Joseph II et remporte en 1786 un véritable avec triomphe avec *L'Arbore di Diana,* sur l'un des premiers livrets viennois de Lorenzo da Ponte. La même année, son *Una Cosa rara* plonge la capitale dans un telle extase que les *Noces de Figaro* vont en faire les frais. D'ailleurs Mozart, sans doute par ironie, citera l'un des airs les plus populaires de cette « Cosa rara » dans la scène du banquet de *Don Giovanni*. Car on accorde attention, soutien et libéralités diverses aux gloires de passage, sans voir qu'un des plus grands génies de tous les temps agonise à la porte.

L'APOTHÉOSE DE HAYDN

Au milieu de tout ça, ou plutôt en marge, Haydn ne cesse de grandir. On connaît le coup de génie de l'impresario anglais Johann Peter Salomon qui, apprenant la mort du prince Nicolas-Joseph Esterhazy, s'est aussitôt précipité à Vienne pour convaincre le vénéré Kapellmeister de venir à Londres diriger une saison symphonique. Et Haydn ne regrettera jamais de l'avoir suivi. Fêté partout, adulé, entouré d'une admiration universelle, il va y vivre des jours inoubliables qui ne seront assombris, à la fin de 1791, que par la nouvelle de la mort de Mozart. Il y compose également ses dernières partitions symphoniques, les plus inspirées et les plus accomplies.

À l'aller et au retour, Haydn s'arrête à Bonn où il fait la connaissance du jeune Beethoven que l'électeur Maximilien le prie d'accepter comme élève. Rentré à Vienne à la fin de juillet 1792, après avoir été promu docteur honoraire de l'Université d'Oxford et couvert de plus de lauriers qu'un compositeur n'en a sans doute jamais conquis en si peu de temps à l'étranger, Haydn aurait pu s'offenser de voir que son retour laissait indifférents les journaux viennois et même la cour, peu soucieuse apparemment de fêter un artiste qui avait si puissamment contribué à la renommée de la musique autrichienne. Mais, après tant d'années passées loin de la capitale, il est vraisemblable que Haydn se soucie assez peu de l'opinion qu'on y a de lui. En revanche, la mort récente de Mozart l'affecte beaucoup. Dès son arrivée, il a soin d'apporter aide et secours à sa veuve. Jusqu'en 1807, il lui arrivera de fondre en larmes lorsqu'on mentionne en sa présence le jeune compositeur et l'ami qu'il admirait tant.

Au début de 1793, un autre deuil va assombrir la vie de Haydn, la mort à l'âge de trente-huit ans de Marianne von Genziger, avec qui il n'avait pas cessé de correspondre. Mais, comme pour le consoler, plusieurs élèves sont venus réclamer ses conseils, notamment Pietro Polzelli, le fils de son ancienne maîtresse, et puis Ludwig van Beethoven, qui a atteint l'âge de vingt et un ans et s'est enfin installé à Vienne. Évidemment, c'était avec Wolfgang Amadeus Mozart que le jeune Rhénan avait souhaité parfaire ses études. Mais son protecteur, le comte Waldstein, lui avait assuré à son départ de Bonn qu'il allait « recevoir l'esprit de Mozart des mains de Haydn ».

Les rapports entre le maître Haydn et l'élève Beethoven ne seront jamais tout à fait harmonieux. Certes, Haydn n'a aucun préjugé contre la jeunesse, ce qui est rare pour un homme de son âge. Il n'a jamais eu le moindre mal à admettre qu'on veuille ni qu'on doive même, en musique, innover. Pourtant, il arrive que l'arrogance juvénile de Beethoven l'agace – il va même le surnommer « le Grand Mogol » –, comme son entêtement et son caractère soupçonneux. En outre, Beethoven tient absolument à se soumettre à toutes les disciplines rigoureuses du contrepoint d'école. Haydn a donc rouvert le manuel dans lequel il a lui-même appris autrefois son métier, le *Gradus ad Parnassum* de Fux. Mais c'est sans enthousiasme qu'il se replonge après tant d'années dans le vieux manuel, de sorte qu'il ne corrige pas toujours les exercices du jeune homme avec toute la minutie nécessaire. C'est du moins ce qu'affirme dans ses Mémoires le professeur de contrepoint que Beethoven s'est choisi en secret, Johann Baptist Schenk, compositeur autrichien de Symphonies et d'opéras (1753-1836), élève de Wagenseil et auteur du populaire *Dorfbarbier* (Le Barbier de village) donné en 1796 au théâtre de Leopoldstadt. Il est pourtant incontestable que Haydn a su apprécier à sa juste valeur le génie de ce jeune Allemand que l'électeur de Bonn lui a envoyé. Dans une lettre qu'il adresse à ce dernier en novembre 1793 pour obtenir une augmentation (qui ne sera pas accordée) de la bourse d'études du jeune homme, il lui déclare que Beethoven « sera un jour considéré comme un des plus grands compositeurs d'Europe ». En tout cas, les leçons de Beethoven allaient être interrompues par le second voyage de Haydn à Londres (1793-1795). Au moment de partir, le maître passe le flambeau à l'organiste virtuose Johann Georg Albrechtsberger (1736-1809), un élève de Monn, brillant théoricien et auteur fécond de musique religieuse et de musique instrumentale, qui est en train de devenir le plus célèbre pédagogue de Vienne, et même d'Europe. Juste avant son départ, Haydn dirige à deux reprises, les 22 et 23 décembre 1793 à la Tonkünstler Sozietät, une académie de ses œuvres, composée de trois Symphonies et de deux chœurs.

À son retour, en juillet 1795, Haydn doit revenir aux réalités de ses fonctions de Kapellmeister des Esterhazy. En effet, succédant au prince Paul Anton, qui n'avait aucun goût pour la musique, Nicolas II a décidé de fêter dans son palais viennois la renaissance de sa Chapelle par une représentation de gala de *Penelope* de Draghi, et il demande à Haydn de réorganiser la musique princière. Des quatre patrons successifs de Haydn, Nicolas II va s'avérer le plus difficile à satisfaire. Heureusement, la lointaine propriété d'Esterhaza a été abandonnée et c'est pour l'église d'Eisenstadt, toute proche, que Haydn devra, chaque année jusqu'en

1802, composer une messe pour l'anniversaire la princesse Marie Hermenegild Esterhazy. Mais il lui faudra résister tant bien que mal aux caprices de ce nouveau maître qui n'entend rien aux choses de la musique et qui, au fond, préfère aux œuvres de Haydn celles de son frère Michael ou même celles du vieux Reutter. Heureusement, Haydn parviendra bientôt à faire engager comme vice-Kapellmeister un membre de l'orchestre, Johann Fuchs, sans que son propre salaire soit réduit pour autant.

C'est donc à Vienne que Haydn va passer ses dernières années, tout d'abord dans une maison du Neue Markt. C'est là qu'il compose en 1797 le célèbre hymne national, *Gott erhalte Franz den Kaiser* (Que Dieu protège l'empereur François), qui est joué pour la première fois en public au Burgtheater le 12 février, jour de naissance de François II. Malheureusement, le nouvel empereur n'est guère mélomane, et il ne songe même pas à récompenser le vieil et illustre maître par un présent ou une décoration. C'est de l'étranger, comme toujours, que parviennent à Haydn les marques de reconnaissance que l'Autriche lui refuse. Ainsi la Suède le distingue-t-elle en le faisant membre d'honneur de son Académie royale. L'époque des grandes symphonies s'étant achevée à Londres avec les douze chefs-d'œuvre composés pour Salomon, Haydn se consacre alors et une fois de plus au quatuor à cordes et achève d'un seul trait, en 1797, les six de l'opus 76 qui, avec les deux œuvres ultimes de 1799, marquent l'apogée de sa production dans ce domaine.

À la fin de 1797, Haydn s'installe enfin dans la maison qu'il a acquise quatre ans plus tôt dans le sixième arrondissement, à Mariahilf, près de la Gumpfendorfstrasse. C'est ici qu'il va composer la première des deux ultimes partitions qui feront tant pour sa gloire. Le souvenir des grandes exécutions d'oratorios de Händel, auxquelles il a assisté dans la capitale anglaise, lui revient immédiatement à l'esprit lorsque Gottfried van Swieten lui commande un ouvrage du même type pour la série de concerts privés qu'il dirige au palais Schwarzenberg, à la suite du succès qu'y a obtenu, en 1796, la création de la version oratorio des *Sept dernières paroles du Christ*. D'ailleurs, Haydn a sans doute connu à Londres le texte anglais dont Van Swieten rédige l'adaptation allemande car il s'inspire du *Paradise lost* de Milton. Le musicien se met lentement au travail, cette lenteur étant, selon ses propres termes, la condition même de la survie future de l'ouvrage. Car l'époque de la composition de *La Création* va s'avérer l'une des plus radieuses de toute sa vie. C'est pour Haydn un vrai bonheur que d'exprimer en musique son amour pour le monde et pour la nature, en même temps qu'il affirme sa confiance en Dieu et en l'esprit humain. La partition, que l'Europe entière attend avec impatience, est achevée au début de 1798 et exécutée pour la première fois les 29 et 30 avril, en privé, au Palais Schwarzenberg sur la Mehlgrube (aujourd'hui détruit). Haydn est au pupitre, une baguette à la main comme c'est l'usage pour les œuvres avec chœur, et Salieri au piano. « La fleur de la société viennoise était dans la salle, qui se prêtait fort bien à la circonstance, témoigne un contemporain. Le silence le plus profond, un sentiment que je pourrais presque définir comme un respect religieux, a régné dès que le premier archet s'est mis en mouvement. » Le succès va dépasser toutes les espérances et l'œuvre, qui a été redonnée deux fois le mois suivant, part aussitôt à la conquête de l'Europe. L'année suivante, Ignaz Pleyel s'efforcera en vain de convaincre son ancien maître de venir diriger à Paris la première de son oratorio. L'immense travail de la composition a épuisé Haydn qui se plaint de voir ses forces décliner alors que son besoin de créer est toujours aussi vif. Il a besoin, en outre, d'une vie et d'un entourage stables. Pendant ces dernières années, Johann Elssler, son factotum et copiste musical (le père de la future ballerine que nous retrouverons au chapitre suivant) et Georg August Griesinger, l'émissaire que lui a dépêché l'éditeur leipzigois Breitkopf et qui est devenu un de ses familiers, prennent dans sa vie une importance croissante. Sur la proposition de Paul Wranitzky, un ancien élève de Haydn, la Tonkünstler Sozietät, qui s'était enrichie en donnant ses Symphonies, se décide enfin à prononcer son admission gratuite dans ses rangs en tant qu'« assesseur perpétuel ». Pour la remercier, Haydn dirige au bénéfice de la Société les deux premières publiques de *La Création,* le 22 et le 23 décembre 1799.

Après un tel triomphe, il paraissait logique de poursuivre dans la même voie. Le nouveau texte d'oratorio choisi par Van Swieten et agréé par Haydn s'inspire encore d'un modèle anglais, cette fois de James Thomson. La nature et la vie champêtre jouent un rôle essentiel dans *Les Saisons,* ce qui n'est pas pour déplaire au promeneur, au chasseur et au pêcheur impénitent qu'a été Haydn. Le compositeur n'en renâcle pas moins devant la platitude des vers et devant les tentatives d'illustration musicale, démodée à ses yeux, que veut lui imposer son collaborateur. Obligé de mettre en musique une éloge de l'industrie humaine *(O Fleiss, o edler Fleiss),* Haydn ironise : s'il a été toute sa vie industrieux, jamais il n'avait eu encore à « mettre son industrie en musique » ! Et pourtant, la partition des *Saisons* ne se ressentira pas des efforts surhumains qu'elle a exigés. Et, encore aujourd'hui, elle brille de toutes ses fraîches et vives couleurs. Les deux premières auditions, données au palais Schwarzenberg les 24 et 27 avril 1801, sont un nouveau triomphe. L'impératrice Marie-Thérèse, épouse de François II, demande aussitôt que les deux oratorios de Haydn soient donnés, un jour après l'autre, au palais impérial et elle chante elle-même les soli de soprano « avec beaucoup d'expression mais une petite voix », d'après Haydn lui-même. Le nouvel oratorio est présenté pour la première fois au public le 29 mai au Redoutensaal de la Hofburg. Il sera redonné avant Noël au Burgtheater par la Tonkünstler Sozietät et deviendra très vite aussi populaire que celui qui l'a précédé.

Une fois *Les Saisons* terminées, Haydn se résout à abandonner définitivement la composition. Et il tient parole, se contentant de publier en 1802 les deux Quatuors *Lobkowitz* (op. 77), puis, en 1803, le Quatuor ultime (op. 103) dont il n'a pu achever que les deux mouvements intermédiaires. Comme il a perdu en 1800 l'épouse qui avait été son mauvais génie, il aborde une vieillesse calme et isolée. Sur sa recommandation, Johann Nepomuk Hummel, l'élève de Mozart, a été engagé comme Konzertmeister de l'orchestre d'Eisenstadt et Johann Fuchs a définitivement repris le poste de Kapellmeister. En 1803, Haydn dirige pour la dernière fois en public une exécution des *Dernières Paroles* au bénéfice de l'hôpital Saint-Marx. L'année suivante, on le nomme citoyen d'honneur de la ville de Vienne. Le jeune Carl Maria von Weber lui rend alors visite et s'émeut de voir que même les adultes le vénèrent, l'appellent « Papa » et lui baisent la main. Il avait songé à lui demander quelques leçons mais se tournera finalement vers un musicien allemand installé depuis quelque temps à Vienne, compositeur obscur mais organiste, théoricien et pédagogue illustre, l'abbé Georg Joseph Vogler.

En 1805, une revue anglaise ayant annoncé la mort de Haydn (« à l'âge de "97" ans! »), Cherubini s'empresse de composer à sa mémoire une cantate. Un concert d'hommage est aussitôt organisé à Paris, avec au programme le *Requiem* de Mozart. Haydn s'amuse de cette fausse nouvelle : « Ces bons messieurs! Quel honneur ils me font! Si j'avais su cela à temps, je me serais rendu volontiers à Paris pour diriger moi-même le concert! » Cette année-là, il reçoit précisément de nombreux visiteurs parisiens, notamment Ignaz Pleyel devenu l'un des plus grands éditeurs de musique de la capitale française. Mais le plus apprécié de tous ces visiteurs est certainement Cherubini, venu en 1806 diriger lui-même son opéra *Fanisca*, commande du Burgtheater. Avant son retour à Paris, Haydn lui fait cadeau du manuscrit de la Symphonie n° 103 avec ces mots : « Permettez-moi de me dire votre père musical et vous mon fils! ». Le retour de son ancien élève le pianiste et compositeur Sigismond Neukomm, chef d'orchestre au Théâtre allemand de Pétersbourg, ne le réjouit pas moins car Neukomm lui est si attaché que, pendant plusieurs mois, il viendra chaque jour lui rendre visite et réduira pour piano ses grandes partitions pour chœur.

Le 27 mars 1808, à l'Université, construite entre 1753 et 1755 par Jean Nicolas Jadot, Haydn assiste encore à une exécution italienne de *La Création,* organisée en son honneur au cours d'un concert de bienfaisance de la Société des *Liebhaberkonzerte* (Concerts d'amateurs) sous l'égide du prince von Trautmannsdorff et dirigée par Antonio Salieri. Tous les musiciens importants de Vienne sont présents, notamment Beethoven. Une fanfare de trompettes et des cris de « Vive Haydn » saluent l'arrivée du vieux maître, que l'on porte dans son fauteuil. Il est installé au milieu des membres de l'aristocratie, auprès de la princesse Esterhazy qui, le voyant frissonner, le couvre de son châle. Plusieurs dames de haut rang s'empressent de l'imiter. Les applaudissements éclatent, comme c'est l'habitude, au passage « Et la lumière fut! », mais Haydn tend vers le ciel son index : « C'est de là qu'elle vient! » Son émotion est si grande devant les témoignages de cette admiration universelle qu'il faut le ramener chez lui pendant l'entracte. La princesse Esterhazy fera peindre ensuite la scène sur le couvercle d'une boîte qu'elle offrira au maître vénéré. Plus tard, cette boîte tombera dans les mains de Franz Liszt.

En 1809, lorsque les troupes françaises bombardent Vienne et atteignent les faubourgs, quatre rafales successives de mitraille font trembler les vitres et s'ouvrir la porte de la chambre à coucher de Haydn. Mais il refuse de quitter la maison. « Mes enfants, dit-il, ne craignez rien car là où se trouve Haydn il ne peut rien arriver! » Le 24 mai, après deux heures, un officier français de hussards frappe à la porte. Tout le monde tremble devant l'irruption de ce redoutable guerrier. Mais il n'est venu que pour dire à l'illustre artiste toute son admiration. Pour mieux la lui prouver, il lui chante en italien, d'une belle voix de ténor, un air de *La Création* (« *Mit Würd' und Hoheit* »), « avec un style si viril et si sublime, avec tant de vérité dans l'expression, et de sentiment musical » que Haydn pleure des larmes de joie. Mais ce sera la dernière de ses joies proprement musicales. En ce temps de deuil pour l'Autriche, Haydn trouve encore, le 26 mai, la force de réunir tous ses proches pour leur chanter son hymne national. Cinq jours plus tard, le 31 mai à une heure moins vingt du matin, il s'assoupit pour toujours. Son enterrement va se dérouler dans l'église de Gumpendorf, en présence de tout ce que Vienne compte d'artistes et d'intellectuels, à qui se sont ajoutés de très nombreux militaires français. Apprenant sa mort, Napoléon ordonne qu'un cortège d'officiers et de soldats de son armée forment une haie d'honneur autour du cercueil, entre l'église et le cimetière. Quinze jours plus tard, dans la Schottenkirche entièrement tendue de noir, le *Requiem* de Mozart est interprété à sa mémoire. Son corps est transporté le 6 novembre 1820 dans la crypte de l'église d'Eisenstadt.

La disparition de Joseph Haydn marque d'une certaine manière la fin du classicisme viennois. Mais, dans l'extraordinaire foisonnement musical de cette époque, dans la multiplicité des genres, des tendances, des styles et des personnalités qui s'y côtoient, peut-on vraiment distinguer l'affirmation d'une *école classique,* au sens d'un point d'aboutissement, d'un état de stabilité et de rayonnement? Quand on parle de musique classique, c'est toujours à Vienne que l'on pense. Pourtant, ce repère, cette référence restent plus virtuels que réels, car rien de collectif et de cohérent ne s'est produit à ce moment-là, qui ait pu s'imposer comme définitif et immuable. Il y a d'abord trop de distance entre le goût officiel qui continue de prévaloir et la liberté d'invention qui se fait jour chez certains créateurs. Il y a trop de modes subites, trop de succès sans lendemain, trop de croisements d'influences, trop de compromis de pure opportunité pour que s'élaborent dans le calme les canons d'un art parfait. Enfin, à y regarder de plus près, on ne voit guère que deux artistes d'exception, Haydn et Mozart, susceptibles de rassembler ces forces éparses et d'incarner à leur façon une certaine notion de classicisme.

Or, Mozart et Haydn, s'ils partagent un langage commun, sont deux natures trop différentes pour former ensemble une entité, moins encore une école. Mozart est toujours reconnaissable à ses tournures; Haydn est imprévisible. Mozart est un citadin habile à la synthèse rapide des genres buffo et serio; Haydn demeure un musicien lent, pastoral et rustique, d'une simplicité sophistiquée et dédaigneuse du grand art, au moins en apparence. Mozart, avec l'impétueuse indiscipline du trouble-fête, finit à chaque fois par trouver un équilibre miraculeux; mais Haydn, soumis de bon cœur aux règles et convenances, est tout de même le plus révolutionnaire. Bref, à défaut de se rejoindre, ces deux génies singuliers se complètent. À eux seuls, ils ont changé le cours de la musique à Vienne et préparé, chacun à sa manière, les âges de passion qui s'ouvrent maintenant.

CHAPITRE IV

Beethoven, Schubert :
l'aube du romantisme

Aux générations suivantes, victimes des guerres napoléoniennes et d'une inflation galopante, la dernière décennie du XVIIIᵉ siècle et les premières années du XIXᵉ pourraient apparaître comme un véritable paradis perdu. Rappelons-nous que, à la mort de Mozart, plusieurs des grandes familles de la ville, les Esterhazy, les Lobkowitz, les Auersperg, entretenaient chacune un orchestre complet. Certes, quelques aristocrates moins fortunés, comme le prince Grassalkovics, devaient se contenter d'un ensemble d'harmonie, tandis que le prince Carl Lichnowsky, qui a été l'ami et le protecteur de Mozart, subventionnait un quatuor à cordes qu'il produisait chez lui tous les vendredis matin, souvent avec d'autres musiciens sélectionnés parmi les plus talentueux de Vienne. Mais même la classe moyenne avait acquis une culture musicale suffisamment solide pour organiscr, elle aussi, des séances privées. Bien sûr, à cette époque, les musiciens professionnels continuent d'être traités comme des domestiques, mais le fait qu'ils jouent souvent avec des amateurs au nom prestigieux, notamment dans les concerts de l'Augarten, contribue à relever un peu leur statut social. D'ailleurs, si un opéra comme *La Flûte enchantée* a pu être représenté avec tant de succès dans un théâtre populaire, c'est que le niveau culturel du peuple viennois n'était pas négligeable, pour le moins. Enfin, pendant les années 1790-1800, on a assisté à un double phénomène qui conditionnera toute la vie musicale future : d'une part, l'évolution des concerts privés (tels que ceux de la Tonkünstler Sozietät) vers les concerts publics et, d'autre part, le nouvel épanouissement des scènes bourgeoises et populaires aux dépens de l'opéra de cour, qui ne va pas tarder à disparaître définitivement.

De même que la fin du XVIIIe siècle a été dominée par deux figures auprès desquelles toutes les autres paraissent insignifiantes aujourd'hui, de même les premières années du XIXe voient s'affirmer un jeune compositeur qui va confirmer la suprématie musicale nouvellement acquise de Vienne sur l'Europe tout entière. Le nouveau génie viennois, Ludwig van Beethoven (1770-1827), n'est pas né sur les rives du Danube, mais à Bonn, sur celles du Rhin. Son père occupe la situation modeste de ténor à la cour du prince-électeur de Cologne où son grand-père, originaire de Malines en Flandre, avait obtenu le poste plus honorifique de Kapellmeister. Pour ce qui est de la précocité, le jeune Beethoven ne peut certes pas rivaliser avec l'enfant Mozart. Toutefois Johann, son père, lui a enseigné très tôt le piano et le violon, de sorte qu'il peut en 1780, dès l'âge de dix ans, donner son premier concert public au clavier. Or c'est justement cette année-là qu'arrive à Bonn le compositeur saxon Christoph Gottlob Neefe, qui va enseigner l'orgue et la composition à Ludwig. Les résultats obtenus doivent combler d'aise le professeur car, dès 1782, il peut confier à son élève l'orgue de la chapelle électorale pendant les quelques jours où il s'absente. Or, Beethoven n'a pas encore douze ans. Quelques mois plus tard, sa première œuvre, *Neuf Variations sur une Marche de Dressler,* est déjà publiée à Mannheim. En 1784, la mort de l'électeur Max Friedrich, à qui succède Maximilian Franz, le jeune frère de l'empereur Joseph II, se révèle déterminante pour l'avenir. En effet, des liens étroits s'établissent tout naturellement entre Bonn et la capitale autrichienne. Et c'est là que le jeune organiste est envoyé en 1787 pour parfaire sa formation. Il espère alors devenir l'élève de Mozart. Malheureusement, la dernière maladie de sa mère le force à reprendre presque aussitôt le chemin de sa ville natale.

UN RÉVOLUTIONNAIRE BIEN PROTÉGÉ

Pendant les ultimes années de Bonn, Beethoven gagne sa vie en tenant l'alto dans l'orchestre de la cour. Mais il compose sans relâche, signe notamment une *Cantate sur la mort de Joseph II* et des *Variations sur une arietta de Righini,* publiées en 1791 et où percent les signes prémonitoires du style de sa maturité. L'année suivante, comme on l'a vu, Joseph Haydn, en rentrant de Londres, s'arrête à Bonn au mois de juillet. Le comte Ferdinand Waldstein, un aristocrate viennois devenu quatre ans plus tôt chambellan de l'électeur, lui montre la partition d'une des deux cantates de Beethoven, ce qui suffit pour soulever l'enthousiasme du vieux musicien. Waldstein va donc persuader le prince électeur de financer le voyage et le séjour viennois du jeune homme. Et, puisque Mozart est mort l'année précédente, c'est Haydn qui est chargé par le comte de lui transmettre l'« esprit » du maître si regretté.

Ainsi Beethoven n'a-t-il pas encore atteint vingt-deux ans lorsqu'il s'installe en novembre 1792 à Vienne. Un mois après son départ de Bonn, son père, Johann, meurt subitement. Mais cette disparition ne semble pas l'avoir affecté profondément car Johann avait sombré depuis plusieurs années dans l'alcoolisme. On a déjà dit que les rapports de Beethoven avec Haydn ne seront pas toujours idylliques. Non seulement il arrive au moins une fois au maître de s'effrayer des audaces de son bouillant élève mais celui-ci commence bientôt à le croire mal disposé à son égard, peut-être même quelque peu jaloux, surtout lorsqu'il lui conseille de ne point publier le troisième Trio de l'opus 1, que Beethoven trouve de loin le meilleur. Sans doute le génie de Haydn lui porte-t-il ombrage sans qu'il veuille le reconnaître? Ou peut-être est-il conscient de lui devoir plus qu'il ne veut l'admettre? Toujours est-il que, comme on sait, il fait secrètement corriger ses devoirs de contrepoint par le médiocre Johann Schenk. Plus tard, il fait preuve à l'égard de son illustre mentor d'une coupable duplicité en le trompant sur le nombre des œuvres qu'il a composées depuis son arrivée. Ce mensonge va faire échouer la démarche que Haydn avait consentie pour faire augmenter la pension du jeune homme par le prince électeur. Ainsi le bilan des mois passés à étudier la composition avec le plus célèbre créateur autrichien vivant n'est-il pas entièrement positif. En 1794, le second voyage de Haydn à Londres, devait en tout cas mettre fin à cette époque d'apprentissage tumultueux. C'est à Johann Georg Albrechtsberger, maître de chapelle de la cathédrale Saint-Étienne et pédagogue hors pair, que Haydn confie en partant son difficile disciple, lequel bénéficiera aussi des conseils, pour ce qui est de l'écriture vocale, du maître de chapelle de la cour, Antonio Salieri. Pour remercier Salieri, Beethoven lui dédiera ses Sonates pour violon op. 12.

Accueilli à la fois comme organiste et pianiste de la cour de l'électeur de Cologne, comme protégé du comte Waldstein et comme élève privilégié de l'illustrissime Haydn, Beethoven ne tarde pas à devenir l'enfant chéri de la haute société viennoise. Le plus étonnant est que la plupart des admirateurs et des mécènes qui s'intéressent à lui dès ses débuts lui resteront fidèles très longtemps. Parmi eux se trouve la tante de Waldstein, la comtesse Wilhelmine von Thun (1744-1800), dont Haydn et Mozart ont été aussi les familiers. Mais il lui reste peu d'années à vivre et c'est son gendre, le prince Carl Lichnowsky (1758-1814), qui va devenir le protecteur le plus fidèle et le plus généreux du jeune compositeur. Franc-maçon et voltairien, mais également pianiste et violoniste de talent, il a été autrefois l'ami proche de Mozart qu'il a accompagné en Prusse. Il est à ce point émerveillé par le génie du jeune Beethoven qu'il lui accorde bientôt une bourse annuelle de 600 florins, en attendant qu'il trouve « une situation convenable » (cette pension lui sera payée jusqu'en 1806). Non contents d'entretenir ainsi leur protégé, les Lichnowsky le logent chez eux pendant plusieurs années, et cela dès 1793. C'est dans leur salon qu'a lieu, cette année-là, la création de la première œuvre importante de Beethoven, les trois Trios op. 1, qui sont imprimés deux ans plus tard par Artaria aux frais du prince et qui lui sont donc dédiés, comme plus tard la Sonate pathétique et la Deuxième Symphonie. Mais l'autre gendre de la comtesse Thun, le comte Andreï Razoumovsky (1752-1836), lui aussi violoniste et remarquable musicien de chambre, va jouer plus tard un rôle également capital dans la vie de Beethoven, ne serait-ce que parce qu'il entretient et fait entendre régulièrement, dans son palais de la Landstrasse, le magnifique Quatuor Schuppanzigh à l'époque où Lichnowsky n'en a plus les moyens.

Mais la liste des protecteurs de Beethoven ne s'arrête pas là. Elle comprend encore deux grands collectionneurs de musique et d'instruments, Gottfried van Swieten, ami de Mozart et librettiste des deux oratorios de Haydn, et le Geheimrat Bernhard von Kees, mécène des concerts de l'Augarten ; le comte Moritz Lichnowsky (frère du prince) ; un autre prince, Maximilien Lobkowitz (1772-1816), paralysé dès l'enfance et animé d'une telle passion pour la musique que l'entretien d'un orchestre symphonique et l'organisation de nombreux concerts privés et même de représentations d'opéras finiront par le ruiner (la fameuse création de la *Symphonie héroïque* se déroulera dans son palais en 1804, sous la direction du compositeur qui lui dédiera par ailleurs les six Quatuors op. 18 ainsi que les Troisième, Cinquième, Sixième Symphonies et le Triple Concerto) ; enfin, le comte Moritz von Fries (1777-1826), banquier mélomane qui aidera toujours de manière désintéressée Beethoven et lui prodigue de précieux conseils financiers lorsqu'il en a besoin (en 1797, il fera entendre pour la première fois, dans le théâtre privé qu'il a fait construire dans son palais de la Josephplatz, le Trio avec clarinette op. 11, ce qui lui vaut de se voir dédier deux des plus célèbres Sonates pour piano et violon op. 23 et op. 24, ainsi que le Quintette à cordes et la Septième Symphonie). Deux autres aristocrates méritent d'être encore cités parce que l'un et l'autre entretiendront avec Beethoven des rapports amicaux et prolongés et lui apporteront sans compter leur soutien : le comte Johann Georg von Browne-Camus (1767-1827), descendant d'une vieille famille irlandaise, dédicataire des Trios à cordes op. 9 et de la

Sonate op. 22 ; et surtout le baron Nicolas Zmeskall, secrétaire aulique à la chancellerie royale de Hongrie, violoncelliste amateur (il est le dédicataire du Dixième Quatuor).

Jusqu'ici, la réussite du jeune Beethoven paraît sortir d'un conte de fées. En quelque cinq ans, il s'est trouvé bien plus d'amis et de protecteurs que Mozart pendant ses dix années viennoises. Il faut dire que ses rivaux, dans le domaine instrumental, ne sont ni très brillants ni très nombreux. Il y a bien deux compositeurs tchèques qui se sont taillé une réputation assez solide, Joseph Gelinek (1758-1825) et Adalbert Gyrowetz (1763-1850), mais le premier écrit surtout des variations pour piano sur des thèmes d'opéras à la mode, et le second des œuvres symphoniques ou de chambre qui ont plus d'agrément que de substance. Au contraire de Mozart, Beethoven a donc réussi à vivre tout de suite dans la plus totale indépendance et même dans une sécurité et un confort que peu de jeunes compositeurs avaient goûté avant lui. Comme Vienne reste la « ville des pianistes », ainsi que Mozart l'avait déjà constaté en 1781, Beethoven se doit de faire ses preuves en jouant au piano ses propres compositions. En mars 1795, on le voit paraître sur scène trois fois de suite en trois jours. Tout d'abord comme soliste de son propre concerto dans un concert de la Tonkünstler Sozietät dirigé par Salieri. Le lendemain, dans une improvisation en public. Le troisième jour, dans un hommage à son dieu Mozart avec l'un de ses concertos au cours d'une soirée au bénéfice de sa veuve. En décembre de la même année, Haydn, rentré de Londres, l'engage à participer à l'un de ses propres concerts au Redoutensaal. Trois des Symphonies « londoniennes » y sont données en première audition viennoise. Beethoven, de son côté, joue l'un de ses concertos (vraisemblablement le premier, op. 15). Mais l'insigne honneur que lui a fait son ancien maître ne semble pas le toucher beaucoup. C'est pourtant à lui qu'il dédie, en 1796, ses trois Sonates pour piano op. 2, au cours d'une année qui est marquée par sa première tournée de pianiste-compositeur, à Prague, Dresde et Berlin. Dans cette dernière ville, il joue plusieurs fois devant le roi Frédéric-Guillaume de Prusse à qui il dédie les deux Sonates pour violoncelle op. 5, publiées dès son retour à Vienne.

Pendant ces premières années viennoises, Beethoven se consacre avant tout à la révision des partitions composées à Bonn. Pourtant, ces mêmes années révèlent aussi une série de compositions nouvelles de tout premier plan, les Trios op. 9, les Quatuors op. 18, les « Grandes » Sonates, op. 7 et op. 10 n° 3, de style et de dimension presque symphoniques, sans parler de la *Sonate pathétique* op. 13. Dans ces pages importantes, le jeune maître prouve qu'il a assimilé toutes les idées importantes de la dernière décennie du siècle et qu'il a déjà su les intégrer à la discipline rigide de la forme sonate, avec un métier parfaitement accompli et profondément imprégné des grands modèles du passé. Mais il y déploie en outre une imagination dont la vivacité, la diversité, l'inépuisable jaillissement font l'admiration de l'observateur attentif. Car, contrairement à l'idée reçue, ces premières œuvres reflètent déjà quelques-uns des traits principaux de son incomparable génie : véhémence, énergie, tension nerveuse du discours, brusques intrusions dissonantes au vif de l'équilibre et de l'élégance classiques, tendance de plus en plus marquée à la dimension épique et à la grande forme, abondance mélodique, conception nouvelle de la « durée » harmonique, enfin vie rythmique stimulée par les asymétries, les ruptures et les *sforzandi* imprévus.

Le plus étrange est qu'aucune de ces innovations révolutionnaires ne semble, pour le moment, choquer le public de connaisseurs auquel Beethoven s'adresse, et surtout pas les mécènes éclairés qui l'entourent. En apparence, aux abords de la trentaine, il ne connaît que des satisfactions. De Bonn arrivent ses deux frères cadets, bientôt suivis de Stephan von Breuning, un ami d'enfance dont la mère l'avait jadis accueilli chez elle pour l'aider à surmonter ses premières périodes de découragement. De Bonn, toujours, arrive aussi Ferdinand Ries, fils d'un ami et protecteur de sa famille, qui va devenir mieux qu'un élève, l'un de ses disciples favoris. Et cependant, les deux principaux drames qui vont assombrir toute son existence ont déjà commencé. D'abord, il se prend sans cesse de passion pour des jeunes femmes tantôt mariées, tantôt indifférentes. Et puis, en 1796, il a ressenti les premières atteintes d'une infirmité particulièrement tragique pour un musicien. Il attribuera plus tard l'origine de cette surdité naissante à une maladie infectieuse dont il a souffert à ce moment-là. Mais, par chance, les progrès de cette affection sont très lents. S'il s'en plaint dès 1801 dans deux des lettres les plus désespérées qu'il ait jamais écrites, il réussira tout de même à poursuivre jusqu'au milieu des années 1810 son activité de pianiste. La conscience de ce handicap progressif n'en provoque pas moins une crise psychologique très aiguë, dont le point culminant, en octobre 1802, est marqué par le célèbre « Testament de Heiligenstadt », document extraordinaire dans lequel il dit adieu à ses frères et à sa vie passée pour s'engager volontairement dans une existence de reclus, une existence solitaire qui, pour pénible et douloureuse qu'elle doive être, aura pour effet compensatoire d'épanouir totalement la prodigieuse énergie créatrice qui l'habite comme un feu intérieur.

Deux ans plus tôt, le 26 mars 1800, Beethoven avait donné au Burgtheater un premier concert à son propre bénéfice, avec une symphonie de Mozart, un air et un duo de *La Création* de Haydn, ainsi que, séparées par une improvisation au piano, deux premières auditions de ses œuvres, son Septuor et sa Première Symphonie. Celle-ci est publiée en 1801, en même temps que les deux premiers Concertos pour piano, à une époque où Beethoven est déjà en train de composer une Deuxième Symphonie qui confirme sa volonté d'aborder les grandes formes et de mobiliser de vastes effectifs.

Cependant, aucune des œuvres antérieures ne laisse vraiment prévoir le coup de tonnerre de la *Symphonie héroïque,* mise en chantier en 1803 et créée l'année suivante. À lui seul, cet ouvrage inaugure une nouvelle époque de la musique, par ses dimensions, par l'ampleur de son orchestration qui, pour la première fois, fait appel à trois cors, par l'importance de ses développements, par l'originalité de son style et même par l'audace de son langage. Beethoven ouvre ainsi la période centrale de sa production, qu'on a qualifiée elle aussi d'« héroïque ». Car c'est en quelque sorte l'avènement d'un homme nouveau qu'elle proclame, cet héritier de l'*Aufklärung* et de la Révolution française, qui s'est libéré définitivement des contraintes du XVIIIe siècle. L'anecdote célèbre, qui concerne la dédicace de l'œuvre à Napoléon Bonaparte et son annulation d'un trait de plume rageur pour être remplacée par le simple titre de *Sinfonia Eroica,* a été relatée par Ferdinand Ries. Mais elle n'est qu'en partie exacte. Tout d'abord, le sous-titre *Eroica* n'a été attribué à l'ouvrage que bien plus tard, lors de sa publication en 1806. Qui plus est, pour Beethoven, la dédicace de l'œuvre à Bonaparte n'excluait d'aucune manière un titre spécifique. Enfin, il n'a *pas* rayé sur la page-titre la mention autographe « Geschrieben auf Bonaparte » (« écrit sur Bonaparte »). En outre, le titre et la dédicace eussent été dans tous les cas impossibles à maintenir en 1805, à une époque où la guerre venait d'éclater entre la France et l'Autriche et où Napoléon était sur le point de faire son entrée à Vienne.

Mais le plus étonnant, peut-être, pour ce qui touche l'*Héroïque,* reste bien que la nouveauté révolutionnaire de son style n'ait pas découragé les admirateurs du musicien ni affecté le moins du monde sa popularité. Dès 1804, l'année de la première audition de l'ouvrage chez le prince Lobkowitz, les partitions de Beethoven sont plus répandues en Autriche que celles de tous ses rivaux et sa célébrité excède de loin la leur. Certes, tout au long de ces années-là, il se plaint de n'avoir pu organiser en tout et pour tout que deux soirées à son propre bénéfice, en 1803 et en 1808. La création publique de la *Symphonie héroïque* et celle du Concerto pour violon ont eu lieu au cours d'une académie organisée en 1806 au Theater an der Wien par le violoniste Franz Clement à son propre bénéfice, Beethoven n'en a donc tiré aucun profit. Mais il n'a pourtant pas lieu de se décourager. En effet, son nom figure sans cesse au programme des concerts de l'Augarten, que dirige alors le violoniste viennois Ignaz Schuppanzigh (1776-1830), célèbre autant pour sa corpulence à la Falstaff que pour son talent, et que l'histoire va retenir surtout comme fondateur du premier quatuor à cordes virtuose de l'histoire. De plus, à la fin de 1807, le banquier von Herring fonde une nouvelle série annuelle de vingt concerts réservés aux notables et à l'aristocratie, les Liebhaber-Konzerte. Soutenues par le prince Trautmannsdorf, ces soirées ont lieu dans la salle de l'Université, et inscrivent à leur programme plusieurs Symphonies de Beethoven. C'est là que, en 1808, sera donnée *La Création* de Haydn, en présence du compositeur pour qui, comme on l'a vu, ce sera une manière d'apothéose. Et Beethoven compte parmi les auditeurs de ce mémorable concert.

Par ailleurs, la célébrité désormais internationale de Beethoven ne vient pas seulement des exécutions publiques de ses œuvres mais également de leurs très nombreuses éditions, non seulement à Vienne, mais en Allemagne, en Suisse et jusqu'en en Angleterre. Dès 1800, la Onzième Sonate pour piano est publiée à Leipzig, chez Hoffmeister, où sont également imprimés le Septuor et la Première Symphonie. Beethoven peut même s'offrir le luxe de mettre plusieurs firmes en concurrence pour vendre ses nouvelles partitions au prix le plus avantageux. Et, en 1803, il a maille à partir avec Artaria, son plus fidèle éditeur viennois, pour lui avoir cédé son Quintette à cordes déjà acquis par Breitkopf, à Leipzig. Les conflits de cet ordre ne vont plus cesser.

« JE N'ÉCRIS PAS POUR LA GALERIE »

À cette époque-là, Beethoven a déjà commencé de diriger son attention vers le théâtre qui, malgré la multiplication des concerts, demeure la seule consécration définitive de tout compositeur. Le mérite d'avoir poussé Beethoven dans cette voie revient à Emanuel Schikaneder. Il l'avait déjà engagé, cinq ans plus tôt, pour interpréter l'un de ses Concertos au cours d'un concert donné dans son théâtre, qui n'était autre alors que celui de *La Flûte enchantée*. Mais en 1802, Schikaneder a racheté le plus vaste et plus moderne Theater an der Wien, construit cinq ans plus tôt. Pour entrer en compétition avec le Burgtheater, Schikaneder a décidé d'y donner des *Singspiele*, mais de qualité. Quoi de plus normal, donc, que d'en commander un au compositeur le plus célèbre de Vienne! Or, celui-ci n'a encore à son actif qu'une seule partition théâtrale, un ballet, *Les Créatures de Prométhée*, qui a été représenté avec un vif succès en 1801, au Burgtheater justement. Le premier livret proposé par Schikaneder ayant été abandonné, Beethoven en accepte un autre, fondé sur une pièce française de Jean Nicolas Bouilly, *Léonore ou L'amour conjugal.* Ce sujet le séduit tout de suite par le caractère haute-ment moral de l'intrigue et parce qu'il y voit sans doute une manière de suivre, avec un texte qui célèbre le triomphe des vertus humaines sur l'adversité, l'exemple de deux compositeurs français, Cherubini et Méhul, qu'il admire particulièrement pour avoir entendu leurs ouvrages au Theater an der Wien. Mais peut-être aussi le triomphe que célèbre *Fidelio* lui rappelle-t-il inconsciemment celui qu'il a remporté sur lui-même en assumant avec héroïsme les conséquences de son infirmité naissante ?

En 1803, Beethoven habite depuis quelques mois sur les lieux, dans une dépendance même du Theater an der Wien. C'est une des der-nières initiatives de Schikaneder avant la faillite qui va lui faire céder la place au baron von Braun, déjà directeur des Théâtres impériaux. Beethoven affirme ici sa présence en dirigeant à nouveau un grand concert au cours duquel il donne un nouvel oratorio de sa plume, *Le Christ au Mont des Oliviers,* ainsi que son Troisième Concerto (dont il est également le soliste), plus ses deux premières Symphonies. En outre, puisque son contrat est renouvelé, il poursuit sur place la composition de *Fidelio.* Il fréquente alors assidûment, et cela depuis cinq ans, une famille de l'aristocratie hongroise qui va jouer dans sa vie un rôle considérable, celle de la comtesse Antoine von Brunsvick. Deux des enfants de la comtesse, Thérèse et Franz, vont devenir ses amis intimes (la Sonate op. 78 est dédiée à Thérèse et l'op. 57 à Franz), ainsi que Giulietta Guicciardi, leur cousine (dédicataire de la fameuse Sonate dite plus tard « au clair de lune »). Mais c'est d'une autre fille Brunsvick, Joséphine, veuve depuis 1804 du comte Deym, qu'il va tomber éperdument amou-reux. Et elle est même, aux yeux de certains, la destinataire la plus vrai-semblable de la fameuse lettre « à l'immortelle bien-aimée ». Cependant, les barrières sociales, le tempérament incontrôlable de Beethoven et l'amour de la jeune veuve pour ses enfants l'empêcheront de prendre trop au sérieux cette passion qui semble avoir joué pourtant un rôle non négligeable dans la genèse du vaste hymne à l'amour conjugal qu'est *Fidelio* (contrairement à ce que l'on croit en général, la première version porte déjà ce titre). La création de l'opéra va avoir lieu en novembre 1805, à l'heure où Vienne est occupée par les armées napoléoniennes et où la plupart des amis du compositeur ont quitté la capitale. Cette pre-mière version, jugée d'une longueur excessive, est retirée de l'affiche après trois représentations. La seconde version, six mois plus tard, connaît le même sort, mais cette fois après deux soirées seulement. Il est vrai que Beethoven a repris de lui-même sa partition à la suite d'une dispute avec le baron von Braun. En effet, avantage rare à l'époque, il avait obtenu du nouveau directeur de percevoir un pourcentage sur les recettes du théâtre, mais son manque d'expérience l'avait conduit évidemment à les surestimer. Il s'est donc cru berné, ce qui a amené le baron à lui faire remarquer que seules les places nobles du théâtre étaient jusqu'ici occupées, et que la galerie était restée vide. « Je n'écris pas pour la galerie ! », s'exclame alors un Beethoven furieux. « Et pourtant, rétorque son interlocuteur, même Mozart n'avait pas honte d'écrire pour la galerie ! » Sur ce, Beethoven met instantanément fin à l'entretien – et aux représentations – en quittant le théâtre avec sa partition sous le bras.

Loin de se laisser abattre par un échec si grave, Beethoven se jette à corps perdu dans l'une des périodes les plus fertiles de son existence. Coup sur coup, il donne les trois Quatuors Razoumovsky op. 59, la Sonate op. 57, ainsi que la Quatrième Symphonie, le Quatrième Concerto pour piano et le Concerto pour violon, qui sont créés comme la *Symphonie héroïque* au palais Lobkowitz, avec l'Ouverture de *Coriolan*. Cette fois encore, ces œuvres de pleine maturité, mais d'un héroïsme tranquille lui et parfaitement contrôlé, soulèvent d'enthousiasme le public viennois. À ces chefs-d'œuvre immortels, qui font aujourd'hui encore le fond du répertoire international, s'ajoutent de plus, en 1807 et 1808, la Cinquième et la Sixième Symphonie, la grande Sonate pour violoncelle op. 69 et les deux Trios op. 70. Mais, au milieu de cette intense activité créatrice, Beethoven commence à s'inquiéter de n'avoir toujours pas de moyen de subsistance fixe qui lui soit suffisant. Il adresse donc à la cour une requête à la suite de quoi on accepte de mettre exceptionnellement à sa disposition le Theater an der Wien, le 22 décembre 1808, pour un unique concert de ses œuvres. Le succès de la soirée est malheureusement compromis par sa longueur, près de quatre heures ! Après les deux Symphonies et le Concerto pour piano de l'année précédente, on entend des extraits de la Messe en Ut, l'air « Ah ! Perfido » et, pour terminer, après encore une improvisation au piano par le héros de la soirée, la *Fantaisie chorale* op. 80 composée tout exprès. Mais les répétitions ont été troublées par toutes sortes de heurts et de conflits avec les interprètes, le soir du concert, le théâtre est mal chauffé… Bref, tout laisse à penser que le succès de l'entreprise ne répond pas vraiment aux efforts de son bénéficiaire.

En ce temps, il se trouve que Beethoven a l'honneur de compter parmi ses élèves l'archiduc Rodolphe, le huitième et dernier frère de l'empereur François Ier (en 1804, celui-ci avait renoncé au titre illusoire d'empereur d'Allemagne pour suivre l'exemple de Napoléon et se couronner lui-même empereur d'Autriche). Le jeune homme manifestera à l'égard de Beethoven et jusqu'à la fin une indéfectible admiration et une générosité sans limite. En 1808, Jérôme Bonaparte, roi de Westphalie, propose à Beethoven le poste de Kapellmeister à vie avec un salaire annuel de 3 400 florins. Or, Beethoven qui se plaint sans cesse de Vienne et des Viennois, n'a pourtant pas la moindre envie de quitter l'Autriche. C'est donc l'archiduc Rodolphe qui, avec le prince Lobkowitz et le prince Ferdinand Kinsky, va par écrit lui promettre un salaire annuel de quatre mille florins. Beethoven, c'est bien le moins qu'il pouvait faire, semble avoir pris très au sérieux la formation de ce nouvel élève princier qui lui tombe du ciel. C'est à lui, en tout cas, que sont dédiés non seulement la Sonate op. 81a (qui illustre « les adieux, l'absence et le retour » du jeune archiduc) mais aussi le Cinquième Concerto, la plus militaire de ses partitions *héroïques,* puis la dernière Sonate pour violon, le monumental Trio op. 97 de l'année suivante, et enfin la gigantesque Sonate Hammerklavier de 1818. On observera ainsi que, avec deux nouvelles Sonates de piano et le Dixième Quatuor, l'année 1809 restera la plus productive pour Beethoven depuis 1806, et cela malgré la seconde occupation de Vienne par les troupes de Napoléon, chose qui l'affecte profondément, comme tous les Viennois. Quoi qu'il en soit, il va tout de même se prendre d'amitié pour un des collaborateurs de l'empereur français, le baron de Trémont, qui lui manifeste l'admiration la plus vive et lui rend de nombreuses visites.

En 1810, la présence à Vienne de la jeune amie de Goethe, Bettina Brentano, dont il tombe vaguement amoureux, et la composition de sa musique de scène pour *Egmont* (donnée au Burgtheater le 15 juin) vont permettre à Beethoven d'établir avec Goethe des liens sérieux et qui auraient pu s'avérer durables si la rencontre des deux géants, l'année suivante à Teplitz en Bohême, ne les avait l'un et l'autre déçus. Mais ne sait-on pas que le grand poète tient la musique en suspicion et que, pour cette raison sans doute, seuls quelques compositeurs médiocres trouvent grâce à ses yeux ? Et voici que la même année assène à Beethoven un nouveau dépit sentimental. Pour une fois, il s'agit d'une toute jeune demoiselle, Thérèse Malfatti, fille de son médecin. Mais ce désappointement supplémentaire n'a pas pour effet, au contraire des précédents, l'effet de plonger Beethoven dans la fièvre créatrice, à en juger par les seules œuvres de ces mois-ci, le Onzième Quatuor et le grand Trio à l'Archiduc qui ne sera terminé que l'année suivante. À noter cependant que 1811 et le début de 1812 verront l'achèvement des Septième et Huitième Symphonies et la composition des musiques de scène des

Ruines d'Athènes et de *König Stephan* destinées à l'inauguration d'un théâtre de Budapest.

C'est à ce moment-là, en 1812, que se place la plus sérieuse de toutes les passions avortées de Beethoven, la seule qui paraît avoir été véritablement réciproque, et celle aussi qui a fait couler le plus d'encre. Car, jusqu'à tout récemment, on s'interrogeait encore sur l'identité de cette « immortelle bien-aimée » à qui Beethoven a écrit l'une de ses lettres les plus touchantes et les plus ardentes qui nous soit parvenues. Or, depuis peu, les recherches de Maynard Solomon semblent avoir à jamais résolu cette énigme. Il s'agirait d'Antonie Brentano, belle-sœur de Bettina. Sur le point de regagner définitivement Francfort où l'attendent son mari et ses enfants, et où son père vient de rendre le dernier soupir, Antonie aurait voulu revoir une dernière fois l'homme de ses pensées. Beethoven, évidemment, en est bouleversé. Mais ce n'est que bien plus tard qu'il lui dédiera l'une de ses plus géniales créations, les *Variations sur une valse de Diabelli* op. 120.

L'épisode de l'« immortelle bien-aimée » semble avoir enfin révélé à Beethoven son incapacité d'établir avec aucune femme la moindre relation stable. Cette brutale prise de conscience le plonge dans un profond marasme et le laisse sans énergie, sans même le désir le reprendre la tâche. Mais il faut ajouter que, à cette époque, sa situation matérielle est en outre bien loin d'être brillante. L'inflation a diminué considérablement la valeur de sa pension. Les trois mécènes, qui la lui versaient, auraient peut-être consenti à une réévaluation, mais le prince Kinsky est mort dans un accident de cheval et Beethoven en est réduit à faire un procès à ses héritiers, première d'une longue série de batailles procédurières qui vont beaucoup l'absorber. De son côté, le prince Lobkowitz, ruiné, a suspendu depuis plusieurs années le paiement de sa part. Enfin, le prince Razoumovsky rentrera précipitamment en Russie après avoir perdu une grande partie de sa fortune dans l'incendie de son palais, survenu le 31 décembre 1814.

Toutes ces difficultés accumulées ne sont sans doute pas étrangères au fait que Beethoven accepte alors un projet conçu par le Tchèque Johann Nepomuk Maelzel, « mécanicien à la cour », inventeur d'un orgue mécanique et, plus tard, du métronome qui porte son nom. Il s'agit de composer une musique à programme célébrant la victoire de Wellington à Victoria le 21 juin 1813. Cette partition n'est sans doute ni la première ni la dernière musique de circonstance à avoir été écrite par un grand maître pour des raisons alimentaires, et ce n'est même pas l'une des plus mauvaises. Cependant, avec ses éclats, ses fracas, ses fanfares, ses détonations d'artillerie et ses citations d'hymnes nationaux, elle ne compte certainement pas parmi les chefs-d'œuvre de Beethoven, ce qui toutefois ne va pas empêcher son auteur de l'inscrire, avec la création de la Septième Symphonie, au programme de deux concerts de bienfaisance, donnés en décembre 1813 à l'Université. Hummel est alors au pupitre et le jeune Meyerbeer à la grosse caisse, comme le racontera plus tard Moscheles. Le même programme est redonné au Redoutensaal deux mois plus tard, avec en plus la Huitième Symphonie. Beethoven dispose à cette occasion de pupitres de cordes comprenant huit violons, quatre altos, quatre violoncelles et deux contrebasses. Tenu à diriger lui-même cette fois, il s'abandonne à une mimique tellement excessive que les musiciens de l'orchestre en sont totalement décontenancés : il se met à genoux pour les *pianos,* saute en l'air pour les *sforzandi* et se redresse de toute sa hauteur, bras tendus vers le ciel, pour les *forte.* Heureusement, Ignaz Umlauf est là, derrière lui, pour maintenir l'ordre en général et la mesure en particulier. Mais ce concert a fait incontestablement sensation et, du coup, on se remet à parler de Beethoven dans les salons de Vienne. Non seulement sa situation financière est désormais assainie mais le Kärnterthortheater décide enfin de remonter *Fidelio.* Le livret est une fois encore repris, avec le concours de Georg Friedrich Treitschke, régisseur et poète attitré de l'Opéra de cour. Beethoven confie à Ignaz Moscheles, jeune pianiste originaire de Prague, son élève pour quelques semaines et son admirateur de toujours, le soin de réaliser une nouvelle réduction pour piano. Le soir de la première, le 23 mai 1814, Beethoven tient la baguette, mais c'est en fait Ignaz Umlauf qui dirige après avoir recommandé aux musiciens de ne pas le quitter des yeux. Beethoven est acclamé après le premier acte et plus encore au rideau final. Le succès se confirme, à tel point que l'ouvrage atteint sa seizième représentation au mois d'octobre. Mais il faut avouer que la célébration finale de la victoire des forces du bien tombe vraiment à pic : la coalition dont fait partie l'Autriche vient enfin de vaincre Napoléon et de le forcer à abdiquer. Le congrès au cours duquel va se dessiner la carte de l'Europe pour tout le XIXᵉ siècle est sur le point de s'ouvrir à Vienne.

Beethoven connaîtra plusieurs moments de gloire pendant cet historique Congrès de Vienne. Le moins que l'on puisse dire est que la circonstance ne lui inspire pas de chef-d'œuvre, tout au plus un chœur d'accueil pour les chefs d'État étrangers et une courte cantate sur un texte pompeux et amphigourique, *Der glorreiche Augenblick* (Le Moment de gloire), exécutée au Redoutensaal avec la malencontreuse *Bataille de Vittoria* et la Septième Symphonie, le 29 novembre, en présence d'un des plus impressionnants parterre de souverains jamais assemblés. Le comportement de ces altesses et de ces majestés est si respectueux que l'ensemble de la soirée tourne à la manifestation religieuse. Mais Beethoven, qui est lucide, reconnaîtra plus tard le peu de valeur de ces pages de circonstance en refusant de les faire figurer, pas plus d'ailleurs que *La Bataille de Vittoria,* dans son catalogue d'opus.

« MES ŒUVRES SONT LE PRODUIT DU GÉNIE ET DE LA MISÈRE »

En fait, malgré les consécrations qu'il y accumule, cette année 1814, Beethoven la vit très mal. Après avoir interprété en concert le *Trio à l'archiduc,* il comprend qu'il lui faudra renoncer pour toujours à jouer en public car il n'entend plus rien, ni ses partenaires ni son propre piano. Désormais, son influence sur l'avenir de l'instrument ne va plus s'exercer que par la composition de ses derniers chefs-d'œuvre et par le rayonnement de ses élèves. Dès 1806, le Viennois Carl Czerny (1791-1857) est devenu son disciple et l'un des meilleurs interprètes de ses œuvres. Il comptera parmi ses élèves Kullak, Thalberg, Heller et le très jeune Liszt. Avec ses nombreuses compositions pédagogiques, Czerny mérite d'être considéré comme le fondateur de l'école de piano viennoise. Mais il y a aussi Ferdinand Ries (1784-1838) qui a fait ses débuts de concertiste en 1804 à l'Augarten avec le Troisième Concerto de son maître et qui, en 1809, entreprend une carrière internationale qui le mènera jusqu'en Angleterre et en Suède. Il y a encore le Presbourgeois Johann Nepomuk Hummel (1778-1837), d'abord élève de Mozart, enfant prodige fêté dans toute l'Europe, mais qui a été tellement bouleversé par la découverte des premières œuvres de Beethoven qu'il n'aura de cesse de recevoir ses conseils et, malgré des orages et des brouilles passagères, de lui rester fidèle jusqu'aux derniers jours. Il y a enfin Ignaz Moscheles (1794-1870), né à Prague, qui deviendra l'une des gloires virtuoses du XIXᵉ siècle, comme interprète de Beethoven, mais aussi de Bach, de Mozart, de Weber et de ses propres œuvres.

Il se trouve que, à l'heure où *Fidelio* triomphe enfin, l'opéra germanique a l'air de connaître à Vienne une période d'exceptionnelle popularité. Même Cherubini, l'illustre compositeur franco-italien, réinvité ici après le triomphe des *Deux Journées* en 1802, accepte de se plier aux lois du Singspiel en composant pour le Kärntnerthortheater une *Faniska* qui remporte un succès très vif mais sans lendemain. Beethoven, qui prépare la seconde version de son *Fidelio,* accueille Cherubini à bras ouverts et l'assure ostensiblement de son indéfectible admiration.

En fait, le paysage a changé. Depuis 1810, le Burgtheater a définitivement abandonné le théâtre chanté pour le théâtre parlé, et c'est donc le

Kärntnerthortheater qui devient le véritable théâtre de la cour, le théâtre national de Vienne. Non seulement les Singspiele de Müller, Weigl, Umlauf, Ignaz von Seyfried et Adalbert Gyrowetz y attirent de plus en plus de monde mais voici que les théâtres de faubourg lui font délibérément concurrence. En 1813, c'est le Theater an der Wien qui introduit Carl Maria von Weber sur la scène viennoise, avec le petit opéra-comique *Abu Hassan*. Le compositeur saxon Ludwig Spohr (1784-1859) va occuper pendant deux ans un poste de chef d'orchestre dans ce même théâtre qui reprendra triomphalement en 1817 son *Faust* créé l'année précédente à Prague. Depuis 1810, le Kärntnerthortheater a également aligné des événements mémorables : *La Vestale* et *Fernand Cortez* de Spontini (1810 et 1812), *La Dame blanche* et *Jean de Paris* de Boieldieu (1812), *Cendrillon* d'Isouard, *Uthal* et *Joseph* de Méhul et *Les deux petits Savoyards* de Dalayrac. C'est ici que, en 1816, Rossini fait sa première apparition viennoise, avec *L'Ingano felice*, aussitôt suivi de *Tancredi* dont la « divine musique » est portée aux nues par la presse, tant et si bien que l'air *Di tanti palpiti* devient presque aussi populaire dans les rues de Vienne que *O du lieber Augustin*. Une parodie de *Tancredi*, avec musique de Wenzel Müller, est représentée au théâtre de Leopoldstadt. L'ouvrage est repris l'année suivante en allemand au Theater an der Wien que dirige depuis 1813 un aristocrate hongrois de grande compétence, le comte Palffy. Cette double première est suivie en 1817, au Kärntnerthortheater, de la création de *l'Italienne à Alger*. La même année, le Theater an der Wien donne *Ciro in Babilonia*, puis, l'année suivante, *Elisabetta*. En 1819, trois autres pièces, *Riccardo e Zoraide*, *Othello* et *Le Barbier de Séville* sont créées au Théâtre de cour, lequel affiche, en 1820, *La Gazza ladra,* tandis que le Theater an der Wien présente en adaptation allemande, parfois même en gagnant de vitesse la scène impériale, six autres opéras du même Rossini. Le « cygne de Pesaro » a conquis Vienne, non pas seulement par le charme de ses mélodies, mais par l'originalité de ses modulations, par sa brillante instrumentation et par la vivacité et le naturel de son langage. Tout cela fait l'effet d'une véritable révolution dans une ville où l'on s'était habitué à la raideur et aux conventions stériles de l'*opera seria*. En 1821, Vienne découvrira encore *Mose in Egito*, la *Pietra del Paragone*, *Torwaldo e Lodoiska*, *Eduardo e Cristina* et enfin *Armida*. Cette vogue fulgurante d'un nouvel auteur transalpin a pour effet de réveiller la passion du public viennois pour l'opéra italien. À partir de ce moment-là, les compositeurs dramatiques allemands du XIXe siècle, à vrai dire peu nombreux, auront beaucoup de mal à lutter contre la furieuse popularité de ce génie théâtral dont la plume est aussi facile que l'instinct mélodique est sûr et fécond.

Beethoven, lui, est à peine plus fêté que Sigismond Neukomm, l'ancien élève de Haydn, qui s'est installé à Paris en 1809 et que Talleyrand a ramené dans ses bagages. Neukomm est en effet chargé de faire au piano de la musique d'ameublement pendant que l'illustre envoyé de la France travaille ses dossiers. Au mois de janvier, pour consoler son musicien, Talleyrand lui offrira de présenter son *Requiem* devant l'assemblée on ne peut plus choisie de tous les participants du Congrès.

À la vérité un monde sépare toujours le goût de l'aristocratie qui soutient Beethoven (d'ailleurs avec moins de constance depuis la crise économique) de celui d'un public populaire ou bourgeois qui fréquente surtout les théâtres périphériques qui donnent des Singspiele de plus en plus faibles. On commence à traiter Mozart et Beethoven de « vieux pédants ». Le poète Bauernfeld raconte même avoir entendu dire dans quelques salons viennois : « C'est seulement depuis Rossini qu'on sait enfin ce qu'est la mélodie. *Fidelio* est une ordure : on ne comprend pas qu'il faille se donner la peine d'aller s'y ennuyer! » Un rapport daté du 30 novembre 1814 estime, à propos de Beethoven, qu'« une immense majorité des connaisseurs se refuse absolument à écouter ses œuvres ». D'ailleurs, Metternich et son chef de la police, le baron Hager, tiennent en défiance Beethoven pour ses opinions libérales et ne soutiennent que la musique de divertissement, celle qui n'a pas d'« arrière-pensées ». Signe des temps, au concert du 26 décembre 1816, la Septième Symphonie, l'une des plus prisées, est applaudie mollement et le célèbre Allegretto n'est même pas bissé contrairement à l'habitude. Beethoven commence de payer, à Vienne tout au moins, son peu d'intérêt pour le théâtre.

Certes, dès 1814, la légende s'est emparée de lui et l'Europe musicale tout entière parle de son excentricité, de son orgueil, de ses aspérités de caractère, des problèmes de sa surdité et des barrières qu'il a élevées sans cesse pour ne pas être dérangé. L'étonnante étendue de sa culture, unique chez un musicien, la hauteur de son esprit philosophique, l'extraordinaire victoire qu'il a remportée sur les préjugés de classe en vivant pour ainsi dire sur un pied d'égalité avec les aristocrates qui assurent sa subsistance, tout cela fascine autant que la puissance de son génie. Bien sûr, quelques-unes des idées et des conceptions auxquelles il tient le plus sont partagées par un grand nombre de ses contemporains, surtout en Allemagne, comme par exemple son mélange d'attirance et de répulsion pour Napoléon, son intérêt passionné pour les grands classiques, son enthousiasme pour l'Antiquité, son admiration pour une Angleterre qui incarne la démocratie et la liberté (au contraire de l'Autriche de Metternich), sa croyance dans le progrès de l'humanité, idéal utopique mais alors tout-puissant… Cependant, il se distingue de tous les compositeurs de l'époque par le fait que ses œuvres majeures ne sont pas écrites sur commande ni pour un interprète déterminé, et qu'elles sont le fruit d'un effort de tous les instants, d'une lutte consciente où il est totalement engagé. « Mes œuvres musicales sont le produit du génie et de la misère, avoue-t-il, et ce qui apporte le plus de plaisir au public est ce qui m'a donné le plus de peine. »

L'année 1815 voit le début d'un des épisodes les plus malheureux de la vie de Beethoven, la longue et injuste guerre de procédure qu'il va livrer à la veuve de son plus jeune frère pour la garde de son neveu Karl. En effet, le célibataire vieillissant s'est pris pour ce garçon médiocre d'une passion, sinon trouble comme on l'a prétendu, du moins obsessive et presque maladive, qui va beaucoup assombrir ses dernières années. Les péripéties de cette bataille sont trop nombreuses et trop navrantes pour qu'on les donne ici dans le détail. Le plus étonnant reste que le malheureux garçon ait réussi à survivre à cette suite de querelles, de conflits, de procès, et que Beethoven lui-même ait fini, semble-t-il, par se rendre compte tardivement à quel point il avait été excessif et mesquin. En attendant, il aura terriblement souffert, au point d'en être aigri et même diminué, et toujours de plus en plus instable. Pour preuve de cette instabilité, il n'est que de regarder la liste de ses quelque quatre-vingts domiciles viennois. Car, tantôt il se dispute avec le propriétaire, tantôt la curiosité des indiscrets ou le bruit des voisins le font déménager sur l'heure. Il lui arrive même d'habiter plusieurs appartements à la fois pour plus de sécurité. Sans compter les innombrables séjours qu'il fait pendant l'été dans des faubourgs proches ou lointains, à Grinzing, Nussdorf, Döbling, Heiligenstadt, Mödling, Baden…

En trois ans, de 1813 à 1815, il n'a guère ajouté d'important à son catalogue que les deux Sonates pour violoncelle op. 102, dédiées à la comtesse hongroise Marie Erdödy, l'une de ses amies les plus proches, qu'il appelle alors son « père confesseur ». En 1816, il ne donne qu'un seul concert de ses œuvres, une soirée de bienfaisance qui comprend la reprise du *Christ au Mont des Oliviers*. Les deux années suivantes sont à peine plus fertiles : pièces de circonstances, marche militaire, arrangement de chants populaires écossais, mais tout de même la Sonate op. 101 et le cycle de lieder *An die ferne Geliebte* (À la Bien-aimée lointaine). Plusieurs esquisses demeurent inachevées. Il est vrai qu'à ce moment-là, en 1818, Beethoven devient totalement sourd et ne peut plus s'entretenir avec ses amis que grâce aux célèbres carnets de conversation. Bien que ces notes du quotidien ne transcrivent presque jamais les réponses de Beethoven, qui les donnait de vive voix, elles représenteraient un document biographique inappréciable si elles n'avaient été en partie détruites et parfois même falsifiées par le violoniste Anton Schindler, Konzertmeister de l'orchestre du Josephstädter-Theater, factotum et secrétaire bénévole du maître depuis 1814, devenu aussi et avec le temps sa tête de turc préférée. À cette époque-là, en plus de ce souffre-douleur bien utile, Beethoven compte quelques nouveaux amis particulièrement dévoués, notamment la pianiste Nannette Streicher, épouse d'un des principaux facteurs de piano de la capitale, et Fanny del Rio, fille du fondateur et directeur de la maison d'éducation où il a inscrit en 1816 son neveu Karl, bientôt également l'éditeur de musique Tobias Haslinger.

Mais Vienne lui pèse, il songe sans cesse à s'expatrier. En 1817, Beethoven accepte donc la proposition de la Société philharmonique de Londres qui lui commande deux symphonies et l'invite à venir les diriger lui-même. Pourtant, au lieu de se jeter dans ce travail, il dédie toutes ses forces à l'immense Sonate op. 106 qui va l'occuper jusqu'à la fin de l'automne 1818. Peu après, la cérémonie d'intronisation de son ancien élève, l'archiduc Rodolphe, comme cardinal-archevêque d'Olmütz en Moravie, lui inspire l'idée d'une grande Messe solennelle. Là encore, il ne l'achève pas à temps car il s'est interrompu au beau milieu de la composition pour livrer tout à coup l'une des plus étonnantes partitions qui soient sorties de sa plume, les 33 *Variations sur une valse de Diabelli* op. 120. Bref, Beethoven se plaint de la société, mais il s'en soucie comme d'une guigne. Il ne fait pas ce qu'on attend de lui mais seulement ce que lui dicte son imagination.

Cependant, vers 1819, sa renommée semble connaître un certain renouveau. Sept ans plus tôt, Josef Sonnleithner, archiviste, librettiste (notamment de *Fidelio)* et secrétaire des Théâtres de cour, a fondé avec d'autres *amateurs* la célèbre Gesellschaft der Musikfreunde (Société des Amis de la Musique) dans le but de « cultiver la musique sous toutes ses formes ». Au début, cette association s'est contentée de rassembler de vastes effectifs pour exécuter, sous la direction du chef viennois Ignaz Franz von Mosel, les grands oratorios de Händel (notamment *Samson* à la Winterreitschule pendant le Congrès de Vienne). Mais bientôt ses activités se diversifient. En 1815 et 1816, elle organise des Gesellschafts-konzerte au petit et au grand Redountensaal. En 1817, elle ouvre le premier Conservatoire de Vienne, sur l'élan que lui a donné depuis deux ans l'institution d'une saison symphonique. En 1818, on a donné là le premier mouvement de *l'Héroïque* et, en 1820, trois de ces Gesellschafts-konzerte auront comme pièce de résistance une Symphonie de Beethoven, ou au moins un extrait de Symphonie puisque les programmes ne s'embarrassent pas de respecter les œuvres et mêlent en général et avec la plus grande fantaisie des airs d'opéras à succès, des mouvements de concertos, des pages orchestrales, etc. En outre, après les Konzerte alter Musik (Concerts de musique ancienne), fondés en 1816 par un fonctionnaire du ministère de la Guerre, Raphaël Georg Kiesewetter, qui marquent à Vienne le début d'une redécouverte systématique du passé, une autre organisation, les Concerts spirituels, imitée de celle de Paris sous l'ancien régime, est lancée en 1819 par l'organiste et chef d'orchestre silésien Franz Xavier Gebauer, ami de Beethoven, chef de chœur à l'église des Augustins et, par ailleurs, membre de la Gesellschaft der Musikfreunde. Mais le niveau des exécutions y est catastrophique à cause de l'absence de répétitions, ce qui est hélas monnaie courante à l'époque. Beethoven, qui peste ouvertement contre ces « concerts de merde » s'y rend malgré tout car, au cours des dix-huit soirées données à la vieille salle de la Mehlgrube pour la première saison, ses quatre premières Symphonies sont au programme ainsi que sa Messe en Ut. Et la saison suivante complète le cycle avec les trois dernières Symphonies, et *Le Christ au Mont des Oliviers*. Tout cela évidemment, le remet en selle dans l'opinion viennoise, et explique que, en 1822, la reprise de *Fidelio*, au Kärntnerthortheater, avec Wilhelmine Schröder, cette voix qui fera plus tard l'admiration de Wagner, soit accueillie avec beaucoup de chaleur. Malheureusement, une fois de plus, Beethoven a tenu à diriger la première et a encore semé la confusion parmi les musiciens. Il faut tout de suite le remplacer, décision qui le laissera profondément meurtri.

C'est à l'instigation de l'éditeur berlinois Schlesinger que les trois dernières Sonates sont achevées les deux années suivantes, cependant que Beethoven met la dernière main à sa grande Messe solennelle. De plus, pour la réouverture du Théâtre de la Josephstadt, il écrit très rapidement, pendant l'été de 1822, l'Ouverture *Die Weihe des Hauses*. Mais un autre projet l'habite intensément, un projet plus vaste qui occupera presque toute l'année 1823. Il ne s'agit rien moins que de la Neuvième Symphonie, la première que Beethoven ait en chantier depuis 1812. Pendant ce temps, il négocie avec sept éditeurs différents les meilleures conditions possibles pour la *Missa solemnis*. C'est finalement Schott, à Mayence, qui publiera cette vaste partition, puis celle de la Neuvième Symphonie dédiée au roi de Prusse pour faire honte aux Viennois. Car Beethoven a reçu un nouveau camouflet en n'obtenant pas le poste de compositeur de la cour, laissé libre par la mort d'Anton Teyber.

Pour lui faire oublier cette cuisante vexation, trente de ses amis se liguent alors afin de le convaincre que Vienne doit absolument entendre ses monumentales dernières œuvres. Ils réunissent à grands frais un orchestre d'une dimension exceptionnelle (24 violons, 10 altos, 12 violoncelles et contrebasses, et un double effectif de vents) pour le grand concert du 7 mai 1824, donné au Kärntnerthortheater avec un programme littéralement gargantuesque : l'Ouverture de 1822, trois morceaux de la *Missa solemnis* (intitulés « hymnes » parce que la police de Metternich refuse l'exécution en concert d'une Messe) et, pour terminer, la Neuvième Symphonie intégrale. À nouveau, Umlauf et Schuppanzigh, le Konzertmeister, doivent consentir à laisser Beethoven s'agiter sur le podium pour prendre à sa place et avec discrétion toutes les responsabilités. Le théâtre est bondé, le succès tonitruant. Après le Scherzo, Beethoven tourne les pages de sa partition sans rien entendre des vociférations d'enthousiasme qui montent derrière lui, jusqu'au moment où l'alto solo, Caroline Unger, le tire par la manche et lui montre la salle qui l'acclame. Malheureusement, ce concert monstre ne rapporte à Beethoven que 120 misérables florins et sa reprise, quinze jours plus tard, un dimanche à midi, s'achève sur un déficit. Et ce n'est pas l'élection du maître comme membre d'honneur de la Gesellschaft der Musikfreunde (communément intitulé désormais *Musikverein)* qui va pouvoir compenser ce manque à gagner !

« ON N'A PLUS ICI LE SENS DE LA VRAIE MUSIQUE »

Tout ce temps que l'étoile de Beethoven connaît des hauts et des bas, celle de Rossini continue de monter. Trois ans plus tôt, la visite du cygne de Pesaro, en tête de la troupe du San Carlo de Naples importée au grand complet par le nouveau locataire et gérant du Kärntnerthortheater (et du Theater an der Wien), le déjà célèbre impresario milanais Domenico Barbaja, a fait bien plus forte sensation que toutes les premières auditions de Beethoven. Cette *stagione*, ouverte en avril 1822 par une représentation de la toute récente *Zelmira*, sous la direction de Joseph Weigl et avec Isabelle Colbran dans le rôle-titre, s'est même prolongée jusqu'en juillet. On entend ensuite successivement *Matilda di Shabran, Elisabetta* et *La Gazza ladra*. À nouveau Vienne est plongée dans l'extase. Même le philosophe allemand Georg Hegel déclare : « aussi longtemps que j'aurai de l'argent pour me payer l'opéra italien, je ne quitterai pas Vienne ! » Schubert parle de « l'extraordinaire génie » de Rossini qui, d'ailleurs, lui inspire ses deux *Ouvertures à l'Italienne* et Weber du « sirocco rossinien » qui souffle sur Vienne. On porte des chapeaux et des cravates « à la Rossini », les restaurants servent des « Menus Rossini ». Plus extraordinaire encore, par l'intermédiaire du poète Joseph

Carpani, le héros du jour parvient à avoir accès à Beethoven. Mais la barrière des langues se dresse entre les deux maîtres. Rossini avouera plus tard avoir été profondément ému par la solitude et la mélancolie du grand homme qui, non sans malice, le félicite pour son *Barbier de Séville* et lui recommande de ne jamais chercher « à faire autre chose que de l'opéra-bouffe ». Il se trouve, et Beethoven le sait fort bien, que Rossini ne compose plus depuis 1817 que des opéras sérieux !

Imaginatif, entreprenant, audacieux, Barbaja ne se contente pas de présenter à Vienne des ouvrages italiens. Il profite du triomphe de *Der Freischütz,* dirigé en 1821 par Weber lui-même (qui n'aimait pourtant pas beaucoup cette production) et, comme *Preziosa* n'a pas eu moins de faveur au Theater an der Wien en 1823, il commande alors à Weber un autre ouvrage allemand, « dans le même style ». C'est ce qui va décider Weber à écrire le grand opéra auquel il rêve depuis si longtemps. Mais cette *Euryanthe* pâtira du livret d'Helmine von Chezy, poétesse « au cœur plein et à la tête vide », à qui la postérité reprochera éternellement de l'avoir privée de ce qui aurait pu être le premier chef-d'œuvre de l'opéra allemand *durchkomponiert*, c'est-à-dire de discours continu. Pendant son séjour viennois de l'automne 1823, Weber lui aussi rend visite à Beethoven à Baden. Celui-ci, semble-t-il, a vivement apprécié le *Freischütz* et il accueille donc son jeune collègue à bras ouverts. Comme toujours, il se lamente sur Vienne et s'emporte « contre l'administration des théâtres, les entrepreneurs de concert, le public, les Italiens, le goût du public ». Weber s'efforce bien de le convaincre de gagner l'Angleterre où on l'admire tant, mais Beethoven lui répond « Trop tard ! ». Il n'empêche que « nous avons passé l'après-dîner avec beaucoup de gaieté […] », rapporte Weber plus tard, ajoutant : « Cet homme si fruste et si fier me fit bel et bien la cour et me servit lui-même à table avec autant de soins que si j'avais été une dame. » La clairvoyance de Beethoven quant au génie de Weber n'était évidemment pas partagée par le public viennois, et *Euryanthe* n'obtint finalement qu'un succès d'estime, en dépit de ses vingt représentations. Il est vrai que l'absurdité du livret condamnait d'avance l'ouvrage à un échec qui, depuis lors, ne s'est jamais démenti.

Les trois dernières années de la vie de Beethoven seront presque entièrement consacrées à la composition d'une série de cinq Quatuors qui comptent parmi les œuvres les plus extraordinaires de tout le répertoire, alors qu'il avait complètement abandonné ce genre depuis 1810. Pour une fois, il semble que l'impulsion soit venue d'une commande, celle d'un violoncelliste amateur russe, le prince Nicolas Galitzine, qui ne lui paiera jamais toute la somme promise mais qui n'avait sans doute pas prévu moisson aussi abondante. Par bonheur, durant cet été 1824 qu'il passe à Gutenbrunn près de Baden, Beethoven est d'excellente humeur, s'étant momentanément débarrassé du sinistre Schindler au profit de Karl Holz, un jeune homme de vingt-six ans, second violon du Quatuor Schuppanzigh. Sa critique de Vienne n'en est que plus féroce, comme en témoigne un Allemand de Londres, Johann Andreas Stumpff, facteur de harpes de son état, qui en recueille avec stupeur les éclats furibonds : « On n'a plus ici le sens du bon, du vigoureux, de la vraie musique enfin ! Oui, oui, Viennois, c'est comme ça : Rossini et Cie, voilà vos héros ! De moi, vous ne voulez plus rien savoir ! De temps en temps, Schuppanzigh sort un de mes Quatuors, mais on n'a plus le temps d'écouter mes Symphonies, et on ne veut plus du *Fidelio*. Rossini, Rossini über alles ! Peut-être que vos pianotages, vos chants sans âme, ces camelotes avec quoi vous ruinez l'art véritable, peut-être que c'est désormais cela votre goût, Viennois ! »

Le Douzième Quatuor est terminé au mois d'octobre 1824 et créé au mois de mars suivant par Schuppanzigh devant un public quelque peu dérouté, ce qui n'est pas étonnant pour une musique qui, aujourd'hui encore, n'a pas perdu grand chose de son caractère énigmatique. Beethoven ne se laisse aucunement influencer et met tout de suite sur le métier un nouveau Quatuor, le Quinzième, en même temps que le Treizième. Tous deux seront achevés presque simultanément, en été et en automne 1825, toujours à Baden. À la surprise générale, le Quinzième Quatuor est aussitôt compris et même apprécié dès sa première audition, ce qui n'est pas le cas, en mars 1826, du Treizième dont les auditeurs réticents sont allégrement traités par Beethoven d'« ânes » et de « bœufs ». Le compositeur ne s'en laissera pas moins persuader par l'éditeur Artaria de remplacer la Grande Fugue par un nouveau Finale, d'accès plus facile.

L'été 1826 apporte son lot de coups du destin. En juin, arrive la nouvelle accablante de la mort de Weber, emporté par la tuberculose à quarante ans. Peu après, c'est le poète autrichien Franz Grillparzer qui vient raconter les derniers méfaits de la police de Metternich, responsable de l'interdiction sauvage de sa pièce *König Ottokars Gluck und Ende* (Le Bonheur et la fin du roi Ottokar). Enfin, la tentative de suicide de son neveu Karl porte à Beethoven un coup terrible en sanctionnant ses maladresses obstinées et l'échec complet de tous ses efforts d'éducation. Il ne lui reste plus qu'à faire incorporer le jeune désespéré, remis de ses blessures, dans un régiment impérial, et à dédier son Quatorzième Quatuor au colonel complaisant.

À l'ouest de Vienne, à Gneixendorf près de Krems, sur le Danube, le frère de Beethoven, qui s'est enrichi dans les affaires, possède depuis quelque temps un château. C'est là que le musicien ulcéré, déchiré, meurtri de toutes parts, se réfugie pour composer son dernier Quatuor (le Seizième, qui sera publié à Paris par Maurice Schlesinger), et un nouveau Finale pour le Treizième, tout en notant les esquisses d'une Dixième Symphonie. À son retour à Vienne, le 2 décembre au soir, il souffre déjà de la maladie qui va l'emporter et qui s'aggrave très rapidement. Holz s'étant marié, Beethoven est retombé dans les mains de l'affreux Schindler, dont la présence insistante et la sottise l'irritent plus que tout. Heureusement, Stephan von Breuning est revenu et il habite tout près, de sorte qu'il lui envoie presque chaque jour son jeune fils de treize ans, Gerhard, pour le distraire et l'aider. Mais la nouvelle de la maladie du maître s'est vite répandue dans la capitale et chacun y va de ses suppositions. Il s'agit en fait d'une cirrhose du foie déjà ancienne, aggravée d'une hydropisie qui ne peut être soignée alors que par des ponctions extrêmement douloureuses. Pourtant, au long des trois mois qui lui restent à vivre, Beethoven souffre encore plus d'avoir interrompu son travail que de la maladie qui le mine. La résignation le cède souvent à la révolte, à l'idée de laisser ainsi son œuvre inachevée. Le 8 mars, Hummel arrive de Weimar avec sa femme et son élève Ferdinand Hiller. Beethoven parvient à se lever pour les recevoir et à se plaindre encore du « goût anti-artistique » qui, à Vienne, « pourrit tout ». En regardant Frau Hummel, la nostalgie le prend de cette compagne qu'il n'a jamais trouvée. Il montre à ses visiteurs la gravure qu'il vient de recevoir de la maison natale de Haydn, Haydn envers qui il n'a plus aucune des préventions de sa jeunesse : « Voyez-vous cette maison si petite dans laquelle est né un si grand homme ! »

Le 26 mars 1827 à cinq heures quarante-cinq de l'après-midi, au milieu d'un violent orage, Beethoven rend l'âme. Quelques jours auparavant, il a signé un testament qui fait de son neveu Karl son légataire universel. L'une de ses ultimes satisfactions aura été de recevoir de ses admirateurs londoniens un versement de mille florins-or, à la suite d'une requête qu'il avait adressée quelques semaines plus tôt à Moscheles. Sa dernière lettre, dictée à Schindler, est une lettre de remerciement adressée à son ancien élève et à la Société philharmonique de Londres, à qui il promet encore de faire parvenir le plus tôt possible la Dixième Symphonie, à condition que « le ciel me rende seulement la santé ».

Le 29 mars, plus de dix mille personnes vont accompagner le corps de Beethoven jusqu'au cimetière de Wahring. Les cordons du poêle sont tenus par Stephan von Breuning, Ignaz von Mosel, Hummel, Franz Schubert, Grillparzer, Raimund et quelques autres. L'éloge funèbre, dû à la plume de Franz Grillparzer, est prononcée par Heinrich Anschütz, le plus célèbre des acteurs du Burgtheater, ami proche de Schubert. Même à Vienne, où la gloire de Beethoven n'atteint peut-être pas les mêmes sommets qu'en Allemagne et en Angleterre, le sentiment prévaut que la musique vient de perdre un des géants de son histoire. Car, s'il a jamais existé un créateur capable de bouleverser, de transformer entièrement son art, c'est vraiment Beethoven qui, à lui tout seul et au long de ses trois célèbres périodes, a mené la musique pour ainsi dire par la main, depuis la galanterie et l'art de cour du XVIIIe siècle jusqu'au seuil du romantisme et de l'individualisme qui vont caractériser le XIXe. Dans ces conditions, il n'est pas étonnant que les romantiques justement l'aient peu à peu élevé au rang d'une figure mythique et que, désormais, aucun composi-teur ne puisse plus échapper à son empreinte ni refuser de se mesurer à lui. Mais il n'est pas moins certain que, chez Beethoven, la rigueur de l'écriture, la solidité du discours et l'équilibre de la construction, le sens naturel de la grande forme, tout est bien le fait d'un classique, d'un tenant de cette tradition que Haydn et Mozart ont instaurée avant lui dans la musique instrumentale.

Si Beethoven n'a jamais pu se résoudre à vivre ailleurs qu'à Vienne, son œuvre n'a vraiment rien de spécifiquement viennois, ni même d'autri-chien. Or, au même moment, tout à côté de lui, un autre compositeur, son cadet de près de trente ans, incarne en musique l'esprit de Vienne dans toute sa plénitude. Franz Schubert, à vrai dire, est même le premier de tous les grands musiciens à avoir respiré dès sa naissance l'air de la capitale, le seul véritable Viennois que l'Histoire nous propose. Il se trouve que l'une des dernières joies de Beethoven, tout au moins d'après Schindler, est d'avoir reçu l'album manuscrit d'une soixantaine de lieder de Schubert, qui a fait suite à des « Variations sur une chanson fran-çaise », pour piano à quatre mains, qu'il avait eu alors grand plaisir à déchiffrer avec son neveu. Mais, toujours selon Schindler, les lieder lui causent une telle émotion que Beethoven demande instamment à faire la connaissance de leur auteur. Schubert vient donc pour quelques minutes, avec deux autres amis, auprès du lit du grand malade, à peine une semaine avant sa mort. Ce sera leur première et leur dernière rencontre.

« IL A TOUT APPRIS DU BON DIEU »

Lorsque Schubert est venu au monde, en 1797, Beethoven était déjà viennois depuis cinq ans, Mozart mort depuis six, et Haydn, rentré de Londres, achevait *La Création*. La famille Schubert est d'origine tout à fait modeste. Descendant de paysans devenus peu à peu petits propriétaires terriens, Karl Schubert a à peine dépassé les vingt ans lorsqu'il quitte sa Moravie natale pour s'installer maître d'école dans la capitale. Son frère, Franz (Theodor), va bientôt le suivre pour être son assistant et épouser au bout de quelque temps la fille d'un serrurier originaire de Silésie autrichienne, dont il aura quatorze enfants dont Franz (Peter) est le douzième et l'un des cinq seuls survivants. La maison natale de Franz Schubert, sur la Nussdorfstrasse, a été restaurée et transformée en musée après la dernière guerre. Franz Theodor, le père, y a vécu pendant plusieurs années avec sa famille et c'est là qu'il a exercé sa profession de maître d'école. En élevant ses enfants, il a toujours présent à l'esprit d'en faire plus tard ses propres assistants, comme il l'a lui-même été de son frère Karl autrefois. Par chance, il aime et pratique la musique, ce qui lui permet de remarquer très tôt les dons exceptionnels du jeune Franz. Aidé par son fils aîné, Ignaz, il va donc lui apprendre à jouer du violon. Les progrès de l'enfant sont si rapides que, bientôt, il est en mesure d'assurer la partie d'alto dans le quatuor familial. Or, le frère cadet de la famille, Ferdinand, tient l'orgue à l'église paroissiale de Lichthental. Sur son conseil, Franz y est confié au chef de chœur, Michael Holzer, qui lui enseigne, outre l'harmonie, le chant, l'orgue ainsi que le piano. Il reconnaît n'avoir jamais eu de sa vie élève aussi doué.

Ainsi, dès sa onzième année, Franz Schubert est-il déjà un musicien accompli. Il chante très juste et d'une belle voix d'alto. On sait aujourd'hui que ses parents jugeaient sa musicalité si extraordinaire qu'ils trouvèrent le moyen de consulter Antonio Salieri, premier Kapellmeister de la cour. C'est donc sur son avis qu'ils le présentent au concours d'admission des Petits Chanteurs de la Chapelle royale. L'épreuve est certes connue pour sa difficulté mais le jeu vaut la chandelle puisque, désormais, les Petits Chanteurs sont automatiquement admis à poursuivre leurs études au Stadtkonvikt royal et impérial, fondé cinq ans plus tôt par l'empereur. Non seulement Schubert remporte l'examen mais il impressionne fortement le jury, qui est composé de Salieri, du chef de chœur de la Chapelle impériale, Philipp Korner, et du second Kapellmeister de la cour, Joseph Eybler. On doit donc reconnaître à Salieri le mérite d'avoir été le premier à distinguer le singulier talent du jeune Franz. Plus tard, il continuera pendant plusieurs années à lui donner des leçons de composition, et cela même à l'époque où l'adolescent a déjà quitté le Konvikt. Étant donné l'image que la légende a transmise de lui, image que la pièce de Peter Schaffer et le film de Milos Forman n'ont fait que renforcer, il est utile de préciser ici que les témoignages contemporains dépeignent au contraire Salieri comme « un homme extrêmement aimable, amical et serviable, bienveillant, heureux de vivre, spirituel, un conteur inépuisable, un petit mais bel homme, bien tourné, avec des yeux de flamme, une chevelure brune, toujours net et soigné, de tempérament vif et prompt à s'emporter mais aussi facile à apaiser ». En tout cas, quelles qu'aient pu être les accusations ou tout au moins les suspicions dont il fut l'objet en d'autres circonstances, il est incontestable que son influence sur le développement du génie schubertien aura été des plus positives.

Car l'admission de Schubert au Konvikt va s'avérer d'une importance extrême pour son avenir. En effet, les moines piaristes y dispensent à cent-quarante garçons, pour la plupart d'origine intellectuelle et de milieu aisé, le meilleur enseignement qu'un jeune roturier puisse ambitionner de recevoir à Vienne. C'est là aussi que Franz va nouer quelques-unes des amitiés les plus fertiles de son existence. Mais la musique joue évidemment au Konvikt un rôle primordial. D'après le règlement promulgué par l'empereur François Ier, elle y est et « doit être considérée non seulement comme un moyen de former le sens esthétique et comme un des divertissements les plus innocents et les plus nobles, mais aussi comme une part essentielle de l'éducation ». On y apprend donc à jouer de plusieurs instruments et toutes les formes de la pratique collective alors en usage, depuis le quatuor à cordes et les ensembles à vents jusqu'à l'orchestre. En effet, Josef von Spaun, un étudiant en droit qui deviendra plus tard l'un des amis les plus proches et les plus fidèles de Schubert, y a déjà formé un orchestre d'élèves mais un orchestre en règle, et un orchestre qui aura même un jour l'honneur insigne de jouer en présence de Beethoven dans le salon de l'archiduc Rodolphe. Schubert y assure une partie de second puis de premier violon. Il finira même par en prendre la direction, succédant ainsi à Wenzel Ruzicka, l'organiste de la cour qui a été son premier professeur de *Generalbass* (basse chiffrée) et qui dit de lui à l'époque : « On n'a rien à lui enseigner car il a tout appris du Bon Dieu ! »

Au moment où il entre dans les rangs de cet orchestre, Schubert a déjà, malgré son jeune âge, des goûts affirmés et des critères rigoureux. À son avis, le répertoire habituel y accorde trop de place aux Symphonies du Tchèque Franz Krommer (1759-1831), chef d'orchestre de ballets à l'Opéra impérial et donc fonctionnaire officiel de la cour, l'un des rares compositeurs contemporains à figurer régulièrement aux programmes du Musikverein. L'étudiant Schubert fait donc preuve d'une précoce et remarquable indépendance d'esprit en portant un jugement si sévère, comme en rappelant à cette occasion toutes les Symphonies de Haydn ignorées jusque-là par l'orchestre. À ceux qui lui prédisent un avenir glorieux, il se contente de répondre : « Moi aussi, j'espère bien en secret que l'on fera quelque chose de moi! Pourtant, après Beethoven, je me demande vraiment s'il y a encore quelque chose à faire? »

Car, dès l'âge de douze ans, Schubert s'est mis à composer. Les premières œuvres qui nous restent datent de 1810 : une Fantaisie pour piano à quatre mains, un Quatuor, une Ouverture pour quintette à cordes et surtout le Lied *Hagars Klage* (La Plainte de Hagar), qui attire aussitôt l'attention de Salieri et ouvre en vérité l'un des chapitres les plus riches de la musique du XIXᵉ siècle. Bien sûr, il ne s'agit pas, et de loin, du premier lied composé en Autriche. Mozart et Haydn, par exemple, ont déjà honoré occasionnellement le genre, souvent d'une manière prophétique. Mais, même avant les *Oden und Lieder* composés par Gluck sur des poèmes de Klopstock, le premier recueil de *Deutsche Lieder a* été publié à Vienne en 1778 par le compositeur bohémien Joseph Anton Stephan – ou Steffan – (1726-1797), dont on a trop sous-estimé jusqu'ici l'importance dans la formation du style classique, et cela dans presque tous les domaines. Alors que chez Gluck la musique ne sert qu'à mettre en valeur les paroles, Stephan enrichit et diversifie l'accompagnement pianistique en lui confiant des introductions, des interludes, des postludes. Quoi qu'il en soit, lorsque Schubert compose à quatorze ans *Hagars Klage* et même lorsqu'il écrit trois ans plus tard l'illustre *Gretchen am Spinnrade* où nous voyons aujourd'hui le premier lied romantique pour ne pas dire moderne, Beethoven a déjà signé un grand nombre de lieder mais il n'a pas encore donné son célèbre cycle *An die ferne Geliebte* (1815-1816). Ainsi les principaux modèles du jeune Schubert sont-ils moins viennois qu'allemands. Il s'agit avant tout des quelque trois cents ballades et lieder que le Souabe Johann Rudolf Zumsteeg (1760-1802) a entrepris de publier dès 1797. Or, ce maître oublié de l'Histoire a bien été le premier à infléchir la ligne mélodique en fonction du texte et de l'atmosphère du poème, le premier aussi à déployer une manière de lyrisme ouvertement pré-romantique et à utiliser des formules descriptives, principalement dans ses ballades. On sait que Schubert connaissait toutes ces ballades par cœur, qu'il les jouait et rejouait sans cesse, avouant qu'elles le « remuaient profondément ». Dans *Hagars Klage,* il a d'ailleurs repris un poème de Schiller déjà mis en musique par Zumsteeg.

C'est en 1811, au Kärntnerthortheater, que Schubert assiste à deux Singspiele de Joseph Weigl, notamment le populaire *Die Schweizerfamilie* (La Famille suisse). Il n'en faut pas plus pour lui donner l'envie de composer à son tour un opéra allemand, qui doit s'intituler *Der Spiegelreiter* (Le Cavalier au miroir) et utiliser un livret d'August von Kotzebue, poète à la mode, dont les pièces sont souvent à l'affiche du

Theater an der Wien. Mais le jeune musicien mesure sans doute assez vite son inexpérience puisqu'il s'interrompt dès la fin du premier acte – les fragments conservés de cette partition ont été donnés par Radio-Zurich peu après la dernière guerre.

L'année suivante, sa voix ayant mué, Schubert est obligé de quitter le chœur de la Chapelle impériale. Mais il obtient tout de même de poursuivre encore un an ses études au Konvikt, eu égard aux excellents résultats qu'il a obtenus dans toutes les matières. À cette époque, il a déjà composé pour le quatuor familial une série d'œuvres en plusieurs mouvements, sur le modèle classique de Haydn et de Beethoven. Toutefois, il ne commence à vraiment dominer le genre qu'avec le Quatuor en mi bémol écrit vers la fin de 1813, et qui devra attendre trois décennies pour être publié à titre posthume sous le numéro d'opus 125 n° 1. À seize ans, par ailleurs, Schubert a déjà à son actif sa Première Symphonie, cousue main pour l'orchestre des étudiants, œuvre élégante, habile, bien construite mais encore peu originale. C'est au début de cette année 1813 qu'il a vu avec Spaun l'*Iphigénie en Tauride* de Gluck. La découverte de ce chef-d'œuvre n'est certainement pas étrangère à la conception d'une nouvelle œuvre dramatique, cette fois en trois actes et qui va beaucoup l'absorber. Il s'agit du Singspiel *Des Teufels Lustschloss* (Le Château de plaisance du diable), toujours sur un livret de Kotzebue. Si la partition est achevée au bout de deux mois, il en faut encore cinq pour la revoir selon les indications de Salieri à qui Schubert l'a montrée. Mais ces laborieuses adaptations aux règles ou au goût ne suffiront pas à retenir l'intérêt des directeurs de théâtres viennois, peu soucieux de ralentir leur florissant commerce pour donner sa chance à un débutant. L'ouvrage ne sera donc créé que bien longtemps après la mort de son auteur.

DANS LES PREMIERS TOURBILLONS DE LA VALSE

À l'automne de 1813, Schubert quitte le Konvikt et, cédant aux pressions familiales, accepte de s'inscrire dans une école normale d'instituteurs, après avoir été exempté du service militaire à cause de sa petite taille et de sa myopie. Dès la fin de 1814, il commence à enseigner dans l'institution de son père, mais les tâches modestes qu'on lui réserve lui pèsent d'autant plus qu'il voudrait consacrer tout son temps à la composition. Cette année-là, en effet, parmi d'autres lieder, il a achevé en un après-midi *Gretchen am Spinnrade,* le premier de l'histoire où la partie de piano s'affranchit complètement du joug de la voix. Mais il a écrit également le Quatuor en si bémol D.112, et la Première Messe en fa majeur

D.105, qui témoignent d'un métier dont il a tout lieu d'être fier. Cette Messe sera exécutée au mois d'octobre dans l'église de Liechtental, en présence de toute la famille Schubert réunie, avec le frère Ferdinand à l'orgue. Franz Theodor éprouve à cette occasion une telle fierté qu'il offre à son fils un piano à queue tout neuf. Et l'œuvre sera reprise dix jours plus tard à l'Augustinerkirche, au centre même de la ville, toujours sous la direction du jeune compositeur. Il se trouve que, l'une et l'autre fois, les soli de soprano sont assurés par une artiste de quatorze ans, Thérèse Grob, fille d'un fabricant de soie. Sa mère, veuve et fortunée, donne régulièrement chez elle des soirées musicales auxquelles Schubert participe volontiers. Désormais, il va dédier un grand nombre de ses lieder à Thérèse Grob qui les crée au cours de ces petits concerts privés. Les relations des deux jeunes gens dureront six ans, jusqu'au mariage de Thérèse avec un maître boulanger. Bien qu'il n'ait jamais avoué ses sentiments, sans doute à cause de sa situation pécuniaire, il est vraisemblable que Schubert a été en fait passionnément amoureux de cette jeune personne dont le talent et la sensibilité se dissimulent pourtant sous un physique ingrat. Par compensation, il va se jeter dans des amitiés passionnées, qui tiendront tout au long de sa vie une place de plus en plus importante. C'est ainsi que, en 1814, il se lie avec deux étudiants en droit, Franz von Schober et Johann Mayrhofer. Le second écrit des poèmes dont Schubert va mettre en musique une bonne centaine et le premier sera son compagnon le plus attentif et le plus dévoué.

Vienne prépare alors dans l'effervescence le célèbre Congrès qui va s'ouvrir au mois de septembre et s'interrompre brutalement en mars 1815, à la nouvelle du débarquement de Napoléon à Fréjus. Ce Congrès, dont le prince de Ligne a dit : « il ne marche pas, il danse », donne en effet le signal d'une véritable frénésie de divertissement, qui envahit rapidement toute la capitale. C'est alors qu'est consacrée la mutation en Wiener Walzer de la danse à trois temps qui, sous le nom de Deutsche, avait peu à peu remplacé le menuet au cours des années 1780. Si le théâtre populaire improvisé, en particulier celui de Kurz-Bernardon, a déjà imposé sur la scène le rythme caractéristique, à trois temps, du Ländler villageois, c'est à Martin y Soler, le compositeur espagnol d'*Una Cosa rara* qu'on attribue d'ordinaire l'idée d'avoir mis pour la première fois une Valse sur le plateau du Burgtheater, en 1786. En réalité, son seul mérite a été d'introduire dans sa partition toute une série de Ländler qui seront peu après publiés en recueil chez Artaria. Au cours des deux dernières décennies du XVIIIe siècle, de très nombreuses anthologies paraissent sur ce modèle, dont les pièces sont indifféremment intitulées *Deutsche, contratanze* ou *Ländler* mais rarement *Walzer*. Bientôt, cependant, le Ländler s'accélère en quittant définitivement le sol rugueux des places rurales pour le parquet ciré des bals citadins. Et voici que, à l'orée du siècle, Vienne se couvre de salles publiques où triomphe la valse. En janvier 1808, pendant les fêtes qui célèbrent le mariage de l'empereur François II avec la princesse Ludovica d'Este, l'ouverture d'un nouvel établissement qui est le plus vaste d'Europe, l'Apollosaal, fait grand bruit. Le constructeur de ce « palais de fées » n'est autre qu'un milliardaire d'origine anglaise, Sigmund Wolffsohn, médecin orthopédiste dont l'extravagante fortune s'est faite dans les bandages et les prothèses destinés aux victimes des guerres de Napoléon. On raconte que la seule argenterie, commandée spécialement pour les restaurants de l'Apollosaal, aurait coûté à Wolffsohn pas mois de 600 000 gulden! Avec ses trente-six salles principales dont chacune porte un nom différent, ses cinq gigantesques salles de bal, ses innombrables salons, son pavillon turc et même sa hutte lapone…, l'ensemble peut accueillir jusqu'à dix mille personnes. Le poète Justinus Kerner décrit dans l'extase les labyrinthes, les sources, les rochers, les grottes, les bassins où s'ébattent des cygnes, les bosquets de verdure, les plates-bandes fleuries et les sentiers herbeux (qui sont en fait de simples tapis verts). Depuis l'entrée, au premier étage, on se croirait au sommet d'une montagne, face à l'immense plaine peuplée par les danseurs, et qui scintille sous le soleil de centaines de lustres, de milliers de bougies. Au centre de la grande salle à manger, dont la décoration mi-grecque, mi-gothique a fait sourire tout de même les esprits cultivés, s'élève un rocher cyclopéen d'où coulent en cascade des sources alimentant des ruisseaux poissonneux. Le plus remarquable est que Wolffsohn se paye le luxe de modifier et d'enrichir régulièrement sa délirante et ruineuse mise en scène, et même de rembourser les nombreuses victimes des pickpockets professionnels qui exercent dans la foule leur coupable industrie. La renommée de l'Apollosaal est telle que, en 1810, pour le mariage par procuration de sa fille Marie-Louise avec Napoléon, l'empereur d'Autriche ne peut faire autrement que d'y conduire en grande pompe l'envoyé de l'empereur des Français.

C'est donc là, dans ce décor fou, que la valse s'élance à la conquête de Vienne, de ses quartiers et de ses faubourgs où se multiplient les bals populaires. Quantité d'orchestres spécialisés font florès, comme celui de Michael Pamer qu'on s'arrache pour toutes les fêtes. Enfin, la valse gagne le domaine réservé de la musique savante où elle va conquérir très vite ses lettres de noblesse. Déjà Johann Nepomuk Hummel, jamais en retard aux rendez-vous du succès, avait composé une retentissante suite de Valses pour piano à l'occasion de l'ouverture de l'Apollosaal. Beethoven ne dédaignera pas, dix ans plus tard, d'honorer le genre en introduisant des Valses parmi ses *Mödlinger Tänze,* sans parler de la prodigieuse, de la stupéfiante profusion de variations qu'il va tisser inlassablement sur la modeste trame d'une valse d'Anton Diabelli. Ainsi Schubert, le plus viennois de tous les grands compositeurs autrichiens, ne pouvait-il pas ne pas succomber à cette *dansomanie* ambiante que la valse allait pousser au paroxysme. À quatorze ans, il avait écrit une douzaine de Menuets aujourd'hui perdus qui avaient fait le bonheur de ses camarades du Konvikt et même d'un vieux violoniste autrefois ami de Mozart. C'est en 1815-1816 qu'il compose ses premières Valses. Désormais et presque jusqu'à la fin de sa vie, il en aura toujours quelqu'une sous la plume pour alterner avec des *Tänze,* des *Ländler,* des *Deutsche,* des *écossaises* ou des *galops.* Mais ces danses ne sont pas destinées au divertissement collectif et futile. Schubert les destine plutôt aux salons distingués qu'il fréquente, à ces soirées baptisées bientôt *Schubertiaden,* et que la police de Metternich tolère quand elles sont à dominante musicale. Certes, Schubert n'a jamais attaché beaucoup d'importance à ces compositions-là, mais force est pourtant de reconnaître que la Valse devient avec lui une forme d'art élevé. Il sait comme nul autre en varier le caractère au flux d'une inspiration mélodique sans cesse renouvelée, allant jusqu'à introduire une note de mélancolie typiquement viennoise, comme dans le *Trauerwalzer (Valse funèbre)* de 1816 ou les *Valses sentimentales* des années 1820.

Petits succès, grande détresse

Les statistiques d'alors sont formelles : pendant le congrès de Vienne, la population de la capitale n'a tiré aucun bénéfice de la présence de tant de hauts personnages. Bien au contraire, il y a eu crise de logement et augmentation considérable du coût de la vie. Comme Schubert n'était pas, on s'en doute, partie prenante aux fastes, il n'en a connu que les fâcheuses retombées. Mais, malgré ces tâches absorbantes et bien peu valorisantes de petit instituteur de banlieue, 1815 reste pour lui une année particulièrement féconde, avec deux nouvelles Symphonies, un Quatuor, deux Sonates et une série de Variations pour piano, ainsi que deux autres Messes, un *Magnificat* et pas moins de cent-quarante cinq Lieder, dont quelques-uns d'illustres comme *Erlkönig* (Le Roi des aulnes) *Wandrers Nachtlied* (Chant nocturne du voyageur), *Rastlose Liebe* (Amour sans repos), *Heidenröslein* (Petite rose de bruyère) et *Mainacht* (Nuit de mai). À quoi il faut ajouter encore deux opéras en un acte, *Der vierjährige Posten* (Le Poste de quatre ans) (sur un livret de Theodor Körner, jeune poète viennois tué au front en août 1813) et *Fernando* dont le texte peu brillant est dû à un ami, Albert Stadler, puis un Singspiel en deux actes d'après une pièce de Johann Mayrhofer, *Die Freunde von Salamanka* (Les Amis de Salamanque), et enfin, tiré d'une pièce satirique en trois actes de Goethe déjà plusieurs fois mise en musique, l'ouvrage qui peut-être eût été le chef-d'œuvre dramatique de Schubert, *Claudine von Villa Bella.* On ne peut malheureusement en parler qu'au conditionnel puisque le manuscrit, comme la plupart de ceux de Schubert, tombera après sa mort dans les mains de son ami Josef Huttenbrenner et que ses domestiques vont se servir en 1848 des deuxième et troisième actes pour allumer le feu !

Espérant trouver ailleurs un poste qui lui laisse un peu plus de loisir pour composer, Schubert pose en avril 1816 sa candidature comme maître de musique dans une école d'instituteurs à Laibach en Carniole, aujourd'hui Ljubljana en Slovénie. Mais ce projet échoue et il ne lui reste qu'à donner un peu plus de leçons particulières pour augmenter ses revenus. Pourtant, l'année voit s'achever successivement trois Sonates et un Rondo pour piano et violon, un Quatuor, une Sonate pour piano, deux nouvelles Symphonies, la Quatrième « Tragique », et la Cinquième – la plus mozartienne de toutes, conçue pour un orchestre de dimension réduite et créée par un groupe d'amateurs dans lequel Schubert lui-même tient une partie d'alto –, une quatrième Messe, la seule publiée de son vivant et enfin deux autres pièces religieuses. De plus, les lieder de 1816 comptent parmi les plus magistraux : *Litanei* (Litanie), *Seligkeit* (Béatitude), *Der Wanderer* (Le Voyageur), le très célèbre *Wiegenlied* (Berceuse), etc. Sur des poèmes de Goethe, Schubert compose aussi *An Schwager Kronos* (Au postillon Cronos) et les trois chants du harpiste de *Wilhelm Meister,* toutes pages d'une telle beauté que Joseph von Spaun prend l'initiative d'en envoyer le manuscrit au poète, avec une lettre qui lui présente le jeune compositeur en termes chaleureux et sollicite en son nom l'honneur de lui dédier ces chants. Mais le petit cahier est renvoyé à l'expéditeur quelques semaines plus tard sans un mot, sans même un accusé de réception. C'est que, sous l'influence du médiocre compositeur berlinois Carl Friedrich Zelter, Goethe reste convaincu que, dans un lied, la musique ne doit pas faire plus que de soutenir servilement la poé-sie. Après la mort de Schubert, il avouera tout de même avoir apprécié pour la première fois de sa vie la version schubertienne d'*Erlkönig.*

Cette même année 1816, Franz von Schober convainc son ami de quitter l'esclavage de l'école et lui offre l'hospitalité dans sa maison fami-liale du centre de Vienne. Les soirées musicales émigrent alors dans le nouvel appartement de Spaun, sur l'Erdberggasse, tout près de l'Opéra. Or le propriétaire de Spaun est lui aussi un ardent mélomane. C'est

Josef Wilhelm Witteczek, secrétaire aulique, qui devient tout naturelle-ment un admirateur de Schubert, au point de collectionner ses partitions et d'accueillir bientôt chez lui les fameuses schubertiades. Il faut dire que ce genre de soirées amicales correspond tout à fait aux ambitions nou-velles de la classe bourgeoise, qui tient maintenant le haut du pavé et veut donc se donner ses artistes à elle, tous chantres d'abord d'un art d'intimité, ses circuits d'influence et ses rites propres, certes plus familiers mais non moins clos que ceux de l'ancienne aristocratie. Ainsi, dans ces salons, sont créées la plupart des compositions de Schubert et surtout ses œuvres vocales où, à la fois, s'expriment le mieux sa personnalité et se reconnaît le mieux son public.

À partir de 1817, ses lieder sont régulièrement interprétés par un nouvel ami, le grand baryton Johann Michael Vogl, un musicien de grande culture pour qui le lied est en train de devenir une véritable vocation, à tel point que, approchant de la cinquantaine, il va bientôt renoncer au théâtre, ce qui est alors sans exemple. Malgré toute son admiration pour Schubert, Vogl encourt au moins une fois sa désappro-bation en lui apportant une version d'un de ses lieder, agrémentée d'or-nements de toutes sortes et de changements de registres qu'il juge plus propres à mettre en valeur les ressources de sa voix. « Un très beau chant! s'entend-il répondre, mais de qui est-il donc? »

Nouvelle déception : au printemps 1817, Schubert envoie l'Erlkönig à Breitkopf dans l'espoir d'une publication. Mais, à Leipzig, on ne connaît qu'un seul Franz Schubert, un musicien de Dresde qu'on prie donc de confirmer qu'il s'agit bien d'une partition de son cru. La réponse de l'homonyme est une pièce d'anthologie. Il n'en revient pas et certifie (on le croit sur parole!) n'avoir jamais rien signé du genre de cette « cantate » qu'il qualifie tout bonnement de « bousillage ». Il exige avec la dernière vigueur qu'on s'efforce de découvrir l'identité du malotru qui a ainsi abusé de son nom… Et le manuscrit de l'Erlkönig est renvoyé sans com-mentaire à son auteur! Les quatre Sonates que Schubert vient alors de composer (en la mineur D.537, en mi bémol, en si majeur et en mi mineur, inachevée) et qui marquent une véritable étape dans l'évolution de son style, n'ont pas plus de chance et ne connaîtront que la publica-tion posthume, comme la Sonate en la majeur pour violon et piano qui leur est contemporaine, comme la Sixième Symphonie et les deux Ouvertures en style italien, qui comptent aussi parmi les pages majeures de 1817. Ces deux Ouvertures, qu'il faut rapprocher d'Adrast, l'opéra inachevé de 1819-1820, sont la conséquence de la furia italienne qui fait suite à la création des premiers opéras de Rossini. Schubert, à l'évidence, veut y prouver que même ce style-là n'a pas de secrets pour lui. Parmi les lieder de l'année, figurent enfin quelques chefs-d'œuvre comme *Gruppe aus dem Tartarus (Groupe surgi du Tartare), An die Musik (À la Musique), Memnon, Die Forelle (la Truite), Tod und das Mädchen (la Jeune fille et la Mort)* et *Erlaf-See (le lac d'Erlaf)* D.586 qui mérite, celui-là, une pierre blanche puisque c'est la première composition de Schubert à connaître les honneurs de l'édition, mais seulement sous la forme de supplément à un périodique comme il en existe déjà plusieurs à Vienne. L'indifférence des éditeurs à l'égard des œuvres de Schubert montre bien que le commerce facile l'emportait alors sur la découverte et la promotion des talents.

Au début de 1818, Franz Theodor Schubert est nommé dans le district de Rossau, plus proche de Vienne, et Franz, qui n'a plus le prétexte de l'éloignement, doit quitter à regret ses amis Schober pour la nouvelle maison familiale et y reprendre même son rôle d'assistant pédagogue. Après un an de liberté, le joug pèse encore plus lourd : « Je ne serai jamais qu'un musicien raté ! », gémit-il. Ce découragement se reflète dans deux partitions inachevées du printemps, une Sonate en ut, D.613, et une Symphonie en ré, D.615, dont seuls les deux premiers mouvements sont esquissés, comme si le compositeur ne croyait plus tout à coup à son œuvre. À titre de consolation temporaire, Schubert a enfin, le 1er mars, la satisfaction d'entendre sa seconde *Ouverture italienne*, à l'occasion d'un concert privé, donné dans le hall de l'hôtel *Der römische Kaiser*, sur la Renngasse, et placé sous la direction du violoniste Eduard Jaëll. Deux mois plus tard, encore dans cette salle, Schubert participe à une deuxième exécution de l'œuvre, mais dans sa réduction pour deux pianos à huit mains. Dans l'un et l'autre cas, l'accueil est chaleureux.

Arrive alors, juste avant l'été, la proposition d'un emploi de maître de musique auprès des deux filles du comte Johann Esterhazy de Galanta, à raison de deux gulden l'heure. Il n'en faut pas plus pour convaincre Schubert de quitter une fois de plus l'école paternelle. Il va donc passer la belle saison dans la propriété du comte, à Zseliz (ou Zelesz), en Hongrie (aujourd'hui Tchécoslovaquie). Pendant ces mois de détente, il écrit surtout des œuvres à quatre mains (en particulier les *Variations sur une chanson française* op. 10, plus tard dédiées à Beethoven), des lieder bien sûr, le *Requiem allemand*, qui sera exécuté sous le nom de son frère Ferdinand, et une nouvelle Sonate inachevée (en fa mineur), dont l'esquisse est cependant plus poussée que celles du printemps précédent.

Depuis quelques mois, Schubert compte parmi ses amis Leopold von Sonnleithner, le neveu du librettiste de *Fidelio*. Cette amitié-là va lui être utile car Ignaz Sonnleithner, le père de Leopold, donne régulièrement des concerts depuis 1815 dans sa maison spacieuse du Gundelhof et va organiser, en janvier 1819, une exécution de la cantate *Prometheus,* composée en 1816 (aujourd'hui perdue). On voit que le nom de Schubert gagne peu à peu les cercles musicaux de Vienne. L'un de ses lieder (*Schafers Klagelied* [La Plainte du berger] D.121, sur un poème de Goethe) est ainsi plusieurs fois chanté en public par Franz Jager, un ténor du Theater an der Wien, et il reçoit les éloges de la critique : piètre récompense, pour un compositeur de vingt et un ans qui a déjà près de trois cents lieder à son actif !

À son retour de Zseliz, Schubert s'installe chez un autre ami, le poète Johann Mayrhofer, son fournisseur ordinaire en textes inédits. Il travaille à un nouvel opéra en un acte, *Die Zwillingsbrüder* (Les Frères jumeaux), dont le double rôle principal – il s'agit de jumeaux – est destiné à son ami Vogl. L'auteur du livret, tiré d'une pièce française, est le secrétaire général du Kärntnerthortheater, Georg von Hoffmann, ce qui laisse à Schubert l'espoir de faire bientôt ses premières armes à la scène. Le petit ouvrage est effectivement accepté par le principal théâtre lyrique de Vienne mais la première va être retardée jusqu'à l'année suivante par celle de l'*Otello* de Rossini, qui a naturellement priorité. Pendant l'été, Schubert accompagne Vogl dans son pays natal, Steyr près de Linz, où il écrit encore quelques grands lieder comme *Prometheus* et *Nachtstück* (Pièce nocturne), et se met au Quintette en la majeur *la Truite.* L'histoire de cette partition légendaire, ou plutôt l'étrange silence qui l'entoure, fait partie de ces mystères inexplicables dont la carrière de Schubert abonde. Créé à Steyr par son commanditaire, le violoncelliste Sylvester Paumgartner et quelques-uns de ses amis, le Quintette *la Truite* sombre dans l'oubli jusqu'à l'année suivant la mort de Schubert. Ni les interprètes, ni même peut-être le compositeur, n'avaient décelé le chef-d'œuvre.

On constatera, il est vrai, que Schubert investit la plus grande part de son énergie du moment dans la musique vocale. Au retour de Steyr, il se lance dans une Cinquième Messe, en la bémol qui ne sera terminée qu'en 1822, et dans une œuvre hybride, à la fois cantate, oratorio et opéra, *Lazarus oder die Feier der Auferstehung* (Lazare ou la fête de la résurrection) qui restera inachevée. En effet, au beau milieu de la composition de cette pièce d'importance, Schubert est arrêté par la police avec deux de ses amis, chez son ancien camarade de Konvikt, le poète tyrolien Johann Senn, soupçonné de se livrer à des activités politiques illégales. L'assassinat récent, à Mannheim, du poète allemand August von Kotzebue par un étudiant qui conteste ses prises de position par trop conservatrices, a conduit les autorités autrichiennes à organiser une véritable chasse aux sorcières dans les milieux estudiantins de Vienne. Senn est donc appréhendé, avec ses trois visiteurs dont le rapport officiel signale qu'ils ont insulté l'officier de police. Au bout de quelques heures, les trois camarades sont heureusement relâchés, mais Senn restera quatorze mois en prison avant d'être jugé puis déporté au Tyrol. Cet incident paraît avoir joué dans la vie de Schubert le rôle d'une brutale césure, comme d'une accession subite à l'âge adulte, chose qu'atteste entre autres un changement abrupt et radical du graphisme de son écriture. En outre, il adopte dorénavant une attitude de résignation plutôt que de révolte en matière politique. Tout au plus composera-t-il encore quelques lieder sur des poèmes de Senn. Mais, pour en revenir à *Lazarus*, les deux actes qui ont subsisté et qui ont été redécouverts par Brahms et déjà plusieurs fois gravés sur disques, révèlent une nouvelle et singulière maturité, une forme si originale et si évoluée qu'on peut y mesurer ce que serait devenu le compositeur dramatique s'il lui avait été accordé seulement de trouver un livret de valeur et de vivre aussi quelques années de plus...

En juin 1820, la création des *Zwillingsbrüder* n'obtient qu'un succès de courtoisie, avant tout parce que l'ouvrage, intitulé *Posse* (Farce), aurait certainement été bien plus à sa place dans un théâtre de faubourg. Schubert, qui assiste à la première en compagnie d'Anselm Hüttenbrenner, refuse de venir saluer car il se doute bien que la pièce ne va pas tenir l'affiche longtemps, et il ne se trompe pas puisqu'elle la quitte après la sixième représentation. Malgré tout, ce demi-succès lui vaut, de la part du Theater an der Wien cette fois, la commande d'une musique de scène pour une autre pièce de Georg von Hoffmann, *Die Zauberharfe (la Harpe enchantée)*. On se rappelle que, depuis 1813, l'ancien théâtre de Schikaneder est placé, comme le Nationaltheater, sous la direction du comte Palffy. Or, en ce moment, il est encore une fois en pleine crise, une crise fatale qui le mènera à sa fermeture en 1825. Pour ne pas concurrencer le Théâtre de cour, Palffy y donne surtout les Singspiele de Seyfried, avec qui il s'est lié par contrat, ainsi que des ballets ou pantomimes et des pièces à grande mise en scène. Un ballet d'enfants, *Waldmärchen* (Contes de la forêt) de Wranitzky, y a triomphé avec cinquante-quatre représentations mais, quelque temps après, une ordonnance impériale a définitivement interdit ce genre de spectacles. Ensuite, le compte Palffy a fait scandale en organisant sur la scène même une loterie qui a cependant le mérite de renflouer pour quelques mois ses finances. Mais le niveau du répertoire baisse inéluctablement et *Die Zauberharfe* ne vise en rien d'autre qu'à tirer le parti le plus spectaculaire de la machinerie sophistiquée du théâtre. Achevée en quinze jours, la partition de Schubert comprend cinq mélodrames et une ouverture qui, rebaptisée *Rosamunde*, jouit aujourd'hui d'une juste célébrité. La première a lieu le 29 août 1820 mais la somptuosité du spectacle ne réussit pas à compenser la pauvreté du texte, de sorte que la pièce disparaît dans les oubliettes après huit représentations.

L'année 1820 voit s'élargir le cercle des amis de Schubert à des personnalités de haut rang : le baron von Schönstein, ami des Esterhazy et baryton amateur qui chantera souvent ses lieder ; le poète Mathias von Collin, cousin de Spaun ; deux fonctionnaires de la cour, Ignaz von Mosel et le comte Moritz Dietrichstein ; et enfin, les Fröhlich, famille de grande culture, dont les quatre filles sont toutes des musiciennes accomplies. C'est justement chez les Fröhlich que Schubert fait bientôt la connaissance du plus grand poète dramatique autrichien de l'histoire, Franz Grillparzer. Et c'est pour les cours de chant qu'Anna, l'aînée des sœurs, donne au Conservatoire qu'il écrit à l'automne un magnifique *Psaume 23* pour quatre voies féminines et piano. Toutefois, la composition la plus importante de ces mois-ci reste sans aucun doute le premier mouvement, en ut mineur, d'un Quatuor inachevé D. 703 – l'Andante n'existe que sous la forme d'esquisses. Ce magnifique *Quartettsatz,* la seule musique de Schubert pour quatre cordes entre 1817 et 1824, concilier pour la première fois l'équilibre formel avec le lyrisme et le sens dramatique qui s'étaient, jusqu'ici, manifestés surtout dans les lieder.

Chez l'un, chez l'autre, au gré de la charité amicale

L'année suivante, Schubert quitte la maison de Mayrhofer pour s'installer dans un immeuble de la Wipplingerstrasse avec un nouvel ami, le peintre Moritz von Schwind, de sept ans son cadet. La beauté rayonnante de Schwind, ses cheveux blonds, ses yeux bleus et vifs, lui valent, dans le cercle, le surnom de « Chérubin ». De nature romantique, il voue à Schubert une véritable adoration, doublée d'une admiration artistique sans réserve. C'est grâce à Schwind qu'on possède du compositeur une iconographie très complète et sans doute extrêmement fidèle. Ainsi entouré, Schubert revient aux poèmes de Goethe pour quelques-uns de ses lieder les plus grandioses, en particulier *Geheimes* et *Grenzen der Menschheit,* à quoi s'ajoute l'extraordinaire *Gesang der Geister,* pour double chœur d'hommes et cordes, qui est créé le 7 mars 1821 au Kärntnerthortheater dans une soirée de bienfaisance où Vogl interprète magistralement deux autres chants, dont *Erlkönig,* avec Anselm Hüttenbrenner au piano. C'est alors que, conscients de l'injustice qui fait qu'aucune œuvre de Schubert n'est encore publiée séparément alors que tant de musiques de second ordre le sont depuis longtemps, Ignaz Sonnleithner, Josef Hüttenbrenner et quelques autres amis décident de se cotiser pour forcer la main d'un éditeur. On envisage un recueil de lieder. La personnalité du dédicataire étant d'une importance déterminante pour le succès de l'édition, les compères proposent au comte Moritz von Dietrichstein, qui a connu et encouragé depuis longtemps le jeune compositeur, la dédicace d'*Erlkönig*, et au comte Moritz von Fries, banquier mélomane et ami de Beethoven, qui récompensera Schubert d'une bourse de 20 ducats, celle de *Gretchen am Spinnrade*. Ainsi la firme Cappi et Diabelli publiera-t-elle en plusieurs cahiers, avant la fin de l'année 1821, une vingtaine de lieder avec les numéros d'opus 1 à 8. Mais elle tait charitablement qu'elle n'y a consenti que *sur commission* et n'a donc pris aucun risque.

Le séjour de Schubert au château d'Atzenbrugg près de Korneuburg, pendant l'été de 1821, a été immortalisé par deux aquarelles du jeune peintre Leopold Kupelwieser qui, lui aussi, fait désormais partie de son groupe d'intimes. Schubert rapporte de ce séjour une nouvelle Suite de danses qui, sous le nom d'*Atzenbrugg*, seront publiées dès novembre avec d'autres Valses. Mais, au retour de Vienne, il s'immerge dans une Symphonie en mi majeur, la Septième, qui, en dépit de son réel progrès de style sur les précédentes, n'est pas assez sûre d'être jouée pour mériter d'être achevée, de sorte que les quatre mouvements esquissés, et en partie orchestrés, attendront d'être complétés par Felix Weingartner en 1934, puis à nouveau par Brian Newbould dans les années 1970.

Schubert mène toujours plusieurs grandes œuvres de front. Au mois de septembre, il s'installe avec Franz von Schober chez l'oncle de ce dernier, évêque de Sankt-Pölten, au château d'Ochsenburg, pour se consacrer à un opéra en trois actes, *Alfonso und Estrella*, donc son ami a écrit le livret. Après ces vacances confortables mais laborieuses, et comme il n'a toujours pas les moyens de louer une chambre pour lui tout seul, il continue son travail chez les Schober, sur la Göttweiherstrasse. Mais c'est l'heure d'une nouvelle découverte littéraire, celle de la poésie délicate et raffinée de l'Allemand Friedrich Rückert, qui lui inspire aussitôt deux chefs-d'œuvre, *Sei mir gegrüsst* et *Du bist die Ruh'*.

En janvier 1822, Moritz von Schwind présente à Schubert un jeune étudiant en philosophie de vingt et un ans, Eduard Bauernfeld, qui deviendra plus tard l'un des écrivains de théâtre les plus populaires de Vienne. Très vite, les trois amis deviennent inséparables et c'est avec Bauernfeld que, au mois de février, Schubert assiste à la première viennoise du *Freischütz*, au Kärntnerthortheater dont l'impresario italien Barbaja vient de reprendre la direction. Schubert trouve le moyen d'accéder à Weber et lui montre la partition de son *Alfonso und Estrella,* dont l'encre est encore toute fraîche. L'illustre aîné lui promet d'intervenir pour la faire accepter par un théâtre allemand, mais ses efforts n'aboutiront pas.

En ce début d'année, la chance a l'air de sourire enfin à Schubert : plusieurs revues, à Vienne et en Allemagne, ont publié d'élogieux comptes rendus de ses lieder ; ses Variations op. 10 pour piano à quatre mains ont été publiées et, comme on l'a vu plus haut, Ludwig van Beethoven, à qui elles sont dédiées, semble les avoir appréciées, douze nouveaux lieder sont publiés par Cappi et Diabelli et d'autres achevés, notamment *Der Musensohn* et *Wanderers Nachtlied,* sur des poèmes de Goethe. En chantier depuis trois ans, la Cinquième Messe est enfin achevée, ainsi que le premier grand monument pianistique, la Fantaisie en ut majeur, surnommée plus tard *Wanderer* à cause de sa citation du célèbre Lied de 1816. Et la non moins géniale Symphonie *inachevée* en si mineur, la Huitième, marque un véritable aboutissement de maturité dans ce registre après six ouvrages de jeunesse et un autre resté à l'état d'esquisses. Pourquoi cette Huitième, si avancée, n'a-t-elle pas été terminée ? On ne le saura sans doute jamais. Parmi les hypothèses, l'une des plus vraisemblables est l'état de santé de Schubert qui, semble-t-il, a déjà contracté à cette époque la maladie qui l'emportera six ans plus tard – on est aujourd'hui à peu près certain qu'il s'agit de la syphilis. Mais il paraît tout aussi plausible que, après avoir composé deux mouvements d'un style tellement nouveau, après avoir réussi une fusion si parfaite et si originale de la forme classique et du lyrisme préromantique, Schubert ait été incapable de poursuivre dans le même style. Quoi qu'il en soit, il donnera l'année suivante son manuscrit incomplet à Anselm Hüttenbrenner, vraisemblablement pour s'acquitter d'une dette et celui-ci attendra 1865 pour le montrer au chef d'orchestre du Musikverein, qui en dirigera aussitôt la première audition.

Faut-il, comme on l'a prétendu, attribuer à l'influence pernicieuse de Schober, qui l'entraîne à visiter les prostituées, la grave maladie dont Schubert est atteint ? Ou l'avait-il rapportée de Zseliz comme souvenir de Pepi, la petite femme de chambre des Esterhazy ? Toujours est-il qu'elle le contraint bientôt de réintégrer la maison familiale de Rossau où il est obligé de garder la chambre pendant plusieurs semaines.

La publication de la *Wanderer Fantaisie* par Cappi et Diabelli au mois de février 1823 (avec une dédicace à l'ancien élève de Hummel, riche propriétaire terrien d'origine juive, anobli depuis deux ans par l'empereur, Emanuel Karl Edler Liebenberg de Zsittin) pose à Schubert le problème de ses relations avec son éditeur qu'il soupçonne de truquer le compte des ventes. Car onze opus sont déjà publiés mais la part des recettes qui doit revenir au compositeur reste étrangement faible. Schubert prend donc contact avec une maison concurrente, Sauer und Leidesdorf, dont les conditions sont sinon plus avantageuses, du moins plus honnêtes, et il rompt pour plusieurs années avec Cappi et Diabelli. Le nouvel éditeur aura bientôt de lui, à son catalogue, quinze opus différents et des plus substantiels.

Hélas! cette satisfaction éditoriale va de pair avec les progrès de la maladie, à tel point que Schubert doit être, au mois de mai, hospitalisé pendant quelques jours. La première composition de ces semaines douloureuses et troublées est la Sonate pour piano en la mineur D.784, qui poursuit sur le chemin ouvert par la Fantaisie et rompt donc avec l'élégance classique des premières Sonates. Suivent, par contraste et sur le registre populaire, les ravissantes *Valses sentimentales,* qu'il écrit d'un jet et destine certainement au concert. Dans le même temps, selon son habitude, il a mis en chantier un nouvel opéra en un acte, dont le livret, inspiré de la *Lysistrata* d'Aristophane, est dû à Ignaz Castelli, un auteur à succès de comédies viennoises. Il s'agit de *Die Verschworenen,* dont le titre – *les Conjurés* – sera transformé par décision de la censure en *Der häusliche Krieg* (La Guerre domestique). L'ouvrage n'en sera pas pour autant représenté du vivant de Schubert. Il renferme cependant quelques-unes de ses meilleures pages scéniques qui lui vaudront plus tard un vrai succès. Ensuite, Schubert passe à la composition de son premier cycle de lieder, *Die schöne Müllerin,* sur des vers publiés en 1821 par le poète allemand Wilhelm Müller (1794-1827), et à un nouvel ouvrage théâtral en trois actes, *Fierabras,* sur un livret de Joseph Kupelwieser, secrétaire du Kärntnerthortheater et frère du peintre. Rétabli, il va pouvoir poursuivre ce travail à quoi il s'adonne pendant tout l'été à Linz et à Steyr, où il a de nouveau suivi Michael Vogl. Au retour à Vienne, la partition est terminée, la plus substantielle et la plus réussie de toutes celles qu'il aura destinées au théâtre (elle vient d'ailleurs d'être reprise à l'Opéra de Vienne). Le livret, qui se réfère au Moyen Âge français, ne vaut certes pas mieux que celui des autres, mais Ernst Hilmar fait remarquer que ce n'est pas là après quelques mois d'hésitation l'unique cause du refus de l'impresario Barbaja. Tout d'abord, Kupelwieser, le librettiste, n'a plus besoin d'être ménagé puisqu'il a quitté brusquement le théâtre, et ensuite l'échec d'*Euryanthe,* survenu entre-temps, a ruiné et pour longtemps toutes les chances de succès d'un ouvrage allemand du même type.

Au mois d'octobre 1823, Schubert a assisté à cette désastreuse première d'*Euryanthe.* L'occasion semblait bonne pour renouer avec Weber et pour lui rappeler sa promesse. Malheureusement, leurs relations sont immédiatement refroidies par la franchise un peu abusive de Schubert qui, sans ambages, affirme préférer le *Freischütz* au nouvel opéra parce qu'il est « plus riche en mélodies ». Quelques jours plus tard, dans une lettre à Schober, il avoue même trouver l'échec d'*Euryanthe* pleinement mérité. Mais il faut voir aussi que, pendant cet automne, Schubert n'est pas d'humeur agréable, et qu'il a ses raisons. La maladie s'est remise à le miner, elle va attaquer peu à peu l'ensemble de son système nerveux, lui faire perdre ses cheveux et affecter considérablement son caractère, auparavant égal et enjoué. C'est dans un état de dépression profonde qu'il répond à une commande du Theater an der Wien pour une musique de scène, qui, au concert, deviendra l'une de ses pages les plus populaires. Elle est destinée à *Rosamunde*, « Grand spectacle romantique avec chœurs et danses » de Helmine von Chézy, la malheureuse librettiste d'*Euryanthe*, qui n'a pas plus de succès ici puisque sa pièce est retirée dès après la deuxième représentation. Cette dernière partition que Schubert ait donnée au théâtre ne sera redécouverte qu'en 1867. On sait que, n'ayant pas composé d'Ouverture, il a repris celle d'*Alfonso und Estrella*, tandis que la postérité a définitivement adopté comme Ouverture de *Rosamunde* celle de *Die Zauberharfe*.

LES PLAISIRS DE LA SCHUBERTIADE

Avec l'année 1824, Schubert se tourne à nouveau vers la musique de chambre et compose coup sur coup, pendant les deux premiers mois, trois grandes pages qui comptent parmi les sommets de toute sa production : le Quatuor à cordes en la mineur, celui en ré mineur, *la Jeune Fille et la Mort*, et l'Octuor pour cordes et vents, à quoi s'ajoutent, mais de moindre importance, les Variations pour flûte et piano sur un lied de *Die schöne Müllerin*, destinées à Ferdinand Bogner, professeur au Conservatoire de Vienne et futur époux d'une des sœurs Fröhlich. La seule de ces partitions qui réponde à une commande est l'Octuor, qui doit aller au comte Troyer, clarinettiste attaché à la maison de l'archiduc Rodolphe. Au printemps, Troyer participe lui-même à la création de l'ouvrage avec, comme premier violon, Ignaz Schuppanzigh. Comme les autres œuvres de chambre de Schubert, celle-ci sombrera dans l'oubli jusqu'à sa redécouverte en 1861. Le très renommé Schuppanzigh est aussi le dédicataire du premier des deux Quatuors et c'est lui qui en assurera la première audition avec son ensemble au mois de mars, trois jours avant la publication du premier cahier de *Die schöne Müllerin* sous le numéro d'opus 25.

Au quotidien, la vie de Schubert évolue. Il s'est brouillé avec Mayrhofer qui a accepté un poste dans la censure. Schober et Kupelwieser sont absents. Mais Schwind et Bauernfeld prennent au contraire une place prépondérante. Schubert s'installe alors dans le faubourg de Wieden, tout près de la Karlskirche et à côté du Mondscheinhaus où vit Moritz von Schwind et où se réunissent souvent les schubertiens. Il déchiffre au piano avec Bauernfeld qui lui lit ses œuvres inédites – il n'a que vingt-deux ans. L'été ramène Schubert chez les Esterhazy, à Zseliz. Il y compose une série d'œuvres pour piano à quatre mains, parmi les plus justement appréciées aujourd'hui : le *Divertissement à la Hongroise*, les Variations en la bémol et le *Grand Duo*, vaste Sonate de dimension symphonique qu'on a tenté par trois fois d'orchestrer. Dans un dessin célèbre, *Une soirée Schubert chez Joseph von Spaun*, Moritz von Schwind a placé, sur le mur du fond et bien en évidence, un imposant portrait de la jeune comtesse Karoline Esterhazy. Sans doute a-t-il voulu laisser entendre qu'elle a joué dans la vie du compositeur le rôle d'une inspiratrice au moins, même si la différence de rang social interdisait toute autre relation. C'est à elle que Schubert dédiera en 1828 un de ses derniers et plus purs chefs-d'œuvre, la Fantaisie en fa mineur pour piano à quatre mains. À peine rentré à Vienne en octobre, Schubert a la satisfaction de voir qu'un nouvel éditeur, Thaddäus Weigl, a décidé de publier avant la fin de l'année un recueil de quarante Valses nouvelles. Ainsi peut-il se vanter de voir désormais figurer ses partitions au catalogue de plusieurs firmes différentes, d'autant que l'illustre Diabelli, qui s'est séparé de son associé Cappi, revient faire amende honorable et publie, trois mois plus tard, non seulement des lieder mais aussi divers arrangements de ses danses.

Les *Schubertiades* de 1825 se tiennent tantôt chez Witteczek, tantôt chez Katherina von Laszny, ancien soprano du Kärntnerthortheater devenu mécène et quelque peu courtisane, tantôt chez Sofie Müller, une actrice et cantatrice qui jouit alors d'une très grande popularité. Dans sa maison proche de Schönbrunn, elle chante la plupart des nouveaux lieder de Schubert, en particulier *Die junge Nonne* qu'il lui a apporté aussitôt achevé un après-midi de mars. Dans ce milieu et au-delà, la réputation de l'auteur de l'*Erlkönig* s'amplifie : plusieurs lieder et Quatuors vocaux figurent au programme des concerts du Conservatoire et des *Abendunterhaltungen* du Musikverein. Deux superbes Sonates pour piano sont écrites presque simultanément au printemps dans le style, épique autant que lyrique, de la maturité. La première, en la mineur D.845, sera bientôt publiée, mais celle en ut D.840 restera longtemps à l'état de fragment jusqu'à ce que Paul Badura-Skoda en termine, d'après les esquisses, les deux derniers mouvements inachevés. Comme les années précédentes, Schubert quitte Vienne à la belle saison pour voyager pendant quatre mois avec Vogl, tout d'abord en Haute-Autriche, à Steyr puis à Gmunden, au bord du Traunsee, et ensuite à Bad Gastein, dans les hautes Alpes autrichiennes. Selon la correspondance de ses amis, Schubert aurait travaillé durant cet été à une Symphonie perdue. Mais on estime aujourd'hui qu'il s'agit de la grande Symphonie en ut majeur, son testament symphonique, qui sera vraisemblablement terminée l'année suivante et copiée seulement en 1828. Ce fructueux été voit aussi s'achever les trois *Ellens Gesänge*, sur des poèmes de Walter Scott, commencés à Vienne au printemps (l'un d'eux n'est autre que l'illustrissime *Ave Maria*), et la grandiose Sonate pour piano en ré majeur D.850, écrite intégralement à Gastein en même temps que d'autres lieder. Toutes ces nouvelles compositions seront publiées l'année suivante par Anton Pennauer et Thaddeus Weigl. En attendant, la Sonate en la mineur D.845 paraît chez Artaria, qui malheureusement ne joue plus depuis longtemps à Vienne le rôle de leader qui était le sien à la fin du XVIIIe siècle. Dans la presse allemande, on commence enfin à considérer Schubert non plus seulement comme un spécialiste du lied mais comme un éminent compositeur d'œuvres pour piano. Le musicologue et pédagogue zurichois Hans Georg Nägeli, qui dirige depuis 1791 sa propre maison d'édition, se déclare subjugué par la Sonate en la mineur D.845. Au cours d'une tournée de conférences en Allemagne, il mentionne Schubert aux côtés de Carl Czerny, Kalkbrenner, Neukomm et du tout jeune Mendelssohn, parmi les compositeurs vivants de musique pour piano « aptes à rehausser le prestige artistique de notre époque ».

Avec Schober et Kupelwieser, rentrés de leurs voyages respectifs, avec Schwind et Bauernfeld, les longues soirées d'automne vont parfois jusqu'au petit matin, au Café Bogner et au Café Rebhuhn, à l'*Ungarische Krone*, sur la Seilerstätte, au *Zum grünen Anker*, tout près de la cathédrale Saint-Étienne, ou bien dans les tavernes *Zum Römischer Kaiser*, *Schwartzen Kätze* sur l'Annagasse, ou *Biersack* à Währing. Comme rafraîchi par son long séjour campagnard, Schubert semble en excellente santé, dans l'apparence au moins, et il déborde de bonne humeur. Sa célébrité nouvelle est attestée par la publication, chez Cappi, d'une lithographie d'après le portrait qu'a fait de lui Wilhelm Rieder en avril précédent. Ce Schubert de 1825-1826, que ses amis ont si complaisamment décrit, est bien celui de la légende, aimable, souriant, joyeux et même boute-en-train. À première vue, il semble le pur produit d'une époque confortable qui a reçu le surnom légèrement moqueur de Biedermeier.

Ce nom étrange est en effet celui d'un poète mythique, inventé par deux écrivains qui publieront plus tard ses vers apocryphes dans un journal satirique. Tournant le dos aux humiliations, aux tragédies et aux guerres successives des années napoléoniennes, l'Autriche respire enfin. Elle s'abandonne à la joie de vivre et cultive avec application la *Gemütlichkeit* des intérieurs douillets et des rites de société. Elle célèbre surtout le triomphe des classes moyennes qui, peu à peu, imposent leurs modèles et leurs valeurs, au fur et à mesure que décline la vieille aristocratie.

« Ici on finit par ne plus savoir si on est bête ou intelligent »

Dans cette société-là, la musique est devenue un moyen d'« émigrer à l'intérieur ». Puisque le peuple continue de se voir interdire toute responsabilité dans la conduite de l'État, puisque toute réunion est tenue pour suspecte, la vie collective se concentre sur les rapports amicaux et les jeux de société les plus anodins. La musique est d'ailleurs un innocent et excellent prétexte à réunion. Et, lorsque Schubert est là, il paraît naturellement impensable de ne pas lui demander de se mettre au piano. Mais il n'est pas démontré pour autant que le but de ces soirées ait été seulement de découvrir ses dernières compositions... Il faut même se demander avec Ernst Hilmar si le candide vocable de schubertiade (dont on ne peut aujourd'hui préciser quand il a été inventé ni par qui) n'a pas, à l'occasion, servi de vitrine aux amis de Schubert, ou d'enseigne pour dissimuler le but véritable de certaines assemblées dont les participants avaient à l'évidence d'autres soucis que la musique. Si l'on considère comme viennois le confort rassurant, le façade légère et souriante, le goût forcené du plaisir, alors Schubert est aussi étranger à Vienne que Beethoven. Il l'est par les manières « rudes » *(schroff)* que ses amis ont décrites, par cette fierté ombrageuse qui lui interdit d'entreprendre la moindre démarche pour lui-même, par son intransigeance artistique bien sûr, par son comportement souvent « drôle et imprévisible » malgré son caractère foncièrement « introverti », et par sa manière toujours « ouverte et sincère » de s'exprimer. Ses relations avec Vienne, le musicien les explique en 1827 à Frau Pachler dans une lettre de remerciement pour son hospitalité à Graz : « Je n'arrive pas à m'habituer vraiment à Vienne, la ville est naturellement un peu trop grande et, pour cette raison, vide de cordialité réelle, d'idées véritables, de paroles raisonnables, et surtout d'actes sensés. On finit par ne plus savoir si on est bête ou intelligent, tant on passe de temps à bavarder. Finalement, on n'arrive jamais à éprouver de vraie ni de profonde gaieté. Je dois tout de même reconnaître que c'est en grande partie ma faute, parce qu'il me faut toujours tant de temps pour m'échauffer ! » En définitive, s'il existe bien chez Schubert un trait authentiquement viennois, c'est cette mélancolie lancinante et désabusée qui s'insinue jusque dans ses musiques les plus joyeuses.

À observer l'insondable tristesse qui affleure sans cesse dans ses derniers Adagios, on peut supposer que, dès la fin de 1825, Schubert a pris conscience du progrès inéluctable de sa maladie. Au mois de janvier 1826, par exemple, il a dû renoncer au bal costumé qu'a donné son ami Schober. En revanche, quelques jours plus tard, il joue des Valses au cours d'un *Würstelball* (un de ces bals populaires où l'on se restaure avec saucisses), sans doute pour gagner quelques sous. Ce mois-là, il compose ses derniers Goethe-Lieder, sur des poèmes empruntés au *Wilhelm Meister*, et termine le sombre Quatuor en ré mineur, qui sera créé le 1er février chez Josef Barth, excellent ténor et membre assidu du cercle schubertien.

En avril, on apprend que l'inusable Salieri a pris sa retraite et qu'il est remplacé par Josef Eybler, le Vizehofkapellmeister, ce qui libère donc ce poste. Schubert postule, rappelle qu'il a été petit chanteur, qu'il a été jadis recommandé par Salieri, qu'il a composé cinq Messes, etc. Mais Eybler lui retourne la partition envoyée et lui fait répondre au bout de ces quelques semaines que « sa Messe est bonne mais n'est pas composée dans un style susceptible de plaire à l'Empereur ». Et c'est donc Joseph Weigl, chef d'orchestre au Théâtre de la cour, auteur de l'immortelle *Schweizerfamilie* et d'innombrables Messes, Oratorios, Graduels…, qui reçoit la charge de Vizehofkapellmeister alors qu'il n'était même pas sur les rangs. En sujet soumis de Sa Majesté impériale, Schubert s'incline et avoue, sans doute en grimaçant, qu'il faut se réjouir hautement de la nomination d'un « homme de si grand mérite ».

Pendant l'été 1826 qu'il passe en Carinthie, Bauernfeld rédige pour Schubert le livret d'un grand opéra romantique, *Der Graf von Gleichen*, dont le sujet traitant – entre autres – de bigamie va déclencher les ciseaux de la censure. Le musicien ne va pas moins y travailler sans relâche, et pendant plus d'un an, mais pas au-delà de la partition pour piano, qu'il laissera complète à l'exception de l'Ouverture et des deux derniers numéros. Après avoir, au mois de juin, composé en dix jours son dernier Quatuor, le Quinzième, en sol majeur, Schubert avait eu l'intention de reprendre le chemin de Gmunden, qui lui avait été si propice l'année précédente. Malheureusement l'argent manque et il doit se contenter d'aller prendre l'air chez Schober, à Währing, où il écrit tout de même trois lieder de Shakespeare (dont *Wer ist Sylvia*). Tenaillé par le désir de se faire connaître en Allemagne, il écrit simultanément à deux firmes de Leipzig, Breitkopf und Härtel et H.A. Probst, pour leur offrir lieder et pièces de piano. La réponse de la première est à la limite de l'insulte : elle propose bien de publier une ou deux pages, mais sans la moindre rémunération pour l'auteur. Le refus de Probst sera tout aussi net, à la seule différence qu'il mettra plusieurs mois à être signifié. Heureusement, à ce moment où ses finances sont au plus bas, la Gesellschaft der Musikfreunde, à qui il a envoyé le manuscrit d'une Symphonie, lui octroie une gratification de 100 florins. Mais l'orgueilleuse Société fait si peu de cas de la partition reçue qu'on ne la retrouvera jamais dans ses archives. Alors que les sociétés analogues de Linz et de Graz ont spontanément élu Schubert parmi leurs membres, les rapports avec la Gesellschaft n'ont jamais été ce qu'ils auraient dû être. En 1818, il a voulu en faire modestement partie au seul titre d'instrumentiste « exécutant » mais sa demande a été rejetée sans autre forme de procès, bien que ses compositions aient été pompeusement qualifiées de « magistrales » lors d'une session du comité. Sept ans plus tard, en 1825, il est enfin admis parmi les « représentants » de la Gesellschaft mais ce n'est qu'en 1827, l'année avant sa mort, qu'il sera élu membre à part entière.

Outre la composition du Rondo en si mineur pour piano et violon et de la Sonate pour piano en sol majeur, le grand événement de la fin de l'année 1826 est un concert d'orchestre dirigé par Ignaz von Seyfried au Kärntnerthortheater, le 2 décembre, avec au programme l'Ouverture d'*Alfonso und Estrella,* rebaptisée *Rosamunde.* Le dessin bien connu de Moritz von Schwind, qui date de 1868 et n'a donc rien de très fidèle, évoque la schubertiade du 15 décembre chez Spaun. Ce soir-là, le public est plus nombreux encore que d'habitude, Schubert joue à quatre mains avec le pianiste Josef von Gahy, après quoi Vogl interprète une trentaine de lieder. La soirée se termine par un abondant buffet puis par des danses, et Schubert et ses amis vont finir la nuit au *Grünen Anker.* Il apparaît que les schubertiades de ce mois de décembre ont été particulièrement nombreuses, à en juger par le récit détaillé qu'en a laissé Franz von Hartmann, un étudiant en droit originaire de Linz, qui en dresse la liste et le compte rendu détaillés.

En revanche, le début de 1827 trouve Schubert dans un tout autre état d'esprit. Il a suivi Schober dans une nouvelle maison située près du Graben, où il dispose enfin de deux pièces assez spacieuses. Après avoir écrit d'une seule traite deux lieder sur des poèmes de son hôte et ami, il découvre un nouveau recueil de vers de Wilhelm Müller, l'auteur de la *Schöne Müllerin,* dont l'accablante mélancolie correspond bien à son humeur profonde et va lui inspirer un second cycle de lieder, *Die*

Winterreise. La première moitié de ce monument est menée à bien pendant le seul mois de février. À peine Schubert a-t-il terminé que la nouvelle de la grave maladie de Beethoven le plonge dans l'affliction. Le 19 mars, les deux grands génies qui vivent depuis si longtemps dans la même ville échangent enfin quelques mots. Le soir des funérailles, Schubert reste longtemps à parler de Beethoven avec Schober, Schwind et Hartmann dans la nouvelle taverne que le groupe fréquente depuis peu, *Zum Schloss Eisenstadt.*

Tobias Haslinger, qui a été l'ami de Beethoven et l'un de ses éditeurs, commence à s'intéresser à Schubert et c'est chez lui que vont paraître bientôt les *Valses nobles* et la Sonate en sol, dédiée à Spaun. Mais, sans doute pour des raisons commerciales, il croit judicieux de diviser cette Sonate en quatre morceaux séparés. L'ouvrage, qui compte parmi les créations les plus monumentales du génie schubertien, souffrira longtemps de ce morcellement absurde. Pourtant, les comptes rendus sont cette fois nombreux dans la presse allemande et pour une grande part favorables, ce qui est surprenant étant donné la longueur de l'œuvre et l'originalité de son style. Le printemps, que Schubert passe en partie à Dornbach dans la banlieue de Vienne, lui inspire une de ses mélodies les plus célèbres et les plus réussies, le *Lied im Grünen.* C'est alors qu'il écrit vraisemblablement quelques-unes des pièces de piano, qui, baptisées « *Impromptus* » par l'éditeur, vont paraître bientôt. Pour Anna Fröhlich, il compose également un *Ständchen* pour contralto et chœur féminin, sur un poème de Grillparzer, qui sera exécuté l'année suivante au Musikverein.

Pour les mêmes déplorables raisons que l'année précédente, l'été restera citadin, au moins jusqu'en septembre où la Société de musique de Graz invite Schubert pour deux semaines. Il en rapporte de nouvelles danses et quelques lieder. Mais les maux de tête ont repris et l'angoisse augmente. Ce sont, hélas, les signes avant-coureurs du dernier stade de la maladie. Malgré tout, la moisson d'automne reste impressionnante : la *Messe allemande* D.872, la seconde moitié de la *Winterreise*, le reste des Impromptus D.899, les quatre derniers *Momens musicals* (sic), plus le Deuxième Trio en mi bémol et la Fantaisie en ut pour piano et violon, à l'intention du grand virtuose bohémien Josef Slavik. À la fin de l'année, Schubert réunit ses amis pour leur chanter l'intégralité de la *Winterreise*, d'une voix si déchirée par l'émotion qu'ils en sont tous bouleversés.

Pendant la dernière année de sa vie, l'inimaginable productivité de Schubert donne plus que jamais l'impression qu'il se sent menacé et qu'il n'entend pas perdre une seule seconde. L'une des grandes pages du répertoire de chambre actuel, le Trio en si bémol, est achevée en peu de jours au début de janvier et créée le 28, avec Schuppanzigh au violon chez Spaun qui fête ce soir-là ses fiançailles. Schubert vient d'ouvrir le *Buch der Lieder* de Heinrich Heine et met immédiatement six de ses poèmes en musique, dont le terrifiant *Doppelgänger*. Ces lieder feront plus tard partie du recueil posthume du *Schwanengesang*. À la fin du mois, la Fantaisie pour piano et violon est créée au Landständischesaal de la Herrengasse par Josef Slavik avec Karl Maria von Bocklet au piano. Elle est assez froidement accueillie, mais le *Ständchen* sera mieux reçu lors de sa seconde audition au Musikverein. C'est que la Société a accepté enfin d'organiser, dans son immeuble du Tuchlauben, un concert entier des œuvres de Schubert, avec au programme le Second Trio, un mouvement de Quatuor, cinq lieder par Vogl, le populaire *Ständchen* et le chœur d'hommes, *Schlachtlied*. La salle est comble, la recette considérable, mais la presse viennoise ne publie même pas de compte rendu, tout occupée qu'elle est à préparer un événement infiniment plus sensationnel, la première apparition viennoise, trois jours plus tard, du fabuleux violoniste génois Niccolo Paganini. Le grand succès du concert et les trois cent vingt florins qu'il en a retirés incitent Schubert à offrir au Musikverein le manuscrit de la grande Symphonie en ut majeur (la Neuvième) qu'il a esquissée trois ans plus tôt à Gmunden et qu'il vient juste d'achever. Or le comité organisateur refuse de l'inscrire au programme à cause de sa longueur et de sa difficulté. Schubert reprend donc son manuscrit et lui substitue la Sixième (qui ne sera jouée qu'un mois après sa mort). Cet autographe de la Neuvième va disparaître pendant dix ans, jusqu'au jour où Robert Schumann le retrouvera parmi ceux dont a hérité Ferdinand Schubert.

SOUFFRANCES ET MORT DU POÈTE

Depuis la mise au point du style symphonique de sa maturité, c'est-à-dire depuis *l'Inachevée*, Schubert n'a pas donné à l'orchestre d'autre page que la Neuvième, ce qui peut étonner. Mais il faut rappeler que les concerts symphoniques restent rares à Vienne, où il n'existe pas encore d'orchestre permanent. Le Musikverein a certes pris des initiatives spectaculaires, comme les exécutions des grands oratorios de Händel, mais il n'organise que quatre concerts d'orchestre par an, et dont les programmes sont de véritables pots-pourris, avec une ouverture, un mouvement de concerto, quelques airs d'opéras italiens, des quatuors vocaux et, pour terminer, une œuvre chorale... Le reste du temps, la Gesellschaft se contente de donner de simples *Abendunterhaltungen*, soirées de musique de chambre au cours desquelles Schubert a été quelquefois joué mais toujours avec des pièces courtes. Dans ces conditions, il faut trouver remarquable qu'il n'ait pas tout bonnement renoncé à la composition symphonique… Et, puisqu'il ne l'a pas fait, on peut déduire de cette constance désespérée qu'il avait une solide confiance dans la valeur de ses œuvres réduites au silence.

En fait l'essentiel pour lui est d'être édité, et pas seulement à Vienne où le nombre de ses partitions imprimées n'a pas beaucoup d'effet sur ses revenus. Il va donc correspondre à ce moment-là avec les deux éditeurs allemands, Probst et Schott qui ont pris l'initiative de le solliciter. À Schott, il propose entre autres le second Trio et le second opus d'Impromptus, mais l'un et l'autre sont refusés, le Trio sans la moindre explication et les Impromptus comme « trop difficiles ». En revanche, Probst achète immédiatement l'autre Trio mais pour la somme ridicule de 60 florins, et en précisant qu'il ne veut plus recevoir désormais que des pièces courtes et faciles à vendre. Finalement, l'année 1828, l'année ultime, n'aura vu paraître que la *Winterreise*, la première partie en janvier chez Haslinger et la seconde en mars chez Diabelli, plus quelques autres lieder séparés et les *Moments musicaux* en juillet chez Leidesdorf.

Pour comprendre cette indifférence envers un musicien qui a pourtant donné à tous tant de preuves de maîtrise et d'imagination, il faut rappeler la situation qui était alors celle de l'édition musicale. Certes, le procédé nouveau de la lithographie, importé de Munich à Vienne par Alois Senefelder, a considérablement diminué les coûts de l'impression proprement dite. Cependant, pour faire face à la concurrence désormais très vive de nombreux copistes qui travaillent pour des salaires de misère, les éditeurs sont sans cesse obligés de baisser leurs prix de vente. Bien que, pour la première fois dans l'histoire, on se soit mis à publier des éditions « complètes » de Sonates de Mozart, de Scarlatti, de Clementi et même de Beethoven, l'édition de musique sérieuse reste un commerce aléatoire, soumis aux imprévisibles variations du goût. Seules les partitions de musique légère sont assurées d'un public constant. D'ailleurs, aucun éditeur ne peut plus se permettre de se limiter à la qualité, même Artaria qui autrefois s'enorgueillissait de ne jamais déchoir. Donc, en l'absence de toute protection de la propriété intellectuelle, on imprime et réimprime en parfaite impunité les morceaux à succès, souvent par fascicules successifs dans des suppléments de revues, mais on ne se risquerait pas à promouvoir des compositeurs dont la célébrité n'est pas acquise. Par exemple, en tête des valeurs sûres, Hummel s'impose, d'autant que ses récitals et ses tournées lui ont ouvert une très vaste clientèle. Même Mozart, ne l'oublions pas, a dû son succès précoce auprès des éditeurs à sa carrière d'enfant prodige. Or Schubert n'a rien du virtuose. Il n'est qu'un compositeur qui produit des œuvres comme un pommier des pommes. Ses lieder eux-mêmes ont mis longtemps à trouver preneur à cause de leur nouveauté et de leur substance musicale si éloignée de l'indigence des chants strophiques et des romances qui charmaient les salons de l'époque précédente. En 1822, Josef Hüttenbrenner a voulu attirer sur Schubert l'attention de la grande entreprise leipzigoise C.F. Peters, mais il s'est fait répondre que, dans le meilleur des cas, elle ne vendrait que trois cents exemplaires et qu'elle préférait donc s'abstenir. Sauer und Leidesdorf, l'éditeur de *Die schöne Müllerin* et du Quatuor en la mineur, a si bien mesuré la dimension des œuvres qui lui étaient confiées qu'il en a jeté les manuscrits à la poubelle. Successeur de la *Chemische Druckerei* (Imprimerie chimique) de Senefelder et Steiner, Tobias Haslinger a certes accepté la Sonate en sol majeur et la première partie de la *Winterreise,* mais c'est parce que Johann Strauss Ier lui rapporte déjà beaucoup. Bref, Schubert n'est pas édité parce qu'il n'est pas célèbre, et il n'est pas célèbre parce qu'il n'est pas édité. Jusqu'à la fin, il sera victime de ce cercle vicieux.

Cependant, on dirait que cette déception ne fait qu'attiser sa force créatrice. En avril 1828, il achève la Fantaisie en fa mineur pour piano à quatre mains, une œuvre de sombre éloquence qu'il créera lui-même avec Franz Lachner chez Bauernfeld au mois de mai. Puis viennent les trois ultimes Pièces pour piano D.946, et deux autres pages importantes pour quatre mains, l'Allegro en la mineur D.947, et le Rondo en la majeur. Toujours faute du peu d'argent nécessaire au voyage, il doit refuser deux invitations, à Graz et à Gmunden, et se contenter d'une brève excursion estivale dans les environs. Les compositions de l'été 1828 n'en sont que plus abondantes, en premier lieu le *Psaume 92* sur un texte hébreu pour Salomon Sulzer, Cantor de la Synagogue, et la dernière Messe, en mi bémol, la plus personnelle et la plus profonde, marquée de cette désolation résignée, de cette gravité qui se retrouvent dans toutes les œuvres de la fin. Schubert espère l'entendre à l'automne dans l'église de la Trinité, sur l'Alsterstrasse... Il n'est pas moins surprenant que tous les autres lieder du *Schwanengesang* soient écrits durant le seul mois d'août et d'une main plus assurée que jamais, alors que la santé du malheureux décline irrémédiablement. En septembre, il ne peut plus rester seul et doit accepter l'offre de son frère Ferdinand de s'installer chez lui, dans le nouveau faubourg de Wieden. Mais la maison est sombre et humide, les migraines de Franz se font intolérables. En dépit de tout, il parvient à y composer les trois ultimes et sublimes Sonates pour piano qu'il aura même la force de jouer le 27, chez le docteur Ignaz Menz. Enfin, ce même mois, il élève le plus beau monument qu'il ait dédié à la musique de chambre, le Quintette en ut avec deux violoncelles. Devant cette avalanche de trésors, Benjamin Britten s'écriera un jour : « On pourrait soutenir que les dix-huit mois les plus riches et les plus fertiles de toute notre histoire de la musique sont ceux qui ont immédiatement suivi la mort de Beethoven, alors que les autres géants du XIXᵉ siècle, Wagner, Verdi et Brahms n'avaient même pas encore commencé à produire. Je veux parler de cette époque où Franz Schubert a écrit la *Winterreise*, achevé La Neuvième Symphonie, ses trois dernières Sonates, le Quintette en ut majeur et une douzaine d'autres morceaux. » Parmi ceux-là, le lied avec clarinette solo, *Der Hirt auf dem Felsen* (Le Pâtre au rocher), s'offre le luxe de sourire à fendre l'âme et contient quelques-unes des plus belles mélodies de Schubert. Ce sera sa dernière œuvre achevée. Encore que, jusqu'au bout, il travaille à une nouvelle Symphonie en ré majeur, dont les esquisses seront suffisamment poussées pour qu'on ait pu récemment la terminer et même l'enregistrer.

En octobre, l'ancien factotum de Beethoven, Anton Schindler, propose à Schubert de se rendre à Budapest pour un concert de ses œuvres. Mais le malade n'est plus en état de supporter le moindre voyage, même si, pendant une accalmie, il consent à faire avec son frère et quelques amis le pèlerinage d'Eisenstadt sur la tombe de Haydn. Le 31, il est pris de nausées mais, trois jours plus tard, il insiste pour entendre le Requiem que Ferdinand vient de composer, et pour faire encore avec lui une longue promenade. Et puis, chose saisissante, qui sonne à la fois comme un remords pour le passé et un pari sur l'avenir, il prend la décision héroïque de s'enrôler dans la classe de fugue de Simon Sechter, le théoricien le plus célèbre de la capitale. Mais il ne suivra que la première leçon, le 4 novembre, avant de **se** mettre au lit pour ne plus se relever. Pendant ses derniers moments **de l**ucidité, il corrige encore les épreuves de la seconde partie de la *Winterreise*. Seule sa famille l'entoure car les médecins ont diagnostiqué une fièvre typhoïde et l'on craint donc la contagion. Bauernfeld et Lachner sont ses derniers visiteurs. Le 17 novembre, il sombre dans le coma. Le 19, à trois heures de l'après-midi, il se tourne vers le mur, profère une dernière phrase : « Voici ma fin ! », et rend le dernier soupir. Il n'a que trente et un ans et neuf mois. La cause officielle de sa mort est une « fièvre nerveuse » ! Deux jours plus tard, le cercueil est porté par un groupe d'étudiants jusqu'à l'église Saint-Joseph de la Windmühlgasse, puis inhumé au cimetière de Währing dans une tombe toute proche de celle de Beethoven. En 1830, sur un monument que les amis de Schubert ont commandé et fait édifier à leurs frais, on pourra lire cette épigraphe signée de Grillparzer : « La Musique a enterré

ici, avec un riche trésor, des espoirs encore plus précieux. » Le dernier
épisode de la maladie de Schubert et ses funérailles avaient coûté 325
gulden. Ses objets personnels seront évalués à 63 gulden. Mais, huit
mois plus tard, les nombreuses dettes qu'il avait laissées devaient être
intégralement remboursées par les honoraires reçus de ses différents éditeurs.

Une existence si brève, si discrète, si malheureuse mais si fertile allait
offrir une proie facile aux biographes sans scrupules, aux inventeurs
d'anecdotes, aux conteurs, aux romanciers, aux auteurs dramatiques et
même aux metteurs en scène de cinéma. La plupart d'entre eux ont
faussé l'image de Schubert. Pendant plus d'un siècle, on l'a pris pour un
compositeur au souffle court, un musicien seulement à l'aise dans les
petites formes, l'estimable auteur des lieder, des Impromptus et de
l'*Inachevée*. On s'est acharné à ne pas reconnaître la puissance de ses
constructions, les ressources de son imagination, la vérité de ses accents,
et cette profondeur dramatique si poignante qui en a fait l'initiateur du
romantisme. Sait-on par exemple que, si Serge Rachmaninoff n'a jamais
donné en récital une seule Sonate de Schubert, c'est qu'il ignorait jusqu'à
leur existence ? Qui plus est, le portrait du Viennois typique, léger,
drôle, bon vivant, plus familier des cafés et des tavernes que de sa table
de travail, a rejailli sur les œuvres. Enfin, l'inimaginable fécondité de
Schubert (près de mille œuvres!) a été mise au seul crédit de la facilité.
Schumann lui-même n'est pas tendre, qui parle des « célestes longueurs »
de la Neuvième Symphonie alors que Schubert n'est plus là pour
répondre. Certes, la Vienne de Schubert ne s'honore pas de l'avoir sous-
estimé et laissé toute sa vie dans le dénuement. Mais, un siècle durant, la
postérité ne vaut pas mieux : elle l'a réduit pour le faire oublier, et elle n'a
même pas admis ce que lui doivent Brahms, Bruckner et Mahler parmi
tous ceux que son génie va enfin fasciner.

CHAPITRE V

L'ère des virtuoses

Avec la mort de Schubert s'achève l'époque musicale la plus fertile que Vienne ait connue, un temps de gloire qui mérite d'être comparé à celui qu'ont vécu Florence à la Renaissance ou Venise à l'époque baroque. Toutefois, cette période d'exception aura été de bien courte durée : à peine plus de cinquante ans, si l'on admet qu'elle a commencé entre 1775 et 1780 – avec le Concerto en mi bémol K.271 et *Idomeneo,* de Mozart, plus les Quatuors op. 33 de Haydn – et qu'elle s'achève en 1828 sur les trois dernières Sonates pour piano et le Quintette en ut de Schubert.

Maintenant, un vent d'orage souffle sur la musique, comme sur tous les arts d'ailleurs, un ouragan qui va modeler le comportement de l'artiste et par conséquent la nature de son œuvre. En fait, avec le romantisme, c'est l'avènement d'un homme nouveau dans une société nouvelle, ce qu'avaient déjà proclamé quelques grands prophètes, comme Beethoven et Goethe, ou quelques précurseurs visionnaires comme Weber et Schubert. Or cette société n'est pas une société viennoise. En effet, le premier constat qui s'impose, c'est que Vienne va cesser, et cela pendant près de quarante ans, d'être un centre de création musicale. Cette capitale de l'Autriche, qui pouvait jusqu'ici se vanter à juste titre d'être celle de la musique, va devoir se contenter de vivre l'écho, le contrecoup de phénomènes qui, à partir de maintenant, ont lieu ailleurs. Vienne devient seulement, pour les privilégiés tout au moins, la ville du bien-vivre, des divertissements et des plaisirs, celle de l'oubli plutôt que celle de la conscience. Les forces novatrices, qui l'obligent à se regarder en face, lui font peur, et elle s'accommode fort bien, en définitive, de n'être

plus que le reflet de l'Europe. Ainsi la voyons-nous décourager successi-
vement, et plus de trente années durant, tous les créateurs qui, comme
Robert Schumann, Otto Nicolai, Albert Lortzing et même Richard
Wagner, tentent de s'y établir.

L'ARCHET DU DIABLE

L'une des premières épidémies auxquelles succombe l'Autriche caractérise fort bien cette époque et cette société nouvelles. Il s'agit de la
vogue des virtuoses, qui a déjà saisi l'Europe tout entière mais qui va
prendre à Vienne un aspect plus violent, plus hystérique encore que
nulle part ailleurs. Ainsi, comme on l'a signalé, l'arrivée de Paganini a-t-
elle plongé la capitale dans un état de surexcitation tel que le premier
concert intégralement consacré aux œuvres de Schubert est passé
inaperçu. Certes, Paganini n'est pas n'importe qui. Né à Gênes en 1782,
il a déjà à son actif une longue carrière au cours de laquelle il a littéralement hypnotisé les auditoires de toutes les grandes villes italiennes, se
refusant néanmoins à affronter la concurrence de ses collègues allemands
et français. Mais, après avoir composé les nombreuses pièces de virtuosité
qui sont indispensables à toute renommée, puisque les grands instrumentistes sont alors compositeurs, il se décide enfin, en 1828, dans la
foulée d'une triomphale série de récitals en Italie du Nord, à partir à l'assaut du reste de l'Europe. Vienne est la première étape de cette tournée
internationale qui durera finalement six ans. Il s'y installe le 16 mars avec
sa maîtresse, la cantatrice Antonia Bianchi, et son jeune fils Achille. Son
arrivée a été annoncée dans les journaux à grand renfort d'anecdotes et de
descriptions emphatiques. Ses doubles cordes, ses accords, ses octaves, ses
dixièmes, ses traits fulgurants de doubles et triples croches, la mobilité
fascinante de son bras droit, ses *pizzicati* et ses harmoniques, la précision
et la pureté de son intonation, tous ses mérites sont commentés et vantés
à longueur de colonne. Déjà on laisse entendre que de tels miracles
dépassent les possibilités naturelles d'un être humain et qu'ils relèvent de
la pure magie – noire évidemment. Il faut préciser que son physique
hoffmannien, sa maigreur, sa pâleur cadavérique, ses longs cheveux, son
nez crochu et ses yeux de braise, l'immobilité de son visage brisée de gri-
maces inquiétantes ou de sourires mystérieux, tout chez lui est de nature
à alimenter la légende. N'en est-on pas venu jusqu'à prétendre que ce
libre-penseur, cet athée notoire, avait signé un pacte avec le diable? Il
n'en fallait pas plus, mais pas moins non plus, pour soulever la curiosité
dévorante d'un public avide de sensations fortes.

À défaut d'avoir noué un pacte avec les puissances infernales, Paganini s'y entend admirablement en affaires. Il a fermement résolu que sa tournée européenne ferait de lui un homme riche. Ainsi, pour le concert qui doit marquer ses débuts à Vienne le 28 mars 1828 à douze heures trente, le prix des places du grand Redoutensaal a-t-il été doublé. Dès le premier solo de son Second Concerto, une étincelle électrique a parcouru la salle et n'a plus lâché l'auditoire, qui n'est pas aussi nombreux qu'il le sera après le second concert. Les comptes rendus du lendemain reflètent la stupeur et l'extase de tous, les professionnels autant que les profanes. Et ce ne sont pas seulement les trilles et les acrobaties du fabuleux virtuose qui suscitent l'admiration puisque Schubert s'exclame : « Dans l'Adagio, j'ai entendu chanter un ange ! » Car, de fait, le prestidigitateur est aussi un musicien de race, un vocaliste « plein d'âme, au noble legato et à la tendre simplicité, dont les sonorités célestes, parties du cœur, pénètrent jusqu'au cœur. C'est le triomphe le plus magnifique du sentiment, de la vérité et de la nature ». Et le journal qui s'exprime ainsi n'est pas une feuille de chou mais la *Wiener Musikalische Zeitung,* le porte-parole des musiciens viennois et, en particulier, des violonistes.

Un vrai délire collectif gagne progressivement la capitale. Au second concert, quinze jours plus tard, quelque trois mille auditeurs tentent de prendre d'assaut la salle, plus de trois heures avant le concert et on refuse quelque six cents personnes. Pendant qu'il joue, des soupirs et des gémissements pathétiques se propagent, surtout parmi les dames que ravissent les célèbres cantilènes jouées *legatissimo* sur la seule quatrième corde. Recourant à une méthode éprouvée, l'impresario annonce régulièrement que chaque concert est soit l'avant-dernier soit le dernier, grâce à quoi le vaste Redoutensaal ne désemplit pas pour aucun des cinq premiers concerts. Les facteurs de violons sont submergés de commandes. Les magasins de bibelots font des affaires d'or en vendant des portraits, des caricatures et des médailles du virtuose. Dans toutes les vitrines sont exposées des boîtes à cigares, des boîtes à tabac, ou de simples boîtes d'allumettes à son effigie caractéristique, qui orne également des bijoux de toute espèce. On propose aux dames des paires de gants brodés avec, sur une main, un archet et, sur l'autre, un violon. La dernière mode est aux coiffures à la Paganini, aux chapeaux couronnés d'ornements façon violon. Il n'est pas jusqu'aux petits pains servis le matin dans les cafés qui ne prennent la forme de l'instrument nouvellement adulé, tandis que les boissons sont censées être préparées aux goûts de l'illustre violoniste. Signe suprême de sa furieuse popularité, Johann Strauss compose une *Valse-Paganini,* tandis qu'une pièce comique et parodique comme on les aime tant à Vienne, *Le Faux Virtuose ou le Concert sur la corde de sol* est montée à la hâte par un théâtre des faubourgs. Pour ne pas être en reste, l'empereur nomme Paganini « Kammervirtuose » et lui offre une tabatière d'or d'une valeur de deux cents florins, ce dont il est immédiatement remercié par une suite de Variations sur l'hymne de Haydn, qui tient lieu de Finale à la *Maestosa Sonata Sentimentale* pour violon désaccordé et orchestre. Mais le souverain n'accordera pas à Paganini le titre de noblesse qu'il souhaite ardemment recevoir. Car on ne conçoit pas encore, à la cour, de laisser pénétrer un musicien, et un étranger de surcroît, dans le monde si jalousement clos de l'aristocratie. Paganini doit se contenter de la médaille d'or Saint-Salvador que lui décerne en grande pompe la Ville de Vienne pour le remercier d'avoir joué au Redoutensaal au profit d'une œuvre de bienfaisance.

À la fin de mai, Paganini donne un concert au Burgtheater, auquel succèdent cinq autres en juin au Kärntnerthortheater, fermé alors depuis la fin de mai, c'est-à-dire depuis le départ de Barbaja. Les triomphes vertigineux succèdent aux triomphes enflammés. Le prix des billets a beau être régulièrement augmenté, l'affluence ne diminue pas. Par exemple le concert du 12 juin, donné au bénéfice d'Antonia Bianchi, la compagne du virtuose, rapporte trois mille gulden d'argent. Paganini a déjà composé plusieurs œuvres expressément pour Vienne, afin de marquer les quatorze concerts qu'il y a donnés d'une empreinte plus sensationnelle encore. Introduit dans la capitale par le prince Metternich en personne, l'artiste est l'hôte de plusieurs salons distingués. Le maître entre les virtuoses s'est même offert l'élégance d'avouer sa passion pour les classiques viennois, Haydn et Mozart. De Beethoven qu'il idolâtre et dont plusieurs mouvements symphoniques ont été inclus dans ses programmes, il ignorait encore les derniers Quatuors. Il se les fait donc jouer par le Quatuor Schuppanzigh et va jusqu'à participer un jour à une exécution. Au début, il les juge « très extravagants », mais ses réserves ne résisteront pas à une étude approfondie.

Un seul événement assombrit le séjour viennois de Paganini, la publication de rumeurs insistantes selon lesquelles il se serait autrefois, dans une prison, rendu coupable d'un assassinat. Car le nombre de ses ennemis croît avec ses succès et ces ennemis ne manquent pas d'imagination. Un soir qu'il interprète ses Variations sur un thème de Süssmayr, *Le Streghe* (Les Sorcières), un des auditeurs jure avoir aperçu le diable en personne guider son archet, tout de rouge vêtu, avec sa longue queue fourchue entre les jambes... Peut-on s'étonner, dès lors, que ses prouesses soient surhumaines ? Mais, en dépit des féroces jalousies qu'il suscite, Paganini, à l'issue de ce séjour viennois, peut considérer qu'il a pleinement atteint son but. Il a gagné des sommes fabuleuses, jusqu'à six mille florins par soirée, bien plus que ne vont lui rapporter aussitôt après tous ses concerts de Bohême et d'Allemagne. Bauernfeld, l'ami de Schubert, fait remarquer que le bénéfice des huit premiers concerts viennois de Paganini est égal à la somme que Schubert a retirée, sur toute la durée de sa carrière, de l'ensemble de ses compositions. Ce qui inspire à l'écrivain cette amère réflexion : « La déesse Musique distribue bien étrangement ses faveurs ! » À son concert d'adieu du 24 juillet (le vrai, celui-ci), qui a lieu de nouveau au grand Redoutensaal, Paganini interprète une fois de plus son morceau préféré, le plus extravagant : la *Grande Sonate dramatique La Tempesta* de Joseph Panny qui déconcerte quelque peu le public, puis, en première mondiale, son Troisième Concerto qui plaît moins aux Viennois que les deux précédents. Malgré cela, cette dernière soirée, la quatorzième, restera dans les annales de la vie musicale viennoise comme le plus extravagant triomphe jamais remporté ici par un artiste. Paganini repart ensuite comme il était venu, couvert de l'épaisse pelisse qu'il ne quitte jamais, été comme hiver, avec à côté de lui son Guarnieri, et sur ses genoux son fils de trois ans.

À leur tour, d'autres grands violonistes chercheront plus tard à prendre Vienne d'assaut. En 1837 c'est le Polonais Karol Lipinsky, en 1838 et 1840 le Belge Charles-Auguste de Bériot, époux de la Malibran, en 1839 le légendaire Norvégien Ole Bull, en qui Schumann verra l'égal de Paganini, en 1842 et 1846 le virtuose morave Heinrich Ernst, en attendant le Belge Henri Vieuxtemps, celui qui, à l'âge de quatorze ans, en 1834, avait ressuscité le Concerto de Beethoven, alors presque oublié. Cependant, aucun d'entre eux ne connaîtra semblable apothéose. Il est vrai que l'Autriche elle-même possède désormais une école de violon florissante, mais plus versée dans la musique de chambre que dans la virtuosité soliste, avec Ignaz Schuppanzigh (1776-1830), Franz Clement (1780-1842), le dédicataire du Concerto de Beethoven que l'on retrouve également au pupitre du Theater an der Wien de 1802 à 1811, mais aussi avec Joseph Mayseder (1789-1863), longtemps second violon du Quatuor Schuppanzigh, Josef Böhm (1795-1876), le plus grand pédagogue de l'école viennoise, Josef Slavik (1806-1833), installé à Vienne depuis 1826 et ami intime de Schubert, avec enfin Georg Hellmesberger (1800-1873), fondateur d'une dynastie dont on verra bientôt le rôle capital.

LE CARREFOUR DU PIANO VIRTUOSE

Mais l'Autriche s'enorgueillit surtout de son école de piano, qui remonte directement à Mozart et à Haydn. Né à Presbourg, Johann Nepomuk Hummel (1778-1837), fils d'un violoniste qui sera nommé plus tard directeur du Theater an der Wieden, a été présenté à l'âge de huit ans à l'auteur des *Noces de Figaro*. Ému et impressionné par la précocité de ses dons, Mozart lui a donné gratuitement des leçons pendant deux ans, l'a fait jouer plusieurs fois sous sa direction et l'a même logé pendant quelque temps chez lui. Mais la plus grande partie de la carrière de Hummel va se dérouler à l'étranger, dans des tournées qui le mèneront de succès en triomphes. De 1793 à 1803, il est cependant de retour dans la capitale autrichienne et fréquente Haydn, avec qui il travaille l'orgue en même temps qu'il étudie les techniques d'écriture auprès du savant et rébarbatif Johann Albrechtsberger, l'ancien maître de Beethoven. Haydn le recommande alors pour lui succéder au poste d'Eisenstadt. À la même époque, Hummel noue avec Beethoven une amitié dont on a vu qu'elle a été aussi longue qu'orageuse. De nouveau installé à Vienne entre 1811 et 1816, il met à profit la situation politique et la présence d'illustres étrangers pendant le Congrès, pour reprendre alors sa carrière de pianiste et se faire consacrer par tous comme un des dieux au Panthéon des virtuoses. Les vingt dernières années de sa vie sont partagées entre ses tournées internationales et divers postes de chef d'orchestre, notamment à Weimar où il compte Goethe parmi ses admirateurs. En 1834, il tente de faire sa rentrée à Vienne mais s'aperçoit qu'il a été oublié et qu'il ne fait plus salle pleine. Il va donc mourir à Weimar, en laissant derrière lui une œuvre immense et qui embrasse tous les genres, même le théâtre et la musique religieuse.

Parmi les élèves de Hummel, il en est un qui va jouer pour le rayonnement européen de l'école viennoise de piano un rôle de premier plan : c'est le Tchèque Ignaz Moscheles (1794-1878), dont on sait que Beethoven l'avait eu pour ami et collaborateur. Élève également de Salieri, il est devenu rapidement l'un des pianistes les plus populaires de la ville. Mais Moscheles quitte l'Autriche en 1816. Il passera désormais la plus grande partie de son temps en Angleterre, puis en Allemagne. Pendant ces années-là, deux partis vont se former, ceux pour qui les doigts de velours et le jeu perlé de Hummel sont insurpassables et ceux qui leur préfèrent la bravoure tempétueuse et l'enthousiasme juvénile de Moscheles. Pourtant, bien qu'il appartienne déjà à l'ère romantique, Moscheles a conservé de son éducation viennoise une forte empreinte classique. À la fin des années 1830, et donc en pleine effervescence du romantisme, il va jusqu'à proposer des soirées *historiques* avec au programme des œuvres de Mozart, Haydn, Beethoven, Clementi, Weber, et il exhume même un clavecin pour jouer Händel et Scarlatti. Mais lui aussi doit reconnaître, au cours des années 1840, qu'il n'est plus à la mode et ne fait plus recette à Vienne.

L'un des titres de gloire pianistique de la capitale reste aussi d'avoir été pour beaucoup dans la formation d'une autre vedette, Sigismond Thalberg (1812-1871), qui y est arrivé à l'âge de dix ans pour étudier simultanément le piano avec Hummel et le contrepoint puis la composition avec Simon Sechter. Si les fabuleux succès de Liszt ont plus tard quelque peu éclipsé le prestige qu'il s'était rapidement acquis, sa série de concerts viennois de 1836 n'en mérite pas moins de figurer dans les annales comme l'avènement solennel du piano romantique.

Mais nous parlons ici de musiciens itinérants, de météores dont l'éclat passager n'a pas suffi à créer une nouvelle tradition viennoise du clavier virtuose. Le cas de Carl Czerny (1791-1857) est tout autre. Viennois de naissance, élève de Beethoven dès l'enfance, interprète de ses œuvres en maintes occasions et souvent même en sa présence, Czerny, lui, va passer ici toute son existence. Comme il a dû renoncer à la carrière de concertiste pour raisons de santé, il va se consacrer à la composition et devenir avec le temps l'un des pédagogues les plus sollicités de toute l'Europe. Dans la longue liste de ses élèves, figurent un nombre impressionnant de célébrités européennes, comme Theodor Kullak, Sigismond Thalberg, Marie Jaëll, Leopoldine Blahetka et Stephen Heller. Aussi, lorsque Adam Liszt arrive à Vienne en juillet 1822 avec son fils Franz, âgé de dix ans et muni d'une bourse que lui ont accordée quelques aristocrates hongrois, c'est tout naturellement à Carl Czerny qu'il s'en va le confier. Il s'agit avant tout de discipliner une nature et un talent par trop impétueux. À cette époque-là, le répertoire du jeune Liszt est déjà très étendu, mais Czerny le contraint d'y renoncer à l'instant même pour un régime quotidien d'arides exercices d'endurance, d'égalité des doigts et de sonorité. Au bout de quelques mois, il consent tout de même à lui faire travailler des œuvres de Clementi, Hummel, Ries, Moscheles, Beethoven et même Bach. Mais il exige que l'enfant apprenne chaque morceau le plus rapidement possible, ce qui fera de lui et pour toujours un lecteur à vue d'une rapidité presque miraculeuse. Un jour, quelque marchand de musique, lassé d'entendre le petit prodige lui réclamer chaque fois « quelque chose de très difficile », lui met devant les yeux une nouveauté de poids, le récent Concerto en si mineur de Hummel, réputé le plus périlleux de tous. À la stupeur générale, Franz déchiffre l'ouvrage de bout en bout sans s'interrompre une seule fois. Mais Czerny n'encourage

nullement de telles performances. Plus tard, Liszt ne manquera jamais
d'évoquer avec reconnaissance la rigueur et les saines exigences de son
maître, et c'est à lui qu'il dédiera sans hésiter les *Douze Études d'exécution
transcendante.*

À peine quelques mois après son arrivée, Franz s'est mis aussi à la
composition avec Antonio Salieri, l'éternel pilier de la musique à
Vienne. Alors âgé de soixante-dix ans, Salieri l'a entendu tout d'abord
improviser, puis déchiffrer. Lui qui, pourtant, en a vu bien d'autres, a été
« tellement enthousiasmé [qu'il a] cru à un rêve ». D'ailleurs, il s'intéresse
suffisamment à l'enfant surdoué pour intervenir auprès du prince
Esterhazy, l'ancien patron d'Adam Liszt, afin que la famille ait les
moyens de quitter les faubourgs et de s'installer dans le centre, tout près
de chez Czerny où Franz passe le plus clair de son temps. Et cette année
ne s'achèvera pas sans que le petit Liszt voie paraître sa première composition dans un album publié en 1824 par Antonio Diabelli et comprenant cinquante Variations de compositeurs différents sur un thème
de Valse de l'éditeur, le même thème qui va inspirer trente-trois
Variations au seul Beethoven.

Jusqu'ici, Czerny s'est vivement opposé à ce que son plus brillant élève
paraisse en public. Il s'y résigne pourtant après l'avoir soumis à dix mois
de travail intensif. Entre-temps, le père Liszt n'a pas résisté à la tentation
de produire l'enfant dans divers salons à la mode, ce qui a suffi à faire
parler de lui dans les milieux influents. Son premier concert public a
donc lieu le 1er décembre 1822 au Landständische Saal. Franz partage
l'affiche avec une cantatrice et un violoniste. Il interprète le Concerto en
la mineur de Hummel et improvise sur deux thèmes simultanés, l'un de
Beethoven, l'autre de Rossini. La presse, enivrée, le qualifie sans autre
réserve de « petit Hercule tombé des nuages ». Désormais, son avenir est
assuré. Avant de quitter Vienne, il donne encore au mois d'avril 1823 un
deuxième concert au petit Redoutensaal : Concerto en si mineur de
Hummel, Variations avec orchestre de Moscheles, improvisation sur un
thème fourni par l'auditoire. Agrémentée au cours des âges de toutes
sortes de détails savoureux, l'anecdote du fameux « baiser », que
Beethoven aurait donné ce soir-là sur la scène au petit Franz Liszt,
semble appartenir, comme beaucoup d'autres, au domaine de la légende.
Il se trouve en effet que l'auteur de la Neuvième n'était tout simplement
pas là. Mais, d'après le récit que Liszt a transmis à l'une de ses élèves, la
scène se serait déroulée chez Beethoven lui-même, qui aurait accepté de
recevoir et d'entendre le jeune garçon malgré son antipathie avouée pour
les enfants prodiges. Liszt aurait joué une pièce de Ries, une Fugue du
Clavier bien tempéré et le mouvement initial du Concerto en ut de

Beethoven. Celui-ci, enthousiasmé, l'aurait alors félicité en l'embrassant sur le front. Ce baiser, toute sa vie Liszt en conservera précieusement le souvenir comme un symbole, comme un sceau. C'est de Beethoven, son dieu, qu'il a reçu la consécration suprême. Et, jusqu'à la fin de son existence, il considérera donc la diffusion des œuvres du maître entre les maîtres comme une de ses principales missions d'artiste.

Après seulement quatorze mois, mais absolument décisifs, Franz Liszt et sa famille s'en retournent à Budapest. De là, ils gagnent bientôt Londres et Paris pour une première tournée internationale, suivie de beaucoup d'autres. À Vienne, la virtuosité continuera de faire des ravages. Le jeu des pianistes devient de plus en plus brillant, mais aussi de plus en plus maniéré. Les pots-pourris, les fantaisies sur des airs connus, les variations acrobatiques font le pain quotidien de tous les concerts, même des plus sérieux. Les foules se précipitent pour Frédéric Kalkbrenner (1824), Clara Wieck (1837 et 1846/47), Camilla Pleyel (1839) ou Alexander Dreyschok (1846). Mais on acclame aussi les violoncellistes (par exemple, Bernhard Romberg en 1822 et Adrien François Servais en 1842), les cornistes (les frères Lewy), les guitaristes (Mauro Giuliani), etc. Pendant l'époque Biedermeier, Vienne devient, après Paris cependant, le passage obligé de tout virtuose ambitieux. C'est certainement ce qui va inciter le jeune Frédéric Chopin à faire le voyage.

À dix-huit ans, Chopin vient de terminer ses études au Conservatoire de Varsovie. Nous sommes en août 1829, et il part donc, accompagné de son père, à la conquête de Vienne. Sa curiosité pour l'école viennoise de piano n'a fait que croître depuis que, en Pologne, il a entendu Hummel, qui passe pour son représentant le plus glorieux. Dans ses premières compositions, il s'est même efforcé d'imiter son style élégant mais quelque peu superficiel. Pourtant, le but du voyage est surtout de trouver un éditeur pour des partitions déjà assez nombreuses. Deux, c'est vrai, ont été envoyées dès l'année précédente, par son professeur polonais Jozef Elsner, à Tobias Haslinger qui a accepté sans difficulté de publier les Variations op. 2. C'est à lui d'ailleurs que le jeune homme rend sa première visite et c'est lui le premier qui le convainc que, pour être édité, il lui faut d'abord paraître en public. Chopin a quelque peine à s'y résigner car, déjà, il se considère avant tout comme un compositeur. Mais Wilhelm Würfel, son ancien professeur au Conservatoire de Varsovie, devenu depuis deux ans Musikdirektor au Kärntnerthortheater, emporte sa décision en acceptant de diriger l'orchestre pour les débuts de son jeune compatriote inconnu ici. Le programme de l'académie du 11 août offre une Ouverture de Beethoven, les Variations op. 2 de Chopin sur le Duo de Mozart *Là ci darem la mano,* deux airs de Rossini par une cantatrice de l'Opéra de Dresde, une *improvisation libre* et, pour finir, un ballet! Chopin est applaudi avec transport par le public autant que par l'orchestre. Une semaine plus tard, il cède à l'insistance du comte Wenzel Gallenberg, directeur du même théâtre, qui souhaite le voir paraître une seconde fois, mais toujours sans le moindre honoraire parce que l'établissement traverse une nouvelle crise financière extrêmement grave. Cette fois, le concert est dirigé par Franz Lachner, l'ami de Schubert. Il commence par une Ouverture du compositeur allemand Peter Lindpainter, suivie des Variations op. 2 de Chopin et de son Grand Rondo de Concert *Krakowiak* op. 14. Viennent enfin des improvisations, d'abord sur un thème de *la Dame blanche* de Boieldieu puis sur un chant polonais. Dans la salle, Chopin a le plaisir de remarquer le compositeur tchèque Adalbert Gyrowetz, auteur du célèbre *Der Augenarzt (L'Oculiste)* et d'un Concerto qu'il a joué jadis pour son premier concert public. Mais il y a également le violoniste Schuppanzigh, les compositeurs Conradin Kreutzer et Ignaz von Seyfried, un élève de Mozart, ainsi que le comte Moritz Lichnowsky, l'ancien protecteur de Beethoven. Les comptes rendus du lendemain sont évidemment louangeurs, mais ils font tout de même remarquer que son jeu est plus poétique et nuancé que franchement brillant, ce dont certains le félicitent d'ailleurs en reconnaissant qu'il s'agit là d'un « véritable artiste », d'un « jeune arbre couvert de fleurs odorantes et de fruits qui mûrissent ».

En peu de temps, Chopin s'est fait beaucoup d'amis, notamment le violoniste Josef Slavik, le ténor de l'Opéra Franz Wild, et deux jeunes pianistes-compositrices, Katharina Cibini, fille de Leopold Kozeluch, qui fait partie de la maison de l'empereur, et Leopoldine Blahetka, une des élèves les plus douées de Czerny. Celle-ci appartenait autrefois au cercle de Schubert et sa notoriété est suffisante pour que le Kärntnerthortheater monte l'année suivante son premier opéra (elle passera plus tard le reste de sa vie à Paris). Bref, comme Liszt, Chopin peut être satisfait de son premier séjour.

On le retrouvera deux ans plus tard, en 1831. Il vient de renoncer à faire des tournées, il n'est pas encore installé à Paris, et Vienne a pour lui la saveur de ses premiers triomphes étrangers. Cette fois, il est accompagné de son ami Titus Wojciechowski. Puisqu'il a l'intention de rester plus longtemps, il loue un appartement à deux pas de la Hofburg et du Burgtheater, sur le Kohlmarkt, là même où les principaux éditeurs viennois ont pignon sur rue. Mais, en dépit de la protection du comte Dietrichstein et de celle de Johann Malfatti, qui fut le médecin de Beethoven, en dépit de celle de Hummel qui par chance est à Vienne (son fils va faire alors un portrait de Chopin), il n'obtient pas la permission d'organiser une académie dans la salle de l'Hôtel de ville, dont l'acoustique est la seule qui convienne pour les récitals. On paraît d'ailleurs moins pressé de l'entendre que deux ans plus tôt. Enfin, la terrible nouvelle, qu'il reçoit quelques jours après son arrivée, du soulèvement qui vient d'éclater à Varsovie, le bouleverse au plus profond de sa fibre patriotique, et cela d'autant que Titus le quitte précipitamment et sans même prendre congé. Or, comme Chopin se refuse encore à donner des leçons, sa situation devient extrêmement précaire. Son premier concert a finalement lieu le 4 avril au Redoutensaal. Mais il y partage l'affiche avec des chanteurs, deux violonistes (dont le jeune Josef Hellmesberger, futur fondateur de l'illustre Quatuor et futur directeur du Conservatoire de Vienne), le violoncelliste Joseph Merk (à qui il va dédier son *Introduction et Polonaise brillante* op. 3) et les deux célèbres cornistes Eduard et Josef Lewy. Le concert ne trouve aucun écho dans la presse, au point que Chopin, amèrement déçu, note dans son journal : « Les hommes ici me sont étrangers. Ils sont bons, mais bons par habitude, il font tout trop méthodiquement, trop médiocrement, et cela me déprime. Je ne puis pas sentir la médiocrité... »

Néanmoins Chopin accepte de participer, le 11 juin, à une nouvelle académie au Kärntnerthortheater, à condition de jouer son propre Concerto en mi mineur. Malheureusement, l'épidémie de choléra qui fait suite aux inondations récentes laisse la salle à moitié vide. Comme c'est alors la coutume, le mouvement initial du Concerto est séparé des autres par des morceaux divers et, une fois de plus, la soirée s'achève par un ballet, une création du comte Gallenberg avec la déjà célèbre Fanny Elssler et ses deux sœurs. Pour couronner le tout, Chopin doit encore se passer d'honoraires, lui qui en aurait bien besoin.

Et puis, il est moins entouré. Leopoldine Blahetka est désormais installée à Stuttgart. Schuppanzigh est cloué chez lui par une hémorragie cérébrale. Il rend bien visite au vieil abbé-compositeur Stadler, ami autrefois de Mozart et de Haydn. Il est bien invité à plusieurs soirées musicales par Anton Diabelli ou par les frères Lewy. Mais on ne se dispute plus sa présence. Et, s'il est quand même un peu ému par l'attention que lui témoigne Carl Czerny, il n'hésite pas à le qualifier dédaigneusement d'« oracle viennois pour la fabrication de toutes les sortes de friandises musicales ». En outre, Haslinger n'a toujours publié que les Variations op. 2 (qui ont d'ailleurs inspiré à Schumann son article célèbre de la *Neue Zeitschrift)*, mais les Variations sur un air allemand et la Sonate op. 4, hommage au classicisme viennois, restent dans ses tiroirs. Des contacts avec deux autres éditeurs n'ont toujours rien donné. Alors Chopin s'insurge : « Ici, on appelle les valses des œuvres, et Strauss et

Lanner, qui dirigent des orchestres de danse, des Kapellmeister! Cela ne veut naturellement pas dire que tout le monde soit de cet avis : au contraire, presque tout le monde rit de cette situation mais, en attendant, on n'imprime que des Valses. [...] Haslinger sort maintenant la dernière Messe de Hummel. Il n'y en a que pour Hummel! Mais il a dû payer un grand prix pour ses dernières œuvres et elles ne se vendent pas bien. Ainsi hésite-t-il devant tous les manuscrits qu'on lui propose et n'imprime-t-il que Strauss. »

Finalement, le seul élément positif de ce deuxième séjour viennois aura été la série de découvertes qu'il a pu faire au concert et à l'Opéra. Il a vu des ouvrages de Boieldieu, Méhul, Rossini, Auber et Meyerbeer, mais aussi de Mozart pour qui il conservera une prédilection affirmée. De plus, Vienne n'aura pas été sans influence sur sa musique, la Vienne des Valses et des Impromptus de Schubert, sans lesquels n'existeraient sûrement pas ses propres œuvres du même nom. C'est ici, en tout cas, qu'il compose quelques-unes de ses *Mélodies polonaises,* plusieurs Valses (dont celle, très populaire, en mi bémol op. 18), les Mazurkas op. 6 et op. 7, et la grande Polonaise en mi bémol op. 22. Enfin, deux des plus grands chefs-d'œuvre sont également esquissés à Vienne, le Premier Scherzo et la Première Ballade, et c'est ici encore que sera publiée en 1836, par Rudolf Hirsch, dans sa *Galerie des compositeurs vivants,* la première biographie de Chopin.

Mais Vienne n'aime que les virtuoses extravertis et acharnés. Or toute la réputation de Chopin comme récitaliste reposera uniquement sur une trentaine de concerts tout au plus. Celle de Liszt, en revanche, s'étend maintenant à toute l'Europe. Le retour à Vienne de l'ex-enfant prodige vient d'un coup de tête, ou plutôt d'un élan du cœur qui l'a pris à Venise, un matin de mars 1838, en lisant dans les journaux les descriptions de l'inondation effroyable qui vient de ravager Budapest. Son intention est de donner à Vienne deux concerts, l'un au profit des sinistrés hongrois, l'autre « pour payer mon voyage ». Il n'en donnera pas moins de huit. Clara Wieck vient juste alors de faire ses débuts ici, et son interprétation de *l'Appassionata* de Beethoven a ému si fort Franz Grillparzer qu'il y a trouvé le sujet d'un poème. On croyait donc la jeune Clara insurpassable mais Liszt, qui d'ailleurs fait sa connaissance, va tout remettre en question. Il faut reconnaître aussitôt que personne, depuis Paganini, n'a créé pareille sensation. Plutôt qu'à Clara Wieck, c'est à Thalberg, entendu ici à maintes reprises déjà, que Liszt est comparé, notamment par le critique de *l'Allgemeine Theaterzeitung* : « Le jeu de Thalberg est tout de fantaisie, celui de Liszt plus fantasque ; là règne le calme, ici le mouvement ; Thalberg est un interprète noble, Liszt un enthousiaste et un passionné ; le génie de Thalberg rayonne, celui de Liszt aveugle comme l'éclair. »

Par son autorité, sa présence, son magnétisme, Liszt parvient à imposer des programmes infiniment plus sérieux que ceux de ses confrères. Les seules concessions faites au goût du public sont ses diverses Fantaisies sur des airs d'opéras de Rossini, Bellini, Meyerbeer et Halévy. Mais on découvre, au hasard de ses récitals, une Fugue de Händel et une Sonate de Scarlatti, des Sonates de Beethoven (la Sonate à Variations op. 26 et la fameuse *Clair de Lune)*, de Weber et des Lieder de Schubert (tantôt accompagnés par lui, tantôt au piano seul dans ses propres transcriptions), des Études de Chopin ou de Moscheles, le Konzertstück et l'*Aufforderung zum Tanze (Invitation à la valse)* de Weber, le *Bal* et la *Marche* de la *Fantastique* de Berlioz (dans sa réduction pour piano), et même les œuvres de musique de chambre les plus sévères. Au dernier concert, il n'hésite pas à jouer in extenso l'Ouverture du *Guillaume Tell* de Rossini. Le succès de Liszt auprès de l'élément féminin de l'auditoire s'explique non seulement par son physique exceptionnel mais aussi par sa galanterie qui ne l'est pas moins : « Il n'est plus question d'orchestre à ces concerts, écrit un journal après la cinquième soirée, car ce serait autant d'espace refusé au public. D'ailleurs, le pianiste ne parvient même pas à se glisser dans la foule pour venir saluer selon les formes après chaque morceau, de sorte qu'il n'y a pas à proprement parler de rappels. Mais Liszt paraît toujours longtemps avant le début du récital et, au beau milieu du public, il bavarde et converse avec tout le monde, conduit les dames à leur fauteuil, met partout de l'ordre et de la place : il est tantôt ici, tantôt là et semble faire à tous les honneurs de la maison. »

Le 24 mai, Liszt est solennellement élu, à l'unanimité, membre de la Gesellschaft der Musikfreunde, en même temps que Thalberg et Clara Wieck. Le 25, le concert final se déroule à bureaux fermés. L'ovation est « grandiose, assourdissante, comme un remerciement très animé du public à un artiste qui lui est devenu très cher par les joies substantielles et inoubliables qu'il lui a dispensées ». On considère en outre que Liszt, comme Clara Wieck, a démontré « qu'il faut retourner aux œuvres consacrées, anciennes, et même apparemment vieillies, pour échapper au reproche de l'étroitesse et du parti-pris ».

L'année suivante, au mois de novembre 1839, Liszt revient faire une nouvelle moisson de triomphes. Ses récitals sont même vendus depuis plusieurs semaines en abonnement par Tobias Haslinger qui a déjà inscrit à son catalogue d'éditeur un bon nombre des compositions du virtuose. Lors de son précédent séjour, Liszt avait fait la connaissance du baron von Schönstein, ami de Schubert et interprète de ses lieder. C'est à lui qu'il doit l'émouvante découverte de ces pages qui, à travers les transcriptions pianistiques qu'il en a faites, sont plus présentes que jamais dans ses programmes et qui seront bientôt publiées par Haslinger. Mais Beethoven figure aussi en bonne place dans ses académies, toujours en début de soirée, avec l'*Appassionata*, ou *la Tempête*, et le répertoire est complété par Chopin (Mazurkas, Valses) et tout naturellement par plusieurs des propres compositions de Liszt, pour la plupart récentes. Le 5 décembre en matinée, il participe à un « Concert spirituel » en interprétant le Troisième Concerto de Beethoven dans le petit Redoutensaal, ce qui ne l'empêche pas de donner le soir-même une *académie* à l'Opéra impérial. À sa sixième et dernière soirée, il joue avec Josef Merk et avec Joseph Mayseder, le célèbre violoniste de la Hofkapelle, le Trio à l'archiduc de Beethoven, dont il accompagne également *An die ferne Geliebte*, avant de terminer par sa Fantaisie sur *La Sonnambula* de Bellini. Et, le lendemain, il se produit deux fois comme simple accompagnateur, dans un concert du Josephstadttheater (où il donne également deux de ses pièces), puis dans une soirée organisée pour la pianiste française Marie (Camilla) Pleyel, avec laquelle il joue à quatre mains une Fantaisie de Herz sur des thèmes de *Guillaume Tell* – belle leçon de modestie pour les virtuoses d'aujourd'hui ! Ainsi Liszt aura-t-il paru en public pas moins de seize fois entre novembre 1839 et février 1840. Car, immédiatement après un bref séjour à Budapest, il revient pour une seconde série de concerts dont les programmes ne diffèrent pas beaucoup des précédents, à l'exception de trois soirées de bienfaisance données à l'Opéra impérial, au Musikverein et au grand Redoutensaal. Plusieurs éditeurs se disputent ses œuvres, notamment Mechetti, Diabelli et Tobias Haslinger qui publie une lithographie à son effigie, d'après le portrait de Josef Kriehuber. En conclusion de son dernier concert, qui a lieu au grand Redoutensaal lui aussi, Liszt laisse au public le choix des motifs de l'improvisation finale. À la suite d'une conversation « très amusante » avec les auditeurs, trois thèmes sont choisis, un chant populaire autrichien, une phrase de Thalberg et une Valse de Strauss. Liszt va les combiner savamment en une « spirituelle et brillante » Fantaisie, de « forme parfaitement maîtrisée ».

Six années passent encore, six années bien remplies dans la carrière de Liszt, mais qui le tiennent éloigné de Vienne. Son retour de 1846 est donc attendu comme une fête. Cette fois, il occupe seul la scène du Musikverein et offre, outre le *Clair de Lune* de Beethoven, la première audition ici de ses célèbres *Réminiscences de Don Juan* et celle de sa Paraphrase sur *Dom Sébastien*, l'opéra de Donizetti créé l'année précédente au Kärntnerthortheater avec un succès colossal. Puis ce sera une

Rapsodie hongroise, plusieurs fois interrompue par des tonnerres d'applaudissements, avant d'être entièrement bissée. Comme d'habitude, la critique loue le caractère « orchestral » de son jeu mais elle souligne aussi que, avec Liszt, ce sont souvent les passages les moins brillants et les plus expressifs qui font le plus d'effet. Non content, entre ses récitals, de participer encore à plusieurs soirées données par d'autres artistes, Liszt consent même à jouer lors du souper offert en son honneur par l'éditeur Haslinger et le banquier Simon Löwy. D'après un article de l'*Allgemeine Theaterzeitung,* il participe pendant le seul mois de mars à vingt concerts mais doit renoncer à prêter son concours à cent soixante-douze autres. Malgré tout, comme il a déjà commencé une carrière de chef d'orchestre et que, à ce chapitre, il ne sait rien refuser, il accepte de conduire au pied levé « avec beaucoup de flamme et d'enthousiasme » une des exécutions « les plus exemplaires que l'on ait jamais entendues » de la Cinquième Symphonie de Beethoven, à la fin d'un Concert spirituel. Toujours soucieux de remettre à l'honneur les répertoires d'autrefois, il accompagne également, au cours d'une soirée donnée au bénéfice du vieux Gyrowetz, un air d'*Acis and Galatea* de Händel, puis l'*Erlkönig* de Schubert, avant d'improviser sur les deux thèmes réunis. Mais le sommet de ce troisième séjour viennois est, de l'avis de tous, la soirée Beethoven organisée par Tobias Haslinger et au cours de laquelle il joue l'Opus 106 puis, avec le violoniste Heinrich Wilhelm Ernst, la *Sonate à Kreutzer.* Et pour ses adieux, Liszt interprète enfin trois grandes œuvres avec orchestre, le Cinquième Concerto de Beethoven, le *Konzertstück* de Weber et, en hommage à son ancien maître, les Variations de Czerny sur l'Hymne national autrichien. Mais son départ de Vienne prend cette fois un caractère définitif. C'est l'année suivante, en effet, que la princesse Wittgenstein va le convaincre de renoncer à sa trop facile carrière de virtuose. On ne le reverra donc plus à Vienne que comme chef d'orchestre et uniquement pour des occasions particulières, « lorsque j'aurai quelque chose de positif à y faire », indique-t-il dans une de ses lettres. Ce « quelque chose de positif » ne se présente qu'en janvier 1856, lorsqu'il est invité à diriger deux concerts extraordinaires pour le centenaire de Mozart. Cet engagement fait l'objet de violentes polémiques dans la presse qui considère l'initiative comme une grave offense pour les chefs viennois. Et, bien entendu, les comptes rendus seront acerbes sous la plume des critiques. Plusieurs d'entre eux estiment que, obsédé par sa découverte de Wagner, Liszt ne comprend rien à Mozart.

ENTHOUSIASME DE BERLIOZ, DÉCEPTION DE SCHUMANN

En Liszt, les Viennois se refusaient, en vérité, à voir un chef d'orchestre. Il leur suffisait d'avoir admis déjà le talent de compositeur de leur virtuose fétiche. Pour Berlioz, c'est très différent. Il n'est ni un instrumentiste auréolé de gloire, ni un chef de renom. C'est bien comme compositeur qu'il est alors connu en Europe, et jusqu'à Vienne où il accepte de se rendre en 1845 après avoir assisté avec tout un groupe de Parisiens à l'inauguration du monument Beethoven à Bonn. Dès son arrivée, Berlioz assiste avec sa compagne Marie Recio à un concert privé chez l'éditeur Tobias Haslinger, puis, le 9 novembre, à l'une des soirées organisées à la Winterreitschule par la Gesellschaft der Musikfreunde, avec un programme composé pour l'essentiel de motets de Mozart et de Haydn, et du *Christus am Ölberg* de Beethoven. Comme d'habitude pour ces événements très courus, mille exécutants environ, six cents choristes et quatre cents instrumentistes, sont réunis pour un auditoire de quatre mille personnes. Berlioz constate que l'orchestre, entièrement constitué d'amateurs, joue « avec une précision et une verve qu'on ne trouve pas souvent, même parmi les artistes ». Les chanteurs viennois soulèvent aussi son admiration, surtout la basse Joseph Staudigl qui plus tard prendra part à l'exécution de *Roméo et Juliette* et à celle de la Cantate *Le Cinq mai.* Son seul regret est de voir exécuter « en pompe et dans de vastes locaux » des œuvres « qu'on pourrait entendre dans un local moindre, avec une petite quantité d'exécutants, sans qu'elles perdissent beaucoup de leur effet ». Car le compositeur du *Requiem* et du *Te Deum,* habile, lui, à organiser les effets de masse, sait mieux que personne faire la différence. Il n'empêche que Berlioz a été fortement impressionné par cette soirée, au point d'adresser à la direction du Musikverein une lettre de félicitations dithyrambiques où il affirme que « les richesses vocales et instrumentales qu'elle possède suffiraient pour assurer à Vienne la suprématie musicale sur toutes les capitales d'Europe ». Au Kärntnerthortheater, il remarque aussi l'orchestre « choisi et discipliné » pour « l'aplomb, la verve et une extrême habileté de mécanisme », pour sa « sonorité exquise » et « ses *forte* qui ne font jamais de bruit ». Le compositeur Otto Nicolai, Kapellmeister en chef de l'Opéra, ne lui inspire pas moins d'étonnement émerveillé, en particulier pour ses Concerts spirituels qui « font le digne pendant de nos concerts du Conservatoire de Paris ». Tout y est exécuté « avec cette fidélité chaleureuse, ce fini dans les détails et cette puissance d'ensemble qui font, pour moi du moins, d'un pareil orchestre ainsi dirigé, le plus beau produit de l'art moderne et la plus véritable représentation de ce que nous appelons la musique aujourd'hui. »

On ne peut se retenir de penser que cette indulgence extrême, telle qu'elle s'exprime dans ses *Mémoires,* cache en fait une réflexion désabusée sur la France et la situation de la musique française. Même le dernier acte de l'opéra de Nicolai, *Il Proscritto,* créé à Vienne dans sa version allemande en février 1846, lui paraît « admirable sous tous les rapports », et son auteur « un compositeur savant, exercé, et susceptible d'enthousiasme ». Et il n'est pas jusqu'à Johann Strauss et à son orchestre qui ne lui arrachent aussi des propos bienveillants : « J'ai passé des nuits entières à voir tourbillonner ces milliers d'incomparables valseurs, à admirer l'ordre chorégraphique de ces contredanses à deux cents personnes disposées sur deux rangs seulement [...]. Et puis Strauss est là, dirigeant son bel orchestre ; et quand les valses nouvelles qu'il écrit spécialement pour chaque bal fashionable ont du succès, les danseurs s'arrêtent parfois pour l'applaudir, les dames s'approchent de son estrade, lui jettent leurs bouquets, et l'on crie bis, et on le rappelle à la fin des quadrilles. Ainsi la danse n'est pas jalouse et fait à la musique sa part de joie et de succès. C'est justice, car Strauss est un artiste... »

Pendant le seul mois de novembre 1845, Berlioz dirige coup sur coup trois concerts au Theater an der Wien, et c'est le grand événement de la saison. Dans les programmes figurent, entre autres, les quatre premiers mouvements de la *Fantastique* (par deux fois), *Harold en Italie,* le dernier morceau de la *Symphonie funèbre et triomphale, l'Ouverture* du *Roi Lear* et celle des *Francs-Juges,* la Cantate *Le Cinq Mai,* des extraits de *Benvenuto Cellini* et la création de mélodies avec orchestre, *Zaïde* et *Le jeune Pâtre breton* (interprétées par Henriette Treffz, la future épouse de Johann Strauss fils), la *Chanson de Brigands* et *Le Chasseur danois* (par Staudigl). L'orchestre manque quelque peu d'expérience mais Berlioz s'en accommode : « J'ai des musiciens excellents ; un jeune orchestre mi-partie bohème et viennois, que j'ai formé, car il est constitué depuis deux mois seulement, et va maintenant comme un lion. » L'Ouverture du *Carnaval romain* est à chaque fois bissée, et même bissée deux fois de suite à l'un des concerts. Pour le moment, Berlioz est le compositeur à la mode : non seulement l'orchestre l'a accueilli triomphalement à sa première entrée en scène et lui a remis un poème d'hommage, mais les dames lui jettent des fleurs et portent, comme au temps de Paganini, des bracelets, des bagues, des boucles d'oreilles et des bijoux ornés de son portrait. De son propre aveu, ces semaines viennoises ont été le plus grand moment de gloire de toute sa vie. L'empereur lui fait remettre une bourse de cent ducats, et la Gesellschaft organise en son honneur dans la salle du casino Muntsch, le 10 décembre, la veille de son quarante-deuxième anniversaire, un vaste banquet de cent cinquante couverts, au cours duquel on lui offre un lourd et précieux bâton de chef d'orchestre en vermeil sur lequel sont gravés les noms des donateurs et, sur chaque feuille de laurier, celui de ses œuvres principales. Le 16, il participe à un concert du pianiste bohémien Alexander Dreyschock et interprète une fois de plus son *Carnaval romain*, avec l'orchestre du Kärntnerthortheater, « le premier orchestre d'Allemagne ». Surtout, c'est pour lui une véritable émotion que de diriger au grand Redoutensaal : « Rien n'y a changé depuis Beethoven ; le pupitre-chef dont je me servais fut le sien ; voilà la place occupée par le piano sur lequel il improvisait ; cet escalier conduisant au foyer des artistes est celui par lequel il redescendait quand, après l'exécution de ses immortels poèmes, quelques enthousiastes clairvoyants se donnaient la joie de le rappeler en l'applaudissant avec transports, au grand étonnement des autres auditeurs, amenés là par une curiosité désœuvrée, et qui ne voyaient dans les sublimes élans de son génie que les mouvements convulsifs et les brutales excentricités d'une imagination en délire. » Mais Berlioz s'avoue profondément choqué par l'inconstance des Viennois qui semblent avoir complètement oublié Gluck, une autre de ses idoles. Il note qu'on vient de « retrouver » sa tombe et milite en faveur de l'érection d'un nouveau monument funèbre. Il déplore aussi que « à cette heure on ignore absolument où reposent les restes de Mozart ».

Parmi les musiciens, il fait la connaissance de Mayseder, de Karl Holz, l'ancien factotum de Beethoven qui fait également partie de l'orchestre qu'on a mis à sa disposition, comme Josef Hellmesberger, de Joseph Joachim et de la princesse Czartoryska qui entretient un Quatuor et donne chaque semaine des concerts, et puis de Johann Vesque von Püttlingen (1803-1883), élève de Sechter et de Moscheles, ténor et compositeur sous le pseudonyme de J. Hoven, de plus mécène et membre éminent de la Gesellschaft der Musikfreunde. Ce Johann Vesque, dont les opéras ont été représentés au Kärntnerthortheater et que nous retrouverons plus loin et à plusieurs reprises, est un compositeur que l'histoire a injustement rejeté dans l'ombre. C'est même le meilleur représentant autrichien de la tradition du lied entre Schubert et Hugo Wolf. Il fait passer à Berlioz « de bien douces heures en chantant ses lieder d'un tour mélodique si heureux et si plein d'humour ». Un autre compositeur de lieder et d'opéras installé à Vienne, ami de George Sand et de Wagner, le Tchèque Josef Dessauer (1798-1876), dédicataire des Polonaises op. 26 de Chopin, s'attire, lui, quelques phrases caustiques de Berlioz qui le juge, dans ses Mémoires, « tout entier acquis à l'élégie ; il n'est à son aise que dans les malaises de l'âme ; les souffrances du cœur sont sa plus douce jouissance, et les larmes toute sa joie ».

Si, pour le premier concert de Berlioz, la salle a été littéralement prise d'assaut, les auditeurs sont bien moins nombreux pour les suivants. Malgré tout, Franz Pokorny, le directeur du Theater an der Wien, décide d'organiser pour le 2 janvier 1846 à midi, une exécution intégrale de *Roméo et Juliette*. Cette fois, l'effort publicitaire est considérable : le pianiste Josef Fischhof a même publié une analyse préalable de l'ouvrage qui est encore inédit. Dans l'assistance, très vaste et très huppée, on remarque des membres de la famille impériale. Berlioz a abandonné la baguette au chef habituel du théâtre et, de sa loge, il écoute avec une attention toute particulière, pour pouvoir apporter à sa partition les retouches nécessaires avant sa publication. Les chanteurs sont vivement applaudis après chaque solo mais la symphonie elle-même n'obtient qu'un demi-succès. La presse, très partagée depuis le début, n'est pas particulièrement tendre. Berlioz est traité d'« excentrique », de « maniaque », voire de « toqué ». « On lui a offert un bâton d'argent doré, écrit l'*Allgemeine Theaterzeitung,* et la critique l'a roué de coups de gourdins. Partout, dans les louanges comme dans les blâmes, la plus grande exaltation. [...] Là où Berlioz débarque avec sa musique, l'amour surgit, et aussi la haine... Berlioz est une sorte de levain spirituel qui met en fermentation tous les esprits... Berlioz est un tremblement de terre musical. » Le musicien français ne reviendra ici qu'en 1866. Mais, pour l'heure, après un concert d'adieu au Redoutensaal qui réunit les extraits les plus appréciés de ses œuvres principales, Berlioz peut repartir pour Prague, Budapest et Paris avec une satisfaction certaine : à Vienne, au moins, il a fait sensation.

S'il y a des artistes en visite qui soulèvent bruit et fureur, il en est d'autres, et non des moindres, qui passent inaperçus. En 1838, ce qui attire Robert Schumann n'est pas la perspective du plus petit concert ou récital puisque, à vingt-huit ans, il a déjà renoncé à la carrière de pianiste et ne dirigera jamais qu'occasionnellement. C'est plutôt l'espoir de trouver un éditeur pour sa revue, la *Neue Zeitschrift für Musik,* et aussi, secrètement, celui de s'installer bientôt avec Clara, car son père l'éloigne toujours de lui et ses succès viennois ont fait d'elle une pianiste célèbre. De novembre 1838 à mars 1839, Schumann habite une modeste chambre au premier étage, Schönlaterngasse, n° 679. C'est là qu'il compose *l'Arabesque* op. 18, le *Blumenstück* op. 19, *l'Humoreske* op. 20, le premier morceau du *Faschingschwank aus Wien* op. 26, ainsi que plusieurs *Albumblätter* op. 99 et les trois premiers des *Klavierstücke* op. 32. C'est là aussi qu'il achève les *Nachtstücke* op. 23, ajoute un nouveau Finale à la Seconde Sonate op. 22 et esquisse un Concerto en ré mineur, dont seul restera le premier mouvement. Le moins qu'on puisse dire est que

Vienne l'inspire. Toutefois, à l'exception du *Faschingschwank,* la plupart de ces pièces n'ont pas grand chose à faire avec l'Autriche. Outre Haslinger, le jeune Saxon fréquente, comme Berlioz, Vesque von Püttlingen, mais aussi l'archevêque Pyrken dont Schubert autrefois a mis les poèmes en musique. Il se fait des amis : le fils de Mozart, le chef d'orchestre et compositeur Ignaz von Seyfried, le pianiste et pédagogue morave Joseph Fischhof qui possède une des plus importantes bibliothèques musicales de l'époque, avec une fabuleuse collection de manuscrits (notamment deux cents Cantates de Bach). Comme beaucoup d'autres, Schumann se plaint de la cherté de la vie, des innombrables « partis et coteries » qui divisent la capitale, mais la qualité musicale des représentations de l'Opéra l'éblouit. En définitive, pourtant, « je n'aimerais pas vivre ici longtemps, ni seul, car les choses et les hommes sérieux ne sont ni cotés ni compris. Seule la beauté de l'environnement apporte une certaine compensation. »

Malgré tout, Schumann ne semble pas avoir perdu tout espoir de s'installer au moins pour quelque temps à Vienne, comme le prouve cette lettre de 1841, où il parle à son ami Vesque d'une collaboration avec August Schmidt, le fondateur de *l'Allgemeine Wiener Musikzeitung* et même d'une fusion éventuelle de cette revue avec la *Neue Zeitschrift.* Pourtant, la Vienne de ces années-là, les années 1836-1848 qui séparent le premier du second séjour de Schumann, ignore complètement sa musique. Comme ils trouvent que cette situation ne peut pas durer, Robert et Clara reviennent en novembre 1846, cette fois ensemble et pour trois mois. Ils logent d'abord à l'hôtel Stadt Frankfurt de la Seilergasse, puis dans un spacieux appartement qu'ils ont loué au premier étage du Gundelhof, au Bauernmarkt. Joseph Fischhof habite le même immeuble, au quatrième, mais ils ont refusé son invitation parce que Robert a peur des étages supérieurs.

À Vienne, Schumann renoue avec la plupart de ses amis d'autrefois, Grillparzer, Vesque, Nicolai, Eichendorff, Dessauer, Nottebohm, Bauernfeld et Becher. En 1837, Clara avait donné des programmes de musique classique, comportant des pièces de Bach et des Sonates de Beethoven, outre quelques pages contemporaines de virtuosité. Cette fois-ci, elle décide de faire connaître avant tout la musique de son mari, et c'est sans doute pourquoi ses trois premiers concerts attirent si peu de public, si bien que les recettes du second couvrent à peine les frais et que, pour le troisième du 1er janvier, la salle est presque vide. Pour la première fois de sa carrière, Clara est obligée de rembourser un déficit de cent florins. « On m'a reproché, note-t-elle dans son journal, de jouer de la trop bonne musique, de la musique que le public ne comprenait pas. Mais j'ai préféré qu'on me fasse ce reproche-là plutôt que l'inverse. J'ai très vite remarqué que je n'étais pas faite pour Vienne ; et l'envie de rester ici m'est totalement passée. À la longue, Robert se plairait encore beaucoup moins que moi. Les moyens sont là pour de grandes choses, mais le bon sens fait défaut. Les Italiens corrompent le public. Je n'ai rien retrouvé de l'enthousiasme [que j'avais suscité] il y a neuf ans. » Et, si le quatrième et dernier récital fait salle comble, c'est surtout parce que le « rossignol suédois », Jenny Lind, en partage l'affiche.

Les raisons de cet insuccès sont faciles à discerner. Au programme du concert du 1er janvier, figurent deux grandes partitions orchestrales de Schumann, la Première Symphonie et le Concerto avec Clara comme soliste. Or, non seulement il s'agit de premières auditions, mais Schumann, qui reste toujours un chef maladroit et inexpérimenté, n'est pas le meilleur serviteur de ses œuvres. Eduard Hanslick, qui termine alors ses études et qui n'écrira que dix ans plus tard ses premiers articles de *Die Presse,* assiste à ce concert. Dans ses souvenirs, il évoquera la réserve du public dont les applaudissements s'adressaient bien plus à Clara, la virtuose, qu'à son époux, le compositeur-chef d'orchestre. En revanche, la critique reconnaît pleinement la valeur et l'originalité des pages ici créées, que ce soit le Troisième Quatuor à cordes ou le Quatuor avec piano et le Quintette, donnés avec le concours du Quatuor Hellmesberger, ou bien les Variations pour deux pianos. Même les œuvres symphoniques du dernier concert suscitent des commentaires qui ne sont nullement défavorables. Pour le *Zuschauer,* la Première Symphonie est « pleine d'intelligence et d'originalité, de force et de science ». En Clara, la *Wiener Zeitung* voit une « artiste au vrai sens du mot », et qui n'a pas de rivale pour ce qui est de l'« élégance », de la « tendresse » et de l'« authenticité de la conception » *(richtige, geistreiche Auffassung).*

Au quatrième et dernier concert de Clara, celui auquel a participé Jenny Lind, l'illustre cantatrice interprète le Lied *Der Nussbaum (Le Noyer)* mais aucune autre pièce de Schumann n'est inscrite au programme, sinon un extrait des *Fantasiestücke* op. 12, *Traumeswirren.* En décembre, pour sa rentrée à Vienne, Clara avait joué la Sonate en ré mineur de Beethoven. Cette fois, elle interprète l'Appassionnata, plus un Prélude et Fugue de Bach. Malgré la cuisante mésaventure de son troisième concert, elle ne semble pas avoir conservé un trop mauvais souvenir de la capitale autrichienne, où elle se rendra plusieurs fois en tournée après la mort de son mari, en 1856, 1859 et 1860. Il est vrai que, en 1852, Schumann avait été élevé au rang de membre d'honneur du Musikverein et que sa musique avait conquis droit de cité dans les concerts viennois. Les derniers mois de sa vie, il envisagera encore à plusieurs reprises de quitter définitivement Düsseldorf pour s'établir ici.

La fascination de Schumann pour Vienne n'avait pas exclu pour autant sa lucidité. Témoin ce qu'il écrivait à l'issue de son premier séjour de 1839-1840 : « Le Viennois est toujours très méfiant envers les sommités musicales qui viennent d'ailleurs (sauf si c'est d'Italie). Pourtant si on l'a une fois captivé, on peut alors le mener où l'on veut et par le bout du nez, il n'en finit pas de vous embrasser et de vous abreuver de compliments. Et puis il y a ici une clique ; c'est la prolongation de celle qui autrefois a sifflé *Don Giovanni* et l'Ouverture de *Leonore,* une clique […] aussi misérable, aussi ignorante, aussi dépourvue de jugement et aussi incapable que dans un trou de province. » Cependant, ce premier séjour, aussi frustrant qu'il ait été, avait eu au moins pour Schumann une heureuse conséquence. Il lui avait semblé indispensable de se rendre en pèlerinage au cimetière de Währing, où Beethoven et Schubert reposent à quelque distance l'un de l'autre. Sur le chemin du retour, il se souvient tout à coup que Ferdinand Schubert est encore en vie et qu'il possède de nombreux manuscrits de son frère. Il va donc frapper à sa porte et reçoit l'autorisation d'examiner le contenu d'un grand carton qui porte la mention *Reliquien.* Tout ému à l'idée de compulser de tels trésors, Schumann « tremble de joie » en découvrant là plusieurs autographes inconnus de symphonies, entre autres celui de la Neuvième. En accord avec Ferdinand Schubert, il envoie aussitôt les précieux cahiers à Mendelssohn, qui dirige alors les Concerts du Gewandhaus de Leipzig. Non seulement la dernière Symphonie de Schubert y sera « jouée, comprise, rejouée et presque universellement admirée de bon cœur », mais Breitkopf qui, pendant la vie de Schubert, s'était montré si dédaigneux de ses propositions, décidera aussitôt de la publier. Le bel article édité par Schumann dans la *Neue Zeitschrift,* après la première audition du 12 décembre 1839, contient la phrase célèbre sur les « célestes longueurs » de l'ouvrage que, par ailleurs, il compare très pertinemment à un roman de plusieurs volumes (comme Adorno le fera plus tard pour les Symphonies de Mahler). En fait, il mesure bien le poids de sa découverte : « Celui qui ne connaît pas cette Symphonie ne connaît pas encore grand chose à Schubert…, c'est la plus grande œuvre de musique instrumentale qui ait été composée depuis Beethoven ». Et d'expliquer : « Il faut connaître Vienne et la situation particulière des concerts, les difficultés que l'on y rencontre pour trouver les moyens nécessaires à de grandes exécutions, pour arriver à pardonner que, là où Schubert a vécu et exercé son activité, on n'entende que ses lieder et rien de ses grandes œuvres instrumentales. »

Les efforts déployés par Schumann pour trouver à Vienne un éditeur susceptible de s'intéresser à la *Neue Zeitschrift* suffisent à démontrer le rôle important qu'y joue la presse et en particulier la presse musicale aux approches de 1850. Certes, les premières tentatives de revue spécialisée ont été de courte durée, si bien que *l'Allgemeine Wiener Musikzeitung* (1841-1848) d'August Schmidt, qui reprend au bout de dix-sept ans la succession de *l'Allegemeine musikalische Zeitung* fondée par l'éditeur Steiner (1817-1824), est bien la toute première feuille hebdomadaire à paraître régulièrement pendant sept ans de suite et à rendre compte de tous les concerts et de toutes les représentations d'opéras. Après la révolution de mars 1848 et jusqu'en 1851, elle est remplacée par l'*Allgemeiner musikalischer Anzeiger* jusqu'en 1851, puis par la *Neue Wiener Musikzeitung* jusqu'en 1860. Cependant, les critiques les plus influents ne sont pas ceux des revues mais ceux de la presse quotidienne. Certes, les premiers d'entre eux ont été des « dilettantes » mais ce terme n'a à Vienne aucune signification péjorative. Friedrich August Kanne (*Wiener Zeitschrift* et *Allegemeine Zeitung*), familier de Beethoven, et Ignaz Castelli, fondateur en 1829 de l'éphémère *Allgemeiner musikalischer Anzeiger* publié par l'éditeur Haslinger, sont des hommes de goût et de culture. En revanche, Adolf Bauerle (1806-1859), créateur de l'influent *Theaterzeitung* et Moriz Saphir *(Der Humorist)* se sont acquis une solide réputation de vénalité, autant que de talent, de méchanceté et d'esprit – Saphir a été surnommé « le virtuose du bon mot ». Alfred Julius Becher (*Sonntagsblätter*), l'ami de Berlioz et de Schumann, et August Schmidt, sont au contraire renommés pour leur connaissance approfondie de la musique et pour leur scrupuleuse honnêteté. Becher quitte malheureusement l'*Allgemeine musikalische Zeitung* en 1843 à la suite d'un conflit avec Schmidt, de sorte qu'il ne prend plus la plume que par exception. Son instabilité de caractère et ses déceptions de compositeur vont l'inciter à prendre des positions radicales pendant la révolution de mars, de sorte qu'il périra sous les balles d'un peloton d'exécution. Hanslick reconnaît plus tard que, après la mort de Becher, plus aucune ligne sensée n'a été écrite à Vienne sur la musique, et cela pendant de nombreuses années. Quelques critiques qui font sérieusement leur métier, comme Moritz Mahler *(Freimütiger)* et Joseph von Seyfried (1780-1849), rédacteur en chef de *l'Allgemeine Musikzeitung* puis critique à *l'Anzeiger*, ne suffisent pas à relever vraiment le niveau général de la presse musicale de l'époque, qui reste lamentablement bas. Quels qu'aient été les préjugés et les obsessions quelque peu réactionnaires d'Eduard Hanslick (1825-1904), il sera en fait le premier en date des grands critiques professionnels. Né à Prague, fils d'un professeur de piano, il a collaboré très jeune aux *Sonntagsblätter, puis* à la *Wiener Zeitung,* avant d'écrire en 1854 son célèbre essai, *Vom musikalisch-Schönen (Du Beau en musique),* qui sera traduit dans toutes les langues. L'année suivante, il est engagé à la *Presse* qui deviendra neuf ans plus tard la *Neue Freie Presse.* À partir de 1856, Hanslick occupe aussi, et pour quarante ans, une chaire de professeur à l'Université de Vienne. Arbitre du goût musical, gardien jaloux des langages et des formes, il va exercer désormais un véritable monopole, pour ne pas dire une dictature, sur l'opinion publique. On verra que, ce faisant, il n'a pas toujours été dans le sens de l'histoire.

LES FONDEMENTS DE L'INSTITUTION SYMPHONIQUE

Tout est-il si négatif dans ces dernières décennies du demi-siècle? Sous le règne dominant de l'éclat, du panache, de l'événement, de la sensation, sous l'incapacité inexprimée d'assumer ici les évolutions, voire les révolutions, qui s'ébauchent ailleurs, on voit cependant poindre à Vienne la nécessité d'apparier l'organisation musicale au nouveau répertoire. Certes, dans le cœur des foules, l'opéra l'emporte toujours sur le concert, mais le développement, l'enrichissement prodigieux du répertoire symphonique obligent la ville, comme beaucoup d'autres au monde à ce moment-là, à se doter progressivement de nouveaux moyens techniques et artistiques. On sait la gloire que, bien plus tard et jusqu'à aujourd'hui, Vienne retirera de l'institution orchestrale. Pour l'heure, tout se joue dans la lente et hésitante mutation de la Gesellschaft der Musikfreunde. Formée en 1812, cette société a dû attendre plus d'un an pour obtenir l'autorisation officielle de l'empereur, à une époque où tous les « groupements d'amateurs » sont tenus pour suspects. Au début, son activité se résume aux grands concerts exceptionnels avec chœur, dirigés à la Winterreitschule par Ignaz von Mosel. Le plus marquant reste celui qui, en avril 1815, fait découvrir *Le Messie* de Händel aux nobles visiteurs du congrès de Vienne mais laisse aussi un énorme déficit. Et ne parlons pas du précédent qui, en 1813, a résulté de la création de l'oratorio *Jérusalem délivrée* de l'abbé allemand Maximilian Stadler! Il paraît que ce compositeur obscur a connu grâce à ce concert un moment de gloire. En attendant, il a bien failli ruiner pour toujours l'honorable Société.

Fort heureusement, une nouvelle forme d'activité est inaugurée, le 3 décembre 1815, avec un premier *Gesellschaftskonzert* au programme relativement modeste : une Symphonie de Mozart, deux chœurs d'opéra (de Händel et de Salieri), un Rondo pour piano et orchestre de Hummel, et une Ouverture de Cherubini. Pendant quinze ans, cette série va se poursuivre, mais à raison seulement de quatre soirées ou matinées par an. Parallèlement, se déroulent les *Abendunterhaltungen,* séances de musique de chambre plus nombreuses et plus régulières. On en compte deux cent quatre-vingts entre 1815 et 1840. La tradition des grandes pièces religieuses de novembre à la Winterreitschule va tout de même reprendre entre 1834 et 1847 (avec des œuvres de Händel, Haydn et Mendelssohn). Cependant, c'est à partir de 1831 que les activités de la Gesellschaft, également appelée Musikverein, avaient vu leur nouvel essor avec l'inauguration solennelle, le 4 novembre, de la nouvelle salle spécialement édifiée sur la Tuchlauben. C'est là qu'est créé, en 1839, le *Paulus* de Mendelssohn, en présence de Robert Schumann, avant d'être repris au Redoutensaal. En 1847, Mendelssohn lui-même est invité à diriger la première audition viennoise de son deuxième oratorio, *Elias,* créé à Birmingham l'année précédente. L'exécution, prévue pour le 4 novembre à la Winterreitschule, est retardée à cause de la maladie du compositeur. Sa mort survenue justement le 4, le concert du 14 va prendre l'allure d'une monumentale cérémonie funèbre, avec mille exécutants en grand deuil. Ce soir-là, le sens théâtral des Viennois n'a certainement pas été pris en défaut : le pupitre d'où Mendelssohn aurait dû diriger reste vide et recouvert d'un voile de crêpe noir, tandis que le chef Johann Baptist Schmiedl a pris place sur une autre estrade! En fait et à l'insu de tous, ce concert ne dit pas seulement adieu à Felix Mendelssohn mais aux prestigieuses célébrations musicales de la Reitschule qui, désormais, sera réservée aux discours et aux débats du premier parlement autrichien. À l'avenir, les quatre grands concerts annuels du Musikverein se replieront sur le Redoutensaal. On y entendra en 1840, pour le centième concert de la société, une exécution complète de la Neuvième de Beethoven, la première qu'elle ait organisée. Mais, treize ans après sa mort, Beethoven ne fait toujours pas recette et il faut attirer le public avec une Ouverture de Mozart et surtout avec un soliste de haut rang, le violoniste-compositeur Heinrich Ernst, qui crée sa Fantaisie sur l'*Otello* de Rossini. Il est vrai que, l'année précédente, la dernière Symphonie de Schubert s'était limitée ici à deux mouvements, et encore entrecoupés d'un air de la *Lucia* de Donizetti! C'est pour remédier à ces complaisances, qui tournent à l'absurdité, que les amateurs viennois de musique sérieuse ont alors à cœur de fonder une nouvelle association de concerts.

L'un des traits les plus curieux et les plus paradoxaux des Concerts philharmoniques de Vienne est qu'il reste impossible de déterminer avec précision la date de leur fondation qui n'a jamais été sanctionnée par le moindre document officiel. On donne en général celle de 1842. Toutefois il faut rappeler que, en 1824, la création de la Neuvième

Symphonie au Kärntnerthortheater peut être considérée comme le véritable début des concerts symphoniques viennois, et que, en janvier 1833, Franz Lachner, Kapellmeister au Kärntnerthortheater depuis 1825, renoue avec une coutume ancienne en organisant des *concerts d'entracte* à l'Opéra avec l'orchestre du théâtre. Fort de cette expérience, Lachner forme un *Künstler-Verein* et propose, dès la même année et au grand Redoutensaal, une série de quatre concerts d'orchestre en abonnement avec, à chaque programme, une grande œuvre de Mozart ou de Beethoven (mais le premier a si peu de succès qu'il faut le rapatrier dans la petite salle).

Cependant, ce n'est qu'en 1842, par hasard l'année même où se fonde de l'autre côté de l'Atlantique, à New York, une autre Société philharmonique, que le compositeur et chef d'orchestre prussien Otto Nicolai (1810-1849), dont on suivra bientôt la carrière à l'Opéra impérial, décide de donner deux concerts d'abonnement, l'un pendant le Carême, l'autre pendant l'Avent. Le 28 mars, il s'agit de trois œuvres de Beethoven, tandis que le concert du 27 novembre, intitulé pour la première fois *philharmonique,* sans doute à l'exemple de la célèbre société britannique, est partagé entre la Symphonie en sol mineur de Mozart et la Cinquième de Beethoven. Mais, surtout, un vrai souci de qualité se fait jour enfin. Nicolai ira jusqu'à diminuer le nombre des représentations au théâtre pour pouvoir répéter treize fois avec l'orchestre, en vue du troisième concert du 19 mars 1843 qui affiche la Neuvième Symphonie de Beethoven et qui sera redonné une semaine plus tard. À partir de ce moment, les membres de l'orchestre de l'Opéra organiseront chaque année un certain nombre de concerts philharmoniques dont ils se partageront les bénéfices. Au mois de mars 1845, Nicolai, malade, n'est pas en état d'assurer le huitième concert mais prend comme un affront son remplacement par le Konzertmeister Georg Hellmesberger. Par la suite, il conduit encore quatre programmes philharmoniques avant d'abandonner, en 1847, et son poste de directeur des concerts et celui qu'il occupe à l'Opéra. Entre-temps, il aura tout de même repris la responsabilité des *Concerts spirituels* dont il a relevé considérablement le niveau : le 4 avril 1845, au grand Redoutensaal, on y entendra même la première audition intégrale de la *Missa solemnis.*

Après son départ de Vienne, et pendant treize ans, les Concerts philharmoniques n'auront donc plus lieu qu'à intervalles irréguliers, et encore sans compter les longues interruptions consécutives aux profonds bouleversements de la vie politique. En outre, et cela prouve la dépendance et la timidité de l'institution, tous les programmes sont exclusivement dirigés par le premier chef d'orchestre de l'Opéra, Karl Eckert. On est très loin, en vérité, de cette prestigieuse tribune des grandes baguettes internationales que deviendra plus tard le Philharmonique. D'ailleurs, les Gesellschaftskonzerte continuent tant bien que mal et toujours sous leur propre nom. Or, comme leurs instrumentistes amateurs sont progressivement remplacés par des professionnels, c'est évidemment aux musiciens de l'orchestre de l'Opéra qu'il est fait appel, et d'autant que la plupart d'entre eux sont professeurs au Conservatoire de la Gesellschaft. En fait, c'est le même réservoir d'artistes qui sert aux deux activités concurrentes. Au lieu de la fusion raisonnable qui pourrait seule clarifier la situation, regrouper les moyens humains, rassembler les ressources financières, fixer les objectifs et susciter enfin le mouvement du public, on en reste à la confusion. Il faudra attendre 1860 pour que les choses commencent à changer.

Ces lenteurs, ces hésitations à organiser la vie symphonique montrent bien que Vienne, toujours dominée par la fièvre lyrique et happée de plus en plus par la musique de divertissement que la dynastie des Strauss va exploiter sans vergogne pendant près de quatre-vingts ans, se soucie comme d'une guigne de ses devoirs envers un répertoire orchestral qui pourtant ne cesse de s'affirmer et d'être célébré partout en Europe avec de plus en plus de conviction et de moyens. On consent à reconnaître quelques grandes partitions de l'époque précédente, de Mozart, Beethoven et Schubert, mais on refuse d'admettre que l'art symphonique soit un art d'actualité où se joue l'évolution de la pensée musicale. C'est pourquoi, par exemple, Carl Lœwe en 1844, Hector Berlioz en 1845-1846, Robert Schumann en 1847, dans l'incapacité où ils se sont trouvés de faire accepter leurs œuvres par l'institution officielle, ont dû organiser à grands frais des *Komponistenkonzerte* occasionnels pour se faire connaître, et cela pendant que les rossignols mécaniques de l'opéra italien, les acrobates du clavier ou de l'archet, les industriels de la Valse amassent des fortunes.

Après avoir offert au monde un extraordinaire ensemble de génies – Gluck, Haydn, Mozart, Beethoven, Schubert –, on dirait que Vienne est comme dépassée par ce qui lui arrive. Elle ne s'accroche plus qu'au brio, au brillant, à l'effet. Mais ces coups d'éclat sont souvent superficiels et toujours sans lendemain. En outre, par l'agitation qu'ils entretiennent et l'écho qu'ils suscitent, ils donnent l'illusion de la continuité intellectuelle ou, au moins, celle d'une enviable vitalité. Et voici que, là-dessus, arrivent la révolution de 1848, la répression et la réaction qu'elle entraîne. La vie publique va être profondément perturbée et la vie musicale longtemps ralentie. La vraie césure du siècle est là. Il faudra des décennies pour qu'un nouvel élan paraisse, annonciateur d'un nouvel âge d'or.

CHAPITRE VI

De Donizetti aux Strauss :
les folies viennoises

Malgré la tradition instaurée par Mozart, Haydn et Beethoven, et bien que la musique symphonique soit devenue grâce à eux un art spécifiquement viennois, les concerts d'orchestre ne jouent qu'un rôle secondaire dans la vie musicale. C'est que l'opéra continue de tenir le haut du pavé. Comme auparavant, le Kärntnerthortheater, où est installé le théâtre de la cour, occupe la première place. De 1822 à 1828, il a été dirigé avec beaucoup de flair par Domenico Barbaja, puis par le comte Wenzel Robert Gallenberg, compositeur et ancien collaborateur de Barbaja (jusqu'en 1830), puis par l'ancien maître de ballet français Louis Antoine Duport (jusqu'en 1836), puis enfin par Carlo Balochino et Bartolomeo Merelli (jusqu'en 1848). Tous ne sont que *Pächter*, c'est-à-dire concessionnaires, gérants ou locataires, et tous s'attachent à maintenir dans le répertoire une dominante italienne qui se justifie d'autant plus que la production lyrique de la péninsule surpasse de loin toutes les autres, au moins en quantité. De temps en temps, des opéras allemands apparaissent brièvement aux côtés des *classiques* viennois de Gluck et Mozart (Barbaja et ses successeurs sont expressément subventionnés par la cour dans ce but). Ainsi est monté en 1822 *Libussa*, du compositeur souabe Conradin Kreutzer (1780-1849), dont le succès mènera immédiatement à l'engagement de l'auteur comme Kapellmeister. Kreutzer passera dix ans au Kärntnerthortheater (avec entre-temps deux années parisiennes), mais c'est au Josefstadttheater qu'il termine sa carrière viennoise et c'est là que sont créés en 1834 ses deux ouvrages à succès, *Das Nachtlager von Granada* (Le Camp nocturne de Grenade) et *Der Verschwender* (Le Dissipateur) (sur un texte de Ferdinand Raimund).

Quant à l'Opéra de cour, qui se doit en premier lieu de servir l'art alle-mand, il va créer successivement *Zemire und Azor, Jessonda* et *Faust* de Spohr (1827), *Oberon* de Weber (1829), *Der Vampyr* (1829) et *Die Genueserin* (La Génoise) (1839) du Rhénan Peter Lindpaintner. Or, tout cela n'enlève rien au prestige constant des opéras français : Auber est sou-vent à l'affiche avec *La Neige* (1824) et *Le Maçon* (1826), *Fra Diavolo* et *La Muette de Portici* (1830), *Le Bal masqué* (1835) ; Boieldieu aussi avec *La Dame blanche* qui se maintiendra sur la plupart des scènes germa-niques jusqu'au début du XXᵉ siècle ; Hérold encore avec *Zampa* (1832) et *Le Pré aux Clercs* (1834), et enfin Adolphe Adam avec *Le Postillon de Lonjumeau* (1837). De 1826 à 1827, soixante et un « vaudevilles » fran-çais en un acte seront donnés au petit Redoutensaal, au cours de cin-quante-trois représentations, par une troupe française et donc en langue originale. Entre 1837 et 1846, les impresarios Merelli et Balochino mon-tent à eux seuls six saisons françaises. Cependant, dans la même pers-pective, l'événement majeur est de loin l'arrivée en force de Giacomo Meyerbeer, dont le début à Vienne avec un ouvrage italien, *Il Crociato in Egitto* (1829), a déjà obtenu un succès considérable, sanctionné par vingt-neuf représentations successives. Et ce succès sera dépassé de loin par celui de *Robert le Diable* en 1833. Comme jeune pianiste et compo-siteur débutant, Meyerbeer avait déjà séjourné à Vienne en 1813. Il y avait même fait représenter l'année suivante un *Abimelek* dont l'échec cuisant ne présageait rien de bon. Salieri lui avait alors recommandé un long séjour transalpin, pour apprendre le style italien. Et le jeune homme avait obéi. À l'exemple de Gluck, il avait écrit avec acharnement pour les théâtres de Padoue, Venise, Turin, et même pour la Scala de Milan.

Meyerbeer lui-même n'assiste pas à la première viennoise de *Robert le Diable* car il est trop occupé alors par la composition des *Huguenots*. Mais il apprendra par son frère que le couple impérial ne jure que par son œuvre, comme toute la ville d'ailleurs, et que même les orchestres de danse jouent partout des extraits du ballet. Ainsi le « grand opéra » à la française fait-il à Vienne une entrée triomphale, suivie sous peu du suc-cès de *La Juive* de Halévy (1835), puis des *Huguenots* (1836), donné en allemand et rebaptisé *Die Welfen und die Gibellinen* (Les Guelfes et les Gibelins) comme l'a exigé la censure.

Mais c'est encore et toujours l'opéra italien qui de loin domine, au Kärntnerthortheater comme ailleurs. Tous les grands ouvrages de Rossini auront été montés à Vienne avant 1825, successivement en allemand et en italien, à l'exception de *Guillaume Tell*, créé en allemand par Gallenberg la même année que *Le comte Ory.* Pendant tout le XIXᵉ siècle, Rossini va conserver une place privilégiée au répertoire de l'Opéra de cour, notamment avec les créations de *Bianca e Faliero* (1825), *le comte Ory* (1829), *Guillaume Tell* (1830) et *le Siège de Corinthe* (1831). Puis, toujours sous Barbaja, Bellini paraît en 1828, avec *Il Pirata,* suivi de *I Montecchi* (1832) et de *La Sonnambula* (1835). Comme Gallenberg, Duport va présenter en allemand bon nombre d'ouvrages italiens, en particulier *Norma* (1833). En 1827, Donizetti a fait sa première apparition, à vrai dire modeste, avec *L'Ajo nell'imbarazzo.* Mais viennent, en 1835 *L'Elisir d'Amore,* en 1837 *Lucia,* en 1839 *Lucrezia Borgia.* Avec Balochino (administrateur en résidence à Vienne) et Merelli (directeur artistique qui passe le plus clair de son temps à la Scala), la moitié des créations seront italiennes, dont pas moins de vingt ouvrages de Donizetti qui tient alors la vedette, mais aussi de Saverio Mercadante, Federico Ricci, Pietro Antonio Coppola, Gaetano Rossi, etc. Sous cette double direction, la saison est divisée en deux parties, allemande de juillet à mars, italienne d'avril à juin. Il arrive même que les chœurs, qui eux sont toujours viennois, soient obligés de chanter en allemand des soirées italiennes lorsqu'ils n'ont pas eu le temps de répéter. C'est par exemple ce qui se produit en 1835, lors de la création en langue originale de *La Straniera* de Bellini, qui avait été représentée quatre ans plus tôt en allemand. Si l'on prend des libertés avec la langue, voire avec la musique, on n'en est que plus à cheval sur le contenu moral du livret. Plus que jamais, la censure veille. Ainsi, la version allemande de *Cosi fan tutte* s'intitule-t-elle, à partir de 1840, *Mädchentreue* (Fidélité féminine), les deux jeunes filles ayant compris dès le départ la supercherie de leurs amoureux !

Le prussien Otto Nicolai, que nous avons rencontré comme fondateur des Concerts philharmoniques, aura été en fait le premier chef aux exigences modernes qu'ait connu Vienne. Il doit son engagement à sa formation italienne, et surtout aux triomphes que, à l'exemple de Gluck et de Meyerbeer, il a remportés en Italie, principalement avec *Il Templario* (Le Templier) (Turin, 1840) et *Il Proscritto* (Le Proscrit) (Milan, 1841). Auparavant, il avait déjà été engagé au Kärntnerthor pour la saison 1837-1838, comme chef de chant et Kapellmeister, mais il s'était aperçu alors que son salaire de 100 gulden par mois lui permettait à peine de survivre dans une ville où la vie était hors de prix et où son loyer mensuel, pour trois pièces, était de 20 gulden. En 1841, la création viennoise en allemand du *Templario,* sous le nom de *Der Tempelritter,* entraîne aussitôt l'engagement de Nicolai comme premier Kapellmeister de la Hofoper. Son salaire annuel passe certes à 2 000 gulden mais, en cas de maladie de plus de quinze jours, il ne touchera plus un seul centime. La première production qu'il va monter, celle de *Fidelio* (avec l'Ouverture de *Leonore* n° 3 au milieu du dernier acte), va faire sensation par le soin jusque-là inconnu qu'il y a apporté. C'est d'ailleurs dans cette expérience qu'il puise l'idée d'instaurer les Concerts philharmoniques. Cependant, le destin de Nicolai donne encore une fois raison à Schumann sur les difficultés faites ici aux talents venus d'ailleurs. Indigné par le refus de son opéra allemand *Die lustigen Weiber von Windsor (les joyeuses Commères de Windsor),* dont la postérité a pourtant confirmé qu'il s'agit bien de son chef-d'œuvre, Nicolai démissionne de son poste en 1847 et part, déjà malade, pour Berlin où on lui propose un poste de Kapellmeister. Mais lorsque ses *Lustigen Weiber y* sont créées, en mai 1849, il a déjà été emporté, à trente-neuf ans, par une attaque cérébrale. Pendant les années qui précèdent la révolution de 1848, cette période que l'on appelle en Autriche le « *Vormärz* » (l'« Avant mars »), la passion de l'art lyrique prend à Vienne de telles proportions que même les théâtres de faubourg n'y échappent pas. Après maintes crises financières, le Theater an der Wien, le plus vaste de tous avec ses mille trois cents places, a été repris en 1825 par un impresario munichois d'origine polonaise, Carl Carl, une des grandes personnalités du siècle dans son domaine. La vente aux enchères du théâtre, en 1827, lui en laisse quand même la direction pour vingt ans. Tout au long de ces années, le privilège impérial le contraint de se consacrer surtout au théâtre parlé. Son répertoire est alors entièrement dominé par un auteur de génie, Johann Nestroy, dont quarante-six comédies, farces, parodies sont successivement montées, seize d'entre elles avec un succès déterminant. La musique y est en général présente, mais elle n'y tient qu'une fonction secondaire, sauf quelquefois dans des parodies lyriques comme *Robert der Teuxel* (de *Robert der Teufel,* c'est-à-dire *Robert le Diable*).

En 1845, le Theater an der Wien doit être de nouveau vendu aux enchères. Comme Carl Carl est résolu de se concentrer désormais sur son autre théâtre de Leopoldstadt où depuis sept ans il exerce une sorte de monopole de fait sur ce répertoire populaire auquel le peuple viennois est si viscéralement attaché, la salle est finalement rachetée par le directeur du Josefstadttheater, Franz Pokorny. Ancien clarinettiste d'origine bohémienne, homme avisé et entreprenant, Pokorny rouvre le théâtre entièrement rénové avec un ouvrage créé l'année précédente à Hambourg et dont le succès est immédiat. C'est *Alessandro Stradella* du jeune compositeur prussien Friedrich Flotow, ancien élève du Conservatoire à Paris, où il a fait ses débuts dans des salles privées et à l'Opéra-Comique. Pendant trois ans, Pokorny, qui a obtenu pour cela un privilège impérial, va monter une quinzaine d'ouvrages de premier plan, de Bellini, Donizetti, Auber, Hérold, Adam, sans compter le *Freischutz* de Weber et le *Don Giovanni* de Mozart. Parmi ses créations, *Vielka* (ou *Das Feldlager in Schlesien*) (Le Camp de Silésie), Singspiel de Meyerbeer, échoue en 1847 malgré le concours d'une invitée de marque, Jenny Lind. Il n'en va pas mieux pour *Le Siège de La Rochelle* de Michael Balfe, dont *La Bohémienne* triomphe en revanche avec quatre-vingt-deux représentations consécutives en 1849.

Mais Pokorny a réussi son coup de maître en janvier 1846, avec *Zar und Zimmermann* (Le Tsar et le Charpentier), l'un des chefs-d'œuvre du Berlinois Albert Lortzing (1801-1851). La dimension exceptionnelle de cet auteur-compositeur (il sera toujours son propre librettiste) est attestée par Gustav Mahler qui n'hésite pas à le placer, parmi les compositeurs lyriques de langue allemande, immédiatement après Mozart et Beethoven, et même avant Weber. Ayant appris par hasard que Lortzing est sur le point d'être renvoyé de son poste de Kapellmeister au Théâtre de Leipzig, Pokorny l'engage aussitôt à venir diriger lui-même son nouvel opéra comique, *Der Waffenschmied* (L'Armurier). Mais les répétitions sont interrompues par l'arrivée de Jenny Lind qui, pour un cachet de 600, puis de 1 000 gulden, vient chanter *Norma, Les Huguenots* et le *Freischütz* sous la direction de Franz von Suppé et précipite alors toute la capitale dans une *Lind-Fieber* (fièvre-Lind) irrésistible. L'ouvrage de Lortzing n'est finalement créé que le 30 mai, avec l'illustre Staudigl, cher à Berlioz, dans le rôle-titre. Si la critique viennoise est en grande partie hostile à l'humour de Lortzing jugé trop allemand, l'ouvrage va bientôt faire le tour de l'Allemagne et conserver une place de choix dans le répertoire d'outre-Rhin, où il est considéré comme le précurseur direct des *Meistersinger* de Wagner. Son succès viennois a tout de même été suffisant pour que Lortzing soit immédiatement engagé pendant deux ans comme Kapellmeister par Pokorny qu'il va d'ailleurs considérer comme son sauveur car sa situation financière est alors des plus précaires, et cela depuis plusieurs années. Malheureusement, Lortzing doit bientôt déchanter. Tout d'abord la vie à Vienne est bien plus chère qu'en Allemagne, comme l'avait déjà constaté Nicolai. Comme lui, il s'aperçoit qu'il lui faut dépenser 520 gulden par an, près de la moitié de son salaire de 1200 gulden, pour se loger décemment avec sa famille. Qui plus est, le public viennois est loin d'être éclairé : « Le goût musical [de Vienne] est le plus mauvais qui soit, et cela bien que Mozart, Haydn, Beethoven, Gluck, etc. aient ici vécu et travaillé. On ne chante plus que Mozart et on ne donne même plus les autres compositeurs [allemands]... » « Chez nous, en Allemagne du Nord, il est vrai que la grande masse s'amuse plus à *Norma* qu'à *Fidelio,* mais il existe tout de même une bonne partie du public qui reste attachée aux chefs-d'œuvre. Ici, il n'y a que la musique italienne, ou ce qui s'en rapproche. On ne connaît même pas Beethoven... J'ai fait de toutes les manières la triste expérience que Vienne et l'Autriche ne sont pas pour moi un terrain adéquat. » Et les doléances de Lortzing ne s'arrêtent pas là. En l'absence d'acteurs-chanteurs capables de leur rendre justice, ses propres opéras, que l'on donne partout en Allemagne, disparaissent peu à peu d'un répertoire viennois qui, d'ailleurs, s'amenuise dangereusement. Il a les pires difficultés avec son orchestre, dont la discipline est lamentable. Qui plus est, toute l'entreprise est de manière chronique au bord de la faillite et elle ne se maintient qu'à coups d'invitations incessantes aux chanteurs étrangers. Pokorny refuse ainsi de monter son *Zum Grossadmiral,* qui sera finalement créé à Leipzig, et son *Undine,* qui n'a pas trouvé grâce auprès du public, est retirée de l'affiche après seulement cinq représentations. La révolution de 1848 va redonner quelque espoir au malheureux Lortzing. Il compose en hâte un opéra inspiré par les idées nouvelles, *Regina.* Mais l'échec du mouvement révolutionnaire ôte à l'ouvrage toute chance d'être monté (il ne sera créé à Berlin que cinquante ans plus tard), et la décadence du Theater an der Wien est telle qu'on n'y présente plus que des farces grossières. En septembre 1848, le contrat de Lortzing n'est pas renouvelé. L'auteur malchanceux de tant de pages populaires va devoir rentrer en Allemagne, et même retourner à son ancienne et précaire profession d'acteur. Le succès persistant de *Zar und Zimmermann* et de *Der Wildschütz* (Le Braconnier) ne lui est d'aucun secours puisque les œuvres ne sont pas encore protégées. En 1850, il en est au point d'accepter pour quelques mois le poste de chef d'orchestre d'un petit théâtre berlinois auquel il doit fournir régulièrement des musiques de scène pour de lamentables farces. Au moment où sa dernière œuvre, la délicieuse *Opernprobe* (La Répétition d'opéra), est créée avec succès à Francfort (mais au bénéfice de l'un des acteurs de la distribution), il est malade et ne peut quitter Berlin. C'est là qu'il meurt dans la misère, sans avoir même pu payer les honoraires du médecin qui l'a soigné jusqu'au bout avec un dévouement extraordinaire.

De toute évidence, l'échec de ce génie musical et théâtral dans la capitale autrichienne n'est pas uniquement dû à l'ingratitude et au mauvais goût du public viennois. En effet, depuis que l'empereur a accordé aux trois théâtres des faubourgs le privilège de produire des opéras, la concurrence est désormais bien trop forte. Par exemple, c'est au Théâtre de Josefstadt, dirigé par Pokorny, qu'ont eu lieu, après la première autrichienne d'*Anna Bolena* et de *Robert le Diable,* celle des *Huguenots* (1839), puis celle de cinq ouvrages de Verdi, *Oberto* (1839), *Un Giorno di Regno* (1840), *Nabucco* (1842), *Ernani* et *I due Foscari* (1844), sans parler de

cinq opéras de Rossini en 1832 et 1833. C'est là aussi qu'un chef d'orchestre appelé à jouer un rôle de premier plan dans l'histoire de la
musique légère, Franz von Suppé, conduit au succès, en 1844, *Otello* de
Rossini, *La Fille du Régiment* de Donizetti, *Preziosa* de Weber et *Zampa*
de Hérold. Au Kärntnerthortheater, *Jessonda* de Spohr (1836), le
Nachtlager de Kreutzer (1837), *Zar und Zimmermann* de Lortzing
(1842) ont connu des reprises applaudies, et avec succès ; le compositeur
saxon Heinrich Marschner y a été convié à diriger lui-même la première
de sa pièce la plus célèbre, *Hans Heiling* (1846). Enfin, c'est à cause du
triomphe d'*Alessandro Stradella* (1845), créé on s'en souvient par
Pokorny, que les directeurs de la Hofoper commandent un nouvel
ouvrage à Flotow qui fait donc le voyage de Vienne en 1847. Le succès
inouï de *Martha*, l'un des opéras les plus populaires du XIXe siècle, succès
qu'aucune autre page de Flotow ne pourra plus tard égaler, va faire de lui
l'un des compositeurs les plus en vue de toute l'Allemagne.

LA CONSÉCRATION DE DONIZETTI

Sous la double direction de Merelli et Balochino, le Kärntnerthor a
affiché, entre 1827 à 1841, dix-sept ouvrages différents de Donizetti, la
plupart favorablement accueillis. Dans ces conditions, il paraît tout à fait
normal qu'on lui commande enfin une œuvre spécialement destinée à la
scène viennoise, avec la promesse, en cas de réussite, d'une nomination
au poste de Kapellmeister. Cet opéra, composé sur un livret français traduit en italien comme celui de *Maria Padilla* par Gaetano Rossi, c'est
Linda di Chamounix. Armé d'une lettre d'introduction de Rossini pour
le prince Metternich, Donizetti débarque à Vienne à la fin de mars 1842
et avoue son éblouissement devant la capitale autrichienne, malgré le climat dont il ne cessera jusqu'au bout de se plaindre. Son arrivée fait sensation et tout le monde attend avec une fiévreuse impatience le lever du
rideau. Pendant les répétitions, il est invité à diriger au Redoutensaal la
première viennoise privée du *Stabat Mater* de Rossini, en présence de
toute la famille impériale. À l'issue de cette soirée prestigieuse, l'empereur
lui offre ensuite une épingle à cravate sertie de diamants, et Donizetti le
remercie en dédiant à l'impératrice un *Ave Maria* à cinq voix. D'ailleurs
tout Vienne l'accueille avec magnificence. Le prince Metternich donne
un dîner en son honneur et organise une séance musicale pour lui faire
entendre l'illustre cantatrice allemande Henriette Sonntag, qui a participé autrefois à la création de la Neuvième de Beethoven. On commande son portrait à l'un des peintres les plus célèbres de la capitale,

Joseph Kriehuber. Mais, au cours des répétitions de *Linda,* qui durent plus d'un mois avec une troupe loin d'être parfaite, Donizetti éprouve quelque inquiétude à cause de l'échec de deux ouvrages italiens, *La Vestale* de Mercadante et *Safo* de Pacini. Toutefois, le succès de sa propre *Anna Bolena* le rassure. Et, de fait, *Linda di Chamounix* est créé sous sa direction devant une salle comble qui hurle son enthousiasme et rappelle dix-sept fois l'heureux compositeur. Pour les représentations suivantes, les places s'arrachent à prix d'or. Le 28 mai, neuf jours à peine après la première, le Musikverein lui décerne le titre de membre d'honneur. Il dirige encore deux nouvelles exécutions, cette fois publiques et avec orchestre, du *Stabat Mater* de Rossini, pour lesquelles il est royalement – ou impérialement – rétribué. À la fin juin, juste avant son départ, on lui annonce enfin la nouvelle qu'il attendait : il est nommé Hofkapellmeister et Hofkomponist, un poste qui n'avait pas été pourvu depuis la mort de Franz Krommer onze ans plus tôt. Mieux, le salaire annuel qu'il avait réclamé lui est accordé sans réticence aucune, alors qu'il est considérable : quatre mille florins pour des responsabilités somme toute assez restreintes puisque le maître n'a que trois ou quatre concerts privés à diriger à la cour et n'a même pas besoin de passer plus de six mois par an à Vienne. Avant de repartir pour l'Italie, il aura la satisfaction de parader au palais l'épée au côté, et dans son nouvel uniforme écarlate et brodé d'or, tout flambant neuf.

À son retour de Paris en janvier 1843, il vient de vivre les triomphes récents de la version française de *Linda* et de son nouvel opéra-comique, *Don Pasquale,* qui ne sera pas moins acclamé à Vienne au printemps. Il apporte avec lui la partition à moitié achevée de *Maria di Rohan,* qu'il a composée dans l'enthousiasme, et plus rapidement encore que d'habitude, sur un livret français adapté par l'un de ses collaborateurs habituels, Salvatore Cammarano. Sa première intention avait été d'écrire pour Vienne un ouvrage d'après un livret de Vernoy de Saint-Georges sur la reine de Chypre, Catherina Cornaro. Il en avait même terminé le premier acte avant d'apprendre que Franz Lachner avait accepté de mettre en musique le même texte pour l'Opéra de Munich et que Merelli s'était engagé à le donner à Vienne. Donizetti va donc remettre à plus tard l'achèvement de cette partition, qu'il destine désormais au San Carlo de Naples, et lui préférer pour l'instant *Un duel sous Richelieu* de Lockroy.

Hélas, le Donizetti que Vienne retrouve au mois de janvier est un homme malade, considérablement affaibli déjà par cette syphilis que, d'après quelques témoignages, il aurait contractée l'année précédente ici même. Dès son arrivée par un temps glacial, il doit se mettre au lit avec une forte fièvre. À peine remis, il se replonge dans le travail et termine

l'orchestration de *Maria di Rohan* dont le livret a dû être remanié pour
obéir aux injonctions de la censure. En même temps, il met la dernière
main à *Caterina Cornaro*, commencé deux ans plus tôt, et entreprend le
Dom Sébastien qu'il a promis à l'Opéra de Paris. En outre, il est occupé
sans relâche au Kärntnerthortheater où la saison doit ouvrir au mois
d'avril avec *Nabucco*, l'ouvrage d'un jeune compositeur en qui Donizetti
a placé toute sa confiance, Giuseppe Verdi. Entre les répétitions de *Maria
di Rohan*, dont il veut à tout prix que l'exécution soit de premier ordre,
il accueille Pauline Viardot qui interprète magistralement *le Barbier de
Séville* mais échoue dans la reprise de sa propre *Alina* de 1828. Dans l'ensemble, la saison n'est qu'un pâle reflet des précédentes. La création
viennoise de *Roberto Devereux* se solde par un fiasco. Certes, *Linda*,
Maria et *Don Pasquale* sont acclamés comme d'habitude. Mais on
reproche à Donizetti d'avoir trop longtemps répété *La Gazza ladra* de
Rossini, même si un nouveau Verdi, *Ernani*, est porté au pinacle par les
Viennois. En fait, et c'est symptomatique, le plus grand succès de toute
la saison est celui que remporte la danseuse Fanny Elssler, fille de l'ancien
factotum de Haydn, qui vient de rentrer d'une triomphale tournée aux
États-Unis. Son célèbre numéro espagnol, Cachucha, ne manque jamais
de plonger le public dans une bruyante extase, au point que tout le reste
passe au second plan.

Pendant ce temps, Donizetti prépare pour l'empereur une nouvelle
version du *Miserere* qu'il avait composé l'année précédente pour le pape
et dont il va diriger lui-même l'exécution le Vendredi saint. Par chance,
Maria di Rohan, sans doute le plus sombre de tous ses opéras, soulève
une fois encore les passions enthousiastes lors de sa création, le 5 juin
1843, avec le baryton Giorgio Ronconi dans un de ses meilleurs rôles,
celui du duc de Chevreuse. Mais c'est la dernière page vraiment heureuse
dans la vie de Donizetti. Bientôt, *Caterina Cornaro* et *Dom Sébastien*,
qu'il considère comme son chef-d'œuvre, vont successivement échouer à
Naples et à Paris. À son retour en France, au mois de juillet, ses amis le
trouvent terriblement changé. On remarque qu'il s'interrompt au milieu
d'une phrase, qu'il oublie totalement ce qu'il veut dire, ou bien qu'il se
prend de violents accès de colère. Sa démarche devient saccadée, son
visage s'immobilise tout à coup dans une expression inquiétante, ses
trous de mémoire sont plus fréquents tandis que ses lettres se font inco-
hérentes. Et il lui arrive aussi de sombrer dans une mélancolie ou une
apathie que rien ne parvient à dissiper.

Pour la création viennoise de *Dom Sébastien*, Donizetti a confié à son
ami Leon Herz le soin de rédiger une version allemande du livret
puisque la première doit avoir lieu au début de février 1844, pendant la

période allemande de la saison. Les répétitions sont une torture car Donizetti ne comprend pas un mot d'allemand et l'empereur a pourtant exigé qu'il dirige lui-même la première. La troupe engagée par Merelli pour la saison est encore plus inexpérimentée que la précédente. Donizetti doit s'occuper de la direction des acteurs, des décors, des costumes, bref accomplir cent tâches qui ne devraient pas lui incomber. Mais, par miracle, l'ouvrage va plaire, bien qu'il soit tout aussi noir et aussi pessimiste que *Maria di Rohan*. À de rares exceptions près, la presse reconnaît à *Dom Sébastien* un grand mérite, contredisant ainsi le jugement impitoyable des Parisiens. Il faut dire que l'opéra a été quelque peu transformé et fortement abrégé. D'abord, au contraire de Paris, Vienne n'aime pas les spectacles qui durent trop longtemps. Et puis, la plupart des chanteurs engagés par Merelli, devenu entre-temps l'ennemi mortel de Donizetti, ne seraient pas capables d'aller jusqu'au bout! Enfin, chacun des numéros est copieusement applaudi et le septuor du troisième acte est même bissé deux fois de suite, ce qui ne s'était encore jamais produit au Kärntnerthortheater. *Dom Sébastien* va donc devenir à Vienne l'un de ses opéras les plus populaires, avec cent quarante-quatre représentations d'ici à la fin du siècle. Mais Donizetti souffre de troubles mentaux de plus en plus graves. Il est obligé de refuser toutes les commandes qui lui parviennent, même celle, pressante, qui lui arrive du Théâtre italien de Paris, dont le directeur est venu le trouver tout exprès à Vienne. Il ne cesse plus de se plaindre du climat et sombre progressivement dans un marasme profond. En février 1845, il dirige encore un concert privé chez Metternich puis, au début de mars, une soirée officielle à la cour. Dans ce même temps, il supervise les répétitions de *I due Foscari* de Verdi, qui doit ouvrir la saison italienne de l'Opéra. Après avoir rempli un dernier devoir en conduisant, toujours à la cour, un concert de bienfaisance, il quitte Vienne pour Paris sans savoir que, l'année suivante, il ne sera plus en état de reprendre son poste. Apprenant qu'il se trouve au sanatorium d'Ivry, l'empereur va lui dépêcher, en janvier 1846, un médecin viennois qui, à son retour, annoncera que son état est désespéré. Malgré tout, la saison de printemps de l'Opéra de Vienne affichera quatre titres de Donizetti.

Même dans l'hypothèse où Donizetti ne serait pas tombé malade, son règne, comme dernier compositeur et Kapellmeister de la cour, n'aurait pas tardé à prendre fin. En effet, après la révolution de 1848-1849, rien à Vienne n'est plus pareil. Le soulèvement général de l'Autriche, de la Hongrie, de la Bohême et de l'Italie du Nord et leur déclaration d'indépendance, l'assaut du peuple contre les arsenaux, la fuite de l'empereur et de Metternich, la proclamation d'une première constitution, la sup-

pression de la censure, les combats de rues, le siège de la ville, la mort du
ministre de la Guerre sous les balles révolutionnaires, l'incendie d'une
partie de la Leopoldstadt, l'abdication en faveur de son neveu François-
Joseph, âgé de dix-huit ans, de l'empereur Ferdinand, épileptique et
faible d'esprit (« Nandl der Trottel », Nandl le Crétin, comme on le
surnomme volontiers), – ce souverain dont le seul principe se limite à la
maxime de son père : « ne rien changer » – puis la violence extrême
d'une répression qui fait des centaines de morts, démocrates, libéraux,
journalistes hâtivement passés par les armes, tous ces événements vont
laisser dans la capitale des cicatrices qui jamais ne se refermeront. Vienne,
dont la population est devenue extrêmement suspecte aux yeux de la
cour, sera maintenue plus au moins en état de siège tout au long de cinq
années. Dorénavant, le gouvernement de l'Autriche, redevenu plus
monarchique que jamais, oscillera pendant tout le règne interminable de
François-Joseph entre libéralisme et néo-absolutisme, au fur et à mesure
que décline la puissance de l'empire. Et, cependant, le nouveau souverain
montre que les idées nouvelles ne lui sont pas indifférentes lorsque, en
1857, bravant l'avis des militaires et même d'une partie de ses ministres,
il ordonne la destruction des fortifications qui entourent encore la vieille
ville, pour les remplacer par un large et somptueux boulevard. Ce n'est
donc pas sans raison qu'on a nommé *Ringstrassezeit* (l'époque du Ring)
celle qui suit la révolution de 1848 puisque cette prestigieuse artère,
bientôt jalonnée de massifs et somptueux bâtiments publics, va faire de
Vienne une capitale moderne, non seulement internationale mais multi-
raciale. En effet le début de l'ère industrielle y attire des foules de tous les
royaumes et de toutes les provinces de l'empire. Ainsi, parmi les quatre
cent mille habitants que Vienne compte en 1850, une bonne moitié
sont-ils nés ailleurs.

Pour l'art lyrique, qui continue de dominer, les conséquences des événements de 1848-1849 sont aussi graves qu'immédiates. Les deux direc-
teurs-locataires du Kärntnerthortheater sont renvoyés et le théâtre est
fermé pendant la plus grande partie des deux années révolutionnaires.
Lorsque survient enfin sa réouverture définitive, son statut aura été radicalement modifié. Au lieu d'un « Opéra de cour », *Hofoperntheater,* il
n'est plus que « Théâtre d'opéra privilégié ». On ne le donne plus en
concession, mais il est administré directement par un fonctionnaire
nommé par l'empereur et dépendant du grand chambellan de la cour. Ce
sera, jusqu'en 1857, Julius Cornet, l'ancien directeur du Stadt-Theater
de Hambourg ; puis Karl Eckert qui y occupe déjà un poste de
Kapellmeister depuis 1854 ; ensuite, en 1861, Matteo Salvi, compositeur
d'opéras, ancien élève et assistant de Donizetti, enfin, en 1867, Franz

von Dingelstedt qui se contente de préparer l'ouverture de la nouvelle salle et quitte son poste au bout d'un an.

WAGNER OU LES ESPOIRS DÉÇUS

Consécutive à la révolution de 1848, la réaction contre la musique italienne est de courte durée. À partir de 1851, les ouvrages transalpins reprennent comme avant leur place au répertoire, à la seule différence que la plupart sont montés en version allemande et qu'un seul compositeur de la péninsule règne désormais, sans partage. C'est Giuseppe Verdi. De lui on va créer successivement *Attila* (1851), *Luisa Miller* et *Rigoletto* (1852), *Il Trovatore* et *I Masnadieri* (1854), *La Traviata* (1855), *Giovanna d'Arco* (1857), *Aroldo* (1858), *Un Ballo in Maschera* (1864). Mais le phénomène essentiel de l'« après-mars » reste, au Kärntnerthor, le retour en force du répertoire allemand, avec un nouveau compositeur qui va dominer peu à peu la scène viennoise, un compositeur dont il ne faut pas sous-estimer l'importance puisqu'il s'agit de Richard Wagner. En 1832, à l'âge de dix-neuf ans, il avait été attiré déjà par le prestige légendaire de la capitale de la musique germanique, au point d'y passer deux mois entiers. Mais ce premier séjour ne devait pas laisser beaucoup de traces dans sa vie. C'est que la ville est alors tout feu tout flamme pour un opéra français qu'il méprise, *Zampa* d'Hérold, et auquel il préfère même les féeries du Theater an der Wien ou les Valses de Johann Strauss. Il assiste bien à une représentation d'*Iphigénie en Tauride* de Gluck mais, en dépit de la qualité de la distribution, l'œuvre l'ennuie sans qu'il ose trop l'avouer. Sa seule expérience professionnelle viennoise a lieu au Conservatoire dont il a convaincu l'un des professeurs d'organiser une répétition de son Ouverture en ré mineur avec l'orchestre des étudiants. Toutefois l'œuvre est jugée bien trop difficile et la séance est rapidement interrompue. Ainsi cette première visite demeure-t-elle entièrement stérile.

En 1848, Wagner est donc de retour, après avoir obtenu de l'intendant de Dresde un congé de deux mois. Entre-temps la célébrité lui est venue avec trois ouvrages extrêmement populaires, *Rienzi, le Vaisseau fantôme* et *Tannhäuser*. Bien qu'aucun d'entre eux n'ait encore été représenté à Vienne, la presse musicale, et en particulier l'*Allgemeine Wiener Musikzeitung*, en a rendu compte abondamment. Deux ans plus tôt, le jeune Eduard Hanslick, qu'on connaîtra bientôt comme ennemi mortel de Wagner, a écrit sur lui onze articles différents dans la revue en question, le proclamant « le plus grand talent dramatique vivant ». Avec son demi-million d'habitants, ses traditions, son élégance, sa prospérité, Vienne semble offrir à Wagner un terrain idéal. L'atmosphère de trouble, qui y règne depuis la révolution de mars, lui donne en particulier l'espoir de pouvoir réaliser ici son rêve de réforme théâtrale. Il rencontre un grand nombre d'artistes et d'intellectuels comme Grillparzer, Bauernfeld, le pianiste et collectionneur Josef Fischhof que Schumann avait également approché, et aussi Vesque von Püttlingen dont Berlioz avait dit tant de bien. Il fréquente également des journalistes comme l'infortuné Julius Becher, principal collaborateur de la *Musikzeitung,* qui avait également éveillé la sympathie de Berlioz et qui va être condamné à mort et fusillé à la fin de l'année pour activités révolutionnaires. Wagner cherche donc à profiter de la crise et de la fermeture des théâtres pour proposer aux autorités la création d'une sorte de coopérative nationale des théâtres viennois, dont il serait naturellement le directeur. Sa proposition est même mentionnée par le journal *Abendzeitung.* Mais le bruit de ces projets grandioses va malheureusement parvenir jusqu'à Dresde où le premier chef d'orchestre de l'Opéra royal est rappelé en hâte. Quelques mois plus tard, après la révolution saxonne de 1849 à laquelle il a participé avec tant d'enthousiasme au point de devoir s'exiler en Suisse, toute exécution viennoise d'une œuvre de Wagner va sembler exclue, et cela pendant de longues années. Or sa réputation continue de grandir, au point qu'il paraît impossible de ne pas donner au moins l'un de ses ouvrages. Seul le plus célèbre, *Tannhäuser,* restera encore frappé d'interdit, considéré comme blasphématoire par des forces cléricales toujours très influentes.

Si curieux que cela puisse paraître, les premiers interprètes viennois de Wagner sont les deux plus célèbres auteurs de musique légère de la capitale, Johann et Josef Strauss, qui depuis longtemps s'intéressent à lui. Certes, ils ne donnent pas de représentations, ni même d'exécutions intégrales en concert. Cependant, dès 1853, Johann Strauss a audacieusement dirigé avec son orchestre des extraits de *Tannhäuser* et de *Lohengrin* ainsi que, l'année suivante, les Ouvertures de *Rienzi* (également donnée au Musikverein) et de *Tannhäuser.* En 1860, Josef conduit des fragments de *Tristan* un an à peine après l'achèvement de la partition. Huit ans plus tard, Johann l'imite avec plusieurs extraits des *Meistersinger,* et cela deux jours avant la première munichoise de l'œuvre. Quoi qu'il en soit, la première représentation autrichienne d'un opéra de Wagner ne s'est pas déroulée à Vienne mais à Graz en 1854. Il s'agit de *Tännhauser,* donné huit fois de suite en deux mois, malgré l'hostilité violente de la presse. À Vienne, il ne sera pas question de représentation wagnérienne jusqu'à ce que l'ancien chanteur Johann Hoffmann reprenne la direction du Théâtre de la Josefstadt, qui se transporte pendant l'été au Thalia Theater, un salle de bois de construction récente, située dans le faubourg de Lerchenfeld. En 1857, ravi d'humilier ainsi la direction de l'Opéra impérial, Wagner accepte d'y laisser créer *Tannhäuser,* tout en sachant fort bien que la production et la distribution seront médiocres et qu'il faudra en passer par des coupures. Pour l'occasion il réduit même ses exigences habituelles : Hoffmann ne paiera que 2 000 francs d'avance et 100 francs par représentation. La première a lieu le 28 août devant une salle comble. La distribution paraît d'autant plus insuffisante que les chanteurs sont devenus presque aphones pendant les répétitions, tant l'écriture vocale leur est étrangère. Même Hanslick, qui pourtant est déjà mal disposé envers Wagner, reconnaît dans son article que cette représentation n'est qu'une lamentable parodie de celle qu'il a vue à Dresde. Mais *Tannhäuser* reste l'ouvrage-fétiche de Wagner et, malgré toutes ces insuffisances, le succès est décisif, avec dix représentations successives jusqu'en septembre et vingt-sept autres au Josefstadt-theater.

Après un tel événement, le Kärntnerthortheater ne peut plus se permettre d'ignorer Wagner. Julius Cornet lui dépêche à Zurich le chef d'orchestre Heinrich Esser, successeur de Nicolai, pour discuter des conditions dans lesquelles *Lohengrin* pourrait être monté. Wagner demande et obtient une avance de mille gulden pour les vingt premières représentations, avec cinq cents autres gulden après la vingtième. Le 19 août 1858, le triomphe de la première est tel qu'il devient le sujet exclusif des conversations viennoises pendant plusieurs semaines et que les autorités responsables sont l'objet de critiques les plus acerbes pour avoir si longtemps différé cette création. La critique est naturellement hostile, comme elle le sera toujours, notamment Hanslick qui annonce que la « vogue » wagnérienne va être de courte durée. Malgré cela, *Tannhäuser* succédera l'année suivante à *Lohengrin* qui sera suivi à son tour du *Vaisseau fantôme.* Mais ce dernier ouvrage, jugé quelque peu rétrograde, n'aura pas tout à fait le même succès. Quoi qu'il en soit, aucun des trois ne quittera plus le répertoire de la Hofoper. La nouvelle de la qualité exceptionnelle de ces différentes productions parviendra de loin à Wagner qui malheureusement ne peut toujours pas se rendre à Vienne pour y assister puisque les autorités saxonnes ne l'ont pas encore amnistié.

Cette amnistie tant attendue lui est enfin accordée au mois d'août 1860. Il va donc prendre le chemin de Vienne aussitôt après la désastreuse production parisienne du *Tannhäuser* de mars 1861. Il s'installe à l'hôtel Erzherzog Karl, sur la Kärntnerstrasse, tout près de l'Opéra où l'on a monté en son honneur une représentation exceptionnelle de *Lohengrin,* œuvre qu'il n'a encore jamais vue au théâtre. Le directeur,

Matteo Salvi, organise aussitôt pour lui une répétition durant laquelle chanteurs et orchestre lui semblent insurpassables. « Hier, la soirée a été absolument incroyable, écrit-il à Minna après la représentation. Tout le monde m'assure n'avoir jamais assisté à rien de semblable : ce fut un hommage comme aucun compositeur n'en a jamais reçu auparavant. J'étais dans une seconde loge… Naturellement on m'a tout de suite reconnu et, après le Prélude, qui a été divinement joué, le public entier a dirigé son regard vers ma loge, en applaudissant à tout rompre et à n'en plus finir, de sorte que j'ai dû me lever cinq fois et m'incliner plus encore. Cela s'est reproduit après les principaux morceaux de chaque acte. Il m'a fallu saluer trois fois sur la scène après chaque acte et cinq fois après le dernier. Mais ce qui a été le plus émouvant a été l'incroyable unanimité de l'ensemble du public… » Après le rideau final, Wagner va lire d'une voix tremblante d'émotion la petite allocution qu'il a préparée pour remercier le public. Et les mêmes scènes vont se reproduire quelques jours plus tard pour le *Vaisseau fantôme.* Comme Wagner a été présenté au comte Lanckoronski, l'intendant de l'Opéra, qui « a mis tous les moyens du théâtre à sa disposition », il prend donc la décision de créer à Vienne son nouvel ouvrage, *Tristan et Isolde,* qui est déjà terminé depuis deux ans. On est si désireux de le fêter partout qu'il est obligé de refuser certaines manifestations trop voyantes comme la promenade aux torches que l'Akademischer Gesangverein a imaginée en son honneur. À son départ pour Paris, il promet à tous de revenir bientôt pour superviser les répétitions de *Tristan* dont la première est fixée au 1er octobre 1861. Comblé, il écrit à son ami le compositeur Peter Cornelius : « Je resterai à Vienne où j'aimerais vivre et mourir près des tombes de Gluck, Haydn, Mozart, Beethoven et Schubert, dans cette ville où les vivants sont honorés comme je le suis en ce moment. »

Deux mois plus tard, il est déjà de retour mais tout de suite il déchante. Le ténor Aloys Ander, qu'il avait tant admiré dans *Lohengrin,* est terrifié par la difficulté et la longueur du rôle-titre de *Tristan.* Le compositeur se déclare prêt à faire quelques modifications dans les parties vocales, mais il s'aperçoit bientôt que les dirigeants du théâtre sont en train de perdre confiance et de trouver excessif le coût des répétitions. Plusieurs journalistes, dont Hanslick, conspirent dans l'ombre contre Wagner qui a rendu irréductible l'hostilité du plus puissant critique viennois en le conviant à une lecture du poème des *Meistersinger.* Or, à cette époque, le personnage de Beckmesser s'appelle encore Hanslich, nul ne l'ignore, même si Wagner a sans doute changé ce nom au dernier moment. Dès lors, le critique se considère mortellement offensé. Déçu de voir remettre sans cesse à plus tard la création de *Tristan,* Wagner

accepte de diriger deux concerts au Theater an der Wien, avec au programme des extraits des *Meistersinger* et du *Ring,* puis un troisième en
janvier 1863 avec, en plus, la *Faust-Ouvertüre* et celle de *Tannhäuser.*
Non seulement les ovations succèdent aux ovations, mais l'impératrice
elle-même a honoré de sa présence la première soirée. Wagner a exigé un
effectif de cent trois musiciens et, pour améliorer l'acoustique, il a fait
construire une paroi spéciale derrière l'orchestre. De plus, il a donné
ensuite un magnifique souper pour les artistes, de sorte que, bien que
son amour-propre soit comblé par les vingt-trois rappels qui ont suivi le
dernier concert, le déficit financier s'avère énorme.

Pour autant, Wagner ne perd pas espoir. Il met à profit le bénéfice des
concerts qu'il vient de donner en Russie pour s'installer somptueusement
au premier étage d'une élégante maison du quartier périphérique de
Penzing. Évidemment, le loyer est très élevé et la nouvelle décoration ruineuse à force de soies, de velours et de brocarts. Sans compter qu'il lui
faut maintenant deux domestiques. Certes, tout un chacun s'efforce de
lui être agréable et le Männergesangverein lui offre même une sérénade
et une promenade aux flambeaux quelques jours après son anniversaire,
mais la production de *Tristan* sur laquelle il avait tant compté reste un
projet de plus en plus flou. D'ailleurs, tous les efforts de la direction des
théâtres de la cour sont consacrés désormais à la construction d'un nouvel Opéra, tout proche de l'autre, mais cette fois sur le Ring lui-même.
Wagner s'empresse de rédiger pour l'administration des Théâtres impériaux un essai substantiel sur la gestion idéale d'une scène nationale,
mais on le lit à peine. Il donne partout des concerts dont le revenu ne
suffit pas même à rembourser ses dettes. Un soir, il participe à un concert
du pianiste Karl Tausig, au cours duquel un des soli de Hans Sachs
extrait des *Meistersinger* est bissé. Le lendemain, Hanslick estime que
« seul un cannibale qui s'est brûlé la bouche avec un morceau de viande
humaine peut composer une musique pareille » !

Les difficultés matérielles de Wagner deviennent si dramatiques qu'il
est finalement obligé de s'enfuir honteusement, le 23 mars 1864, pour
échapper à ses créanciers et peut-être même à la prison. Cinq semaines
plus tard, à Zurich, il reçoit l'envoyé du jeune roi Louis II de Bavière,
qui, après l'avoir cherché en vain à Penzing, lui transmet une convoca-
tion urgente. C'est donc à Munich et non pas à Vienne qu'aura finalement lieu, un an plus tard, la première tant attendue de ce chef-d'œuvre
entre tous qu'est *Tristan et Isolde.* Ainsi Vienne aura-t-elle manqué encore
une fois l'occasion de garder dans ses murs un des plus grands musiciens
de l'époque.

Malgré toutes les déceptions qu'il a rencontrées ici, Wagner y a tout de même laissé des admirateurs aussi nombreux que fervents, au premier rang desquels les frères Strauss continuent de militer. Non seulement ils ont été les premiers à faire entendre sa musique mais Johann a dirigé pour son anniversaire, le 22 mai 1861, la première du « Prélude et *Liebestod* » de *Tristan*. En 1862, Eduard Strauss a été jusqu'à prendre l'initiative d'annuler un de ses concerts pour ne pas entrer en concurrence avec lui. Wagner va d'ailleurs lui rendre la pareille en conduisant un jour de 1876, à l'occasion de son propre anniversaire, la Valse *Wein, Weib und Gesang* (Aimer, boire et chanter). Cette passion wagnérienne est sans doute l'un des aspects les moins connus et les plus sympathiques de la dynastie Strauss qui va régner maintenant sur les mœurs viennoises.

L'ASCENSION DES STRAUSS

Le moins que l'on puisse dire est que les origines de cette famille sont modestes. Le grand-père, Johann Michael Strauss, valet de chambre de son état, a quitté un jour la Hongrie natale avec son maître, le comte von Roggendorf, pour s'installer à Vienne où il embrassera plus tard la profession de tapissier ambulant. Son acte de mariage, daté de 1762 dans un registre de la cathédrale Saint-Étienne, le désigne expressément comme « juif baptisé ». Les autorités du Troisième Reich, épouvantées plus tard par cette découverte, feront confisquer le registre en question pour le remplacer par une copie habilement forgée et naturellement expurgée. En effet, si les lois raciales avaient été appliquées, il aurait fallu interdire la musique la plus populaire de toutes et priver les pays germaniques d'un revenu considérable.

Franz Strauss, le second fils de Johann Michael, épouse la fille d'un cocher de fiacre et finit sa vie comme gérant d'une petite taverne de Leopoldstadt. C'est là que naît, en 1804, Johann Baptist Strauss, surnommé « Schani », qui a la chance de trouver très tôt sa vocation en jouant des ländler sur le petit violon que ses grands-parents lui ont offert. Après la mort de sa mère, puis le suicide de son père qui s'est ruiné, Johann fait quelque temps son apprentissage de relieur. Mais, déjà, il appartient au célèbre orchestre de danse de Michael Pamer (1782-1827). Il le quitte en 1819 pour tenir la partie d'alto dans le petit ensemble de musique de danse de Joseph Lanner (1801-1843), le fils d'un gantier du faubourg de Sankt Ulrich, qui est son aîné de trois ans. Constitué auparavant de deux violons et d'une guitare, le trio devient donc avec Strauss un quatuor, puis un quintette par l'adjonction d'un violoncelle en 1820. Dans le même temps, Johann étudie la basse chiffrée et l'instrumentation avec Ignaz von Seyfried et devient peu à peu, sous la férule de Leopold Jansa, un véritable virtuose du violon. Le blond Lanner et le noir Strauss, l'un renommé pour son lyrisme tendre et presque schubertien, l'autre pour sa flamme et son irrésistible élan rythmique, deviennent très vite la coqueluche du petit monde des fêtes. Bientôt ils sont en mesure de former un ensemble à cordes, qu'ils dirigent tous les deux le violon à la main. Cet ensemble fait ses débuts en 1824 dans un café du Prater et remporte un triomphe pendant le carnaval. À cette époque-là, les premières compositions de Lanner sont déjà imprimées. Depuis l'illustre Rondo de Weber, *Aufforderung zum Tanze* (L'Invitation à la valse) (1819), la valse a définitivement conquis sa place dans le répertoire de concert. Mais les publications de Lanner appartiennent encore au domaine de la musique de divertissement. Ce ne sont même pas des valses mais des suites de ländler rustiques, faites de six danses indépendantes et suivies d'une coda récapitulative. Seuls leurs titres tentent de les individualiser : *Neue Wiener Ländler* op. 1, *Tyroler Ländler* op. 6, etc. La rivalité entre Strauss et Lanner va justement naître à cause de ces premières partitions imprimées, Strauss reprochant à son associé de publier sous son nom ses propres compositions. Car Lanner a déjà pris Weber pour modèle et réduit à cinq le nombre des danses successives, qui désormais sont presque toutes intitulées « Valses ». Il va même jusqu'à publier sa propre version orchestrale de l'*Aufforderung zum Tanze* de Weber, et cela au moment où, pour pouvoir accepter deux engagements le même soir, il divise en deux son orchestre.

En 1825, les « dioscures » de la danse viennoise dirigent régulièrement et alternativement leur orchestre dans la taverne *Zum roten Hahn* du faubourg de Liechtental. C'est alors que Strauss tombe amoureux de la fille du gérant, qu'il épouse, enceinte, au début de l'été. Il envisage de quitter Vienne aussitôt après son mariage mais il y renonce très rapidement car il voit bien qu'il y a place à Vienne pour plusieurs orchestres de danse. À l'automne, la rupture entre Lanner et Strauss est consommée et commémorée avec humour par le premier d'entre eux dans le *Trennungs-Walzer* (Valse de la séparation). Au même moment vient au monde l'aîné des trois fils du couple Strauss, nommé Johann Baptist comme son père. Il sera suivi deux ans plus tard par Josef et enfin, en 1835, par Eduard, tous voués dès le berceau à l'entreprise familiale. En 1826, Johann Strauss forme donc son orchestre personnel de vingt-quatre musiciens, pour lequel il va déployer un exceptionnel talent de manager.

Au bout de quelque temps, il dispose d'un « pool » de deux cents musiciens, qui lui permet de constituer rapidement autant d'ensembles que la demande l'exige. Pendant quelques mois encore, Vienne sera divisée entre *Lanneriander* et *Straussianer,* même si, en période de carnaval, il arrive aux deux compères de passer sur leurs différends pour jouer ensemble. C'est cependant Johann Strauss qui désormais va dominer peu à peu l'industrie viennoise du divertissement. Après que Lanner a succombé au typhus en 1843, il finira par occuper la scène sans partage.

Les valses, que Strauss publie à partir de 1827 chez Tobias Haslinger (Anton Diabelli est l'éditeur de Lanner), portent toutes des noms distinctifs, par exemple les *Täuberln-Walzer* op. l composées en 1826 pour la taverne *Zu den zwei Tauben* où Strauss joue deux soirs par semaine, ou bien les *Kettenbrücken-Walzer,* créées pendant le carnaval de 1828 dans la salle *Zur Kettenbrücke* de la Leopoldstadt. L'année 1829 revêt, autant pour Lanner que pour Strauss, une importance exceptionnelle. Le premier est nommé Musik-Direktor des deux Redoutensäle de la Hofburg et le second signe un contrat de six ans avec l'établissement le plus élégant de la ville depuis la disparition de l'Apollosaal. Ouvert depuis 1807, *Zum Sperl,* est en effet situé à la Leopoldstadt, tout près du théâtre de Nestroy et Raimund. Deux grands étages, décorés avec goût de miroirs et de palmiers, dominent un vaste jardin d'été qu'illuminent des lampions multicolores. Outre les soirées quotidiennes, agrémentées d'une cuisine réputée, quelques trente bals et fêtes ont lieu chaque année au *Sperl* pendant le carnaval : le *Bal des Techniques,* le *Bal Rococo,* le *Bal des Officiers,* le *Bal de la Gesellschaft der Musikfreunde,* les *Rêves d'été,* les *Contes d'hiver,* etc., car Johann Georg Scherzer, le propriétaire de l'établissement, est passé maître dans l'art de créer les événements. Près du quart des deux cent cinquante opus de Strauss père seront composés pour le Sperl. C'est là que le jeune Chopin, le jeune Liszt, le jeune Wagner, Hans Christian Andersen et presque tous les visiteurs de marque entendront, au cours des années, son orchestre jouer ses plus célèbres valses. Mais son stock de pièces est aussi vaste que varié, avec d'innombrables pots-pourris de sa composition et des danses inspirées par les mélodies les plus connues du répertoire lyrique ou instrumental. Ainsi du *Tell-Galopp,* des *Zampa-Walzer* et des nombreux « cotillons » sur *les Huguenots, la Muette de Portici, le Pré aux clercs, la Straniera,* etc. Il faut d'ailleurs rappeler que Strauss lui-même, et son fils après lui, considéreront toujours leurs compositions comme des œuvres d'art à part entière et non comme de simples musiques de divertissement. C'est en 1833 que Strauss, fort de ses succès, entreprend avec son orchestre sa première tournée à l'étranger. Ainsi découvre-t-il à Paris le quadrille qu'il adopte aussitôt.

Contrairement à ce qu'on pourrait croire, Johann Strauss père va tout faire pour décourager la vocation musicale, pourtant évidente, de son fils aîné, car la musique est à ses yeux une profession peu sûre, fatigante et sans prestige social. Il veut donc absolument le diriger vers les affaires, la banque, ou même la carrière militaire. Un jour, ses deux fils aînés cherchent à l'attendrir en lui jouant à quatre mains une œuvre de sa plume. Mais rien n'y fait. Heureusement pour Johann junior, son père quitte la maison familiale pour aller vivre avec sa maîtresse dont il aura sept enfants naturels. C'est donc la mère qui choisit pour son fils un professeur de violon, qui n'est autre que le Konzertmeister de l'orchestre Strauss. Pour la basse chiffrée, elle s'adresse au Kapellmeister de la cathédrale Saint-Étienne, Josef Drechsler, organiste et compositeur d'église mais aussi ancien collaborateur de Ferdinand Raimund au Leopoldstadtertheater. Drechsler a si bien oublié son passé qu'il laisse exploser sa colère lorsque le jeune Schnani, au lieu d'harmoniser des chorals, se met à improviser sur l'orgue des mélodies de valses. Car, subjugué par l'exemple de son père qu'il idolâtre, le fils veut déjà comme lui diriger un orchestre et composer des danses. Pour faire plaisir à son maître, il accepte tout de même quelques engagements sérieux à l'église et au concert et il va jusqu'à signer un Graduel à quatre voix qui est exécuté à l'église Am Hof. Mais il ne tardera pas à réaliser son rêve puisque, à dix-neuf ans, après avoir acquis au préalable la patente réglementaire, il fait ses débuts avec un orchestre de vingt-quatre musiciens. Il les a recrutés à l'auberge *Zur Stadt Belgrad*, sur le Glacis de Josefstadt, où se réunissent tous les lundis matin les chômeurs de la profession. Et le Kapellmeister en herbe n'a même pas manqué à l'usage en leur faisant signer un contrat draconien qui leur enjoint de prendre leur place sans faire de bruit, de ne jamais paraître en état d'ébriété faute de renvoi immédiat, de ne jamais se faire remplacer aux répétitions, etc.

Le cafetier Franz Dommayer est le seul à oser braver la colère du père Strauss en engageant le fils. Son élégant établissement de Hietzing, proche de Schönbrunn, est fréquenté depuis 1787 par les membres de l'aristocratie, et il a été doté en 1833 d'une salle de concert dans les règles. En prévision de l'événement, le jeune musicien a composé depuis plusieurs mois des Valses, des Quadrilles et des Polkas. Le programme de son premier concert comprend, outre deux Ouvertures de Weber et une de Franz von Suppé, quatre de ses propres pièces. Mais il a cherché peut-être à s'assurer la clémence du pater familias en donnant également l'une de ses Valses les plus populaires. La soirée du 15 octobre avait été annoncée « dansante », mais les Viennois dévorés de curiosité se sont si bien arraché les places que la salle comble ne laisse plus le moindre espace aux danseurs. La semaine qui suit, tous les journaux se font l'écho de la gloire fulgurante conquise par le débutant. *Der Wanderer* va jusqu'à conclure son compte rendu de la soirée avec une cruauté toute viennoise : « On peut dire de Strauss fils qu'il est la Valse incarnée! […] Bonne nuit Lanner! Bonsoir Strauss père! Bonjour Strauss fils! »

Et la réaction de Johann père justement? Elle n'est pas connue, mais l'humoriste Moritz Saphir suppose qu'il a dû pleurer des « larmes de Valse » tandis que la mère a été «émue jusqu'au Galop ». Tout Vienne se raconte bientôt les dernières péripéties, vraies ou fausses, de la bataille sans merci que se livrent le père et le fils. En effet, en dépit du fabuleux succès de ses débuts et de sa nomination, en 1845, au poste auparavant occupé par Josef Lanner de Kapellmeister du deuxième *Bürgerregiment* (son père occupe la même charge dans le premier régiment), la carrière de Johann fils s'avère des plus difficiles. C'est que son père exerce sur les cafés, tavernes et salles de bal un monopole de fait. Heureusement, la ville compte alors trois cent mille habitants dont on estime que, certains soirs, le quart sont en train de danser ou de boire dans ces établissements spécialisés. Malgré tout, pendant trois ans, Johann II n'aura ses entrées que chez Dommayer et, pour un public limité, fait d'acteurs et de leurs fidèles, chez *Zum goldenem Strauss* (Au bouquet d'or, un nom prédestiné!) dans le bâtiment même du Josefstadttheater. En 1845, Johann père, qui a atteint quarante et un ans, ne dirige pas moins de soixante-seize bals pendant le carnaval. À la fin de l'année, lors de la visite de Berlioz, le père et le fils se livrent un combat sauvage pour savoir qui obtiendra le premier la partition et les parties séparées de son morceau le plus populaire, le *Carnaval romain*. Cette fois, c'est le fils qui va prendre son père de vitesse. Une pareille rivalité les opposera encore en 1847, à propos de l'Ouverture de *Vielka* de Meyerbeer. Mais l'habile compositeur finit par accorder les droits d'exécution à la fois au père et au fils. En 1846, Johann Strauss père est nommé *Hofballmusikdirektor*, poste, ou plus exactement titre, qui, créé pour lui, n'est assorti d'aucun salaire mais restera dans la famille jusqu'à la fin du siècle. Lorsque son père est en tournée, Johann fils parvient à se faire engager dans les établissements qui d'ordinaire lui sont interdits. C'est le cas de l'immense *Odeon*, capable d'accueillir dix mille personnes et que son père avait ouvert en 1845 avec un gigantesque orchestre de quatre-vingts musiciens. Depuis ses débuts, il a déjà inscrit à son catalogue quarante-deux compositions. En outre, pour toucher un nouveau public, il aura l'ingéniosité d'écrire des pièces destinées à flatter l'amour-propre des différentes minorités, tchèques, serbes, etc. Mais sa carrière viennoise demeure extrêmement aléatoire, au point qu'il est contraint de partir en tournée pour six mois en 1847.

Les deux sursauts révolutionnaires de mars et d'octobre 1848 éveilleront chez le père et le fils des réactions très diverses, pour ne pas dire opposées. Alors que le père célèbre la victoire des forces nationales sur les insurgés italiens dans l'illustre *Radetzky-Marsch,* qui sera l'une de ses dernières compositions, le fils accepte le poste de Kapellmeister de la Garde nationale de Leopoldstadt et compose une *Revolutions-Marsch,* des *Freiheits-Lieder* (Chants de Liberté) et des *Barrikaden-Lieder.* Au mois de décembre, il est même interrogé par la police impériale pour avoir dirigé *la Marseillaise* dans une taverne. Certes, il n'a pas été jeté en prison, mais il va mettre un grand nombre d'années à se faire pardonner malgré tous ses efforts, malgré cette *Kaiser Franz Joseph Marsch* et cette Marche triomphale qu'il écrit en 1850 pour célébrer la répression. De son côté, son père, lui, se fait violemment reprocher par les libéraux son attitude réactionnaire et surtout sa *Marche de Radetzky.*

Mais cette petite guerre familiale, insidieuse et somme toute dégradante pour les deux adversaires, va se terminer d'un seul coup en 1849 puisque Johann Strauss père meurt à quarante-cinq ans de la scarlatine. Ses funérailles sont grandioses. Le cercueil, recouvert de l'uniforme rouge et or, de l'épée d'apparat et du tricorne officiel, est porté par les membres de l'orchestre jusqu'à la cathédrale Saint-Étienne, puis suivi par une foule de cent mille personnes jusqu'au cimetière de Döbling. Enfin, l'orchestre Strauss et le chœur du Männergesangverein, tout récemment formé, s'unissent pour un dernier hommage en interprétant le *Requiem* de Mozart dans l'église Am Hof.

L'APOTHÉOSE DE LA VALSE

Après avoir hésité quelques jours, la Strauss Kapelle, orpheline, accepte avec reconnaissance d'être dirigée par Johann fils, qui va cependant renouveler peu à peu un certain nombre de ses membres. Désormais, Johann Strauss II va régner en maître absolu au *Mondscheinsaal,* près de la Karlskirche ; au *Casino Unger* de l'Alserstrasse, qui possède le plus grand jardin de la capitale ; au *Paradeisgartl,* à l'emplacement de l'actuel Burgtheater ; au *Kaffeehaus Corti* construit en cercle autour d'un pavillon de musique dans le Volksgarten ; au *Tivoli* près de Schönbrunn, que fréquentent les membres de la maison impériale ; au *Tenne,* luxueux complexe souterrain sur l'Annagasse, où l'on peut admirer un petit chemin de fer et plusieurs salles exotiques, notamment un sérail turc ; au *Dianabad* dont la piscine a été recouverte et transformée en salle de bal et où Strauss va créer en 1867 son illustre *Beau Danube bleu ;* au *Casino*

Zogernitz à Dobling ; au *Sofienbad-Saal* de la Marxergasse, qui a été reconstruit en 1848 par les deux architectes futurs du nouvel Opéra, Van der Nüll et Siccardsburg, pour qu'on puisse s'y baigner en été et y danser en hiver (c'est dans cette salle, qui a survécu et dont l'acoustique est renommée, qu'ont été réalisés depuis la dernière guerre la plupart des enregistrements de la Philharmonie). Lors d'un bal costumé de 1863, le « *Sofienbad* » tout entier est occupé par une réplique fidèle de la place Saint-Marc de Venise et les invités se promènent en gondole au rythme des Valses de Strauss...

L'un des princes de l'industrie viennoise du plaisir est un ancien maître d'hôtel allemand nommé Karl Schwender. En 1835, il a transformé en *Colosseum* une partie du jardin du Rudolfsheim, sur la Mariahilferstrasse, avec un théâtre qui joue après la fermeture de tous les autres, une *Salle des Amours*, une *Salle des Fleurs*, une *Salle d'Harmonie*, une brasserie en plein air et, derrière l'orchestre, une vaste conque acoustique. Particulièrement populaires chez Schwender sont les *bals de misère* où les milliardaires viennois aiment à se déguiser en mendiants. À Hietzing, Schwender a également ouvert la *Neue Welt*, une véritable cité du divertissement, avec ses serres, ses plates-bandes de camélias, ses parquets en mosaïque dans des jardins anglais. Un décor particulièrement romantique y mêle les tulipes véritables avec des tulipes de verre où brûlent des flammes de gaz. Un autre, en style maure, simule l'Alhambra et sert de fond aux soirées de théâtre ou de musique.

En businessman émérite, Johann Strauss II a rapidement compris que cette abondance d'établissements est pour lui une mine d'or. Mais il ne peut en visiter plus de deux ou trois le même soir. Certes, ses orchestres sont parfaitement capables de jouer sans chef, mais la preuve a été rapidement faite que le public et surtout les entrepreneurs de spectacles sont toujours déçus s'il n'est pas possible d'afficher « sous la direction personnelle de Johann Strauss ». Que faire dans ces conditions, sinon convaincre ses deux jeunes frères qu'il leur faut absolument diriger comme lui la Kapelle ? Avec Eduard, le plus jeune, le problème existe à peine puisque, pris de passion pour la musique, il n'a pas tardé à abandonner la carrière diplomatique pour le violon et la harpe. D'ailleurs il joue déjà dans des orchestres. Comme compositeur, Eduard sera toujours inférieur à Johann et à Josef, bien qu'il ait tout de même laissé quelques Polkas et quelques Marches. Mais c'est un chef habile, quelque peu cabotin, qui acquerra une popularité égale à celle de ses frères, et qui fera même fureur en 1859, au Sofienbad-Saal, au cours d'un gigantesque bal qui est resté dans l'histoire. Cependant, le problème fondamental d'Eduard, celui que dissimulent une vanité et une suffisance qui ne le rendent pas très sympathique, est qu'il souffre et souffrira toujours en secret d'un effroyable complexe d'infériorité. En fait, le véritable prodige de la famille, c'est le second frère, Josef. Lui n'est pas musicien, mais peintre et dessinateur, il écrit des poèmes, des pièces de théâtre, il a fait des études polytechniques et il est même devenu un ingénieur breveté... Or, il se trouve que ce frère idéaliste, ce démocrate convaincu, ce rêveur qui n'a jamais appris la musique, se révèle le musicien et le compositeur le plus doué des trois, doublé lui aussi d'un homme d'affaires de grande classe. Certes, sa veine est plus tendre que celle des autres et, comme chef, il est plus flegmatique. Mais, même là, ce « génie malgré lui » va prendre une place que nul ne peut lui contester. Pour y parvenir, il met les bouchées doubles. Il apprend avec enthousiasme l'art ancien de la basse chiffrée puis celui de la composition, et il devient aussi excellent violoniste. Après des débuts au pupitre en 1853, dans le jardin du Sperl, pour l'instant avec une baguette, il peut, à peine trois ans plus tard, prendre place comme son frère aîné au premier rang des violons et diriger de l'archet avec la même autorité. Cependant, les tensions psychologiques que lui ont causées ce tardif changement de profession et cette formation si accélérée vont laisser chez lui des traces inquiétantes. Josef se met à fumer sans discontinuer et boit bien plus que de raison. Dès 1865, il souffre de graves maux de tête et d'évanouissements subits qui le contraignent de prendre un repos prolongé.

Johann aussi devra plusieurs fois se retirer pendant quelque temps pour raison de santé. Il faut dire que son activité, au moins les trente premières années, est absolument stupéfiante. Chaque saison il dirige des centaines de concerts. Il compose trois cents numéros d'opus. Il effectue d'innombrables tournées internationales, en France, en Russie, en Angleterre et jusqu'aux États-Unis. Partout, Johann Strauss et son orchestre remportent des triomphes historiques. Dans la gestion de sa propre carrière, il continue de montrer un sens exceptionnel de l'opportunité. Par exemple, il ne manque jamais de commémorer par une nouvelle composition les événements les plus importants de Vienne ou de l'empire : *Elisabethsklänge* (1853) pour le mariage de l'empereur avec la princesse de Bavière, *Rettungs-Jubels-Marsch* (1853) pour immortaliser le jour béni où l'empereur échappe à un attentat, *Demolirer-Polka* (1862) pour célébrer la démolition des anciens remparts, etc. Mais le pardon pour ses « péchés » de 1848 ne lui vient pourtant qu'en 1863 lorsque, enfin, il est nommé *Hofballmusikdirektor*.

Trois jours après la déclaration de guerre de la France à la Prusse, en 1870, Josef meurt des suites de l'attaque cérébrale qui l'a frappé en plein concert, à Varsovie. Peu de temps après, Johann, qui lui aussi ressent les

conséquences de ses nombreuses années de surmenage, abandonne définitivement à Eduard la direction de l'orchestre Strauss dont l'activité ne
va pas baisser pour autant mais même se développer surtout dans les
tournées. Aux *Promenadenkonzerte*, qu'il donne le dimanche à cinq
heures au Musikvereinsaal, Eduard crée souvent de nouvelles partitions
classiques avant la Philharmonie, voire avant l'Opéra. Mais en 1901,
deux ans après la mort de son frère Johann, à l'enterrement duquel il n'a
même pas assisté, Eduard décide tout d'un coup, à l'issue d'une tournée
aux États-Unis, de dissoudre l'orchestre familial au bout de soixante-seize
ans de succès financier et de gloire artistique. De retour à Vienne, il se
retire définitivement de la vie publique et démissionne de son poste à la
cour. Il faut dire que son caractère n'a pas cessé de s'aigrir en proportion
de la rancœur qu'il nourrit envers ses frères à qui il reproche de l'avoir
toujours exploité. Sa vengeance posthume va être d'autant plus terrible
qu'elle est l'expression d'une volonté froidement destructrice. Le 22
octobre 1907, il arrive à la fabrique de poëles et de fourneaux de
Mariahilf avec un fourgon rempli de plusieurs tonnes de manuscrits,
d'œuvres inconnues et d'arrangements inédits, de partitions et de cor-
respondances, c'est-à-dire avec les archives complètes, et infiniment précieuses, de l'orchestre Strauss depuis ses origines. Cinq heures durant,
assis dans un fauteuil, il attendra que l'ensemble soit dévoré par les
flammes, et il ne s'en ira qu'une fois le dernier papier consumé. Un tel
autodafé reste sans exemple dans toute l'histoire de la musique.

L'OPÉRETTE VIENNOISE

Comment donc la jalousie rétrospective du plus jeune des trois frères
a-t-elle pu atteindre pareille proportion ? C'est sans doute que Johann a
connu, les trente dernières années de sa vie, un regain de notoriété internationale tout à fait considérable, dû pour l'essentiel à son succès dans
un genre nouveau qu'il n'avait jamais pratiqué auparavant, celui du
théâtre musical. Eduard ressent tout cela comme une humiliation personnelle et accumule les ressentiments secrets. L'explosion finale n'en
sera que plus dévastatrice. Cependant, si Johann a été de son temps le
plus célèbre compositeur viennois d'opérettes, il n'avait pas été le premier. Ce mérite-là revient à Franz von Suppé (1817-1895), musicien
d'origine belge, né à Spalato en Dalmatie, et qui a fait ses études musicales de base en Italie. Élève, comme Johann Strauss avant lui, d'Ignaz
von Seyfried, sous l'égide duquel il a d'abord composé de la musique religieuse, il est engagé en 1840 par Franz Pokorny comme chef d'orchestre

au Josefstadttheater. Dès l'année suivante, il commence d'écrire pour ce théâtre des musiques de scène qui sont tout de suite favorablement accueillies. Entre 1841 et 1845, Suppé signe une vingtaine de partitions de ce genre, dont celle pour *Le Songe d'une nuit d'été* de Shakespeare qui lui vaut déjà une réputation flatteuse que confirme l'Ouverture *Ein Morgen, ein Mittag, ein Abend in Wien* (Un Matin, une après-midi, un soir à Vienne) (1844). En 1845, lorsque Pokorny obtient également la concession du Theater an der Wien, Suppé s'installe dans le bâtiment même, comme Beethoven avant lui, et offre pour l'inauguration de la première saison du nouveau directeur une *Festouverture* après laquelle il dirige ce soir-là l'*Alessandro Stradella* de Flotow, dont la création avait eu lieu l'année précédente à Hambourg. Quelques mois plus tard, l'une de ses partitions pour le Theater an der Wien connaît une telle vogue que l'éditeur munichois Aibl décide aussitôt de la publier. Il s'agit de l'ouverture de *Dichter und Bauer* (Poète et paysan) dont, pendant les quatorze années suivantes, paraîtront vingt-cinq arrangements différents. L'éditeur, qui n'avait versé que huit gulden au compositeur pour prix de son travail, aura ainsi fait l'affaire de sa vie. D'ailleurs aucune des musiques de scène de Suppé ne retrouvera le succès de *Ein Morgen, ein Mittag, ein Abend in Wien* ou de *Dichter und Bauer*. Une seule d'entre elles, *s'Alraunl* va livrer à la postérité un chant immortel, presque un second hymne national :

> *Das ist mein Osterreich*
> *Das ist mein Vaterland...*
> Voici mon Autriche
> Voici ma patrie...

Après sa mort, survenue en 1850, Franz Pokorny est remplacé au Theater an der Wien par son fils Alois qui renouvelle aussitôt le contrat de Suppé. Or, dans les années qui suivent, la population viennoise s'accroît à une vitesse vertigineuse : 450 000 habitants en 1860, 860 000 en 1880, et ce dernier chiffre aura encore doublé en 1900. De nombreux étrangers habitent désormais la capitale qui devient alors une véritable métropole internationale. Évidemment, on commence à ressentir la nécessité d'un nouveau répertoire comique, moins local, moins viennois que celui des Raimund et des Nestroy. C'est parce qu'il s'en rend compte le premier que Suppé écrit en 1860 *Das Pensionat* qui sera donné pas moins de trente fois en six mois. Certes, le Theater an der Wien avait déjà représenté des opéras – comiques, héroïques ou féeriques –, des Singspiele, des comédies ou farces avec chant, des « Jeux féeriques avec chant, danse, tableaux, et groupes » et même un « Mélange féerique avec chant, danse, groupes, diableries et combat naval », *Über Land und*

Meer (Par terre et par mer), sur une musique de Suppé et Adolf Müller senior. Mais jamais encore il n'avait présenté d'« Opérette comique ». Celle de Suppé va donc servir de modèle, mais dans d'autres salles puisque le Theater an der Wien fait faillite en 1862.

Pour mieux comprendre la nature et l'évolution du genre et son extra-ordinaire épanouissement à Vienne, il faut savoir que, en 1847, Suppé avait recommandé à Pokorny l'engagement de l'acteur hambourgeois Karl Treumann, doté de toutes les qualités musicales et dramatiques requises pour devenir une star de première grandeur. En 1852, Carl Carl le fait venir au Leopoldstadttheater alors dirigé par Nestroy. À la recherche d'un répertoire apparié à ses talents multiples, Treumann a l'idée d'importer Offenbach à Vienne, et il fait donner coup sur coup, en 1858 et 1859 au Carl-Theater, *le Mariage aux lanternes, Pépito* et *le Violoneux*. Mais on est encore loin d'apprécier à sa juste valeur le génie des œuvres d'Offenbach puisqu'on se contente alors de la réduction pour chant et piano réorchestrée par Karl Binder le Kapellmeister du théâtre. Nestroy va faire de même en 1860 avec la partition d'*Orphée aux Enfers* : cette fois, il va de plus récrire entièrement le livret et jouer lui-même le rôle de Jupiter. Le succès est si vif qu'on n'hésite pas, l'année suivante, à reprendre la version originale de Paris. Johann Strauss assiste à l'une des premières représentations et il écrit « de mémoire » son *Orpheus Quadrille,* immédiatement publié par Haslinger.

Dans les années 1840, Carl Carl était déjà le maître absolu du théâtre viennois de divertissement. Après avoir rénové son établissement de Leopoldstadt en 1845, il avait construit en six mois en 1847, dans le même faubourg mais sur la Praterstrasse, d'après les plans de Van der Null et Siccardsburg, un nouveau théâtre de plus de deux mille places. L'année suivante, Carl prend imprudemment parti pour les révolution-naires, ce dont on ne semble pas lui avoir tenu rigueur puisque son théâtre ne reste fermé qu'un seul mois. Ce magnifique Carltheater n'en va pas moins végéter sous le poids d'un répertoire qui ne parvient pas à se renouveler. Jusqu'à sa mort, en 1854, son fondateur n'y aura pas eu beaucoup de satisfaction. Nestroy, qui lui succède pour deux ans, n'en aura guère plus. En 1856, l'acteur français Levassor triomphe bien ici un mois durant avec une troupe de vaudeville parisienne, mais c'est le seul événement avant la démission de Nestroy qui quitte Vienne pour s'en aller mourir à Graz en 1862. Treumann récupère alors tous les artistes du Carltheater et s'installe en 1860 dans une salle provisoire du Franz-Josef-Kai, bientôt surnommée Treumann-Theater. Il l'inaugure avec trois pièces en un acte, dont le *Ba-ta-clan* d'Offenbach, rebaptisé *Tschin-Tschin*. Le Theater an der Wien ayant définitivement fermé ses portes,

Treumann engage Suppé et lui commande un premier ouvrage qui ne fera pas beaucoup de bruit, *Die Kartenaufschlägerin* (La Cartomancienne). C'est qu'Offenbach a déjà fait, en janvier 1861, ses débuts au pupitre du même théâtre avec *le Mariage aux lanternes* et *le Violoneux*. De plus, il a été réinvité en juin-juillet pour un cycle entier de ses opérettes avec toute la compagnie des Bouffes Parisiens. Pourtant, en 1861-1862, on ne parle que de ses pièces dont le succès est tel qu'il faut bientôt les reprendre en allemand. Ainsi *la Chanson de Fortunio, Monsieur et Madame Denis, Ba-ta-clan, Trombalcazar, Monsieur Chou-Fleuri,* dépasseront-elles chacune les trente représentations.

Mais, entre-temps, Suppé prolonge la vogue d'Offenbach en dirigeant en mai 1862 son propre arrangement du *Pont des Soupirs,* enrichi d'un Lied de sa plume. Félicité par l'auteur lui-même, venu créer *Bavard et Bavarde* au mois de juillet, il s'enhardit et donne successivement deux opérettes originales, *Zehn Mädchen und kein Mann* (1862) (Dix Filles et aucun homme) et surtout *Flotte Bursche* (Les Garçons intrépides) (1863), une partition en un acte dont l'action se déroule en milieu estudiantin. Cet ouvrage, fort bien reçu par le public, ne pourra pas tenir l'affiche à cause de l'incendie de la salle du quai François-Joseph survenu en juin 1863, une demi-heure après la fin de la représentation. C'est le premier des grands incendies de théâtres que Vienne va connaître avant la fin du siècle. Treumann a repris le Carltheater et ouvre dès le 21 août 1863 avec un spectacle composé du malheureux *Flotte Bursche* suivi d'une comédie sans musique, un tel voisinage étant alors tout à fait tolérable. On dirait que, depuis ses débuts et quoi qu'il fasse, Suppé n'est jamais à l'heure. Se croyant fait pour le grand art lyrique, il avait échoué lamentablement à la Hofoper en 1858 avec un opéra nommé bizarrement *Paragraph 3.* Désormais convaincu qu'il ne doit pas forcer son talent, il décide de s'inspirer des événements contemporains dans *Das Korps der Rache* (Le Bataillon de la vengeance) (1864) qui se solde aussi par un cuisant échec. Il est vrai que c'est l'heure des grandes défaites de l'Autriche qui a perdu la Lombardie en 1859 et qui va perdre la Vénétie en 1866. Le moment où le pays devait abandonner de fait le leadership du monde germanique n'était peut-être pas bien choisi pour faire succès avec l'élan patriotique! D'ailleurs, les Viennois préfèrent oublier, comme le prouvent, en cette année 1864, *les Géorgiennes* d'Offenbach qui font salle comble pendant un mois au Carltheater, malgré l'auto-concurrence de *la belle Hélène* créée sous la direction du compositeur au Theater an der Wien. Friedrich Strampfer, le nouveau gérant-locataire de ce théâtre, a su séduire Offenbach par un contrat en or massif. C'est également lui qui va libérer Suppé de ses obligations de tâcheron des musiques de scène et lui permettre de se consacrer définitivement à l'opérette. Le titre de l'œuvre suivante de Suppé, composée dans le même secret que celle, tant attendue, d'Offenbach, démontre à tout le moins que la mode des sujets antiques est maintenant bien établie, puisque à *la Belle Hélène* d'Offenbach (1865) répond la même année *Die schöne Galathee* de Suppé. Quoi qu'il en soit, les thèmes sont plus différents que ne le laisserait supposer l'analogie des titres : l'opérette autrichienne, qui d'ailleurs n'en est pas une puisque Suppé l'a intitulée « opéra comico-mythologique », met en scène le Pygmalion d'Ovide et son amour pour la statue à laquelle il a donné vie. L'année 1866, celle de la plus cuisante déconfiture militaire de l'Autriche, Suppé tire son feu d'artifice avec *Die leichte Kavallerie* (Cavalerie légère) dont l'Ouverture fera, partout dans le monde et pendant de longues années, les beaux soirs des kiosques à musique.

C'est cette année-là que triomphe au Theater an der Wien le *Barbebleue* d'Offenbach, auquel le successeur de Treumann, Anton Ascher, réplique en janvier 1867 au Carltheater par *la Vie parisienne* et une parodie du *Pardon de Ploërmel* de Meyerbeer. Suppé essaye bien encore de répondre à *la Grande-Duchesse de Geroldstein* avec ses *Banditenstreiche* (Les Farces des bandits) et son *Tantalusqualen* (Les Supplices de Tantale) mais il perd chaque fois un peu plus de terrain. Pendant près de dix ans, aucune des opérettes ou parodies de l'Autrichien ne convaincra vraiment le public, alors qu'Offenbach sera de plus en plus adulé au Carltheater comme au Theater an der Wien. À la vérité, Offenbach n'aura connu à Vienne qu'un seul échec, lorsqu'il a donné à la Hofoper, en 1864, l'opéra allemand *Die Rheinnixen* (Les Sirènes du Rhin) qui ne sera représenté que huit fois. L'ouvrage va disparaître à jamais, à l'exception de la célèbre Barcarolle réutilisée dans les *Contes d'Hoffmann*. Mais le succès d'Offenbach se maintient dans les théâtres d'opérettes. En novembre 1864, l'empereur lui-même commandite pour ses invités une reprise du *Pont des Soupirs* au Carltheater. Le compositeur est de retour la même année pour créer au Theater an der Wien *Croquefer* et, trois jours plus tard au Carltheater, *les Géorgiennes*. Le système Offenbach fonctionne à merveille, grâce notamment à des interprètes qui défrayent la chronique à longueur d'année. Ainsi des prime donne, Marie Geistinger et Josefine Gallmeyer, qui, de rivales artistiques sont devenues ennemies mortelles. Des deux, la Gallmeyer est la plus audacieuse, au point de ne pas hésiter, lorsque l'envie lui prend, à apostropher ses connaissances depuis la scène du Carltheater ou à dérouter ses camarades dans les ensembles en improvisant des couplets qui, à l'occasion, sont même dirigés contre le directeur du théâtre. Elle finira tout de même un jour par se faire renvoyer pour avoir giflé ce directeur jusque-là héroïque.

Mais il faut revenir maintenant aux Strauss pour mieux saisir l'apport de la Valse au genre de l'opérette viennoise. En 1862, à quarante-sept ans, Johann Strauss II a épousé la cantatrice Henriette Treffz, interprète de Berlioz à son dernier concert en 1845. C'est elle qui va prendre en mains et gérer sa carrière avec un sens peu banal des affaires. Une œuvre incarne cette réussite, *An der schönen blauen Donau* (Le Beau Danube bleu), la plus célèbre Valse de l'histoire. Or, en 1867, le fleuve lent et boueux, que l'on associe si souvent à la magie de Vienne et auquel Strauss a dédié son œuvre, n'est en réalité qu'un fouillis informe de bras divers, coulant à travers des prés marécageux et menaçant sans cesse la ville de ses inondations catastrophiques. Plusieurs de ces inondations vont encore la dévaster en attendant que soit creusé le lit actuel, entièrement artificiel. La Valse de Strauss, dont on oublie volontiers que la version originale est pour chœur d'hommes, a été commandée par le Männergesangverein, fondé en 1843. Elle est créée après l'entracte d'un concert monstre de cinq heures, donné au Dianasaal pendant le carnaval, et dont le programme est en grande partie constitué de parodies. Le texte original de la pièce était de caractère satirique et politique, anti-français et même, dans l'un des couplets, franchement antisémite. Mais il n'y a rien là qui puisse choquer quiconque puisque le produit du concert doit permettre d'élever un monument à la mémoire de Schubert et que la morale est donc sauve. Quelques-unes des Valses les plus célèbres de Strauss datent de ces mêmes années 1860, *Accelerationen*, *Künstlerleben* (Vie d'artiste), *Geschichten aus dem Wienerwald* (Histoires de la forêt viennoise) avec soprano colorature, *Wein, Weib und Gesang*, etc. À les écouter attentivement, on s'aperçoit qu'elles s'éloignent peu à peu des tourbillons de la danse, avec leurs introductions de plus en plus lentes et de plus en plus poétiques. Ce qu'elles briguent, en effet, c'est la dignité du concert.

La première opérette de Johann Strauss est due à l'initiative d'Anton Ascher, le directeur du Carltheater, mais aussi à l'exemple des succès colossaux d'Offenbach qui se sont prolongés en 1869 avec *La Périchole* et en 1870 avec *Monsieur et Madame Denis* et *Vert-vert*. Elle doit également beaucoup aux conseils avisés et surtout aux ruses de Jetty (Henriette) Strauss qui a su peu à peu vaincre les réticences de son mari. Car le « roi de la Valse » va mettre longtemps avant de se résoudre à aborder les périls du théâtre. La première représentation de son *Indigo und die vierzig Räuber* (Indigo et les quarante voleurs), sous sa propre direction, pendant le carnaval de 1871, est sans aucun doute l'événement le plus couru de la saison. Les billets, qui se sont arrachés dès l'ouverture des guichets, se revendent au marché noir à des prix astronomiques. Quelques jours auparavant, le compositeur a failli s'évanouir d'angoisse à la seule vue de l'affiche de la soirée, et il a sombré ensuite dans une véritable dépression. La faiblesse insigne du livret de Steiner n'empêche pas *Indigo* d'être représenté soixante-dix fois de suite, repris dans tous les théâtres allemands et autrichiens, et même dirigé par le compositeur lui-même, quatre ans plus tard, au Théâtre de la Renaissance à Paris, sous le titre de *La reine Indigo*. Avec cette première œuvre, Strauss gagne déjà des sommes considérables car il s'est assuré par contrat dix pour cent de la recette et un demi-bénéfice toutes les vingt représentations. Aussi ce coup d'essai en forme de coup de maître est-il suivi en 1873 du *Carneval in Rom*, sur un sujet de Victorien Sardou, donné plus de quatre-vingts fois avec Marie Geistinger dans le rôle principal, et, en 1874, de l'illustrissime *Fledermaus* (La Chauve-souris).

C'est au très habile impresario Gustav Lewy, qui se tient toujours au courant de l'activité des principaux théâtres européens, que revient l'honneur d'avoir attiré, en 1872, l'attention des deux directeurs du Theater an der Wien sur la pièce *Le Réveillon* de Meilhac et Halévy, librettistes de *Carmen* et des meilleures opérettes d'Offenbach. Par l'intermédiaire de Lewy, Steiner et Geistinger en acquièrent les droits, puis font adapter et traduire le texte en allemand par le Kapellmeister de leur théâtre, Richard Genée. Il se trouve que la création intervient juste un an après l'exposition universelle qui a voulu prouver la prospérité et la réussite économique de l'empire danubien, mais un an aussi après le *lundi noir*, cet énorme krach boursier qui a consommé la ruine de tant de fortunes viennoises et causé de très nombreux suicides. Déjà, l'univers du plaisir et de l'oisiveté, qui est celui de *Die Fledermaus*, éveille la nostalgie d'un âge révolu. Comme d'habitude, la censure a jugé certains couplets licencieux et exigé des modifications. Le succès est immense et l'opérette aurait bien pu dépasser les quarante-neuf représentations si le théâtre n'avait dû accueillir une série d'opéras italiens avec Adelina Patti comme vedette. Mais le chef-d'œuvre théâtral de Strauss commence aussitôt son tour du monde et prend très vite une place historique comme modèle incontesté de toutes les opérettes. Seul Paris en verra une version qui n'a pas grand chose à faire avec l'original : elle est intitulée *La Tzigane* car les deux librettistes estiment n'être liés par aucun contrat, même moral, avec un compositeur qui a laissé défigurer à ce point leur pièce. Paris devra attendre 1904 pour voir *La Chauve-Souris* d'origine. Aucune des opérettes ultérieures de Strauss ne renouvellera le triomphe unanime et mondial de la *Fledermaus*. Ni *Cagliostro in Wien*, avec un livret original de Genée, représenté quarante-neuf fois de suite au Theater an der Wien en 1875, ni *Prinz Methusalem*, sur un livret traduit du français par Karl Treumann, commande du Carltheater en 1877.

C'est dans cette salle que Charles Lecocq a fait son entrée à Vienne avec *la Fille de Madame Angot (1874)* et *Giroflé-girofla* (1875), et Robert Planquette avec *les Cloches de Corneville* (1878). Comme les livrets français sont à la mode, Richard Genée décide d'en adapter un nouveau, qui a été utilisé par Auber à Paris, en 1861, pour *la Circassienne.* Il le propose à Johann Strauss qui, sur le conseil de son épouse, le refuse, craignant d'être accusé de plagiat, comme il l'a été pour *Die Fledermaus.* Ce texte est donc finalement mis en musique, sous le nom de *Fatinitza,* par Franz von Suppé qui, enfin, remporte avec lui, au Carltheater en 1876, le succès qu'il attendait depuis si longtemps, bien que certains l'accusent méchamment d'emprunter à Strauss et même à Offenbach dont l'étoile commence à pâlir sérieusement à Vienne depuis l'échec de *la Fille du Tambour-Major* (1879). Avec *Boccacio,* révélé pendant la saison du carnaval de 1879 encore au Carltheater, la malédiction de Suppé ne semble plus qu'un lointain souvenir tant l'ouvrage s'impose par son élégance et sa vitalité, au point de s'installer pour toujours au centre du répertoire viennois. À l'occasion du quarantième anniversaire de ses débuts, Suppé est nommé citoyen d'honneur de Vienne, titre qui ne sera conféré à Strauss que trois ans plus tard. Le Carltheater organise une Semaine Suppé, avec ses ouvrages les plus connus et la première d'un tout nouveau, *Der Gascogner,* inspiré par un roman d'Eugène Sue. Mais l'échec inattendu de cette création va aboutir à la fermeture du théâtre et déboucher sur une période de crise qui affectera toutes les salles de Vienne.

FEUX D'ARTIFICE

Après avoir abandonné au bout de deux ans la direction de la Hofoper, Franz Jauner avait repris celle du Theater an der Wien en même temps que celle du Ringtheater, construit en 1874 sur le Schottenring en face de la Bourse, et dont l'ambition avouée était de devenir le pendant viennois de l'Opéra-Comique parisien. Depuis son ouverture, cette salle semblait mal partie, changeant maintes fois de directeur, parfois au bout d'une seule semaine. En 1881, Jauner pense avoir garanti enfin l'avenir du Ringtheater et le sien avec deux créations assurées de faire événement, *Der lustige Krieg* (La Joyeuse Guerre) de Strauss et l'opéra-comique posthume d'Offenbach, *les Contes d'Hoffmann.* Un quart d'heure avant le début de la seconde représentation de l'ouvrage d'Offenbach, le 8 décembre, alors que la salle est déjà presque remplie, l'éclairage par les rampes à gaz des cintres ne s'allume pas. Le gaz, qui s'est répandu, s'enflamme et met le feu à un décor. En quelques secondes, l'incendie se propage à la scène tout entière. Comme il n'y a pas le moindre pompier de service, on n'arrive pas à faire couler une seule goutte d'eau des tuyaux d'incendie et, dans l'affolement, personne ne songe même à descendre le rideau de fer. C'est à ce moment que, par comble d'imprudence, quelqu'un ouvre la porte du fond des coulisses. Le souffle d'air projette alors une flamme gigantesque qui embrase d'un seul coup toute la salle. Dans une panique indescriptible, la plupart des spectateurs du parquet et des loges réussissent à s'échapper, mais on s'apercevra bientôt que ceux des balcons et du poulailler sont restés bloqués par les flammes. Il faudra deux jours pour maîtriser l'incendie et l'on finira par dénombrer trois cent quatre-vingt-six victimes, dont certaines ne seront identifiées que grâce à leurs bijoux. Jauner est aussitôt condamné pour négligence à quatre mois de prison. La honte qui s'abat sur lui est telle que, dix-neuf ans plus tard, elle le conduira au suicide.

Alors que le public viennois hésite à se rendre au théâtre après une pareille catastrophe, l'opérette suivante de Suppé, *Herzblättchen* (Mignonne de mon cœur), fait un four retentissant au début de 1882. Pour payer ses dettes, Tewele est obligé de vendre jusqu'au dernier meuble du Carltheater. Désormais libéré de toute attache, Suppé va survivre jusqu'en 1895 et composer encore plusieurs opérettes que la postérité a oubliées. La plupart d'entre elles sont données au Theater an der Wien qui, après l'incendie du Ringtheater, en est devenu le théâtre attitré. Il faut dire que la tradition ne cesse de se poursuivre avec *Blindekuh* (Colin-Maillard) (1878), *Das Spitzentuch der Königin* (Le Mouchoir en dentelle de la Reine) (1880), *Der lustige Krieg* (1881) et *Eine Nacht in Venedig* (Une nuit à Venise) (1883) de Johann Strauss, suivis du très populaire *Der Zigeunerbaron* (Le Baron Tzigane) en 1885, et encore de plusieurs autres pièces dont le titre seul a survécu.

Parallèlement aux maîtres du genre, d'autres compositeurs s'y sont illustrés avec un bonheur certain. C'est le cas du Viennois Karl Millöcker (1842-1899), élève de Suppé, dont l'invention est moins spontanée mais la technique plus raffinée que celle de son maître et même que celle de Strauss, avec *Die keusche Diana* (La Chaste Diane) (1867), *Grafin Dubarry* (1879), *Der Bettelstudent* (L'Étudiant mendiant) (1882) sur un excellent livret rejeté par Strauss, puis de *Gasparone* (1884) et *Der Vice-Admiral* (1886). À la fin du siècle, Karl Zeller (1842-1898) a son heure de gloire avec *Der Vogelhandler* (L'Oiseleur) (1891) et *Der Obersteiger* (1894), tandis que Carl Michael Ziehrer (1843-1922), quatrième et dernier *Hofballmusikdirektor,* en concurrence directe avec Eduard Strauss, donne une vingtaine d'opérettes dont la plus célèbre reste *Die Landstreicher* (Les Vagabonds) (1899) précédée et suivie d'une vingtaine d'autres.

Quant à Johann Strauss, qui est toujours là, il va partager les dernières années de sa vie entre son élégant palais de Wieden (Igelgasse, aujourd'hui Johann Straussgasse) et, plus tard, la villa qu'il a fait construire à Ischl, la résidence d'été de l'empereur dans le Salzkammergut. À Vienne, où il compte désormais parmi les figures emblématiques du monde musical, son ballet *Aschenbrödel* (Cendrillon) et son unique ouvrage sérieux, *Ritter Pazman,* n'ont pas réussi pour autant à s'imposer à la Hofoper. En revanche, ses opérettes de référence, notamment *Die Fledermaus* et *Der Zigeunerbaron y* sont bientôt inscrites comme des pièces de répertoire. À la mort de sa première épouse, Jetty, emportée par une crise cardiaque en 1878, il a montré une fois encore son incapacité maladive à faire face aux événements douloureux en s'enfuyant la nuit même pour ne pas assister à l'enterrement, ce qu'il avait déjà fait après la mort de sa mère et après celle de son frère Josef. Trois mois plus tard, il se remarie avec une jeune cantatrice dont il va se séparer au bout de quatre ans de bonheur, le jour où il apprendra qu'elle a une liaison avec le directeur du Theater an der Wien. Sa dernière femme, Adele, veuve d'un banquier, a trente ans de moins que lui. Pour l'épouser et ne point tomber en situation de bigamie, Strauss doit renoncer à la nationalité autrichienne pour devenir saxon et quitter la religion catholique pour le protestantisme. Elle lui survivra un grand nombre d'années et préservera son souvenir et ses intérêts avec un soin si acharné qu'elle recevra sans plaisir le surnom de *die lästige Witwe* (La Veuve importune) au moment du triomphe de l'opérette de Franz Lehàr, *Die lustige Witwe* (La Veuve joyeuse).

Fêté de la Pologne à l'Italie et de l'Amérique à la Russie, succombant sous les distinctions honorifiques parmi lesquelles la Légion d'Honneur, Johann Strauss s'est acquis à Vienne l'estime des deux plus grands musiciens de l'époque, Johannes Brahms et Anton Bruckner. En 1890, neuf ans avant sa mort, une enquête le désigne comme l'une des trois premières figures du monde, avec Bismarck et la reine Victoria, ce qui lui attire des milliers de cadeaux, de télégrammes et d'hommages venus des cinq parties du monde. Il est donc plus célèbre encore que l'empereur François-Joseph et s'en réjouit de tout cœur, d'autant plus qu'il est souvent en butte à des crises de mélancolie et souffre d'innombrables maux dont la plupart sont imaginaires. La même année, il est nommé membre de la Gesellschaft der Musikfreunde, à laquelle il léguera par testament une grande partie de sa fortune. Le soir de son anniversaire et de son élection, un immense banquet est donné pour lui au Grand Hôtel. Au toast que lui porte l'un des membres du Conseil municipal, il répond : « Il est vrai que, si j'ai quelque talent, j'en dois le développement à ma chère ville natale de Vienne, car c'est dans son sol qu'est enracinée toute ma force, dans son air que flottent tous les sons que mon oreille saisit, que mon cœur accueille et que ma main note… Vienne, le cœur de notre Autriche bénie… à elle je bois et je dis : "Vienne, vis, crois et prospère!"» Ainsi Johann Strauss a-t-il été le premier compositeur de l'histoire à se reconnaître pleinement en Vienne comme la capitale s'est reconnue en lui.

CHAPITRE VII

Brahms, Bruckner, Wolf :
les gloires sévères d'un siècle finissant

La vogue populaire et largement internationale de Johann Strauss n'avait pas fait oublier à l'Europe de l'intelligence la gloire de Beethoven. Après Berlioz, Chopin, Schumann, Wagner, qui avaient tous espéré, mais en vain, y trouver une consécration sinon une carrière, c'est l'exemple de Beethoven qui va attirer Brahms à Vienne, et cela d'autant plus volontiers qu'il se considère comme l'héritier direct du maître de Bonn, comme le maître des formes strictes et des langages contrôlés à une époque où toutes les valeurs traditionnelles semblent perdues à jamais.

Que Brahms ait été littéralement obsédé par Beethoven, c'est ce que prouve déjà cette Première Sonate, écrite comme les deux autres à l'âge de vingt ans, en 1853. Le fait même qu'il entre dans la carrière de compositeur avec trois symphonies pianistiques montre à quel point le modèle est présent à son esprit. Or, si Vienne est avant tout pour lui la ville de Beethoven, il n'en est pas moins vrai que ce Nord-allemand ne va pas prendre de gaieté de cœur la décision de s'expatrier.

Rien dans le passé du jeune pianiste et compositeur surdoué ne semble le prédisposer à s'installer si loin de sa ville natale. Comme Mozart, comme Beethoven avant lui, il doit son élan à sa nature d'enfant prodige. Sa plus grande chance a été, au début, d'avoir pour père un musicien de profession et qui donc, tout de suite, a compris et encouragé sa vocation. Fils d'un modeste aubergiste du Holstein, Johann Jakob Brahms s'est installé dès vingt ans à Hambourg où il a commencé par jouer dans les rues et les tavernes. Quatre ans plus tard, il fait déjà partie d'un petit orchestre municipal dans lequel il tient, suivant les circonstances, à peu près tous les instruments. Et sa situation est déjà suffisamment assurée pour qu'il songe à se marier et ainsi à s'établir dans la société. Mais son choix peut surprendre puisqu'il se porte sur Christiane Nissen qui est de dix-sept ans son aînée et depuis peu sa gouvernante. C'est à ce père lucide et généreux que le jeune Johannes, fils aîné et second enfant de la famille, doit sa première éducation musicale. À l'âge de dix ans, en 1843, il a déjà fait des progrès si rapides qu'on ose même le produire sur la scène. Sa virtuosité est si frappante qu'un impresario lui propose sur le champ une tournée américaine. Mais Johann Jakob a trop de bon sens pour interrompre les études théoriques que son fils a déjà entreprises avec le maître qui l'avait autrefois formé lui-même, le compositeur et pianiste Eduard Marxsen, ancien élève d'Ignaz von Seyfried. Ainsi lorsque Johannes commence à quinze ans une carrière en règle de pianiste et d'accompagnateur, non seulement il a acquis un solide métier d'instrumentiste mais a étudié à fond les œuvres de Bach et Beethoven, et même réalisé des arrangements pour le petit orchestre de son père.

À cette époque-là, en 1848, s'est produit un événement lourd de conséquences : l'arrivée à Hambourg de réfugiés hongrois chassés de leur pays par la Révolution. Cette nouvelle communauté va marquer l'adolescent d'une indélébile empreinte, celle de la musique *alla zingarese* que, à l'exemple de Liszt, il prend pour l'authentique musique populaire de Hongrie. On retrouvera tout au long de son œuvre les traces de cette influence qui va s'avérer d'autant plus forte et plus durable que, à vingt ans, Brahms entreprend une tournée à travers l'Allemagne avec le violoniste hongrois Eduard Remenyi. Mais ce premier long voyage, qui sera suivi de très nombreux autres, l'amène aussi à visiter les principaux centres de la musique germanique. C'est ainsi qu'il fait la connaissance à Hanovre de Joseph Joachim qui, tout de suite, reconnaît en lui un génie précoce de compositeur. Sur sa recommandation, le jeune musicien se rend à Weimar pour consulter Franz Liszt. Dans son inépuisable générosité, l'illustre maître le reçoit longuement, l'écoute, le lit et avoue les grands espoirs qu'on peut fonder sur le jeune homme. En fait, ces entretiens vont surtout permettre à Brahms de mesurer tout ce qui le sépare de l'idéal *neudeutsch* qu'on cultive à Weimar. Il retourne donc chez Joachim. Et c'est là qu'il achève ses deux premières Sonates et que, en étudiant les œuvres de Robert Schumann, il trouve tout à coup l'orientation dont il avait jusque-là rêvé, comme antidote à ce relâchement formel qui, dans la musique de Liszt, lui avait semblé si dangereux.

La célèbre rencontre avec Schumann va finalement avoir lieu en 1853, à Düsseldorf. Elle marque le véritable début de la carrière de Brahms car non seulement Schumann publie dans la *Neue Zeitschrift* l'article « *Neue*

Bahnen », assez enthousiaste pour attirer sur lui l'attention de toute l'Allemagne musicale, mais il le recommande à Breitkopf qui, tout de suite, accepte d'éditer les deux Sonates. La première sera dédiée à Joachim et la seconde à Clara Schumann, Brahms ne l'ayant pas jugée digne d'être offerte au maître qu'il vénère. Or, quelques mois plus tard, Schumann est victime de la première crise qui mènera bientôt à son internement. Brahms, qui l'idolâtre et déjà lui doit tant, est si affecté qu'il gagne tout de suite Düsseldorf pour proposer son aide à la malheureuse épouse.

Il travaille alors à son Premier Trio op. 8 et il semble bien que rien, désormais, ne puisse arrêter son irrésistible ascension. Les années suivantes, il dirige pendant quelque temps, à Detmold, près de Hanovre, un orchestre de chambre pour lequel il compose ses deux Sérénades, mais il passe tout de même le plus clair de son temps dans sa ville natale où il a fondé un chœur féminin qui, à son tour, lui inspire plusieurs pièces et qui aura grande importance pour sa carrière future. Comme il n'en continue pas moins à donner de nombreux récitals avec succès, tout semble aller pour le mieux. Mais c'est en 1859, lorsqu'il crée lui-même son Premier Concerto à Hanovre, puis à Leipzig et à Hambourg, qu'il rencontre les premiers obstacles. C'est qu'il a pris ouvertement parti avec Joachim contre Liszt et ne peut plus compter sur le soutien de l'Allgemeiner Deutscher Musikverein que celui-ci a déjà fondé. Il se trouve que son Concerto est très mal reçu à Leipzig et que Breitkopf, sans doute pour cette raison, refuse plusieurs de ses œuvres, dont les Sérénades. Par chance, d'autres éditeurs s'intéressent à lui et sa situation à Hambourg est suffisamment solide pour qu'il puisse espérer succéder un jour au directeur musical des Concerts philharmoniques.

BRAHMS, HÉROS SÉVÈRE D'UNE CITÉ FRIVOLE

Lorsqu'il se rend pour la première fois à Vienne, en septembre 1862, Brahms ne se doute pas un seul instant qu'il y passera la plus grande part de sa vie. Il veut surtout prendre un premier contact avec la cité légendaire et « boire le vin que Beethoven, avant lui, a bu ». Aussitôt, il s'avoue conquis par l'amabilité du caractère viennois et par la beauté de la ville que son amie la cantatrice Luise Dutsmann-Meyer lui avait si souvent décrite. Outre son Premier Trio, il a apporté avec lui le Premier Sextuor et les deux Quatuors avec piano de l'année précédente. Il n'en faut pas plus pour que, à vingt-neuf ans, il apparaisse aux yeux de l'*establishment* musical viennois comme un des plus solides espoirs de la musique germanique. Josef Hellmesberger, le jeune violoniste prodige, dont les débuts à la fin des années 1830 avaient fait tant de bruit, est devenu l'un des musiciens les plus éminents de la capitale. Son Quatuor a pris depuis plus de dix ans la relève de celui qui avait disparu avec Ignaz Schuppanzigh. Or, à peine a-t-il examiné le Premier Quatuor avec piano qu'il déclare reconnaître en Brahms « l'héritier désigné de Beethoven ». Dès le mois de novembre il organise une exécution privée chez le pianiste Julius Epstein qui habite alors l'ancienne maison de Mozart, celle où Beethoven est venu lui rendre visite pour lui jouer ses œuvres et celle qui a vu naître *Les Noces de Figaro.* Dans ce lieu historique, l'exécution convainc tout aussitôt les musiciens professionnels convoqués pour l'occasion : ils se trouvent bien devant un génie de première grandeur.

Bien que les ponts soient en principe coupés, et d'une manière définitive, entre Brahms et les tenants de l'école *neudeutsch,* les deux nouveaux amis qu'il se fait durant ce premier séjour appartiennent au cercle de Liszt et de Wagner. Il s'agit d'abord de Peter Cornelius, l'auteur du *Barbier von Bagdad,* qui, installé à Vienne depuis quelques années, y vit modestement comme professeur de musique. Puis Carl Tausig, élève de Thalberg et disciple favori de Liszt, pianiste à la technique « infaillible », dont les programmes exclusivement sérieux et souvent modernes sont estimés de tout le monde germanique (c'est pour lui que Brahms écrira bientôt les *Variations sur un thème de Paganini*). Mais Brahms s'approche d'autres notabilités musicales de la capitale. Avec Gustav Nottebohm et Carl Ferdinand Pohl, il partage un intérêt passionné pour le passé de la musique : le premier est spécialiste de Beethoven et le second de Haydn, en même temps qu'il occupe le poste d'archiviste du Musikverein. Avec Johann Strauss, il affiche un goût très prononcé pour la musique viennoise de divertissement. Toute sa vie, et même avec quelque ostentation, il se déclarera son admirateur et son ami. Sur l'éventail d'Alice, la belle-fille du roi de la valse, il copie même le début du *Beau Danube bleu* en y ajoutant : « Hélas! Ce n'est pas de Brahms. » D'ailleurs, il s'adapte sans peine aux coutumes viennoises. Bientôt on le voit régulièrement lire les journaux et boire son café du matin au *Kronprinzen.* Comme il convient, deux cantatrices comptent alors parmi ses intimes, Luise Dustmann, déjà mentionnée, dont l'interprétation de *Fidelio* au Kärntnerthortheater le bouleverse littéralement, et Ottilie Hauer, la meilleure interprète de ses lieder. En signe de reconnaissance, il offre à celle-ci un bon nombre de ses manuscrits. Mais, contrairement à l'attente de ses amis, Brahms laisse Ottilie se fiancer avec un médecin. En outre, la liste des relations de Brahms pendant ce premier séjour comprend aussi les deux principaux Kapellmeister de Vienne, Otto Dessoff, le jeune chef saxon qui, à l'âge de vingt cinq ans, en 1860, a été élu chef des Concerts philharmoniques, et Johann Herbeck, directeur des Gesellschaftskonzerte. L'un et l'autre joueront un rôle de premier plan dans la diffusion de ses œuvres d'orchestre en dirigeant chacun l'une de ses Sérénades. Quelques jours après son arrivée, Brahms avait assisté comme tous les musiciens viennois de quelque notoriété à un événement de grand poids : la célébration du cinquantenaire du Musikverein, au Redoutensaal, en présence de l'empereur, avec au programme le *Messie* de Händel dirigé par Herbeck.

Ainsi, à Brahms, Vienne se montre-t-elle pour l'heure sous son jour le plus souriant. Hellmesberger l'a engagé à jouer en public le Premier Quatuor au cours d'un de ses concerts, et Julius Epstein, qui est d'après Hans von Bülow « le meilleur et le plus vaillant des pianistes viennois », le persuade de louer une salle pour donner une soirée entière de ses œuvres. Le programme comprend le Second Quatuor avec piano et les *Variations sur un thème de Händel.* Mais le public manifeste plus d'enthousiasme pour le virtuose que pour le compositeur. Brahms ne s'en inquiète pas outre mesure, connaissant déjà les mœurs viennoises. Leçons, concerts, conversations amicales, promenades au Prater, telles sont les principales occupations qui mènent Brahms jusqu'à la fin d'avril 1863. « Cette ville joyeuse, ces environs pittoresques, ce public vivant et enthousiaste, comme tout cela est stimulant pour un artiste! », écrit-il à l'un de ses amis juste avant de repartir.

À peine rentré à Hambourg pour fêter en famille son trentième anniversaire, il subit la première grande déception de sa vie, une déception que rien n'effacera jamais puisqu'il va rester jusqu'au bout viscéralement attaché à sa ville natale. En effet, au mois de mai 1863, son ami, le populaire baryton alsacien Julius Stockhausen, est nommé chef des Concerts philharmoniques de Hambourg, alors que Brahms convoitait depuis longtemps ce poste. Heureuse coïncidence, le mois n'est pas encore terminé qu'il reçoit de Vienne une proposition qu'il accepte donc aussitôt, celle de reprendre la direction du chœur de la Singakademie. À la fin de septembre 1863, il repart pour Vienne et s'installe six mois près de la cathédrale, à la Singerstrasse, dans une maison que Mozart avait habitée en 1781 avec la Hofkapelle de Salzbourg.

L'un des phénomènes les plus regrettables de la vie musicale viennoise est alors le morcellement des différentes institutions. On reparlera bientôt de la concurrence absurde que se font les Gesellschaftskonzerte et la Philharmonie, mais le même individualisme mal placé a mené à la création simultanée de plusieurs chœurs qui entrent également en compétition : le chœur masculin du Männergesangverein fondé par August

Schmidt (1843), le Singverein (1858), la Singakademie et l'Akademischer Gesangverein (1858), auxquels s'ajoutera encore, cinq ans plus tard, le Schubertbund. La plus prospère de toutes ces formations est évidemment la Singakademie qui fait partie du Musikverein et participe régulièrement à ses concerts. Mais Brahms y trouve une situation financière peu brillante au point qu'elle va considérablement gêner son activité. Il est vrai que son ambition est à la mesure de sa culture musicale qui dépasse de loin celle de la plupart de ses contemporains. Il suffit de consulter ses premiers programmes de l'Akademieverein pour s'en rendre compte. On y trouve souvent Bach avec des Cantates, des extraits de l'*Oratorio de Noël* et un Motet, mais aussi des œuvres alors inconnues du XVIIᵉ siècle, notamment de Schütz et de Gabrieli, sans parler bien sûr de Beethoven *(Opferlied),* Schubert, Mendelssohn, Schumann *(Requiem für Mignon).* On y trouve aussi, et c'est légitime, ses propres compositions, auxquelles est d'ailleurs consacré exclusivement le dernier concert du mois d'avril 1864, qui sera l'un des plus applaudis de toute la série. Bien que le chœur ait l'intention de le réengager l'année suivante, Brahms hésite car il n'est pas, lui, satisfait de sa saison. « L'Akademie m'a naturellement apporté beaucoup de joie mais aussi pas mal de désagréments, écrit-il à Clara Schumann. La musicalité des choristes, la manière dont ils déchiffrent, dont ils répètent, est certes convenable mais la vie est par trop agitée ici. Au cours de la saison brève, aucun homme, et surtout aucune institution, si elle se contente d'exister tranquillement et de rechercher le plaisir et la culture en soi-même ne peut tenir le coup sans chanceler très vite. [...] Voilà pourquoi les affaires artistiques et pécuniaires [de l'Académie] sont dans une situation critique, parce qu'il manque à la tête une personnalité distinguée et artistiquement valable. Pour ce qui est de la partie musicale, je n'aurais aucun mal à m'en occuper d'une manière satisfaisante mais, vu la situation, il faudrait posséder en plus un talent d'organisateur que je n'ai pas. »

La prédilection de Brahms pour les œuvres sombres ou funèbres a déjà été remarquée par le public de Vienne et elle donne même lieu à des plaisanteries : « Lorsque Brahms déborde de bonne humeur », dit-on volontiers, « c'est alors qu'il fait chanter : "Le tombeau est ma joie" ». Lui-même se rend bien compte que la sévérité de ses programmes n'est pas du goût de tous. Même son fidèle ami, le critique Eduard Hanslick, reconnaîtra plus tard, après une Cantate funèbre de Bach et le *Requiem* de Cherubini donnés au cours d'une même soirée du Singverein en 1873 : « Il ne manque pas à Vienne de gens qui apprécient et qui recherchent le beau en musique et à qui le sérieux ne fait pas peur. Pourtant, ici comme ailleurs, on hésite à assister à des concerts uniquement pour être enterré d'abord dans le rite protestant, et ensuite dans le rite catholique. »

Aussi les satisfactions de Brahms sont-elles d'un autre ordre que professionnel : « Même si l'on préférerait avoir un poste dans n'importe quelle autre ville, on se porte mieux à Vienne, mais sans poste. Les gens intéressants en grand nombre, les bibliothèques, le Burgtheater, les musées, tout cela vous donne suffisamment d'occupation et de plaisir. » Il se fait de nouveaux amis, notamment Elisabeth von Stockhausen qui épousera bientôt le compositeur Heinrich von Herzogenberg, et puis une autre élève, Amalie von Bruch, qui a le mérite de veiller avec une affectueuse attention sur son bien-être. Les deux jeunes wagnériens, Cornelius et Tausig, font toujours partie de son cercle. Et, puisque Wagner habite alors Vienne, ils brûlent d'arranger une rencontre entre les deux compositeurs. Un ami commun, le docteur Standhartner, finira par l'organiser et elle va se dérouler bien mieux qu'on le pouvait prévoir. Brahms joue à Wagner ses *Variations sur un thème de Händel,* après quoi l'auteur de *Tristan,* dont chacun attend avec angoisse le verdict, daigne reconnaître qu'« on voit bien ce qu'on peut encore accomplir dans les vieilles formes lorsqu'il arrive quelqu'un qui sait comment les utiliser ». Mais les deux grands hommes n'auront plus jamais l'occasion de se voir. Il est vrai que va se produire entre eux, deux ans plus tard, un incident peu susceptible de les rapprocher. Brahms a déjà commencé à collectionner des autographes musicaux, ce qu'il fera pendant toute sa vie. De Tausig il a reçu un cadeau particulièrement précieux : le manuscrit des scènes ajoutées par Wagner à *Tannhäuser* pour les représentations parisiennes. Sous le prétexte que Tausig n'en était pas vraiment le propriétaire, Cornelius le prie en 1865, de la part de Wagner, de bien vouloir renvoyer à l'auteur cette pièce importante. Brahms hésite pendant plusieurs années et ne s'y résout qu'en 1875, lorsque Wagner lui envoie en échange – un échange qui lui est fortement préjudiciable, il faut bien le reconnaître –, une simple partition dédicacée du *Rheingold.*

Si la plupart des doctrines wagnériennes lui sont étrangères et même antipathiques, Brahms a su tout de même apprécier à sa juste valeur le génie de l'auteur du *Ring* au point de se rendre à Munich pour voir les deux premiers volets de la *Tétralogie,* puis d'accepter l'invitation de Mathilde Wesendonk pour aller étudier chez elle, et avec le plus grand intérêt, sa collection de souvenirs wagnériens. D'ailleurs, malgré l'épisode du manuscrit, le wagnérien Tausig reste, jusqu'à sa mort à l'âge de trente ans, lié d'amitié avec l'un et l'autre des deux géants. Mais Wagner fera toujours grief à Brahms de compter parmi ses meilleurs amis plusieurs des critiques viennois qui lui sont le plus hostiles, et en particulier

Eduard Hanslick. En 1869, il l'attaque sournoisement dans son opuscule *Sur la direction d'orchestre* et, pis encore, dix ans plus tard, le traite de « chanteur de foire » dans les *Bayreuther Blätter*. À ce moment-là, l'Université de Breslau, qui ne l'a pas encore honoré, lui, a osé conférer à l'auteur du *Deutsches Requiem* un titre de docteur *honoris causa,* ce qui met Wagner en fureur. Il faut dire qu'il n'ignore certainement pas le rôle assez mesquin que Brahms a joué deux ans plus tôt dans la publication des *Putzmacherin-Briefe,* dans le journal de Hanslick, la *Neue freie Presse.* Ces lettres à une marchande de frivolités, écrites en 1864 et 1865, n'étaient évidemment pas faites pour améliorer son image publique puisque Wagner y dressait la liste détaillée des roses artificielles, des satins et brocards, des ruchés et autres fanfreluches qu'il estimait indispensables à créer autour de lui une atmosphère propice à son inspiration.

Mais, en 1864, le conflit permanent Brahms-Wagner est loin d'avoir un caractère aigu. Brahms, toujours serein, prend congé de Vienne au mois d'avril avec un concert d'œuvres nouvelles pour chœur, à quoi s'ajoutent le Premier Sextuor et la Sonate pour deux pianos, c'est-à-dire la version originale du futur Quintette avec piano en fa mineur. Ce programme comprend toutefois trop de premières auditions pour gagner vraiment le cœur du public. En revanche, il contribue à renforcer la situation de Brahms à Vienne comme une des grandes forces créatrices du moment, ce qui est d'autant plus important pour lui qu'il a démissionné de sa charge à la Singakademie. Désormais, il va gagner sa vie en donnant des leçons privées et en faisant régulièrement des tournées de pianiste, tantôt seul, tantôt avec Joseph Joachim ou Julius Stockhausen. D'ailleurs, les honoraires qu'il reçoit déjà des éditeurs suffisent presque à assurer sa subsistance. Cependant, au fond de son cœur, il n'a pas renoncé à Hambourg où il espère encore la direction de la Philharmonie. C'est en 1867 seulement qu'il comprend à quel point il s'est fait des illusions, lorsque Stockhausen s'en va et que Julius von Bernuth est choisi pour lui succéder. Désormais, il lui semble être définitivement condamné à mener une vie de « vagabond », et ses amis attribueront souvent certains des traits de caractère de sa maturité, la froideur, la méfiance et l'ironie sarcastique, à cette cruelle désaffection de ses concitoyens, qu'il a ressentie comme une véritable humiliation.

Quoi qu'il en soit, la plus heureuse conséquence de sa brève activité de chef de la Singakademie aura été de l'inciter à terminer sa première grande partition, le *Deutsches Requiem* qui est en chantier depuis plusieurs années. Non seulement cette œuvre va rendre son nom illustre dans toute l'Europe, mais elle va en quelque sorte lui permettre d'assumer pleinement les divers coups que le destin lui inflige, notamment la séparation de ses parents et la mort de sa mère en 1865. Pourtant la création des trois premiers morceaux du *Requiem,* dirigée par Herbeck le 1ᵉʳ décembre 1867 au Redoutensaal, est fort mal reçue, mais surtout à cause de l'exécution. En effet, Herbeck, qui dirige alors les Gesellschaftskon-zerte, n'a jamais caché ses sympathies pour Wagner et pour l'école *neudeutsch.* Il est donc vraisemblable qu'il ne s'est pas donné beaucoup de mal pour préparer et pour exalter le *Requiem allemand.* Et puis, le timbalier de l'orchestre a sans doute voulu compenser l'absence de l'orgue requis par la partition et il a fait impunément gronder son instrument tout au long de la Fugue du troisième morceau, causant ainsi un beau scandale... Brahms commence donc à voir Vienne, ses musiciens et son public, sous un jour moins heureux. Par chance, les exécutions suivantes et complètes du *Requiem,* à Brême (le Vendredi saint 1868), à Cologne, à Wiesbaden et à Karlsruhe, le consoleront de ce mauvais départ. Partout le succès est si vif que toutes les grandes cités d'Europe veulent bientôt l'entendre. C'est fort de cet élan nouveau que, à partir de 1868, Brahms considère qu'il est installé à Vienne pour toujours. S'il continue à courir d'un pays à l'autre, c'est surtout pour défendre ses œuvres.

Or, à peine a-t-il pris cette décision qu'on lui offre la direction de plusieurs chorales, notamment à Cologne et à Berlin. Mais rien n'ébranle sa détermination et il scelle en quelque sorte son pacte avec la ville danubienne en composant les *Liebeslieder Walzer* pour quatuor vocal et piano à quatre mains, qui sont pour la plupart des valses stylisées. Et voici que, à l'automne de 1869, alors qu'il rentre d'un séjour chez Clara Schumann où il a composé l'*Alto Rapsodie,* il apprend que le poste de directeur musical du Musikverein, laissé libre par le départ de Herbeck nommé Kapellmeister à l'Opéra, est sur le point d'être pourvu et que l'on songe à lui pour l'occuper.

DÉFILÉ DE BAGUETTES AU MUSIKVEREIN

Après la révolution de 1848, qui avait interrompu pendant trois ans toutes les activités de la Société, le Musikverein s'était trouvé au plus mal, la subvention impériale ayant purement et simplement disparu. En fait, l'honorable institution n'a dû sa survie qu'à l'énergie de quelques-uns de ses membres, comme Vesque von Püttlingen, avocat et homme d'État influent. À partir de 1851, la subvention a été grâce à lui rétablie, et les soirées de la Société reprennent de plus belle avec un nouveau directeur, le violoniste Josef Hellmesberger que nous avons déjà rencontré et qui, pendant huit ans, conduit avec plus de technique que de talent les Gesellschaftskonzerte. En 1854, il donne notamment les premières exécutions wagnériennes en concert : l'Ouverture de *Rienzi* et celle de *Tannhäuser* suivie du Chœur des Pèlerins. Mais il est également Konzertmeister de l'Orchestre de l'Opéra, fondateur et animateur d'un Quatuor à cordes renommé et pédagogue si recherché qu'il dirige dix années durant le Conservatoire (cette maison a rouvert ses portes après la révolution avec plusieurs de ses anciens professeurs, tels Josef Fischhof pour le piano, Simon Sechter pour la théorie et, pour le chant, Anna Fröhlich, l'amie de Schubert). En 1859, la direction du Conservatoire ayant été séparée de celle des concerts, ceux-ci sont confiés, comme le Singverein fondé au même moment, à Johann Herbeck (1831-1877), ce jeune Viennois de vingt-sept ans qui est l'un des chefs les plus doués que l'Autriche ait jamais produits. Comme son ambition est à la mesure de son talent, il aborde ses responsabilités avec un enthousiasme et un dynamisme jusqu'alors inconnus ici. Les onze années de son règne, de 1859 à 1870, vont être à tous égards un âge d'or pour les Gesellschaftskonzerte. Après avoir été obligé de former un Gesellschaftsorchester, indépendant de celui du Kärntnerthortheater qui refuse désormais de participer aux concerts du Musikverein parce qu'ils concurrencent ceux de la Philharmonie, Herbeck prend à cœur de faire entendre les grands chefs-d'œuvre de la musique chorale, tels les Oratorios de Händel, les Passions de Bach, la *Missa Solemnis* de Beethoven qu'il dirige par cœur, ce qu'on n'avait encore jamais vu. Il crée aussi des partitions inconnues de Schubert comme *Der häusliche Krieg* (La Guerre domestique) ou la *Symphonie Inachevée,* reprend *Manfred, Faust* et les Oratorios de Schumann, ainsi que la *Sainte Elisabeth* de Liszt, si bien accueillie qu'il doit en donner une seconde exécution. Même la musique nouvelle ne l'effraye pas puisque, en 1867, il crée la Première Messe d'un organiste de province, à peine installé à Vienne et qui n'est autre qu'Anton Bruckner, et tout cela à côté de nouveautés de Ferdinand Hiller, Karl Reinecke, Nils Wilhelm Gade, Anton Rubinstein, etc.

On comprend donc que Brahms ait hésité à prendre une succession pareille. Il lui faut d'autant plus réfléchir que le Musikverein vient d'acquérir un prestige supplémentaire avec la construction, entreprise en 1867 et achevée en 1870 sur les plans de Theophil Hansen, d'un bâtiment palatial qui est sur le point de remplacer le vieil immeuble trop exigu de la Tuchlauben. Son style néo-classique, caractéristique de l'époque de la Ringstrasse, mêle la sévérité des lignes de la Grèce antique à l'exubérance décorative de la Renaissance, et il est suffisamment spacieux pour abriter non seulement deux salles de concert, mais aussi le

Conservatoire et la Bibliothèque de la Gesellschaft. Ce *nouveau* gîte du
Musikverein va être plusieurs fois inauguré, tout d'abord, le 6 janvier
1870, par un concert de Herbeck, suivi d'un bal pour lequel Johann
Strauss a écrit tout exprès la Valse *Freut Euch des Lebens* (Les Joies de la
vie) ; ensuite, le 19, par un récital de Clara Schumann, qui n'était pas
venue depuis les six récitals triomphaux de 1866, pour l'ouverture de la
petite salle (elle porte aujourd'hui le nom de Brahmssaal et contient
700 places). Mais à peine le public a-t-il quitté l'immeuble qu'un incendie éclate dans les vestiaires. Il est rapidement circonscrit, cependant il
faudra nettoyer de fond en comble les ors ternis par la fumée, surtout
dans la grande salle. Celle-ci est donc rouverte en grande pompe au
mois de février, cette fois avec le nouvel oratorio d'Anton Rubinstein,
Der Turm von Babel (La Tour de Babel). D'ailleurs, pendant sa dernière
saison ici, Herbeck fait preuve d'une énergie sans limites : non seulement
il prépare avec fièvre à l'Opéra la création viennoise des *Meistersinger,*
mais il y organise aussi des *Konzertmatineen* qui concurrencent directement les Concerts philharmoniques que dirige, désormais au
Musikvereinssaal, son confrère Otto Dessoff. Il sera finalement victime
de cette agitation excessive qui va miner sa santé et causer vraisemblablement sa fin prématurée, sept ans plus tard. Le 30 avril, son concert
d'adieu à la Gesellschaft réunit toutes les œuvres qui ont remporté le plus
de succès au cours des années précédentes. Des salves répétées d'applaudissements, des ovations, des couronnes apportées sur la scène, comme
c'est la règle dans les pays germaniques, achèvent en apothéose cette
ultime soirée.

Après ces onze années de fastes et de triomphes, Brahms, prudent ou
seulement réaliste, refuse donc de prendre la succession de Herbeck.
C'est Joseph Hellmesberger qui joue encore de bonne grâce le rôle de
bouche-trou, tout au moins pour une saison. Comme il fallait s'y
attendre, son programme n'affiche aucun événement sensationnel hors la
première audition intégrale du *Deutsches Requiem,* dirigée par Brahms
lui-même. L'année suivante, le successeur de Hellmesberger au pupitre
des Gesellschaftskonzerte n'est autre que le compositeur et génial pianiste
russe Anton Rubinstein qui, lui, va donner quelques créations de poids
comme le *Schicksalslied* de Brahms et le *Christus* de Liszt en présence du
maître venu spécialement. Mais Rubinstein a des engagements ailleurs et
il prend donc congé de Vienne avec une exécution grandiose de son
propre Oratorio, *le Paradis perdu.*

Quant à Brahms, il attend son heure, qui ne saurait tarder. En prévision de cette nomination qui va faire de lui un personnage majeur de la
capitale, il s'installe à la fin de 1871 dans un nouveau logement de deux

pièces, au troisième étage d'un immeuble de la Karlgasse, tout près de la Karlskirche. Il le meuble avec une simplicité monastique et, après y avoir ajouté une pièce supplémentaire pour loger sa bibliothèque, il le conservera jusqu'à la fin de sa vie. On peut s'étonner qu'il ait finalement cédé à la tentation en acceptant une charge de chef d'orchestre de cette importance, lui qui n'a finalement pas beaucoup d'expérience de la direction. La vérité oblige à dire que, à la démission d'Anton Rubinstein, il ne s'est pas cette fois fait prier, ce que n'explique pas seulement un salaire annuel de 3 000 gulden. En novembre 1872, son concert inaugural utilise pour la première fois, dans les continuos du *Dettinger Te Deum* de Händel, le nouvel orgue du Musikverein. Cinq jours plus tard, pour le baptême officiel de l'instrument, Brahms dirige des chœurs a cappella, et l'un des organistes n'est autre qu'Anton Bruckner (ce concert est le premier et le dernier auxquels les deux principaux compositeurs de Vienne prêteront ensemble leur concours car, à quelques exceptions près, ils s'éviteront en général avec le plus grand soin).

Comme auparavant à la Singakademie, Brahms prépare pour la série des Gesellschaftskonzerte des programmes qui, pour être de haut niveau, ne sont pas toujours de nature à attirer le grand public. En trois ans, les dix-huit concerts placés sous sa direction privilégient nettement la musique baroque (avec neuf œuvres de Bach, cinq de Händel, et neuf compositions a cappella du XVIIe siècle). L'un de ses plus louables soucis est toujours de respecter l'instrumentation d'origine et de réaliser lui-même, comme à l'époque, la partie de continuo. Il dirige des partitions classiques oubliées comme le *Davidde penitente* de Mozart et, naturellement, plusieurs de ses propres partitions. Mais toutes ces nouveautés exigent de nombreuses répétitions. À raison de deux par semaine pour le chœur, elles durent par exemple trois mois pour la *Passion selon saint Matthieu* de Bach. Malgré toute l'application, toute la minutie de son travail, Brahms n'a évidemment rien d'un virtuose de la baguette. Un jour il devra même s'interrompre au beau milieu d'une exécution pour permettre au harpiste de se rattraper. Qui plus est, l'administration n'est pas son fort, de sorte qu'il lui arrive de négliger, parfois pendant plusieurs mois, de répondre à des lettres urgentes. Enfin, son manque de diplomatie, son caractère renfermé et ses réponses désagréables lui valent peu à peu de nombreuses et solides inimitiés. Dans ces conditions, il est miraculeux qu'il ait tenu trois ans dans cette charge. La cause immédiate de son retrait se présente en 1875, avec la nouvelle de la démission et du départ d'Otto Dessoff, le chef de la Philharmonie, dont tout laisse à penser qu'il sera remplacé par Johann Herbeck qui, lui, doit quitter la direction de l'Opéra. Or Brahms ne veut pour rien au monde rivaliser dans la même salle de concert avec un chef connu pour son talent autant que pour ses intrigues, sa mégalomanie… et son brio exceptionnel. Il est malheureusement vraisemblable que le Musikverein accueille la décision de Brahms avec plus de soulagement que de regrets car la situation financière de l'honorable Société est peu brillante et elle a sans doute besoin d'un chef moins exigeant et moins entêté, peut-être aussi d'un artiste plus proche de son public.

En réalité, le Musikverein mettra plusieurs années avant de retrouver un autre chef aussi prestigieux. Pendant quelques mois, Hellmesberger va servir, une fois de plus, de chef intérimaire. Il est suivi pendant deux ans d'Eduard Kremser dont le plus grand mérite aura été d'avoir invité Liszt en 1879. Il faut savoir que, en janvier 1874, l'abbé le plus célèbre d'Europe avait paru pour la première fois sur la scène du Musikverein en tant que soliste d'un grand concert de bienfaisance donné avec l'orchestre de l'Opéra dirigé par Herbeck. Au programme étaient inscrites la *Wanderer Fantasie* de Schubert (dans son propre arrangement pour piano et orchestre) et, pour terminer, la *Fantasie hongroise*. « Son jeu n'est pas aussi éblouissant, pas aussi captivant peut-être que celui du jeune Liszt mais il a paru, si je puis dire, plus solide, » avait écrit Hanslick à cette occasion. « Son interprétation a une liberté, une poésie, une richesse de détails intelligents, mais aussi un calme et une noblesse qui sont le comble de l'art. […] Après une existence incroyablement remplie et agitée, il nous revient à soixante-deux ans, aucunement affaibli, ni absent, ni blasé. Il joue les pièces les plus difficiles avec l'aisance, la force et la fraîcheur d'un tout jeune homme. » Et August Wilhelm Ambros renchérissait en soulignant la « force subjugante et géniale » du jeu lisztien, « l'effet magique » qu'il produit sur le public et ces « courants électriques qui émanent de chacun de ses doigts et qui réchauffent le dur et froid ivoire ».

Trois ans plus tard, en 1877, Liszt était de retour au Musikverein pour un autre concert d'orchestre au profit de l'érection du monument Beethoven. Cette fois il interprétait le *Cinquième Concerto* et la *Fantaisie chorale,* à nouveau sous la direction de Herbeck. Comme on le voit, il n'avait rien perdu de son pouvoir sur les foules, ni même sur les connaisseurs. On s'en aperçoit encore en 1879 lorsque Kremser l'invite non plus comme pianiste mais pour diriger la création viennoise de la *Messe de Gran.* Le podium du Musikverein est transformé pour l'occasion en une haute estrade dissimulée aux yeux du public par un véritable bosquet de fleurs, de feuilles et de couronnes de laurier. Tout est fait pour mettre en valeur la silhouette romantique du vieux musicien dans sa longue soutane, avec son profil noble et sa grande chevelure d'argent.

Le successeur de Kremser, le Styrien Wilhelm Gericke, élève de Dessoff, poursuit sur la même voie en programmant la *Dante-Symphonie* et un monument dont la première audition a été ici bien longtemps différée : le Requiem de Berlioz. Mais Gericke donne aussi deux créations de Brahms, *Nänie* et *Gesang der Parzen* (Le Chant des Parques). Toutefois, c'est seulement en 1884 que le Musikverein va connaître une nouvelle période d'éclat, lorsque Hans Richter reprend la direction des concerts pour la conserver six années durant. Il est le premier à imposer enfin l'exécution intégrale, et de haut niveau, des grands chefs-d'œuvre de Bach, comme la Messe en si, la *Passion selon saint Matthieu* et l'*Oratorio de Noël*, sans parler de l'inévitable *Missa solemnis* de Beethoven. En 1887, il crée la Scène du Graal de *Parsifal* mais la tradition des concerts-pots-pourris n'est sans doute pas tout à fait morte puisque le programme est complété par le Concerto pour violon de Mendelssohn. Après la démission de Richter, en 1891, les dernières années du siècle seront bien moins glorieuses aux Gesellschaftskonzerte, avec le retour de Gericke (1891-1895), auquel succède jusqu'en 1900 un ami de Brahms, chef d'orchestre de niveau tout à fait médiocre et futur directeur du Conservatoire, Richard von Perger.

BRAHMS COMME UN MONUMENT

Mais revenons à la fin de mai 1875, c'est-à-dire à l'heure où Brahms quitte la direction du Musikverein. Il vient d'achever plusieurs partitions nouvelles, dont les plus importantes sont les deux Quatuors op. 51 et surtout les *Variations sur un thème de Haydn* (1873). Avant même d'avoir été publiée, cette première grande œuvre orchestrale de la maturité a été aussitôt créée sous sa direction à la Philharmonie. Dessoff a vraisemblablement regretté son initiative car les musiciens ont joué la partition avec mauvaise grâce et le public d'abonnement l'a mal reçue. Pourtant, la notoriété viennoise de Brahms n'a pas cessé de croître au cours des dernières années. Il sait qu'on attend de lui d'autres partitions orchestrales. Il se rappelle donc le conseil de Schumann qui avait pressenti en lui l'étoffe d'un symphoniste, et il se décide donc à terminer enfin cette Première Symphonie qu'il a en chantier depuis vingt ans. Comme toujours, son activité de compositeur se situe l'été, le reste de l'année étant consacré aux voyages et aux concerts. Tout au long de la seconde moitié de la décennie, ses tournées vont se multiplier et le mener en Hongrie, en Hollande, en Suisse et jusqu'en Pologne. Il n'en refuse pas moins, en 1876, l'invitation de l'Université de Cambridge qui veut lui conférer le titre de docteur *honoris causa*. Non seulement il craint par dessus tout les voyages en mer mais les cérémonies officielles le rebutent.

En quittant la Gesellschaft, Brahms a en quelque sorte rompu ce lien officiel qui, pendant trois ans, l'avait rivé à Vienne. Dorénavant il se sent plus libre. Par amitié pour Otto Dessoff, qui est parti pour Karlsruhe, il accepte donc de lui confier, en 1876, la création de sa Première Symphonie qui aurait dû normalement être donnée par la Philharmonie viennoise. Mais il n'attend plus grand chose d'un orchestre dont la direction est tombée dans les mains d'un Hans Richter, connu pour ses liens avec Wagner. C'est que Brahms, qu'il le veuille ou non, retrouve sans cesse Wagner sur son chemin, sinon en personne, du moins par interprètes interposés. À Hermann Levi, son ami de longue date, il ne pardonne pas, après 1872, une conversion wagnérienne qu'il considère comme une trahison, au point de rompre définitivement avec lui à partir de 1878. Mais, avec Hans Richter, il sait bien qu'il va devoir composer puisque celui-ci occupe désormais une place prépondérante dans la vie musicale de la capitale, comme Kapellmeister à l'Opéra, comme chef des Concerts philharmoniques et comme chef des Gesellschaftskonzerte. Richter contrôle ainsi toutes les activités musicales de la ville et il va conserver ce pouvoir absolu pendant un quart de siècle.

L'admiration de Hans Richter pour Wagner s'est manifestée dès 1866, lorsqu'il avait abandonné son pupitre de corniste au Kärntnerthortheater pour se rendre à Triebschen et participer à la copie de la partition des *Meistersinger*. Cette vénération sans limites lui vaudra plus tard de se voir confier l'immense responsabilité de diriger à Bayreuth la création mondiale du *Ring* dans son intégralité. Or, c'est ce même Hans Richter qui va assurer non seulement la création viennoise de la Première Symphonie de Brahms mais la création mondiale de la Deuxième, à l'automne de 1877, puis celle de la Troisième en 1883. Mais il serait injuste d'attribuer à Richter, qui n'est pas du tout insensible à la musique de Brahms et la défend même avec chaleur, l'insuccès initial des deux premières Symphonies. C'est un fait bien connu que, à la Philharmonie, toutes les premières auditions d'un compositeur vivant vident la salle. Seule la Troisième Symphonie permettra de se rendre compte que Brahms a enfin conquis l'admiration des Viennois. En définitive, deux seulement de ses quatre Symphonies seront données en première audition à Vienne et aucun des trois Concertos de sa maturité.

Il faut préciser que, entre-temps, Brahms a découvert en la personne de Hans von Bülow un chef d'orchestre parmi les plus géniaux de l'époque et qui a l'immense qualité d'être tout à sa dévotion. Certes, Bülow a autrefois appartenu au cercle intime de Wagner et il a défendu ses œuvres avec une flamme magnifique. Les raisons de sa distance actuelle, pour ne pas dire de sa froideur, sont il est vrai plus personnelles qu'artistiques, son épouse Cosima l'ayant définitivement quitté pour l'auteur de *Tristan*. Quoi qu'il en soit, la découverte de la Première Symphonie de Brahms, qu'il surnomme avec son humour caractéristique la Dixième (de Beethoven), a été déterminante pour Bülow. Dès 1877, il l'a dirigée à Hanovre, puis en Angleterre. Mais sa rencontre personnelle avec Brahms n'a lieu qu'en 1880, alors qu'il est venu à Vienne donner comme pianiste une série de récitals mémorables, à en juger par les souvenirs qu'en conservera Gustav Mahler. Son interprétation des dernières Sonates de Beethoven a si fort ému Brahms que celui-ci a voulu faire aussitôt la connaissance de cet artiste d'exception. Bülow, à cette époque-là, est sur le point d'être engagé à Meiningen où on lui offre de recruter et de former entièrement un orchestre modèle. Cet orchestre, il va bientôt le mettre à la disposition de son nouvel ami pour lui permettre de répéter lui-même ses dernières compositions. C'est ainsi que Brahms se rend à Meiningen en 1881 avec la partition de son Deuxième Concerto puis, en 1885, avec celle de sa Quatrième Symphonie. Et c'est Bülow qui sera chargé de conduire ce dernier ouvrage au succès, non seulement à Meiningen mais au cours d'une tournée à travers l'Allemagne et les Pays-Bas. En outre, Bülow, qui avait été le premier à jouer en public une pièce pour piano de Brahms, donne à Vienne, le 2 février 1882, un récital entièrement consacré à ses œuvres. Parmi les auditeurs se trouvent ce soir-là son ex-beau-père, Franz Liszt. Brahms et Liszt, l'homme mûr et le vieillard, vont donc se retrouver là, trente ans après leur première rencontre de Weimar. Liszt demande à Brahms de lui faire parvenir la partition de son Deuxième Concerto et il le remercie aussitôt dans un court billet : « À vous parler franchement, l'ouvrage m'a fait, à la première lecture, un effet quelque peu grisâtre. Cependant, tout y est devenu progressivement clair et lumineux. J'ai reconnu les traits frappants qui distinguent ces œuvres d'art de haute qualité où les sentiments et les pensées s'articulent dans l'équilibre le plus noble. » L'amitié qui rapproche Brahms et Bülow survivra à plusieurs crises graves, notamment à une brouille de deux ans. Il faut dire que les deux musiciens le disputent en aspérités de caractère et en intransigeance. Mais, au plan artistique, leur entente reste complète, et cela jusqu'au bout. À preuve cette tournée de 1882, avec l'Orchestre de Meiningen, durant laquelle ils échangent chaque soir leur place au pupitre et au piano dans le Concerto en si bémol de Brahms.

À l'exception de la Troisième Symphonie, écrite tout entière à Wiesbaden, la plupart des œuvres de Brahms sont composées, durant ces années-là, à la campagne. Il séjourne tout d'abord en Suisse, au bord du lac de Thun, puis, à partir de 1887, en Autriche, d'abord à Pörtschach, sur les rives du Wörthersee, puis à Mürzzuschlag, au sud de Vienne, et enfin à Ischl, dans le Salzkammergut. C'est là qu'il passe tous ses étés à partir de 1889. Bien qu'il n'ait jamais cessé de se déplacer et que ses différents voyages en Italie, entrepris sans nécessité professionnelle, aient été pour lui d'une importance primordiale, il quitte de plus en plus rarement son pays d'adoption. À Vienne, il est entouré d'amis très fidèles comme l'industriel Richard Fellinger ou le chirurgien Theodor Billroth. Tous les moments de liberté de cet illustre praticien sont consacrés à la musique. Brahms joue souvent avec lui à quatre mains ou à deux pianos, et Billroth participe également, à l'alto, aux exécutions de ses Quatuors à cordes, dont il est d'ailleurs le dédicataire. Brahms fréquentera jusqu'à la fin sa maison et il écoutera toujours avec beaucoup d'attention ses conseils et ses avis, avec plus d'attention même que ceux des professionnels les plus chevronnés. Le cercle intime de Brahms comprend par ailleurs plusieurs compositeurs qui sont en général conservateurs, sinon réactionnaires, tel Ignaz Brüll, auteur de plusieurs opéras dont *Das goldene Kreuz* (La Croix d'or), qui figurera pendant quelques années au répertoire de la Hofoper. Brahms aime à se promener en sa compagnie et à jouer avec lui, à deux pianos, ses partitions nouvelles. Mais il faut mentionner aussi Carl Goldmark, violoniste et compositeur d'origine hongroise, dont l'ouvrage le plus célèbre, *Die Königin von Saba* (La Reine de Saba), a été l'un des rares opéras autrichiens à triompher à l'Opéra de Vienne et Robert Fuchs, professeur de Mahler et de Wolf au Conservatoire, auteur de plusieurs Sérénades pour cordes, agréables et bien écrites mais terriblement anodines. Tous ces petits maîtres forment autour de Brahms une cour hostile à toute nouveauté, presque une clique. On peut s'en rendre compte en consultant la liste des boursiers du ministère autrichien de la Culture pendant les dernières années du siècle. Le comité qui les sélectionne est présidé par Brahms. Or, à l'exception de Dvorak, ces boursiers appartiennent tous, Ignaz Brüll, Eusebius Mandyczewski, Richard von Perger, le futur directeur du Conservatoire, à la petite compagnie de ses admirateurs. La liste des gagnants du Prix Beethoven est tout aussi éloquente. Aucun des jeunes compositeurs que Brahms a aidés et patronnés, à l'exception de Zemlinsky, ne va jouer le moindre rôle dans la musique de l'avenir. Les goûts et les prédilections du vieux musicien sont très exactement ceux, très rassurants, de la monarchie à son déclin. Parmi les intimes de Brahms, il faut encore mentionner un musicologue comme Eusebius Mandyczewski, jeune Roumain élève de Hanslick et de Nottebohm, chef de chœur et d'orchestre, successeur de Pohl comme archiviste du Musikverein. Il collaborera longtemps avec Brahms dans la préparation de l'édition complète des œuvres de Schubert. Peu à peu, il devient son factotum et lui consacre un dévouement presque religieux.

Brahms fréquente enfin deux critiques, Richard Heuberger, de la *Neue Freie Presse,* qui sera l'auteur d'une opérette à succès, *Ein Opernball* (Un bal de l'Opéra), et Max Kalbeck, du *Neues Wiener Tagblatt,* son futur biographe. Mais il reçoit également de nombreuses et prestigieuses visites de l'étranger, comme celle de Clara Schumann, l'amie de toujours, lorsqu'elle est en tournée ; celle du poète bernois Joseph Viktor Widmann ; celle, plus fréquente, d'Antonin Dvorak, son protégé, dont il a soutenu les débuts en le recommandant à son éditeur, Fritz Simrock ; celle enfin du compositeur norvégien Edvard Grieg. Jusqu'à ses derniers jours, le caractère de Brahms restera identique à lui-même, intolérant et pourtant généreux, terriblement refermé sur l'essentiel, d'une inflexible rigueur pour tout ce qui concerne son métier, souvent caustique, et en général inaccessible, sauf avec les rares amis qui partagent ses vues pessimistes de l'existence et qui ont su lui prouver d'une manière ou d'une autre leur admiration. Dans les rues qui mènent de chez lui à son restaurant favori du Wildpretmarkt, *Zum roten Igel,* lieu de rencontre de nombreux musiciens, tout le monde le reconnaît de loin avec sa longue redingote de coupe ecclésiastique, ses pantalons trop courts, ses grosses bottines, son chapeau melon et sa barbe de prophète. C'est ainsi du moins que le décrit un des visiteurs qu'on s'attendrait le moins à voir en sa compagnie, Piotr Ilitch Tchaïkovski, lors de leur unique entrevue, à la fin de 1887. Avec les musiciens, les journalistes et les amateurs qui ont fondé en 1885 une association de musique de chambre, le Tonkünstlerverein, et qui l'ont choisi pour président d'honneur, Brahms se rend souvent le dimanche en excursion dans le Wienerwald. Mais son cercle s'arrête là et aucun des jeunes talents, à qui l'avenir appartient déjà, ne trouve aujourd'hui comme hier la moindre grâce à ses yeux. À Gustav Mahler en particulier, il a barré le chemin en refusant le Prix Beethoven pour la cantate *Das klagende Lied.* Il faut reconnaître que, dans ce cas-ci, les autres membres du jury, Richter, Goldmark et Hanslick, ne sont pas moins coupables. Or, plus tard, l'interprète Mahler n'aura pas d'admirateur plus enthousiaste que Brahms. Ce revirement a lieu en 1890, à l'époque où Mahler dirige l'Opéra de Budapest. Son interprétation de *Don Giovanni* suscite d'emblée l'extase du vieux musicien si peu enclin d'ordinaire à l'exprimer, voire à la ressentir. Le lien ainsi créé se trouve renforcé par la visite que Mahler ne manque pas de faire à Brahms chaque été à Ischl. Et l'un des actes ultimes de Brahms sur cette terre sera d'intervenir avec la dernière énergie pour que Mahler soit nommé directeur de la Hofoper.

À la fin de l'été 1890, après avoir achevé le Deuxième Quintette en sol majeur, Brahms rédige son testament. Il lègue à la Philharmonie une grande partie de ses partitions et aussi, anonymement, ce qui est bien conforme à son caractère, une importante somme d'argent. Quant au Musikverein, il héritera du reste de sa bibliothèque, y compris de la splendide collection de manuscrits musicaux rassemblée avec tant d'amour. Mais Brahms détruit la plupart de ses esquisses personnelles et de ses œuvres inachevées. Car il a décidé, à partir de maintenant, de renoncer à la composition pour toutes les années qu'il lui reste à vivre. Heureusement, il ne tiendra pas parole, sinon la postérité eût été privée de quelques merveilles. En effet, l'année suivante, à Meiningen, il fait la connaissance du clarinettiste de l'orchestre, Richard Mühlfeld, dont la sonorité l'enchante au point de lui inspirer quatre pages incomparables de musique de chambre, le Trio, suivi du Quintette et des deux Sonates. Mais cet automne de la vie, qui voit naître aussi quatre opus successifs de pièces brèves pour piano, n'en est pas moins terriblement mélancolique et solitaire pour Brahms. Il perd tour à tour ses amis les plus proches : Elisabeth von Herzogenberg, Billroth, Bülow, la jeune cantatrice Hermine Spies pour laquelle il a écrit de nombreux lieder. L'une des plus grandes consolations de sa vieillesse va être tout de même, à partir de 1892, l'amitié passionnée qu'il entretient avec le contralto Alice Barbi, dont il ne cesse de vanter à tous ses amis l'interprétation à la fois subtile et profonde qu'elle donne de ses lieder. Il va jusqu'à accompagner d'un bout à l'autre le récital d'adieu que la grande artiste offre à ses admirateurs avant d'abandonner la carrière pour le mariage. Mais, à chaque épreuve nouvelle, il se renferme un peu plus en lui-même. La gaieté, la bonne humeur de la capitale autrichienne ne suffisent plus à illuminer son visage. En 1896, la mort de Clara Schumann lui porte le coup le plus terrible, celui qui sans doute lui inspire ses derniers lieder, les plus émouvants de tous, *Vier ernste Gesänge,* une sorte de Requiem laïc sur des textes de l'Ecclésiaste. Les honneurs, qui lui arrivent de toutes parts, lui viennent souvent trop tard : en 1889, l'empereur le décore de la croix de chevalier de l'ordre de Léopold, Hambourg le nomme citoyen d'honneur et lui offre enfin, en 1894, le poste de chef de la Philharmonie qu'il avait tant désiré ; en reprenant le fameux slogan des « 3 B » (Bach-Beethoven-Brahms) inventé autrefois par Bülow, Meiningen lui dédie un festival de trois jours en forme d'apothéose ; l'Université de Breslau lui décerne un doctorat *honoris causa* et l'Autriche ne peut pas faire moins que de lui remettre la Croix d'honneur pour l'art et la science. Ces dis-

VIENNE, UNE HISTOIRE MUSICALE

tinctions, il ne faut pas croire que Brahms les prenne à la légère. Un jour de 1874, après un concert de Liszt au Musikvereins-saal, un grand banquet officiel a été organisé en l'honneur du glorieux vieillard. Tous les musiciens viennois de quelque importance y assistent. Supposant que, pour cette occasion, Liszt étalera sur sa soutane ses très nombreuses médailles, Brahms décide au dernier moment d'épingler toutes les siennes sur sa redingote, pour ne pas être en reste. Mais, une fois sur place, il s'aperçoit avec terreur que l'illustre abbé a renoncé à ces profanes vanités. Et il n'a pas assez de jambes pour se précipiter au vestiaire décrocher les siennes.

Bien qu'il n'ait encore que soixante-trois ans, tous les chocs que Brahms a subis depuis quelques années influent non seulement sur son humeur mais sur son état de santé. Au retour de l'enterrement de Clara, auquel il n'a finalement pas pu assister pour s'être trompé de train, une jaunisse le jette au lit. Les médecins d'Ischl lui recommandent une cure à Karlsbad, qui ne le soulage que passagèrement. Et c'est là qu'on diagnostique la maladie qui va l'emporter, un cancer du foie. Lui-même n'en sera jamais informé mais il est vraisemblable qu'il en a deviné le caractère fatal. Sa dernière composition, cet été-là, est d'ailleurs une Fantaisie pour orgue sur le choral luthérien O *Welt ich muss dich lassen* (O monde, je dois te quitter!). De jour en jour, il maigrit et ses forces déclinent. Il va lutter jusqu'au bout contre la maladie et s'astreindre à faire chaque jour sa promenade. Le 2 janvier 1897, il assiste encore à un concert du Quatuor Joachim qui joue son Deuxième Quintette à cordes. Le 4 mars, on l'aperçoit, pâle et méconnaissable, dans la loge d'honneur du Musikverein pour une exécution de sa Quatrième Symphonie dirigée par Richter. Ce soir-là, le public et les musiciens n'en finissent plus de l'acclamer et il doit plusieurs fois s'avancer pour saluer. Neuf jours plus tard, il fait encore à son ami Johann Strauss le plaisir d'assister à la première de sa nouvelle opérette, *Die Göttin der Vernunft* (La Déesse raison), mais c'est son ultime sortie. Parmi les visiteurs de la dernière heure, on remarque plusieurs étrangers venus lui commander de nouvelles œuvres et, parmi les amis fidèles, Mandyczewski, Heuberger, Brüll, Epstein. Peu à peu, le maître perd conscience et sombre dans le coma. Sans grandes souffrances, il expire le 3 avril à huit heures trente du matin. La ville de Vienne et la Gesellschaft der Musikfreunde vont organiser des funérailles fastueuses, directement inspirées de celles de Beethoven. Elles ne seront dépassées, dix-neuf ans plus tard, que par celles de l'empereur François-Joseph. Entouré seulement des quelques intimes qui ont tenu lieu de famille à ce musicien solitaire, suivi d'un cortège sans fin d'amis et d'admirateurs, le cercueil progresse lentement à travers les rues jus-

qu'au Zentralfriedhof où il est inhumé dans une de ces « Ehrengräber »
(« tombes d'honneur ») symboliquement située entre celle de Beethoven
et celle de Schubert. Une fois de plus, l'Autriche s'est surpassée pour
rendre hommage à un glorieux défunt, l'Autriche qui colore ici et là
d'un reflet méridional et chaleureux la rigueur formelle du discours
nord-allemand de Brahms, l'Autriche qui, par l'intermédiaire de ce
Schubert qu'il a tant admiré, lui a donné le goût des belles mélodies
chantantes et celui des rythmes à trois temps.

LE PAYSAN BRUCKNER DANS LA JUNGLE VIENNOISE

Les premières années du XIXᵉ siècle avaient vu une manière de guerre
entre les tenants de Beethoven, c'est-à-dire de la grande tradition classique, sérieuse, noble, germanique, et les partisans de Rossini, c'est-à-dire
d'un art élégant, léger, voire superficiel, et qui privilégie la voix dans tous
ses éclats. C'était l'éternel conflit de la profondeur contre la facilité, du
grand art contre la mode, de la musique de concert contre le théâtre –
Fidelio, dont le succès fut d'ailleurs fort limité, n'a été ici que l'exception
qui confirme la règle. Cette querelle, aussi vive en Allemagne qu'en
Autriche, va se prolonger presque jusqu'à nos jours et entraîner bien des
injustices, les Allemands donnant pour négligeable la musique italienne
et les Italiens pour indigeste la musique allemande. Au cours des années
1820-1830, la passion séculaire des Autrichiens pour l'opéra garantissait
d'avance, à Vienne, le triomphe des Italiens. Mais, après 1850, les succès
magistraux de Wagner et sa renommée mondiale vont permettre à l'art
théâtral allemand de s'imposer avec une force inattendue et de concurrencer partout l'art ultramontain, déterminant ainsi un certain équilibre. Or, à partir de 1870, une nouvelle rivalité divise Vienne et
déchaîne pendant une vingtaine d'années des passions tout aussi
aveugles. Elle a ceci de paradoxal d'opposer deux compositeurs aussi
sévères et aussi germaniques l'un que l'autre, et qui tous deux n'écrivent
que de la musique instrumentale.

Par un curieux caprice du destin, Johannes Brahms et Anton Bruckner
sont arrivés à Vienne la même année, en 1868, pour y passer l'essentiel
de leur existence. Mais on aurait peine à établir entre eux un parallèle
quelconque, hors le goût de la solitude, une certaine rusticité de comportement et le célibat auquel l'un et l'autre se sont tenus. Le Nord-
Allemand et l'Autrichien, le libre-penseur et le musicien d'église, le
citadin et le provincial, l'homme de culture et l'homme d'instinct, le
technicien raffiné et le bâtisseur naïf de cathédrales sonores ne se res-

semblent en rien. À regarder de près la vie et la carrière de Bruckner, on se dit sans cesse que ce maître de chapelle, dévot et conformiste, eût été bien plus à son aise cent ans plus tôt. On prend ainsi conscience de la bizarrerie du sort qui, pendant quelque vingt ans, l'a fait passer à Vienne pour un partisan du progrès et de l'avenir, alors que Brahms faisait figure, non sans raison il est vrai, de réactionnaire à tous crins.

Joseph Anton, l'aîné des douze enfants de l'instituteur et organiste Anton Bruckner et de son épouse née Theresia Helm, a vu le jour en 1824 à Ansfelden près de Linz. La famille est d'origine paysanne. Comme pour Beethoven avant lui, l'orgue est son premier instrument et, à l'âge de dix ans, il est capable de suppléer son père pour accompagner la messe. L'année suivante, on le place chez son cousin Johann Baptist Weiss, dans la ville voisine de Horsching. Organiste lui aussi et compositeur de quelque renom, Weiss lui apprend la théorie, l'harmonie et la basse chiffrée. En même temps, il l'aide à perfectionner sa technique aux claviers et lui fait découvrir les Messes de Mozart et les Oratorios de Haydn. Mais la maladie de son père force Anton à quitter ce premier mentor et à revenir au village natal où il peut déjà gagner sa vie en cumulant la pratique de l'orgue à l'église et du violon dans les fêtes. En 1837, à la mort de son père, il n'a que treize ans. Pour lui permettre de continuer ses études sans qu'il en coûte à la famille, sa mère le fait admettre comme petit chanteur à l'abbaye de Sankt-Florian, près de Linz. Pendant deux ans, il continue à y travailler l'orgue et le violon. On accepte donc de le garder comme violoniste à l'abbaye un an après la mue, ce qui lui permet d'approfondir ses connaissances théoriques. Lorsqu'il quitte Sankt Florian en 1839, il n'a pas encore assez d'assurance pour oser se consacrer définitivement à la musique. Il se rend donc à Linz pour entrer dans une école normale d'instituteurs où la musique fait partie intégrante du programme scolaire. C'est là qu'il fait la découverte capitale du répertoire d'orchestre classique et romantique. Enfin, à dix-sept ans, il peut occuper la charge d'instituteur dans un petit village, ce qui lui laisse assez de loisir pour composer sa première Messe tout en copiant les Fugues de Bach et celles d'Albrechtsberger. Mais son éloignement des maîtres de Sankt Florian lui pèse tant que le prieur, en visite d'inspection, est pris de pitié en voyant sa détresse et lui trouve un nouveau poste dans un autre village plus proche, ce qui lui permet d'avoir accès à l'orgue de l'abbaye et de poursuivre trois ans encore ses chères études théoriques. Car toute la jeunesse de Bruckner est marquée par cette passion maladive d'apprendre, de se perfectionner, de passer des examens et de ne rien négliger pour devenir un technicien hors de pair. Le psychanalyste viennois Erwin Ringel a vu dans cette insécurité profonde et presque pathologique, dans l'humilité obsessive, la soumission, la politesse presque obséquieuse de Bruckner, les signes d'une grande névrose dont il ne parviendra jamais à se libérer.

En 1845, Bruckner est enfin nommé instituteur assistant à Sankt Florian même. Il y passera dix ans, penché sur les musiques du passé et composant de grandes pages religieuses, notamment le *Requiem* et la *Missa solemnis*. Cette dernière partition, écrite à l'extrême fin de son séjour pour l'intronisation d'un nouvel abbé, montre déjà, sinon une grande originalité, du moins une aisance technique et un talent indiscutables. On persuade donc Bruckner de se rendre à Vienne pour demander à Simon Sechter, le théoricien sévère que Schubert était allé trouver à la fin de sa vie, de le prendre comme élève, au moins par correspondance.

La personnalité de Sechter vaut qu'on s'y arrête. Depuis la mort de Schubert, ce pédagogue redouté a fait une carrière éblouissante et il peut désormais se considérer à juste titre, en tant que théoricien, comme le digne successeur de Johann Joseph Fux. Beethoven lui-même a été subjugué par ses dons et Gebauer a créé ses premières œuvres aux Concerts spirituels. Devenu premier organiste de la cour en 1824, professeur de théorie au Conservatoire en 1851, il a été élu l'année suivante membre honoraire du Musikverein. Compositeur d'une fécondité sans exemple, puisque ses quelque huit mille partitions, dont la plupart sont restées inédites, appartiennent à tous les genres alors en vigueur, Sechter a publié en 1853-1854 les trois volumes des *Grundsätze der musikalischen Komposition* (Principes de la composition musicale), qui demeurent le manuel d'enseignement le plus important de la seconde moitié du XIXe siècle. Dans la liste interminable de ses élèves, on trouve des compositeurs comme Vesque von Püttlingen et Karl Michael Ziehrer, des musicologues comme Nottebohm et Pohl, des interprètes comme Thalberg et Herbeck, et même un poète, Franz Grillparzer. C'est donc un grand honneur qu'il fait à Bruckner en l'acceptant pour élève après avoir seulement examiné la partition de la *Missa solemnis*. Mais il exige en contrepartie que le jeune musicien cesse de composer jusqu'à nouvel avis.

Pendant dix ans, Bruckner, qui vient d'être nommé organiste à la cathédrale de Linz, va mener une existence hyperactive, accompagnant régulièrement les services religieux, enrichissant inlassablement sa virtuosité, dirigeant la plus grande chorale de la ville et donnant, de surcroît, des leçons de piano pour augmenter son revenu. À cette activité écrasante s'ajoutent les devoirs innombrables qu'il envoie à son nouveau maître et qui, parfois, l'occupent jusqu'à sept heures par jour. Il arrive même au professeur d'avoir à modérer le zèle de son nouvel élève, devant les liasses énormes de ses derniers exercices de contrepoint. En 1861, Bruckner peut considérer avoir achevé ses études théoriques. Il reçoit alors de Sechter non pas un mais cinq témoignages écrits qui le comblent de joie. Pourtant, et une fois encore, il ne va pas s'en contenter. Car il lui manque ce diplôme officiel qui, plus tard, lui permettrait de poser sa candidature à un poste de professeur au Conservatoire de Vienne. Il passe donc cet examen espéré en improvisant, sur un thème donné, une Fugue qui impressionne tellement le jury que Herbeck s'exclame : « Si je savais le dixième de ce qu'il sait, je serais déjà satisfait ! » De retour à Linz, l'éternel étudiant va encore juger nécessaire de prendre des leçons de forme musicale et des cours d'orchestration avec Otto Kitzler, violoncelliste à l'Opéra.

Cette dernière étape de la formation de Bruckner est absolument déterminante car c'est alors qu'il cesse de s'intéresser exclusivement à la musique du passé pour découvrir celle du présent. La révélation se place à la fin de 1862, lorsque Kitzler lui montre la partition de *Tannhäuser* et que Bruckner assiste quelques semaines plus tard à la création locale de l'ouvrage. Il voit alors avec stupeur comment un grand musicien peut se permettre de bousculer les règles en donnant toute la mesure de son génie. Les deux Symphonies et l'Ouverture, qu'il compose en 1863 et 1864, portent déjà la marque de cette découverte. Mais il leur refusera plus tard une place dans son catalogue pour y admettre toutefois la Première Messe, achevée à la fin de 1864 et dont il estime qu'elle a franchi le pas. L'année suivante, il met en chantier la Première Symphonie et se rend à Munich pour les premières représentations de *Tristan et Isolde*, et c'est là qu'il a le bonheur d'être présenté à Wagner. Après avoir assisté aux premières à Linz de *Lohengrin* et du *Vaisseau fantôme,* son wagnérisme militant le décide à diriger en concert et en avant-première la dernière scène des *Meistersinger.*

Le travail fiévreux des années qui viennent produit successivement la fin de la Première Symphonie et les deux dernières Messes. Mais cet effort est d'une telle intensité que les nerfs du compositeur finissent par craquer, au point qu'il est obligé d'arrêter tout activité et de passer quatre mois dans un sanatorium. Or c'est à ce moment précis que ses œuvres commencent d'être jouées, la Première Messe en 1867, sous la direction de Herbeck à la Chapelle impériale de Vienne, et la Première Symphonie à Linz en 1868. Une fois rétabli, Bruckner, qui a appris la mort de Sechter, se prend à envisager sérieusement de s'installer à Vienne pour lui succéder. Mais il ne fait pas encore assez confiance à ses dons de pédagogue pour songer au Conservatoire et il se contente de poser candidature au remplacement de Sechter comme organiste de la cour. Il se trouve que Hanslick et surtout Herbeck, qui est devenu son supporter et son ami, sont intervenus en sa faveur. Et voici qu'on lui propose simultanément les deux postes. Surpris, Bruckner hésite parce que Vienne, au fond, lui fait peur et parce que le salaire annuel de 800 gulden qu'on lui offre est à peine supérieur à celui qu'il reçoit à la cathédrale de Linz, où il est déjà objet d'estime, d'admiration, voire d'un véritable culte. Il finit par surmonter ses réticences et par s'installer à Vienne à l'automne de 1868, en même temps que Brahms donc, au second étage d'un immeuble de la Währingerstrasse, non loin de la Burgkapelle et de l'ancien Musikverein où se trouve encore le Conservatoire.

Il ne faudra pas longtemps pour que sa silhouette devienne presque aussi familière dans les rues de Vienne que celle de Brahms car elle n'est pas moins caricaturale. Lorsqu'il ne porte pas l'uniforme réglementaire de musicien de la Hofkapelle, il flotte toujours dans une large redingote noire, avec un feutre à larges bords, un col clownesque et des pantalons trop larges qui recouvrent à moitié ses bottines ou qui, au contraire, s'arrêtent aux chevilles, sans doute pour lui permettre une plus grande liberté de mouvements lorsqu'il joue de l'orgue. Quant à ses célèbres mouchoirs, grands comme des serviettes, ils ne sont vraisemblablement qu'une relique de son passé campagnard, mais il les juge indispensables pour s'éponger le front quand il se dépense à la tribune. Comme Brahms, il déjeune volontiers au restaurant *Zum Roten Igel* (seules deux ou trois rencontres sont mentionnées par la chronique et on se demande comment diable ils parvenaient à s'éviter le reste du temps… à moins qu'ils aient eu leurs jours attitrés). On le voit souvent ingurgiter de nombreuses chopes de bière chez *Liesinger* à la Schottengasse, chez *Kummer* à la Babengergstrasse ou bien chez *Philipinsky* au Heinrichshof. C'est là qu'il rencontre ses amis et collaborateurs pour des entretiens de travail. Enfin, le démon des études ne l'a pas quitté et, après les nombreuses heures qu'occupent chaque semaine ses deux classes de basse chiffrée et de contrepoint, il se fait un devoir d'assister, pendant tout le premier hiver, aux cours d'esthétique et d'histoire musicale que Hanslick dispense à l'Université.

En ces temps-là, le célèbre critique est encore en excellents termes avec Bruckner. Il va organiser pour lui, en 1869, les concerts triomphaux de Nancy et surtout de Paris où Bruckner joue sur le nouvel orgue de Notre-Dame en présence des sommités de la musique française. Il obtient également pour son protégé un subside annuel de la cour qui fait de lui un homme aisé, puisqu'il enseigne aussi la théorie dans une école d'instituteurs. Pour le moment, Bruckner a donc toutes les raisons d'être satisfait de son sort, et cela d'autant que sa Seconde Messe a été créée avec succès à Linz et que la Première a été reprise à Salzbourg et bien reçue par la critique. Pourtant ce n'est plus à la musique religieuse que Bruckner veut maintenant se consacrer mais à l'art symphonique. Pendant les vingt-cinq années à venir, c'est-à-dire pendant toutes ses années viennoises, il va en écrire en tout huit, huit partitions colossales dont le moins qu'on puisse avouer est qu'elles lui apporteront plus de chagrins que de joies. Car, pour l'heure, il est encore étiqueté comme musicien d'église, et surtout depuis que sa Troisième Messe, donnée sous sa propre direction et à ses frais en 1872 à l'Augustinerkirche, a été acclamée par l'assistance, comparée par Herbeck à la *Missa solemnis* de Beethoven, célébrée par Hanslick dans la *Neue Freie Presse* et même saluée par Liszt qui y a décelé un talent hors du commun. À la cour, la politesse obséquieuse et quelque peu démodée de Bruckner, son respect appuyé à l'égard de ses supérieurs, ses vêtements de paysan endimanché, tout cela est jugé pittoresque, sympathique, rassurant et même « *bieder-meierisch* ». En rural madré, il sait parfaitement mettre à profit cette popularité singulière dont il a pu mesurer les très heureux effets à chacune de ses requêtes. Il n'empêche que, pour l'instant, Vienne n'est pas prête à le prendre au sérieux comme symphoniste, et voilà qui le désole jusqu'à l'humiliation. Car la Philharmonie de Vienne, alors dirigée par Otto Dessoff, lui renvoie successivement la partition de la Première, pour « sa sauvagerie et son audace », puis celle de la Seconde, « injouable », pour ses longueurs et les nombreux points d'orgue qui en brisent le déroulement. Mais Bruckner s'entête et, l'année suivante, il engage lui-même et à ses frais l'Orchestre philharmonique pour créer sa Deuxième Symphonie refusée. En fait, il ne sera pas ruiné par ce concert puisqu'il se trouve un mécène de la haute aristocratie pour couvrir une partie des frais. Comme il n'a pas oublié la coutume ancienne des dédicaces, ni surtout les avantages qu'on en peut tirer, il envisage de dédier sa Deuxième à l'orchestre qui vient d'en donner une si belle exécution. Celui-ci n'ayant pas daigné répondre à sa proposition, il écrit l'année suivante à Franz Liszt, qui ne montre pas plus d'enthousiasme. La Deuxième sera donc la seule des Symphonies brucknériennes à rester sans dédicataire.

À la fin de l'été 1873, Anton Bruckner se rend à Bayreuth où il est une nouvelle fois reçu par Wagner qui, lui, accepte sans rechigner la dédicace de la Troisième Symphonie encore inachevée. Au retour à Vienne, il s'inscrit à l'Akademischer Wagner-Verein, dont les membres vont désormais l'entourer et le soutenir fidèlement. Mais rien n'y fait : la Philharmonie reste de marbre et, en 1875, la Troisième Symphonie est refusée comme auparavant la Deuxième. L'orchestre a pourtant daigné organiser une séance de lecture, mais pour mieux déclarer l'ouvrage lui aussi « injouable ». Ce mépris affecte d'autant Bruckner que sa situation matérielle, pendant ces années 1874-1875, tourne au désastre : il a perdu son poste à l'école d'instituteurs, la proposition qu'il a faite de créer un cours d'harmonie à l'Université a encore été rejetée, et il n'a plus pour subsister que les leçons privées et son salaire du Conservatoire, ce qui est loin de suffire. Il commence donc à regretter amèrement d'avoir abandonné sa confortable situation de Linz. Même la subvention annuelle de 500 gulden, que lui a accordée le ministère de la Culture pour lui donner le temps nécessaire à la composition, paraît ridicule au regard des mois qu'il y consacre. Or, c'est au milieu de tous ces soucis qu'il parvient à achever sa Quatrième Symphonie en 1874 et à commencer la Cinquième en février 1875. Par miracle, la fin de cette année-là voit se résoudre ses difficultés financières. Non seulement il est nommé archiviste en second à la Hofkapelle et répétiteur des Petits Chanteurs mais il entre enfin à l'Université de Vienne comme *lecteur* (ou chargé de cours) pour l'Harmonie et le Contrepoint. Et, comme une bonne fortune n'arrive jamais seule, il peut quitter en 1876 son premier logement, car il a déniché, pour le même loyer annuel de 200 gulden, un appartement presque luxueux, de quatre belles pièces, sur la Hessgasse, au coin du Schottenring, avec une vue superbe sur le Kahlenberg.

Depuis l'ouverture de la nouvelle salle du Musikverein, Wagner s'est rendu à plusieurs reprises à Vienne. Il y a notamment dirigé en 1860 un programme d'extraits de ses œuvres avec l'orchestre de l'Opéra. En 1875 et 1876 il est revenu pour conduire lui-même *Lohengrin* à la Hofoper. À chaque fois Bruckner est de la fête, tant et si bien qu'il n'hésite pas à se rendre à Bayreuth pour la première intégrale du *Ring*. Il y sera fréquemment l'hôte de la villa Wahnfried. Or ces liens de plus en plus étroits ne vont nullement faciliter sa carrière. Il vient d'achever sa Cinquième et il n'a encore réussi à faire exécuter qu'une seule des quatre Symphonies viennoises, la Deuxième. Certes Hans Richter, le nouveau chef de la Philharmonie, est bien disposé à son égard puisqu'il compte parmi les disciples les plus proches de Wagner, mais c'est tout de même lui qui a renvoyé la partition de sa Troisième, la *Wagner-Symphonie,* sans lui laisser le moindre espoir. Il faut cependant préciser que la constitution hautement démocratique de la Philharmonie exige que les nouveautés soient proposées par le Kapellmeister, le Konzertmeister et trois autres membres. Ensuite, si ces cinq personnages ont jugé l'œuvre digne d'intérêt, un jury de douze autres musiciens doit encore se prononcer après que l'orchestre a déchiffré la partition. Dans ces conditions, le chef n'a pas grand chose à dire.

Désemparé, Bruckner va se lancer dans l'un des épisodes les plus navrants de son existence d'artiste : la révision incessante de chacune de ses œuvres. En 1876, Herbeck, qui pourtant croyait en lui, l'avait déjà incité à opérer de sévères coupures dans la Deuxième. Le compositeur s'y était résolu à contre-cœur. Le même Herbeck a ensuite exigé qu'il révise entièrement la Troisième avant de l'inscrire au programme d'un Gesellschaftskonzert. Or Herbeck meurt subitement le 28 octobre 1877, et le projet eût sombré sans l'intervention du député August Gollerich, disciple et ami de l'auteur. Malheureusement, faute de chef, Bruckner doit consentir à diriger lui-même son œuvre. Le programme a commencé par une Ouverture de Beethoven puis un Concerto pour violon de Spohr, suivis comme d'habitude de quelques airs d'opéra. Lorsque le compositeur de la Troisième paraît enfin sur le podium, la soirée est déjà si avancée que le public s'inquiète à juste titre. Pour ne rien arranger, Bruckner s'agite comme un pantin dans l'espoir de vaincre le scepticisme affiché par l'orchestre. On ira jusqu'à raconter que les musiciens ont délibérément introduit des fausses notes et des ornements ironiques dans leurs parties pour ajouter à la panique du chef et de son auditoire. Toujours est-il que la salle se vide pendant le Finale et qu'il n'y a plus, à la fin du concert, qu'une trentaine de disciples et d'amis pour applaudir le compositeur resté seul sur la scène. On s'efforce de consoler le malheureux mais il laisse éclater avec amertume son découragement : « Ah ! Laissez-moi donc en paix ! On ne veut rien savoir de moi ! » Le lendemain, Hanslick, qui attendait sans doute cet événement pour tourner casaque, proclame n'avoir rien compris aux « intentions poétiques » de l'ouvrage né vraisemblablement d'une « une vision de la "Neuvième" beethovénienne nouant amitié avec la "Walkyrie" wagnérienne mais finissant sous les sabots de ses chevaux ».

Il n'en reste pas moins que cette épreuve a permis à Bruckner de mesurer le dévouement de quelques-uns de ses jeunes élèves comme Josef Schalk, Rudolf Krzyzanowski ou Gustav Mahler. D'autre part, Theodor Rättig, le propriétaire de la firme d'édition Bösendorfer et Rättig a assisté à toutes les répétitions puis au concert, et ce brucknérien de fraîche date a décidé sur le champ de publier à la fois la partition d'orchestre de la Troisième et une transcription pour deux pianos signée Gustav Mahler (qui n'a alors que dix-sept ans). Enfin, l'année 1877 ne s'achèvera pas sans apporter à Bruckner une solide compensation : il est promu membre de la Chapelle impériale avec un salaire annuel de 800 gulden, soit 500 de plus qu'il n'en recevait auparavant.

Malgré tout, le fiasco de sa *Wagner-Symphonie* sera lourd de conséquences néfastes. Non seulement il décourage pendant quatre ans la moindre exécution de ses œuvres, mais le sous-titre de l'ouvrage le désigne désormais aux yeux de tous comme un symphoniste « wagnérien », que les wagnériens en fureur ne sont pas fâchés de pouvoir lancer à la figure des « Brahminen ». Or les excès de ces jeunes écervelés desservent grandement Bruckner. Chaque exécution de ses partitions est accueillie par un tir de barrage des critiques conservateurs comme Ludwig Speidel et Eduard Hanslick. Bref, « il s'est égaré sur un champ de bataille où il a été finalement la seule victime ». Car, pour comble, Brahms et Bruckner, ces deux créateurs solitaires et introvertis, vont désormais faire figure de chefs de clans, Brahms comme idole de la bourgeoisie traditionaliste et Bruckner comme symbole du progrès et du renouveau pour l'intelligentsia et le mouvement des jeunes nationalistes. Le plus absurde, dans cette affaire, est assurément que le doux, le timide, le naïf Bruckner ait pu passer, même passagèrement, pour un moderne et un partisan de l'aventure. Au contraire, il est le plus rigoureux et le plus classique des pédagogues. C'est pourquoi se groupent autour de lui Gustav Mahler qui a quitté en 1875 la Bohême de son enfance pour entrer au Conservatoire de Vienne, les frères Franz et Josef Schalk qui auront une emprise considérable sur le maître, Ferdinand Löwe, le futur chef du Konzertverein, Friedrich Eckstein, l'ami intime et le mécène de Hugo Wolf, le député August Göllerich, ancien disciple et secrétaire de Liszt, etc. Mahler admettra plus tard n'avoir jamais été à proprement parler l'élève de Bruckner et avoir suivi seulement quelques-uns de ses cours à l'Université. Il évoque pourtant avec émotion ce jour mémorable de 1883 où, avant de quitter la salle de cours, Bruckner l'a appelé sur l'estrade pour lui jouer, à lui seul, le thème superbe de l'Adagio de la Septième Symphonie. Mahler s'efforcera toujours de combattre l'influence des Schalk qui poussent Bruckner à réviser encore une fois sa Troisième Symphonie. Mais il est alors en poste loin de Vienne et n'a pas gain de cause.

En revanche, si Mahler n'a pas été vraiment l'élève de Bruckner, son camarade de Conservatoire, Hans Rott, l'a été, lui, dans le plein sens du terme, et pendant trois années entières. De ce compositeur surdoué, Mahler parlera toujours avec une indéfectible admiration : « Des liens spirituels étroits nous unissaient. Nous nous sentions comme deux fruits sur le même arbre, poussant sur le même terrain et respirant le même air… Nous aurions pu réaliser ensemble de grandes choses… » Car le destin de Rott a été des plus tragiques. Après avoir dû quitter le Conservatoire sans la moindre récompense, il a accepté une petite tribune d'organiste au monastère des Piaristes d'où il va être honteusement chassé sous l'accusation injuste de vol dans la bibliothèque. Déjà deux de ses partitions ont été présentées pour concourir au Prix

Beethoven, dont cette immense Symphonie en mi majeur, composite certes, mais incroyablement prophétique et mahlérienne en diable, avec son orchestration dont la maîtrise touche au génie (c'est du moins ce que révélera son exhumation à Paris en 1989). Espérant l'appui de Brahms dont l'influence est déterminante sur le jury, Rott est allé respectueusement lui montrer son travail. Mais le verdict du maître, pour qui toute tendance nouvelle est coupable, surtout s'il y décèle la moindre trace de wagnérisme, est tombé comme un couperet : le jeune homme se voit conseiller purement et simplement d'abandonner la musique. Bruckner tente encore de lui trouver un gagne-pain quelconque dans la capitale mais sans résultat, si bien que Rott doit finalement accepter de partir en exil comme chef de chœur à Mulhouse. Dans le train qui l'emmène, il tient aux voyageurs des propos sans suite, d'où il ressort que Brahms a rempli les wagons de dynamite. On doit le ramener d'urgence à Vienne et l'interner jusqu'à sa mort, survenue en 1884. Bruckner tiendra toujours l'auteur du *Requiem allemand* pour responsable de cette faillite et de cette effroyable déchéance. Il est vrai que Brahms a traité de la même manière tous les jeunes compositeurs qu'il soupçonne de wagnérisme et qui, pour la plupart, appartiennent au cercle brucknérien. Du reste, selon lui, il ne faut pas prendre Bruckner au sérieux comme compositeur : « On ne peut même pas parler d'œuvres, mais d'une véritable escroquerie qui, dans un an ou deux, sera morte et oubliée, explique-t-il dans les dernières années de sa vie. [...] C'est à moi que Bruckner doit exclusivement sa célébrité car, sans moi, personne n'aurait jamais parlé de lui. [...] Et croyez-vous que, dans cette cohorte de gens primaires [qui le soutiennent], il y en ait un seul qui comprenne quelque chose à ces énormes serpents de mer symphoniques *[symphonischen Riesenschlangen]* ? » À l'en croire, les wagnériens ont « inventé » Bruckner parce que, « après la mort de Wagner, ils avaient besoin d'un pape et n'en ont pas trouvé de meilleur ». Dans un accès de cruauté sanglante, il s'écrie même un jour : « Bruckner, un pauvre nigaud, un malheureux fou que les moines de Sankt Florian ont sur la conscience. »

Loin de se laisser abattre par son échec de 1877, Bruckner va achever coup sur coup, au cours des deux années suivantes, la Cinquième Symphonie, le Quintette à cordes destiné à Hellmesberger et à son ensemble, et une nouvelle version de sa Quatrième, à quoi s'ajoutent plusieurs pages chorales. Ensuite, il se consacre presque exclusivement à la révision de ses partitions terminées. Pour ce qui est des exécutions, l'espoir renaît peu à peu. En 1881, Hans Richter crée la Quatrième à la Philharmonie, et ce premier succès viennois de Bruckner est abondamment commenté par la presse qui, à l'exception comme toujours de

Hanslick, daigne même reconnaître à l'ouvrage quelque mérite. Max Kalbeck, l'ami de Brahms, qualifie imprudemment Bruckner d'« enfant doué de la force d'un géant ». Deux autres critiques, sans doute parce qu'ils appartiennent au parti wagnérien, expriment leur approbation en termes dithyrambiques.

En 1882 et 1883, un nouvel élan créateur va donner coup sur coup le *Te Deum*, la Sixième et la Septième Symphonie. Lorsqu'il apprend la mort de Wagner, le 13 février 1883, Bruckner a déjà mis le point final à l'Adagio de sa Septième. Son profond, son irrémédiable chagrin lui inspirera ici une coda élégiaque en forme de chant funèbre. C'est à ce moment-là que Wilhelm Jahn, le nouveau directeur de l'Opéra, consent à programmer la Cinquième à la Philharmonie. Cependant, au cours des répétitions, il s'effraye de la longueur du programme et finit par se contenter des deux mouvements intermédiaires qui, comme d'habitude, sont à la fois applaudis et sifflés par un public obstinément divisé. Mais Bruckner tient sa revanche dès 1884, non à Vienne, c'est vrai, mais à Leipzig où Arthur Nikisch a inscrit la création mondiale de la Septième, intégrale cette fois, au programme d'un Gewandhaus-Konzert. Les acclamations ont duré un quart d'heure. Le lendemain, la critique locale est hyperbolique et Nikisch déclare avec solennité : « Depuis Beethoven, il n'y a rien eu de comparable... Dorénavant, je considérerai comme mon devoir de tout faire pour que Bruckner soit reconnu. » L'exécution munichoise de la même œuvre, dirigée par Hermann Levi, est accueillie avec le même enthousiasme, et la Philharmonie de Vienne, opportuniste et pas gênée, écrit alors à Bruckner pour lui proposer d'en donner la création viennoise. Par retour du courrier, le compositeur oppose un refus catégorique car « les principaux critiques viennois ne manqueraient pas de se mettre en travers de mon chemin et de freiner en Allemagne mes succès encore jeunes ». Et il n'a pas tort. En effet, si, en janvier 1885, le Quintette de 1879 et le Te Deum ont été chaleureusement reçus au Musikvereinsaal, la Septième, finalement donnée par Hans Richter, est condamnée sans appel par les cinq principaux critiques viennois. Pour expliquer que le public ait pourtant acclamé l'ouvrage, Hanslick se contente de rappeler que son auteur est devenu « l'idole des wagnériens ». Bruckner est tellement affecté par cette nouvelle attaque que, au cours d'une audience que lui accorde l'empereur, il a le front de lui demander si, tout simplement, « il ne pourrait pas interdire à Hanslick d'écrire ».

Pourtant, rien ne peut plus désormais retenir l'élan des Symphonies de Bruckner. On les donne un peu partout, non seulement en Allemagne, mais en Hollande, en Angleterre et même aux États-Unis. Qui plus est, le Te Deum et la Septième ont été publiés presque simultanément par Theodor Rättig, et Bruckner s'en réjouit d'autant qu'aucune partition de lui n'a connu, depuis 1880, les honneurs de l'édition. Mais il est encore trop tôt pour crier victoire. En 1887, il a envoyé à Hermann Levi la partition de sa Huitième, à laquelle il vient de consacrer deux années de labeur. Le chef munichois, qui avait été totalement conquis par la Septième, s'avoue si déconcerté qu'il écrit à Josef Schalk pour le prier de convaincre Bruckner de réviser sa partition (la version originale ne paraîtra qu'en 1973!). Ce verdict accable Bruckner qui va désormais passer trois années entières à douter de lui-même et à reprendre de fond en comble la plupart de ses œuvres, même ses deux premières Symphonies et sa Troisième Messe qui pourtant n'avaient jamais suscité la moindre réserve. Ainsi la plupart des premières éditions de ses œuvres vont-elles paraître entre 1889 et 1903 dans des versions qui doivent autant, et peut-être plus, au zèle intempestif de trois de ses disciples, Ferdinand Löwe, Josef et Franz Schalk, qu'à son propre jugement, des versions qui vont terriblement compliquer la tâche des éditeurs modernes, soucieux de retourner à l'original. L'effort exigé par ces révisions successives est si considérable, si peu gratifiant, que Bruckner en sort accablé, épuisé, ce qui explique en grande partie l'état d'inachèvement dans lequel il va laisser la Neuvième Symphonie, à laquelle il a pourtant travaillé depuis 1889 jusqu'à sa mort sept ans plus tard.

Pendant cette ultime période de sa vie, Bruckner traverse encore plusieurs crises de dépression. Il se plaint amèrement du culte dont Brahms est l'objet. Il tombe amoureux de très jeunes filles, toujours de condition modeste, qu'il rencontre en général pendant ses voyages. Il n'a pourtant plus à se lamenter de n'être pas célébré. Désormais Richter crée les nouvelles versions de ses Symphonies sitôt qu'elles sont achevées, et cela à une époque où l'on ne s'est pas encore résolu à donner une exécution intégrale de la Neuvième de Schubert! En 1892, la seconde version de la Huitième Symphonie, dont l'empereur François-Joseph a accepté la dédicace, occupe à elle seule tout le programme du Concert philharmonique du 18 décembre. Richter est au pupitre et Brahms présent dans la loge d'honneur. C'est que le parti national allemand, de plus en plus puissant, se fait un devoir d'honorer Bruckner et d'applaudir frénétiquement à tous ses concerts. Il reçoit sans discontinuer les témoignages d'admiration les plus flatteurs, des subventions, des décorations, des diplômes. Le doctorat *honoris causa* de l'Université de Vienne lui est remis en présence de trois mille personnes. En 1894, l'Autriche tout entière fête avec un éclat exceptionnel son soixante-dixième anniversaire. Certes, Hanslick persiste à formuler des réserves sur la longueur des œuvres et sur l'absence de logique de leur architecture, mais il reconnaît de bonne grâce leur « puissance » et leur souffle. Il envoie même à Bruckner sa photo dédicacée à l'occasion du nouvel an 1891, ce qui ne manque pas de sel.

Au milieu de ces honneurs, Bruckner n'en continue pas moins une existence de solitaire et, depuis 1892, une existence de grand malade car il est pris cette année-là de fréquents accès de vertiges et de crises d'étouffement. Les médecins émettent un diagnostic inquiétant, sclérose des artères, cirrhose du foie et diabète, et le déclarent en danger de mort. On lui interdit sa boisson préférée, la bière, et, à partir de 1894, on l'oblige à se libérer de toutes ses charges professionnelles. Il travaille alors au Finale de sa Neuvième Symphonie, pour lequel il va laisser quelque deux cents pages d'esquisses. En 1893, il s'est rendu à Berlin pour une exécution de sa Septième, suivie du *Te Deum,* et il a eu encore la faiblesse de s'amouracher d'une jeune femme de chambre au point de se fiancer avec elle. Évidemment, le projet de mariage échoue, comme tous les précédents, ce qui ne l'empêche pas de récidiver l'année suivante dans la même ville et avec une autre très jeune personne. En 1894, il retourne pour la dernière fois à Sankt Florian et improvise avec émotion sur l'orgue de sa jeunesse. Mais il doit renoncer à se rendre à Graz pour une exécution de la Cinquième dirigée par Franz Schalk qui a préparé pour l'occasion et de son propre chef une version toute nouvelle, avec des coupures et une instrumentation retouchée. L'année suivante, l'empereur accorde à Bruckner la faveur insigne, unique même dans l'histoire, d'habiter gratuitement un vaste et superbe logement de neuf pièces dans l'ancienne conciergerie du palais du Belvédère, palais occupé alors par le prince héritier François-Ferdinand. À partir du mois de juillet, trois médecins se relaient au chevet du maître car son état inspire de grandes inquiétudes. Ses principaux disciples, et notamment Hugo Wolf, lui rendent régulièrement visite, mais son déclin, au cours de l'été, s'avère sans rémission. Ses souffrances seront heureusement atténuées par un coma intermittent, et la mort le surprend le 11 octobre 1896, à trois heures et demie de l'après-midi. La nouvelle court aussitôt la ville et l'Université arbore tout de suite des drapeaux noirs en signe de grand deuil. Le jour de l'enterrement, une foule énorme s'assemble dans la cour du Belvédère pour accompagner le cercueil jusqu'à la Karlskirche où se déroule la cérémonie proprement dite avec une pompe bien viennoise et dans une débauche de discours, d'éloges funèbres, de chœurs, de cuivres et de grandes orgues. Tous les notables de la cité sont présents, même Johannes Brahms, déjà très atteint par la maladie qui va l'emporter à son tour. Le critique et chef d'orchestre Bernhard Paumgartner affirme même l'avoir vu pleurer dans un coin obscur de l'église, mais on ne saura jamais si c'était des pleurs de remords ou des larmes de crocodile. Après le service, le cortège se reforme pour accompagner le cercueil jusqu'à la gare de l'Ouest car il va être transporté par chemin de fer jusqu'à Sankt Florian où Bruckner a obtenu d'être inhumé dans l'église même, au pied de son orgue. Ces fastes comblent d'aise l'Autriche tout entière, qui estimera sans doute avoir ainsi accompli ses devoirs envers l'un de ses plus grands musiciens depuis Schubert. Pourtant, avec l'originalité insolente et – semble-t-il involontaire – de son art, Bruckner lui aussi aurait sûrement préféré être plus souvent joué de son vivant et pouvoir mener surtout une existence plus paisible.

De nouveaux moyens pour des institutions rénovées

La chronique des deux vies parallèles de Brahms et de Bruckner, contemporaines et pourtant si différentes, pour ne pas dire opposées, montre au moins qu'un grand changement est intervenu entre 1860 et la fin du siècle dans la vie musicale de Vienne. Il s'agit de la promotion au rang d'institution de la musique symphonique qui, avant la révolution de 1848, ne jouait guère qu'un rôle subalterne. On l'a vu, les Concerts philharmoniques avaient été purement et simplement suspendus après la révolution de mars jusqu'en 1853, et devaient l'être à nouveau en 1858 et 1859. Entre ces deux périodes de vide, Karl Eckert, le directeur du Kärntnerthortheater, n'y avait dirigé que six concerts en tout, c'est-à-dire un ou deux par an. Le véritable début des Concerts philharmoniques remonte donc à ce jour de janvier 1860 où les membres de l'orchestre de l'Opéra ont décidé, en plein milieu de la saison, d'annoncer une série de quatre concerts d'abonnement. Ils vont avoir lieu en janvier, février et mars à la Hofoper, et non plus au Redoutensaal, sous la direction de Karl Eckert. Une telle initiative pouvait paraître risquée puisque, en principe, l'orchestre du théâtre ne possédait aucune expérience symphonique. Mais personne à Vienne n'ignore que le Musikverein a depuis longtemps renoncé aux instrumentistes amateurs pour les Gesellschaftskonzerte et que, désormais, il engage toujours les musiciens de l'Opéra, qui ont acquis ainsi une sérieuse pratique du répertoire. Au programme du premier concert du 15 janvier 1860 figurent l'Ouverture d'*Anacréon* de Cherubini, le Scherzo de *Roméo et Juliette* de Berlioz et, pour terminer, la Septième Symphonie de Beethoven. Comme le veut la coutume, des soli vocaux sont intercalés entre les pièces orchestrales : l'un, de Mendelssohn, est interprété par Louise Dustmann, l'amie de

Brahms. La salle est comble et on a installé l'orchestre sur la scène qui a été agrandie en recouvrant la fosse. Dans son compte rendu, Hanslick se plaint de l'acoustique qu'il juge très plate en comparaison de celle du Redoutensaal. En revanche, il applaudit la finesse des détails, la précision de l'ensemble et reconnaît partout, « de la première à la dernière note, un seul esprit et une seule main ».

Peu de temps après, la nomination de Herbeck à la tête des Gesellschaftskonzerte va entraîner une rupture entre cette institution et la Philharmonie. En effet, celle-ci estime à juste titre subir une concurrence déloyale du fait que des œuvres, répétées à ses frais, sont souvent redonnées par Herbeck quelques jours plus tard. Ainsi la Gesellschaft va-t-elle être conviée fort poliment à former son propre orchestre. Au mois de septembre 1860, le départ d'Eckert, qui quitte la direction de l'Opéra, force la Philharmonie à se chercher un nouveau chef. Or les statuts, qui datent de l'époque de Nicolai, stipulent que tous les membres de l'orchestre de l'Opéra ont le droit et le devoir de participer aux concerts et que le chef, comme le comité de douze membres qui administre l'orchestre et répartit les bénéfices entre les musiciens, doit être élu chaque année par l'ensemble des musiciens. Cette fois, c'est le jeune Leipzigois Otto Dessoff, Kapellmeister à l'Opéra, qui est choisi, et l'on va s'en féliciter car ses quatre concerts attirent tant de monde qu'il faut annoncer aussitôt une seconde série. Désormais, on continuera à donner chaque année huit concerts, auxquels va s'ajouter vingt ans plus tard un neuvième intitulé *Nicolai Konzert* en souvenir du fondateur. En 1862, un avenant aux statuts précise que les principales décisions doivent être prises désormais par un vote secret, usage qui s'est maintenu jusqu'à nos jours. En fait, le développement de la Philharmonie doit beaucoup à Dessoff qui conserve son poste pendant quinze ans avec un succès qui ne faiblit pas. Son répertoire est en grande partie classique, auquel s'ajoutent quelques œuvres romantiques, surtout de Schumann et de Mendelssohn, et quelques créations généralement choisies parmi les productions de leurs élèves comme Julius Rietz ou Niels Wilhelm Gade, outre celles déjà mentionnées de Brahms et plus tard de Bruckner. En 1862, Dessoff introduit à Vienne avec plus de trente ans de retard la *Symphonie fantastique* de Berlioz, ainsi que la *Faust-Ouvertüre* de Wagner. C'est à Dessoff qu'on doit aussi l'initiative des *Novitätenkonzerte*. Le premier a lieu en 1863 avec deux créations, la Deuxième Sérénade de Brahms et le *Concerto hongrois* de Joachim. Pour tous ces programmes, de nombreux solistes sont engagés, comme Hans von Bülow, Clara Schumann, Henri Wieniawski, mais les deux Konzertmeister de l'orchestre se voient parfois confier ce rôle quand ils peuvent l'assumer.

En 1869, le bouillant Herbeck décide de profiter de l'ouverture de la sompteuse salle de la Hofoper pour y organiser quatre concerts symphoniques qui, cette fois, entrent en concurrence directe avec les Concerts philharmoniques. Pour la soirée inaugurale du 1er novembre, il a même constitué une phalange énorme, tout au moins selon les critères de l'époque, comprenant entre autres vingt-quatre premiers violons et douze contrebasses, tout cela pour un simple programme Beethoven-Mendelssohn-Haydn! Onze jours plus tard, pour ne pas être en reste, la Philharmonie s'estime donc contrainte d'augmenter à son tour l'effectif de ses troupes, et sans non plus le moindre prétexte artistique. Quelques mois plus tard, à la fin de la saison, la démolition du vieux théâtre, que l'on avait voulu sauver d'abord en le transformant en Opéra-Comique puis en y installant le Burgtheater, est annoncée officiellement. La Philharmonie se trouve sans salle. Or, le nouvel immeuble du Musikverein est achevé, mais l'honorable société qui l'a fait construire à grands frais n'admet pas qu'il soit utilisé par un orchestre rival. Un projet de fusion entre les deux orchestres est en premier lieu proposé. Cette idée paraît d'autant plus raisonnable que les musiciens philharmoniques, qui enseignent au Conservatoire du Musikverein, font partie de l'un et l'autre orchestres. Mais le Musikverein, propriétaire des lieux, aurait ainsi autorité sur la Philharmonie qui perdrait de la sorte son autonomie. Finalement, on s'arrête à une autre formule de compromis, en vertu de quoi le comité consent à ne plus limiter le nombre des musiciens autorisés à participer au concerts de la Gesellschaft. En échange, l'Orchestre philharmonique s'installe au Musikverein, dans la vaste et sompteuse *salle dorée* de deux mille places dont l'acoustique miraculeuse n'a jamais pu être égalée nulle part dans le monde, et cela en dépit de toutes les recherches scientifiques qui ont été faites depuis.

Le 13 novembre 1870, à midi et demi, le premier Concert philharmonique a donc lieu dans ce cadre idéal, sous la direction d'Otto Dessoff, avec au programme l'Ouverture du *Freischütz* et la Troisième Symphonie de Schumann, qui encadrent le Quatrième Concerto de Beethoven, avec Julius Epstein comme soliste, et une Ouverture nouvelle du jeune pianiste berlinois Ernst Rudorff. Désormais, la rivalité va s'exacerber entre Herbeck, directeur de l'Opéra, et Dessoff, son premier Kapellmeister, qui est aussi le chef de la Philharmonie. Chacun a ses partisans et ménage peu l'adversaire. Au cours d'une répétition d'*Aida* en 1874, à Dessoff qui est au pupitre, Herbeck crie depuis la scène : « Il manque ici la troisième flûte, est-ce que vous ne l'entendez donc pas, Herr Kapellmeister ? » Ce à quoi Dessoff répond tranquillement : « C'est le troisième flûtiste qui n'est pas là, ne le voyez-vous pas, Herr

Direktor? » Néanmoins, Dessoff va finir par se lasser et par prendre congé de la Philharmonie en 1875, sur une triomphale exécution de la Neuvième de Beethoven, à laquelle, pour lui faire honneur, tous les principaux chanteurs de l'Opéra participent, soit comme solistes soit même dans les chœurs. Son successeur Hans Richter nous est déjà connu comme interprète des Symphonies de Brahms et de Bruckner. Il va battre tous les records de longévité directoriale en conservant son poste de 1875 à 1898, avec seulement un an d'interruption pour un séjour en Angleterre. Sa popularité auprès de l'orchestre provient non seulement de ce qu'il lui a autrefois appartenu, mais de ce qu'il a passé toute son enfance à Vienne et parle parfaitement le dialecte propre à la capitale. Et puis, son autorité est d'autant mieux acceptée qu'elle est fondée sur une compétence indiscutable. Formé tout d'abord comme Petit Chanteur, Richter a étudié le violon au Conservatoire ; il a été premier violon au Carltheater, ensuite timbalier au Theater an der Wien, mais il a jugé plus raisonnable pour sa carrière d'apprendre le cor. C'est donc comme corniste qu'il est entré à la Hofoper en 1850. Tout au long des différentes étapes de sa carrière, il a acquis une expérience très complète des instruments et une connaissance approfondie du répertoire. Son oreille, sa mémoire, sa présence d'esprit ont une réputation d'infaillibilité qui l'aide à se faire obéir. En outre, sa notoriété dépasse désormais les frontières de l'empire puisqu'il dirige chaque année à Bayreuth et en Angleterre. Bien que, pendant la première session du comité auquel il assiste, il ait promis d'avantager désormais les œuvres de Berlioz et de Liszt, l'ensemble de ses programmes demeurera d'un solide conservatisme et le nombre des nouveautés y sera plutôt restreint. En dehors de celles de Brahms et de Bruckner, les œuvres créées, qu'elles soient d'Ignaz Brüll, de Hermann Götz, de Joachim Raff ou d'Antonin Dvorak, sont aussi rassurantes que rares. Mais l'un des talents de Richter a été la diplomatie avec laquelle il a su, sans heurter quiconque de front, éviter petit à petit de tenir compte, pour les nouveautés, des avis formulés lors des fameuses répétitions de lecture. C'est en grande partie grâce à lui que cette pratique tombera peu à peu en désuétude, mais pas avant les dernières années du siècle.

Il fallait aussi tout le tact d'un Richter pour résoudre un autre problème propre à Vienne, un problème qui va se poser plus tard à plusieurs de ses successeurs, et notamment au plus illustre de tous, Gustav Mahler. On l'a vu, le statut de la Philharmonie fait d'elle une petite république dont, chaque année, les citoyens-musiciens désignent démocratiquement le chef. Comme cela est naturel, c'est l'un des Kapellmeister de l'Opéra, voire même son directeur, qui est élu. Or les mêmes musiciens, à qui il doit son autorité, lui doivent par ailleurs une soumission totale entre les quatre murs de l'Opéra. Cette contradiction engendre des frictions, des affrontements dont le plus grave éclate périodiquement au sujet de l'effectif de l'orchestre pour les concerts. Lors de l'ouverture de la nouvelle Hofoper, en 1869, l'effectif lyrique avait été porté de quatre-vingt-six à plus de cent musiciens, ce qui aurait dû amener logiquement la même augmentation de l'effectif symphonique. Mais la majorité des musiciens s'y sont refusés et les nouveaux engagés sont donc considérés comme membres extraordinaires et doivent en principe attendre la mort d'un membre titulaire pour prendre sa place. Cette discrimination sera abrogée dès l'année suivante, à cause de la nécessité d'augmenter immédiatement le nombre des musiciens pour le grand auditorium du Musikverein. Mais la situation se représentera pourtant en 1903, pendant le règne de Mahler, et même en 1970.

Désormais, l'Orchestre philharmonique de Vienne s'est donc acquis une autonomie presque complète. Cependant, le fait même que tous ses sociétaires appartiennent à l'Opéra, et que Vienne n'ait pas encore songé à fonder une association symphonique indépendante, prouve bien que le théâtre y occupe toujours une place centrale. En 1861, après la démission de Karl Eckert du Kärntnerthortheater, on a cherché à le remplacer par un locataire-gérant, comme autrefois. Mais, à la stupeur générale, aucun candidat sérieux ne s'est présenté. Il a donc fallu se résoudre à nommer, cette fois comme directeur, le compositeur Matteo Salvi, élève et ami de Donizetti, qui va occuper le fauteuil pendant six ans. Ses créations les plus marquantes sont le *Faust* de Gounod (intitulé dans les pays germaniques *Margarethe*) en 1862, *Un bal masqué* de Verdi en 1864 et *L'Africaine* de Meyerbeer en 1866. Bien que la construction d'un nouvel Opéra ait été décidée, le coup de pioche initial donné en 1861, la première pierre posée deux ans plus tard, les autorités viennoises n'ont toujours pas compris que l'époque des gérants est à jamais révolue et que la loi de l'offre et de la demande ne peut plus s'appliquer à une institution dont le prestige coûte de plus en plus cher. Ainsi, avant même que ne soit achevé le nouveau bâtiment, songe-t-on déjà à le louer dans l'espoir de limiter un déficit qui, chaque année, s'accroît. Il faudra tout le pouvoir de persuasion du Grand Chambellan pour convaincre l'empereur qu'il doit soutenir et subventionner son Opéra de cour s'il veut en maintenir le niveau. Du reste, comment y échapperait-il alors que plusieurs petites principautés allemandes ont dû s'y résigner depuis longtemps ?

Nommé en 1867, le dernier directeur de l'Opéra impérial au Kärntnerthortheater, Franz von Dingelstedt, sera également le premier de la nouvelle Hofoper. Cet Allemand au manières aristocratiques, écrivain, mari d'une cantatrice, a débuté en 1846 comme metteur en scène à

Stuttgart et occupé ensuite deux postes d'intendant, à Munich et à Weimar. C'est un homme de théâtre des plus expérimentés, pour qui la qualité, voire la somptuosité, de la mise en scène a toujours une importance primordiale. Il voit donc d'un bon œil son principal décorateur, Carlo Brioschi, adapter à la scène le style néo-renaissance des tableaux du grand peintre viennois d'alors, Hans Makart. Ce style-là, surnommé « romantisme historique », a d'ailleurs influencé celui de la nouvelle Hofoper, construite sur le Ring même, d'après les plans d'Eduard von der Nüll et August Siccard von Siccardsburg. Ces architectes sont, l'un comme l'autre, des Viennois de souche et tous deux professeurs à l'Académie des Beaux-Arts. Ils ont déjà à leur actif le Carltheater, le Sophienbad et le nouvel Arsenal, mais leur projet pour l'Opéra n'en a pas moins été présenté, dans le plus strict anonymat et avec trente-quatre autres au jury du concours. Il a donc été choisi uniquement pour ses qualités propres. La construction va durer sept ans et demi et coûter six millions de gulden (celle de l'Opéra de Paris par Charles Garnier prendra onze ans, de 1863 à 1874). Le niveau du Ring ayant été abaissé de près d'un mètre par rapport aux prévisions, l'architecte de la cour, responsable de cette modification, aurait dû normalement reconnaître sa responsabilité. Mais comme il est hostile aux deux architectes, il n'oppose aucun démenti aux articles extrêmement malveillants qui dénoncent l'un après l'autre « la caisse qui s'enfonce » et parlent déjà de « Sadowa de la construction », par allusion à la grande défaite récente infligée par la Prusse à l'Autriche. Van der Nüll, qui a toujours été de tempérament pessimiste, se trouve si fortement atteint par ces critiques injustes qu'il finit par se suicider par pendaison un an avant l'inauguration. Quant à Siccardsburg, il meurt deux mois plus tard, vraisemblablement des suites du choc que lui a causé le suicide de son collaborateur et ami. Mais une fois apaisées les polémiques que soulève toujours, ici comme ailleurs, toute innovation dans le paysage urbain, il faudra bien reconnaître que leur œuvre ne laisse rien à désirer, loin de là. Pourtant, il ne faudra pas moins de vingt-cinq ans pour que Vienne se rende compte enfin que son vaste Opéra, de 2 314 places assises et 1 200 debout, bénéficie d'une acoustique irréprochable, même si quelques mois de tests ont été nécessaires pour déterminer le niveau optimum de la fosse d'orchestre. En outre, le bâtiment ne manque pas d'allure, avec sa façade à arcades d'inspiration palladienne, surmontée de deux statues équestres, avec ses lignes sobres et sa décoration néo-renaissance. Il est bien la pièce maîtresse de la Ringstrasse, cette avenue triomphale posée comme une couronne sur le cœur de la ville.

Le gala d'inauguration du 25 mai 1869 est un événement de toute première importance dans l'histoire de la capitale. Il commence par une

Ouverture de circonstance, composée tout exprès par le doyen des Kapellmeister, Heinrich Esser. Puis vient un prologue en vers dû à la plume ampoulée de Franz von Dingelsedt, poème d'ailleurs abondamment corrigé et recorrigé par la censure impériale. Il est récité par la célèbre tragédienne allemande, Charlotte Wolter, qui règne alors sur le Burgtheater. Mais, habituée aux grands textes classiques, elle paraît quelque peu embarrassée par la platitude des vers directoriaux. Vêtue en *Vindobona* (nom latin de Vienne), devant une toile représentant l'ancien théâtre, elle chante les louanges de la nouvelle Vienne, de son prestigieux Ring et de son « palais de marbre et d'or ». À ce moment crucial, le changement de décor, qui devait survenir pour révéler subitement l'extérieur de la nouvelle Hofoper, est freiné par la difficulté de la manœuvre et l'effet tombe à plat. Elle invoque ensuite les mânes des deux architectes défunts et regrettés, et elle achève sur un vibrant appel aux peuples de l'empire, qu'elle exhorte à vivre dans l'unité et dans l'harmonie. Alors éclate l'hymne impérial et se forme un cortège solennel, celui de toutes les nations de l'empire incarnées par les membres de la troupe. Le drapeau national à la main, *Vindobona*-Wolter réunit autour d'elle ces symboles vivants, alors que le public, soulevé d'enthousiasme par tant de grandeur, se dresse comme un seul homme pour acclamer l'empereur, ce qui a pour conséquence de déployer, dans un bruissement de soies et un cliquetis de médailles, toute la magnificence des toilettes de gala exaltées par les quatre mille flammes de gaz des lustres et des appliques. Viennent ensuite les choses sérieuses, c'est-à-dire *Don Giovanni* en allemand, comme c'est désormais la coutume. La distribution est la plus brillante qu'on puisse imaginer à l'époque : Louise Dustmann (Anna), cette artiste « céleste et pleine d'âme » portée aux nues par Wagner et qui avait bouleversé Brahms dans *Fidelio* ; Marie Wilt (Elvira), à la voix puissante mais parfaitement maîtrisée ; Gustav Walter (Ottavio), chanteur souverain, aussi à l'aise dans le lied qu'à l'opéra, créateur à Vienne de *Lohengrin* et du Stolzing des *Meistersinger* ; Johann Nepomuk Beck (Don Giovanni), au physique avantageux et à la voix éloquente, le premier Hans Sachs de Vienne et, pendant trente ans, un des piliers de la maison ; enfin Hans von Rokitansky (Leporello) à l'organe profond et sonore mais rompu à toutes les subtilités de l'école italienne. La mise en scène est signée Dingelstedt et les décors Carlo Brioschi, le peintre attitré de l'Opéra, dont le succès ne se démentira jamais tout au long des nombreuses années qu'il va y travailler.

Pour préparer une douzaine de productions originales puisque aucune de celles de l'ancien Opéra ne s'adapte aux dimensions de la nouvelle scène, Dingelstedt a obtenu de retarder de plusieurs mois l'ouverture officielle de la Hofoper. Mieux, il a eu l'heureuse idée de prévoir pour chaque ouvrage trois distributions différentes. Ainsi, le second soir, Maria Wilt, qui a repris les vêtements de deuil de Donna Anna, est-elle remplacée dans Elvire par Amalie Materna (un soprano autrichien tout récemment engagé) qui, six ans plus tard, sera choisie par Wagner pour être la première Brunnhilde du *Ring* intégral de Bayreuth, puis la première Kundry de *Parsifal*. Le spectacle inaugural a été dirigé, sans doute d'une baguette assez terne, par Heinrich Proch, le plus ancien des chefs de l'Opéra avec Esser. Mais ces deux chefs de la génération précédente vont le céder rapidement à de plus jeunes, tout d'abord Otto Dessoff qui a fait ses preuves depuis de nombreuses années à la Philharmonie, et surtout Johann Herbeck, héros des Gesellschafts-konzerte et qui va faire ses débuts à l'automne de 1869. Ancien Petit Chanteur, chef de chœur et professeur au Conservatoire, Herbeck est un Wagnérien de la première heure. C'est grâce à lui et à ses bons rapports avec Bayreuth que la Hofoper va pouvoir, dès février 1870, créer les *Meistersinger*. Bien sûr, la partition a subi quelques mutilations, ce qui a ôté à Wagner toute envie d'y assister. D'ailleurs, ses ennemis ont cherché, au moment de la Sérénade de Beckmesser, à déclencher un scandale homérique, mais les sifflets, les miaulements, les aboiements, les cris de toutes sortes ont été finalement couverts par les acclamations. Dans ce tohu-bohu, Beck, qui incarne Hans Sachs, en a perdu la mesure et il faut toute la dextérité de Herbeck pour le remettre sur les rails. En fait, les anti-wagnériens ne sont plus désormais qu'une minorité et la soirée s'achève en triomphe. La presse n'en change pas pour autant d'attitude et Speidel, loin de rendre les armes, s'abandonne à l'amertume : « Les rares personnes qui restent fidèles à leurs convictions attendent de l'avenir satisfaction et amende honorable. »

À la fin de l'année 1870, Dingelstedt quitte la Hofoper pour le Burgtheater. C'est tout naturellement à Herbeck qu'on demande de le remplacer. Mais, aussitôt éclate un grave conflit avec Wagner qui estime avoir cédé autrefois les droits d'exécution de ses premières œuvres pour une somme négligeable, 3.620 gulden, et réclame sur tous les tons de véritables droits d'auteur. Cette exigence légitime mais tardive est surnommée par les Viennois « Lex Cosima », allusion ironique aux appétits de l'illustre épouse. Herbeck finit par obtenir de l'Intendance les subsides nécessaires, mais seulement pour les représentations futures. Cependant, Wagner exige une indemnité rétroactive et refuse par rétorsion de laisser monter aucun de ses ouvrages nouveaux. Herbeck, qui a mis en scène *Le Vaisseau fantôme* d'une manière exemplaire, est blessé au vif, ce qui ne l'empêche pas de créer *Rienzi* avec un succès colossal. Or Wagner, qui s'est rendu à Vienne en mai 1872 pour diriger trois concerts de propagande en faveur de Bayreuth au Musivereinssaal, va se déclarer scandalisé par cette production dont les décors sont décrétés par lui « historiquement faux ».

En 1873, Adelina Patti, le fabuleux soprano-coloratura italien, fait courir les foules pour *Lucia* au Theater an der Wien et Herbeck l'invite à participer à un Concert de bienfaisance au bénéfice des membres de l'Opéra, le premier d'une longue série. La *Genoveva* de Schumann, les deux *Iphigénie* de Gluck et *Der Widerspenstigen Zähmung* (La Mégère apprivoisée) de Hermann Götz, *Feramors* de Rubinstein et *Hamlet* d'Ambroise Thomas, créé pendant l'Exposition universelle de 1873, ne connaissent guère qu'un succès d'estime. En fait, les vrais triomphes majeurs de Herbeck seront, en 1874, *Aida* de Verdi, donné quinze fois en six semaines, et, l'année suivante, *Die Königin von Saba* de Goldmark, avec Materna dans le rôle-titre et des décors que, par économie, on a repris à un ballet biblique, *Sardanapal*. L'un et l'autre ouvrages sont sévèrement condamnés par Hanslick mais son opinion reste sans influence. À la vérité, le problème essentiel de ces années-là, c'est le krach boursier de 1873 qui a eu pour conséquence immédiate de vider l'Opéra et d'augmenter le déficit jusqu'à l'intolérable. C'est lui qui va acculer finalement Herbeck à la démission, l'Intendance ayant voulu non seulement contrôler sa gestion mais freiner son activité et empiéter ainsi sur ses prérogatives artistiques. Il va donc retourner à la Gesellschaft pour céder le fauteuil à Franz Jauner, l'homme des théâtres de faubourgs. Cette nomination d'un spécialiste de l'opérette, qui d'ailleurs n'abandonne pas pour autant la direction du Carltheater, fait un beau scandale dans l'opinion et dans la presse. Mais on a besoin d'un homme d'affaires chevronné pour surmonter la crise. Jauner a posé comme conditions la réduction des pouvoirs de l'intendant et l'augmentation de la subvention impériale. Après avoir obtenu l'une et l'autre, il réalise sans tarder quelques coups de maître dont le premier, en octobre 1875, est la création viennoise de *Carmen*, pour laquelle on a convié Bizet à diriger lui-même. Hélas! le compositeur vient de mourir à l'âge de trente-six ans. Il se trouve que, après le fiasco parisien, c'est à Vienne que *Carmen* triomphe pour la première fois sur une grande scène. Il faut dire que Jauner a pris toutes ses précautions et fait transformer par Ernest Guiraud le dialogue parlé en récitatifs. Même la critique conservatrice est favorable dans l'ensemble. Certes, Speidel parle dédaigneusement d'«opérette avec danses » mais Hanslick y décèle au contraire « esprit et talent ». Le grand historien de la musique August Wilhelm Ambros sera pourtant seul à mesurer pleinement l'importance de l'événement.

D'ailleurs, *Carmen* n'atteindra pas avant 1879 le haut niveau de popularité qu'elle a conservé depuis, car il aura fallu attendre que la cantatrice viennoise Pauline Lucca s'empare du rôle-titre pour lui insuffler ce réalisme et cette vitalité qu'il réclame.

La période d'éclat de Jauner est aussi marquée par la visite de Verdi qui, en 1875, dirige successivement *Aida* et le Requiem ; par celle de Saint-Saëns qui joue le Quatrième Concerto de Beethoven et, en 1879, dirige trois fois de suite son oratorio *le Déluge ;* par celle de Léo Delibes qui conduit son ballet *Sylvia ;* par la présence de Brahms au pupitre du *Requiem allemand ;* par l'engagement de Hans Richter qui fait ses débuts avec des *Meistersinger* quasi intégraux ; et, surtout, par la réconciliation de la Hofoper avec Richard Wagner qui est revenu diriger au Musikverein trois nouveaux concerts de propagande pour Bayreuth, avec un programme qui comprend des extraits de *Götterdämmerung* en création mondiale. Le rapprochement vient de ce que le maître a pris conscience de la qualité exceptionnelle des chanteurs de l'Opéra de Vienne et s'est rendu compte qu'il avait absolument besoin de quelques-uns d'entre eux pour le premier festival de Bayreuth l'année suivante. Il va donc se montrer plus souple et moins exigeant que prévu. Malgré tout, Jauner ne réussit pas encore à monter *Tristan,* mais il invite Wagner à mettre en scène lui-même une nouvelle production de *Lohengrin,* cette fois intégrale, en novembre 1875, avec Richter dans la fosse et, sur la scène, Materna, Georg Müller et Emil Scaria, un Styrien qui va devenir le plus célèbre baryton-basse de son époque et le premier Gurnemanz de l'histoire. Le lendemain, Hanslick, fidèle à lui-même, réduit son compte rendu à quelques lignes méprisantes : « On a fêté hier à Vienne le centième anniversaire de l'entrée de Boieldieu à la Hofoper avec "Lohengrin" de Richard Wagner. Nous considérons ce fait comme des plus regrettables... La représentation a duré de six heures trente jusqu'à onze heures moins le quart, ce qui est bien trop. »

Six mois plus tard, Wagner est de retour pour diriger lui-même une reprise de *Tannhäuser,* cette fois dans la version parisienne. La présence, exigée par le compositeur, de plusieurs chevaux et d'une meute de chiens sur la scène ne manque pas de surprendre, voire de choquer certains, comme les scandalise l'érotisme avoué de la scène du Venusberg. Avant de quitter la capitale, le maître conduit encore son *Lohengrin* au bénéfice du chœur de la Hofoper, qui le remercie dès le lendemain en lui chantant, en guise d'adieu, un chœur des *Meistersinger* sur le quai de la gare. Lorsque, en 1876, le premier festival de Bayreuth s'achève sur un déficit considérable et que Wagner doit renoncer à conserver l'exclusivité du *Ring,* Jauner est l'un des premiers à lui promettre un droit d'auteur de dix pour cent sur chaque représentation pour pouvoir donner à Vienne tout le cycle. En 1877, l'année où l'éclairage électrique commence d'être installé au théâtre, *La Walkyrie* est donc créée dans des décors calqués sur ceux de Bayreuth et avec Materna dans le rôle-titre. La mise en scène, particulièrement spectaculaire, fait appel pour le dernier acte aux chevaux de l'impératrice qui galopent sur d'épais matelas, montés par huit cavaliers polonais que l'on a beaucoup de peine à déguiser en Walkyries.

L'intégrale du *Ring* s'achève, en février 1879, avec la création de *Götterdämmerung,* mais la partition est mutilée par de nombreuses coupures qui ont pourtant été acceptées et même pratiquées par Wagner lui-même. Après cet événement, l'un de ses plus grands succès artistiques, Jauner l'obtient en 1880 avec un cycle Mozart qui comprend même *Idomeneo* et *La Clemenza.* Mais l'opéra le plus joué de toute son époque n'en reste pas moins *Les Huguenots* de Meyerbeer, grande machine romantique bien propre à satisfaire l'appétit du public viennois. De plus, les saisons italiennes retrouvent leur tradition, de même que les « invitations » d'Adelina Patti, inoubliable Traviata, de Christine Nilsson, Ophelia de rêve, ou de Bianca Bianchi, brillante, sinon émouvante Lucia. Cependant, certaines créations comme *Das goldene Kreuz* (1876) ou *Der Landfriede* (La Paix publique) d'Ignaz Brüll (1877), *Les Maccachabées* de Rubinstein (1878), *Philémon et Baucis* de Gounod (1878) passent sans qu'on les remarque beaucoup. Du reste, tout le flair et toute l'habileté de Jauner n'ont pas pu empêcher de vider progressivement les caisses du théâtre. Pour essayer encore une fois de réduire ce déficit en expansion, le Grand Chambellan nomme donc un nouvel intendant et Jauner, qui avait exigé de régner seul, démissionne sur le champ pour reprendre la direction du Ringtheater où l'on sait que la catastrophe de 1881 va briser sa vie.

Cette fois, il faudra six mois pour trouver un successeur convenable. On a songé d'abord à Hans Richter, le chef le plus prestigieux de la maison, mais il n'a pas le moindre penchant pour l'administration. C'est finalement un autre chef d'orchestre qui l'emporte, le Morave Wilhelm Jahn. Contrairement à ses prédécesseurs, il est porté en priorité sur l'opéra français ou l'opéra italien et plutôt vers la comédie que le drame, de sorte qu'il s'entend parfaitement avec Richter à qui il abandonne volontiers le répertoire allemand et surtout wagnérien. Comme ce goût rencontre précisément celui des Viennois et que Jahn est un sympathique bon vivant qui plaît à tout le monde, il va rapidement devenir le plus populaire de tous les directeurs et, de ce fait, conserver son poste plus longtemps que tous les autres. Cependant, il faut remarquer que deux facteurs jouent en sa faveur : avec les deux dernières décennies du siècle l'Autriche connaît une époque de prospérité sans exemple et l'art lyrique l'une des périodes les plus florissantes de son histoire. Jahn, que bientôt l'on surnomme familièrement « Papa », n'est pas seulement un Kapellmeister de talent, c'est un spécialiste du chant pour l'avoir lui-même pratiqué. La plupart des contrats qu'il arrache sont des coups de maître, comme ceux de deux chanteurs allemands, Hermann Winkelmann, le premier Parsifal de Bayreuth et le premier Otello vien-nois, et Theodor Reichmann, le premier et le plus grand de tous les Amfortas de Bayreuth. Mais il faudrait parler aussi de Marie Renard, fille d'un cocher de fiacre de Graz, qui franchit très vite toutes les étapes pour s'affirmer comme l'une des divas les plus admirées de Vienne, surtout lors des créations de *Manon* (1890) et de *Werther* (1892) de Massenet, dans lesquelles elle rayonne incomparablement aux côtés du célèbre Ernest Van Dyck.

En 1880, Jahn a ouvert sa première saison avec Materna dans un rôle nouveau, *Medea* de Cherubini. Il poursuit évidemment la coutume des *stagione* italiennes, mais l'un des plus grands événements de tout son règne est, en 1883, la création différée depuis vingt-deux ans de *Tristan et Isolde,* dirigée par Richter, avec Winkelmann, Materna, Reichmann et Scaria. Pourtant, six cents mesures, soit un cinquième de la partition, manquent à l'appel car on n'a pas osé mettre la patience des Viennois à trop rude épreuve. Malgré ces concessions, loin de faire l'unanimité, *Tristan* devient la cible préférée des critiques réactionnaires et des humo-ristes comme Daniel Spitzer qui prétend que « quiconque peut endurer la lourde épreuve du dernier acte sans fermer les yeux a une vocation de veilleur de nuit... » Pour Kalbeck, « à la simple lecture du texte, on a la chair de poule. Il est vrai que ces vers ne sont pas faits pour être lus mais pour être chantés, car ils gagnent beaucoup lorsqu'on ne comprend qu'un mot sur dix ».

Plusieurs des créations de Jahn vont trouver à l'avenir une place stable au répertoire, notamment de Ponchielli *La Gioconda* (1884), de Verdi *Otello* (1887) et *Falstaff* (1893), de Mascagni *Cavalleria rusticana* (un record avec cent vingt-trois représentations en trois ans à partir de 1891), de Leoncavallo *Pagliacci* (1894), de Humperdinck *Hänsel und Gretel* (1894), de Smetana *La Fiancée vendue* (1896), sans compter bien sûr la *Fledermaus* de Johann Strauss (1894). Mais rien ne vaudra dans l'instant le prodigieux retentissement des trois ouvrages fétiches, *Lohengrin, Manon* et *Cavalleria*. Pour les surpasser en nombre de représentations, il n'y aura guère que deux ballets, *Excelsior* de Luigi Manzotti (1885) et *Die Puppenfee* (La Fée des poupées) de Joseph Bayer, Kapellmeister de ballets de l'Opéra, surnommé le « Delibes autrichien » (1888).

En 1892, une exposition internationale de musique et de théâtre a été organisée au Prater, dans un bâtiment de bois construit tout exprès. On y a créé des ouvrages de Smetana et de Moniuszko, ainsi que ceux de Mascagni, de Leoncavallo et de Giordano que Jahn a ensuite transportés à la Hofoper. À cette occasion, la première de *Falstaff*, en italien, avec toute la troupe de la Scala et l'orchestre de la Hofoper, a fait une sensation considérable, même si la presse a prétendu y déceler le tarissement mélodique d'un Verdi vieillissant. En revanche, pour *Hänsel* le spectacle a failli tourner au drame, le four de la sorcière ayant réellement pris feu. Par chance, la catastrophe du Ringtheater a porté ses fruits et toutes les précautions ont été prises dans les théâtres pour qu'elle ne puisse pas se reproduire, de sorte que le début d'incendie est rapidement maîtrisé et ne provoque même pas de panique.

GUSTAV MAHLER : UNE JEUNESSE STUDIEUSE ET DÉÇUE

Lorsqu'on examine le répertoire de la Philharmonie et celui de l'Opéra pendant les deux dernières décennies du siècle, ce qui frappe c'est à la fois son conservatisme et le petit nombre de compositeurs autrichiens qui y figurent. Même le puissant génie de Wagner a mis plus de temps pour s'imposer que dans la plupart des villes allemandes. En fait, Vienne redoute plus que jamais ce qui dérange ses habitudes. Le pauvre Bruckner s'en est bien rendu compte, lui qui a souffert jusqu'au bout pour avoir osé adapter à la musique instrumentale quelques-unes des trouvailles du langage wagnérien et pour avoir agrandi la symphonie à des proportions jusque-là inconnues. Ces réticences, ces résistances, ces blocages, les deux musiciens de dimension mondiale que l'Autriche a produits à la fin du siècle, Hugo Wolf et Gustav Mahler, vont à leur tour les rencontrer sur leur chemin. L'un et l'autre ont mis un temps considérable à les vaincre et leur œuvre ne les surmontera vraiment que bien longtemps après leur mort. Nés la même année, 1860, deux ans avant Richard Strauss et Claude Debussy, Mahler et Wolf sont tous les deux arrivés à Vienne à l'âge de quinze ans pour y faire leurs études au Conservatoire. Avant même la passion intense qu'ils vont tout de suite se découvrir pour Wagner, beaucoup de choses les rapprochent. Tous deux sont nés loin de la capitale, et tous deux appartiennent à des minorités germanophones de pays slaves : Mahler est originaire d'Iglau (Jihlava), à la frontière de la Moravie et de la Bohême, et Wolf de Windischgrätz (Slovenigradec), au Nord de la Slovénie. Tous deux sont des fils de commerçants modestes, les Mahler distillateurs et cafetiers depuis plusieurs générations et les Wolf fabricants de cuir. Tous deux se sont distingués très vite autant par leur talent que par cette intransigeance de caractère qu'il leur arrive de dissimuler sous un voile d'ironie. L'un et l'autre ont enfin pour leur art une vénération quasi mystique.

Gustav Mahler, nous le retrouverons au chapitre suivant puisque l'essentiel de sa carrière viennoise appartient au XXe siècle. Cet aîné des quatorze enfants d'une famille juive, installée depuis plusieurs générations en pays tchèque, avait six mois lorsque son père, Bernhard, a quitté le village de Kalischt en Bohême pour la ville d'Iglau en Moravie, où son commerce d'alcools avait plus de chances de prospérer. C'est là que le petit Gustav, fort de dons très précoces, a été confié à plusieurs maîtres locaux qui lui enseignent le piano et la théorie musicale. Iglau possède alors un Musikverein, un orchestre de dimension modeste et un théâtre où le jeune Gustav a vu vraisemblablement des opérettes d'Offenbach et même quelques opéras italiens. Mais sa découverte du répertoire, il la doit surtout à la lecture d'innombrables partitions, cependant qu'il dévore, avec le même insatiable appétit, la grande littérature classique et romantique, de Goethe, Hölderlin, Hoffmann, Jean Paul, mais aussi de Cervantes et Laurence Sterne. Pourtant, les deux influences principales, qui donneront plus tard à son œuvre une originalité et une saveur uniques, ne sont pas d'origine savante : il s'agit de la musique militaire de la caserne d'Iglau, dont on entend l'écho dans presque toutes ses symphonies, et des musiques populaires de cette région particulièrement riche en folklore allemand et tchèque.

À quinze ans, Mahler a déjà composé quelques scènes d'un opéra dont un de ses amis a écrit le livret. Les fragments qu'il joue au piano produisent grande impression sur la famille et l'entourage. Bernhard se laisse alors convaincre d'envoyer son fils au Conservatoire de Vienne. Ainsi ce père, dont la vie professionnelle a été trop active pour lui permettre de se cultiver, va-t-il avoir à cœur de profiter d'une aisance durement acquise pour favoriser une vocation que bien d'autres parents eussent contrariée. Bernhard se rend donc dans la capitale pour présenter son fils à Julius Epstein, l'ami de Brahms et le plus illustre des professeurs de piano du Conservatoire. Après avoir écouté Gustav jouer des œuvres classiques et quelques pièces de sa composition, le maître n'hésite plus et déclare avec autorité : « Monsieur Mahler, votre fils est un musicien né ! », à quoi il ajoute par allusion à la profession du père : « Ce jeune homme a de l'esprit mais il ne reprendra pas la fabrique de *spiritus* de son père ! »

En 1875, le Conservatoire de Vienne a pris une importance de premier plan depuis son emménagement, cinq ans plus tôt, dans les nouveaux locaux du Musikverein. Il est subventionné par l'empereur tout en restant une institution privée qui ne dépend en rien de la cour. Son directeur, Joseph Hellmesberger, occupe au Musikverein une situation privilégiée. Avec sa perruque, ses favoris à la François-Joseph, ses pommettes fardées, il est en quelque sorte la survivance des temps révolus et le symbole d'une tradition très ancienne qu'il continuera d'incarner jusqu'en 1893, l'année de sa retraite. Certes, c'est un chef médiocre, mais un violoniste de haut niveau, l'un des fondateurs de l'école viennoise de violon. Plusieurs de ses anciens et nombreux élèves atteindront la célébrité, par exemple Leopold Auer, Hermann Gradener, Arthur Nikisch, pour ne citer que ceux-là. En outre, l'avenir de la dynastie Hellmesberger est assuré puisque son fils Josef junior, surnommé Pepi, s'est déjà fait connaître comme violoniste émérite, membre du Quatuor de son père avant de devenir comme lui professeur au Conservatoire. Mais tout ne va pas si bien pour le violon dans cette maison puisque l'autre grand professeur, Jakob Grün, n'est autre que le Konzertmeister en second de la Philharmonie, qu'une hostilité violente et connue de tous oppose au directeur dans des prises de bec homériques. Quant au piano, il est enseigné surtout par ce Julius Epstein (1832-1926), éditeur des Sonates de Schubert et mozartien fervent, grand serviteur de Brahms, doublé d'un homme lucide et généreux. Cependant, ce n'est pas à lui qu'on doit la formation à Vienne de certains des plus grands pianistes du XXᵉ siècle, comme Ignaz Paderewski, Arthur Schnabel ou Ossip Gabrilowitsch, mais à Theodor Leschetitzky, ancien disciple de Czerny et de Sechter, fixé ici en 1878 mais qui n'aura jamais de classe au Conservatoire. En fait, l'une des personnalités majeures du Conservatoire de Vienne est, à ce moment-là, le professeur d'histoire et d'esthétique musicales, August Wilhelm Ambros (1816-1876) qui poursuit la tradition de Kiesewetter (dont il est le neveu), de Nottebohm et de Pohl. Né comme Hanslick en Bohême, il a fait ses études à Prague où il a publié en 1856 son premier livre, *Die Grenzen der Musik und Poesie* (Les Limites de la musique et de la poésie) (1856), contre-partie en quelque sorte de l'illustre essai de Hanslick. Devenu professeur à l'Université de Prague, Ambros visite pendant une dizaine d'années la plupart des bibliothèques européennes pour étudier les manuscrits anciens. Les trois volumes de son *Histoire de la musique,* publiés à Leipzig entre 1862 et 1868, sont le fruit de cet immense labeur, ouvrage inachevé mais le premier à inclure une étude systématique des civilisations musicales de l'Antiquité et à accorder à Monteverdi la place qu'il mérite comme génie dramatique. En 1871, Ambros gagne Vienne où il est nommé professeur d'abord au Conservatoire puis à l'Université. Mais il va jouer un rôle encore plus

déterminant dans la vie musicale viennoise grâce aux articles critiques et
aux comptes rendus qu'il rédige régulièrement pour la *Wiener Abendpost*
et pour de nombreuses revues, toujours dans un style de fantaisie romantique qui s'inspire nettement de celui de Schumann.

À l'époque où Wolf et Mahler entrent au Conservatoire de Vienne,
Wilhelm Ambros y donne régulièrement des cours mais les deux jeunes
gens sont sans doute trop absorbés par leurs études instrumentales et
théoriques pour s'y inscrire. Robert Fuchs, leur professeur d'harmonie à
tous deux, nous est déjà connu comme ami de Brahms et compositeur
de sérénades. Il a enseigné pendant trente-six années consécutives et
formé des compositeurs aussi différents que Franz Schreker, Alexander
Zemlinsky, Jean Sibelius et Franz Schmidt. Son rôle dans l'éducation des
deux jeunes musiciens a certainement été plus important que celui de
Franz Krenn, professeur de composition en titre, qui est célèbre pour sa
sécheresse et son dogmatisme et qui ne compose que des Messes de style
néo-baroque. Malgré tout, Mahler saura s'accommoder mieux que Wolf
des pesantes règles du Conservatoire, tant et si bien qu'il y obtient en
trois ans deux prix de piano et un de composition. Bien sûr, il n'y
apprend pas la direction d'orchestre puisque, pour l'heure, cette discipline n'est pas encore enseignée. En revanche, il y noue des amitiés
durables, avec Wolf, certes, mais aussi avec Hans Rott, avec Arnold
Rosé, un élève de Hellmesberger et qui, comme son maître, deviendra
Konzertmeister de la Philharmonie et fondera un Quatuor. Pendant
tout son séjour au Conservatoire, Mahler compose avec fièvre, mais les
seules partitions qui nous soient parvenues, un premier mouvement de
Quatuor avec piano et deux fragments de Lieder, ne se distinguent pas
par l'originalité. Bien antérieure à son arrivée à Vienne, sa ferveur wagnérienne l'incite à adhérer tout de suite au Wagner-Verein académique,
fondé trois ans auparavant par Goldmark, Herbeck, Dessoff,
Hellmesberger et quelques autres. Là, il retrouve de nombreux amis qui
partagent les mêmes convictions et avec qui il suit les manifestations
régulières organisées par la Société. C'est d'ailleurs en tant que membre
du Verein qu'il assiste, en 1877, à la désolante première de la Troisième
Symphonie de Bruckner, dont il est chargé par l'éditeur Rättig de tirer
une réduction pour piano. Il devient même végétarien, comme son ami
Hugo Wolf, à la suite de la publication à Bayreuth de l'essai *Religion und
Kunst* (Religion et Art). Seule l'évolution national-allemande et antisémite du Verein l'incitera à démissionner quelques années plus tard.

Une fois sorti du Conservatoire, Mahler entre à l'Université. Mais il
n'est pas très assidu aux cours de littérature et d'histoire de l'art, ni même
à ceux de Bruckner. Pendant les deux ans qui vont suivre, il vit, comme

Hugo Wolf, du produit de ses leçons de piano, les maigres subsides familiaux ayant pratiquement cessé. Entre dix-huit et vingt ans, il ne compose rien qu'il ait jugé plus tard digne de lui survivre, mais il écrit quelques poèmes dont l'un servira de texte à son futur opus 1, la cantate *Das Klagende Lied*. C'est alors qu'il se lie non seulement avec le musicologue Guido Adler, qui prendra plus tard la succession de Hanslick à l'Université, mais aussi avec l'écrivain Siegfried Lipiner, dont la précocité avait autrefois fait l'admiration de Nietzsche, et enfin avec le médecin Victor Adler, futur fondateur du Parti socialiste. Tous appartiennent à cette intelligentsia viennoise dont les juifs sont le ferment, et dont la vie quotidienne a été si bien décrite par Arthur Schnitzler dans son roman *Der Weg ins Freie* (Le Chemin de la Liberté).

L'année 1880 est une année décisive pour Mahler, l'année charnière de sa vie, celle où son destin va se jouer tout entier. Mais, dans sa vie privée, elle est marquée surtout par de très pénibles épreuves : suicide d'une jeune amie, premier accès de folie de Hans Rott, passion malheureuse pour une jeune fille d'Iglau, à qui il dédie ses premiers lieder inédits, à quoi s'ajoute bientôt l'échec du *Klagende Lied* au Prix Beethoven. Pourtant, Mahler n'est pas de ceux qui se laissent abattre. Puisque le monde ne veut rien savoir de lui comme compositeur, il lui imposera tout de même ses œuvres futures, le jour où il aura conquis la célébrité comme chef d'orchestre. Il confie donc son sort à Gustav Lewy, un des impresarios les plus en vue de Vienne. La première lettre qu'il lui écrit en dit long sur son caractère : « Cher Monsieur, je vous prie de me trouver pour la saison d'hiver un engagement de chef d'orchestre. [...] Je suppose que vous connaissez bien mes capacités et savez que je suis en mesure de remplir un tel poste dans n'importe quel théâtre. Je me permets de vous offrir, si vous réussissez à me trouver une bonne situation, un bonus de 50 florins. Peut-être pourriez vous m'en trouver une de Kapellmeister en second dans un grand théâtre, si possible en Allemagne ? » En définitive, Mahler accepte le premier contrat que Lewy lui propose, celui de Kapellmeister d'opérettes dans un minuscule théâtre de ville d'eaux, en Haute-Autriche. Il n'a que dix-neuf ans !

À son retour à Vienne au bout de deux mois, Mahler achève la partition de *Das Klagende Lied* pour soli, chœur et orchestre, partition qu'il soumet l'année suivante au jury du Prix Beethoven. Mais son insuccès, dont Brahms partage la responsabilité avec Richter et Goldmark, le confirme un peu plus dans son intention de faire carrière comme chef d'orchestre. Pendant les quatorze années qui vont suivre, Vienne ne jouera plus qu'un faible rôle dans sa vie professionnelle qui va se dérouler ailleurs. Néanmoins, c'est à Vienne qu'il installe ses frères et sœurs à la mort de ses parents en 1889, et, l'année suivante, c'est à Hinterbrühl, dans la banlieue sud de la capitale, qu'il termine le recueil de ses premiers *Wunderhorn-Lieder* avec piano. Il aura beau se faire un nom et une réputation solide comme second chef à Prague (1885-1886) et à Leipzig (1886-1888), puis comme directeur de l'Opéra de Budapest (1888-1891) et enfin comme principal Kapellmeister au Stadt-Theater de Hambourg (1891-1897), pour lui Vienne reste toujours la ville-phare où il espère un jour reprendre pied et se voir consacrer enfin.

TOUS LES MALHEURS DU MONDE SUR LA TÊTE DE WOLF

Bien différent est le cheminement de Hugo Wolf car, en dépit de quelques coïncidences de dates et d'une vraie parenté intellectuelle, sa personnalité et son caractère sont en réalité diamétralement opposés à ceux de Mahler. Le père, Philip Wolf, aime et pratique la musique au point de jouer de plusieurs instruments. Hugo est le quatrième de ses six enfants. Dès l'âge le plus tendre, il est mis sérieusement au piano et au violon, car on a tout de suite remarqué l'oreille et la mémoire exceptionnelles qu'il a pour la musique. Bientôt s'ajoute la théorie, de sorte que l'enfant est très vite capable de tenir la partie d'alto dans le petit ensemble instrumental de la famille. En revanche, ses études générales laissent beaucoup à désirer, autant au lycée de Graz, d'où il est renvoyé au bout de six mois, qu'au monastère bénédictin de Sankt Paul, en Carinthie. À treize ans, on le change encore une fois d'établissement et il entre dans une école secondaire à Marburg an der Drau (aujourd'hui Maribor). Mais il apparaît clairement que la discipline lui est insupportable et que seule la musique compte pour lui. D'ailleurs, il compose déjà sans relâche. Son père décide donc de l'envoyer chez une parente à Vienne pour qu'il tente le Conservatoire. En dehors des classes de Fuchs et de Krenn où il est le condisciple de Mahler, il y suit aussi celle de Wilhelm Schenner pour le piano. Toutes les ressources musicales et artistiques de la capitale le sollicitent avec passion et il se met à fréquenter, plus régulièrement que Mahler dont les moyens sont plus modestes, les théâtres, les concerts, l'Opéra. Il tient même un journal détaillé de toutes ces nouvelles expériences. Comme Mahler, il ne cesse pas alors de composer mais, contrairement à lui, il ne détruit pas ses partitions. Ainsi deux Sonates, un Concerto pour violon et plusieurs œuvres vocales ont-elles été préservées. Son admiration pour Wagner est si forte, si exclusive que, à la fin de 1875, il parvient à approcher son idole et à lui montrer ses premières partitions. Les conseils reçus du maître vénéré vont même l'inciter à composer quelques chœurs qu'il ira présenter à Hans Richter dont il a eu aussi l'audace de forcer la porte, car il est déjà fermement convaincu d'avoir du génie. Pendant ses deux années de Conservatoire, Wolf, comme Mahler, gagne sa vie plutôt mal que bien en donnant des leçons particulières. Il lui arrive même de tenir le piano dans des tavernes. Les deux jeunes gens ne cessent alors de se rendre des services mutuels en partageant la même chambre ou les mêmes repas et, surtout, en se jouant leurs dernières compositions. Tous deux sont enfin obligés de déménager sans cesse, et souvent de leur propre faute. Un soir, par exemple, ils se sont mis au piano avec leur camarade Rudolf Krzyzanowski pour chanter le Trio de Gunther, Brunnhilde et Hagen du second acte de *Götterdämmerung*. Ils y déploient tant d'ardeur que leur logeuse épouvantée leur fait évacuer les lieux sur-le-champ.

Le séjour de Wolf au Conservatoire va durer bien moins que celui de Mahler. Tout sa vie, il prétendra avec force avoir démissionné de son propre chef avant la fin de la seconde année, pour ne pas avoir toléré l'académisme régnant. Mais la vérité, absurde et dramatique, est que l'un de ses camarades, pour lui jouer un tour, a envoyé à Hellmesberger une lettre de menace d'une rare violence et que le directeur, qui a appris à se méfier des explosions de Wolf, ne lui permet même pas de se justifier et le renvoie immédiatement pour « infraction à la discipline ». Dès le mois de mars 1877, Wolf rentre donc chez lui où il doit faire face à la consternation familiale. Six mois plus tard, il obtient pourtant l'autorisation de regagner Vienne où il va devoir se contenter d'une existence extrêmement aléatoire, sans autres ressources que les sommes qu'il reçoit de sa famille quand il crie au secours, et les trop rares leçons de musique que ses amis lui procurent. Heureusement, il va être sauvé de la misère et de la déchéance par un don précieux que Mahler, lui, ne possède pas au même degré : celui de se faire des amis. Sauf pendant les trois ans où il écrit régulièrement dans le *Wiener Salonblatt,* il ne disposera pas, jusqu'à la mort de son père, d'autre moyen de subsistance que l'aide des amis et des adeptes qui l'admirent et croient en son génie. Parmi les premiers, les plus généreux et les plus attentionnés sont le compositeur Adalbert von Goldschmidt, fils d'un banquier, le grand acteur allemand du Burgtheater Ludwig Gabillon, le peintre amateur Anton Lang, et Josef Breuer le collaborateur de Freud. Mais il faut aussi mentionner le chef d'orchestre Felix Mottl et les critiques Gustav Schonaich et Hans Paumgartner qui l'invitent fréquemment au concert et n'hésitent pas à lui prêter des livres ou de l'argent.

L'année 1878 s'avère particulièrement noire pour Wolf. C'est celle où Goldschmidt l'emmène pour la première fois dans une maison de plaisir où il contracte la syphilis, cette maladie alors redoutable dont on a déjà vu périr plusieurs musiciens viennois. D'autre part, c'est celle où il rencontre Vally Franck, une jeune Française apparentée aux Lang, dont il tombe éperdument amoureux. Elle lui inspire tout de suite un nombre considérable de lieder. Mais il est probable que, dès le début, il a compris qu'aucun espoir de mariage ne lui est permis, à cause de son état de santé d'abord et de sa situation matérielle ensuite. Cependant, l'obsession de se faire connaître comme compositeur continue à le tenailler, comme celle d'être encouragé et conseillé par des maîtres reconnus. Lorsque, en 1879, il se rend à la Karlgasse avec un paquet de manuscrits sous le bras, il a déjà composé le premier mouvement, long et substantiel, d'un Quatuor à cordes, sans parler d'une quantité de lieder. La scène a été décrite en détails par Max Kalbeck qui a recueilli plus tard le témoignage de la bouche même de Brahms : « Les compositions qu'il m'a apportées ne valaient pas grand-chose. J'ai tout examiné avec soin en sa compagnie et j'ai attiré son attention sur beaucoup de choses. Un certain talent était manifeste, mais il ne prenait pas les choses assez au sérieux. Je lui ai dit très gravement ce qui, à mon avis, lui manquait, je lui ai recommandé de faire des études de contrepoint et je lui ai conseillé Nottebohm comme professeur. Cela lui a suffi et il n'est jamais revenu. » Du côté de Wolf, un de ses amis se souviendra l'avoir entendu, immédiatement après, raconter la scène dans un café, encore tout rouge de l'indignation où l'a plongé ce jugement à l'emporte-pièce : « Il faut d'abord que vous appreniez quelque chose et puis nous verrons si vous avez du talent! » À la décharge de Brahms, il faut reconnaître que Wolf n'a pas encore dix-neuf ans et qu'aucune de ses compositions de jeunesse ne passera à la postérité. Les lettres qu'il adresse à son père prouvent d'ailleurs que, malgré sa blessure d'amour-propre, il n'a pas écarté l'éventualité de leçons avec Nottebohm. Ce n'est que plus tard qu'il mettra le jugement et les conseils de l'auteur du *Requiem allemand* au compte de sa « pédanterie nord-allemande ». Et il n'a pas entièrement tort puisque, vingt ans avant la fin du siècle, Brahms est incapable d'imaginer que la musique puisse encore évoluer vers de nouvelles directions. L'anecdote bien connue, que Gustav Mahler racontera à Ernst Decsey, le prouve à l'évidence. Deux ou trois ans avant la mort de Brahms, alors que les deux musiciens se promènent le long de la rivière d'Ischl, le grand aîné avoue au cadet son manque de confiance en l'avenir. Mahler lui répond en montrant le torrent : « Regardez, Maître, voilà la dernière vague qui passe! », à quoi Brahms aurait rétorqué : « Mais se dirige-t-elle vers la mer ou vers un marécage? » Aux yeux de Brahms, toute innovation est donc coupable et il n'y a pas de vérité en dehors des règles séculaires. Il est d'ailleurs plein de préventions contre le Conservatoire, contre ses professeurs autant que contre ses élèves. Entre lui et l'avenir, incarné en 1880 par Mahler et par Wolf, une barrière infranchissable est maintenant dressée. Il faudra une singulière ironie du destin pour que le plus grand révolutionnaire de la musique au XXᵉ siècle, Arnold Schonberg, reconnaisse Brahms à nouveau, non seulement pour modèle de rigueur et de maîtrise compositionnelles mais même comme innovateur dans le domaine de la forme.

Dans l'esprit de Wolf, le souvenir de sa visite à Brahms va prendre un caractère obsessionnel et même pathologique. Certes, les conséquences immédiates en sont moins catastrophiques que pour Hans Rott qui, plus vulnérable, ne s'en est jamais remis. Mais Wolf se sent désormais rejeté par l'establishment, et se renferme donc plus que jamais dans le cercle de ses intimes. Par bonheur, ce cercle ne cesse de s'élargir avec les années. En 1879, il rencontre Mélanie Köchert, la nièce d'Anton Lang et l'épouse du joaillier de la cour, une indéfectible admiratrice qui, jusqu'à la fin de ses jours, lui restera dévouée corps et âme. Il fait la connaissance de l'avocat Joseph Reitze, de l'architecte Viktor Preyss et d'une famille qui lui est proche, les Werner, dont le fils Heinrich fera plus tard des recherches approfondies sur sa vie et sur son œuvre et rédigera de nombreux articles. Bientôt aussi il se lie avec Friedrich Eckstein, le disciple de Bruckner, qui jouera jusqu'au bout le rôle d'un ange gardien. Tous croient fermement en lui et en son génie créateur, tous le soutiennent, tous l'aident avec une inépuisable générosité. Car, en 1881, sa seule tentative pour gagner sa vie comme Kapellmeister de théâtre, à Salzbourg, se solde par un échec au bout de quelques semaines, ce qui plonge cette fois sa famille et surtout son père dans le désespoir le plus complet. Et pourquoi donc perdrait-il son temps à diriger des opérettes alors qu'il a tellement mieux à faire! Car, à cette époque-là, il a à son actif une masse de lieder dont on lui dit grand bien. Il jugera même plus tard certains d'entre eux dignes d'être publiés, notamment la délicieuse miniature *Mausfallen-Sprüchlein* (1882), sur un poème d'Eduard Mörike. En effet, on décèle déjà, dans les meilleurs lieder de ces temps de jeunesse, quelques traits de sa maturité, surtout la ligne vocale post-wagnérienne, presque toujours dictée par les vers du poème, et un accompagnement extrêmement riche et de plus en plus indépendant. En 1883, la passion du jeune musicien pour Wagner – qui vient de mourir – est exacerbée par un voyage à Bayreuth, effectué en compagnie des membres du Verein, pour une des premières de *Parsifal*. La même année et grâce à l'entremise de Goldschmidt, Wolf parvient à rencontrer Franz Liszt et à lui montrer quelques-uns de ses lieder. Au contraire de Brahms, le généreux vieillard se déclare conquis, l'embrasse sur le front et l'encourage à se lancer dans un projet plus vaste et plus ambitieux. Et c'est à ce conseil-là qu'on doit vraisemblablement le Poème symphonique *Penthesilea,* achevé en 1884, d'après le drame bien connu de Heinrich von Kleist.

Pour l'aider à résoudre ses problèmes matériels qui sont sans cesse plus aigus, ses amis Köchert parviennent à le faire entrer comme critique musical à l'hebdomadaire *Wiener Salonblatt.* Du 20 janvier 1884 au 24 avril 1887, il écrit donc presque chaque dimanche un compte rendu de concert ou d'opéra. Il le fait avec autant de vivacité que de talent, et dans une indépendance d'esprit et une liberté de propos extrêmement rares pour la presse viennoise. Bien sûr, il appartient et appartiendra toujours au parti wagnérien mais cela ne l'empêche pas de louer quelques compositeurs que Bayreuth désapprouve, comme Schumann et Chopin. Quant à son irréductible hostilité à l'égard de Brahms, il est vrai qu'elle s'exprime avec une singulière virulence, et presque à chaque page de ses articles, mais on a fait remarquer à juste titre que les attaques incessantes de Hanslick et de Speidel contre Wagner ne sont alors pas moins violentes. Évidemment, la polémique l'emporte sur la critique quand Wolf traite le Concerto pour violon de Brahms de « morceau très désagréable, rempli de platitudes et de fausse "profondeur" », ou bien déclare avec assurance, à propos des *Variations sur un thème de Haydn :* « M. Brahms s'y entend mieux que quiconque dans l'art de varier un thème donné. Toutes ses œuvres ne sont qu'une immense variation sur celles de Beethoven, Mendelssohn et Schumann », ou encore quand il prétend que « dans un seul coup de cymbales de Liszt, il y a plus d'esprit et de sentiment que dans les trois Symphonies de Brahms [la Quatrième n'a pas encore vu le jour] et ses deux Sérénades », ou enfin lorsqu'il proclame : « Nous admirons en M. Brahms le plus grand bluffeur *[Foppmeister]* de notre siècle et de tous les siècles à venir. » Brahms, lui, ne semble pas avoir pris très au sérieux ces assauts successifs car il n'y voit qu'une conséquence trop évidente – et il n'a pas tort – de leur entrevue orageuse de 1879. À la fin de sa vie, Wolf lui-même considérera d'ailleurs comme une malencontreuse parenthèse ces années de critique musicale et il se mettra toujours en colère contre ceux qui s'évertuent à les lui rappeler. En tout cas, elles lui auront valu l'hostilité irréductible du clan des conservateurs, une camarilla de plus en plus puissante à Vienne. En outre, ce sera le prétexte de l'humiliation la plus pénible de toute sa carrière. En 1885, il a de nouveau forcé la porte de Hans Richter, au Cottageverein de Währing, pour lui soumettre la partition de *Penthesilea.* Sans lui en tenir rancune, le grand chef d'orchestre s'est plus ou moins engagé cette fois à l'inscrire au programme de la Philharmonie. Après avoir attendu plus d'un an, il va enfin s'exécuter et il consent à Wolf la permission d'assister en cachette à l'incontournable répétition de lecture. Or cette séance se déroule aussi mal que possible car Richter, apparemment peu convaincu, se contente de battre distraitement la mesure. Comme plusieurs musiciens éclatent de rire, il va même jusqu'à leur lancer à haute et intelligible voix : « Messieurs ! Peut-être n'aurais-je pas dû aller jusqu'au bout, mais je voulais me rendre compte par moi-même quel est cet homme qui se permet d'écrire de telles choses sur Meister Brahms. » Tel est du moins le récit que Wolf fait de la scène à plusieurs de ses amis. Après la mort du compositeur, Richter se défendra aux yeux de la postérité en assurant ne s'être pas rendu compte que Wolf pouvait l'entendre, ce qui est hautement improbable. Quoi qu'il en soit, l'auteur de *Penthesilea* a subi un nouveau et grave traumatisme et il a compris que toute l'institution musicale viennoise lui est irrémédiablement interdite.

Cet amer constat n'a nullement pour effet de le détourner de la création. Bien au contraire, puisque les deux années 1887-1888 comptent parmi les plus productives de toute sa vie. Il achève d'abord une *Christnacht* (Nuit de Noël) pour soli, chœurs et orchestre, puis la ravissante *Italienische Serenade* pour quatuor à cordes, et donne enfin ses premiers chefs-d'œuvre, les *Eichendorff-Lieder*. C'est là que se révèlent les traits principaux de son grand style : au souci de mettre en valeur la cadence du vers et sa signification s'adjoint désormais un sens dramatique très fort qui fait de chaque pièce une scène théâtrale en miniature. Wolf commence à procéder d'une manière qui lui est propre. Il créé ses différents recueils par crises successives, chaque envolée donnant naissance à un nombre impressionnant de lieder. C'est ainsi que, pendant le seul mois de mars 1887, qu'il passe tout seul à Perchtoldsdorf au sud de la capitale, il en compose vingt-cinq, auxquels s'ajoutent quarante-trois autres jusqu'au mois de mai. L'année suivante, il écrit encore d'un seul jet les cinquante et un *Goethe-Lieder*. La seule année 1889 voit naître jusqu'à cent-seize lieder !

Son père étant mort en 1887, Wolf utilise sa part d'héritage pour indemniser les éditeurs viennois qui ont accepté de publier ses œuvres. Le début sera modeste, un petit volume de six chants, édité en 1888 par Emil Wetzler qui, l'année suivante, fait paraître l'épais recueil des *Mörike-Lieder,* tandis que Lacom publie le volume d'Eichendorff. L'année 1888 est aussi marquée par les premières auditions publiques de ses œuvres et le début des concerts privés du Wagner-Verein qui désormais va soutenir Wolf de toutes les manières. Plusieurs chanteurs commencent à s'intéresser à lui, notamment l'alto Rosa Papier et le ténor Ferdinand Jäger qui jouera le même rôle auprès de lui que Vogl autrefois aux côtés de Schubert. Le compositeur accepte parfois d'accompagner les récitals de ses œuvres mais ses interprètes ne savent pas toujours à quoi ils s'exposent lorsqu'ils réclament son concours. En général, il prend place au piano sans accorder la moindre attention au public. S'il croit le chanteur capable d'excès de lenteur ou de sentiment, il double le tempo de l'introduction et, quand il n'est pas satisfait, il n'hésite pas à adresser publiquement des reproches à son interprète. Si le public applaudit prématurément, il lui arrive de le faire taire avec une cascade d'accords impromptus, joués fortissimo. Ce comportement scandaleux n'empêche pas que les offres d'engagement commencent à lui arriver de tous les côtés. En Allemagne, il peut compter à Mannheim sur un nouveau fidèle en la personne du juge Oskar Grohe. À Graz, c'est le dentiste Heinrich Potpeschnigg. Tous ces succès inspirent à Wolf le désir de n'être plus uniquement un compositeur de lieder. Il se prend à rêver d'écrire un opéra qui puisse, ainsi qu'il est de règle, le consacrer comme créateur à part entière. Fondatrice de la ligue féminine autrichienne, poétesse amateur, la journaliste Rosa Mayreder lui offre alors un livret fondé sur le roman satirique d'Alarcon, *Le Tricorne.* Mais il ne le trouve pas à son goût, pas plus d'ailleurs qu'une vingtaine d'autres qu'on lui propose successivement. Sa première expérience théâtrale, il l'a finalement au Burgtheater en 1891, lorsque la pièce d'Ibsen *La Fête de Solhaug* est représentée avec la musique de scène qu'on lui a commandée. Cependant, cet essai reste décevant, non seulement parce que la composition elle-même lui a pris bien plus de temps que prévu mais surtout parce qu'on n'en a finalement joué qu'un fragment. Entre-temps, Wolf a achevé, sur des poèmes populaires traduits de l'espagnol par Paul Heyse et Emanuel Geibel, les quarante-quatre mélodies du *Spanisches Liederbuch,* puis les six *Keller Lieder.* Un autre recueil de Heyse lui inspire, un an plus tard, les vingt-deux premières pièces de l'*Italienisches Liederbuch.* L'un et l'autre volumes seront publiés plus tard par la grande firme allemande Schott. C'est alors que Wolf voyage à Stuttgart, à Munich, à Berlin, à Mannheim. Il suscite partout de nouveaux admirateurs, en particulier une jeune cantatrice de l'Opéra de Mayence, Frieda Zerny, dont il s'éprend aussitôt. Mais leur idylle ne durera pas plus de quelques mois.

Une autre amitié nouvelle, nouée avec Engelbert Humperdinck, qui joue le rôle de lecteur de manuscrits pour les éditions Schott, aura une conséquence imprévue : en décembre 1894, Wolf assiste avec lui, à la Hofoper, à la première de *Hänsel und Gretel* et le triomphe de son ami le confirme dans son propre projet d'opéra. Malheureusement, il a beau être un maître incomparable de la musique vocale, il reste entièrement dépourvu du moindre sens théâtral. Après avoir examiné encore une fois d'innombrables livrets, il commande donc un nouveau texte au président du Wagner-Verein, Fritz Naumann, qui s'acquitte fort bien de sa tâche. Mais Wolf n'est pas satisfait et il reprend en bout de course le livret de Rosa Mayreder, l'un des plus faibles qu'on lui ait jamais soumis, une pièce très pauvre en action, bourrée de naïvetés littéraires, de maladresses scéniques, d'épisodes superflus et de personnages inutiles. Au moment où il aborde la composition de ce qui sera son unique opéra, Wolf n'a presque rien écrit depuis deux ans, hors deux pièces pour chœur, *Elfenlied* (Chant des Elfes) et *Der Feuerreiter* (Le Cavalier de feu), exécutées avec succès au cours d'un Gesellschaftskonzert dirigé par Wilhelm Gericke, à peine quelques jours après la première de *Hänsel*.

Une année entière, 1895, va être consacrée à la composition de *Der Corregidor,* Wolf ayant trouvé trois nouveaux mécènes pour l'entretenir pendant ce temps. À cause de son inexpérience, l'instrumentation lui prendra autant de temps que la composition. Ainsi naît un ouvrage hybride, une comédie qui se veut espagnole, mais qui n'est en fait qu'une suite de lieder bien allemands, coupés de duos et de trios dont le commentaire orchestral surchargé s'inspire trop évidemment des *Meistersinger.* Toutefois, le nom de Wolf est maintenant bien connu et plusieurs directeurs de théâtres s'intéressent au *Corregidor,* notamment Wilhelm Jahn pour la Hofoper et Angelo Neumann pour le Deutsches Theater de Prague. L'un et l'autre vont renoncer après examen de la partition, et Wolf est finalement contraint d'accepter la proposition du Théâtre de cour de Mannheim, où Oskar Grohe a consenti à partager le coût de la production. L'attente de la première plonge Wolf dans une angoisse qu'il essaye de dissimuler derrière un masque d'indifférence. Heureusement, la nouvelle qu'un Hugo Wolf-Verein a été créé à Berlin le réjouit et l'apaise d'autant plus qu'il ne connaît même pas les admirateurs qui l'ont fondé. Le 7 juin 1896, la première du *Corregidor* est applaudie à Mannheim avec une chaleur qui est avant tout celle de l'amitié, car les admirateurs de Wolf sont accourus de partout et remplissent en grande partie le théâtre. En revanche, à la seconde, la salle s'est déjà vidée et l'ouvrage est donc retiré de l'affiche. L'échec est patent, Wolf est secoué mais il ne perd pas courage puisque tous les mois suivants il les passera à réviser la partition et à chercher une nouvelle maison d'opéra où les conditions soient meilleures.

Avant de partir pour Mannheim, Wolf s'est installé dans un nouvel appartement qu'il a loué à la Schwindgasse, son premier domicile personnel depuis près de vingt ans qu'il a quitté le *Salonblatt* et qu'il vit exclusivement de la générosité de ses proches. Ce sont eux, d'ailleurs, qui lui ont donné les moyens de l'aménager. Cependant, il s'est encore réfugié à Perchstoldsorf pour composer sa dernière œuvre importante, les vingt-quatre lieder du second volume de l'*Italienisches Liederbuch*. Mais sa santé commence à décliner et il est sujet à de profondes crises de dépression. L'année précédente, les médecins ont déjà décelé un début de paralysie des réflexes pupillaires, signe annonciateur du stade ultime de la syphilis. Une mélancolie accablée imprègne alors les trois *Michelangelo-Lieder,* composés au mois de mars 1897. Et pourtant Wolf n'a pas perdu confiance : un deuxième société qui porte son nom vient d'être fondée à Vienne par un professeur d'Université, Michael Haberlandt, et il se lance d'enthousiasme dans les premières esquisses d'un nouvel opéra tiré d'un conte d'Alarcon, *Manuel Venegas,* sur le livret rédigé à son intention par un des membres de l'Hugo Wolf-Verein. Tout l'été de 1897 se passe dans une sorte de transe maladive à travailler avec rage à cette partition qui n'aboutira jamais.

Il faut dire que le malheureux compositeur est tout excité par l'événement qui vient de se produire : la nomination, en avril, de son ancien condisciple du Conservatoire, Gustav Mahler, au pupitre de la Hofoper, en attendant – ce qui ne saurait tarder – sa promotion au poste suprême de directeur de l'auguste maison. Il est vrai que, à la suite d'une brouille stupide, les deux camarades ne se sont pas revus depuis plus de quinze ans. À cette époque lointaine où ils se trouvaient très liés, Wolf avait montré à Mahler un projet d'opéra sur la légende de *Rübezahl*. La discussion avait été vive quant à la manière de traiter ce sujet que Mahler voyait plutôt drôle et Wolf absolument sérieux. La semaine suivante, pour joindre le geste à la parole, Mahler arrivait avec sa propre ébauche de livret, mais Wolf, fou de rage, le jetait dehors en l'accusant de trahison pour lui avoir volé son idée. Après avoir tiré un trait définitif sur ce pénible souvenir, Mahler et Wolf se sont donc revus par l'entremise de la violoniste Natalie Bauer-Lechner qui a gardé avec l'un et l'autre d'excellentes relations depuis le Conservatoire. Mahler a demandé à voir la partition du *Corregidor* et il a promis selon Wolf de « tout mettre en œuvre pour donner mon opéra au cours de la saison prochaine », bonne nouvelle que le candidat à la gloire diffuse largement autour de lui. Les rapports entre les deux musiciens deviennent on ne peut plus amicaux et Wolf se met à fréquenter régulièrement l'Opéra où Mahler l'invite à toutes les représentations qu'il souhaite voir.

À la rentrée, au mois de septembre 1897, pâle, amaigri, les yeux brillant d'une étrange lueur qui préoccupe depuis quelques mois son entourage, Wolf vient voir Mahler dans son bureau « pour lui mettre le couteau sous la gorge ». Apercevant sur le piano la partition du *Démon* d'Anton Rubinstein, il lance quelques remarques désobligeantes sur la musique et le texte de cet opéra que Mahler est sur le point de monter. S'ensuit une violente dispute au cours de laquelle Mahler en vient à lui demander comment il ose parler des *faiblesses* de cet ouvrage, lui, l'auteur du *Corregidor*! L'exaspération de Wolf tourne à la fureur, au point que Mahler sonne en cachette l'huissier qui, en pareil cas, a mission de l'informer qu'il est attendu à l'intendance toute affaire cessante. Dans un esprit dérangé comme celui de Wolf l'est déjà, la scène va produire des ravages irréparables. Le jour-même, il annonce à tous ses amis le renvoi de Mahler et sa propre nomination comme directeur de l'Opéra. Dès le lendemain, on se voit contraint de l'interner dans un asile privé d'où, après quelques mois, il semble suffisamment rétabli pour sortir et reprendre une vie normale. De février à octobre 1898, il peut même faire quelques voyages tantôt avec sa sœur, tantôt avec la dévouée Mélanie Köchert. Mais le *Corregidor* est monté sans lui à Strasbourg, ce qui le désole. C'est à l'automne, chez les Köchert, au bord du Traunsee, qu'il est saisi d'un accès de démence et tente de se suicider en se jetant dans le lac. Lui-même demande à regagner l'asile. À la Landesirrenanstalt, où il va donc passer les cinq dernières années de sa triste existence, l'interminable agonie est coupée de quelques moments de rémission où il est capable de jouer à quatre mains et de noircir quelques portées d'une musique incohérente. Mais les crises deviennent de plus en plus terribles. C'est que la dégradation des centres nerveux se poursuit inexorablement, entraînant des troubles de la vision, une parole hésitante, une écriture méconnaissable. Les derniers mois, le corps tout entier est secoué d'impressionnantes convulsions. La famille Köchert, Haberland et Werner se relaient auprès du malade mais aucun n'est présent lorsque, le 22 février 1903, Wolf expire enfin dans les bras de son infirmier. Il avait quarante-trois ans.

Tout au long de ces cinq années de martyre, les frais de l'internement de Wolf ont été pris en charge par le Wolf-Verein, par les amis et même par l'empereur. Le ministère de la Culture a en outre accordé une subvention spéciale pour la diffusion de ses œuvres car le musicien maudit se voit enfin, mais trop tard, reconnu comme une gloire de la nation. Ses funérailles ont lieu le 24 février à trois heures de l'après-midi. Or c'est le mardi gras et les rues qui mènent de l'asile à la Votivkirche sont pleines d'Arlequins et de Colombines, de clowns, de masques, de bouffons qui portent des ballons multicolores et lancent des poignées de confetti. Les délégués de toutes les institutions musicales de la ville sont présents au service. Caché par l'autel, un groupe vocal chante un chœur a cappella de Wolf, puis un ensemble de cuivres donne, dans une transcription de Ferdinand Löwe, l'émouvante musique de deuil qui conclut l'Adagio de la Septième Symphonie de Bruckner. Enfin l'éloge funèbre est prononcé par Michael Haberland devant la tombe ouverte.

Wolf aurait voulu être enterré à Perchtoldsdorf, là où il avait passé tant de moments heureux à composer dans le silence de l'exaltation intérieure. Mais la modestie de ce vœu exclut que les autorités l'exaucent. Comme un illustre parmi les illustres, Wolf est conduit en grande pompe jusqu'à la *tombe d'honneur* qui lui a été attribuée au Zentralfriedhof. Mais le dernier des romantiques n'est plus là pour assister à son apothéose. Une fois encore, le triomphe est posthume.

CHAPITRE VIII

Une révolution de l'intérieur

De toutes les villes d'Europe, Vienne est certainement la seule où pour le XXᵉ siècle a commencé pour les arts avec plus de trois ans d'avance. C'est en effet le 3 avril 1897, le jour même de la mort de Brahms, que quarante peintres, graveurs, architectes et sculpteurs se sont réunis pour former l'illustre mouvement de la Sécession, et c'est le 8, cinq jours plus tard, qu'a été annoncée la nomination de Mahler comme chef d'orchestre de la Hofoper. Or les deux événements vont opérer l'un et l'autre de profondes transformations dans la vie artistique de la capitale. Pour la musique, la présence aux rênes de la Hofoper d'un interprète-metteur en scène de génie va s'avérer décisive, et cela d'autant plus que Mahler se sentait investi depuis longtemps d'une mission de réformateur de l'art lyrique. Encore fallait-il posséder comme lui une force de conviction et une opiniâtreté peu communes pour imposer des points de vue aussi neufs que les siens à une population jouisseuse et conformiste. Longtemps avant que l'on ait envisagé sa candidature à la direction de l'Opéra, Mahler s'était fait connaître pour son fanatisme, sa rigueur et son intransigeance, c'est-à-dire pour sa nature aussi peu viennoise que possible, et cela même à Hambourg où il n'avait pourtant aucune responsabilité administrative. À l'Opéra de Vienne, non seulement Mahler va disposer d'une liberté d'action presque totale mais aussi de moyens inconnus dans les autres capitales européennes. Telle est d'ailleurs la raison pour laquelle il a rêvé depuis longtemps de cette nomination qu'il considère comme l'aboutissement de toute sa carrière, voire de toute sa vie d'homme de théâtre. Au Stadt-Theater de Hambourg, où il a passé six années de misère artistique et morale, il a longtemps attendu cet

« Appel du Dieu des Régions du Sud », osant à peine croire qu'il vien-
drait un jour. Car Mahler est né juif. Or, la population juive de Vienne
s'est rapidement accrue, au point qu'un habitant sur dix de la capitale est
désormais juif. L'antisémitisme y est devenu si virulent que l'accès à une
fonction aussi haute que la direction de l'Opéra de la Cour paraît à
jamais interdit à un Juif, fût-il converti. Bien sûr, l'empereur répète sans
cesse que « le temps n'est pas venu où les antisémites nous dicteront nos
décisions! » Pourtant, peu de temps avant la nomination de Mahler, le
même François-Joseph a dû céder, après plusieurs refus successifs, au
tout puissant parti antisémite en ratifiant l'élection de son chef, Karl
Lueger, comme maire de Vienne. Ainsi la nouvelle de la désignation de
Mahler pour succéder à Jahn risque-t-elle fort de provoquer un beau tollé
et une campagne de presse qui paraît assurée de faire tout échouer.

DE LA CONSPIRATION AUX RÉFORMES

C'est justement parce qu'elle paraissait inconcevable que cette nomination, préparée dans le secret le plus absolu, finira par se faire. En effet,
deux vaillants défenseurs travaillent dans l'ombre, mais de toutes leurs
forces, pour Mahler. C'est Rosa Papier, l'une des premières interprètes en
public de Hugo Wolf, une cantatrice qui désormais a abandonné la
scène pour la pédagogie, et son ami de cœur, le conseiller aulique Eduard
Wlassack, haut fonctionnaire de l'Intendance des Théâtres de cour.
Quelques mois auparavant, l'un et l'autre ont convaincu Mahler de
renoncer à la religion de ses pères pour devenir catholique, car c'est une
condition *sine qua non,* dans l'empire des Habsbourg, pour accéder à un
poste élevé. Une fois ce premier obstacle écarté, il en reste d'autres, et de
taille, d'abord la solide réputation d'exigence et de mauvais caractère
que Mahler s'est acquise et puis les bruits qui courent sur sa vie déver-
gondée et ses liaisons orageuses avec plusieurs cantatrices. Mahler
n'ignore rien de tout cela et va prier les nombreux amis haut placés qu'il
s'est acquis au cours des années d'intervenir auprès de l'Intendance,
notamment Brahms et Hanslick qui tous deux plaident sa cause avec la
dernière vigueur. Mais d'autres obstacles s'opposent aussi à sa nomination. Malgré son grand âge et son début de cécité, l'ancien directeur,
Wilhem Jahn, n'a pas la moindre envie de démissionner et c'est la raison
pour laquelle Mahler n'obtient, au début, que le poste de Kapellmeister.
Quoi qu'il en soit les plus avertis ne tarderont pas a deviner que l'ancien
directeur de l'Opéra de Budapest ne peut pas se contenter d'un poste
subalterne. Effectivement, Mahler sera nommé directeur suppléant à la

fin de juillet et il accédera, dès le 8 octobre, au poste tant convoité de directeur artistique.

Doué depuis toujours d'un esprit réaliste et pragmatique, Mahler a déjà prévu et mesuré la plupart des obstacles auxquels il va se heurter. Toutefois, il en a peut-être sous-estimé certains, telle la difficulté qu'éprouve le Viennois moyen à concevoir l'art comme autre chose qu'un simple plaisir, tels aussi l'esprit partisan, l'injustice, voire la férocité des journalistes. En dépit de tout cela, il va réussir, au moins pendant les premières années de son règne, à faire partager à une bonne partie de ses concitoyens la plupart de ses convictions. Il parvient même à se faire pardonner ses exigences et son mépris pour le confort des valeurs « traditionnelles ». Dès le début, il s'attelle à la tâche surhumaine de transformer les habitudes et le goût du public, il interdit aux retardataires l'accès de la salle, il abolit la claque qui, à Vienne, est considérée comme une institution. Bientôt, et à l'exemple de Bayreuth, il va faire en outre baisser une nouvelle fois le niveau de la fosse d'orchestre pour que les lumières des musiciens ne compromettent pas l'effet des mises en scène.

Mais la réforme ainsi amorcée atteint aussi le répertoire. Les opéras italiens et français qui jusque là dominent sont en partie remplacés par les grands chefs-d'œuvre allemands et autrichiens de Mozart et de Weber, de Beethoven et de Wagner. Dans les drames wagnériens, Mahler élimine peu à peu les coupures et donne ainsi chaque année un ou plusieurs *Ring* intégraux et même un cycle complet de tous les grands ouvrages wagnériens (*Parsifal* excepté). Pendant ses trois premières saisons, de 1897 à 1900, il se consacre surtout à la formation d'une troupe nouvelle, homogène et polyvalente, avec une préférence marquée pour les chanteurs-acteurs, c'est-à-dire pour ceux qui savent s'identifier à leur personnage. À ces nouveaux membres qu'il a choisis en fonction de ces critères, il fait répéter lui-même, et dans le moindre détail, la plupart des grands rôles. Son souci d'exactitude et sa volonté de rester fidèle à la lettre de la partition passent souvent pour de la pédanterie. Et pourtant, une fois l'effort de base accompli dans la plus grande minutie, avec une discipline de fer et un travail inlassable, ses interprètes sont invités à recréer leur personnage en fonction de leur sensibilité et de leur talent propres, à retrouver la liberté indispensable à tout effort artistique. Cependant, il leur est interdit d'oublier qu'un interprète se doit de rester le serviteur de l'ouvrage et de son auteur. Ainsi Mahler aura-t-il à cœur de combattre la vanité des étoiles du chant qui se sont égarées dans son « ensemble ».

À côté de cet artiste intransigeant et rigoureux, il existe un autre Mahler, le diplomate, l'homme de théâtre pragmatique qui sait comment s'y prendre pour obtenir l'engagement total de ses collaborateurs aussi bien que l'assentiment de ses supérieurs. Bien sûr, plusieurs années vont s'écouler avant qu'il ne réussisse à congédier les « stars » de l'époque précédente, les Winkelmann, les Reichmann, les Renard et les Van Dyck, souvent plus soucieuses de leurs cordes vocales que de l'incarnation scénique d'un rôle. La relève ne sera vraiment assurée qu'à partir de 1900. Parmi les héros de cette nouvelle époque, il faut nommer avant tout le soprano dramatique viennois Anna von Mildenburg qui a été entièrement formée par Mahler à Hambourg et sait mieux que quiconque comprendre et exécuter ses intentions ; le soprano colorature Selma Kurz, l'une des voix les plus prestigieuses du siècle pour sa virtuosité autant que pour la beauté de son timbre et l'étendue de son registre ; le soprano lyrique Marie Gutheil-Schoder, une actrice de génie dont les limites proprement vocales susciteront pourtant un grand nombre d'attaques dans la presse. Ce sont aussi les ténors dramatiques Erik Schmedes et Leo Slezak, qui longtemps compteront parmi les gloires de l'institution, et enfin les barytons Leopold Demuth et Friedrich Weidemann, le créateur des *Kindertotenlieder,* ainsi que la basse Richard Mayr, le premier Ochs du *Rosenkavalier.* Avec ces voix-là et un bon nombre d'autres qu'il a su découvrir et recruter, Mahler pourra maintenir un nombre stupéfiant d'ouvrages à l'affiche, tout en consacrant la plus grande partie de son attention et de son énergie aux nouvelles productions qu'il met en scène lui-même, y compris celles qu'il ne dirige pas. Peu à peu vont se profiler dans son travail quelques idées maîtresses qu'il s'interdira d'ériger en dogme parce que, selon lui, les problèmes d'une mise en scène ne peuvent pas être résolus *a priori,* mais uniquement à partir de l'ouvrage lui-même. Son effort principal consiste à donner aux différents éléments d'une représentation une cohérence et une unité d'intention auxquelles on n'avait presque jamais songé jusque-là. Chacun d'entre eux doit tendre au même but, non pas à un effet superficiel mais à une expression allant au cœur de l'ouvrage.

Cette réforme fondamentale de l'Opéra de Vienne, Mahler ne l'aurait peut-être pas réalisée d'une manière aussi complète et aussi radicale si, au moment de son mariage avec la belle Alma Schindler, fille et belle-fille de peintres éminents, il n'avait pénétré dans le cénacle de la Sécession. Car c'est là que, en 1902, il fait la connaissance d'Alfred Roller, un peintre de grand talent qui a en outre le théâtre dans le sang sans y avoir pourtant jamais travaillé jusque-là.

UNE RÉVOLUTION DANS LA MISE EN SCÈNE D'OPÉRA

La première « œuvre » commune de Mahler et Roller est inscrite dans l'histoire du théâtre lyrique comme une date essentielle. Il s'agit de la nouvelle production de *Tristan et Isolde,* présentée pour la première fois le 21 février 1903, et qui est considérée aujourd'hui encore comme le premier spectacle lyrique vraiment moderne. Pour ce qui est de l'ouvrage, le choix était heureux puisque la lumière y joue un rôle capital, un rôle symbolique, et que Roller est depuis longtemps résolu à perfectionner les éclairages pour obtenir des nuances et des demi-teintes jusque-là inconnues. À chaque acte, le décorateur va imposer une couleur dominante qui correspond aux trois moments et aux trois motifs essentiels de l'action : au premier, l'orange vif du décor suggère la colère d'Isolde ; au second, le violet sombre de la nuit symbolise l'amour et son accomplissement ; au troisième, enfin, une clarté inexorable, uniforme, d'un gris argenté, baigne la cour du château à demi-ruiné de Tristan. Elle impose sur la scène le sentiment du péché, du mal, de la séparation. À la fin de l'ouvrage, les deux amants réunis et transfigurés retrouvent la nuit du second acte qui devient le symbole de leur union et de leur accomplissement dans la mort.

Le modernisme d'une telle conception paraît révolutionnaire dans une ville où l'on n'avait jusque-là pas d'autre ambition que celle de « décorer » les ouvrages à l'aide de jolies toiles. Roller, lui, innove dès le début en introduisant sur la scène lyrique le décor praticable et en simplifiant les lignes selon les principes exposés quelques années auparavant par Adolphe Appia. Il s'inspire également des réformes appliquées depuis une dizaine d'années au théâtre parlé, en France par Antoine, en Allemagne par Gordon Craig et Max Reinhardt et en Russie par Stanislavski. Ce *Tristan* qualifié de « sécessionniste » surprend et choque dans une ville où, comme on l'a vu, les derniers ouvrages de Wagner ne suscitent pas encore une admiration unanime. D'ailleurs, même parmi les wagnériens, il en est comme le critique Gustav Schönaich, ami de Wolf et représentant viennois de l'orthodoxie bayreuthienne, qui s'offusquent de voir consacrer tant de temps et tant d'argent à la mise en scène du « drame le plus intérieur du répertoire ». À ceux-là la décoration de Roller paraît trop somptueuse et trop détaillée. Et pourtant le but des deux collaborateurs a été justement d'éliminer de la scène tout élément de pure « décoration », d'obtenir que l'œil et l'oreille du spectateur-auditeur soient également sollicités, par un ensemble, par une œuvre d'art totale, un *Gesamtkunstwerk.*

Envers et contre ceux qui contestent ses réformes et crient au scandale, Mahler va tenir bon et conserver jusqu'au bout à ses côtés un collaborateur qui pour lui n'a pas de prix. Les grandes étapes de leur travail commun sont les suivantes : *Fidelio* (1904), *Rheingold* et *Don Giovanni* (1905). En 1906, l'année du cent-cinquantenaire de Mozart, *L'Enlèvement au Sérail, Les Noces de Figaro* et *La Flûte* complètent la liste avec, en 1907, *Iphigénie en Aulide* de Gluck. En revanche, la liste des créations de l'époque Mahler n'est pas aussi prestigieuse que celle des nouvelles productions. Elle comprend tout de même *Dalibor* de Smetana, *Eugène Oneguine, La Dame de pique* et *Iolanthe* de Tchaïkovski, *Lakmé* de Delibes, *Samson et Dalila* de Saint-Saëns, *Les Contes d'Hoffmann* d'Offenbach, *Louise* de Charpentier, *Falstaff* de Verdi, *Le Donne curiose* de Wolf-Ferrari, *La Bohème* et *Madame Butterfly* de Puccini, *Feuersnot* de Richard Strauss, *Die Rose vom Liebesgarten* de Pfitzner, *Es war einmal* de Zemlinsky, pour ne citer que les plus importantes, et sans compter trois ouvrages acceptés par Mahler mais qui sont généralement mis au crédit de ses successeurs, comme *Pelléas et Mélisande* de Debussy, *Tiefland* d'Eugen d'Albert et *Die rote Gred* de Julius Bittner. Si l'on réfléchit que les premières années du siècle n'ont pas été une époque faste pour le théâtre lyrique, on ne peut que rendre hommage au jugement de Mahler. Tout au plus manque-t-il à cette liste quelques opéras de Verdi encore inconnus à Vienne comme *Don Carlo,* outre *Salome,* pour laquelle la censure impériale a opposé son veto, *Tosca* de Puccini que Mahler juge indigne de la scène viennoise, et *Jenufa* de Janacek, dont il n'a pas connu la version définitive.

Dès le début, les ennemis de Mahler, et en particulier les antisémites, se sont élevés contre la dictature qu'il exerce sur l'ensemble de la vie musicale viennoise et ils n'ont pas entièrement tort. En effet, en 1898, un an après sa nomination au poste de directeur, Hans Richter va démissionner à la fois de l'Opéra et de la Philharmonie. Certes, Mahler ne l'a pas à proprement parler chassé : il lui a même proposé un nouveau contrat, plus avantageux que le précédent. Il n'en est pas moins clair que, dans le même théâtre, il n'y a pas de place pour deux chefs de cette trempe, et qui ont en outre le même répertoire. Richter, le wagnérien de la première heure, a ressenti comme une offense que Mahler passe déjà pour le défenseur de Wagner parce qu'il a réussi à imposer des représentations intégrales de ses œuvres. Il va donc quitter Vienne pour l'Angleterre, où sa popularité est à son zénith, tandis que Mahler lui succède au pupitre des Concerts philharmoniques, pendant trois saisons, la troisième saison ayant été interrompue par une grave maladie. Ses relations avec les musiciens demeureront jusqu'au bout tendues, voire orageuses. Souvent, ils se révoltent contre la minutie avec laquelle il répète même les œuvres archi-connues et contre les retouches qu'il introduit dans les partitions classiques, notamment celles, sacro-saintes, de Beethoven, chaque fois il se trouve un musicien scandalisé pour avertir la presse avant le concert et tenter de susciter un de ces scandales, une de ces *Affären* dont Vienne est friande. Qui plus est, les musiciens viennois ont une haute opinion d'eux-mêmes. Ils sont habitués à ce qu'on admire, à ce que l'on fasse confiance à leur musicalité instinctive et légendaire. Or, Mahler la redoute car il s'est aperçu qu'elle engendrait surtout des négligences et des inexactitudes. Un jour, par exemple, qu'il a repris cent fois les premières mesures de la Cinquième Symphonie de Beethoven, les musiciens se sont mis à meurtrir avec fureur leurs instruments et il leur a crié : « Messieurs, gardez donc votre colère pour l'exécution de ce soir ! Elle n'en sera que meilleure ! »

Il faut ajouter que, à Vienne, on se réfère volontiers au passé, à cette « tradition » à laquelle Mahler tourne souvent le dos. Car, à ses yeux, l'interprète a pour mission de recréer dans le présent les œuvres du passé et qu'aucun modèle ne peut être pour cela du moindre secours. S'il n'a sans doute pas prononcé la phrase célèbre qu'on lui a toujours attribuée : « *Tradition ist Schlamperei !* » (La tradition n'est que négligence !), Mahler a exprimé une de ses convictions les plus profondes en des termes approchants : « Ce que vous, gens de théâtre, appelez votre tradition n'est rien d'autre que votre paresse et votre négligence ! » Pour faire revivre une œuvre aucune hardiesse ne lui paraît excessive du moment qu'elle va dans le sens de la pensée de l'auteur. C'est pourquoi il défendra toujours avec ardeur la subjectivité des interprètes, qui sont tenus d'expérimenter sans cesse puisqu'ils travaillent pour le monde éphémère du théâtre ou du concert.

CHEF D'ORCHESTRE ET SYMPHONISTE

Bien que Mahler ait tout fait pour améliorer la condition des membres de l'Orchestre philharmonique, il ne parviendra jamais à se faire aimer d'eux. Seule une petite minorité le soutient, groupée autour de son beau-frère, le Konzertmeister Arnold Rosé. On lui reproche d'avoir envoyé un grand nombre de musiciens à la retraite. Le comité de la Philharmonie refusera d'ailleurs le titre officiel de membre à ceux que Mahler a engagés à leur place, ce qui donnera lieu à une véritable épreuve de force dont Mahler sortira gagnant mais avec quelques ennemis de plus. Et puis, en 1901, il ressentira comme une cruelle offense, après qu'une grave hémorragie l'a contraint de quitter le pupitre de l'orchestre, qu'on élise pour le remplacer un des chefs les plus médiocres de Vienne, Josef Hellmesberger junior, dont la principale qualité est d'appartenir à une célèbre dynastie de violonistes viennois.

Pour ce qui est du répertoire, Mahler est obligé, comme ses prédécesseurs, de tenir compte des goûts réactionnaires des abonnés de la Philharmonie. Beethoven, qui est un Dieu pour lui comme pour tous les Viennois cultivés, y occupe un peu plus du quart de la place. Mozart et Haydn sont chacun représentés par deux Symphonies, comme Schubert et Schumann, Berlioz par la *Fantastique,* le *Carnaval romain* et *Rob Roy,* Bizet par la Suite *Roma,* Weber par deux Ouvertures, Brahms par deux Symphonies et par ses *Variations sur un thème de Haydn,* Liszt par deux Poèmes symphoniques et Wagner par deux pages symphoniques. Parmi les créations, on remarque trois Symphonies de Bruckner, la Quatrième, la Cinquième et la Sixième, mais toutes considérablement abrégées par Mahler lui-même. Deux Poèmes symphoniques de Dvorak, un de Richard Strauss (avec les deux Préludes de *Guntram),* complètent la liste avec la *Vlatva* de Smetana et *Manfred* de Tchaïkovski.

De ses propres œuvres, Mahler ne dirige comme chef permanent de l'orchestre que les deux premières Symphonies, mais il faut rappeler que, au moment où il est élu, il n'a même pas encore achevé la Quatrième. En effet, à l'exception de la Première Symphonie, composée à Leipzig pendant la saison, et des premiers *Wunderhorn-Lieder* avec orchestre, toutes ses autres ont été écrites pendant ses vacances. Mais il lui est nécessaire de disposer pour cela de plusieurs semaines et d'un lieu pleinement adéquat. Ce lieu, il l'a trouvé en 1893, à époque où il s'est installé pour quatre étés successifs dans le Salzkammergut, à Steinbach am Attersee. C'est là qu'il achève coup sur coup la Deuxième Symphonie (1893-94) et la Troisième (1895-96). En composant ainsi sans relâche, il fait preuve d'un grand courage car, jusqu'à la dernière année du siècle, sa musique reste presque complètement ignorée. Il lui a fallu commanditer et subventionner lui-même la plus grande partie des exécutions, à Hambourg et à Berlin. C'est en 1899 seulement que sa Deuxième Symphonie est acclamée successivement à Liège et à Munich. Cependant la première viennoise de cet ouvrage est fraîchement reçue, au mois d'avril à la Philharmonie. Dans la presse antisémite, on parle de « fastueuse impuissance », de « décadence musicale juive », d'« inauthenticité criante et comparable uniquement à celle de Meyerbeer », on stigmatise ce « pillage éhonté de toutes les sources musicales du passé » et cette « gifle donnée aux règles fondamentales de l'œuvre d'art ». L'accueil réservé en 1900 à la Première Symphonie puis, en 1901, à la Quatrième n'est pas meilleur.

L'année 1902 marque un tournant essentiel dans la carrière de Mahler compositeur grâce à un événement qui, comme par hasard, n'a pas lieu à Vienne. Il s'agit de la première audition intégrale de sa Troisième Symphonie au festival itinérant de l'Allgemeiner Deutscher Musikverein (fondé cinquante ans plus tôt par Liszt), qui a lieu cette année-là à Crefeld, en Rhénanie. Le triomphe a été tellement retentissant que le monde germanique tout entier en a eu vent. Même à Vienne, les choses vont enfin commencer à évoluer en sa faveur. En décembre 1904, la Troisième est créée au cours d'une soirée exceptionnelle (et non ordinaire !) de la Philharmonie. L'affluence est telle que le concert doit être redonné une semaine plus tard. Du coup, Mahler est devenu un compositeur avec lequel il faut compter et la critique cherche à expliquer cet étrange phénomène. Elle y parvient avec les moyens habituels : c'est la bourgeoisie juive qui fête son héros, c'est la corruption générale du goût, c'est la décadence des valeurs solides de la tradition, ou bien encore c'est le magnétisme bien connu de Mahler chef d'orchestre qui aveugle le public. Car l'opinion fondamentale n'a pas changé : cet habile faiseur, ce « Meyerbeer de la Symphonie » n'a rien à dire de personnel. Il se contente donc d'emprunter sans vergogne aux musiques qu'il dirige chaque jour.

Le sort des Symphonies suivantes de Mahler paraîtra donner raison à ses détracteurs. Bien sûr, la Deuxième et la Troisième ont été jouées un peu partout, mais le néo-classicisme avant la lettre de la Quatrième a été tenu pour un nouveau scandale. Le critique viennois, Robert Hirschfeld, a cru y apercevoir « le père Haydn, avec sa perruque blanche, qui nous dépassait en automobile, au milieu de vapeurs d'essence ». Créée à Cologne en 1904 et reprise à Vienne l'année suivante, la Cinquième n'a obtenu qu'un succès d'estime qui cache mal la déception générale. Quant à la Sixième, dont l'Allgemeiner Deutscher Musikverein a eu de nouveau la primeur à Essen en mai 1906, elle est mal accueillie et même les amis de Mahler n'arrivent pas à dissimuler leur déception. Six mois plus tard, lors de la première audition viennoise du même ouvrage, au Konzertverein, le nouvel orchestre qui s'est formé en 1900, la Sixième n'est applaudie que par les fidèles et les disciples du maître, désormais très nombreux dans la capitale. Même les quelques critiques qui se montrent en général favorables à Mahler laissent transparaître leur embarras.

UN RÉVOLUTIONNAIRE MALGRÉ LUI

En 1904, Mahler a commis une autre grave offense aux yeux de la Vienne réactionnaire : il a accepté la présidence d'honneur d'une nouvelle société de musique contemporaine, la Vereinigung Schaffender Tonkünstler in Wien qui, à l'instar de la Sécession, vont tourner le dos à l'académisme pour s'orienter vers un modernisme jugé outrancier par tous les musiciens « raisonnables ». De ses deux fondateurs, le plus célèbre de loin est Arnold Schoenberg, une personnalité si considérable et un créateur si riche d'avenir qu'il faut s'attarder ici un moment à examiner ses débuts. Né en 1874, originaire d'une famille juive et germanophone, partagée comme beaucoup d'autres entre la Hongrie et la Tchécoslovaquie, Schoenberg approche alors de la trentaine. Son père, né en Hongrie, s'est installé très jeune à Vienne où il a gagné sa vie en vendant des chaussures et s'est marié avec une jeune juive pragoise, Pauline Nachod. La musique joue un grand rôle chez les Schoenberg et le jeune Arnold apprendra très vite à jouer du violon et du violoncelle, ce qui lui permet de participer aux séances familiales de musique de chambre. Cependant, aux yeux de ce père-là comme de tant d'autres, la musique n'est pas un métier sûr, ni même sérieux. Samuel Schönberg étant mort en 1890, Arnold est obligé de quitter le lycée dès l'année suivante, avant même que d'avoir passé son baccalauréat, pour prendre un petit emploi dans une banque. C'est alors qu'il fait une rencontre capitale en la personne d'Alexander Zemlinsky. De deux ans son aîné, celui-ci est également de souche juive, galicienne par son père et bosnienne par sa mère. Ayant achevé ses études au Conservatoire de Vienne, il dirige désormais un petit ensemble d'amateurs dans lequel Schoenberg se voit confier la partie de violoncelle. Et c'est alors que le miracle s'accomplit. À dix-neuf ans, Schoenberg, qui ne connaît pas encore grand-chose au métier musical, se met à composer. Il affirmera plus tard avoir appris de Zemlinsky l'essentiel de son métier mais il demeure en fait l'un des plus stupéfiants exemples d'autodidacte que l'on connaisse dans les arts. Pendant toute l'année qui va suivre, il continue à se rendre chaque matin à la banque. Dès 1894, il a pourtant montré ses premières compositions, un mouvement de quatuor à cordes et des pièces pour piano, à deux musiciens éminents de Vienne, Richard Heuberger et Josef Labor, qui tous deux l'ont vivement encouragé. Un beau jour de 1895, le jeune héros prend son courage à deux mains et annonce à sa famille qu'il s'est fait renvoyer de sa banque et ne compte pas y remettre les pieds.

Certes, il va lui falloir vivre. Heureusement, Schoenberg s'est déjà fait des amis qui tous croient en lui et en son avenir de musicien. À cause de ses convictions socialistes, on lui propose de diriger une chorale de travailleurs des environs de Vienne et il partage bientôt son temps entre trois associations du même genre. Pendant toute cette époque il compose avec fièvre, sous l'œil attentif de Zemlinsky qui le guide et le conseille.

En effet, Zemlinsky, lui, a déjà fait ses premiers pas dans la carrière musicale. À peine sorti du Conservatoire où il a été l'élève, comme Mahler, de Robert Fuchs et de Franz Krenn, il a attiré l'attention de Brahms qui lui a fait obtenir un prix de composition pour son (très brahmsien) Trio avec clarinette op. 3 et qui a même recommandé à son éditeur d'en publier la partition. Ainsi ne s'étonne-t-on donc pas de discerner l'empreinte de Brahms dans les premières compositions des deux jeunes musiciens.

En 1898, le Tonkünstlerverein, dont Brahms a été longtemps le président d'honneur, donne la première audition du Quatuor en ré majeur que Schoenberg a achevé l'année précédente et c'est un triomphe unanime. Encouragé, Schoenberg entame la composition d'un Poème symphonique, *Frühlings Tod,* sa première œuvre orchestrale qui restera inachevée, puis un Sextuor, *Verklärte Nacht,* qu'il termine au contraire très rapidement. Mais cette fois, le Verein se refuse à en donner la première audition. En revanche, une autre association de tendances plus progressistes, l'Ansorge Verein, inscrit à son programme, en 1900 les premiers Lieder du jeune compositeur et, cette fois, leur langage chromatique fait aussitôt scandale, un scandale dont Schoenberg dira volontiers, non sans mélancolie, qu'il n'a jamais cessé jusqu'à la fin de sa vie. Il faut dire que, à cette époque, son style surpasse déjà en audace celui de tous ses contemporains. L'influence de Brahms a été contrebalancée chez lui par la révélation de l'harmonie wagnérienne et par celle de Richard Strauss. Déjà, il a pris ses distances avec l'harmonie classique, et même avec la tonalité, pour s'orienter vers un langage qui bannit les cadences et les reprises thématiques, et donc quelques-unes des lois les plus solides du langage musical traditionnel.

Entre-temps, Zemlinsky a commencé au Carl-Theater et au Theater an der Wien une carrière de chef d'orchestre qui sera longue et fructueuse. En 1895, il a écrit pour un concours son premier ouvrage lyrique, *Sarema,* et Schoenberg en a fait la réduction pianistique. Après avoir été primé, ce premier opéra a été représenté à Munich. C'est sans doute ce qui a dirigé l'attention de Mahler sur le second, *Es war einmal,* qu'il va inscrire au répertoire de la Hofoper où il sera créé sous sa direction en janvier 1900. À cette occasion, Schoenberg aurait pu, sans aucun doute, rencontrer le célèbre directeur de l'Opéra mais il ne l'a certainement pas voulu parce que la Première Symphonie de Mahler, dont il a entendu l'année précédente, à la Philharmonie, la première viennoise, l'a profondément scandalisé. Nullement découragé par l'échec de ses lieder, Schoenberg s'est alors engagé dans la composition d'une vaste partition pour soli, chœurs et orchestre, les *Gurre-Lieder.* Bientôt, il devra malheureusement l'interrompre et n'achèvera son instrumentation que dix ans plus tard. Pour le moment, il n'arrive à survivre qu'en orchestrant des opérettes pour le Carl-Theater. Fort de son expérience de la musique légère et lassé de ne point trouver à Vienne d'emploi suffisamment lucratif, Schoenberg décide alors de s'installer à Berlin, où Ernst von Wolzogen, le fondateur du cabaret littéraire *Überbrettl,* lui propose un poste de compositeur et de Kapellmeister. Malheureusement, l'entreprise de Wolzogen va faire faillite au bout d'un an et Schoenberg ne parvient à prolonger son séjour berlinois que grâce à Richard Strauss, qui lui obtient une bourse de la fondation Liszt de l'Allgemeiner Deutscher Musikverein et un petit poste de professeur au Conservatoire Stern. Or Schoenberg a plus que jamais besoin d'un gagne-pain sûr car il vient de se marier avec la sœur de Zemlinsky, Mathilde, dont il aura bientôt deux enfants.

Le jeune maître a déjà quitté Vienne en 1902 lorsque le Tonkünstlerverein se décide enfin à y organiser la création de *Verklärte Nacht* dont les premiers interprètes sont le beau-frère de Mahler, Arnold Rosé, et son Quatuor, augmenté pour l'occasion de deux autres cordes empruntées à l'Orchestre philharmonique. Avant de partir pour la Russie en voyage de noces avec son épouse, Mahler assiste à une répétition et se prend pour l'œuvre et son auteur d'un intérêt immédiat. Dorénavant, l'appui du directeur de l'Opéra va s'avérer d'un grand poids pour l'avenir du jeune homme.

Rentré à Vienne à l'été de 1903, Schoenberg s'installe dans la même maison que Zemlinsky, à la Lichtensteinstrasse, et gagne sa vie en réalisant des transcriptions pour l'Édition Universal, qui est en train de devenir la plus importante d'Autriche. Mais ses dons de pédagogue ne sont pas passés inaperçus et il va donc commencer dans ce domaine une longue carrière qui se prolongera jusqu'à la fin de sa vie. Elsa Bienenfeld, une ancienne élève du musicologue Guido Adler, commence par organiser dans l'école de filles d'Eugénie Schwarzwald, à la Wallnerstrasse, une série de cours privés. Zemlinsky y participe pour l'orchestration et l'étude des formes, Schoenberg pour l'harmonie et le contrepoint, et Elsa Bienenfeld pour l'histoire de la musique. Le nombre des élèves, tout d'abord restreint, s'accroît et, au cours de l'automne de 1904, historique entre tous, Anton Webern et Alban Berg, qui ont respectivement vingt et un et dix-neuf ans, entreprennent leurs études avec un maître qui deviendra bientôt leur mentor et leur ami, et le restera jusqu'à la fin de leur vie.

La Vereinigung

Au fur et à mesure que les tendances progressistes trouvent de nouveaux adeptes, le barrage que leur oppose l'esprit conservateur des autorités viennoises se renforce. Puisque les institutions ne veulent pas entendre parler de leur musique, les jeunes compositeurs groupés autour de Schoenberg et de Zemlinsky se résolvent à organiser eux-mêmes des concerts de musique contemporaine. Dans ce but, ils fondent comme on l'a vu, en avril 1904, une nouvelle association, la Vereinigung Schaffender Tonkünstler in Wien. Mais pour mener à bien une entreprise aussi hardie, il leur faut absolument trouver des parrains de grand poids. Le premier d'entre eux, si surprenant que cela puisse paraître, est Guido Adler, éminent musicologue, ancien élève de Bruckner, de Dessoff et de Hanslick. Après avoir fondé l'Institut de musicologie de l'Université de Vienne, Adler a également commencé à publier les œuvres principales du passé de l'Autriche. Ces *Denkmäler der Tonkunst in Österreich* (Monuments de la musique en Autriche), ont obtenu le soutien financier de la couronne, et accompli un pas essentiel dans la redécouverte d'un patrimoine glorieux mais en grande partie oublié. Historien émérite, Adler semblait, de par sa profession, voué à vivre dans la poussière des bibliothèques. On s'étonne donc de le voir prêt, non seulement à servir de caution aux fondateurs du Verein mais aussi à présenter lui-même le groupe au public dans un grand article de la *Neue Freie Presse*. C'est vraisemblablement lui qui, à la même époque, a suggéré aux deux jeunes gens de proposer la présidence d'honneur de leur Société à Mahler, son ami de jeunesse qu'il se fait fort de gagner à leur cause.

Les premières rencontres entre Mahler et les fondateurs de la Vereinigung ont été plus orageuses que cordiales, comme en témoignent les récits bien connus d'Alma. Schoenberg a des idées arrêtées et il supporte mal la contradiction. Après quelques escarmouches violentes, mais sans gravité, une estime et une sympathie profondes et réciproques caractériseront dorénavant les rapports du directeur de l'Opéra avec les jeunes révolutionnaires. Il finira même par s'identifier totalement à leur combat pour l'avenir, qui lui rappelle celui que, autrefois, il a mené lui-même contre ceux qui refusaient toute évolution et toute innovation en art. Il ne ménage donc pas son soutien à la Vereinigung. Non seulement il accepte de diriger l'un des premiers concerts (qui comprend la création viennoise de la *Symphonia Domestica* de Strauss) mais il achève son propre cycle des *Kindertotenlieder* pour l'inclure, au mois de janvier 1905, dans un concert entier de ses lieder, qui sera l'un des clous de la saison.

Deux jours plus tôt ont eu lieu la première audition de *Pelleas und Melisande,* le vaste Poème symphonique de Schoenberg et celle de *Die Seejungfrau* (La Néréide) de Zemlinsky, tous deux dirigés par leurs auteurs respectifs.

Le soutien fidèle et précieux que Mahler apporte à la nouvelle société transforme ces admirateurs lointains en disciples fervents. Lorsque, en décembre 1904, il a conduit la création viennoise de sa Troisième Symphonie, Schoenberg et ses jeunes élèves étaient présents et c'est alors que l'auteur de *Verklärte Nacht* écrit à son aîné une première lettre chaleureuse où perce malgré tout son désarroi devant un art si éloigné du sien. Toujours est-il que, désormais, Schoenberg voue à Mahler une vénération qui jamais ne se démentira. Mahler, de son côté, suit avec une affectueuse attention toutes les étapes du développement de son jeune confrère. La Vereinigung ayant cessé ses activités au printemps de 1905, Schoenberg envoie régulièrement ses partitions au directeur de l'Opéra. Il arrive que Mahler soit dérouté mais il n'en ménage pas pour autant son soutien. Quand, au début de 1907, Arnold Rosé, revenant sur son refus initial, crée, à quelques jours de distance, le Premier Quatuor et la *Kammersymphonie* op. 9, Mahler est présent, au premier rang d'une loge, et il s'en faut de peu qu'il n'en vienne aux mains avec l'un des siffleurs. Sans tarder, il écrit à Strauss pour lui recommander le Quatuor pour le prochain festival de l'Allgemeiner Deutscher Musikverein. Bien sûr, il devra plus tard reconnaître que les partitions suivantes de Schoenberg ont mis sa bonne volonté à rude épreuve. Jamais pourtant, il ne lui adressera le moindre reproche, jamais il ne mettra en doute son génie ni sa mission, ni le bien-fondé de ses recherches. Tout au plus lui recommandera-t-il de faciliter la lecture de ses partitions, ce à quoi Schoenberg se résoudra bientôt en y indiquant par des signes les voix principales et les voix secondaires. Seul le concept révolutionnaire de la *Klangfarbenmelodie* suscitera chez Mahler quelque incrédulité.

TOURNER LA PAGE…

À partir de 1905, la présence attentive de Schoenberg et de ses disciples à chacune de ses premières contribuent à transformer en succès d'estime l'échec assuré des créations viennoises de Mahler. Après celle de la Cinquième, pièce de résistance d'un Gesellschaftskonzert du mois de décembre 1905, et celle de la Sixième, créée par le Konzertverein en janvier 1907, les applaudissements de ces auditeurs éclairés n'ont pas désarmé la presse. Bien au contraire, elle se déchaîne comme jamais auparavant. « Plaisanterie funèbre », « digne d'un compositeur d'opéra italien », c'est ainsi que Robert Hirschfeld, le critique de la *Wiener Abendpost* devenu le plus implacable des ennemis de Mahler, caractérise le premier mouvement de la Cinquième Symphonie. Pour lui, l'inconcevable Adagietto « n'est qu'une "fade musique de salon" ». « Absence de forme », « thèmes artificiels et déjà connus », « plaisanteries perverses », « cynisme d'une personnalité décadente », « corruption du sens musical », et, comme toujours, « banalité », « vulgarité », « impuissance créatrice », tels sont les leitmotive des principaux comptes rendus. Comme on pouvait s'y attendre, l'abondance des moyens utilisés pour l'exécution de la Sixième donne naissance à des caricatures et des mots d'esprit sans nombre. Cette œuvre sombre, ténébreuse, semblait dès le départ maudite. Ayant compris que le public ne parviendrait jamais à en pénétrer les énigmes, Mahler va bientôt renoncer à l'imposer. Pour la première fois de sa vie, il envisage alors avec un certain pessimisme l'avenir de ses œuvres.

Quelle confiance inébranlable en son génie il faut à Mahler pour faire face sans découragement à une telle succession d'échecs! Heureusement, rien ne peut plus freiner le rythme de sa création. Depuis qu'il est à Vienne, la composition occupe une place considérable dans sa vie, même s'il ne peut s'y consacrer que l'été. Après de longues recherches et des séjours plus ou moins réussis dans la région du Brenner puis à Aussee dans le Salzkammergut, il a jeté son dévolu sur la Carinthie et sur le Wörthersee qui jouit du climat le plus doux et le plus méditerranéen de l'Autriche. À Maiernigg, sur la rive sud du lac, qui est la moins fréquentée, il s'est acheté en 1899 un terrain sur lequel il a bâti une villa. Plus important encore, il s'y est fait construire un Häuschen, c'est-à-dire un petit studio isolé au milieu de la forêt. On y accède par un raidillon qui décourage les indiscrets. C'est là que, en 1900, il termine sa Quatrième Symphonie et composera ensuite les quatre suivantes, qui toutes seront créées de son vivant et sous sa direction. À partir de 1902, la belle Alma a remplacé, comme maîtresse de maison, Justine, l'aînée des sœurs de Mahler. Le talent de la jeune fille pour la musique, et notamment pour la composition, a été autrefois reconnu et encouragé par Zemlinsky qui est devenu son maître, et même pendant un temps son fiancé. À partir de 1902, cette jeune et radieuse créature mène aux côtés de son illustre mari une existence sans cesse assombrie par des crises de frustration et des accès de dépression. En effet, si d'une part la vanité d'Alma est satisfaite d'avoir pour mari l'homme le plus célèbre de Vienne, par ailleurs elle n'est pas faite pour s'effacer ni pour vivre dans l'ombre. Elle brûle de s'affirmer par elle-même, de briller par son esprit, d'en imposer par sa culture, ce à quoi elle ne parviendra jamais vraiment, en tout cas pas du vivant de Mahler. Les deux filles qu'elle a eues de lui l'occupent sans pourtant donner un sens à sa vie. Sur Mahler, elle aura tout de même exercé une influence heureuse dans la mesure où elle a encouragé son amitié naissante pour Schoenberg et Zemlinsky et reçu chez elle des peintres comme Gustav Klimt et Kolo Moser, des musiciens comme Richard Strauss, Hans Pfitzner et des poètes comme Gerhard Hauptmann et Richard Dehmel.

Mahler, lui, est trop absorbé par sa vie d'interprète et d'administrateur pour accorder à son épouse et à sa famille toute l'attention qu'elles mériteraient. Depuis ses premiers succès de compositeur, on l'invite un peu partout à diriger ses œuvres et il accepte avant tout parce que les exécutions conduites par d'autres le déçoivent toujours, même lorsqu'il s'agit d'un Arthur Nikisch ou d'un Ernst von Schuch. Le seul chef à qui il puisse faire totalement confiance est Willem Mengelberg qui a pris fait et cause pour lui et l'invite chaque année à diriger ses Symphonies à l'Orchestre du Concertgebouw d'Amsterdam. Non seulement le public leur réserve un bon accueil mais la presse s'y montre infiniment plus réceptive qu'ailleurs. C'est ainsi qu'il sera amené à considérer la Hollande comme « son Bayreuth ».

Les déplacements désormais fréquents de Mahler vont devenir peu à peu une source de conflits avec les autorités de l'Opéra qui commencent à se plaindre de ses absences. Il a beau répondre que sa réputation européenne de compositeur et de chef d'orchestre contribue au prestige de l'établissement, l'argument ne convainc pas. Les Viennois n'ont pas encore à compris que désormais aucun chef de réputation internationale n'acceptera de consacrer tout son temps à leur Opéra. En fin de compte, Mahler se serait laissé convaincre de conserver son poste à certaines conditions si une suite de petites et de grandes vexations ne l'avaient peu à peu découragé. La censure impériale interdit *Salome* de Strauss, le premier ouvrage de génie qui se soit trouvé depuis dix ans sur son chemin, sous prétexte qu'une action relevant de la « pathologie sexuelle » n'est pas à sa place sur une scène impériale. Un ténor vieillissant et qui a perdu sa voix est réengagé à son insu. Le maître de ballet prend ombrage de la promotion au rang d'étoile d'une toute jeune danseuse, Grete Wiesenthal, et la presse se saisit de l'affaire. Enfin, Mahler s'est rendu à Rome pendant les vacances de Pâques pour diriger deux concerts et il a décidé, sans consulter ses supérieurs, de prolonger son absence d'une semaine. Ses ennemis s'empressent d'en avertir anonymement l'Obersthofmeister le prince Montenuovo et, cette fois, le départ de Mahler commence à être ouvertement envisagé. Lui-même n'y croit pas encore, jusqu'au jour où il apprend que Felix Mottl a été pressenti pour le remplacer, mais qu'il a dû renoncer car les autorités munichoises ont tout fait pour le conserver. Alors l'amertume l'envahit. Après dix années qui ont été les plus glorieuses de toute l'histoire de la Hofoper, Vienne n'est donc pas disposée à faire pour le retenir les efforts que Munich accomplit pour retenir son Generalmusikdirektor. Il va donc lui falloir quitter cette capitale ingrate.

À cette époque-là, c'est-à-dire au début de l'été 1907, Mahler est déjà en pourparlers avec le directeur du Metropolitan Opera de New York, qui, pour deux ou trois mois d'activité annuelle, lui propose un salaire bien supérieur à celui qu'il recevait chaque année à Vienne. Il accepte donc, mais sans pouvoir fixer pour l'instant de date, puisque son successeur n'est pas encore désigné. Ce successeur, ce sera finalement Felix Weingartner, éminent chef d'orchestre autrichien, chef titulaire des concerts de la Königliche Kapelle de Berlin. Comme Mottl, il devra faire des miracles pour se libérer de son poste berlinois. À la fin de l'année, Mahler quitte Vienne dans le calme et la dignité, sans cérémonie d'aucune espèce, sans représentation d'adieu à l'Opéra. Son dernier concert viennois est une exécution de sa Deuxième Symphonie, au cours d'un Gesellschaftskonzert donné à la fin de novembre avec le concours de l'Orchestre philharmonique. Jamais plus il ne paraîtra sur un podium viennois car, pour toucher sa pension, il a dû s'engager à ne plus diriger dans la capitale. La veille de son départ, le 8 décembre, quelques élèves de Schoenberg, dont Webern, adressent aux admirateurs de l'ancien directeur une carte leur suggérant de se retrouver le lendemain matin à la gare de l'Ouest. Le jour de leur départ, Mahler et Alma se trouvent donc confrontés sur le quai à une foule amicale qui les attend, la mort dans l'âme. Au moment où le train s'ébranle, Gustav Klimt, le « prince des peintres », dit tout haut ce que tout le monde pense tout bas : « *Vorbei* » (C'est fini !).

En guise d'adieu, on lira sous la plume de Max Graf, l'un des plus jeunes critiques de la capitale, cet étrange article qui résume bien l'attitude de nombreux Viennois envers ce musicien qu'ils ont tout d'abord adulé, puis honni : « Bien qu'il ait passé dix ans à Vienne, Gustav Mahler a toujours habité cette ville comme un étranger alors que même Brahms, l'enfant arrogant des landes du Nord de l'Allemagne, a été ému par la beauté des paysages viennois et par la cordialité vivifiante de la société viennoise, jusqu'à se laisser métamorphoser. [...] Plus Mahler a séjourné ici, plus il est rentré en lui-même. Il ne possédait aucun des penchants de la société viennoise, la magie de cette ville ne l'a jamais captivé. Aucune de ses compositions ne révèle que leur auteur a exercé une activité sur le sol viennois. Comme il y a peu de naturel, de sens de la beauté et de véritable sensualité dans ces œuvres qui, avec opiniâtreté et sous l'impulsion d'une ambition monstrueuse, partent à la recherche d'absurdités!…»

En dépit de sa malveillance trop évidente et de l'aveuglement dont il fait preuve en affirmant que la musique de Mahler n'a rien de viennois, il faut reconnaître que Max Graf a raison lorsqu'il affirme que l'auteur du *Chant de la Terre* est demeuré étranger à l'idéal de beauté sensuelle, à l'hédonisme trop puissant dans la tradition viennoise. Ce refus compte d'ailleurs parmi les traits les plus marquants de sa personnalité, comme de celle de Schoenberg. Il est inhérent à leur nature mais on se demande précisément qui, parmi les génies viennois qui ont défilé au fil de ces pages, s'est réellement conformé à l'idéal confortable que décrit Max Graf. Les musiciens de divertissement sans doute…

DEUX DISCIPLES SOUS L'ŒIL DU MAÎTRE

Pour tous ceux qui se faisaient de Vienne une idée plus haute et plus large, la perte de Mahler aura été irréparable. Certes, il repassera chaque année par Vienne, avant et après l'été, au retour des États-Unis et en route pour New York où il a été nommé en 1909 chef permanent des Concerts philharmoniques, après avoir quitté au bout de deux ans le Metropolitan Opera. Pendant les courts séjours qu'il fait à Vienne, il élit domicile chez ses beaux-parents, à la Hohe Warte, et, bien sûr, il maintient le contact avec les membres de la jeune école viennoise. Pendant ses années-là, Schoenberg achève le cycle des *Jardins suspendus* op. 15 et les *Cinq Pièces pour orchestre* op. 16 et, avec *Erwartung*, s'engage dans une voie de plus en plus radicale. En décembre 1908, la première audition du Deuxième Quatuor, au Bösendorfersaal, provoque un nouveau scandale. Plusieurs manifestants hurlent : « Imposteur! », « Charlatan! », « Assez! », « Arrêtez! », et quelques critiques musicaux n'hésitent pas à lancer eux aussi des insultes.

Un mois auparavant, au Grosser Musikvereinsaal, a eu lieu le premier concert organisé par Schoenberg pour présenter au public ses deux principaux élèves. Au programme figurent la *Passacaglia* op. 1 d'Anton Webern et Douze Variations pour piano (posthumes) d'Alban Berg. Ce premier événement capital dans la carrière de ces deux jeunes génies viennois nous conduit à nous pencher sur leurs origines et sur leur passé. L'aîné des deux, Anton Webern, est né à Vienne en 1883. Il est le second enfant, et le seul fils, d'un ingénieur des Mines carinthien d'origine aristocratique. Son enfance a été partagée entre Graz, en Styrie, et Klagenfurt, en Carinthie. C'est dans cette dernière ville qu'il prend ses premières leçons de musique et termine ses études secondaires, tout en composant d'assez nombreuses partitions qui ne seront publiées qu'après sa mort. À l'automne de 1902, le jeune Anton s'installe à Vienne, où il suit au Conservatoire des classes d'harmonie, de contrepoint, de piano et de violoncelle, ainsi que les cours de Guido Adler à l'Institut de musicologie. Ses études universitaires seront couronnées en 1906 par un doctorat pour lequel il rédige une thèse sur Heinrich Isaac.

En 1904, Webern a vingt et un ans lorsqu'il décide de se consacrer sérieusement à la composition. C'est sans doute sur le conseil de Guido Adler qu'il se rend cette année-là à Berlin avec l'un de ses camarades, Heinrich Jalowetz, pour convaincre Hans Pfitzner de le prendre pour élève. Mais le premier entretien avec le compositeur allemand décourage aussitôt les deux jeunes gens : ils sont fervents mahlériens et les propos que leur tient Pfitzner sur Mahler les dissuadent à jamais de se soumettre à son influence. De retour à Vienne, et sans doute à nouveau sur le conseil d'Adler, Webern entre donc avec Jalowetz à l'Académie Schwarzwald où il devient un des premiers élèves de Schoenberg. Il le restera pendant les quatre années à venir.

Alban Berg, lui, n'a que dix-neuf ans lorsqu'il rejoint l'écurie schoenbergienne. Son père, originaire d'une famille allemande, s'est installé en 1867 à Vienne où il a fondé une affaire d'import-export et épousé la fille du joaillier de la cour. Il aura d'elle quatre enfants dont Alban est le troisième. Les arts, et en particulier la musique, jouent un grand rôle dans la famille Berg de sorte que la vocation musicale du jeune garçon, qui s'est mis dès l'âge de quinze ans à composer, ne surprend personne. Malheureusement, la mort prématurée de Konrad Berg, en 1900, laisse sa veuve et ses quatre enfants dans une situation précaire, à tel point qu'en 1904, l'année même où il est devenu l'élève de Schoenberg, Alban se voit contraint d'accepter un petit poste de comptable dans l'administration. Il le quittera deux ans plus tard pour se consacrer entièrement à la musique. À cette époque-là, il a déjà composé des lieder en abondance et il apporte les meilleurs à Schoenberg en octobre 1904. Deux influences y sont évidentes, celle de Wolf et celle de Brahms et pourtant les dons créateurs du jeune homme y sont suffisamment manifestes pour que Schoenberg l'accepte immédiatement comme élève. Désormais, il s'appliquera avant tout à discipliner chez Berg une imagination trop fertile et en même temps à inculquer les règles du style instrumental à un compositeur qui jusque là privilégiait toujours la voix.

Ainsi Berg et Webern, ces deux génies que tout, à première vue, semble opposer l'un à l'autre vont-ils s'épanouir ensemble sous l'œil et sous l'aile d'un maître vigilant et rigoureux, qui va guider chacun de leurs pas. En

effet, Schoenberg nous présente un cas unique dans l'histoire de la pédagogie musicale. Son attachement presque viscéral à ses disciples se manifeste avant tout par une exigence extrême, sans qu'il ait jamais cherché à
leur imposer d'autre loi que celle de leur propre nature. L'essentiel de son
enseignement consiste à leur forger une technique irréprochable et à leur
inculquer le respect des principes organiques, inébranlables, hérités du
passé, qui permettent seuls de construire une composition et de donner au
discours une direction et une structure, une unité dans la diversité. Mais
l'immense influence qu'exerce Schoenberg sur tous ceux qui l'approchent
reste surtout morale, puisque son but premier est de conduire chacun à
écouter sa voix intérieure et à rester toujours « fidèle à soi-même ».

À partir de 1908, Schoenberg ne manque plus une occasion de présenter au public les œuvres de ses élèves en même temps que les siennes.
L'année suivante, Mahler va le recommander, avec Berg et Webern, à l'attention de son nouvel éditeur, Emil Hertzka. Ce sera le début de la
longue et fructueuse association entre les « trois Viennois » et l'Edition
Universal. Fondée en 1901 par Berhard Hermannsky, le directeur de
Doblinger (maison spécialisée comme on l'a vu dans la musique légère)
et Josef Weinberger, celui de la firme du même nom, l'édition Universal
a commencé par se constituer un abondant catalogue classique. En
1904, elle rachète le fonds entier de l'éditeur munichois Josef Aibl, qui
comprend entre autres les Poèmes symphoniques de Strauss. Trois ans
plus tard, lors de la nomination comme administrateur, puis comme
directeur, d'Emil Hertzka, la politique éditoriale d'Universal devient
plus ambitieuse. Prenant modèle sur l'illustre firme Peters de Leipzig,
Hertzka met au point un programme de grande envergure, signe des
contrats avec Strauss et Reger, et reprend peu à peu à son catalogue
toutes les œuvres de Mahler, puis celles de Bruckner. Peu à peu,
Universal Edition deviendra l'un des premiers éditeurs de musique du
monde germanique, le premier même pour la musique contemporaine,
avec à son catalogue Zemlinsky, Schreker, Franz Schmidt, Casella,
Delius, Szymanowski, puis, après la guerre de 1914, Bartok, Kodaly,
Janacek, Bittner, Wellesz, Krenek, Eisler, Kurt Weill et Malipiero. Grâce
à la recommandation chaleureuse de Mahler, Hertzka propose un
contrat à Schoenberg, dont les premières œuvres ont été éditées en
Allemagne. Après la guerre, il fera preuve d'un vrai courage en inscrivant
aussi, avec un certain retard à vrai dire, Berg et Webern à son catalogue.
Il jouera également un rôle essentiel dans la diffusion de leurs œuvres,
notamment grâce à la revue *Musikblätter des Anbruch*. Jusqu'en 1927,
celle-ci publiera sous l'égide de Paul Stefan, son rédacteur en chef depuis
1922, des numéros thématiques et d'innombrables articles sur les créa-

teurs contemporains, sous des plumes parfois aussi prestigieuses que celles d'Ernst Bloch et de Theodor Wiesengrund Adorno.

L'ADIEU À MAHLER

Ainsi voit-on que le rôle joué par Mahler dans la vie et la carrière de Schoenberg aura été déterminant. Depuis son départ de Vienne, l'ancien directeur passe une grande partie de son temps aux États-Unis, de sorte que ses liens avec Schoenberg et ses disciples se relâchent quelque peu. Au printemps de 1909, une rencontre mémorable a pourtant lieu au restaurant *Zum Schutzengel* de Grinzing – elle se terminera plus tard dans un café de Döbling où Mahler conseilla à Alban Berg en le quittant de ne jamais diriger au théâtre. Cette soirée exaltante restera à jamais gravée dans la mémoire des disciples de Schoenberg.

Chaque année, Mahler quitte Vienne à la fin du printemps pour le Tyrol du sud, car il a abandonné Maiernigg en 1907, après la mort de sa fille aînée. C'est à Toblach dans le Pustertal qu'il compose, en 1908 et 1909, ses deux dernières œuvres achevées, *Le Chant de la Terre* et la Neuvième Symphonie. Le dernier été de sa vie, qui est celui de 1910, est consacré en grande partie à la préparation du plus grand événement de sa carrière, la création de la Huitième Symphonie, pour soli, chœurs et orchestre. À la fureur de Mahler, l'ouvrage a été baptisé « Symphonie des Mille » par l'impresario munichois qui ne veut rien négliger pour le succès de son entreprise. La soirée du 12 septembre et celle du lendemain marquent l'apogée et l'apothéose de toute la carrière de Mahler compositeur. La presse internationale, allemande, autrichienne, et même européenne, va en rendre compte en détails. À la fin des deux exécutions qui ont lieu dans l'immense salle de l'Exposition, trois mille auditeurs se dressent sur leurs sièges pour ovationner à n'en plus finir le héros de la soirée. Après ce triomphe presque sans parallèle dans notre siècle, Mahler peut croire victorieux le long combat qu'il a mené pour s'imposer comme créateur. Il repart pour New York après avoir promis de revenir à Munich l'année suivante pour la création du *Chant de la Terre*.

Malheureusement le sort en décidera autrement. En effet, lorsque Mahler rentre en Europe à la fin d'avril 1911, il est atteint depuis deux mois d'une maladie incurable, une endocardite aiguë ou maladie d'Ossler. Aussitôt le diagnostic confirmé, les médecins américains l'ont condamné sans appel et le traitement au sérum entrepris à Paris, sur le chemin du retour, est voué à l'échec. Néanmoins Mahler souhaite rentrer à Vienne, tout en sachant bien que la mort l'y attend. Le voyage de retour, en chemin de fer, ressemble à celui d'un roi mourant avec un cortège de journalistes à chaque gare, venus s'enquérir de son état. À son arrivée au Sanatorium Low de l'Annagasse, sa chambre et celle, attenante, d'Alma, sont remplies de fleurs qui débordent jusque dans les couloirs et les antichambres. Lettres et télégrammes arrivent en masse mais le malade est trop faible pour en prendre connaissance. Il va s'éteindre une semaine plus tard, le 18 mai 1911 vers 11 heures du soir, au beau milieu d'un violent orage. L'une de ses dernières paroles aura été pour s'inquiéter de l'avenir de Schoenberg.

Une fois de plus, Vienne va organiser pour Mahler « *eine schöne Leich* » (un beau cadavre), c'est-à-dire de belles funérailles. Pour une fois il y manque pourtant la musique et les éloges funèbres, que le défunt lui-même a interdits, il y manque aussi le décor pompeux du Zentralfriedhof car il a choisi de reposer dans le petit cimetière de Grinzing, proche de la Hohe Warte où sont installés les Moll. En revanche, une foule impressionnante d'amis et d'admirateurs, venus souvent de très loin, l'accompagnent à sa dernière demeure. Des gerbes et des couronnes recouvrent le cercueil et même les haies et les murs du cimetière. La plus émouvante des couronnes est sans nul doute celle qu'ont envoyée Schoenberg et ses élèves. Elle porte l'inscription suivante : « À l'être plein de richesse qui nous donne aujourd'hui la douleur la plus profonde, celle de ne plus avoir parmi nous Gustav Mahler, ce saint homme qui nous laisse pour toujours l'exemple impérissable de son œuvre et de sa vie. »

Pour Schoenberg, la disparition de Mahler à une époque cruciale de son existence est un événement dramatique. Car il commence justement à entrevoir un chemin nouveau, un chemin difficile mais exaltant qui doit mener à une synthèse de tout l'héritage, c'est-à-dire de la variation et de la polyphonie brahmsiennes avec le chromatisme wagnérien. Déjà il rêve d'une nouvelle syntaxe, libérée des lois de la tonalité et d'une utilisation plus complète des ressources du timbre, désormais traité comme un paramètre à part entière. Quel autre membre de l'establishment musical, en dehors de Mahler, eût été capable de comprendre le sens et l'utilité de telles recherches ? Pas Strauss, en tout cas, Strauss qui, dès 1908, a déclaré que Schoenberg ferait mieux de pelleter de la neige plutôt que de griffonner des pages de musique, Strauss qui bientôt estimera que seul un médecin aliéniste peut encore lui être de quelque secours.

Bouleversé par la mort de Mahler, Schoenberg lui rend plusieurs hommages posthumes. Il dédie à sa mémoire la dernière de ses petites Pièces op. 19, où retentit comme un lointain écho du glas de l'église de

Grinzing, ainsi que son premier ouvrage théorique, le célèbre *Traité d'Harmonie*. Quelques mois tard, à Berlin, il apprend avec stupeur au cours d'un entretien avec le directeur des éditions Peters que, convaincu désormais que la musique de Mahler est vouée à l'oubli, il a l'intention de détruire les plaques qui ont servi à imprimer la Cinquième Symphonie. Schoenberg est tellement choqué qu'il commence sur le champ à rédiger la célèbre conférence qu'il prononcera l'année suivante à Prague, puis à Vienne. Ce texte aujourd'hui célèbre constitue l'une des plus belles défenses et illustrations que l'on connaisse d'un compositeur maudit par un autre qui semblait déjà promis à un destin plus cruel encore.

COMBATS POUR LA MUSIQUE SUR FOND DE GUERRE MONDIALE

Car la mort de Mahler a privé Schoenberg d'un protecteur éminent et convaincu vers qui il pouvait se tourner lorsqu'il était dans le besoin. L'année précédente, Mahler l'a recommandé avec la dernière insistance pour un poste au Conservatoire, devenu alors un établissement public sous le nom d'Akademie für Musik und darstellende Kunst. Ce poste, il ne l'obtient finalement pas et sa candidature fait même l'objet d'une attaque antisémite au Parlement. Au mois d'octobre 1911, il décide donc de regagner Berlin où on lui propose une classe au Conservatoire Stern. Cette fois, son séjour durera quatre ans, quatre années cruciales qui voient l'achèvement des *Gurre-Lieder* et celui d'une nouvelle partition qui va peser d'un grand poids sur son avenir, *Pierrot lunaire*. En effet, cette œuvre célèbre entre toutes marque le début d'une nouvelle époque de la création schoenbergienne, et non pas seulement à cause de l'utilisation de la fameuse *Sprechstimme*. Au delà de l'expressionnisme qui caractérisait ses partitions antérieures, Schoenberg y renoue avec les disciplines d'écriture les plus anciennes, fugue, canon, canon à l'écrevisse, passacaille, etc. C'est ainsi que le passé lui procure enfin cette base solide dont il avait besoin pour asseoir sa musique de l'avenir.

La première audition berlinoise du nouvel ouvrage fait sensation en octobre 1912 et les quelques siffleurs sont bien vite réduits au silence. Une tournée est aussitôt organisée dans onze villes allemandes et autrichiennes. À Prague, *Pierrot* suscite un chahut monstre mais qu'importe : la personnalité et l'œuvre de Schoenberg éveillent désormais une curiosité universelle. Il est invité à diriger ses Pièces d'orchestre à Londres et à Amsterdam. À Leipzig, à Amsterdam, à Prague et à Saint-Pétersbourg il conduit *Pelleas und Melisande* et les *Gurre-Lieder*. Même à Vienne, la situation semble évoluer en sa faveur. Au mois de février, la première des *Gurre-Lieder,* dirigée par le compositeur Franz Schreker, a été acclamée et la presse elle-même a rendu les armes. Constituée en 1908, une nouvelle association, l'Akademischer Verband für Literatur und Musik, a pris fait et cause pour lui. Elle a donné un concert entier de ses œuvres de chambre et lui propose de venir en diriger un autre, avec l'orchestre du Konzertverein. Soucieux de faire connaître les partitions nouvelles de ses élèves autant que les siennes, Schoenberg modifie le programme original pour y introduire des pièces de Berg et de Webern. La soirée du 31 mars 1913 restera dans les annales du concert comme un des plus grands scandales de l'histoire, un scandale qu'on ne peut comparer qu'à celui provoqué, à la même époque et à Paris, par *Le Sacre du printemps.* Le programme comprend les six Pièces pour orchestre de Webern, suivies de quatre *Maeterlinck-Lieder* de Zemlinsky. À la *Kammersymphonie* op. 9 de Schoenberg succèdent ensuite deux des *Altenberg-Lieder* composés par Berg l'année précédente. Les *Kindertotenlieder* achèveront le concert, ou plutôt, ils devaient l'achever. Car l'agitation de la salle n'a pas cessé de croître depuis le début du concert et tout le monde se rend compte qu'une partie des auditeurs ne sont venus que pour manifester. L'exécution des pièces de Webern, dont la brièveté et les raffinements sonores exaspèrent le public, a été accompagnée de rires, de cris et de sifflets. Schoenberg se retourne vers le public et prie les agitateurs de quitter sur le champ les lieux. Quelques minutes plus tard, il les menace d'expulsion, ce qui fait encore monter le ton.

Après la *Kammersymphonie,* des cris et des sifflets se mêlent aux applaudissements. Pourtant ce sont les lieder de Berg qui portent l'agitation à son comble car le vaste effectif orchestral utilisé pour des pièces aussi brèves fait l'effet d'une nouvelle provocation. Le ténor Alfred Boruttau s'arrête pour appeler au calme et le président de l'association apparaît avec de nouvelles menaces d'évacuation des manifestants. Le mot « *Hinaus* » (Dehors!), chanté par Alfred Boruttau sur un contre-ut, déclenche alors un chahut indescriptible, hurlements, cris d'animaux, des échanges d'injures et même de gifles, de sorte que le concert est cette fois définitivement interrompu. Dans sa loge, le doux Webern se lève pour injurier à voix haute les siffleurs. Il s'entend répondre que les partisans de la nouvelle esthétique ne méritent rien d'autre que l'internement. L'intervention d'un commissaire de police en uniforme ne réussit pas à faire cesser le tumulte. Finalement, le président de l'Association reparaît en scène et demande que, par respect pour la mémoire de Mahler, on rétablisse le calme pour l'exécution des *Kindertotenlieder.* Mais les choses sont déjà allées trop loin. Une nouvelle injure lancée depuis le parterre exaspère à tel point l'honorable président qu'il saute au bas de l'estrade, escalade un rang de fauteuils et donne au malappris (en fait un médecin respecté que cette musique a fait sortir de ses gonds) une gifle retentissante. La salle se met alors à injurier les musiciens qui, terrorisés, s'enfuient. L'affaire va se terminer devant les tribunaux, plusieurs manifestants ayant été verbalisés. Appelé à témoigner, le compositeur Oscar Strauss reconnaît avoir entendu une gifle qui lui a semblé « le moment le plus sonore du concert ». Autre témoin convoqué par les chahuteurs, un médecin n'hésite pas à déclarer qu'une telle musique « énerve une grande partie du public et endommage même l'ensemble du système nerveux, de sorte que beaucoup d'auditeurs montrent des signes évidents de dépression ».

Dans une interview accordée au journal *Die Zeit,* Schoenberg, qui est rentré dès le lendemain à Berlin, regrette que désormais les concerts de musique moderne aient ainsi pris la tournure à Vienne d'événements politiques. À ses yeux, le scandale du 31 mars a ôté toute valeur au triomphe qu'avaient remporté peu de temps auparavant ses *Gurre-Lieder.* Pour ce qui est du comportement des siffleurs, il rappelle que l'achat d'un billet de concert ne donne pas le droit de troubler l'exécution et réaffirme en terminant que ses deux principaux élèves sont « des talents de la plus haute importance ».

Après un pareil scandale, il est évident que Schoenberg ne se laissera pas facilement convaincre de regagner sa ville natale, et cela bien qu'on lui ait enfin proposé le poste convoité à la Hochschule. En effet, il a trouvé à Berlin, en la personne de Ferruccio Busoni, un supporter ardent et fidèle et décidé de fonder avec lui un nouveau Conservatoire qu'ils dirigeront tous les deux. Les événements cruels de la guerre de 1914 vont réduire à néant ces beaux projets. Privé d'élèves, Schoenberg se décide à rentrer à Vienne en 1915. Il est mobilisé à la fin de l'année et reste sous les drapeaux près de dix mois. Définitivement libéré à l'automne de 1916 grâce à l'intervention de plusieurs de ses admirateurs, dont Bela Bartok, il commence à rédiger le texte d'un oratorio qui restera inachevé, *Die Jakobsleiter* (L'Échelle de Jacob). Sa situation matérielle est devenue critique du fait de la perte de ses élèves mais il parvient tout de même à achever l'opéra *Die glückliche Hand* (La Main heureuse) et les Quatre Lieder avec orchestre op. 22.

Fort heureusement, ni l'un ni l'autre de ses disciples préférés n'aura eu à souffrir plus que lui de la guerre. Après avoir dirigé des opérettes et des opéras-comiques dans différents théâtres de province pendant trois ans, Webern est rentré à Vienne en janvier 1913 et s'est mis à enseigner pour gagner sa vie. C'est alors qu'il a achevé ses Pièces d'orchestre op. 10, ainsi que celles pour violoncelle et piano. Ces aphorismes musicaux de plus en plus brefs et concentrés ne sont pas sans rappeler les instantanés littéraires, en « style télégraphique », de l'écrivain Peter Altenberg, auteur des « cartes postales » que Berg a mises en musique dans les trop fameux lieder qui ont déclenché le scandale historique de 1913. Altenberg souhaitait « décrire une personne en une seule phrase, l'expérience de l'âme en une seule page et un paysage en un seul mot », et Webern pousse aussi loin que lui le parti pris de concision dans des Pièces qui, parfois, ne comptent que quelques mesures. Ses préoccupations esthétiques sont étrangères à la catastrophe qui est en train de ravager l'Europe. Mais le physique professoral de Webern, son regard de myope et son tempérament d'intellectuel le rendent bien évidemment inapte à exercer le métier militaire. En 1915, après quelques mois d'instruction, il est définitivement réformé.

Ayant souffert depuis l'adolescence de violentes crises d'asthme, Alban Berg est du point de vue physique encore plus fragile que son maître et son condisciple. Depuis la fin de ses études, les nombreux travaux et les réductions pianistiques que lui commande Universal Edition ont été son principal moyen de subsistance. Lorsque la guerre éclate, il est en train d'achever ses Trois Pièces orchestrales op. 6. Mais il vient alors assister, aux Wiener Kammerspiele, à une représentation du *Woyzeck* de Büchner, qui l'a remué à tel point qu'il a résolu sur-le-champ d'en tirer un livret d'opéra. D'abord réformé, il est tout de même appelé sous les drapeaux en juin 1915 et il y restera pendant trois années qui le marqueront profondément. « Enchaîné, malade, captif, résigné, en fait humilié », il souffre le martyre de sa condition militaire. Le souvenir de ce qu'il a enduré alors lui permettra plus tard de s'identifier encore plus totalement au héros de son premier opéra. Lui non plus n'ira finalement jamais au front et se retrouvera vers la fin des hostilités dans un bureau du ministère de la Guerre.

On l'a souvent dit, la guerre de 1914 a marqué la fin d'un monde qui était celui du confort et de la sécurité. Pour l'Autriche, les conséquences en sont particulièrement dramatiques puisque le glorieux empire tant de fois séculaire va s'écrouler en poussière et que la république qui lui succède, l'une des plus petites d'Europe, ne conserve de l'ancien temps qu'une capitale désormais bien trop vaste pour elle. Heureusement, l'art n'y a rien perdu de son prestige, bien au contraire. Plus encore que par le passé, l'Autriche s'efforce de regagner, grâce à la musique avant tout, une partie du prestige qu'elle a perdu sur les champs de bataille. Ainsi, pendant quelques années, Schoenberg y trouve-t-il un terrain d'activité qui va s'avérer des plus fertiles. Six mois avant la conclusion des hostilités, il lui est venu une idée originale et qui est née en partie du scandale de 1913. Il s'agit de faire participer un public de souscripteurs, en particulier les auditeurs de son séminaire de l'Académie Schwarzwald, aux dix répétitions nécessaires pour préparer une exécution de sa *Kammersymphonie,* qu'on n'avait pas entendue à Vienne depuis le scandale de 1913. L'initiative est si bien accueillie que Schoenberg réunit ensuite ses deux disciples préférés et décide alors avec eux de la poursuivre en fondant une nouvelle association pour la diffusion de la musique contemporaine.

DES CONCERTS MILITANTS

À l'automne de 1918, au moment même de l'armistice, sont publiés les statuts du *Verein für musikalische Privataufführungen* (Société pour des exécutions musicales privées), nom que l'usage courant simplifiera en *SchoenbergVerein.* Les concerts hebdomadaires vont avoir lieu d'octobre à mai, tout d'abord dans la salle des fêtes du Kaufmannischer Verein. Le public ayant répondu en grand nombre à l'appel des fondateurs du Verein, la série va se poursuivre au Brahmssaal du Musiverein et au Schubertsaal du Konzerthaus. Pour éviter que se reproduise jamais le chahut de 1913, les auditeurs sont tenus d'adhérer à l'Association dont les objectifs ont été d'emblée formulés avec la plus grande précision. Il s'agit de rendre l'auditeur plus proche « du but, de la direction, de l'intention, de mode d'expression, de la valeur et de la nature » de la nouvelle musique grâce à :
« 1. La préparation soignée, la fidélité absolue des exécutions.
2. L'audition répétée des mêmes œuvres.
3. La soustraction des concerts à l'influence corruptrice de la vie musicale officielle, le refus de la compétition commerciale, l'indifférence envers toutes les formes d'échec et de succès. »
Le règlement spécifie que le détail des programmes ne sera jamais divulgué à l'avance, pour que chaque soirée attire à peu près le même nombre d'auditeurs, à l'exception toutefois des quatre « concerts de propagande » organisés à la fin de la première saison pour attirer de nouveaux souscripteurs. Schoenberg est investi de pouvoirs dictatoriaux, notamment pour ce qui est du choix des programmes. Plusieurs codirecteurs ou « Vortragsmeister » ont pourtant été nommés, tout d'abord Berg, Webern et Steuermann, puis Erwin Stein, mais ils ne jouent qu'un rôle effacé et ne participent pas aux décisions importantes. Chaque soirée est précédée d'une conférence introductive. En vingt-neuf mois la

société aura organisé cent treize concerts avec au programme deux cent quarante-six œuvres différentes de quarante-deux compositeurs. Les interprètes sont presque tous jeunes et choisis parmi les disciples désormais nombreux de Schoenberg, et le temps de répétition est presque illimité. Comme les ressources financières ne permettent pas de faire exécuter des œuvres orchestrales, celles-ci sont présentées soit dans une des versions de chambre (préparées par Schoenberg, Webern, Erwin Stein, etc.), soit dans des arrangements pour piano à quatre, à six ou à huit mains.

Le bilan du Verein révèle que les compositeurs les plus souvent exécutés y ont été Max Reger (34 œuvres), Debussy (26), Schoenberg (15), Ravel et Bartok (12), Scriabine (11), Mahler (10), Stravinsky et Webern (9), Busoni et Richard Strauss (7), Josef Matthias Hauer et Szymanowski (6), Zemlinsky, Suk et Berg (5). Les œuvres de Schoenberg ne paraissent qu'à partir de la troisième saison car il souhaite éviter de paraître avoir fondé le Verein uniquement pour se faire mieux connaître du public. Deux jeunes instrumentistes, qui joueront un rôle essentiel dans sa carrière future, occupent une place prépondérante dans les programmes, le pianiste polonais Eduard Steuermann, qui a déjà participé à la création de *Pierrot lunaire* à Berlin, et le violoniste autrichien Rudolf Kolisch. Celui-ci fondera en 1922 le Wiener Streichquartett qui prolonge, avec le Quatuor Fitzner et le Quatuor féminin Soldat-Röger, la tradition grandiose des Quatuors Schuppanzigh, Hellmesberger (1849-1907) et Rosé (1883-1938). Rebaptisé Kolisch Quartett, il sera l'un des premiers Quatuors de l'histoire à jouer par cœur et à se consacrer avant tout à la défense de la musique nouvelle.

L'un des premiers visiteurs français d'après guerre est Maurice Ravel. Il a été invité à assister à un concert du Wiener Symphonie-Orchester au cours duquel le chef berlinois Oskar Fried dirige sa *Rapsodie espagnole*, *Shéhérazade* (avec Marya Freund comme soliste) et l'une des deux Suites de *Daphnis et Chloé*. Le maître français s'installe pour plusieurs semaines chez Alma Mahler, dans son appartement de l'Elisabethstrasse, avec Alfredo Casella que Ravel a choisi comme pianiste pour ses œuvres. Un soir, Webern est invité à jouer à quatre mains avec le maître français *Ma Mère l'Oye* et la *Rapsodie espagnole* en présence d'Oskar Fried qui a résolu d'inscrire ces deux œuvres à ses programmes. L'illustre veuve a laissé dans ses mémoires quelques remarques caustiques sur l'élégance et le narcissisme de Ravel, sur sa garde-robe abondante et son goût prononcé pour le kitsch. Au lendemain de la première soirée orchestrale, le Schoenberg Verein lui rend hommage au Schubert-Saal : le compositeur joue à deux pianos avec Casella les *Valses nobles et sentimentales* et *La*

Valse, tandis que Steuermann interprète *Gaspard de la Nuit.* Le Quatuor achève le programme qui comprend par ailleurs des pièces de Berg, de Schoenberg (cinq Lieder extraits des *Jardins suspendus*) et de Webern. Les membres du Verein sont heureux que Ravel ait semblé apprécier leur musique et paraisse déjà la bien connaître. En revanche, Alma Mahler affirme avoir entendu son hôte parisien dire de l'une des pièces du programme : « Non, ce n'est pas de la musique, c'est du laboratoire ! »

Avant son départ, Ravel accompagne encore au piano Marya Freund dans les *Histoires naturelles* et les *Poèmes de Mallarmé* au cours d'un dernier concert de musique de chambre entièrement consacré à ses œuvres, au grand Musikverein. Au même programme, Casella participe à l'exécution du Trio et interprète en solo la Sonatine, les *Jeux d'eau* et les deux premières pièces de *Gaspard.* Dans une interview accordée à la *Neue Freie Presse,* Ravel exprime en termes hyperboliques sa reconnaissance envers Vienne, cette ville où la culture et la musique continuent à fleurir malgré les douloureuses cicatrices de la guerre, cette ville où une marchande de cuir n'a pas voulu lui laisser payer le portefeuille qu'il venait d'acheter lorsqu'elle a appris qu'il était l'auteur de *Jeux d'eau*…

En quittant Vienne, Ravel a promis de diriger à Paris *Pierrot lunaire* avec Marya Freund et le projet se réalisera en 1923 mais sous la direction de Darius Milhaud. Après avoir emmené l'œuvre de Schoenberg en tournée en Angleterre et en Belgique, Milhaud arrive à Vienne avec son groupe dans lequel Jean Wiéner tient la partie de piano. C'est ainsi qu'Alma donnera pour ses amis un concert mémorable dans la grande maison qu'elle a achetée à la Hohe Warte. Au programme, deux versions différentes de *Pierrot* se succèdent, l'une en français avec Marya Freund, sous la direction de Milhaud et l'autre en allemand avec Erika Wagner, sous la baguette d'Erwin Stein, et, pour terminer la soirée, la transcription par Webern de la *Kammersymphonie.*

Le programme du concert donné par le Verein en hommage à Ravel suffit à démontrer que ses organisateurs restent fidèles à leur promesse de ne pas se restreindre à une seule école ni à une seule esthétique. Ils iront même très loin dans ce sens. Un soir de mai 1921, alors que la situation financière du Verein est des plus alarmantes à cause de l'inflation galopante, Schoenberg et ses disciples imaginent d'organiser une soirée exceptionnelle en hommage à Johann Strauss. Le menu annonce quatre Valses orchestrées pour quintette à cordes, piano et harmonium par Schoenberg, Berg et Webern. Schoenberg, Kolisch et Karl Rankl sont aux violons, Webern au violoncelle, Steuermann au piano et Berg à l'harmonium. Les répétitions ont été tout aussi nombreuses que d'habitude, pas moins de vingt, et elles ont duré cinq heures chacune ! Pour une fois, les applaudissements sont nourris. À la fin de la soirée, les trois transcripteurs vendent leurs manuscrits aux enchères au profit du Verein. Cependant la dépréciation catastrophique de la monnaie autrichienne annule bientôt les résultats positifs de cette initiative comme de tant d'autres. En conséquence, le Verein est contraint d'interrompre ses activités à la fin de l'année 1921. Ainsi s'achève un moment essentiel dans la vie de Schoenberg et de ses disciples qui ont tous collaboré de toutes leurs forces à la réussite de l'entreprise. Pour la première fois, Schoenberg a réussi à transformer Vienne, cette citadelle de la tradition et même de la réaction, en un bastion avancé de la modernité. Trente ans plus tard, cette entreprise originale mais exemplaire servira de modèle à Pierre Boulez pour fonder au Petit-Marigny, à Paris, les célèbres concerts du Domaine musical, qui vont donner un nouvel élan à la musique française dans l'après-guerre.

DE MÖDLING À BERLIN

Au cours de l'année 1917, Schoenberg est resté fidèle à l'Académie Schwarzwald mais il déménage l'année suivante à Mödling, au sud de Vienne. C'est là désormais qu'il va donner deux cours par semaine et, le reste du temps, des leçons privées. « Il n'y avait à Vienne ni charbon ni lumière après cette guerre perdue, écrira plus tard Max Deutsch, aucun tramway, aucun chemin de fer ne circulait. Nous parcourions à pied les quinze kilomètres de Vienne à Mödling, aller et retour dans la journée, pour prendre nos leçons avec Schoenberg. » De très nombreux élèves nouveaux viennent apporter au maître leurs travaux de composition et d'analyse mais aucun d'entre eux n'est autorisé à présenter une œuvre tant qu'il ne s'est pas montré capable d'écrire un mouvement de quatuor dans le style d'autrefois. Les compositeurs Hans Erich Apostel, Egon Wellesz, Hanns Eisler, Roberto Gerhard, Paul Amadeus Pisk, Winfried Zillig, Felix Greissle qui épousera bientôt la fille aînée de Schoenberg, les chefs d'orchestre Erwin Stein, Karl Rankl, Max Deutsch, Hans Swarowsky, Ernst Bachrich, Josef Trauneck, les théoriciens Josef Polnauer, Erwin Ratz, Josef Rufer, Edward Clark qui pendant de longues années défendra sa cause en Angleterre, tous ces élèves défilent chez Schoenberg. Un grand nombre d'entre eux parviendront à la célébrité. C'est ainsi que Mödling devient un des pèlerinages musicaux les plus courus d'Europe. En 1921, Francis Poulenc et Darius Milhaud rendent visite entre autres à Schoenberg pour lui jouer leurs dernières partitions. Mais c'est aussi et surtout dans cette maison historique, qui abrite aujourd'hui un musée à sa mémoire, que Schoenberg trouve enfin la solution du problème qui l'obsède depuis quinze ans. Il y met au point, la « méthode de composition avec douze sons n'ayant de rapports que l'un avec l'autre », c'est-à-dire le système sériel auquel son nom reste attaché. Pendant l'été de 1921, il adresse de Mödling à Josef Rufer la lettre célèbre entre toutes où il annonce qu'il a « trouvé quelque chose qui assurera la suprématie de la musique allemande pour les cent années à venir ». Cette méthode nouvelle, il va tout de suite la mettre en pratique dans la Valse des Pièces de piano op. 23, puis dans le Lied de la Sérénade op. 24, et enfin dans sa première œuvre intégralement sérielle, la Suite op. 25. Que l'idée originale de la série de douze sons ait été ou non suggérée par la *loi des douze notes* inventée par Josef Matthias Hauer en 1919 importe finalement assez peu. Certes Hauer, ce maître d'école, ce compositeur naïf, autodidacte, épris de mathématiques, de mysticisme et d'occultisme, « mi-génie, mi-bouffon », comme l'a si bien décrit Hans Heinz Stuckenschmidt, a composé avant 1919 de nombreuses pièces librement chromatiques. Mais les œuvres *dodécaphoniques* qu'il a signées par la suite ne possèdent pas, et de loin, la vigueur, ni la maîtrise, ni la richesse d'invention de celles de Schoenberg ou de ses élèves. Le fait que quelques-unes d'entre elles aient été exécutées aux concerts du Schoenberg-Verein leur donne plus un diplôme de curiosité qu'un brevet de valeur.

Grâce au Verein, grâce à ses élèves, l'image d'Arnold Schoenberg s'est radicalement modifiée. Personne, hors de Vienne, ne le considère plus comme un dangereux provocateur. C'est désormais l'un des professeurs et des compositeurs les plus en vue d'Europe et même du monde. On le joue partout, sauf naturellement dans sa ville natale. Une exception marque cependant l'année 1920, où Schoenberg a dirigé deux fois de suite ses *Gurre-Lieder* à la Hofoper, devenue Staatsoper depuis l'avènement de la République autrichienne. Malgré les difficultés rencontrées lors des répétitions avec l'Orchestre philharmonique et surtout avec les chœurs que Webern a fait travailler, les deux exécutions de ce mois de juin 1920 ont été le clou du Festival de Vienne, d'autant qu'elles ont eu lieu dans le cadre flatteur d'une série intitulée « Chefs-d'œuvre de la musique viennoise ». En revanche, aucun des théâtres de la ville n'a manifesté le moindre intérêt pour la production lyrique de Schoenberg. Finalement, c'est à Prague et sous la direction de Zemlinsky qu'a lieu en juin 1924 la première d'*Erwartung*. Elle est suivie, quatre mois plus tard, de celle de *Die glückliche Hand,* cette fois à Vienne, mais à la Volksoper *(Der häusliche Krieg* de Schubert complète le spectacle). Par malheur, le théâtre est au bord de la ruine, à cause de la concurrence désastreuse que lui fait la Staatsoper, et, malgré le succès de la création, l'ouvrage est retiré de l'affiche après deux représentations. Les décors devront même être vendus aux enchères.

À cette époque, Schoenberg, qui a perdu sa première femme, Mathilde, traverse une période d'instabilité psychologique qui se manifeste par toutes sortes d'excès, de cigarettes, de café et d'alcool. Mais sa vie privée retrouve bientôt une nouvelle harmonie lorsqu'il se remarie avec Gertrude Kolisch, la sœur du violoniste, dont il aura trois enfants. En dépit de ce nouveau bonheur domestique avec une Autrichienne, la vie dans son pays natal commence à lui peser terriblement. La montée de l'antisémitisme devient chaque jour plus manifeste. En 1921, le compositeur s'est installé pour l'été à Mattsee, dans le Salzkammergut, lorsque la mairie décide d'expulser tous les juifs pratiquants et demande aux autres de fournir la preuve qu'ils sont baptisés. Sans demander son reste, Schoenberg quitte aussitôt la région.

Lorsque, en 1924, la mort de Busoni laisse vacant le poste de professeur de composition à l'Akademie der Kunst berlinoise, le ministère prussien de la Culture le propose au bout de quelques mois à Schoenberg qui accepte immédiatement et se rend donc pour la troisième fois à Berlin. Cette fois ce nouvel exil sera sans retour. Mais Schoenberg ne le sait pas encore, tout comme il ignore que l'Amérique en sera l'étape suivante. Pour l'heure, il a seulement décidé de ne plus revenir à Vienne que pour de courts séjours et pour des occasions particulières comme ses anniversaires, pour lesquels sont organisés des concerts et des festivités. À un journaliste venu l'interviewer pour le *Neues Wiener Journal*, il s'explique : « C'est mon besoin pressant de quitter Vienne où je me sais aussi peu apprécié que je l'ai toujours été pendant le temps que j'ai passé ici. Je ne veux plus d'accusations, plus d'attaques, plus de défenses, plus de publicité, plus de triomphe! Uniquement le calme! » Au long de ces sept années de répit à Berlin, Schoenberg va donc se consacrer en priorité aux élèves nouveaux comme à ses anciens disciples qui lui sont restés fidèles et n'ont pas hésité à venir le rejoindre. Pour le compositeur, la situation qu'il occupe à Berlin présente un avantage, et de taille, sa classe supérieure de composition ne l'occupe pas plus de six mois par an, six mois qu'il est libre de définir lui-même, et le reste de son temps, il est libre de se consacrer à son travail de créateur.

« WOZZECK », UN TRIOMPHE À L'ARRACHÉ

Pour Berg et Webern, les années qui suivent le départ de Schoenberg sont des années d'épanouissement. En effet, la présence à Vienne de leur mentor comportait pour eux des inconvénients évidents. Car le maître est aussi un tyran et les innombrables tâches qu'il confiait à ses deux disciples favoris, notamment dans l'organisation du Verein, ne leur laissaient guère de loisir pour s'affirmer eux-mêmes. En lisant leur correspondance, on voit Schoenberg reprocher sans cesse à Berg de se laisser accaparer par son épouse ou par sa famille, de composer trop lentement... Et pourtant, chaque fois que son disciple hésite à accomplir pour lui un travail quelconque, transcription ou analyse, il ne le lui pardonne pas. Qui plus est, Berg a accepté en 1920-1921 le poste de rédacteur en chef de la revue des *Musikblätter des Anbruch,* fondée par Universal Edition en 1919 pour défendre la jeune musique, et il se consacre avec ardeur à cette nouvelle tâche. À un article de Hans Pfitzner, qui avait attaqué Schoenberg et ses élèves dans un essai intitulé *Die neue Aesthetik der musikalischen Impotenz* (La Nouvelle Esthétique de l'impuissance musicale), Berg répond du tac au tac en juin 1920 par un autre : *Die musikalische Impotenz der « neuen Aesthetik » Hans Pfitzners* (L'Impuissance musicale de la « nouvelle esthétique » de Hans Pfitzner). Tous ces travaux, qu'il accomplit d'ailleurs avec un talent certain, pèsent d'un grand poids sur les épaules de Berg, et son œuvre en pâtit. Depuis 1914, aucune partition de lui n'a été publiée, ni même jouée. On commence à s'intéresser à lui à l'étranger, à Dresde notamment, mais l'absence d'édition décourage sans cesse ceux qui veulent exécuter ses œuvres. À l'été de 1920, il se décide enfin à faire imprimer à compte d'auteur la Sonate op. 1, les Lieder op. 2, le Quatuor op. 3 et les Pièces pour clarinette op. 5. Ces œuvres seront inscrites dès l'automne au catalogue de Tobias Haslinger, l'éditeur de Schubert, et ne seront que plus tard rachetées par Universal Edition.

Désormais, Berg peut donc orienter les interprètes vers ces partitions de jeunesse et se consacrer totalement à l'achèvement du grand ouvrage qu'il a en chantier depuis 1914. À l'époque où il s'était mis au travail, Schoenberg avait tout fait pour le décourager, car il était fermement convaincu que « composer *Wozzeck* était une aventure vouée à l'échec car une pièce d'un tragique aussi exceptionnel semblait interdire toute musique ». Non seulement le maître vénéré conteste le choix du livret mais il avouera aussi n'avoir jamais cru « ce jeune homme tendre et timide » capable de composer une telle œuvre. Et pourtant! Berg aura consacré sept années de sa vie à la composition de cette géniale partition. La *Particell* est achevée en octobre 1921 et l'orchestration six mois plus tard. Un élève du jeune maître est chargé de préparer la réduction pour chant et piano que Berg publie à nouveau à compte d'auteur, mais avec l'aide d'Alma Mahler à qui l'opéra est dédié. Les qualités musicales et dramatiques de *Wozzeck* nous paraissent aujourd'hui évidentes, mais le modernisme du langage ne pouvait pas manquer de décourager les responsables des différents théâtres de l'époque. Est-il besoin de dire que la création n'aura pas lieu à Vienne ?…

En 1924, Erich Kleiber qui vient d'être nommé Generalmusikdirektor de la Staatsoper berlinoise est convié par Emil Hertzka à une exécution de *Wozzeck,* joué au piano par un élève de Berg. Le grand chef, qui sans doute a entendu parler du succès remporté au Festival de musique de chambre de Salzbourg par la création du Quatuor op. 3 de Berg, n'hésite pas à accepter cette invitation et se prend pour l'ouvrage d'une telle admiration qu'il jure de le monter, dût-il en perdre son poste. C'est donc à Berlin qu'a lieu la première de *Wozzeck* en décembre 1925, après trente-quatre répétitions d'orchestre et quatorze d'ensemble. Le succès est immédiat en dépit des machinations de Pfitzner, qui n'a jamais pardonné à Berg son article des *Musikblätter,* en dépit des sifflets et des cris qui se sont mêlés aux applaudissements, en dépit des attaques d'une partie de la presse. L'ouvrage est représenté dix fois de suite et, du jour au lendemain, Berg accède à la célébrité. L'année suivante, *Wozzeck* est monté à Leningrad, puis à Prague où la mort de l'adjoint au maire pendant la représentation déclenche une campagne de presse à dominante antisémite : on présente Alban Berg comme Aaron Berg et le gouvernement tchèque, cédant à la pression, se voit contraint d'interdire l'ouvrage.

Quoi qu'il en soit, Vienne ne peut plus ignorer un compositeur qui fait tant parler de lui. Tous les moyens sont bons, certes, pour différer la création. On rappelle l'échec des trois extraits de *Wozzeck* donnés au cours d'un Arbeiter-Symphonie-Konzert en 1926, on soutient que l'ouvrage est injouable et l'on évoque complaisamment le scandale de Prague. La démission, en 1928, du précédent directeur de l'Opéra, Franz Schalk, va ouvrir à Berg de nouvelles perspectives car son remplaçant, le jeune Clemens Krauss, s'engage presque aussitôt à monter *Wozzeck* dans les deux années à venir. Comme d'habitude en de telles circonstances, la presse va déclencher une campagne en règle pour retarder ou empêcher la première. À l'entendre, les interprètes sont déjà découragés par une musique qu'ils jugent totalement incompréhensible : « Les notes se trouvent dans la partition parce qu'il [le compositeur] le souhaite et non pas par une nécessité intérieure [comme dans la musique tonale]. » La veille de la première, le journal national socialiste *Deutschösterreichische Tageszeitung* considère le langage musical de Berg et les tendances socialistes de son opéra comme une double provocation. Tous les nazis de Vienne sont incités à assister à la première pour exprimer leur indignation. Et pourtant le scandale prévu n'aura pas lieu. Le 30 mars au soir,

Wozzeck est représenté dans une production extrêmement soignée et avec les décors pleins d'atmosphère d'Oscar Strnad. Krauss est au pupitre, Josef von Manowarda et Rose Pauly incarnent les deux rôles principaux. Bien sûr, quelques sifflets se mêlent aux applaudissements après le premier acte. Pourtant, à la fin de la soirée, Berg est rappelé plus de trente fois devant le rideau par un public en délire. Malgré l'agressivité de la presse conservatrice (et particulièrement de la *Neue Freie Presse*), Clemens Krauss remporte ce soir-là le plus grand triomphe de toutes ses années de direction. *Wozzeck* sera redonné sept fois avant la fin de la saison et repris six fois au cours de la suivante pour ne disparaître de l'affiche qu'en 1934. En effet, cette année-là, Krauss est contraint de démissionner et son remplaçant, Bruno Walter, est bien connu pour ses goûts conservateurs. Tout espoir d'une reprise s'évanouit avec cette nomination, d'autant plus que l'Allemagne nazie a déjà condamné au silence toutes les « musiques dégénérées », parmi lesquelles *Wozzeck* occupe une place de choix.

Entre la création mondiale de *Wozzeck,* à Berlin, et l'interdiction de l'ouvrage par les nazis, Berg a composé successivement le *Kammerkonzert,* sa première partition sérielle qu'il dédie en 1924 à Schoenberg à l'occasion de son cinquantième anniversaire, ainsi que la *Suite lyrique* pour quatuor à cordes, dont le quatrième mouvement contient une citation explicite de la *Symphonie lyrique* de Zemlinsky, le dédicataire « officiel » de l'œuvre. Car la véritable dédicataire de ce chef-d'œuvre, que le Quatuor Kolisch créera à Vienne en 1927, est en fait, non pas l'épouse de Berg, Hélène Nahowski, mais Hanna Fuchs-Robettin, la sœur de l'écrivain Franz Werfel, et la belle-sœur d'Alma Mahler, une jeune femme que Berg à rencontrée à Prague et pour laquelle il s'est pris d'une passion violente. Désormais toutes les œuvres de Berg contiendront des allusions subtiles à Hanna et des messages codés adressés à cette bien-aimée absente et presque mythique, dont on n'a découvert l'existence qu'il y a une quinzaine d'années.

LA VOIE SOLITAIRE DE WEBERN

Si la carrière de Berg a été « faite » par un seul événement, le triomphe de *Wozzeck,* celle de Webern, elle, va progresser pas à pas et le mener, sinon vers la même célébrité internationale, du moins vers une notoriété solide et fondée avant tout sur un exceptionnel talent de chef d'orchestre. Au lendemain de la guerre, en 1920, Hertzka a édité quatre œuvres de Webern, dont la *Passacaglia* op. 1 qui va être exécutée un peu partout à l'étranger, souvent en présence du compositeur. Webern, on l'a vu, a joué un rôle important dans le Schoenberg-Verein, mais cette activité ne lui a pas permis d'assurer sa subsistance. Après les deux exécutions viennoises des *Gurre-Lieder* pour lesquelles il a fait répéter les chœurs, un séjour de trois mois au Deutsches Theater de Prague, pendant l'été de 1920, le convainc que son avenir n'est pas lié au théâtre. L'année suivante, il accepte de prendre la direction du chœur du Schubertbund mais il doit démissionner au bout de quatre mois, car on le trouve trop exigeant aux répétitions. Au printemps de 1922, le critique musical David Josef Bach, ami de jeunesse de Schoenberg et fondateur des Arbeiter-Symphonie Konzerte, lui propose de diriger deux exécutions de la Troisième Symphonie de Mahler au Konzerthaus. Cette fois, ses dons de chef d'orchestre s'affirment d'évidence et tous les espoirs lui sont désormais permis. En revanche, pour le compositeur, rien n'est encore gagné. Lorsque les festivals de musique contemporaine se décident à programmer ses œuvres, l'hermétisme de leur style choque et exaspère le public. Ainsi un scandale en règle a-t-il éclaté à Salzbourg, au mois d'août 1922, lorsque le Quatuor Amar (dont Hindemith est l'altiste) a joué ses Pièces op. 5 : il a fallu appeler la police pour évacuer la salle. À l'automne de la même année, Webern est invité à diriger trois fois l'Orchestre du Konzertverein, avec des programmes exclusivement classiques. Les deux premières soirées sont applaudies avec chaleur et la partie semble gagnée lorsqu'une répétition du troisième concert remet tout en question. Un tromboniste indigné se lève tout d'un coup pour contester la minutie de ce chef trop exigeant, et même sa manière de répéter. Blessé au vif, l'ombrageux Webern annule aussitôt le concert et rompt avec le Konzertverein. Heureusement, il trouvera enfin, à quelque temps de là, un poste fixe qui lui convient parfaitement, puisqu'il s'agit de diriger le chœur du Singverein, réorganisé depuis 1919 par David Josef Bach, en relation avec les Arbeiter-Konzerte.

Au cours de cette même année 1924, Webern entreprend pour Schoenberg deux tâches importantes, la préparation des chœurs pour la première représentation de l'opéra *Die glückliche Hand,* et celle de l'ensemble de chambre pour la première audition de la Sérénade. Celle-ci a d'abord lieu en privé à Vienne au printemps, puis en public à l'automne, lors du quatrième festival de Donaueschingen. Au programme de ce même festival sont inscrits les *Bagatelles* et les *Trakl-Lieder* de Webern, qui tous deux viennent d'être édités par Universal. Pour l'instant, toutes ces premières auditions ont lieu à l'étranger car le public viennois, lui, s'obstine à ne connaître de Webern que les œuvres de jeunesse. En 1924, sa *Passacaglia,* dirigée par Franz Schalk, lors d'un Gesellschaftskonzert, est fort bien reçue et la presse regrette à cette occasion que l'auteur de cette pièce n'ait pas poursuivi dans la même voie, qui l'aurait certainement mené à une juste célébrité… Quoi qu'il en soit, c'est à l'automne de 1924 que Webern reçoit pour la première fois le prix de la ville de Vienne, déjà attribué à Berg. Cet honneur imprévu contribue à le réconcilier avec sa cité natale qui, jusque-là, l'a bien maltraité. La plupart des partitions qu'il a accepté de publier entre 1914 et 1927 sont vocales. Cependant, sa production d'alors en comprend d'autres, achevées, inachevées et pour diverses combinaisons instrumentales, qui ne seront éditées qu'après sa mort. Car Webern traverse alors une crise aiguë. Il veut absolument rompre avec le style aphoristique des années de guerre sans avoir pour autant trouvé le moyen de construire des pièces plus longues.

L'année 1925 s'avérera pour Webern d'une importance capitale, avant tout parce que le départ de Schoenberg pour Berlin le contraint de voler de ses propres ailes et parce que l'adoption du système sériel lui permet enfin de réaliser ses nouvelles aspirations. Qui plus est, la direction d'une troisième chorale, celle de l'Institut juif des Aveugles, lui procure un moyen de subsistance supplémentaire. En mars 1926, il réunit toutes les chorales dont il est le chef et recrute le concours de plusieurs autres, pour une exécution retentissante de la Huitième Symphonie de Mahler, qui aura lieu au mois d'avril, à l'occasion du deux centième Arbeiter-Symphonie Konzert. Les deux soirées ont lieu au Konzerthaus et Webern est ovationné comme jamais auparavant. Désormais considéré comme un interprète mahlérien hors pair, il programme deux ans plus tard la Deuxième Symphonie pour la première soirée radiodiffusée de l'association. Le triomphe semble à nouveau assuré mais il va tomber malade quelques jours auparavant et devra laisser la baguette à Erwin Stein.

En dépit de ses activités d'interprète, Webern passe toujours le plus clair de son temps à composer. Car, comme on l'a vu, le départ de Schoenberg n'a fait que stimuler son énergie créatrice. À Berg, le maître vénéré reprochait de se laisser trop souvent distraire. À l'égard de Webern, il éprouve une certaine méfiance envers un disciple à qui il reproche de l'avoir toujours suivi de trop près, qui « utilise tout ce que je fais, tout ce que je prépare ou que je dis ». C'est pourquoi, lors de la mise au point définitive de sa « méthode » des douze sons, il l'a tenu aussi longtemps que possible à l'écart. Or c'est justement grâce à cette méthode que Webern va enfin donner sa mesure et créer une série de chefs-d'œuvre qui pour utiliser une technique acquise et non inventée, n'en sont pas moins absolument originaux. Toutefois, la sévérité de leur langage freinera longtemps leur diffusion, de sorte que Webern va devoir la plus grande partie de sa notoriété, non pas à ses trop rares exécutions viennoises, mais au soutien fidèle d'Emil Hertzka qui trouve le moyen de faire exécuter ses nouvelles partitions aux festivals de musique contemporaine de la SIMC (Société internationale de musique contemporaine), à Donaueschingen et ailleurs. En 1928, la première œuvre instrumentale de Webern publiée depuis la guerre de 1914, le Trio à cordes, est créé pour une fois à Vienne, à la salle Schubert, par trois membres du Wiener Quartett de Kolisch, mais l'exécution est tout juste poliment accueillie. L'œuvre est aussitôt reprise au festival de l'Allgemeiner Deutscher Musikverband à Schwerin par trois membres du Quatuor Amar, mais la majorité des critiques jugent cette musique « cérébrale et exsangue ». Pourtant, Heinrich Strobel, le futur défenseur de la nouvelle musique déclare admirer « cet esprit qui avance jusqu'aux frontières de la musique ». Le même Trio n'en provoque pas moins un scandale au Festival de la SIMC qui, cette année-là, se déroule à Sienne.

Une lueur d'espérance semble briller pour Webern de l'autre côté de l'Atlantique, où l'on commence à s'intéresser à ce créateur original et solitaire. La première exécution new-yorkaise de la Symphonie op. 21, lors d'un concert de la League of Composers, attire assez d'attention pour que, l'année suivante, on lui offre la direction d'un nouvel orchestre qui est sur le point d'être fondé. Cependant, le projet ne se concrétisera pas et Webern reste viennois. Cependant, à partir de 1929, sa carrière de chef prend un nouveau tournant : il prend en charge les concerts de la Radio autrichienne, et entreprend même avec l'orchestre une tournée en règle qui le mène jusqu'en Angleterre. Toutefois sa principale activité reste les Arbeiter-Konzerte, qui sont peu nombreux et qui lui laissent donc assez de loisir pour la composition. Le 14 décembre 1930 au soir, il y remporte un des plus grands succès de sa vie avec la Sixième Symphonie de Mahler.

Malgré tout, Webern souffre dans sa fierté d'être tenu à l'écart des grandes institutions viennoises, telles la Philharmonie, le Conservatoire et l'Université. Un fossé profond sépare encore l'establishment de l'avant-garde et l'on s'en apercevra une fois de plus en avril 1931, lors de la création du Quatuor op. 22, au cours d'une soirée intégralement consacrée à Webern par le Quatuor Kolisch. La plus grande partie de la presse qualifie d'« extra-musical » cet « art de laboratoire ». Le Prix de la ville de Vienne, qui lui est décerné pour la seconde fois, ne pourra pas consoler Webern d'un rejet aussi catégorique. Étant donné les résistances insurmontables que rencontre encore l'avant-garde schoenbergienne, on comprend que seule l'extraordinaire puissance dramatique de *Wozzeck* ait pu permettre à Berg de franchir le barrage des institutions.

L'OPÉRA FACE À SES CRÉATEURS

De ces institutions, la principale est encore et toujours l'Opéra. Bien sûr, en 1907, le départ de Mahler lui fait perdre une grande partie de son prestige car Felix Weingartner, son successeur, ne possède ni la même conviction ni le même enthousiasme pour sa fonction. Mieux, il va déclencher de violentes polémiques en cherchant à détruire systémati-quement l'héritage mahlérien, notamment les célèbres productions de *Fidelio* et de *Don Giovanni.* Pour ce douteux exploit, comme pour le rétablissement des coupures dans les drames wagnériens, on donne à Weingartner le surnom peu charitable d'« homme de la régression ». Chef d'orchestre de grand talent, il n'a rien, comme Mahler, d'un homme de théâtre. D'ailleurs il a renoncé à mettre lui-même en scène les spectacles et engagé à cet effet un metteur en scène allemand de profes-sion, Wilhelm von Wymetal. Quelques créations importantes auront tout de même marqué son court règne (1908-1910) : *Tosca* de Puccini, *Benvenuto Cellini* de Berlioz, *Götz von Berlichingen* de Goldmark, et surtout *Elektra* de Richard Strauss.

L'association de Strauss avec la Hofoper a débuté dès 1902. Cette année-là, Mahler a dirigé, en présence du compositeur, la création de *Feuersnot,* une divertissante pochade dans laquelle le compositeur et son librettiste Ernst von Wolzogen se moquent de la ville de Munich et de ses habitants, coupables à leurs yeux d'avoir autrefois maltraité Wagner. Le sujet étant plutôt scabreux, le censeur impérial a alors hésité à autori-ser la représentation. Quatre ans plus tard, tous les efforts déployés par Mahler se sont avérés inutiles, comme on l'a vu, dans le cas de *Salome* qui restera longtemps interdit. Heureusement, en 1909, l'opéra suivant de Strauss, *Elektra,* ne suscite pas les mêmes objections. L'ouvrage, qui marque le début de sa collaboration avec l'écrivain viennois Hugo von Hofmannsthal, est représenté sous la baguette de Hugo Reichenberger dans un décor grandiose d'Alfred Roller, avec Erik Schmedes dans Egisthe, Friedrich Weidemann dans Oreste, Anna von Mildenburg dans Clytemnestre et, dans le rôle-titre, une jeune Américaine « à la voix de sirène », Lucille Marcel. Le succès est immédiat. L'année suivante, Strauss, qui dirigeait déjà depuis plusieurs années comme invité l'Orchestre philharmonique, monte pour la première fois au pupitre de l'Opéra pour une représentation d'*Elektra.* Quoi qu'il en soit, le compo-siteur bavarois n'est pas encore définitivement adopté par la ville de Vienne. La longue histoire d'amour qui va le lier à la capitale autri-chienne ne commence qu'en 1911, lorsque, quelques mois après la pre-mière de Dresde, a lieu la création viennoise de *Der Rosenkavalier,* avec à nouveau des décors de Roller et Franz Schalk au pupitre. Cet hymne à la gloire de la Vienne éternelle, de sa légèreté, de sa joie de vivre, et aussi de ses mœurs faciles et de sa nostalgie du passé, est accueilli avec transports par le public, malgré les réserves de la critique. Car les admirateurs des deux précédents ouvrages de Strauss voient déjà dans celui-ci une régression caractérisée vers une sentimentalité facile et un néo-classicisme avant la lettre qui semblent indignes de l'auteur de *Salome* et d'*Elektra*.

À l'époque de cette création, Weingartner a déjà abandonné son poste de directeur. Cédant au découragement, il a regagné l'Allemagne et, pour la première fois depuis une trentaine d'années, on a dû renoncer à recruter un autre chef d'orchestre pour le remplacer. Le choix des autorités s'est porté cette fois sur un homme de théâtre d'origine saxonne, Hans Gregor. En dépit des attaques innombrables dont il sera l'objet, Gregor va conserver sept ans son poste. Un grand nombre de créations sont à mettre à son actif, notamment *Le Jongleur de Notre-Dame* de Massenet, *Don Pasquale* de Donizetti et *Pelléas et Mélisande* de Debussy (en 1911), *Notre-Dame* de Franz Schmidt (1914), *Der arme Heinrich* de Pfitzner et *Mona Lisa* de Max von Schillings (1915). *L'Aphrodite* de Max Oberleithner (1868-1935), ce compositeur d'origine morave, ancien élève de Bruckner, a sombré dans l'oubli mais il mérite une place dans la chronique de la Hofoper pour avoir offert en 1912 au soprano tchèque Maria Jeritza son premier rôle sur la scène impériale. Renommée pour sa beauté éblouissante autant que pour sa voix généreuse et son prodigieux tempérament dramatique, cette pulpeuse diva va désormais se spécialiser dans le chant vériste. À elle seule, elle écrira un chapitre entier de l'histoire lyrique de Vienne, en y créant notamment les rôles-titres de *La Fanciulla del West* (1913) de Puccini, d'*Ariadne auf Naxos* et de *Salome* de Strauss (enfin donné à la Staatsoper en 1918), de *Jenufa* de Janacek (1918). Et son interprétation du « *Vissi d'arte* » de *Tosca*, à plat ventre sur la scène, appartient à la légende de l'Opéra de Vienne.

L'un des phénomènes les plus intéressants de l'époque Gregor est l'apparition d'une nouvelle génération de compositeurs dramatiques autrichiens inscrits dans la tradition postromantique, compositeurs que la postérité a longuement ignorés et commence aujourd'hui à redécouvrir. Alexander von Zemlinsky (1871-1942), qui nous est déjà bien connu comme professeur puis comme beau-frère de Schoenberg, est l'auteur de huit opéras dont le second, *Es war einmal* (Il était une fois), a été créé par Mahler en 1900. Kapellmeister à la Volksoper au début du siècle, il y a déjà conduit plusieurs productions mémorables lorsque Mahler l'engage en 1907 à la Hofoper et lui commande son troisième opéra, *Der Traumgörge*. L'année suivante, l'avènement du nouveau directeur,

Weingartner, a pour effet d'interrompre les répétitions de l'ouvrage et Zemlinsky, blessé au vif, retourne à la Volksoper où il dirige à nouveau des productions de haute qualité, notamment *Salome, Tosca,* etc. En 1910, il y crée lui-même son œuvre suivante, l'opéra-comique *Kleider machen Leute* (L'Habit fait le moine).

Devenu premier Kapellmeister de l'Opéra allemand de Prague à partir de 1911, puis directeur de la même institution, Zemlinsky va transformer pendant dix-sept ans la capitale tchèque en un haut lieu de la musique européenne. C'est là qu'il compose également deux opéras en un acte que l'on a pris aujourd'hui l'habitude de réunir en une seule soirée, *Eine florentinische Tragödie* (Une tragédie florentine) (Prague, 1916) et *Der Zwerg* (Le Nain) (Cologne, 1922). Le premier est aussitôt repris à Stuttgart et immédiatement après à l'Opéra de Vienne (1923). Après cette dernière création, pourtant bien accueillie, Zemlinsky n'est pas réengagé à la Hofoper devenue Staatsoper comme il l'espérait sans doute. C'est donc à Berlin qu'il se rend alors, à l'appel d'Otto Klemperer, pour participer à l'aventure exaltante de la Krolloper. Cependant, l'arrivée au pouvoir des nazis le contraint de regagner Vienne au bout de quelques années. Ayant renoncé à la direction d'orchestre, il ne quitte l'Autriche qu'au moment de l'Anschluss et s'installe aux États-Unis où il mourra en 1942. Son septième ouvrage, *Der Kreidekreis* (Le Cercle de craie), a été créé à Zurich en 1933 tandis que le dernier *Der König Kandaules* (Le Roi Candaule, d'après Gide) restera inachevé.

La redécouverte de ce compositeur que Schoenberg n'a jamais cessé de défendre contre l'indifférence générale s'est longtemps fait attendre mais elle est aujourd'hui bien amorcée. Avec l'enregistrement de ses quatre Quatuors, de sa *Symphonie lyrique,* de sa Sinfonietta, du Poème symphonique *Die Seejungfrau* (La Néréide) et de nombreux lieder, il retrouve peu à peu la place qui lui appartient de droit. Malgré la richesse de couleurs de son orchestre, malgré une invention très riche, malgré un métier irréprochable, la production lyrique de Zemlinsky a longtemps et injustement souffert à la fois de la faiblesse relative de ses livrets et de sa position intermédiaire entre le néo-romantisme et l'avant-garde du début du XXᵉ siècle. Cependant, la plupart de ses opéras ont été repris depuis dix ans, et souvent avec succès, en Allemagne, en Autriche, en Angleterre et jusqu'aux États-Unis. À Nuremberg, en 1980, *Der Traumgörge* a été donné en création mondiale (et repris à Brême en 1989) puisque l'ouvrage n'avait jamais été monté du vivant du compositeur.

Contrairement à Zemlinsky, Julius Bittner (1874-1939) ne s'est consacré que très tard à la musique, après avoir achevé ses études de droit et fait carrière dans la magistrature. Son premier ouvrage, *Die rote Gred*

(Marguerite la rouge) (Francfort, 1907), accepté par Mahler à l'Opéra mais représenté par Weingartner en 1908, s'inscrit déjà dans une tradition à la fois post-wagnérienne et folklorisante, celle instaurée par le Styrien Wilhelm Kienzl, avec son *Evangelimann* (L'Évangéliste), une des pièces à succès de la Hofoper depuis sa création en 1896. Comme Kienzl, Bittner croit bon de suivre l'exemple wagnérien en rédigeant ses propres livrets. Le succès de *Die rote Gred* l'incite à poursuivre, en 1910, avec *Der Musikant*, également sur un sujet historique, puis avec *Der Bergsee* (Le Lac de montagne), un sombre drame où l'influence wagnérienne est plus manifeste encore. On n'y retrouve pas moins les deux principaux éléments qui avaient assuré le succès de ses premières tentatives, peinture de la nature et pathos populaire. Toutefois, les carences trop évidentes de sa musique, notamment le manque d'originalité et la pauvreté de l'invention sont désormais trop en évidence et Vienne se détourne peu à peu de Bittner. De tous ses opéras, *Bergsee* aura été le seul à connaître une certaine popularité. Le « Singspiel allemand » *Das höllische Gold* (L'Or infernal) (Vienne, Volksoper, 1917), puis *Die Kohlhaymerin* (Mannheim, 1923) et deux autres encore, n'obtiendront ensuite qu'un succès d'estime.

La musique d'Erich Wolfgang Korngold (1897-1957) ne saurait, elle, être qualifiée ni de wagnérienne, ni de folklorisante, mais c'est aussi l'éclectisme qui la caractérise avant tout. Cependant, même à l'époque où ses œuvres auront quitté depuis longtemps l'affiche, le nom de Korngold restera inscrit dans toutes les histoires de la musique comme l'un des cas les plus étonnants de précocité créatrice. Son père, l'influent critique musical Julius Korngold, a débuté sa carrière à Brno où est né Erich, après quoi il s'est installé à Vienne et a pris la succession d'Eduard Hanslick à la *Neue Freie Presse*. Compositeur à l'âge de sept ans, élève de Fuchs et de Grädener, brillant pianiste, Erich Wolfgang éblouit tous ceux qui l'approchent par son incroyable maturité. En 1906, Mahler conseille à Julius de confier le soin de le former au meilleur pédagogue viennois, Alexander Zemlinsky. À l'âge de onze ans, Erich possède déjà à son catalogue deux Sonates pour piano, dont la seconde sera créée par le jeune Artur Schnabel en 1911 (et publiée par Schott qui offre aussitôt un contrat d'exclusivité au jeune garçon). Avec le violoncelliste de son Quatuor et Bruno Walter au piano, Arnold Rosé donne en 1910 à Vienne la première de son Trio op. 1.

Toute l'Europe musicale entend désormais parler du jeune prodige. C'est ainsi que Richard Strauss, Arthur Nikisch, Engelbert Humperdinck, Camille Saint-Saëns, Paul Dukas viennent tour à tour l'entendre jouer au piano ses compositions et crient au miracle. À douze ans, Erich a déjà achevé sa première partition théâtrale, une pantomime intitulée *Der Schneemann* (Le Bonhomme de neige). Le style en est si personnel que Zemlinsky entreprend de l'orchestrer. Felix Weingartner décide de la monter à l'Opéra en octobre 1910, le soir de la fête de l'empereur, et cela contre le gré de Julius Korngold qui, dès le départ, a pris parti contre le successeur de Mahler et ne veut surtout rien lui devoir. Le succès dépasse les espérances mais, comme la médisance viennoise ne perd jamais ses droits, il se trouve plus d'une mauvaise langue pour assurer que l'œuvre est tout entière de la main de Zemlinsky. Un an plus tard, une *Schauspiel-Ouvertüre* d'Erich est créée par Arthur Nikisch au Gewandhaus de Leipzig. En 1912, à quinze ans, Erich achève sa Sinfonietta op. 5 et se met à voyager à travers l'Europe pour entendre les premières de ses œuvres. Il travaille déjà à son premier opéra en un acte, *Der Ring des Polycrates* (L'Anneau de Polycrate), lorsque Carl Flesch et Artur Schnabel créent à Berlin sa Sonate pour violon et piano op. 6. L'encre est encore fraîche sur les pages de son premier essai dramatique qu'Erich en commence déjà un second, *Violanta,* une pièce vériste sur un sujet Renaissance (comme la *Tragédie florentine* de Zemlinsky). Les deux partitions sont créées le même soir à l'Opéra de Vienne, le premier avec Selma Kurz et le grand ténor Alfred Piccaver, le second avec Maria Jeritza dans le rôle-titre. À dix-sept ans Korngold se voit du jour au lendemain promu compositeur lyrique de premier ordre. La fin de la guerre de 1914 voit l'achèvement d'une nouvelle partition lyrique, *Die tote Stadt,* d'après *La Ville morte* de Georges Rodenbach. Après les représentations initiales de Hambourg, Cologne et Vienne, ce nouvel ouvrage devient à partir de 1921 le cheval de bataille de Maria Jeritza qui, deux ans plus tard, le choisit pour y faire ses débuts à New York. Ce sera le premier donné en langue allemande aux États-Unis après la guerre. Entre *Die tote Stadt,* représenté dans quatre-vingts villes différentes, et le prochain opéra de Korngold, *Das Wunder der Heliane* (Les Miracles d'Éliane) (1927), six ans s'écoulent durant lesquels Erich compose des lieder, des œuvres de chambre, et signe des adaptations modernes d'opérettes de Johann Strauss et d'Offenbach, qui seront mises en scène par Max Reinhardt et représentées partout dans le monde germanique et au-delà.

Korngold avait écrit pour Jeritza le rôle principal de son *Wunder der Heliane* (Hambourg, 1927) mais, la diva étant déjà engagée au Metropolitan Opera, c'est finalement Lotte Lehmann, une autre étoile de la Staatsoper d'alors, qui va le créer à Vienne avec le ténor Jan Kiepura. Le livret mêle assez bizarrement une action réaliste à des éléments légendaires et symboliques. Une orchestration somptueuse comme toujours y met en valeur un langage enrichi d'accords de septième et de neuvième, et aussi d'accords altérés qui donnent à la partition une couleur plus moderne sans qu'elle y perde grand-chose de son éclectisme habituel. Korngold lui-même reconnaît alors avoir voulu s'efforcer de réaliser une synthèse du style de Strauss et de celui de Puccini, synthèse à son avis « idéale pour un opéra moderne ».

Aucun autre ouvrage de Korngold après *Das Wunder der Heliane* ne fera plus le tour des pays germaniques. Les premières violences du régime nazi affectent profondément le jeune musicien et lui inspirent son dernier opéra, *Die Kathrin,* un ouvrage célébrant la paix et la concorde entre les peuples. Annulée à l'Opéra de Vienne à la suite de l'Anschluss, la création a lieu à Stockholm en 1939, mais en l'absence du compositeur. Car, depuis plusieurs années déjà, Korngold est installé à Hollywood. Entre 1934 et 1946, il travaille régulièrement pour la firme Warner Brothers qui lui commande dix-huit musiques de films différentes. Le compositeur vieillissant aura pourtant à cœur de revoir sa ville natale après la guerre. Il retraverse donc l'Atlantique en 1949 pour assister à la reprise de *Die tote Stadt* à la Volksoper ainsi qu'à la première longuement différée de *Die Kathrin* à la Staatsoper. Le nouvel ouvrage ne convainc pas et disparaît de l'affiche après cinq représentations seulement. Korngold se rend compte alors, non sans mélancolie, que son pays natal ne lui a rendu qu'un hommage éphémère. Il meurt en 1957 sans avoir assisté au renouveau de sa musique, renouveau consacré par l'enregistrement de plusieurs de ses ouvrages dont la générosité mélodique et le néo-romantisme avoué sont aujourd'hui revenus à la mode.

Franz Schreker (1878-1934) est le troisième compositeur lyrique autrichien de l'entre-deux guerres qui mérite d'être encore cité, et il n'est certes pas le moins intéressant. Fils d'un photographe hongrois dont l'origine juive a été plus tard contestée, et d'une Autrichienne, il quitte sa famille à l'âge de dix ans pour achever à Vienne ses études primaires, tout en étudiant le violon, l'orgue et le piano et en donnant des leçons pour assurer sa subsistance. Grâce à une bourse d'état et l'aide d'un mécène, il parvient à s'inscrire au Conservatoire où il suit les cours de Robert Fuchs pour la composition et ceux d'Arnold Rosé pour le violon. Il y terminera ses études en 1900 avec un prix de composition qui couronne une œuvre pour chœur féminin et orchestre. L'exécution de celle-ci au Conservatoire attire l'attention de Ferdinand Löwe qui l'inscrit au programme d'un Gesellschaftskonzert.

En 1902, le premier opéra en un acte de Schreker, *Flammen* (Flammes), est donné en concert au Bösendorfersaal, avec l'auteur au piano. La même année, son Intermezzo pour cordes est primé et une Ouverture de sa composition créée au cours d'un Concert philharmonique. Mais ces premiers pas dans la carrière ne satisfont pas le jeune compositeur qui rêve depuis longtemps de la scène et qui a déjà rédigé un premier livret, persuadé qu'« il vaudra bien ceux d'Untel ou d'Untel ». Les deux premiers actes de *Der ferne Klang* (Le Son lointain) sont achevés en 1903 mais les réserves de ses amis découragent Schreker d'achever son ouvrage. Cependant, le grand tournant de sa carrière survient en 1908, lors de l'ouverture de la Kunstschau, la riche et somptueuse exposition que les anciens sécessionnistes ont organisée sur l'emplacement actuel du Konzerthaus. Cette année-là, une pantomime de Schreker, *Der Geburtstag der Infantin* (L'Anniversaire de l'Infante) (sur le même sujet que *Der Zwerg* de Zemlinsky), est créée par la toute jeune Grete Wiesenthal, que ce spectacle consacre comme étoile de première grandeur et créatrice d'un nouveau style de danse. La même année, Schreker fonde le Philharmonischer Chor qui dès lors va jouer un rôle de premier plan dans la vie musicale de Vienne. Pendant douze ans, il va supplanter toutes les autres chorales de la capitale, le Singverein, la Singakademie, le Männergesangverein, le Schubertbund, l'Akademischer Gesangverein, et donner d'innombrables premières auditions, notamment, en 1910, le *Psaume 23* de Zemlinsky, en 1911 *Friede auf Erden* (Paix sur la terre) de Schoenberg, en 1913 ses *Gurre-Lieder,* et en 1914 la Huitième Symphonie de Mahler.

Entre-temps, Schreker a été plusieurs fois applaudi au concert comme compositeur, notamment avec la *Kammersymphonie* pour 23 instruments (1916) et un Interlude de *Der ferne Klang,* l'opéra auquel il travaille depuis le début du siècle. L'ouvrage enfin achevé est créé en 1912 à Francfort où l'originalité de style et la maîtrise exceptionnelle de ce premier essai théâtral font grande impression. Il ne sera jamais représenté à l'Opéra de Vienne (la création y a été donnée en 1991) et pourtant c'est grâce à lui que, du jour au lendemain, Schreker devient un des compositeurs de théâtre les plus en vue du monde germanique. Universal Edition, qui a immédiatement offert un contrat au jeune maître, charge Alban Berg de la réduction pianistique de *Der ferne Klang.* La même année, Schreker entame à la Hochschule fur Musik de Vienne une longue carrière de pédagogue, au cours de laquelle il aura pour élèves, entre beaucoup d'autres, Ernst Krenek, Alois Haba, Egon Kornauth et Felix Petyrek.

Le nom de Schreker et la nouvelle de ses succès s'est répandue comme une traînée de poudre de sorte que, en 1913, l'Opéra de Vienne et celui de Francfort se disputent l'honneur de donner la première de *Das Spielwerk und die Prinzessin* (L'Automate et la Princesse). On ne trouvera qu'un seul moyen pour satisfaire les deux concurrents : les deux créations, l'allemande et l'autrichienne, auront lieu simultanément, ce qui ne s'était encore jamais vu. À Francfort, aucune ombre ne vient atténuer le triomphe, tandis que, à Vienne, le scandale qui a éclaté dans la salle se termine dans la rue de la ville par une émeute en règle. La réputation de Schreker s'en trouve accrue, et rien ne peut plus arrêter son irrésistible ascension. Ses ouvrages suivants, *Die Gezeichneten* (Les Stigmatisés) (sur un livret rédigé tout d'abord à l'intention de Zemlinsky) (Francfort, 1918), et *Der Schatzgräber* (Le Chercheur de trésor) (Francfort, 1920) sont repris à Vienne, mais en revanche *Irrelohe,* créé par Otto Klemperer à Cologne en 1924, n'y sera jamais représenté, pas plus que *Der singende Teufel* (Le Diable chantant) (Berlin, 1928). Car l'étoile de Schreker décline d'autant plus rapidement qu'il est une des premières victimes des campagnes antisémites consécutives à l'arrivée au pouvoir de Hitler. La première de *Christophorus,* prévue à Freiburg im Breisgau en 1931, est annulée par crainte d'une manifestation nazie. Et *Der Schmied von Gent* (Le Forgeron de Gand), le dernier opéra de Schreker, ne voit le jour, en 1932 à Berlin, que grâce à la ténacité d'un courageux directeur d'Opéra qui a eu l'audace de passer outre l'interdiction officielle. Cependant les manifestations qui troublent les premières représentations contraignent Schreker à démissionner du poste de directeur de la Hochschule berlinoise, qu'il occupe depuis douze ans. Quoi qu'il en soit, le maître autrichien n'a toujours pas mesuré la gravité de la maladie qui est en train de ronger l'Allemagne, puisqu'il accepte en 1933, à l'Académie prussienne des Arts, un autre poste de professeur de composition. Une fois de plus, il lui faudra démissionner au bout de quelques mois, ce dont il ne se remettra jamais. Au mois de décembre 1933, une première crise cardiaque le laisse terriblement diminué et il succombera à la seconde, cinq mois plus tard.

Entre 1912 et 1928, mille représentations schrékeriennes se sont déroulées dans soixante villes différentes. En revanche, pendant les années d'après-guerre, il semble que seule les histoires de la musique aient retenu le nom de ce compositeur dont l'extraordinaire popularité au cours des années 1910 et 1920 a passé alors pour avoir été la conséquence d'une sorte d'aberration collective, et que, peut-être, les nazis n'ont pas eu tout à fait tort d'y mettre fin... Cependant, les reprises récentes de *Der ferne Klang* (Kassel, Salzbourg et Venise, 1984, Bruxelles, 1988), qui reste son ouvrage le plus audacieux, celles de *Der Schmied von Gent* (Berlin, 1981), de *Die Gezeichneten* (Francfort, 1979 et Dusseldorf, 1988), de *Der Schatzgräber* (en concert : Festival de Vienne, 1985), qui est généralement considéré comme son chef-d'œuvre, de *Irrelohe* (Bielefeld, 1986), comme la création, retardée de plus de quarante ans, de *Christophorus* (Freiburg, 1978), prouvent bien qu'il faut y regarder de plus près. Au cours de la seule année 1988, quatre opéras de Schreker ont été montés, *Die Gezeichneten* et *Der ferne Klang* dans des salles combles, à Düsseldorf et à Bruxelles, *Das Spielwerk und die Prinzessin* à Wiesbaden et *Der Schatzgräber* à Saint-Gall. Ce dernier ouvrage a été repris à Hambourg en 1989 tandis que Bielefeld remontait, pour la première fois depuis la création, *Der singende Teufel.*

Bien qu'il soit d'une grande richesse et ne recule pas devant la bitonalité, le langage de Schreker n'a jamais égalé en audace celui de Schoenberg, ni même celui de Zemlinsky, dont il n'a pas la maîtrise compositionnelle, ni la cohérence profonde ni la richesse d'invention. Son style n'en reste pas moins original, ne fût-ce que parce qu'il ne doit rien ni à celui de Wagner, ni à celui de Strauss. En outre, Schreker a réalisé au théâtre une fusion exceptionnelle, unique même depuis Wagner, du texte et de la musique. Ses livrets mériteraient à eux seuls une étude approfondie. Ils mêlent, d'une manière aussi surprenante qu'originale, rêve et réalité, prosaïsme et idéalisme, naturalisme et symbolisme, romantisme et expressionnisme, mysticisme et érotisme, une naïveté enfantine et une complexité parfois déroutante. Quant à la musique, elle privilégie toujours les effets de couleur sonore. Chez Schreker, l'harmonie elle-même est génératrice de couleur bien plus qu'elle n'est fonctionnelle. On lui a souvent reproché la faiblesse relative de son invention mélodique qui n'a pas, il est vrai, les mêmes attraits que son invention sonore. Mais, en revanche ses effets théâtraux ne manquent pas de puissance et il faut reconnaître que Schreker excelle dans la peinture des atmosphères sinon dans celle des caractères.

Aux trois compositeurs dramatiques autrichiens qu'on vient d'évoquer, il faut en ajouter un quatrième, Franz Schmidt, puisqu'il est l'auteur d'une *Notre-Dame,* inspirée par le roman de Victor Hugo, donnée à l'Opéra de Vienne en 1914, et d'une *Fredigundis* (1924). Lors de la création de ce dernier ouvrage, Strauss, qui l'a inscrit à l'affiche, aurait apostrophé Schmidt : « Mais, cher collègue, pourquoi donc vous compliquez-vous tellement la tâche ? Votre musique submerge tout... J'en aurais bien fait quatre opéras ! » En tous cas, aucune de ces deux pièces de tendance vériste affirmée ne s'est imposée d'une manière aussi incontestable que les œuvres instrumentales de Schmidt, dont nous aurons bientôt à reparler.

À ces quatre maîtres auxquels l'histoire se doit d'accorder une place, il faut associer quelques noms moins prestigieux, notamment ceux de Max von Oberleithner, déjà mentionné ; Franz Salmhofer *(Dame im Traum* – Dame en rêve –, 1935 et *Iwan Tarassenko,* 1938), que nous retrouverons après la guerre comme directeur de l'Opéra ; Julius Zajiczek-Blankenau (1877-1961) dont *Kabale und Liebe* (Intrigue et amour), créé à Stuttgart en 1914, est repris à Vienne en 1917 ; Karl Prohaska (1869-1927), auteur d'une *Madeleine Guinard* (1930) présentée à Vienne immédiatement après sa création à Breslau ; enfin Marco Frank (1881-1961), d'abord étudiant à Paris où son talent à éveillé l'attention de Massenet, puis altiste à la Volksoper où son *Eroica* a remporté un tel succès que la Staatsoper donne de lui, en 1925, un autre drame vériste, *Bildnis der Madonna* (Portrait de la Madonne).

AVEC RICHARD STRAUSS, IDYLLE ET JALOUSIE

Cependant, aucun de ces compositeurs, en dehors de Schreker, n'aura connu à Vienne une vogue comparable à celle de Richard Strauss qui, après les triomphes du *Rosenkavalier* (1911) et d'*Ariadne auf Naxos* (1916), est devenu une véritable idole viennoise. C'est d'ailleurs pour Vienne qu'il va composer, toujours sur un livret de Hofmannsthal, son prochain ouvrage lyrique, *Die Frau ohne Schatten* (La Femme sans ombre). À l'époque de cette création, Hans Gregor a déjà quitté l'Opéra depuis plus d'un an. À partir de l'automne de 1918, il a été remplacé par le chef d'orchestre Franz Schalk qui administre tout seul, pendant huit mois, la vénérable Hofoper, devenue Staatsoper après la chute de l'empire et son remplacement par la petite république autrichienne. Le plus grand succès de cette courte période aura été la création autrichienne du *Palestrina* de Hans Pfitzner, ouvrage qui est encore considéré comme le chef-d'œuvre de ce créateur solitaire, de ce misanthrope qu'obsède la nostalgie du romantisme et d'une l'Allemagne idéale, à l'opposé du pragmatisme d'un Richard Strauss. Les rapports entre Strauss et Pfitzner sont suffisamment caractérisés par l'échange suivant, qui passe pour avoir eu lieu le soir de la générale de *Palestrina*. Strauss fait l'effort de quelques paroles de courtoisie, jugées pourtant insuffisantes sinon blessantes par Pfitzner qui répond, sur un ton pincé : « Vous ne vous imaginez sans doute pas combien d'énergie spirituelle cette œuvre m'a coûté ! » Et Strauss, décidément incorrigible, sur le ton de la plaisanterie faussement étonnée : « Mais pourquoi donc composez-vous si cela vous cause tant de peine ? »

Peu après la première de *Palestrina,* en avril 1919, Strauss est nommé co-directeur de l'Opéra, après avoir été littéralement plébiscité par le public lors d'une démonstration massive déclenchée en sa faveur à l'issue d'une représentation de *Parsifal.* Pour un Allemand, la réputation de

Vienne n'est pas des meilleures, et Strauss a hésité un certain temps avant d'accepter l'offre qui lui a été faite. Cependant, à un ami berlinois qui lui demande : « Mais pourquoi donc allez-vous à Vienne où les gens sont tellement faux ? », il répond : « Les gens sont faux partout mais les Viennois sont faux d'une manière si agréable ! » Et puis l'idée de diriger un théâtre lyrique n'est pas pour déplaire à un compositeur qui, désormais, écrit surtout pour la scène. Strauss accepte donc sans trop se faire prier le poste de directeur « principal », responsable des décisions essentielles, tandis que Schalk, lui, doit désormais se contenter des tâches mineures comme celle de mettre au point les distributions. Cependant, le co-directeur ne tarde pas à s'apercevoir que Strauss attache la plus grande importance aux détails qui, normalement, ne sont pas de son ressort. Le conflit est donc inévitable, d'autant que Schalk a déjà pris pendant huit mois l'habitude de régner seul. Strauss, lui, doit faire face aux attaques d'une grande partie de la presse et des membres de l'Opéra qui craignent de voir leur maison transformée en *Richard Strauss-Theater* ou du moins en colonie allemande. En outre, il est combattu en secret par Felix Weingartner, qui a conservé son poste de chef titulaire de la Philharmonie et qui, toujours prêt à l'intrigue, ne cesse de monter les musiciens de l'orchestre contre un rival qu'il redoute particulièrement.

Aucune cabale ne pourra cependant empêcher le triomphe de *Die Frau ohne Schatten* créé le 10 octobre 1919 avec une distribution exceptionnelle, Jeritza en Impératrice, Lotte Lehmann en Teinturière et Richard Mayr en Barak. Les magnifiques décors de Roller ont été pour beaucoup dans le succès, et l'une des premières décisions de Strauss est de réengager le décorateur qui, depuis le départ de Mahler, avait pris ses distances avec l'Opéra. Strauss livre en outre au ballet viennois deux œuvres nouvelles, suscitées par le succès de la création viennoise de la *Josephslegende* (1922) : la *Suite de danses d'après Couperin* (1923), et *Schlagobers* (Crème fouettée) (1924), un « ballet joyeux » à la gloire de la *Gemütlichkeit* viennoise. Cependant, durant les cinq années straussiennes, le répertoire de l'Opéra ne s'enrichit guère, ce qui ne surprend personne tant est connue la méfiance de l'auteur du *Rosenkavalier* envers les œuvres de ses confrères. Ainsi n'aurait-il vraisemblablement pas inscrit lui-même *Palestrina* au programme de la Staatsoper, car son acariâtre auteur ne lui inspire pas de sympathie ni d'admiration particulière. D'ailleurs, Pfitzner ne manquera pas de lui reprocher d'avoir retiré son opéra de l'affiche bien avant que le public se soit lassé de l'entendre.

Dans le répertoire contemporain, Strauss se contente donc de reprendre *La Bohème* et *Tosca* de Puccini (avec Jeritza dans le rôle-titre) et de créer, du même auteur, *Manon Lescaut* et *Il Trittico,* ainsi que les ouvrages de Korngold, Bittner et Schreker dont il a déjà été question. Pendant ces années-là, sa présence contribue énormément au prestige de la Staatsoper car il brille souvent au pupitre, en particulier dans les grands ouvrages classiques et ceux de Wagner. Quoi qu'il en soit, on ne tarde pas à lui reprocher de passer une grande partie de son temps à Garmisch pour composer. Le contrat de Schalk ayant été prorogé envers et contre la volonté exprimée de Strauss, celui-ci démissionne au début de 1924 et prend congé de son codirecteur dans une lettre qui contient les phrases suivantes : « Veuillez conserver cette lettre comme souvenir de notre honorable mais stérile activité artistique. Elle est sans doute la dernière. […] Comme ex-directeur, je resterai à Vienne. Nous pourrons peut-être jouer à quatre mains ou aux échecs au Belvédère! Le pauvre Opéra! C'est bien triste! »

JAZZ-OPÉRA ET OPÉRETTE

Pendant les cinq années qui vont suivre, Franz Schalk règne seul et, avec lui, non seulement le répertoire s'enrichit, mais le niveau des représentations atteint à des hauteurs inégalées depuis le départ de Mahler. Un nouveau metteur en scène de talent, Lothar Wallerstein, et deux décorateurs viennois, Emil Pirchan et Oscar Strnad, se partagent désormais les nouvelles productions avec Roller. La troupe s'est enrichie de nouveaux chanteurs comme Elisabeth Schumann, Marie Olczewska, Vera Schwarz, Rosette Anday et Josef von Manowarda. *Turandot* de Puccini (avec Maria Jeritza dans le rôle-titre), *Andrea Chenier* de Giordano, *Boris Goudounov* de Moussorgsky, *Cardillac* de Hindemith, *Oedipus Rex* de Stravinsky, *Das Wunder der Heliane* de Korngold composent un imposant palmarès. Cependant, la création la plus sensationnelle de ces années est de loin *Jonny spielt auf* (1927), d'Ernst Krenek. La *Jazzoper,* l'« opéra nègre » de ce jeune Viennois, ancien élève de Franz Schreker, est représenté trente et une fois pendant la première saison et, quatre années durant, ne quitte plus le répertoire. Quarante-cinq scènes allemandes en auront donné, pendant la seule saison 1927-1928, un total impressionnant de quatre cent vingt et une représentations (l'ouvrage a été repris à Graz et donné à Vienne en 1980 et à Freiburg im Breisgau en 1989). La création viennoise de 1928 provoque un scandale sans précédent, scandale d'ailleurs soigneusement orchestré par les responsables du parti national-socialiste, furieux de voir sur la scène de la Staatsoper une pièce dont le héros est noir, et en plus musicien de jazz. Une grande manifestation se déroule dans les rues de la ville contre « l'œuvre scandaleuse d'un Tchèque mijuif, dans laquelle le peuple, la patrie, les mœurs, la morale et la culture sont brutalement foulés au pied ».

À la même époque, une véritable renaissance verdienne est amorcée avec la création viennoise de *La Forza del Destino* dans une traduction allemande de Franz Werfel (1926). Plus tard, le grand Redoutensaal de la Hofburg retrouve sa fonction musicale, pour des opéras classiques comme *Les Noces de Figaro, La Serva padrona ou La Cenerentola*. Comme le montrait déjà son choix de l'ouvrage contesté de Krenek, Schalk sait aller bien au-delà de ses propres goûts conservateurs. Comme il ne veut ni ne peut se passer de Strauss, il n'hésite pas à le réinviter pour la création de *Die Ägyptische Helena* (Hélène d'Égypte) (1928), d'*Intermezzo* (1927), dans une somptueuse distribution que dominent Lotte Lehmann et Alfred Jerger. La plupart des ouvrages nouveaux sont désormais conduits par Robert Heger, l'assistant que Strauss vient d'engager. Wilhelm Furtwängler et Arturo Toscanini font également leurs débuts au pupitre de l'Opéra de Vienne, le second lors d'un *Gastspiel* de la Scala de Milan en 1929, qui sera suivi en 1936 de deux représentations de *Fidelio*. En 1929, l'Opéra invite à nouveau Ravel à Vienne pour diriger les premières de *Boléro* et de *La Valse,* dansés l'un et l'autre par la compagnie d'Ida Rubinstein. Trois semaines plus tard, *L'Enfant et les Sortilèges* fait sa première apparition à Vienne, sous la direction de Robert Heger, au cours d'un spectacle complété par le ballet *Ma Mère l'Oye* et le toujours populaire *Ring des Polycrates* de Korngold. Le lendemain, le maître français prend congé de Vienne au Mozartsaal, avec un concert de musique de chambre au cours duquel il interprète au piano sa Sonatine et accompagne Arnold Rosé dans sa toute récente Sonate pour piano et violon.

À la Staatsoper, la nomination d'un nouveau General-Intendant, qui réduit quelque peu les pouvoirs du directeur, va provoquer le départ de Schalk, qui d'ailleurs mourra la même année. L'Opéra de Vienne se dispute alors avec celui de Berlin l'honneur d'engager l'étoile montante des chefs allemands, Wilhelm Furtwängler, mais c'est Berlin qui triomphe. On remplace donc Schalk par Clemens Krauss. Ce jeune Viennois de trente-six ans, fils d'une actrice et ami intime de Richard Strauss, a enseigné la direction d'orchestre au Conservatoire de Vienne et administré pendant cinq ans l'Opéra de Francfort. Krauss est également élu chef titulaire de l'Orchestre philharmonique et conservera sa double fonction pendant cinq ans, en dépit des crises nombreuses provoquées à la fois par son jeune âge et par sa minutie aux répétitions. Quoi qu'il en soit, il enrichit la troupe de l'Opéra de grands chanteurs qui contribuent à rehausser le prestige de l'institution : Viorica Ursuleac (qui deviendra bientôt son épouse), Jarmila Novotna, Rose Pauly, Anny

Konetzni et deux ténors de haut rang, Helge Rosvaenge et Franz Volker. *Simon Boccanegra, Don Carlos, Macbeth* et *Falstaff* prolongent l'effort de redécouverte verdienne, toujours avec le concours de Franz Werfel pour les livrets. Krauss achève avec Roller la nouvelle production du *Ring* entreprise par son prédécesseur. À son tour, il remplit ses devoirs envers son illustre ami Richard Strauss en créant *Arabella* (1933, avec Lotte Lehmann et Alfred Jerger), et en reprenant *Die Frau ohne Schatten* et *Die Ägyptische Helena*. On retrouve même Strauss au pupitre pour conduire sa propre version d'*Idomeneo* de Mozart.

Pour contrecarrer les effets de la crise économique, Krauss inscrit à l'affiche de la Staatsoper plusieurs opérettes à succès empruntées au répertoire des faubourgs ainsi que *La Giuditta* de Franz Lehàr, l'unique opéra de l'auteur de *La Veuve joyeuse* et de tant d'autres pièces à succès. Mais il ne recule pas pour autant devant les œuvres d'avant-garde puisqu'on lui doit aussi les créations de *Wozzeck* et *Die Bacchantinnen* (Les Bacchantes) (1931) d'Egon Wellesz, un autre élève de Schoenberg. Il n'hésite pas non plus à commander à Ernst Krenek, qui a tant fait parler de lui lors de la première de *Jonny*, un premier grand opéra sériel sur un sujet historique, *Karl V*. Sans cesse retardée pour des raisons politiques, la première aura finalement lieu non pas à Vienne mais à Prague l'année de l'Anschluss. (Après avoir fait le tour des scènes allemandes, l'ouvrage ne sera créé à l'Opéra de Vienne qu'en 1984.) Et le plus grand succès populaire du règne de Krauss sera finalement *Schwanda der Dudelsackpfeifer* (*Schwanda, le joueur de cornemuse*), de Jaromir Weinberger, qui en empruntant aux musiques populaires tchèques et slovaques a su toucher le cœur d'un vaste public.

Cependant, le climat politique de l'Autriche, qui subit le contre-coup de la montée du nazisme en Allemagne, s'alourdit de jour en jour. En 1934, Toscanini dirige le *Requiem* de Verdi à la mémoire du chancelier Dollfuss assassiné par les nazis. La même année, Clemens Krauss, qui n'a jamais caché sa sympathie pour Hitler et ses partisans, voit son contrat renouvelé, mais pour un an seulement. Il finit donc par gagner l'Allemagne où il n'hésite pas à reprendre, à l'Opéra de Berlin, la place laissée libre par l'émigration du prestigieux chef Erich Kleiber. Il est accompagné par quelques-uns des meilleurs chanteurs viennois qui partagent ses convictions politiques. Pour le remplacer, l'Opéra ne trouve pas pour l'instant d'autre candidat que Felix Weingartner qui pourtant avait bien démontré, entre 1908 et 1910, à quel point il était peu fait pour diriger un théâtre. Sa seconde prise de pouvoir ne durera que dix-huit mois et sera marquée avant tout par la création viennoise de *L'Heure espagnole* de Ravel. Son successeur, le Salzbourgeois Erwin Kerber, occupera la fonction directoriale jusqu'à l'Anschluss. N'étant pas musicien, il choisira Bruno Walter comme premier chef d'orchestre et conseiller artistique et aura à son actif plus tard deux nouvelles premières straussiennes, *Daphne* et *Friedenstag* (Jour de paix). Cette période troublée, durant laquelle l'influence du nazisme ne cesse de croître, est avare en créations, avec *Wallenstein* de Weinberger, *La Fiamma* de Respighi et *Die fremde Frau* (L'Étrangère) de Marco Frank, que les Viennois découvrent. Ce sont surtout les reprises, comme *Orphée* de Gluck avec Kerstin Thorborg, *Carmen* et *Djamileh* de Bizet, et *Oberon* de Weber qui retiennent l'attention du public. Un soir, cependant, une représentation de *Tristan* dirigée par Bruno Walter est troublée par des boules puantes, les nazis ayant décidé de protester contre la présence d'un juif au pupitre et contre celle, sur la scène viennoise, d'un émigré allemand de souche juive, Friedrich Schorr.

Pendant ces dernières semaines où l'Autriche jouit encore d'un semblant de liberté, plusieurs chefs de haut niveau se succèdent au pupitre : Herbert von Karajan y brille pour la première fois, en 1937, avec *Tristan und Isolde*; Toscanini laisse le souvenir impérissable d'un *Fidelio* avec Lotte Lehmann dans le rôle-titre. Furtwängler et Knappertsbusch sont enfin promus au rang d'« invités permanents ». Prolongeant ainsi une tradition déjà ancienne et toujours spécifiquement viennoise, Kerber et Walter programment également deux opérettes, *Eine Nacht in Venedig* (Une nuit à Venise) de Johann Strauss, dans la version de Korngold, et surtout *Das Land des Lächeln* (Le Pays du sourire) de Franz Lehar, dirigé par le compositeur lui-même.

Depuis 1905, l'opérette viennoise connaît en effet ce qu'on a appelé son « âge d'argent ». À l'origine de cette renaissance, un Hongrois de souche morave, Franz Lehàr (1870-1948) qui, pendant quelque quarante années, va convaincre l'Europe, et même le monde entier, que Vienne est toujours la capitale de la musique légère, comme de la musique sérieuse. Fils d'un chef de musique militaire, Lehàr a reçu au Conservatoire de Prague une formation musicale complète avant d'aborder la même carrière que son père. Installé à Vienne en 1899, il fait représenter à la Volksoper un premier opéra qui passe inaperçu, après quoi il est engagé comme Kapellmeister, tout d'abord dans un établissement du Prater, puis au Theater an der Wien. C'est alors que se révèle en lui un talent exceptionnel pour la musique de divertissement, dans une série de pièces qui enchanteront toute l'Europe, notamment la Valse *Gold und Silber* (Or et argent) (1902). À cette époque, Lehàr fait l'heureuse rencontre du librettiste d'opérettes le plus doué de Vienne, Victor Léon. Sur ses excellents livrets, il va composer toute une série d'ouvrages, notamment *Der Rastelbinder* (Le Rétameur) et *Wiener Frauen* (Femmes de Vienne), qui feront les beaux soirs de deux théâtres rivaux, le Theater an der Wien et le Carl-Theater. Mais rien encore ne laisse prévoir le triomphe sans exemple, en 1905, de *La Veuve joyeuse,* triomphe qui n'est d'ailleurs pas immédiat mais postérieur de trois mois à la première et à l'émigration de la troupe complète du Carl-Theater au Raimund-Theater. Bientôt, tout le monde s'accorde à trouver que cette partition renouvelle entièrement le style de l'opérette, que la technique y est plus raffinée que d'habitude, les accompagnements et l'harmonie plus riches, l'invention mélodique plus originale, les personnages plus vivants et les situations plus subtiles et plus variées. En outre, Lehàr a su introduire dans sa musique des éléments slaves autant que viennois, avec des coloris instrumentaux modernes qui redonnent au genre, alors en pleine déca-dence, une nouvelle jeunesse. Aucun autre de ses ouvrages ne connaîtra la vogue immédiate et le succès international de *La Veuve,* sinon peut-être *Das Land des Lachelns* (1929). Quoi qu'il en soit, *Graf von Luxemburg* (Le Comte de Luxembourg) (1909), *Zigeunerliebe* (Un amour tzigane) (1910), *Eva* (1911), *Paganini* (1925), *Der Zarewitsch* (1927) et plusieurs autres partitions dans la même veine conduisent en 1934 à la commande pour la Staatsoper de *Giuditta,* un ouvrage à la croisée de plusieurs genres et que Lehàr intitule « comédie musicale ». Pour la première représenta-tion qui réunit à l'affiche Jarmila Novotna et Richard Tauber, le prix nor-mal des billets a été triplé et cent vingt chaînes de radio, dont quatre-vingts aux États-Unis, ont acheté les droits de retransmission. La plupart des airs sont bissés et pourtant, malgré les quarante-deux repré-sentations successives et la création parisienne qui suivra bientôt, Lehàr comprend que ce triomphe sans lendemain marque la fin de son époque de gloire, et il se résout alors à abandonner la composition.

Entre-temps, d'autres compositeurs viennois se sont imposés dans le même registre : Edmund Eysler (1874-1949) avec *Bruder Straubinger* (1903), *Ein Tag im Paradies* (Une journée au Paradis) (1913) et *Die gold'ne Meisterin* (La Veuve du bijoutier) (1927) ; Leo Fall (1973-1925) avec *Der Rebell* (Le Rebelle) (1905), *Der fidele Bauer* (Le Joyeux Paysan) (1907), *Dollarprinzessin* (1907), *Die geschiedene Frau* (La Femme divor-cée) (1908) et *Madame Pompadour* (1922). Plus présent, aujourd'hui encore, à l'affiche des théâtres germaniques, Emmerich Kalman (1882-1953) combine avec un art consommé le parfum traditionnel de Vienne avec des éléments mélodiques issus de sa Hongrie natale, notamment dans *Die Csardasfurstin* (La Princesse Czardas) (1915), *Grafin Maritza* (La Comtesse Maritza) (1924), *Die Zirkusprinzessin* (La Princesse de cirque) (1926), tandis que *Die Herzogin von Chicago* (La Duchesse de

Chicago), une de ses dernières partitions (1928), incorpore aussi des éléments de jazz. Comme Kalman et comme Lehàr, Oscar Straus (1870-1954) a reçu une formation musicale très solide. Après avoir quitté le Conservatoire de Vienne, il est engagé, en même temps que Schoenberg, par un cabaret berlinois Überbrettl pour lequel il écrit plusieurs chansons à succès. En 1907, *Ein Walzertraum* (Rêve de valse) *lui* procure du jour au lendemain une renommée internationale qui sera confirmée l'année suivante par *Der tapfere Soldat* (Le Brave soldat) (d'après Bernard Shaw) opérette destinée à une carrière triomphale aux États-Unis. L'Anschluss l'ayant contraint de quitter son pays natal, Straus s'installe tout d'abord en France, où ses *Trois Valses* sont interprétées pendant de longs mois par Yvonne Printemps et Pierre Fresnay, puis aux États-Unis. C'est pourtant en Autriche qu'il finira ses jours, installé comme Franz Lehàr avant lui à Ischl, dans le Salzkammergut. Avec lui, l'opérette viennoise jette ses derniers feux car Robert Stolz (1880-1975) et Ralph Benatzky (1884-1957) triompheront également, mais plutôt dans le domaine de la chanson ou la revue à grand spectacle. *Casanova* (1928), de Benatzky, n'en fait pas moins le tour de l'Europe, tandis que *Im weissen Rössl* (L'Auberge du Cheval blanc) (1930) vivra, comme les *Trois Valses* aux Bouffes-Parisiens, des heures de gloire au Théâtre Mogador de Paris.

LES DERNIERS FEUX DE LA VOLKSOPER

Si la Staatsoper viennoise se fait un devoir d'offrir de temps en temps à son public des représentations exemplaires des meilleures opérettes viennoises, la Volksoper en fait, elle, son pain quotidien. Mais elle ne se contente pas de cultiver le genre léger. Ce théâtre de 1700 places, nommé lors de son ouverture, en 1898, Kaiserjubiläums-Stadttheater, a été érigé en dix mois, l'année du cinquantième anniversaire de la montée sur le trône de l'empereur François-Joseph. Cinq ans plus tard, Rainer Simons, impresario de grand talent, en reprend la direction et l'ouvre à l'opéra-comique, puis à l'opéra. Avec un flair exceptionnel, il se fait une spécialité de donner des premières viennoises d'ouvrages que la Hofoper a refusés. C'est ainsi que la Volksoper devient un théâtre de création, avec des titres comme *La Bohème* et *Tosca* de Puccini, *Salome* de Strauss (1910), *Kleider machen Leute* de Zemlinsky et *Kuhreigen* (Le Ranz des vaches) de Kienzl, qui voisinent à l'affiche avec d'autres nouveautés signées Ermanno Wolf-Ferrari, Richard Heuberger, Heinrich Zöllner, Karel Weis, Julius Bittner, Josef Reiter, Max von Oberleithner, Leo Blech, Antonio Smareglia, Jean-Claude Nouguès, etc.

Plusieurs chefs de haut rang se sont succédé au pupitre de la Volksoper, notamment Alexander von Zemlinsky, Franz Schreker, Heinrich Jalowetz, un élève de Schoenberg, et le Tchèque Oscar Nedbal. Le prix des places n'atteint pas la moitié de celui pratiqué à l'Opéra, pour une qualité qui n'est pas forcément inférieure. D'ailleurs, quelques-unes des vedettes lyriques les plus populaires de Vienne, tels Maria Jeritza et Josef von Manowarda, y ont fait leurs débuts. L'époque de gloire du Théâtre se termine en 1917 avec le départ de Rainer Simons. Felix Weingartner lui succède avec plus de succès, semble-t-il, qu'il n'en a jamais obtenu à l'Opéra, et cela en dépit de l'effroyable crise économique que connaît l'Autriche au lendemain de la guerre. Ainsi *Boris Goudounov* sera-t-il créé ici avant de gagner la Staatsoper. En 1925, après le départ de Weingartner, le théâtre ne fait plus que se survivre, avec un répertoire d'œuvres exclusivement légères, jusqu'à la fermeture de ses portes, en 1936. Il rouvrira deux ans plus tard, mais cette fois en tant que théâtre municipal.

Une renaissance de la vie symphonique

Cette brève esquisse de l'activité de la Volksoper suffit à montrer à quel point la vie musicale viennoise s'est enrichie et diversifiée à partir de 1900. Et ce n'est pas seulement vrai dans le domaine lyrique. Pendant toute la seconde moitié du XIXe siècle, on avait vu l'Orchestre philharmonique régner pratiquement seul dans son domaine, la Gesellschaft n'ayant pas d'orchestre stable et ne donnant pas ses concerts à intervalles réguliers. La fondation d'un nouvel orchestre permanent paraît donc s'imposer. Un comité a été fondé à cet effet en 1900, le Konzertverein, qui rassemble les éditeurs Carl-August Artaria et Bernard Hermansky (directeur de la firme Doblinger qui publie les principales opérettes viennoises), le compositeur Richard Heuberger, les critiques Max Kalbeck et Robert Hirschfeld, le musicologue Eusebius Mandyczewski et deux membres de la Gesellschaft, notamment Ludwig Bösendorfer. Comme le Musikverein l'avait fait en 1812, le Konzertverein se donne pour but de servir la musique symphonique et la musique tout court. Il se propose également de conquérir de nouveaux auditeurs en leur proposant, pour un prix raisonnable, des exécutions soignées de musiques de qualité. La grande salle dorée du Musikverein commence par abriter cette double série de six concerts d'abonnement, dont la programmation se veut aussi large et aussi éclectique que possible. La direction des concerts est confiée à Ferdinand Löwe, un élève de

Bruckner au talent assez médiocre mais connu pour ses goûts éclectiques. Il sera le premier à diriger à Vienne des cycles complets, notamment des Symphonies de Beethoven, mais il a aussi à cœur de ne point se cantonner dans le répertoire classique, comme le fait presque toujours la Philharmonie. C'est ainsi que, en 1902, Löwe crée la Première Symphonie de Franz Schmidt, en 1903 la Neuvième Symphonie de Bruckner, en 1905 le *Prélude à l'après-midi d'un faune* de Debussy et la Première Suite de Bartok. En janvier 1907, il met son orchestre à la disposition de Mahler pour la création viennoise de sa Sixième Symphonie. De nombreux solistes se succèdent au Konzertverein, tels Eugen d'Albert, Serge Rachmaninov, Alfred Grünfeld, Leopold Godowski et Bela Bartok (qui fait ses débuts dans le Cinquième Concerto de Beethoven). Fritz Kreisler, Jacques Thibaud, Carl Flesch, Jan Kubelik, Pablo Casals, Wilhelm Backhaus et Artur Schnabel complètent la longue liste des solistes d'avant-guerre. En 1912, Adolf Busch est nommé Konzertmeister et violon solo du Konzertverein qu'il quittera six ans plus tard pour entreprendre une longue et glorieuse carrière de soliste et de musicien de chambre. C'est à Vienne, en effet, qu'il va fonder le Konzertverein-Quartett qui deviendra en 1919 le célèbre Busch-Quartett.

Grâce au Konzertverein, la vie musicale de Vienne, qui jusque-là était dominée par les associations chorales, accorde donc une plus large place à la musique symphonique. En 1906, une autre association, créée avant tout pour les travailleurs, les Arbeiter-Konzerte, est fondée par David Joseph Bach dont on a vu l'amitié qui le lie à Schoenberg et surtout à Webern. Or, la population de Vienne ayant doublé entre 1870 et 1911, le besoin d'une nouvelle salle se fait sentir pour l'Orchestre du Konzertverein. Ce sera le Konzerthaus actuel, construit sur les plans des frères Helmer et achevé en 1913, un édifice de style sobre, mi-sécessionniste, mi-néo-classique, comprenant un grand auditorium pour l'orchestre et la salle de musique de chambre qui était devenue indispensable depuis la destruction du palais Liechtenstein et du Bösendorfersaal qui occupait ses anciennes écuries. Le ministère de la Culture a pris à charge près de la moitié du coût du nouvel édifice, mais à la seule condition que le Conservatoire, désormais trop à l'étroit dans ses locaux du Musikverein, y soit également logé. Le reste de la somme nécessaire sera réuni grâce à un emprunt lancé par un comité auquel appartiennent tous les musiciens Viennois de quelque importance. Pour l'ouverture solennelle, qui a lieu le 19 octobre 1913, en présence de l'empereur, Richard Strauss a composé tout exprès un *Festliches Präludium*.

Une nouvelle chorale, la Wiener Singakademie, a été fondée en association avec le Konzertverein de sorte que la première saison du

Konzerthaus aura à son programme des concerts avec chœur conduits par Bruno Walter et Siegfried Ochs. La liste des solistes engagés à paraître avec l'orchestre ou en récital est particulièrement impressionnante, avec des vedettes comme Eugène Ysaÿe, Bronislav Hubermann, Pablo Casals, Luisa Tetrazzini et Selma Kurz. Toutefois la guerre qui va bientôt éclater exigera la réduction du nombre des concerts à huit par saison, outre les Arbeiter-Konzerte. Aussitôt les hostilités terminées, le Konzertverein reprend sa place dans la vie musicale de la capitale sous l'impulsion d'un secrétaire général actif et entreprenant, Hugo Botstiber. Ferdinand Löwe, qui occupe toujours le poste de chef titulaire de l'orchestre, rend hommage d'abord à Bruckner, puis à Hugo Wolf à l'occasion du vingtième anniversaire de sa mort. Franz Schalk ayant été nommé directeur artistique du Verein, c'est lui qui prend l'initiative d'organiser, en 1920, un premier festival Mahler, la même année que celui d'Amsterdam, sous la direction du chef berlinois Oskar Fried. Un an plus tard, la fusion des orchestres du Konzertverein et du Wiener Tonkünstlerverein (fondé et dirigé de 1906 à 1918 par le compositeur tchèque Oskar Nedbal) engendre le Wiener-Sinfonieorchester qui, en 1931, va prendre son titre actuel de Wiener Symphoniker. Le nombre des concerts avec chœurs s'accroît et l'orchestre donne le premier cycle intégral des Symphonies de Bruckner ainsi que de nombreuses créations, d'Erich Korngold, Hans Gal, Siegmund von Hausegger, Frederick Delius, Julius Bittner, Max von Schillings, Ernest Bloch, Gustav Holst, Darius Milhaud, mais aussi Scriabine, Bartok, Kodaly, Falla, Malipiero, et bientôt Hindemith, Casella, Wellesz, etc.

En 1924, après la mort de Löwe, l'orchestre tombe aux mains d'un chef sans grand éclat, Dirk Fock, mais qui a au moins le mérite d'accueillir de nombreux invités comme Franz Schalk, Wilhelm Furtwängler, Fritz Busch, Thomas Beecham, Clemens Krauss, Karl Böhm, Otto Klemperer. De brillantes soirées avec chœur sont confiées à Paul von Klenau, puis à Richard Strauss et Bruno Walter. En 1925, le vingt-cinquième anniversaire de l'institution offre à Weingartner l'occasion de réunir pour un concert « monstre » les deux grandes phalanges viennoises, la Philharmonie et les Symphoniker. De 1931 à 1933, pendant la crise économique, l'activité du Konzerthaus se ralentit quelque peu. On monte pourtant la Huitième Symphonie de Mahler, avec au pupitre Bruno Walter qui en dirigera une seconde exécution en 1936, pour le vingt-cinquième anniversaire de la mort du compositeur. En 1934, les Wiener Symphoniker sont sauvés in extremis de la dissolution par la Radio autrichienne (la RAVAG) qui décide d'en faire son orchestre principal, sous la direction d'Oswald Kabasta (et parfois comme on le verra d'Anton Webern). Pendant la saison 1934-1935 et la suivante, Karl Böhm, Volkmar Andreae et Eugene Ormandy se succèdent au pupitre, alternant avec Hans Knappertsbusch et Richard Strauss. Cependant l'Anschluss et l'émigration d'une grande partie des musiciens marque le début d'une période de décadence, sous la direction d'un chef obscur, mais certainement « aryen », Hans Weisbach.

Entre l'ancienne et vénérable Gesellschaft der Musikfreunde et le jeune Konzertverein, un lien concret s'est noué dès le début, deux membres de l'illustre société ayant participé à la fondation de la seconde. Quoi qu'il en soit, les deux institutions ont une activité en partie concurrente puisque les Gesellschaftskonzerte se poursuivent sous la direction de Franz Schalk. Mahler a été invité trois fois par la Gesellschaft, en 1904, 1905 et 1907, pour la création des Troisième et Cinquième Symphonies puis pour son concert d'adieu, au cours duquel il a choisi de donner la Deuxième. Les grandes œuvres chorales de Händel, Beethoven, Schubert, Mendelssohn et Brahms restent la spécialité des Gesellschaftskonzerte qui, à l'occasion, n'hésitent cependant pas à présenter parfois des partitions contemporaines avec chœur, notamment de Strauss, Reger, Pfitzner, Elgar, Pierné, Oscar Fried ou Karl Prohaska. En 1911, la grande et prestigieuse salle du Musikverein subit d'importantes transformations pour faciliter son accès et consolider le balcon. La réouverture a lieu avec un concert Beethoven dont le programme enchaîne le Concerto pour violon, avec Adolf Busch comme soliste, et une exécution de la Neuvième Symphonie. L'année suivante, le centenaire du Musikverein est fêté par une semaine entière de concerts placés sous la direction de Franz Schalk. Pendant les années sombres de l'après-guerre, Schalk poursuit imperturbablement son activité à la Gesellschaft, tout en dirigeant l'Opéra, et il continue à programmer des Oratorios et des Passions, sans oublier le Requiem de Berlioz et la Troisième de Mahler. Il ne se décidera qu'en 1921 à abandonner la direction des Gesellschaftskonzerte à un chef allemand qui s'est déjà distingué deux années durant, au pupitre du Tonkünstlerorchester. Ce jeune et brillant musicien, du nom de Wilhelm Furtwängler, fait ses débuts au pupitre des Gesellschaftskonzerte en novembre 1921, dans une salle comble avec la Missa solemnis de Beethoven. Jusqu'à l'Anschluss, il n'abandonnera pas la direction de ces concerts, et la partagera tout d'abord avec Leopold Reichwein, puis avec Robert Heger. Les grands chefs-d'œuvre de la musique chorale constituent l'essentiel des programmes mais Furtwängler y ajoute, entre 1921 et 1934, des créations de Pfitzner, Suter, Braunfels, Heger, etc. À dater de 1923, la Gesellschaft instaure une série annuelle de concerts d'abonnement avec le concours du Wiener Sinfonieorchester.

Quelques semaines avant l'Anschluss, le cent-vingt-cinquième jubilé du Musikverein est célébré par des concerts de Bruno Walter (Haydn, Mozart, Schubert, avec Pablo Casals comme soliste), Furtwängler (La Création de Haydn et un programme Beethoven) et Oskar Kabasta. Bruno Walter met fin à son activité de chef invité le 27 octobre 1937, avec le *Requiem* de Mozart suivi du *Te Deum* de Bruckner. Au dernier Gesellschaftskonzert proprement dit, avant la dissolution du Verein par les nazis, Furtwängler retourne aux sources avec la *Passion selon saint Matthieu* de Bach. En revanche, six mois plus tôt, le dernier concert de la saison du Wiener Symphoniker a été marqué le 15 juin 1938 par la création de l'Oratorio récemment achevé de Franz Schmidt, *Das Buch mit sieben Siegeln* (Le Livre aux sept sceaux). À la recherche d'un grand maître « aryen » susceptible de remplacer les nombreux compositeurs qu'ils ont contraints d'émigrer, les nouveaux maîtres de l'Autriche sont en effet convaincus d'avoir découvert en Schmidt un représentant authentique de la grande tradition autrichienne, un musicien éminent que l'omnipuissance juive avait jusque-là maintenu dans l'ombre.

Les tenants d'une certaine tradition

Aux yeux de l'establishment viennois, que la réputation mondiale de Schoenberg exaspère sans doute et que les triomphes de *Wozzeck* ont indigné, il est vraisemblable que Franz Schmidt (1874-1939) fait alors figure de génie méconnu. Et pourtant les autorités autrichiennes lui ont conféré tous les honneurs et confié toutes les fonctions officielles qu'elles avaient refusés aux trois membres de l'École de Vienne. Né à Presbourg, fils d'un petit entrepreneur autrichien et d'une Hongroise, il a été l'élève de piano du célèbre Theodor Leschetizky, puis celui de Bruckner et de Fuchs au Conservatoire, avant d'étudier le violoncelle sous la férule de Josef Hellmesberger. De 1896 à 1911, il occupe un pupitre de violoncelle à l'Opéra et enseigne le même instrument au Conservatoire. À partir de 1914, on lui confie une classe de piano à la Staatsakademie für Musik, héritière en 1909 de l'ancien Conservatoire de la Gesellschaft, puis, huit ans plus tard, une classe de contrepoint et de composition. En 1926, il est nommé Hofrat et, l'année suivante, remplace Josef Marx à la tête de la même Académie qui, cette fois, a été renommée Hochschule für Musik, nom qu'elle porte encore aujourd'hui. Souffrant des suites d'une crise cardiaque qui a failli l'emporter en 1935, Schmidt abandonne toutes ses responsabilités en 1937 pour se consacrer exclusivement à la composition. Il mourra en 1939, d'une nouvelle crise cardiaque.

Trois ans plus tard, sa dépouille sera pompeusement ensevelie, aux sons de l'Adagio de la Septième de Bruckner, au Zentralfriedhof, dans une « tombe d'honneur » offerte par les membres de la Philharmonie de Vienne.

Une telle carrière est évidemment aux antipodes de celle de Webern, que nous retrouverons bientôt, mais le style néoromantique de la musique de Schmidt l'est tout autant de l'esthétique sérielle. Venu relativement tard à la composition, Schmidt a obtenu, dès 1902 pour sa Première Symphonie, le Prix Beethoven du Musikverein (qui avait été, vingt et un ans auparavant, refusé à Mahler). L'œuvre a été créée lors d'un *Novitäten-Concert* du Konzertverein. Comme tout romantique qui se respecte, Schmidt va bientôt chercher au théâtre la consécration définitive. Dans ce domaine, on a vu que *Fredigundis* (1924) n'a pas encore renouvelé le succès quelque peu éphémère de *Notre-Dame* (1914). L'esprit vériste des livrets correspond aussi mal que possible au style musical de Schmidt qui, désormais, ne quittera plus le domaine où il est le plus à son aise, celui de la musique instrumentale. Dans les limites strictes de la tonalité, il va désormais s'efforcer de créer une synthèse de l'héritage de Brahms et de celui de Bruckner. À la Deuxième Symphonie (1913), créée par Schalk et bientôt reprise par Weingartner à la Philharmonie, succèdent les *Variations sur un thème de Beethoven* pour piano (main gauche) et orchestre (1923), commandées comme le *Concerto en ré* de Ravel par le pianiste Paul Wittgenstein, puis la Troisième Symphonie (1928) et les *Variationen über ein Husarenlied* (Variations sur un chant de hussards) dont Clemens Krauss conduit la première audition à la Philharmonie en 1931. La création de la Quatrième Symphonie a enfin lieu sous la baguette de Kabasta en 1934, au cours d'un Gesellschaftskonzert radiodiffusé. L'année suivante, Franz Schmidt dirige lui-même, à la Philharmonie, une reprise de cette ambitieuse partition. Une dizaine d'œuvres d'orgue et de chambre (dont plusieurs destinées à Paul Wittgenstein), ainsi l'oratorio déjà cité, complètent le catalogue de ce compositeur solitaire. Son influence n'est nullement négligeable, ne serait-ce qu'à cause des nombreux élèves qui ont bénéficié de son enseignement, tels Marcel Rubin et Hanns Jelinek.

Les conservateurs d'alors, et même ceux d'aujourd'hui, voient en Schmidt l'ultime héritier de la tradition symphonique autrichienne, interrompue depuis la mort de Bruckner. Sans doute le peu de cas que le reste de l'Europe fait encore de cet art nourri par la nostalgie du passé est-elle à leurs yeux une scandaleuse injustice. Il faut pourtant ajouter que Franz Schmidt lui-même a été pour quelque chose dans l'oubli dont il a été victime après la guerre. En effet, au lendemain de l'Anschluss et en dépit des drames individuels et collectifs qu'ont provoqués l'arrestation et l'émigration de la fine fleur des intellectuels viennois, il a accepté de mettre en musique un texte exaltant l'idéal national-socialiste, dans la Cantate *Deutsche Auferstehung* (Résurrection de l'Allemagne) qu'il laissera inachevée à sa mort, en 1939. Qu'il ait ou non craint de voir ses œuvres antérieures mises à l'index s'il refusait d'obéir aux ordres des nouveaux maîtres, que la maladie de cœur dont il souffrait ait ou non obscurci son jugement, le moins qu'on puisse dire est que ce geste ne l'a pas grandi aux yeux de la postérité et qu'il a même terni sa mémoire. La première américaine de l'oratorio de Schmidt, *Das Buch mit sieben Segeln*, sous la direction de Josef Krips, a été relativement bien reçue à Cincinnati en 1954. En revanche, la création anglaise, douze ans plus tard a suscité à Londres un véritable tollé contre le « conservatisme éléphantesque » de cette partition. La quasi-totalité de l'œuvre de Schmidt est aujourd'hui gravée sur disques, de sorte qu'on peut désormais juger sur pièces de la valeur de ce créateur solitaire qui fut longtemps le héros de tous ceux pour qui la révolution schoenbergienne et son « art dégénéré » avaient donné le signal de la décadence.

Franz Schmidt n'aura pas été seul à brandir à Vienne l'étendard de la tradition. Le Styrien Joseph Marx (1882-1964) défendra pendant toute sa vie une esthétique très proche de la sienne. Lorsqu'il quitte Graz pour Vienne en 1914, Marx apportait avec lui dans la capitale un grand nombre de lieder, dont un *Italienisches Liederbuch* d'après Paul Heyse, pour lequel il avait utilisé la plupart des poèmes écartés par son compatriote Hugo Wolf. À cette époque, le jeune compositeur n'est déjà plus un inconnu : ses lieder ont déjà été interprétés par les plus prestigieux interprètes allemands et autrichiens du lied. En 1923, lorsqu'il est promu Hofrat, Marx dirige depuis un an la Staatsakademie für Musik, qu'il est alors chargé de réorganiser et de transformer en Hochschule. En 1927, il cède le poste à Franz Schmidt mais n'abandonne pas pour autant son activité de professeur de composition, à une seule interruption près, les années 1932 et 1933 qu'il passe en Turquie, comme conseiller pour la réorganisation du Conservatoire d'Ankara. Entre les deux guerres, Marx compose quelques partitions de chambre et d'orchestre, notamment l'immense *Eine Herbstsymphonie* (Une symphonie d'automne), créée par Weingartner à la Philharmonie en 1922, mais la plupart d'entre elles ont aujourd'hui sombré dans l'oubli. En 1931, Marx aborde au *Neues Wiener Journal* une carrière de critique musical qu'il poursuit jusqu'en 1945. On verra plus loin le rôle important qu'il jouera après la guerre dans la réorganisation des activités musicales de l'Autriche. Plusieurs de ses élèves accéderont à la notoriété, en particulier Norbert Sprongl, Armin

Kaufmann, Robert Schollum, Johann Nepomuk David et, parmi les interprètes, Jascha Horenstein, Friedrich Gulda, Oswald Kabasta et Stefan Askenase.

Un dernier représentant de la même tendance conservatrice mérite encore d'être mentionné, c'est le Morave Egon Kornauth (1891-1959), élève de Guido Adler à l'Université, de Robert Fuchs au Conservatoire et plus tard de Franz Schreker. En 1922, sa *Sinfonietta* attire l'attention, à une époque où Kornauth parcourt le monde comme pianiste et accompagnateur. Sa Quatrième Suite sera créée en 1939 sous la direction de Karl Böhm, au cours d'un concert exceptionnel de la Philharmonie, en même temps que le *Romantisches Klavierkonzert* de Marx et que la Quatrième Symphonie de Franz Schmidt, deux compositeurs avec lesquels on l'associe désormais parce que tous trois ont su résister à la « fatale superstition du progrès » et ne se sont pas laissé contaminer par la « dégénérescence » sérielle. En 1940, Kornauth est nommé professeur à la Hochschule qu'il quittera pour le Mozarteum de Salzbourg à la fin de la guerre.

À LA PHILHARMONIE, LE SACRE DES GRANDS CHEFS

De toute évidence, l'attachement au passé et le maintien d'une saine « tradition » n'ont pas été ébranlés à Vienne par la présence d'une trop bruyante avant-garde. Or, le bastion le plus inexpugnable de cette réaction reste comme auparavant la Philharmonie dont nous avons interrompu la chronique en 1901, c'est-à-dire à l'époque de la démission de Mahler. Comme on l'a vu, celui-ci s'est alors offusqué de se voir remplacer par le dernier membre de la dynastie Hellmesberger, Josef junior, un chef routinier et médiocre jusque-là cantonné dans la direction des ballets de l'Opéra et la composition de musique légère. Cependant au bout de deux ans, le « hardi Pepi » est lui-même contraint de démissionner après avoir été battu à coups de canne en pleine rue, par le père d'une jeune danseuse qu'il avait séduite. Pendant cinq ans, une ère de chefs « invités » s'instaure. Les Autrichiens Felix Mottl et Ernst von Schuch jouent néanmoins un rôle prédominant, aux côtés de Karl Muck, Arthur Nikisch, Richard Strauss, sans oublier Franz Schalk et, en quelques rares occasions, Bruno Walter.

En 1908, avant même que la nomination de Felix Weingartner comme directeur de l'Opéra n'ait été annoncée, le comité de la Philharmonie l'élit à l'unanimité comme chef principal de l'Orchestre. Bien qu'il ait quitté l'Opéra au bout de dix-huit mois, le chef autrichien conservera jusqu'en 1927 la direction des Concerts philharmoniques. Ainsi en aura-t-il conduit, en dix-neuf ans, cent cinquante-cinq, outre vingt et un « Concerts Nicolai ». Seuls une dizaine d'entre eux ont été confiés à Richard Strauss, Fritz Busch et Franz Schalk (notamment, en 1925, la création viennoise du *Sacre du printemps*, qui provoque un scandale comparable à celui de Paris douze ans plus tôt). Auprès d'un public désespérément conservateur, Weingartner jouit d'une telle popularité qu'on lui pardonne même d'inscrire de temps en temps au programme une de ses propres œuvres. Les musiciens lui sont viscéralement attachés parce qu'il se contente de peu de répétitions. Ils apprécient également son attachement à la tradition et sa technique que l'un de ses successeurs au même pupitre, Karl Böhm, caractérisera ainsi : « Pour les musiciens d'orchestre, il était un chef idéal. Sa gestique était simple ; ses gestes toujours efficaces ne se contentaient pas de battre la mesure mais indiquaient aussi le phrasé et l'expression... » Le contrat d'exclusivité que Weingartner a signé avec la Philharmonie lui interdit en principe de conduire un autre orchestre à Vienne mais il ne sera pas appliqué, dans toute sa vigueur, de sorte qu'il pourra reprendre en 1919 la direction de la Volksoper, que Raoul Mader vient de quitter.

En 1922, la tournée entreprise par l'Orchestre philharmonique avec son chef titulaire en Amérique du Sud suscite un tel enthousiasme que le comité décide d'en organiser une autre pour l'année suivante. Weingartner est encore invité à la diriger, mais à condition que Richard Strauss, qui occupe alors le fauteuil de directeur de l'Opéra, partage avec lui le pupitre. Or, il se trouve que les deux musiciens se vouent désormais une haine mortelle, à tel point que quelques membres de l'Orchestre s'apprêtent déjà à démissionner, par solidarité avec leur chef titulaire. Avec la souplesse de caractère qu'on lui connaît, Weingartner se résigne finalement à accepter le partage et conserve ainsi son poste. Cependant, il n'oubliera jamais le camouflet qu'il a ainsi essuyé et ses relations avec l'Orchestre perdront une grande partie de leur chaleur pendant les quatre dernières années de son activité viennoise. Après avoir dit adieu à son poste en 1927, avec une exécution de la Neuvième Symphonie de Beethoven, il acceptera par la suite plusieurs séries d'invitations entre 1933 et 1937.

Avant même que Weingartner ait décidé de rompre ses liens avec Vienne, le comité a signé un contrat de trois ans avec Wilhelm Furtwängler. En effet, le chef berlinois a dirigé son premier concert philharmonique en 1922, lors du festival organisé par le Musikverein pour commémorer le vingt-cinquième anniversaire de la mort de Brahms. Dès cette première rencontre, Furtwängler a noué avec la Philharmonie de Vienne des relations privilégiées qui ne s'interrompront que vingt-cinq ans plus tard, à la mort du musicien. Malheureusement, à cette époque, la Philharmonie de Berlin a déjà choisi Furtwängler comme chef permanent, de sorte qu'il ne peut effectuer à Vienne qu'un travail épisodique, ce qu'on ne tardera pas à lui reprocher. Au bout de trois ans, il cède donc la place à Clemens Krauss, dont on a vu qu'il dirige alors également la Staatsoper. Cependant remplacer Furtwängler n'est pas une sinécure. Très vite, on compare la lucidité intellectuelle du jeune chef à la prodigieuse intensité émotionnelle de son prédécesseur. Le parallèle est d'autant plus facile à établir que le Berlinois est fréquemment invité au pupitre et qu'il a conservé la direction des Nicolai-Konzerte, au grand dam de Krauss. En outre, le même Krauss s'est rendu impopulaire avec les musiciens à cause de nombreuses partitions contemporaines qu'il a inscrites à ses programmes : la Rapsodie pour saxophone de Debussy, le Concerto en sol de Ravel, dirigé par le compositeur lui-même quinze jours après la première parisienne, *Verklärte Nacht* de Schoenberg, les mouvements transcrits pour cordes de la *Suite lyrique* de Berg, la Sinfonietta de Janacek, la seconde audition du *Sacre du printemps*. Après l'expiration de son contrat, en 1933, Krauss ne paraîtra jamais au pupitre de l'orchestre, et cela jusqu'aux années de guerre. Privée de chef permanent, la Philharmonie fait appel à de prestigieux invités comme Arturo Toscanini, qui paraît quarante-six fois au pupitre entre 1934 et 1937, comme Furtwängler, Weingartner, Hans Knappertsbusch, Otto Klemperer et Carl Schuricht. Les soirées « extraordinaires » se multiplient, notamment avec Bruno Walter, qui dirige son dernier concert le 20 février 1938, quelques jours avant l'Anschluss.

Au mois de mars 1938, la Philharmonie a conclu avec Furtwängler un nouvel accord en vertu duquel il conduira chaque année quatre concerts et un Nicolai-Konzert, à la condition expresse que Toscanini et Bruno Walter se partagent les autres. Une semaine plus tard, jour pour jour, l'Anschluss vient tout bouleverser. L'intervention vigoureuse de Furtwängler auprès des hautes instances berlinoises, qui désormais gouvernent Vienne, évite de justesse la dissolution pure et simple de l'Orchestre mais celui-ci n'en perd pas moins une grande partie de son indépendance, en même temps que ses douze membres juifs, dont la plupart trouveront heureusement leur salut dans l'émigration. Tous les compositeurs juifs sont exclus du répertoire, à l'exception de Johann Strauss dont on a pris soin de maquiller l'acte de naissance, comme on l'a vu plus haut. Pendant toute la guerre, les Concerts philharmoniques pourront se poursuivre sous la direction de Furtwängler qui a obtenu que les musiciens soient exemptés du service militaire. Pendant cette sombre

période, Hans Knappertsbusch, Karl Böhm, Volkmar Andreae et Willem
Mengelberg partagent avec Wilhelm Furtwängler la direction de l'orchestre.

LES CHEMINS DE L'EXIL

Si la Philharmonie et l'Opéra de Vienne ont réussi à conserver pendant la guerre un semblant d'indépendance, c'est grâce à la politique
relativement libérale du Gauleiter viennois, Baldur von Schirach, et de
son adjoint pour les Arts, Walter Thomas. Erwin Kerber ayant quitté son
fauteuil de directeur de l'Opéra en 1940, on fait appel pour le remplacer
à Heinrich Karl Strohm qui a déjà modernisé avec succès le Stadt-
Theater de Hambourg et qui amène avec lui ses deux principaux collaborateurs, le metteur en scène Oskar Fritz Schuh et le décorateur Caspar
Neher. La seule création importante des premières années de guerre est,
en 1941, le *Johanna Balk* de Rudolf Wagner-Régeny, ouvrage qui provoque un scandale, car on a cru y déceler des traces du style « dégénéré »
de la musique d'avant l'Anschluss. En revanche, la troupe s'enrichit à
nouveau de quelques chanteurs de haut niveau qui feront les beaux soirs
de l'après-guerre, tels Irmgard Seefried, Anton Dermota, Paul Schöffler,
Hans Hotter, Erich Kunz, Max Lorenz et Peter Klein. Karl Böhm ayant
remplacé Strohm en 1943, Mozart est de nouveau à l'honneur, comme
Strauss. En effet les liens privilégiés qui unissent le maître de Garmisch à
Böhm incitent le nouveau directeur à organiser en pleine guerre, pour le
quatre-vingtième anniversaire de l'illustre compositeur, une série de
représentations modèles de ses principaux ouvrages. Karl Böhm et
Rudolf Moralt, le neveu de l'auteur de *Salome,* se succèdent au pupitre
pendant ces journées de fête qu'assombrissent les défaites allemandes et
l'approche de la catastrophe finale.
Mais, pour un musicien fêté, combien sont alors passés sous silence,
combien ont dû s'exiler ou « composer pour le tiroir »! Avant même
l'Anschluss, le mouvement a commencé par l'émigration des Autrichiens
qui ont dû fuir l'Allemagne. Schoenberg a compris le premier la gravité
et l'étendue du mal et il a quitté Berlin et l'Europe dès 1933, pour ne
plus jamais y revenir. Zemlinsky, lui, s'est d'abord réfugié en Autriche
avant d'émigrer, lui aussi, aux États-Unis. Schreker s'est entêté à rester à
Berlin, convaincu qu'il était de voir un jour la raison l'emporter, et il a
payé de sa vie cet optimisme aveugle. Egon Wellesz (1885-1974), dont
l'opéra *Die Bakchantinnen* (Les Bacchantes) (repris à Bielefeld en 1990)
a triomphé à la Staatsoper en 1931, sous la direction de Clemens Krauss

et dans des décors de Roller, va opter, quant à lui, pour l'Angleterre. Avant l'Anschluss, le dernier concert de la Philharmonie de Vienne comprenait la création de son Poème symphonique, *Prosperos Beschworungen* d'après Shakespeare. Immédiatement après, Wellesz gagne l'Université d'Oxford qui, en 1932, l'avait déjà nommé docteur *honoris causa*. Il y enseignera l'histoire de la musique et bientôt aussi la musique byzantine. En revanche, c'est aux États-Unis que va s'établir un autre disciple de Schoenberg, Ernst Krenek. Après avoir composé dans sa jeunesse, à Berlin, des œuvres néo-romantiques, l'auteur de *Jonny spielt auf* a regagné sa ville natale durant les années 1920 et, sous l'influence de Schoenberg, il y a adopté le langage sériel. Au milieu des années 1930, on l'a définitivement classé, à cause de *Jonny spielt auf*, parmi les *Kulturbolschevisten*. Il sera donc l'un des premiers à émigrer au moment de l'Anschluss.

Parmi les anciens élèves de Schoenberg, aucun n'aura suivi un parcours aussi original et aussi indépendant que Hanns Eisler (1898-1962), ni un chemin menant plus sûrement à l'émigration. Né à Leipzig, Eisler a passé toute son enfance et sa jeunesse à Vienne et s'est inscrit après la Première Guerre mondiale dans la classe de composition de Karl Weigl au Neues Wiener Konservatorium. Estimant que l'enseignement qui y est dispensé manque de rigueur, il devient en 1919 l'élève de Schoenberg qui est alors établi à Mödling. La richesse de ses dons éblouit le nouveau maître qui n'exige aucun paiement pour ses leçons et fait publier des 1923 la Sonate op. 1 du jeune homme par Universal Edition. Aussitôt sortie de presse, la partition reçoit le Prix de la Ville de Vienne mais Eisler n'en décide pas pour autant de s'installer en Autriche. Deux ans plus tard, il gagne Berlin où il se consacre à la pédagogie et devient militant marxiste. Son engagement politique est si sincère et si absolu qu'il en vient à abandonner le langage sériel et à renier du même coup ses premières œuvres et même toute l'esthétique de la musique moderne.

Se sentant trahi, Schoenberg rompt brutalement avec son ancien élève qu'il ne reverra que pendant la Seconde Guerre mondiale, en Californie. Communiste de plus en plus fervent, Eisler simplifie son style à l'extrême et, sans rien perdre pour autant de son originalité, écrit pour les orchestres et les chorales de travailleurs des chansons, des marches, et d'innombrables chœurs. En 1930, a lieu la rencontre historique avec Bertolt Brecht dont il devient le collaborateur régulier. C'est sur un texte de Brecht qu'il écrit cette année-là une de ses partitions les plus réussies, un *Lehrstück* pour chœur et orchestre intitulé *Die Massnahme* (La Mesure), où se lit clairement l'influence de Kurt Weill. À cette époque-là, Webern a déjà dirigé à Vienne, notamment au même programme que la

Sixième de Mahler, plusieurs chœurs a cappella d'Eisler, ce qui incite le musicien à gagner la capitale autrichienne, au moment de la prise de pouvoir d'Hitler en Allemagne. Pendant toute cette période, Eisler prend souvent le chemin de Paris où on lui a commandé des musiques de films. Deux mois avant l'Anschluss, il perçoit l'imminence du danger et traverse en hâte l'Atlantique. En dépit des nombreuses influences qu'elle révèle, sa musique conserve jusqu'au bout une empreinte viennoise reconnaissable à son refus de l'expressionnisme et à l'ironie qui affleure partout dans son style léger, spirituel et gracieux, et qui jette comme un voile critique sur les éléments les plus agressifs.

Bien longue est la liste des élèves et des disciples de Schoenberg que l'Anschluss contraint à l'émigration! Le musicologue et compositeur Paul Amadeus Pisk, fondateur de la branche autrichienne de la SIMC, co-responsable de la rubrique musique de l'*Arbeiter-Zeitung* et de la revue *Anbruch*, s'établit en Californie dès 1936 ; le pianiste Eduard Steuermann, qui a participé à la création de toutes les œuvres de Schoenberg, choisit New York où il se consacre en grande partie à l'enseignement, comme le compositeur Karl Weigl, un ancien élève de Zemlinsky. Rudolf Kolisch, lui, effectue aux États-Unis une tournée avec son Quatuor lorsque les nouvelles reçues de Berlin le dissuadent de retraverser l'Atlantique ; Josef Trauneck, enfin, fait carrière en Afrique du Sud.

Plusieurs autres familiers du cercle de Mödling ont suivi l'exemple de Wellesz et se sont réfugiés en Angleterre, notamment Karl Rankl, qui deviendra bientôt le directeur artistique de Covent Garden ; le compositeur et pédagogue Leopold Spinner, élève de Pisk et de Webern ; Erwin Stein, ancien rédacteur en chef de la revue *Anbruch* (1924-1930), et de *Pult und Taktstock* (revue également publié par Universal Edition), devient co-directeur de la firme londonienne Boosey and Hawkes ; David Josef Bach, enfin, l'ancien organisateur des Arbeiter-Konzerte. En revanche, c'est à Paris que s'établit Max Deutsch, et cela dès 1924 ; demeuré en France pendant la guerre, il mènera jusqu'à la fin de sa vie une carrière très active de pédagogue et de chef d'orchestre. Et c'est en Suisse que se rend, en 1938, Willi Reich, musicologue et critique, élève de Webern et biographe de Berg, ancien rédacteur en chef, de 1932 à 1937, de la revue « 23 » (ainsi nommée par Alban Berg, son fondateur, pour qui ce chiffre avait acquis une importance particulière, dans sa vie et dans son œuvre). Seul Josef Rufer, défenseur, illustrateur et exégète de la musique et du système sériels, se refuse à quitter Berlin, tandis que l'Allemand Hans Erich Apostel (1901-1972), établi à Vienne en 1921, y passe toute la durée de la guerre, en accomplissant pour survivre des tâches obscures pour Universal Edition. Comme Apostel, deux élèves et amis intimes de Webern, le musicologue Erwin Ratz et le pédagogue Josef Polnauer restent fidèles à la capitale autrichienne, le premier par choix et le second par nécessité, toutes ses tentatives pour quitter l'Autriche ayant échoué.

UN DESTIN BRISÉ

Pour achever cette sombre chronique de la musique et des musiciens viennois avant et après l'Anschluss, il nous reste à parler des deux personnalités majeures de l'école schoenbergienne, Alban Berg et Anton Webern. En effet c'est à eux désormais qu'incombe, avant les autres, la responsabilité de démontrer par l'exemple la validité du système inventé par leur maître absent. Cinq ans après sa création, *Wozzeck* poursuit à travers le monde la même carrière triomphale que rien ne semble pouvoir interrompre. En 1931, l'ouvrage est monté par Leopold Stokowski, successivement à Philadelphie et à New York. Grâce aux droits d'auteur collectés depuis 1925, Berg et sa femme Hélène ont pu s'acheter une petite Ford et d'une maison située près de Velden, sur le Wörthersee. Mais la montée du nazisme exerce une influence désastreuse sur la carrière de Berg, *Wozzeck* ayant disparu de l'affiche de tous les théâtres, tout d'abord en Allemagne, puis en Autriche. Le coup est particulièrement dur pour un compositeur que son premier essai théâtral a définitivement convaincu de sa vocation lyrique et qui, déjà, est parti à la recherche d'un nouveau sujet. Berg a commencé par jeter son dévolu sur le conte de fées dramatique de Gerhard Hauptmann, *Und Pippa tanzt*. Malheureusement, ce premier projet devra être abandonné à cause des exigences financières posées par l'éditeur de l'écrivain. Les quelques fragments déjà composés de la partition seront plus tard incorporés à *Lulu*. Ayant renoncé à collaborer avec Gerhard Hauptmann, Berg signe en 1928 un accord avec la veuve du poète Frank Wedekind et se met à rédiger un livret en trois actes d'après les deux pièces les plus célèbres du poète, *Erdgeist* (L'Esprit de la terre) et *Die Büchse der Pandora* (La Boîte de Pandore). Le travail progresse très lentement et le livret est à peine rédigé lorsque, en 1930, Berg reçoit d'une cantatrice viennoise la commande de l'air *Der Wein* (Le Vin), inspirée par un poème de Baudelaire. Une fois cette courte partition achevée, Berg consacre toutes ses forces à la composition de *Lulu*. Mais l'interdiction de ses œuvres en Allemagne a considérablement réduit ses moyens d'existence. Heureusement, grâce à l'intervention de Schoenberg, il parvient à vendre le manuscrit de *Wozzeck* à la Library of Congress de Washington.

En 1934, Berg extrait de sa partition encore inachevée de *Lulu* une Suite symphonique qui est créée à Berlin au mois de novembre par Erich Kleiber, lors du dernier concert dirigé par celui-ci avant son départ pour l'Argentine. Peu après, la *Lulu Symphonie* est reprise à Vienne par Oswald Kabasta et les Wiener Symphoniker. Désormais exclu des scènes et des salles de concert allemandes, Berg se rend en Italie pour entendre ses œuvres, notamment à Venise où a lieu la création de *Der Wein*. Toutefois ces rares exécutions étrangères ne le consolent pas de voir ses œuvres mises à l'index dans son propre pays, lui qui, à plusieurs reprises, a refusé par loyauté à l'Autriche les offres qui lui parvenaient d'ailleurs. Sa situation financière étant devenue critique, il interrompt la composition de *Lulu* pour écrire le Concerto pour violon, que lui a commandé le violoniste américain Louis Krasner. Au mois d'avril 1935, la mort de Manon Gropius, la fille d'Alma Mahler, bouleverse profondément le compositeur. Le Concerto, que Krasner souhaitait voir composé sur le mode lyrique et non pas virtuose, prend ainsi la tournure d'un Requiem à la mémoire de la jeune morte. L'ouvrage est terminé en quatre mois. Il sera créé l'année suivante à Barcelone, au festival de la SIMC, sous la direction de Scherchen, Webern ayant déclaré forfait, comme on le verra bientôt.

Mais à l'époque de cette création, Berg n'est déjà plus de ce monde. Au mois d'août 1935, une piqûre de guêpe au bas du dos dégénère peu à peu en abcès. Une nouvelle attaque du même microbe se manifeste par un anthrax au pied gauche. Le 11 décembre, Berg est encore assez bien portant pour assister à une répétition de sa *Lulu Symphonie*. Cependant, le 17, il doit être transporté précipitamment dans un hôpital pour être opéré d'urgence. Victime d'une septicémie foudroyante, dont l'origine ne pourra jamais être déterminée, il meurt la veille de Noël à une heure quinze du matin, à l'âge de cinquante ans et onze mois, et il est enterré au cimetière de Hietzing, dans un caveau d'honneur offert par la municipalité de Vienne.

Dans un siècle où les œuvres lyriques de grande envergure sont devenues rares, Alban Berg laisse derrière lui deux chefs-d'œuvre, *Wozzeck* et *Lulu*, qui, aussitôt après la guerre, vont devenir des références, après avoir été joués et représentés sur toutes les scènes du monde. De l'autre côté de l'Atlantique et du continent américain, Schoenberg s'est réjoui de voir un de ses anciens élèves triompher ainsi partout. La mort de Berg le frappe au cœur car il est conscient de perdre non seulement un disciple en qui il plaçait toutes ses espérances, mais aussi un ami. À Webern, il exprime dans une lettre toute la douleur que lui cause sa disparition : « C'est trop affreux. Voici encore que l'un de nous s'en va, alors que nous n'étions que trois. Il nous faut maintenant supporter tout les deux notre isolement artistique. Et le plus triste est que ce soit le seul d'entre nous qui avait du succès et qui aurait pu au moins en jouir. S'il avait vécu, il n'aurait pas eu à souffrir autant que nous deux de cette amertume qui gâche toute la joie que peut nous apporter l'exécution d'une œuvre et l'effet qu'elle produit. Bien sûr, lui aussi a eu à souffrir de l'oppression générale qui a pesé sur nous trois et de la haine dont on nous poursuit. Pourtant, grâce à certains traits aimables de sa nature, les gens croyaient en lui et il aurait pu au moins savourer ce plaisir-là. »

LA PASSION D'ANTON WEBERN

En fait, le plus solitaire sera désormais Anton Webern, privé de ses compagnons d'armes, seul dans une capitale qui ne veut rien savoir de lui et qui, en outre, est en train de perdre tous ses artistes de valeur. Nous avons abandonné le récit de sa vie en 1930, à l'époque où il dirigeait au Musikverein trois chœurs d'Eisler suivis de la Sixième Symphonie de Mahler, à l'époque où son talent de chef commençait à être reconnu par le public, sinon par l'establishment. En 1931, la Radio autrichienne, la RAVAG, l'engage à diriger deux concerts, et notamment le *Requiem* de Brahms qui lui vaut un de ses plus grands succès au pupitre. Le lendemain de ce concert, le 13 avril 1931, une séance de musique de chambre a lieu dans la petite salle du Musikverein avec, pour la première fois, un programme exclusivement consacré à ses œuvres. Aux Pièces op. 5 interprétées par le Quatuor Kolisch succèdent un choix de six lieder d'époques diverses, puis le Trio à cordes, les courtes Pièces pour violon et pour violoncelle, qui encadrent les *Bagatelles* op. 9, et enfin, pour terminer, la première mondiale du Quatuor op. 22. L'auditoire est en grande partie constitué d'amis et de connaissances, et pourtant l'atmosphère de la salle montre bien que cet art subtil et dépouillé n'obtient pas l'assentiment de tous. La presse du lendemain s'élève unanimement contre cet « apôtre fanatique de l'atonalité », et condamne cette « concoction d'horreurs, fruit d'une monomanie, qui se perd dans le chaos et n'a plus rien de commun avec la musique ». Plus perspicace que ses confrères, le critique du *Wiener Tag* voit dans ces « formes curieuses et cristallines » le fruit du « laboratoire le plus secret de la musique des douze sons », mais celui de l'*Extrablatt* n'a entendu que des bruits « de nature extra-musicale », des « grincements », des « gargouillements » évoquant certains sons « d'origine humaine mais d'indécente nature ». Finalement, la seule conséquence heureuse de ce concert sera pour Webern l'obtention pour la seconde fois du Prix de la Ville de Vienne d'un montant de 3 000 schillings.

À la fin de 1931, Webern, malade, est obligé de séjourner plusieurs semaines dans une clinique et d'annuler l'Arbeiter-Konzert de l'automne. En revanche, l'année suivante lui sera plus favorable car il est engagé par le Dr Kurzmann, un médecin-mécène, à donner dans sa maison une série de cours théoriques sur la musique sérielle, cours qui d'ailleurs seront plus tard publiés en recueil. À la même époque Webern dirige un programme de musique d'avant-garde américaine au Konzerthaus et un Arbeiter-Konzert dédié à la mémoire de Goethe. Nommé président de la section autrichienne de la SMIC, il brille encore au pupitre, lors du festival viennois de cette société, pour un programme composé de la Deuxième Symphonie de Mahler, de *Der Wein* d'Alban Berg et de *Friede auf Erden* (Paix sur la terre) de Schoenberg. La RAVAG lui confie également les exécutions de deux autres Symphonies de Mahler, la Cinquième et la Sixième. Ainsi sa carrière de chef d'orchestre atteint-elle son apogée en 1933, au moment où le fléau nazi commence à sévir en Allemagne. En février de cette année cruciale, Schoenberg se rend à Vienne pour une exécution de *Pelleas und Melisande* organisée en son honneur. Tous ses disciples réunis lui font fête au cours d'un déjeuner qui se déroule dans la détente et la bonne humeur. Personne ne semble avoir, ce jour-là, le moindre pressentiment. Pourtant c'est seulement quinze jours plus tard que Schoenberg quittera la réunion historique de l'Académie des Arts berlinoise et donnera sa démission, avant de quitter à jamais l'Allemagne. Il n'assistera donc pas, à l'automne de 1934, au concert de musique de chambre organisé pour son soixante-dixième anniversaire par le Quatuor Kolisch. De Paris, où il a renoué avec ses racines en embrassant à nouveau le judaïsme, il prend en octobre le chemin de l'Amérique.

Dès 1934, Webern commence à ressentir l'effet des mesures prises par les nazis contre la musique « dégénérée ». Quelques exécutions orchestrales de ses œuvres avaient été programmées cette année-là en Allemagne. Or, celle des Pièces op. 10, prévue au Festival de l'Allgemeiner Deutscher Musikverein à Dortmund, est annulée. Deux ans plus tard, la société autrefois fondée par Liszt est dissoute par décret. Au début de décembre, la soirée exceptionnelle dirigée par Webern à Vienne pour les dix ans du Singverein est aussi le dernier concert de cette institution, mais il ne s'en doute pas encore. Le même mois, pour son cinquantième anniversaire, un concert de musique de chambre est consacré à ses œuvres dans la petite salle du Musikverein. On lui a promis à cette occasion de lui accorder un poste d'enseignement ou au moins un titre de professeur mais, une fois de plus, ses espoirs seront déçus. Seule sa carrière de chef paraît appelée à s'étendre. Dans ce domaine-là, l'avenir semble donc prometteur mais les émeutes tragiques de février 1934 vont lui porter un coup terrible et bouleverser quelque peu sa vie.

Pris entre deux feux, celui des démocrates sociaux et celui du parti national-socialiste autrichien, le chancelier Dollfuss assure cette année-là les pleins pouvoirs. La répression des manifestations sociales-démocrates est violente et le bilan très lourd : environ mille morts et trois ou quatre mille blessés. Du jour au lendemain, le parti de gauche est dissous et, avec lui, toutes les organisations qui lui sont proches, notamment le Singverein et les Arbeiter-Konzerte. La plupart des libéraux, surtout ceux d'origine juive, se préparent déjà à émigrer. Webern, qui a été terrifié par les émeutes de février, l'est plus encore par l'assassinat de Dollfuss. En outre, ses ressources, qui provenaient en grande partie de ses activités de chef, se trouvent considérablement réduites à une époque où le montant de ses droits d'auteur a déjà baissé de près de moitié. La RAVAG fait de moins en moins appel à lui, sans doute à cause de ses liens avec Schoenberg et avec le parti interdit. Qui plus est, plusieurs engagements à l'étranger sont annulés pour des raisons diverses, à la seule exception d'un nouveau concert de la BBC durant lequel Webern dirige la Quatrième Symphonie de Mahler. Les revenus du malheureux compositeur continuent à s'amenuiser, avec le nombre de ses élèves. Il n'est sauvé pour l'instant de la misère que par les mensualités d'un élève américain, Mark Brunswick, et par une nouvelle série de cours, cette fois d'analyse, organisée chez le Dr Kurzmann.

Bien qu'on lui ait proposé la direction d'une petite chorale, « Freie Typographia », Webern est profondément démoralisé, ce qui explique pourquoi le rythme de sa composition se ralentit pendant ces années-là. Après avoir terminé en 1930 le Quatuor op. 22, il ne signe que l'arrangement pour orchestre des *Danses allemandes* D.820 de Schubert. La moisson des années 1933-1934 est moins abondante encore puisqu'elle ne comprend que les *Jone Lieder* op. 23 et 25, et le Concerto pour neuf instruments op. 24. L'année 1935 voit naître la Cantate *Das Augenlicht* (La Lumière des yeux) et l'orchestration du *Ricercare* de Bach, 1936 les Variations pour piano et 1937 le seul dernier mouvement du Quatuor à cordes. Chacune de ces œuvres est brève et l'on peut s'étonner que leur nombre soit aussi restreint. Cependant, la musique de Webern se fait de plus en plus dense car son idéal reste d'exprimer « le maximum d'idées avec le minimum de mots » (comme le notera Luigi Dallapiccola après la première audition du Concerto). Ainsi quelques-unes de ces œuvres elliptiques, sont-elles plus riches de substance que bien des symphonies.

Au mois d'avril 1935, Webern dirige la chorale Typographia dans un programme plein d'arrière-pensées politiques : le Chœur des Prisonniers de *Fidelio* est suivi du *Schicksalslied* (Chant du Destin) de Brahms et d'une œuvre de Mendelssohn, compositeur déjà interdit en Allemagne. La salle est comble et les applaudissements nourris, mais Webern ne sera plus jamais invité à diriger de concert avec chœur. De même, la soirée que lui confie la RAVAG au mois de juillet sera la dernière, parce qu'il a osé inscrire au programme le Concerto pour violon de Mendelssohn avec la Première Sérénade de Brahms. Désormais Webern fait figure à Vienne de persona non grata. La création de son Concerto est programmée pour septembre au festival de la SIMC à Prague mais, découragé, le compositeur abandonne au dernier moment la baguette à son ami de jeunesse Heinrich Jalowetz.

À la fin de 1935, la mort d'Alban Berg plonge Webern dans un désespoir sans bornes. Pour rendre un dernier hommage à la mémoire de son meilleur ami, il accepte de diriger au festival de la SIMC, en avril, la création du Concerto pour violon couplée avec des extraits de *Wozzeck*. Pourtant, à mesure que l'échéance approche et que se succèdent chez lui les répétitions préliminaires avec Krasner, ses appréhensions augmentent. Le violoniste devra finalement menacer d'annuler la première pour que Webern se décide enfin à gagner Barcelone où se déroule cette année-là le festival. Le climat des répétitions est gravement alourdi par sa nervosité et son exigence jusqu'à ce que, à la générale, ses remarques acerbes offensent gravement les musiciens. Conscient d'avoir dépassé les bornes, Webern rentre précipitamment à son hôtel et s'enferme dans sa chambre. C'est finalement Hermann Scherchen qui, sans avoir jamais jeté le moindre regard auparavant sur la partition, est obligé de prendre sa place au pupitre. Profondément traumatisé par sa propre défection, Webern s'enfuit d'Espagne et, au lieu de gagner directement Londres où il doit conduire plusieurs concerts, il se réfugie pendant deux jours en Autriche. À la BBC, il finira tout de même par diriger le Concerto pour violon de Berg, à la mémoire de son ami défunt, au même programme que la Septième Symphonie de Bruckner. Ce sera son dernier concert comme chef d'orchestre.

Désormais, la frustration du compositeur égalera celle du chef car les exécutions de ses œuvres se raréfient, ce qui le rend de plus en plus misanthrope. À l'automne de 1936, Otto Klemperer se rend à Vienne pour diriger, avec Louis Krasner comme soliste, la création du Concerto de Berg à la Philharmonie. Au pupitre des Symphoniker, il donne aussi la première audition de la Symphonie op. 21 de Webern, sous les auspices de la SIMC. Loin de se réjouir, Webern lui reproche de manquer de lyrisme dans son interprétation et, surtout, de ne pas l'avoir suffisamment consulté auparavant. Trois autres concerts de 1937 ont programmé de ses œuvres mais il s'agit encore de pièces de musique de chambre qui, toutes, datent de sa jeunesse. Les nouvelles Variations pour piano op. 27 sont créées par Peter Stadlen au mois d'octobre, concert mémorable entre tous aux yeux de l'histoire, puisque Webern n'entendra plus jamais aucune œuvre de sa plume au concert dans son pays natal. Déjà condamnée en Allemagne comme « *entartete* » (dégénérée), sa musique l'est également à Vienne dès le lendemain de l'Anschluss. Mais le plus triste est peut-être que, malgré tout, Webern garde confiance, qu'il continue à croire que tout va rentrer dans l'ordre et que le régime nazi défend, en dépit des apparences, les valeurs éternelles de la culture. Même le récit, par la gauche autrichienne, des atrocités commises en Allemagne, ne parvient pas à l'ébranler. Le 12 mars, le jour même de l'Anschluss, alors que les troupes allemandes font la démonstration de leur force dans les rues de Vienne en chantant le *Horst Wessel-Lied*, Webern refuse toujours de s'alarmer outre mesure, et il écrit à son amie la poétesse Hildegard Jone : « Je suis totalement plongé dans le travail et ne puis pas, absolument pas me laisser déranger. »

Cependant, Webern ne tardera pas à mesurer la dimension de cette catastrophe sans précédent qui s'est abattue sur l'Autriche. Huit mois plus tard, le 10 novembre, au lendemain de la tristement célèbre *Kristallnacht,* qui nulle part n'aura été aussi dévastatrice qu'à Vienne, il se précipite chez deux de ses meilleurs amis juifs, David Josef Bach et Josef Polnauer, pour s'assurer qu'ils n'ont pas souffert. Or un tel geste exige plus que du courage à cette époque où tout contact avec un juif a été interdit par les autorités. Le départ d'innombrables amis et connaissances et la politique de répression menée par les nouveaux maîtres de l'Autriche atteignent le compositeur au vif. Polnauer n'ayant finalement pas réussi à quitter Vienne pendant les années de guerre, Webern continuera à lui rendre visite en cachette jusqu'en 1942, date à laquelle son ami est obligé d'entrer dans la clandestinité.

De toutes ces blessures, la plus cruelle sera sans aucun doute pour Webern l'adhésion de deux de ses filles aux jeunesses hitlériennes et l'engagement volontaire de son fils, Peter, avant même que l'Autriche ne soit envahie. On imagine l'état d'esprit dans lequel le compositeur accueille ces nouvelles, lui dont la musique vient d'être mise à l'index et désignée, avec d'autres, au mépris de tous, dans une grande exposition organisée par les nazis au Künstlerhaus et intitulée « *Entartete Kunst* ». Toute son œuvre est désormais interdite d'avenir, surtout depuis qu'Universal Edition a été repris en mains par les autorités nazies. Malgré tout, le malheureux compositeur ne se sent pas la force d'émigrer, ni de quitter une famille à laquelle il reste malgré tout profondément attaché. Telle est sa haine du désordre, de l'anarchie, qu'il accepte toutes ces vexations successives sans se rebeller. Comme beaucoup d'autres, il se contentera désormais d'« émigrer à l'intérieur », c'est-à-dire de se replier sur lui-même et sur sa création.

Heureusement pour Webern, les pays étrangers ne l'ont pas oublié. Au mois de juin 1938, *Das Augenlicht* est créé avec succès au Queen's Hall de Londres, sous la direction de Hermann Scherchen, lors du concert d'ouverture du Festival de la SIMC. Malgré l'« étrangeté » du langage, la critique y reconnaît la main d'un maître. Pourtant, quelque temps auparavant, pendant une exécution londonienne de son Trio, le violoncelliste a quitté la scène au beau milieu du concert en se déclarant incapable de poursuivre. Si les incidents de ce genre continuent à se produire, huit œuvres de Webern auront été tout de même jouées en Grande-Bretagne au cours de cette même année 1938. Encouragé par cette nouvelle, Webern entreprend la composition de sa Première Cantate, qu'il achèvera en novembre 1939. Entre-temps, sa situation matérielle a encore empiré, au fur et à mesure qu'il perd à la fois ses élèves étrangers et ceux qui sont contraints d'émigrer. En 1940, il enseigne chez un ancien disciple de Schoenberg, Erwin Ratz, et reçoit quelques élèves privés dans la maison de Maria Enzersdorf, près de Mödling.

Car la guerre s'étire en longueur et Webern, envers et contre tous, continue à placer tout son espoir dans une prompte victoire de l'Allemagne. Toute autre source de revenu étant tarie pour lui depuis le début de la guerre, il lui faut accomplir pour les nouveaux directeurs d'Universal des tâches obscures. C'est ainsi qu'il réduit pour piano les partitions de quelques opéras comme *Johanna Balk* de Rudolf Wagner-Régeny et *Das Schloss Durande* (Le Château Durande) d'Othmar Schœck, et celle de la *Paganiana* d'Alfredo Casella. En février 1940, l'une de ses dernières joies de créateur aura été d'entendre à Wintherthur, en Suisse, sa *Passacaglia,* puis, trois jours plus tard à Bâle, un groupe de ses lieder de jeunesse suivis d'une conférence de Willi Reich sur « Schoenberg et son cercle viennois ». Webern avait espéré trouver en Suisse l'aide matérielle dont il avait tant besoin, soit sous la forme d'une commande de Paul Sacher, soit d'un engagement de chef d'orchestre. Il a avoué sa détresse à Werner Reinhart, le mécène de Wintherthur qui l'a reçu chez lui. Une fois de plus, tous ses espoirs seront déçus et rentré en Autriche, il lui faudra reprendre ses travaux de transcripteur et de lecteur pour Universal Edition.

Dans les rares moments de liberté qui lui sont accordés, Webern parvient encore à composer, outre la Première Cantate (1938-1939), les Variations pour orchestre (1940) et la Deuxième Cantate (1941-1943) et l'on ne peut qu'admirer l'héroïsme d'un créateur capable de poursuivre son activité en de telles circonstances. Car aucune de ses compositions n'est plus interprétée au concert. Il lui faut donc se contenter d'entendre de temps à autre à la radio une de ses orchestrations ou l'une de ses œuvres tonales, qui sont exclues de l'interdiction générale. Un jour d'août 1940, n'y tenant plus, il réunit ses amis chez son élève Ludwig Zenk, en face de la cathédrale Saint-Étienne, pour les initier aux mystères de sa Première Cantate. Envers et contre tous, sa confiance en l'avenir reste inébranlable. Devant l'un de ses derniers élèves, le Munichois Karl Amadeus Hartmann, il s'exclame avec conviction : « Un jour, même le facteur sifflera mes mélodies! »

En février 1943, Webern quitte pour la dernière fois l'Autriche pour assister, à Winterthur, à la création de ses Variations pour orchestre, dirigées par Hermann Scherchen. C'est l'ultime exécution de sa musique à laquelle il lui sera donné d'assister. Ses lettres montrent que la présence du consul d'Allemagne, à ce concert et au souper qui a suivi, semble l'avoir impressionné plus que tout. Dix mois plus tard, le 3 décembre 1943, son soixantième anniversaire est fêté à Bâle par un programme de ses œuvres comprenant des lieder, les Pièces pour violon et celles pour violoncelle, ainsi que les Variations pour piano op. 27. Webern en est ému mais il n'a pu assister à la soirée car la guerre tire à sa fin et tout déplacement hors d'Autriche est désormais inconcevable. Durant ces derniers mois passés à Maria Enzersdorf, il esquisse une nouvelle partition orchestrale et un cycle de lieder sur des poèmes de Hildegard Jone, dont il n'achèvera que quelques fragments.

Au mois d'avril 1944, les bombardements alliés se multiplient sur l'Autriche et Webern est enrôlé pendant quelque temps dans une brigade civile de surveillance des abris antiaériens. Il finira par se faire exempter de cette pénible obligation à condition de venir travailler tous les jours dans les locaux d'Universal Edition, où, sans relâche, il relit encore des épreuves et examine les compositions nouvelles. Enfin, il songe sérieusement à émigrer avec sa femme en Suisse, où sa musique commence à être connue, mais il est désormais trop tard. Au mois de mai 1945, les deux époux sont douloureusement atteints par la nouvelle de la mort de leur fils unique, qui a succombé aux blessures reçues lors d'une attaque aérienne sur le train qui l'emmenait à Zagreb. La fréquence des bombardements de Vienne et des faubourgs ne cesse alors de s'intensifier. La cathédrale Saint-Étienne, le Burgtheater et l'Opéra sont déjà en ruines lorsque Anton et Wilhelmine Webern se décident enfin à quitter la capitale. Au mois de mars, ils gagnent Mittersill, dans la région de Salzbourg, où ils ont déjà passé l'été précédent chez les beaux-parents de leur fille.

À Mittersill, la famille se reconstitue peu à peu. Les filles de Webern sont arrivées avec leurs maris. C'est l'heure où toute communication est interrompue avec la capitale occupée par les Russes, tandis que les troupes américaines et françaises ont avancé jusqu'au Vorarlberg. Webern souffre de fatigue nerveuse, de malnutrition et de dysenterie. Il ne pèse plus que cinquante kilos et son visage est tellement marqué qu'il est presque méconnaissable. À la fin de mai, une lettre reçue de Vienne lui apprend que sa maison de Maria Enzersdorf a été occupée, dévastée et en partie pillée par les troupes russes. On lui annonce aussi que la section autrichienne de la SIMC, nouvellement reformée, l'a nommé président. Alfred Schlee, le directeur d'Universal Edition, est d'autant plus impatient de le voir revenir que le Conservatoire lui propose une classe supérieure de composition et la RAVAG le poste tant convoité de chef permanent. Cependant, pour gagner la capitale, il faut traverser la ligne de démarcation entre zones américaine et russe, et les conditions du voyage sont encore trop précaires pour des personnes d'un certain âge.

C'est ainsi que l'engrenage implacable du destin se referme peu à peu sur le compositeur. Son gendre, Benno Mattel, ancien fonctionnaire zélé du parti nazi, a pour l'instant réussi à faire oublier son passé et s'est trouvé une nouvelle occupation des plus lucratives : il revend au marché noir les dollars et les denrées rares qu'il achète aux soldats américains. Or, il se trouve que, au mois de septembre, ces activités peu reluisantes ont attiré l'attention du Quartier général qui a résolu d'y mettre fin. Pour cela, des soldats américains vont lui rendre visite pour affecter de lui vendre des vivres, afin de le prendre en flagrant délit. Ce soir-là, la fatalité a voulu que les parents Webern aient été invités à dîner, ce qui ne s'est encore jamais produit depuis leur arrivée à Mittersill. Le repas fini, les soldats américains s'annoncent et Mattel s'enferme avec eux dans la pièce commune. Pour fumer le cigare que son gendre vient de lui offrir, le premier depuis de longs mois, le compositeur sort pour quelques instants de la maison. Raymond Bell, le cuisinier du régiment, est déjà bien connu de ses camarades pour sa nervosité et son instabilité de caractère. Or c'est lui que l'on prie de sortir avant les autres pour faire le guet devant la porte d'entrée. Dans l'obscurité, il se heurte à Webern et, se croyant agressé, tire trois fois sur lui avec son revolver. Le compositeur, atteint de deux balles, l'une au ventre et l'autre à l'estomac, pousse la porte et s'écroule en gémissant aux pieds de son épouse : « On m'a tiré dessus. » Affolée, Wilhelmine le couche sur un matelas, lui ôte ses vêtements et voit deux blessures qui saignent abondamment. Frappé à mort, Webern arrive tout juste à murmurer : « C'est fini ! », avant de sombrer dans le coma. Lorsqu'une civière arrive enfin pour le transporter à l'hôpital, il ne donne déjà plus aucun signe de vie.

Wilhelmine Webern n'est pas autorisée à accompagner son mari à l'hôpital et lorsque Amalie, la fille aînée du compositeur, s'y rend le lendemain pour demander des nouvelles, elle trouve le corps de son père étendu par terre sur une couverture, dans la petite chapelle qui sert de morgue. Les yeux grand ouverts expriment encore une insondable épouvante. Six jours plus tard, la dépouille d'Anton Webern est inhumée dans le petit cimetière qui avoisine l'église de Mittersill. Le cercueil est accompagné par la veuve du musicien et ses trois filles. Traumatisée par le drame et par la condamnation de son gendre à un an de prison, Wilhelmine fait jurer à ses filles de garder à jamais le secret sur la mort de leur père et c'est ainsi que les bruits les plus absurdes et les plus divers se répandront sur le stupide accident qui lui a coûté la vie. Wilhelmine va passer le reste de son existence à Mittersill, non loin de la tombe de son mari, dans la douleur, la pauvreté et la maladie. Un remords l'obsède, celui d'avoir prié son mari, le soir du drame, de ne pas fumer son cigare dans la chambre des enfants où les deux époux s'étaient réfugiés en attendant que leur gendre ait terminé ses négociations. Elle succombera à une attaque cérébrale à la fin de décembre 1949. La mort dramatique et absurde de Webern, comme l'incendie de la Staatsoper et la chute du bourdon de la cathédrale Saint-Étienne, marquent la fin d'un monde. Le plus fidèlement autrichien des maîtres de l'école viennoise s'était obstiné jusqu'au bout dans ses fidélités contradictoires. D'une certaine manière, c'est de cela qu'il est mort.

CHAPITRE IX

L'après-guerre :
un nouveau départ sans illusions

Proscrit des salles de concert, ignoré des institutions musicales et malgré tout fidèle à ce pays qui a abdiqué son indépendance et acclamé l'envahisseur, Webern nous a donné l'un des destins artistiques les plus tragiques de l'histoire. Comment un pays qui a maltraité à ce point ses valeurs d'avant-garde, comment un pays qui a accepté sans discussion les dictats esthétiques du nazisme allait-il pouvoir après la guerre retrouver quelque élan créateur ? Humiliée, traumatisée, diminuée, la Vienne musicale d'après-guerre ne se soucie pas beaucoup de réhabiliter ses pionniers, exilés ou défunts. Aussi est-ce à Paris, à Donaueschingen et à Darmstadt que l'école viennoise se voit défendue, illustrée, prolongée et finalement consacrée. En Autriche, il faudra attendre que la musique nouvelle entre dans les dictionnaires pour qu'elle soit vraiment acceptée. Préoccupée de reconstruire ses institutions et de reconquérir sa réputation musicale, Vienne va privilégier en toutes choses la diffusion et devenir la capitale des stars à défaut de pouvoir être encore celle de la pensée.

OUBLIER LES RUINES ET LA HONTE

Mais c'est que la guerre n'a laissé ici que des ruines. Voici, pour mémoire, les différents actes de la tragédie. Le 12 mars 1945, un bombardement de dernière heure met le feu à l'orgueilleuse Staatsoper, l'ancien Opéra de cour des Habsbourg, comme si les Alliés avaient voulu *in extremis* frapper l'Autriche en plein cœur. Trois semaines plus tard, les violents combats de rue entre troupes russes et troupes allemandes en retraite déclenchent de nouveaux incendies, notamment celui du Burg-theater et celui du Parlement. Le 11 avril enfin, la cathédrale Saint-Étienne, autre symbole d'un prestigieux passé, voit sa toiture entièrement dévorée par les flammes. Depuis la veille, le centre de la ville est occupé par les Russes, ce qui met la population dans un état d'inquiétude extrême. Cependant, à peine les Viennois ont-ils eu le temps de mesurer l'ampleur du désastre que, dès la fin d'avril, pointe la renaissance d'une entité autrichienne indépendante, avec la formation du gouvernement provisoire, suivie à l'automne des premières élections libres depuis 1938.

Entre-temps, les Alliés ont divisé Vienne, comme Berlin, en quatre secteurs différents, chacun dévolu à l'une des quatre puissances victorieuses. Durement atteinte par la pénurie de charbon, de lumière, d'eau et de vivres, l'Autriche se ressaisit rapidement, et cette volonté de survivre s'exprime aussitôt par la musique, son registre privilégié. L'Opéra avait fermé ses portes depuis le début de la guerre totale, c'est-à-dire depuis l'automne précédent. Quant à l'Orchestre philharmonique, il avait donné le 29 janvier, sous la direction de Wilhelm Furtwängler, son dernier concert avant la déroute finale. Le grand chef berlinois qui, plusieurs fois déjà, avait réussi à sauver la phalange viennoise de la dissolution, reste à son poste jusqu'au bout car il n'ignore pas que l'existence de l'orchestre est alors plus menacée que jamais. Le 1er avril, une semaine à peine avant l'arrivée des troupes russes, Clemens Krauss, le dernier chef autochtone demeuré présent à Vienne, dirige encore un concert au Musikvereinsaal. Mais l'édifice est endommagé à son tour par les bombes alliées et c'est donc au Konzerthaus qu'a lieu, le 27 avril et avec le même chef, le premier Concert philharmonique de l'après-guerre. Le public est constitué en grande partie de soldats et d'officiers russes avides de découvrir les trésors de la culture viennoise. D'ailleurs, l'affluence est telle qu'il faudra répéter quatre fois le même programme. On dirait que les Viennois, par leur présence massive, veulent affirmer leur prééminence culturelle pour mieux assurer leur existence politique face aux occupants. Bientôt Josef Krips, relégué depuis quelques années par les autorités nazies à un poste subalterne de l'Opéra, se joint à Krauss et termine, avec Rudolf Moralt et Felix Prohaska, la série des concerts d'abonnement. Par chance, les dégâts causés au bâtiment du Musikverein ne sont pas très graves et, dès septembre, Krips peut y diriger le premier concert de la saison 1945-1946. Enfin, quatre mois plus tard, un nouveau chef fait sa première prestation au pupitre de la Philharmonie. Il est salzbourgeois et se nomme Herbert von Karajan. Plus tard, il pèsera d'un grand poids sur le destin des institutions musicales autrichiennes mais, pour l'instant, cette apparition reste sans lendemain, l'activité de Karajan ayant été interrompue par la commission américaine chargée d'enquêter sur le passé politique de certains artistes compromis avec le régime nazi.

Le 3 juin 1945, au Konzertverein, Vienne a également assisté à la rentrée posthume d'un de ses plus grands compositeurs, interdit d'exécution depuis l'Anschluss. Ce jour-là, Robert Fanta (1901-1974), un chef quelque peu obscur, conduit la Première Symphonie de Mahler au Konzerthaus, au cours d'un concert exceptionnel de la Philharmonie. Mais il faut croire que la vieille querelle entre la Philharmonie et son ancien directeur n'est pas encore vidée car les prochaines exécutions mahlériennes seront données par les Wiener Symphoniker qui ont repris leur nom d'avant l'Anschluss, après avoir été baptisés Stadtorchester (Orchestre de la Ville) par les nazis. Le 16 septembre, on retrouve Robert Fanta au pupitre de cet orchestre pour la Troisième Symphonie du même Mahler, tandis que Josef Krips dirigera également la Deuxième à l'automne, deux mois avant une exécution du *Chant de la Terre*. Entretemps, la Gesellschaft der Musikfreunde a été entièrement réorganisée par son dynamique directeur Alexander Hrynstchak, et les Gesellschaftskonzerte ont repris au mois de septembre, sous la direction de Krips. Malgré tous les maux dont les Viennois sont accablés, ces manifestations ont lieu dans des salles combles. L'inconfort de ces auditoriums en reconstruction ne semble rebuter personne. L'hiver, le froid y est d'autant plus vif que la plupart des vitres, détruites au cours des bombardements, ont été remplacées par de simples feuilles de papier.

Outre la renaissance de la Philharmonie et des Symphoniker, l'année 1945 voit avec la création du Grosser Rundfunkorchester de la Radio autrichienne qui deviendra en 1969 l'Österreichische Rundfunk Orchester (ORF) et jouera avec les Symphoniker un rôle déterminant pour la musique contemporaine.

LES FASTES ET CAHOTS D'UNE RÉSURRECTION LYRIQUE

Et l'Opéra ? Désormais privé de salle, il va tout de même reprendre au plus vite sa place dans la vie artistique de la capitale. Les années de guerre y avaient été marquées surtout par l'interdiction de tout le répertoire du XXe siècle, banni par les maîtres allemands comme art « dégénéré ». Ainsi qu'on l'a vu, la *Johanna Balk* du compositeur allemand d'origine roumaine Rudolf Wagner-Regeny, l'une des rares créations de cette époque troublée, a provoqué en 1941 un véritable esclandre. Un esclandre d'autant plus prévisible que cet ouvrage plus ou moins interdit en Allemagne, et considéré à juste titre comme une critique insidieuse de la dictature et de la tyrannie, se distingue en outre par un style qui n'est pas éloigné de celui de Kurt Weill, la bête noire des nazis. En fait, Carl Orff (*Carmina Burana*, 1942) et Werner Egk (*Columbus,* 1942) ont été les seuls compositeurs modernes dignement représentés pendant la guerre.

L'une des plus heureuses initiatives de Karl Böhm, le nouveau directeur nommé en 1941, a été d'utiliser à nouveau l'historique Redoutensaal pour des ouvrages comme *Les Noces de Figaro* et *Cosi fan tutte* de Mozart. Comme on l'a vu, c'est également à l'instigation de Böhm que s'est déroulé, en juin 1944, l'événement le plus marquant des années de guerre, un festival lyrique entièrement consacré à Richard Strauss à l'occasion de son quatre-vingtième anniversaire. L'auteur de *Salomé*, très en cour auprès du régime, est alors installé à Vienne depuis trois ans, et la municipalité de la capitale lui a conféré à cette occasion la citoyenneté d'honneur. Six de ses ouvrages sont représentés en un vaste cycle, dont *Capriccio* en première locale. La plupart sont dirigés par Böhm mais le 11 juin, jour de son anniversaire, Strauss prend lui-même la baguette pour un concert philharmonique de ses œuvres. Moins de trois semaines plus tard, la Staatsoper affiche *Le Crépuscule des dieux.* Et c'est sur cette fresque du déclin que la vieille maison ferme définitivement ses portes...

Une fois la paix revenue, l'un des premiers soins de l'Autriche est de renouer avec sa glorieuse tradition lyrique. À défaut de salle, l'Opéra d'État dispose d'une troupe exceptionnelle, qui comprend des stars de première grandeur comme Irmgard Seefried, Sena Jurinac, Maria Cebotari, Maria Reining, Hilde et Anny Konetzni, Christel Goltz, Elizabeth Höngen, Max Lorenz, Anton Dermota, Julius Patzak, Paul Schöffler, Erich Kunz et bon nombre d'autres. Deux représentations exceptionnelles des *Noces de Figaro* de Mozart et de *La Bohème* de Puccini ont lieu au mois de mai 1945 à la Volksoper heureusement intacte, mais dans des conditions précaires. Du moins a-t-on réussi à démontrer que la tradition séculaire n'était pas morte. Six mois plus tard, après la nomination d'un nouveau directeur, le compositeur Franz Salmhofer, le provisoire prend un caractère définitif, en attendant la reconstruction de la Staatsoper : les représentations sont désormais réparties entre deux scènes différentes, la Volksoper et l'historique Theater an der Wien. Car celui-ci a rouvert ses portes le 6 octobre 1945 avec l'« opéra des opéras », c'est-à-dire *Fidelio,* le chef-d'œuvre créé cent quarante ans plut tôt en ce lieu même. Sous l'autorité de Salmhofer, les principaux chefs se nomment alors Clemens Krauss, Karl Böhm, Hans Knappertsbusch, Josef Krips. Plusieurs grands metteurs en scène d'avant-guerre, dont Caspar Neher,

Günther Rennert et Oscar Fritz Schuh rénovent aussi la scène viennoise. Bref, le niveau des représentations est tout de suite au plus haut. Dans le même temps, de nouveaux chanteurs paraissent et s'imposent d'emblée, notamment Elisabeth Schwarzkopf, Ljuba Welitsch, Leonie Rysanek, Lisa della Casa, Hilde Güden, Rita Streich, Wilma Lipp, George London, Oskar Czerwenka, Gottlob Frick, etc. Aucun théâtre au monde ne peut alors s'enorgueillir d'afficher une telle gerbe d'étoiles. D'ailleurs, on les retrouvera bientôt sur toutes les grandes scènes du monde puisque les diverses tournées entreprises par l'Opéra de Vienne au grand complet dans plusieurs capitales européennes, et notamment à Paris, leur apportent la consécration internationale. Le répertoire s'enrichit alors de nombreuses créations comme *Jeanne d'Arc* d'Honegger, *The Rake's Progress* de Stravinsky, *L'Amour des trois Oranges* de Prokofiev, mais aussi de nouveaux ouvrages d'Orff et d'Egk qui assurent en quelque sorte la continuité. On prend également l'habitude d'importer, l'une après l'autre, les meilleures productions du Festival de Salzbourg. C'est ainsi que Vienne reprend successivement, outre *Die Liebe der Danae* (L'Amour de Danaé) de Richard Strauss, *Dantons Tod* (La Mort de Danton) et *Der Prozess,* les deux premiers opéras d'un jeune Autrichien qui fera beaucoup parler de lui, Gottfried von Einem.

À la fin des années 1940, la reconstruction *in situ* de l'illustre salle du Ring est enfin entreprise d'après les plans originaux, mais avec une nouvelle décoration intérieure d'Erich Boltenstern, qui s'avérera dépourvue de la moindre originalité et même du moindre style digne de ce nom. Heureusement, on s'apercevra bientôt que l'acoustique célèbre n'a nullement souffert. En 1954, à la veille de la réouverture, le choix indispensable d'un directeur de haute qualité suscite, comme de règle, des controverses très animées. Certains voudraient voir nommer Erich Kleiber, qui a dirigé avec éclat quelques représentations du *Rosenkavalier*. Mais ses exigences artistiques n'ont pas manqué d'irriter les plus indépendants et les plus ombrageux parmi les membres de la troupe. D'autres soutiennent la candidature de Clemens Krauss dont la direction, au début des années 1930, a laissé un bon souvenir. Et puis il y a Herbert von Karajan, qui s'est déjà conquis une éclatante réputation de ténor de la baguette et dont les partisans sont très actifs. Pourtant, c'est finalement Karl Böhm qui l'emportera. Le Traité d'État ayant enfin rendu à l'Autriche son indépendance complète, le 15 mai 1955, la maison retrouve son nom de Staatsoper pour ouvrir ses portes le 5 novembre suivant. Böhm est au pupitre pour la représentation solennelle d'inauguration dont le programme affiche encore l'opéra-fétiche, *Fidelio*. Les soirées suivantes, Böhm conduit avec un bel éclectisme *Don Giovanni* de

Mozart, *Wozzeck* de Berg et *Die Frau ohne Schatten* de Richard Strauss. Trois autres chefs ont été invités, Rafael Kubelik pour *Aida*, Fritz Reiner pour *Les Maîtres-Chanteurs* et Hans Knappertsbusch pour *Der Rosenkavalier*. Jamais Vienne n'a vu une telle concentration d'artistes éminents, de spectateurs illustres, de journalistes étrangers, de spécialistes et d'amateurs accourus de partout, tant et si bien que ces représentations de gala connaissent un retentissement de portée mondiale. L'Autriche semble avoir définitivement renoué avec la gloire...

Malheureusement, ces splendeurs resteront sans lendemain. En reprenant le poste, Karl Böhm n'a pas voulu renoncer à sa carrière internationale et il ne va donc consacrer que sept mois par an à l'Opéra de Vienne. Comme Mahler avant lui, il se voit âprement reprocher ses absences. Après le festival de réouverture, les étoiles du pupitre et du chant ont quitté Vienne les unes après les autres, de sorte que le niveau des représentations baisse de manière catastrophique. Pourtant, avant de se rendre à Chicago au printemps, Böhm cède la baguette à Ernest Ansermet pour l'une des très rares créations mondiales qu'on puisse mettre à l'actif de l'Opéra de Vienne dans l'après-guerre, *Der Sturm* (La Tempête), d'après Shakespeare, du Suisse Frank Martin. À son retour, Böhm reprend calmement sa place au pupitre, de nouveau pour une représentation de *Fidelio*. À sa stupeur, il est accueilli par une tempête de sifflets, de quolibets et d'injures, qui se prolonge interminablement et ne lui laisse d'autre choix que de faire le gros dos en attendant de pouvoir commencer. Il est pourtant ovationné après la grande ouverture de *Leonore*, mais les huées qui l'accueillent à nouveau à sa sortie du théâtre ne lui laissent aucune illusion sur son impopularité. Profondément meurtri, il donne sur-le-champ sa démission et quitte la capitale autrichienne pour les États-Unis. Sans doute n'ignore-t-il pas que la cabale a été montée dans un but précis et que le nom de son successeur est déjà sur toutes les lèvres. En effet, depuis dix ans, Herbert von Karajan, l'un des chefs les plus brillants que l'Autriche ait jamais produits, a su conquérir Vienne méthodiquement grâce aux cycles de concerts qu'il a dirigés avec les Symphoniker. Et il n'est plus le premier venu à la Staatsoper où il s'est taillé un succès fabuleux lors d'un *Gastspiel* de la Scala de Milan, surtout à cause de la présence de Maria Callas et de Giuseppe di Stefano, qui ont fait leurs débuts ici dans une inoubliable production de *Lucia di Lammermoor*.

À cette époque, Karajan est déjà, comme Böhm, une vedette internationale très demandée à l'étranger. Mais il saura, lui, faire en sorte qu'on ne lui tienne pas rigueur, du moins dans les premiers temps, de ne diriger que quarante soirées par saison à Vienne. Quoi qu'il en soit, les huit années de sa direction seront pour la Staatsoper une période de gloire que l'on a souvent mise en parallèle avec celle de Mahler, soixante ans auparavant. Sous la férule de cet artiste autoritaire et intransigeant, la politique traditionnelle de l'Opéra est quelque peu infléchie. Désormais, les grandes voix de renommée mondiale sont régulièrement invitées, et les ouvrages sont presque tous chantés dans leur langue d'origine. Le vieux principe de l'alternance est quasiment abandonné au profit du système de *stagione*, qui permet de monter quelques ouvrages avec le plus grand soin et de les donner en séries continues, toujours dans leur distribution originale, avant de passer à d'autres.

Comme il a obtenu les crédits nécessaires à cette politique ambitieuse, Karajan engage quelques metteurs en scène de prestige comme Margerita Walmann, Günther Rennert et Franco Zeffirelli. Cependant, l'exemple célèbre de Mahler l'incite bientôt à assumer lui-même cette tâche pour certains spectacles, notamment pour *Otello* de Verdi, pour *Tristan*, et pour les quatre volets du *Ring*, qui s'avéreront décevants. Parmi les œuvres nouvelles qu'il inscrit alors à son palmarès, il faut distinguer *L'Incoronazione di Poppea* de Monteverdi, les *Dialogues des Carmélites* de Poulenc, *Mathis der Maler* de Hindemith, *Der Revisor* de Egk et *Meurtre dans la cathédrale* de Pizzetti. Mais les reprises nombreuses et particulièrement soignées de *Don Carlo, Pelléas et Mélisande, Œdipus Rex*, etc., ne font pas moins événement. Tous ces succès accumulés n'empêchent pas Karajan de se voir peu à peu reprocher le nombre et la durée de ses absences. Tout d'abord, on tente de lui adjoindre un vice-directeur pour lui faciliter la tâche. Mais le partage des pouvoirs engendre très vite des tensions. Si le premier co-directeur, Walter Erich Schäfer, se plie sans difficultés aux volontés de Karajan, le second, Egon Hilbert, a en effet des idées bien à lui, et il est fermement résolu à les imposer. Là-dessus éclate un violent conflit avec les syndicats à cause de l'engagement temporaire d'un souffleur transalpin que trois stars italiennes ont exigé par contrat. Convaincu, comme bon nombre de ses prédécesseurs, qu'on n'a pas su l'apprécier à sa juste valeur, le bouillant directeur, exaspéré par la « bureaucratie » viennoise, démissionne en 1964 avec la ferme intention de ne plus jamais mettre les pieds dans cette ville impossible.

Pendant quatre ans, Egon Hilbert, qui lui succède tout naturellement, s'efforcera de prolonger le star-système que Karajan a innové. Il ne se contente pas d'attirer à Vienne les chanteurs les plus glorieux de son époque, mais aussi des metteurs en scène tels que Wieland Wagner, Luchino Visconti et Otto Schenk. Pour compenser l'absence de Karajan, d'autres prestigieuses baguettes se succèdent au pupitre, notamment Carlos Kleiber et Leonard Bernstein. Le triomphal *Falstaff* conduit en 1966 par l'auteur de *West Side Story*, avec Fischer-Dieskau dans le rôle-titre, et le légendaire *Rosenkavalier* de 1968 instaurent des liens durables d'estime et d'affection entre la capitale autrichienne et le fougueux chef américain. C'est à la même époque que Karl Böhm accepte enfin de renouer avec la Staatsoper pour diriger les ouvrages de Mozart et de Strauss qui sont devenus sa spécialité. Pourtant, les derniers mois de la gestion de Hilbert sont marqués par une nouvelle avalanche de conflits et de tensions graves. On les attribue cette fois à la maladie incurable du malheureux directeur qui mourra en 1968, le lendemain même du jour où il a abandonné sa charge.

FURTWÄNGLER, EMPEREUR SANS HÉRITIER

Après avoir fêté en pleine guerre son centenaire, l'Orchestre philharmonique retrouve lui aussi le rôle primordial qu'il avait tenu jusqu'à l'Anschluss. Bien qu'il ait failli être arrêté par les nazis vers la fin de la guerre, son chef principal, Wilhelm Furtwängler, s'est ensuite vu interdire l'exercice de sa profession par le gouvernement militaire américain. Ce sont donc Karl Böhm, Clemens Krauss, Hans Knappertsbusch et Josef Krips qui dirigent les concerts de 1946, en alternance avec plusieurs invités étrangers comme Paul Paray, Volkmar Andreae et Erich Leinsdorf. En 1948, Bruno Walter reparaît au pupitre pour la première fois depuis l'Anschluss, pour la Neuvième de Beethoven et la Deuxième de Mahler. Pourtant, la date essentielle de cette année 1947 reste le 16 novembre, lorsque Furtwängler, autorisé à diriger de nouveau, regagne enfin son poste. Ce jour-là, une soixantaine d'anciens déportés s'assemblent devant l'entrée principale du Musikverein, bien résolus à lui en interdire l'accès. Furtwängler réussit néanmoins à s'introduire par une autre porte mais les manifestants l'ont précédé, de sorte que les démonstrations se poursuivent dans la salle avec la dernière véhémence. Le maître ayant fait savoir que, si le concert n'avait pas lieu, il quitterait définitivement Vienne, l'adjoint au maire pour la culture, ancien déporté lui-même, apparaît alors et, dans une harangue improvisée, rappelle au public qu'une salle de concerts n'est pas un forum politique. L'agitation se calme et la soirée peut commencer, avec une heure de retard. Quinze jours plus tard, le second concert se déroule normalement, et Furtwängler reprend donc sa place de chef principal de la Philharmonie.

Sous l'autorité de ce musicien de génie, l'Orchestre brille de tous ses feux, comme en témoignent encore quelques enregistrements (signés de Furtwängler mais aussi de Karajan) qui n'ont pas été surpassés depuis. On dirait même que la phalange a pris des leçons d'humanité, à en juger par une initiative qui, pour une fois, est toute à son honneur. En 1949, en effet, le comité de l'orchestre apprend avec stupeur que Hans Pfitzner, l'auteur de *Palestrina*, ayant tout perdu dans les bombardements de 1945, a échoué dans un asile de vieillards munichois. À l'instigation de la Philharmonie, le gouvernement autrichien met à sa disposition une maison à Salzbourg, assortie d'une pension substantielle. Et, à l'occasion de son quatre-vingtième anniversaire, Vienne organise un concert d'hommage et le nomme membre d'honneur de la Philharmonie. À sa mort, moins de trois mois plus tard, le vieux maître léguera à l'orchestre bienfaiteur la partition manuscrite de son plus célèbre opéra.

Entre 1947 et 1954, Furtwängler dirige, à Vienne, à Salzbourg et dans plusieurs autres villes, pas moins de cinquante-cinq concerts philharmoniques. Sa lune de miel avec l'orchestre viennois va donc se prolonger jusqu'à sa mort. Des anecdotes sans nombre circulent dans les coulisses sur sa battue et en particulier sur ses attaques. Néanmoins tous reconnaissent que cette technique si particulière de la baguette lui permet d'obtenir des tutti d'une richesse et d'une plénitude jamais égalées. Comme il a également repris sa charge à la Philharmonie de Berlin, il invite à Vienne, en son absence, des chefs comme Clemens Krauss, Karl Böhm, Josef Keilberth, Ernest Ansermet, Vittorio de Sabata, Mario Rossi, Ferenc Fricsay ou Paul Hindemith. Cependant, sa responsabilité reste pleine et entière, bien que sa mauvaise santé le contraigne d'annuler certains programmes, notamment durant l'été de 1952, où il renonce au dernier moment à se rendre au Festival de Salzbourg. En 1953, il est pris d'un malaise en pleine exécution et doit suspendre toutes ses activités. Mais il se remet bientôt et l'année suivante, le 30 mai, il termine la saison par une mémorable soirée Schubert, à quoi fait suite encore, trois mois plus tard, la non moins mémorable soirée Beethoven qui clôt le Festival de Salzbourg. Cette fois, pourtant, sa santé chancelle et il doit annuler les premiers concerts de l'automne. Dès lors, son état ne cesse d'empirer et, quelques semaines plus tard, le 30 novembre, il finit par succomber à une pneumonie. Sans doute aurait-il mieux résisté aux assauts de cette maladie si les événements d'après-guerre n'avaient laissé en lui une insurmontable lassitude.

Ayant ainsi perdu l'un des plus grands chefs de son histoire, l'Orchestre philharmonique renonce à nommer un nouveau directeur musical et se contente désormais de chefs invités. Lorsqu'on examine leur liste, entre 1954 et 1985, on s'aperçoit cependant que le destin de l'Orchestre reste étroitement lié à celui de la Staatsoper. En effet, parmi les vingt-quatre chefs qui se sont partagé la grande majorité des concerts durant ces trente années, quatre ont été directeurs de l'Opéra, Karl Böhm (qui n'a pas dirigé moins de cinquante-six programmes doublés), Claudio Abbado (vingt-neuf), Herbert von Karajan (quinze) et Lorin Maazel (vingt-cinq). Cependant, plusieurs autres ont également joui d'une popularité manifeste, notamment Leonard Bernstein (onze), Zubin Mehta (dix-huit), Karl Schuricht (onze), Hans Knappertsbusch et Rafael Kubelik (dix chacun). De plus, le retour occasionnel d'anciens exilés comme Fritz Busch et Bruno Walter continue de faire événement. En 1961, quelques mois avant sa mort, Walter prend congé de l'Orchestre avec la Quatrième Symphonie de Mahler, suivie de l'*Inachevée* de Schubert, lors d'une soirée mémorable que le disque a, depuis, fixée pour nous et pour l'éternité. Pour le prestige international de l'orchestre autant que pour son équilibre financier, les nombreuses tournées entreprises à l'étranger vont être d'une importance décisive, de même que les contrats signés à l'aube du microsillon avec les firmes anglaises EMI et Decca, contrats qui ont donné naissance à une imposante série de publications, à la fois lyriques et symphoniques, avec au pupitre Erich Kleiber, Bruno Walter, Leonard Bernstein, Josef Krips, Clemens Krauss et bien d'autres.

Jamais, depuis la fin du second conflit mondial, la Philharmonie de Vienne n'a cessé de jouer son rôle de véritable cerbère de la tradition, de référence permanente pour les valeurs sûres du grand répertoire. Ses incursions dans le XXe siècle auront été rares autant que timides. Certes, l'année 1948 a vu la création viennoise de la *Musique pour cordes et percussion* de Bartók (par Karajan) et celle du *Concerto pour orchestre* (par Furtwängler). Toujours fidèle à Paul Hindemith qu'il avait vainement tenté de défendre avant-guerre contre l'interdiction nazie, Furtwängler donne aussi la première audition des *Métamorphoses symphoniques* et de la Symphonie *Harmonie der Welt* (L'Harmonie du monde). Au cours de la décennie 1960-1970, le *Poème de l'extase* de Scriabine est révélé avec bien du retard par Boris Blacher, *Die Jahreszeiten* (Les Saisons) de l'Autrichien Theodor Berger par Dimitri Mitropoulos, le *War Requiem* de Britten par Istvan Kertesz et l'oratorio *Golgotha* de Frank Martin par le compositeur lui-même. Enfin, quelques partitions autochtones viennent tout de même s'inscrire au répertoire : la *Philadelphia Symphony* de Gottfried von Einem, le *Rondino Giocoso* de Theodor Berger, la *Psalmenkantate* d'Anton Heiller et la Cantate « *Wer einsam ist, der hat es gut* » (Heureux les solitaires) d'Alfred Uhl.

CÉLÉBRER LA MUSIQUE SOUS TOUTES SES FORMES

De son côté, la Gesellschaft der Musikfreunde, après quelques années d'improvisation, prend en 1949 une décision lourde de conséquences : elle nomme Herbert von Karajan directeur artistique *à vie*. Pendant quelque quinze ans, ses différents cycles, les six concerts des Symphoniker qui ont lieu le dimanche à midi, ceux de musique chorale et orchestrale qui font appel au Singverein, ainsi que quantités de soirées de musique de chambre et de lieder, s'imposent comme l'un des tout premiers pôles d'intérêt de la vie musicale viennoise. Grâce à Karajan, l'Orchestre symphonique de Vienne devient une phalange de premier ordre. Grâce à lui aussi, le Singverein, qui est toujours intégralement constitué d'amateurs, égale désormais les meilleures chorales professionnelles, ce qui lui permet d'entreprendre de nombreuses tournées sous sa direction.

Pour commémorer à la fois le bicentenaire de la mort du Cantor de Leipzig et le quatre-vingtième anniversaire du somptueux édifice de Hansen, un grand festival Bach est organisé en 1950, à l'instigation de Rudolf Gamsjäger, le secrétaire général du Musikverein, et c'est, pour la vieille et prestigieuse société, comme l'apothéose de sa résurrection. Entre le 1er et le 15 juin, la *Messe en si mineur* et la *Passion selon saint Mathieu* sont interprétées d'une manière exemplaire, après quelque cent répétitions, par le Singverein et les Symphoniker, avec des solistes qui se nomment Irmgard Seefried, Elisabeth Schwarzkopf, Kathleen Ferrier, Julius Patzak, Paul Schöffler, etc. Pour la *Passion selon saint Jean,* le Chœur de l'Église Saint-Thomas de Leipzig a été invité avec son chef Günther Ramin. Toutes les chorales viennoises participent à l'événement, y compris les Wiener Sängerknaben, l'Akademiekammerchor et la Hofmusikkapelle, etc. Hermann Scherchen conduit sa version bien connue de *L'Art de la fugue* et, pour les autres concerts d'orchestre, d'illustres solistes comme Yehudi Menuhin ont été engagés, tandis que de grands organistes comme Marcel Dupré et Günther Ramin se produisent dans les églises de la capitale. D'ailleurs, toutes celles de Vienne et des abbayes environnantes offrent également des concerts de musique religieuse des grands maîtres classiques, héritiers de Bach, tels que Mozart, Haydn, Beethoven et Schubert.

Ce Festival Bach marque le début d'un phénomène qui aura de nombreux prolongements en dirigeant l'attention sur les instruments baroques dont la facture avait longtemps paru surannée. La Gesellschaft der Musikfreunde en possède une collection fabuleuse et c'est ainsi que se développe à Vienne un nouveau culte de la musique ancienne et de la redécouverte des timbres d'origine. Né à Berlin, mais élève du Conservatoire de Vienne, Nikolaus Harnoncourt fonde en 1952 son illustre Concentus Musicus, composé de musiciens appartenant aux Wiener Symphoniker. Ennemi de tout esprit de système et de toute reconstitution prétendument exacte, partisan d'une musicalité vivante et engagée, Harnoncourt fait œuvre de pionnier et son exemple sera plus tard imité et prolongé un peu partout dans le monde. À Vienne même, il est l'initiateur d'une tradition nouvelle à laquelle adhéreront bientôt Bernhard Klebel avec son ensemble Musica Antiqua (à partir de 1959), Eduard Melkus avec sa Capella Academica (à partir de 1965) et René Clemencic avec son Clemencic Consort (à partir de 1968).

Au Festival Bach organisé par la Gesellschaft en 1950 succède, quatre ans plus tard, un autre, consacré à Haydn ; en 1956 un autre encore, destiné à célébrer le bicentenaire de Mozart ; enfin, en 1958, le premier festival européen de musique pour chœur. L'année 1960 procure au Musikverein l'occasion de fêter conjointement le centenaire de Hugo Wolf et celui de Gustav Mahler. Cependant, le premier cycle mahlérien intégral n'aura lieu qu'en 1967, et au Konzerthaus. Avec le concours des Wiener Symphoniker auquel il prête l'hospitalité pour tous les concerts qui ne sont pas organisés par la Gesellschaft, le Konzerthaus joue de nouveau un rôle déterminant, avec une politique infiniment plus aventureuse que celles du Musikverein et de la Philharmonie. Sous la direction de Manfred Mautner-Markhof qui a choisi en la personne d'Egon Seefehlner un secrétaire énergique, entreprenant et efficace, cette institution rajeunie se fait un devoir de créer un très grand nombre de partitions encore inconnues à Vienne. Dès 1951, il proposera tous les deux ans, en mai et juin, des festivals de musique du XXᵉ siècle.

À partir de 1947, on trouve au pupitre des Symphoniker Adrian Boult, Carlo Zecchi, Otto Klemperer, et aussi trois compositeurs venus créer leurs propres œuvres, Paul Hindemith, William Walton et Goffredo Petrassi. Plus tard, d'autres invités de marque vont à leur tour conduire l'Orchestre : Guido Cantelli, Rafael Kubelik, Leonard Bernstein, Janos Ferencsik, André Cluytens, Igor Markévitch, Artur Rodzinski, Pierre Monteux, Sergiu Celibidache, Mario Rossi. On ne compte plus les œuvres créées, ni les grands instrumentistes invités à paraître, tantôt comme solistes avec l'Orchestre, tantôt en récital. Pendant la saison 1959-1960, les Symphoniker ne donnent pas moins de 270 concerts d'abonnement, sans compter les soirées exceptionnelles du Festival de Vienne qui, depuis 1951, a repris ses activités. En 1962/1963, à l'initiative du critique Peter Weiser, qui vient de succéder à Egon Seefehlner comme directeur du Konzerthaus, cette imposante activité est dirigée en dix cycles d'abonnement, tandis que les Wiener Festwochen instaurent une nouvelle tradition qui consiste à dédier chaque concert à un seul compositeur. C'est ainsi que Stravinsky, Blacher, Kodaly, Britten et Henze sont tour à tour célébrés au Konzerthaus. En 1960, le jeune Wolfgang Sawallisch a été désigné comme chef principal des Symphoniker, et il conservera ce poste pendant dix années consécutives. Josef Krips (1970-1973) et Carlo Maria Giulini (1973-1976) lui succéderont et sauront maintenir à la même hauteur le niveau et le prestige de l'Orchestre.

Pour compléter le tableau de l'activité symphonique à Vienne, il faut encore mentionner les apparitions du Tonkünstlerorchester de la Basse-Autriche, fondé en 1947, qui se produit dans la capitale douze fois par saison, le dimanche après-midi ; et ensuite les concerts de l'ORFSO (Orchestre symphonique de la Radio autrichienne), refondu et réformé en 1969. Associée à un chœur et spécialisée dans la création d'œuvres contemporaines, cette formation va devenir de fait le troisième orchestre symphonique de la capitale. Pour ce qui est de l'activité chorale, les deux grandes sociétés traditionnellement composées d'amateurs, le Singverein (250 membres) et la Singakademie (160 membres) restent très présentes, la première, comme on l'a vu, au Musikverein et la seconde au Konzerthaus. En revanche, la plupart des autres associations de moindre envergure ont peu à peu disparu, à l'exception du Wiener Motettenchor (fondé en 1962), de l'Arnold Schönberg-Chor (1974) et du Jeunesses-Chor. Installée depuis 1948 dans l'ancien palais impérial de l'Augarten, l'illustre maîtrise des Wiener Sängerknaben continue de participer étroitement à la vie musicale de Vienne et entreprend régulièrement de grandes tournées internationales.

Dans le domaine instrumental, le phénomène le plus étonnant de l'après-guerre est sans conteste l'apparition presque simultanée de plusieurs pianistes de dimension internationale. Trois d'entre eux, formés par le Conservatoire de Vienne, ont pris des orientations assez divergentes, Jörg Demus comme chambriste, accompagnateur et pédagogue, Paul Badura-Skoda comme pionnier de la redécouverte du pianoforte et collectionneur d'instruments anciens, et Friedrich Gulda comme un enfant terrible quelque peu marginal, puisqu'il partage son temps entre jazz et musique classique. Quant à Alfred Brendel, formé en grande partie en dehors de Vienne, il finira par s'installer en Angleterre et par devenir, plus encore que les trois autres, une vedette internationale. Parmi les nombreux groupements de musique de chambre, la plupart n'ont eu qu'une existence assez brève, notamment le Konzerthaus-Quartett, le Quatuor Barylli, l'Ensemble de chambre de la Philharmonie, qui ont tous disparu après avoir connu quelques années de réelle célébrité. En revanche, le Quatuor Alban Berg, fondé en 1971 et soutenu par la fondation du même nom, s'est aujourd'hui taillé une réputation mondiale qui ne cesse de s'accroître. Deux jeunes ensembles se sont créés depuis lors et figurent déjà parmi les meilleurs de leur génération, les Quatuors Hagen et Artis. Quant au répertoire dit d'avant-garde, il va être défendu, comme on le verra plus loin, et cela à partir de 1959, par l'ensemble Die Reihe, fondé par Friedrich Cerha, par l'ensemble Kontrapunkte de Peter Keuschnig à partir de 1965, et enfin par l'Ensemble du XXe siècle qui, depuis 1971, se produit régulièrement au Musée du même nom sous la direction de Peter Burwik. Grâce à ces trois groupes, la musique d'avant-garde reste dignement représentée sur la scène musicale de Vienne.

À L'OPÉRA, VIOLENCE ET PASSION
COMME TOUJOURS

Cependant, le théâtre lyrique demeure, pour Vienne, l'activité musicale essentielle, celle en tout cas qui éveille le plus d'attention, de curiosité, de fièvre. À côté de la Staatsoper, la Volksoper a repris sa place, mais en se spécialisant désormais dans les opérettes, les comédies musicales américaines ou les petits ouvrages classiques, qui toujours sont représentés en allemand. Entièrement rénové après une longue fermeture, le Theater an der Wien a rouvert ses portes en 1962 avec un orchestre et un chœur qui lui sont propres. Depuis lors, de très nombreuses créations y ont eu lieu, outre des productions soignées d'ouvrages plus ou moins oubliés comme la *Lulu* de Berg, les opéras de Schoenberg et Bartok (1965), de Zemlinsky (1985) ou *La Clemenza di Tito* de Mozart (1976).

Après la mort d'Egon Hilbert, en 1968, le fauteuil de directeur de la Staatsoper, a été repris par son ancien assistant, Heinrich Reif-Gintl, qui possédait une longue expérience des théâtres nationaux où s'était déroulée depuis quarante ans sa carrière. Son règne, qui durera quatre ans, est marqué par la création de *Die schweigsame Frau* (La Femme silencieuse) de Strauss, par la reprise de *Die Aegyptische Helena* (Hélène d'Égypte) du même Strauss, et par celles du *Dalibor* de Smetana, l'un des opéras favoris de Mahler, d'*Iphigénie en Tauride* de Gluck et de la *Médée* de Cherubini (avec Leonie Rysanek dans le rôle-titre). À ces productions, présentées dans des mises en scène toujours originales et soignées, il faut ajouter deux créations qui auront fait événement : *Lulu* d'Alban Berg (qui n'avait été jusqu'ici monté qu'en concert par la Radio en 1949 et sur la scène par le Theater an der Wien en 1962) et *Der Besuch der alten*

Dame (La Visite de la vieille dame) de Gottfried von Einem. La production viscontienne de *Simon Boccanegra* et celles, signées Otto Schenk, de deux autres ouvrages de Verdi, *Macbeth* et *Don Carlos*, contribuent également aux fastes de cet époque de plein essor. Et pourtant, c'est le manque d'événements qu'on invoquera pour justifier le renvoi de Reif-Gintl et son remplacement, en 1976, par Rudolf Gamsjäger, l'ancien directeur du Musikverein, qui avait remis sur pied l'honorable société au lendemain de la guerre.

L'un des premiers exploits de Gamsjäger aura été de ramener au pupitre de l'Opéra Herbert von Karajan, mais ce n'est pas le seul. Car on lui doit aussi la création de *Katia Kabanova* de Janácek et du *Moïse et Aron* de Schoenberg, qui n'avait été jusqu'alors donné que par une troupe invitée. Sous la direction de Böhm, la nouvelle production de *Salome* fait grand bruit, à cause surtout d'un décor qui s'inspire des tableaux de Klimt. L'affiche s'enorgueillit de quelques nouvelles étoiles du chant italien comme Katia Ricciarelli et José Carreras, de l'école allemande comme Bernd Weikl et Brigitte Fassbänder, et de l'école russe comme Elena Obratsova, Vladimir Atlantov, Yuri Mazurok et Yevgeni Nesterenko. Mais les succès de l'époque Gamsjäger s'accompagnent de quelques échecs retentissants, surtout parmi les nouvelles productions. Ainsi l'Opéra change-t-il à nouveau de directeur au bout de quatre ans, les autorités ayant choisi cette fois l'ancien responsable du Konzerthaus, Egon Seefehlner, qui, depuis quelques années, avait en mains les rênes de l'Opéra de Berlin. Fidèle à ses principes, Seefehlner s'efforce tout d'abord de reconstituer une troupe solide et polyvalente, puis de mettre l'accent sur le répertoire contemporain. C'est ainsi que, de 1976 à 1982, il crée *Les Troyens* de Berlioz, que Vienne ignorait encore, ainsi que *Un re in ascolto* de Luciano Berio, *Der junge Lord* de Henze, *Mass* de Bernstein, *Erwartung* de Schoenberg, *Le Château de Barbe-bleue* de Bartók, et trois ouvrages autrichiens contemporains, *Baal* de Cerha, *Kabale und Liebe* d'Einem et le ballet *Ulysses* de Haubenstock-Ramati.

Aux grands chefs de l'époque précédente comme Karajan, Bernstein et Carlos Kleiber, s'ajoutent deux nouveaux venus, Georg Solti et James Levine, tandis que la troupe s'enrichit, entre autres, d'Agnes Baltsa, Edita Gruberova et Peter Dvorsky. Ayant définitivement aboli le système de *stagione* instauré par Karajan vingt ans plus tôt, Egon Seefehlner va se heurter au même problème que la plupart de ses prédécesseurs, en s'efforçant de maintenir au répertoire une soixante d'ouvrages sans sombrer pour autant dans la médiocrité.

Invité à succéder à Seefehlner en 1982, principalement à cause du souvenir que Vienne a conservé de sa brillante production de *Carmen*, seize ans plus tôt, Lorin Maazel, va s'efforcer de résoudre ce même dilemme en inventant un système nouveau de « blocs », en vertu duquel, après cinq ou six représentations, les ouvrages montés ou repris disparaissent de l'affiche jusqu'à l'année suivante. Certes, le niveau de certaines soirées sera ainsi amélioré, mais souvent aux dépens des autres, qui n'attirent guère le public. À l'actif de Maazel, il faut cependant mettre la représentation intégrale de *Lulu,* complétée par Friedrich Cerha (1983), et la reconstitution historique d'un des spectacles les plus populaires de la fin du XIXe siècle. *Die Puppenfee* (La Fée des poupées) (1888), l'un des vingt-deux ballets de Josef Bayer. C'est également à Maazel que l'on doit l'engagement de chefs prestigieux comme Zubin Mehta, Riccardo Chailly, Riccardo Muti et Claudio Abbado, et un *Gastspiel* de la Scala, avec la superbe production de *Simon Boccanegra* signée Giorgio Strehler.

Une fois de plus, la crise ne tarde guère à éclater : une suite de conflits et d'attaques, visant notamment la pauvreté du répertoire, contraignent Maazel à démissionner au bout de deux ans. Il est alors remplacé... par son prédécesseur, Egon Seefehlner, qui, en 1986, cédera à nouveau la place à un tandem composé du metteur en scène Claus Helmut Drese et d'un brillant directeur musical, le chef d'orchestre Claudio Abbado, ancien directeur de la Scala. Le titre nouveau de *Generalmusikdirektor* est conféré à ce dernier mais il s'agit, semble-t-il, d'une distinction purement honorifique et qui n'augmente en rien le pouvoir du nouveau directeur sur les institutions musicales viennoises. Deux nouveautés importantes marquent le début de cette nouvelle époque, *Die schwarze Maske* (Le Masque noir) de Krzystof Penderecki et *Der Rattenfänger* (Le Joueur de flûte) de Friedrich Cerha, créé à Graz au mois de juin 1987 et repris à Vienne à l'automne, en parallèle à une reprise du *Besuch der alten Dame* d'Einem.

Les représentations mozartiennes de Nikolaus Harnoncourt comptent parmi les événements les plus marquants de la nouvelle époque, comme les créations de deux ouvrages totalement oubliés, le délicieux *Voyage à Reims* de Rossini, dont la production magistrale de Ronconi a été importée du Festival de Pesaro et de la Scala, et l'unique opéra héroïque de Schubert, *Fierrabras,* dans une mise en scène de Ruth Berghaus. Ces deux premières attirent autant d'attention pour le choix audacieux des œuvres que pour le niveau élevé des productions. Claudio Abbado dirige également lui-même les reprises très applaudies du *Bal masqué,* de *Pelléas et Mélisande,* d'*Elektra,* de *L'Italiana in Algieri,* et de la *Khovantchina* de Moussorgsky. Il est enfin à l'origine de « Wien Modern », un important festival musique contemporaine pour lequel, depuis l'automne 1988, la Staatsoper, le Konzerthaus, le Musikverein, la Sécession, le Künstlerhaus et le Musée d'Art moderne conjuguent leurs efforts. Le programme de 1989 a pour têtes d'affiche Bruno Maderna, Karlheinz Stockhausen, Sofia Gubaïdulina et Friedrich Cerha, aux côtés de plusieurs compositeurs de la jeune génération comme Beat Furrer (né à Schaffhausen en 1954) et Herbert Willi (né à St. Anton en 1956), tout deux représentés par plusieurs des partitions récentes.

Jusqu'à la nomination du grand chef milanais à la tête de l'Orchestre philharmonique de Berlin, Abbado et Vienne vivent une lune de miel apparemment sans nuage, phénomène tout à fait exceptionnel, étant donné le passé très mouvementé de la Staatsoper. À ce sujet, on laissera le mot de la fin à Egon Seefehlner qui, mieux que quiconque, connaît les secrets de la prestigieuse institution, pour l'avoir administrée à deux reprises : « Lorsqu'on examine l'histoire de l'Opéra de Vienne, on se rend compte qu'elle n'est comparable à celle d'aucune autre maison. L'Opéra de Vienne est et reste une entreprise familiale autrichienne, même s'il accueille beaucoup d'invités étrangers. Les directeurs de l'Opéra, fût-il de Cour ou d'État, ont tous connu plus ou moins le même sort. Ils ont été portés par l'amour, mais aussi atteints par la haine d'une ville, presque d'un peuple. Ils ont été couronnés rois, mais ils ont aussi porté le bonnet du fou. Ils s'épanouissent lorsque le soleil du succès les baigne. En revanche, ils se dessèchent et deviennent de bien tristes créatures lorsqu'ils ne sont plus en mesure de diriger "leur" maison. Bien rares – et il faut connaître intimement l'âme viennoise –, sont ceux qui peuvent poursuivre jusqu'au bout et dans la dignité le chemin d'un directeur d'Opéra viennois!… »

Un créateur sur le devant de la scène

Dans une société tellement occupée à prolonger ses traditions, il est clair que la musique de notre temps ne pouvait jouer un rôle prépondérant. Au lendemain de la guerre et dès le mois d'avril 1945, la section autrichienne de la SIMC a pourtant été reconstituée. Ses principaux membres, Josef Polnauer, Hans Erich Apostel, Erwin Ratz, Friedrich Wildgans, ont alors décidé à l'unanimité d'en confier la présidence à Anton Webern, en même temps qu'ils lui garantissaient une classe de composition au Conservatoire. Hélas! la fin aussi tragique qu'absurde du dernier survivant des deux grands disciples de Schoenberg fera avorter l'un et l'autre projets. Tout au plus Webern se sera-t-il réjoui, pendant les dernières semaines de sa vie, du succès remporté par le premier concert de la société, qui a eu lieu le 20 juin 1945, au Brahmssaal du

Musikverein. En septembre, la nouvelle de sa mort étant parvenue à Vienne, son ami, le compositeur et clarinettiste Friedrich Wildgans, consent à le remplacer comme président. Deux ans plus tard, il abandonnera cette responsabilité à l'un des disciples favoris d'Alban Berg, Hans Erich Apostel, un Allemand devenu viennois, qui la conservera jusqu'en 1950. Pendant ces années-là, la SIMC, et en particulier sa section autrichienne, vont perdre une grande partie de leur influence et de leur importance au profit de nouvelles institutions allemandes telles que les Cours d'été de Darmstadt (fondés en 1946) ou le Festival de Donaueschingen, en attendant la création de ceux de Graz, de Royan, de Venise et de Varsovie.

Si l'Autriche d'après-guerre n'a pas retrouvé, ni voulu retrouver, dans le domaine de l'avant-garde, le rôle déterminant qui avait été le sien dans les années 1920 et 1930, elle n'en a pas moins repris une place non négligeable sur la scène européenne de la nouvelle musique, et cela en grande partie grâce aux deux grands éditeurs de Vienne, Universal Edition et Doblinger. C'est à eux que les maîtres reconnus devront de voir leurs œuvres régulièrement publiées et les jeunes talents d'être aussitôt révélés. Parmi les compositeurs nés entre 1900 et 1925, un grand nombre ont résisté à la tentation sérielle, ce qui ne surprend pas dans un pays où l'attachement aux traditions ne s'est jamais démenti. Il faut d'ailleurs souligner que, à la Musikakademie (qui sera promue Hochschule für Musik en 1970), le seul pédagogue de quelque poids qui ait survécu à la guerre est Josef Marx, ce « réaliste romantique » que les années 1920 avaient déjà consacré comme un conservateur à tout crin. Marx continuera à enseigner la composition jusqu'en 1962. Ainsi aura-t-il formé plusieurs générations de compositeurs.

Peut-être n'est-ce pas un hasard si la première personnalité importante qu'on voie surgir dans la musique autrichienne de l'après-guerre ne doit rien à Vienne ni à son Conservatoire. Et ce n'est même pas en Autriche que Gottfried von Einem (1918) a fait ses études, mais à Berlin où il a été l'élève privilégié de Boris Blacher, compositeur estimé et pédagogue de haut rang, interdit d'exécution pendant toute l'époque nazie à cause de l'audace, pourtant bien relative, de son langage. Le premier triomphe de son existence, Einem ne le remporte pas non plus à Vienne, mais au Festival de Salzbourg, en 1947, avec l'opéra *Dantons Tod* fondé sur la pièce célèbre de Büchner. Sous les influences conjuguées de Boris Blacher et de Stravinsky, Einem s'est forgé un style à la fois polyrythmique et polytonal, enrichi d'une déclamation expressive et d'une instrumentation colorée qui s'avéreront à la scène d'une très grande efficacité. *Dantons Tod* est repris, l'année même de sa création, au

Theater an der Wien, et l'ouvrage fera bientôt le tour des scènes européennes et même américaines.

En 1953, *Der Prozess* est également créé à Salzbourg et repris à Vienne. Le livret habile et solidement structuré de Boris Blacher suit de près l'action du roman de Kafka mais il n'a malheureusement pas la puissance dramatique de *Dantons Tod* et l'accueil du public sera plus réservé. Établi à Vienne depuis 1950, Einem poursuit dans la voie lyrique. Cependant l'ouvrage qu'il signe ensuite, d'après une farce viennoise de Nestroy, *Der Zerrissene* (L'Homme déchiré), doit attendre 1968, quatre ans après la première hambourgeoise, pour être représenté à la Volksoper, sans véritable succès d'ailleurs. En revanche, le suivant, *Der Besuch der alten Dame* (1971), qui s'inspire de la pièce à succès de Friedrich Dürrenmatt, sera créé à l'Opéra de Vienne. Rédigé par Dürrenmatt lui-même, le livret mêle avec une rare intelligence le réalisme et l'absurde, et l'ouvrage s'impose aussitôt avec force. *Der Besuch* ne fera pas, comme *Dantons Tod*, le tour des scènes européennes, mais les représentations seront néanmoins très nombreuses à l'intérieur des frontières allemandes et autrichiennes.

Kabale und Liebe (Intrigue et amour) (1976), d'après Schiller, marque le début de la collaboration d'Einem avec sa seconde épouse, la poétesse Lotte Ingrisch. Malgré un livret fort bien venu, ce quatrième ouvrage lyrique connaît un échec relatif, échec que l'on attribue en général à un trop large usage du *parlando*. En revanche, le cinquième, *Jesu Hochzeit* (Le Mariage de Jesus), créé au Theater an der Wien en 1980, va monopoliser pour un temps l'attention des Viennois et même provoquer un des scandales les plus retentissants de l'après-guerre. Le projet initial avait été de créer, à l'exemple de Britten, une modeste « parabole » musicale pour le Festival de l'été carinthien. Toutefois, la version définitive, qui est destinée non pas à une église mais au théâtre, s'est allongée au point de remplir toute une soirée. Malheureusement, le livret, que Lotte Ingrisch a eu l'imprudence de publier avant la première, provoque l'indignation des autorités ecclésiastiques de sorte que la presse parle déjà d'« excrément », d'« ordure », de « bousillage ». Le musicien et la poétesse ont beau protester de la pureté de leurs intentions, ils sont assaillis, de même que les chaînes de radio ou de télévision qui se proposent de diffuser la création, de lettres d'injures souvent anonymes, voire de menaces de mort. Une pétition dirigée contre le livret sacrilège recueille quelque quarante mille signatures. En réponse à toutes ces violences verbales, les deux auteurs publient un épais volume de documentation qui s'efforce de défendre l'ouvrage et d'en expliquer la véritable signification et ils organisent, trois semaines avant la première, un débat public au palais

Palffy, avec la participation de plusieurs ecclésiastiques et même d'un professeur de théologie. Mais il semble désormais impossible d'apaiser le courroux des bien-pensants, scandalisés de voir présenter sur la scène d'un théâtre les parents du Christ comme des personnages ordinaires, et même quelque peu médiocres.

Le soir de la première, une procession de fidèles, porteurs des flambeaux, arrive de la Karlskirche et défile devant le théâtre, dans un va-et-vient continuel, en chantant des hymnes. À l'intérieur de la salle, on a eu soin de poster à tous les niveaux des policiers en civil, ce qui ne suffit pas à empêcher les manifestants à hurler leur indignation. Cette indignation est d'autant plus vive que la mise en scène a été simplifiée pour les besoins de la télévision et qu'elle leur fait l'effet d'une provocation supplémentaire. Les acclamations des partisans du compositeur finiront par triompher à la fin du spectacle, ce qui n'empêchera pas la presse de se déchaîner le lendemain matin contre l'« aveugle lubricité » du livret, qui n'est en fait que « lubrique aveuglement »... Blessé au vif, Einem renonce, au moins pour l'instant, au théâtre. Il va se consacrer à une œuvre instrumentale qui, à ce jour, comprend une quinzaine de partitions orchestrales, dont quatre Symphonies, plusieurs Poèmes symphoniques, ainsi que quatre Quatuors à cordes et de nombreux Lieder. À la scène, il a cependant donné il y a peu un dernier opéra de chambre sur un sujet féerique, *Tulifant*, à nouveau d'après un livret de Lotte Ingrisch. L'ouvrage a été créé en décembre 1990 au Théâtre Ronacher qui, depuis sa rénovation complète, joue à Vienne un rôle analogue à celui de l'Opéra-Comique parisien.

Les nouveaux rameaux de la solide branche tonale

Professeur de composition au Conservatoire depuis 1963, Einem a été élu en 1965 au poste de président de l'AKM, la Société des compositeurs autrichiens. Ainsi est-il aujourd'hui reconnu officiellement comme le père fondateur, en quelque sorte, de la musique autrichienne de l'après-guerre. Bien qu'aucun de ses collègues ne se soit conquis une notoriété internationale comparable à la sienne, il n'en faut pas moins mentionner ici les autres compositeurs de premier plan qui, bien qu'appartenant aux tendances les plus diverses, n'ont pas non plus abandonné le langage tonal. Formé tout d'abord par Franz Schmidt au Conservatoire de Vienne, Marcel Rubin (1905) a fait avant la guerre un long séjour à Paris où il a été l'élève de Darius Milhaud. Émigré au Mexique pendant toute la période nazie, il rentre à Vienne en 1947 et y exerce pendant une vingtaine d'années le métier de critique musical. Successeur d'Einem à la présidence de l'AKM en 1975, Rubin a signé dix Symphonies et abordé quasiment tous les genres, y compris l'oratorio (avec *Die Albigenser* [Les Albigeois], 1961) et l'opéra (avec *Kleider machen Leute* [L'Habit ne fait pas le moine], Volksoper 1969). Le secret de son art de compositeur a été d'utiliser à des fins nouvelles des procédés et des effets déjà bien connus. La primauté, chez lui, est toujours accordée à l'invention plutôt qu'à la « pensée » musicale. Son style concentré, son harmonie très libre, et souvent même non fonctionnelle, sa rythmique complexe, permettent à son art d'échapper à toutes les étiquettes. Parmi ses œuvres récentes, le *Concertino pour 12 violoncelles* (1975), les *Variations sur un thème de Schubert* pour octuor, les *Variations sur un thème révolutionnaire* (1976) et les *Hymnen an die Nacht [Hymnes à la nuit]* pour orchestre (1982) ont été particulièrement applaudies.

Deux autres disciples de Franz Schmidt appartiennent à la même génération, Theodor Berger (1905) et Alfred Uhl (1909). Comme Rubin, Berger a composé, avant tout pour orchestre, dans un style éclectique qui emprunte au folklore de différentes origines et qui diffère sensiblement d'une œuvre à l'autre. Ses partitions, dont l'instrumentation se distingue par son originalité et son raffinement, ont été dirigées et parfois même commandées à l'étranger par de grands chefs tels que Furtwängler (*Chronique symphonique,* 1940), Karajan (*Concerto Manuale,* 1951), Mitropoulos et Ormandy (Concerto pour violon, 1963). Au théâtre, Berger a donné un ballet représenté à l'Opéra de Vienne, ainsi qu'une musique de scène pour le second *Faust* de Goethe, commandée par le Burgtheater. Quant à Alfred Uhl (1909) il joue, lui aussi, un rôle de premier plan dans la vie musicale de la capitale autrichienne, à la fois comme professeur de composition à la Musikakademie et comme compositeur. Au lendemain de la guerre, quelques-unes de ses partitions ont été créées par des chefs illustres comme Clemens Krauss, Hans Knappertsbuch et Wilhelm Furtwängler. À la différence de Berger, Uhl a composé pour la voix et pour le théâtre, notamment un oratorio (*Gilgamesch,* 1957), une Cantate (*Wer einsam ist,* 1961) et un opérabouffe en trois actes, créé au Theater an der Wien en 1966, *Der mysteriöse Herr X.*

C'est non pas au théâtre mais à la musique religieuse que Johann Nepomuk David (1895-1977) a consacré la plus grande partie de son énergie créatrice. Bien qu'il se soit établi à Stuttgart en 1948 et qu'il y ait enseigné la composition jusqu'à la fin de sa vie, il est resté attaché aux traditions de sa Haute-Autriche natale et notamment à celle de l'abbaye de Sankt Florian où il avait fait, dans son enfance, un séjour de quelques années comme petit chanteur. La plus grande partie de sa production est destinée à l'orgue ou au chœur mais elle comprend aussi une vingtaine d'œuvres d'orchestre, dont huit Symphonies. Après avoir renoncé à l'expressionnisme de ses années de jeunesse, David a opté pour une tonalité élargie et pour une technique sérielle qu'il s'est forgée lui-même et qui n'a pas grand chose de commun avec celle de Schoenberg. Le sérieux et la solidité de son style, sa technique extrêmement fouillée et sa fidélité à l'héritage polyphonique promettent aux œuvres de David un long avenir et lui assurent déjà une place privilégiée dans le répertoire des concerts de la capitale.

Deux autres compositeurs, d'une génération légèrement postérieure, se sont distingués à la fois par la dimension et la qualité de leur production et par leur activité pédagogique. Né en Hongrie, Karl Schiske (1916-1969) a fait ses études au Nouveau Conservatoire de Vienne et à la Hochshule où il occupe une chaire de professeur de composition à partir de 1952. Il s'y est fait le défenseur convaincu des nouvelles techniques, n'hésitant pas à orienter ses disciples les plus doués vers les cours d'été de Darmstadt ou les studios électro-acoustiques de Cologne. Dans ses propres compositions, il reste fidèle au néo-classicisme de ses débuts, sans pour cela se priver des procédés nouveaux que notre époque a mis à la disposition des créateurs, tels la série et l'aléatoire. Son abondante production couvre tous les genres, sauf le théâtre, et comprend cinq Symphonies et un grand Oratorio, *Vom Tode* (De la mort), créé sous la direction de Karl Böhm en 1946. Comme Schiske, Robert Schollum (1913-1987) a été l'élève de Josef Marx. Plus tard, il a subi d'autres influences comme celles de Darius Milhaud et de l'École de Vienne, mais a su se forger un mode d'expression tout à fait personnel. Ses nombreuses partitions orchestrales comprennent cinq Symphonies et une *Markus Passion* (1976) qui a été montée et enregistrée par l'ORF en 1983.

Toujours parmi les compositeurs qui ont puisé leurs forces dans la tonalité, il manque encore plusieurs noms à notre liste, ceux notamment de quatre musiciens nés après la guerre. Anton Heiller (1923) s'est acquis une réputation internationale d'organiste virtuose, et notamment d'interprète hors de pair de la musique de Bach. Formé par la Hochschule où il a, par la suite, enseigné l'orgue et la musique religieuse, il a composé dans un style sévèrement polyphonique, qui s'apparente à la fois à celui de David et à celui de Hindemith, des Messes, des Oratorios, des Cantates et des œuvres d'orgue, outre une Toccata pour deux pianos qui, en 1946, fit l'admiration de Francis Poulenc, lors de son premier voyage en Autriche après la guerre. Comme Heiller, Helmut

Eder (1916) a subi l'influence de son maître David. À son école, il a acquis le goût des polyphonies serrées et le respect des formes traditionnelles. Bien qu'il ait adopté la méthode sérielle à partir de 1955, Eder en utilise également plusieurs autres comme l'aléatoire, les formes amorphes, les clusters et les micro-intervalles. Auteur de quatre opéras, de six ballets et de cinq Symphonies, il est aujourd'hui l'un des compositeurs modernes les plus joués en Autriche. Sa *Melodia ritmica* pour douze violoncelles (1972) et son Double Concerto pour violoncelle et contrebasse (1977), créés respectivement à Tokyo et à Berlin, occupent une place de choix dans sa production.

Après ces deux musiciens qui s'inscrivent dans la tradition religieuse et polyphonique de la musique autrichienne, il faut citer Paul Kont (1920) qui, lui, s'est surtout intéressé à la scène. Tout d'abord élève de Josef Polnauer, Kont a également fréquenté les cours d'été de Darmstadt où Wolfgang Fortner a contribué à sa formation, complétée ensuite à Paris auprès de Darius Milhaud et Olivier Messiaen. En 1949, son opéra *Indische Legende* (Légende indienne) a été le premier composé expressément pour la télévision autrichienne. Il sera suivi en 1967 d'un second, *Inzwischen* (Entre-temps). En revanche, ses partitions proprement théâtrales telles que *Lysistrate* (1961) et *Plutos* (1977), d'après Aristophane, et *Traumleben* (La vie est un songe) (1963) d'après Grillparzer, ont toutes été créées en Allemagne. Professeur de composition à la Hochschule depuis 1980, auteur de cinq Symphonies, Kont a profondément marqué la jeune génération. Après avoir poussé très loin ses recherches et adopté pendant plusieurs années le langage sériel, il a finalement opté pour un mode de composition plus libre. Lui-même a qualifié d'hétérophonique, ou plutôt d'hétérothématique, ce langage qui privilégie la mélodie aux dépens de l'élaboration thématique et modèle toujours ses lignes vocales sur le rythme et l'accentuation du vers. C'est enfin au théâtre que l'Anglais Francis Burt (1926, Londres), devenu Viennois d'adoption, a remporté ses succès les plus marquants. Élève, comme Einem, de Boris Blacher, il a été nommé en 1973 professeur à la Hochschule. Dans un langage librement atonal, il a livré successivement plusieurs opéras qui, comme ceux de Kont, ont été généralement créés en Allemagne, notamment *Volpone* (1956) et *Barnstable* (1969), et un ballet, *Der Golem* (1965). À l'occasion de son soixantième anniversaire, un festival entier lui a été consacré en Vienne en 1986.

LES SURVIVANTS DE L'ÉCOLE DE VIENNE

L'existence même de ces différents musiciens nourris de tradition démontre que l'influence de l'École de Vienne n'a été ni exclusive, ni même prépondérante. On s'en étonne d'autant moins que, au moment où l'Autriche a retrouvé son indépendance, Schoenberg était absent de Vienne depuis vingt ans, que Berg était mort depuis dix ans et que la plupart des élèves de Webern avaient quitté l'Autriche dès l'Anschluss. En outre, le nazisme avait interdit pendant sept ans toute exécution de ces musiques « dégénérées ». Parmi les musiciens d'avant-garde, le seul qui ait poursuivi une activité indépendante, à la fois de l'école schoen-bergienne et des néo-romantiques comme Schmidt et Marx, est Josef Matthias Hauer qui ne s'était jamais lassé de rappeler avoir été le véri-table « inventeur » du système sériel. Jusqu'à sa mort, survenue en 1959, Hauer a composé sans relâche, toujours dans le même style mi-naïf, mi-ésotérique, des « *Zwölftonspiele* » sans nombre. Soucieuse de réparer le dommage que le vieux musicien avait subi du fait de l'interdiction de ses œuvres, la République autrichienne ressuscitée l'a comblé d'honneurs sans avoir jamais pris sa musique bien au sérieux. D'ailleurs, cette réha-bilitation tardive n'a pas inclus alors la création des deux ouvrages que Hauer avait composés, bien des années plus tôt, pour le théâtre : *Die schwarze Spinne* (L'Araignée noire) (1929) et *Salammbô*, d'après Flaubert (1931). L'un et l'autre ne seront exécutés qu'après sa mort, le premier sur la scène et le second en concert, pendant les Wiener Festwochen de 1966 et de 1983. En dépit du séminaire Hauer, organisé à Vienne en 1983 à l'occasion de son centenaire, en dépit de tous les efforts accomplis pour lui rendre hommage, cette étrange figure de compositeur semble décidément avoir intéressé les écrivains bien plus que les interprètes et les impresarios. En effet, Hermann Hesse s'est inspiré de lui dans *Das Glasperlenspiel* (Le Jeu de perles de verre), Franz Werfel dans un person-nage de son roman *Verdi* et Thomas Mann aussi pour quelques traits du héros de *Doktor Faustus*. Au moment de son centenaire, l'un des disciples de Hauer a déclaré : « Chaque *Zwölftonspiel* est un modèle des relations entre l'homme et le cosmos, un psychogramme harmonique dont l'ordre pénètre et transforme d'une merveilleuse manière la Psyché de celui qui médite en écoutant. » Malheureusement, cette admiration sans borne pour un art plus original que substantiel est restée le fait d'une petite minorité et l'Autriche d'aujourd'hui ne semble pas disposée à accueillir ce créateur solitaire comme un des maîtres reconnus de la musique de notre siècle.

En revanche, Schoenberg n'a jamais cessé, depuis plus de cinquante ans, de passer pour une des personnalités créatrices essentielles du premier demi-siècle. Lorsque s'achève enfin le second conflit mondial, il a atteint sa soixante et onzième année. Ses deux disciples aimés et admirés ayant disparu, le courage lui manque de quitter son havre californien et retraverser l'Atlantique, l'envie peut-être aussi, puisque son départ pour Berlin, vingt ans plus tôt, avait eu le caractère d'un refus sans appel et d'un adieu définitif. Il n'en est pas moins sensible aux témoignages d'admiration qui lui parviennent de son pays d'origine, témoignages qui resteront, jusqu'à sa mort en 1951, plus honorifiques que concrets. C'est en 1971 seulement que l'État autrichien se résout enfin à racheter la maison historique de Mödling. Fondée l'année suivante, la Société Arnold Schoenberg prend en charge la restauration de l'édifice et la création d'un musée qui sera bientôt doté par les héritiers du maître d'une partie de son ancien mobilier, avec ses instruments de musique, son piano, son harmonium, son violoncelle et ses autres instruments à cordes, outre son chevalet de peintre et sa machine à écrire. En 1974, l'année du centenaire, un grand congrès international est organisé à Mödling, tandis qu'une importante exposition s'ouvre dans les locaux de la Sécession, initiatives d'autant plus heureuses que pas une seule exécution schoenbergienne n'a été programmée par les grandes institutions de la capitale pour marquer cette date historique !

Parmi les membres du cercle de Mödling, on a vu qu'Erwin Ratz et Josef Polnauer étaient sortis de l'ombre en 1945 et qu'ils avaient puissamment contribué à la renaissance de l'avant-garde autrichienne, avec deux autres disciples de Schoenberg demeurés comme eux en Autriche, Hans Erich Apostel et Hanns Jelinek. Né à Karlsruhe, Apostel (1901-1972) s'est établi à Vienne à l'âge de dix-huit ans. Après avoir appartenu dès 1921 au cercle de Mödling, il est devenu, avec Jelinek, l'élève de Berg en 1925, lors du départ de Schoenberg pour Berlin. Comme celui de Jelinek, son langage, post-romantique au départ, est devenu expressionniste, tout en préservant une exceptionnelle rigueur de forme et d'écriture. Après avoir mis au point, pour quelques années, un style librement atonal qui privilégie le thème aux dépens de la série, Apostel se tourne en 1957, à partir de son *Rondo Ritmico*, vers le sérialisme le plus orthodoxe. La production de ce créateur exigeant envers lui-même restera de dimension restreinte, en partie parce que sa santé fragile le détourne fréquemment de la composition. Bien qu'il ait toujours joui, en Autriche, de l'estime générale, Apostel a été plus souvent joué à l'étranger que dans son pays d'adoption. Au lendemain de la guerre, ses *Variations sur un thème de Haydn* (1949) lui ont pourtant valu, en 1952, le Grand Prix de l'État autrichien. Comme Apostel, Hanns Jelinek (1901-1969) n'est revenu que très tard au langage sériel. Entre-temps, il avait, sous l'influence de Franz Schmidt, opté pour un style résolument néoromantique. Après la guerre, il partagera sa carrière de créateur entre la composition – sous un pseudonyme – de musiques de films ou de divertissement, qui assurent sa subsistance, et celle de musique sérieuse, pour ne pas dire sévère. Dans ce domaine, il va laisser une œuvre abondante qui s'efforce de prolonger l'effort accompli par Webern dans l'application de la série aux durées et aux nuances dynamiques. Auteur notamment de six Symphonies et de deux Quatuors à cordes, Jelinek a occupé à la Hochschule, entre 1960 et 1969, une chaire de composition sérielle et rédigé un traité intitulé *Zwölftonkomposition* (Composition dodécaphonique).

Parmi les anciens membres du cercle de Mödling, il reste à mentionner la présence sur la scène viennoise de trois anciens émigrés qui vont y jouer un rôle de premier plan, bien qu'aucun des trois ne se soit jamais décidé à s'établir à nouveau en Autriche. Hanns Eisler tout d'abord. À l'époque où les armées d'occupation détiennent encore en Autriche le pouvoir civil et politique, le disciple renégat de Schoenberg renoue en 1948 avec Vienne, après avoir été expulsé des États-Unis à cause de son appartenance au parti communiste. Dès son arrivée, il fonde avec quelques amis le Neues Theater in der Scala, qui ouvre ses portes en septembre avec *Höllenangst* (L'Angoisse infernale), une pièce de Nestroy agrémentée de chansons et de couplets de sa plume. Alors conseiller musical de la ville de Vienne, Friedrich Wildgans soutient l'entreprise de toutes ses forces. Mieux, Gottfried von Einem et le metteur en scène Caspar Neher forment ensemble le projet de restituer à Eisler sa nationalité autrichienne, pour le convaincre de s'établir à Vienne avec Bertolt Brecht, dont il est l'ami et, de longue date, le collaborateur.

Comme c'est souvent le cas en Autriche, les démarches traînent en longueur, de sorte qu'Eisler finit par quitter Vienne après la première de son opéra *Die Mutter* (La Mère), donné en concert par la Radio autrichienne. Il rejoint Brecht à Berlin et collabore avec lui à la fondation du Berliner Ensemble, mais ne renonce pas pour autant à son projet de se fixer en Autriche. En 1951, les démarches entreprises par Einem pour rendre à l'auteur de *Die Mutter* sa nationalité sont divulguées par la presse, ce qui provoque un véritable tollé. Eisler, qui est en train de préparer un nouveau spectacle de Nestroy, *Eulenspiegel*, est cruellement affecté par cette polémique et regagne Berlin où, d'ailleurs, il ne sera pas mieux traité. En effet, deux ans plus tard, il y est l'objet d'une violente attaque de la part de l'aile stalinienne de l'Académie des Arts, qui condamne le livret d'opéra qu'il vient de publier, *Johann Faustus*. Découragé, Eisler envisage sérieusement de quitter l'Allemagne et passe encore dix-huit mois presque consécutifs à Vienne. En septembre 1953, le Neues Theater produit le *Volpone* de Ben Jonson avec une partition qu'il a composée pour l'occasion. Le collaborateur privilégié de Brecht va participer encore à deux nouvelles productions de ce théâtre qu'il a contribué à fonder, la première scénique de *Die Mutter*, en octobre 1954, puis, en février 1955, celle des *Theaterg'schichten* (Histoires de théâtre) de Nestroy. Mais sa carrière viennoise ne survivra pas à la fermeture du Neues Theater, en juin 1956, un an après le Traité d'État. Après avoir composé pour le *Galileo Galilei* de Brecht une nouvelle musique de scène et assisté à la première, Eisler regagne Berlin où il mourra dix ans plus tard. Condamné et attaqué en Allemagne de l'Est, plus ou moins interdit dans tous les pays occidentaux, il aurait ardemment souhaité s'établir à nouveau dans son pays d'origine, dont la neutralité constituait désormais pour lui une garantie. Mais il aurait fallu pour cela qu'on lui offre un poste de professeur au Conservatoire ou quelque autre emploi stable, ce à quoi nul ne semblait songer. Quoi qu'il en soit, son activité viennoise d'après-guerre n'aura pas été sans écho, ne fût-ce qu'à cause de l'empreinte qu'il a laissée sur plusieurs compositeurs de la génération suivante comme Kurt Schwertsik, Wilhelm Zobl, Karl Heinz Gruber et Friedrich Cerha.

Egon Wellesz (1885-1974) ne connaîtra pas les mêmes déboires qu'Eisler, sans doute parce que, fixé en Angleterre depuis l'Anschluss, titulaire d'une chaire d'Histoire de la musique byzantine spécialement créée pour lui à l'Université d'Oxford, il n'envisagera jamais de regagner définitivement son pays natal. Du fait de ses responsabilités de pédagogue et du choc que lui a causé l'émigration, Wellesz a peu composé pendant près de dix ans. En revanche, l'après-guerre assiste à l'épanouissement tardif, mais très fécond, de sa carrière de créateur, et Vienne y est étroitement liée. Avec sa Première Symphonie (1945), Wellesz renonce au sérialisme rigoureux de sa jeunesse et opte pour un langage librement atonal. En 1948, il se rend à Vienne pour assister à la création locale de cet ouvrage, qui est si bien accueillie qu'on le réinvite aussitôt l'année suivante pour celle de sa Deuxième Symphonie, dirigée au Festival de Vienne par Karl Rankl. À la même occasion, son opéra *Scherz, List und Rache* (Plaisanterie, ruse et vengeance), composé en 1928, est monté en concert par la Radio autrichienne. Ainsi Wellesz va-t-il tout naturellement dédier à son pays natal sa Quatrième Symphonie dite « *Austriaca* » (1950). Désormais, on le reverra presque chaque année à Vienne. En 1953, il obtient pour la première fois le Prix de la ville de

Vienne, tandis qu'un autre opéra de lui, *Alkestis*, est monté en concert à la Hochschule. La même année, Wellesz dédie, cette fois à sa ville natale, un cycle intitulé *Lieder aus Wien*, pour lequel il se verra décerner deux ans plus tard, en 1955, à la fois la Médaille d'Or de la ville de Vienne et le Grand Prix d'État.

Au mois de juillet 1960, Wellesz est chargé de prononcer à l'Opéra le discours officiel pour le centenaire de Mahler. Après les premières auditions fort bien accueillies de son Concerto pour violon et de son Trio à cordes, la firme Doblinger lui propose en 1962 un contrat pour la publication de ses toutes ses œuvres futures. Ainsi ses quatre dernières Symphonies et son *Symphonischer Epilog* seront-ils édités à Vienne, ce qui rend indissolubles les liens qui l'attachent désormais à l'Autriche. C'est d'ailleurs à Vienne que paraît, en 1963, sa première biographie, due à la plume du compositeur Robert Schollum. C'est là aussi que sont créés ses *Duineser Elegien,* d'après Rilke (1965), et sa dernière Symphonie, la Neuvième (1972), inscrite au programme d'un cycle de « Grandes Symphonies » au Musikverein. Mais, diminué par la maladie, Egon Wellesz doit renoncer à assister à cette grande première. Lorsque lui sont conférés les titres de membre d'honneur du Musikverein et de l'Institut de Musicologie de l'Université, il n'est plus en mesure de les recevoir lui-même. Il mourra l'année suivante, après avoir légué toutes ses archives et tous ses manuscrits à la Nationalbibliothek de Vienne. La ville de Graz ayant organisé en 1982 un symposium Wellesz et plusieurs concerts à sa mémoire, Vienne ne pouvait pas être en reste. En 1985, l'année du centenaire, elle programme donc une série d'exécutions de ses œuvres, ainsi qu'un symposium en liaison avec l'Université d'Oxford, tandis que la Radio autrichienne monte en concert *Die Bakchantinnen*, l'ouvrage créé à la Staatsoper en 1931 et qui avait établi sa réputation.

Comme Wellesz viennois de naissance et de souche, Ernst Krenek (1900-1991) a passé comme lui une grande partie de sa vie loin de sa ville natale, tout d'abord en Allemagne, puis aux États-Unis. Lui aussi n'en ressent pas moins, après la guerre, le désir de renouer avec ses racines. Dès 1950, il commence par faire don à la Stadtbibliothek d'une grande partie de ses manuscrits. En 1955, 1960 et 1963, la Ville de Vienne et l'État autrichien lui décernent une série de prix, notamment pour son plus récent opéra, *Der goldene Bock* (Le Bouc d'or). L'opéra suivant, *Ausgerechnet und verspielt* (Le Calcul perdu), lui est commandé par la Télévision autrichienne en 1961, tandis que, sept ans plus tard, la Radio remonte en concert son *Orpheus und Eurydike,* drame composé en 1926 sur un livret d'Oskar Kokoschka. Au cours des années 1970 et 1980, les rapports de Krenek avec l'Autriche vont encore se resserrer. En

1975, son soixante-quinzième anniversaire est célébré par une grande soirée entièrement consacrée à ses œuvres. À cette occasion, la plus haute distinction de la République autrichienne, l'Ehrenzeichen für Wissenschaft und Kunst (Médaille d'honneur pour la Science et l'Art) lui est conférée. Cinq ans plus tard, l'*Österreichische Musikzeitschrift* lui consacre un numéro spécial et, en 1981, Krenek est nommé citoyen d'honneur de la capitale. À cette occasion sont organisées à l'Historisches Museum une importante exposition et une exécution intégrale, en quatre concerts, de ses huit Quatuors à cordes. À partir de 1983, la maison de Schoenberg à Mödling est mise chaque été à la disposition de Krenek, tandis qu'est institué un prix biennal de composition portant son nom. Mais c'est en 1984 seulement, et sous l'impulsion de Lorin Maazel, que sera enfin représenté l'immense ouvrage que l'Opéra de Vienne avait commandé à Krenek en 1933 et qui a été créé à Grazen en 1969, *Karl V.* Malgré la sévérité du langage strictement sériel qui correspond à celle du sujet historique, la qualité de la partition est universellement reconnue et un disque d'extraits aussitôt gravé. Un an plus tard, le quatre-vingt-cinquième anniversaire du maître est encore fêté avec un éclat particulier. Une séance de musique de chambre se déroule dans la maison de Schoenberg, à Mödling, et la Radio autrichienne diffuse deux programmes entiers de ses œuvres les plus récentes. Tout récemment, en décembre 1990, une brillante « Satire musicale » sur le thème de Vienne, composée soixante ans auparavant pour l'Opéra de Leipzig, *Kehraus um St. Stephan* (Dernière danse autour de la cathédrale Saint-Étienne), a été applaudie avec chaleur au Théâtre Ronacher. Comme Wellesz, Krenek fait désormais partie des gloires reconnues de l'Autriche.

QUITTER PEU À PEU LES RIVAGES DU SÉRIALISME

Mais il est temps d'en venir aux compositeurs sériels ou d'avant-garde de la troisième génération, c'est-à-dire ceux qui sont nés juste avant ou juste après la guerre de 1914. L'un des plus importants, Friedrich Wildgans (1913-1965) a été formé intégralement au Conservatoire de Vienne, sous l'égide de Josef Marx. Fils d'un poète bien connu, il a mené de front une carrière de clarinettiste et une activité suivie de compositeur. Ami proche d'Anton Webern, il a été incarcéré pendant les hostilités pour ses opinions anti-nazies. En partie à cause de ce glorieux passé de résistant, il a joué, ainsi qu'on l'a vu, un rôle de tout premier plan au lendemain de la guerre, comme fonctionnaire de la Ville de Vienne, directeur du Conservatoire et président de la section autrichienne de la SIMC. Dans ses compositions, Wildgans a tout d'abord subi l'influence de Stravinsky et celle de Bartók, avant d'adopter un langage sériel orthodoxe, que pourtant il utilise d'une manière très personnelle, avec une prédilection affirmée pour la virtuosité et pour un humour qui se manifeste souvent par des citations cocasses et inattendues. Sa production, qui privilégie toujours l'orchestre et la voix, restera de dimension restreinte car il meurt âgé de cinquante-deux ans à peine. Né en Pologne, Roman Haubenstock-Ramati (1919) a émigré en Israël avant de se fixer définitivement à Vienne. L'influence prédominante de ses années de formation aura été celle de Paris où il a effectué un stage de musique électronique au GRM et découvert l'œuvre de Pierre Boulez. Plus tard, son goût de l'aventure et de la recherche l'a incité à se livrer à des expériences dans les domaines très divers de l'électro-acoustique, du graphisme musical, du timbre et de la forme ouverte. En 1959, deux ans à peine après son arrivée à Vienne, il invente un système de graphisme musical inspiré par les « Mobiles » de Calder et organise à Darmstadt la première exposition de partitions graphiques. Ainsi la plupart de ses pièces composées entre 1958 et 1961 portent-elles le sous-titre de « mobiles », notamment la *Petite Musique de nuit,* pour petit orchestre, les *Interpolations* pour une, deux ou trois flûtes, le *Mobile pour Shakespeare* pour voix et 6 instruments, *Liaisons* pour vibraphone, marimbaphone et bande magnétique ad libitum, ainsi que *Jeux 6, Jeux 4* et *Jeux 2.* Dans *Tableaux I,* et *Vermutungen* (Conjectures) pour orchestre, Haubenstock s'est efforcé de mélanger formes fixes et formes mobiles. L'application de ces procédés aléatoires au théâtre musical a donné naissance à l'opéra *Amerika,* d'après Kafka. Créé en 1966 à l'Opéra de Berlin, ce dernier ouvrage y déclenche un des scandales les plus retentissants de l'après-guerre et il n'est représenté que deux fois. En revanche, la création du ballet *Ulysses,* pour voix, instruments et bande magnétique, à l'Opéra de Vienne en 1979, n'aura pas provoqué de réactions aussi violentes. Investi par Universal Edition d'une responsabilité de lecteur de partitions, professeur de composition à la Hochschule depuis 1973, Haubenstock-Ramati s'est également imposé comme théoricien, grâce à ses nombreux écrits sur la musique.

À cause des recherches qu'ils ont tous deux entrepris dans le domaine du graphisme musical, on a coutume d'associer le nom de Roman Haubenstock-Ramati à celui d'Anestis Logothetis (1921). Grec de Bulgarie, élève d'Alfred Uhl et d'Erwin Ratz, doté d'une double formation d'ingénieur et de musicien, Logothetis a tout d'abord pratiqué un langage sériel orthodoxe avant de partir à la recherche de nouveaux procédés de notation graphique, dans un esprit souvent post-dadaïste, inspiré par John Cage. Pour la scène, il a composé un « opéra » multimédia, avec bande magnétique et images, *Daïdalia*, et un « spectacle musical » aléatoire intitulé *Karmadharmadrama* (1972). Ses partitions graphiques qui, de toute évidence, ne sont pas à la portée de tous les ensembles instrumentaux, ont été jusqu'ici le domaine réservé de l'ensemble Die Reihe, créé et dirigé, comme on l'a vu, par Friedrich Cerha.

György Ligeti (1923), l'une des plus grandes figures de la musique d'après-guerre, a également appartenu, au moins pendant quelques années, à l'histoire de la musique autrichienne, et cela bien qu'il ait finalement quitté Vienne pour l'Allemagne, ou plutôt pour une éclatante carrière internationale. En effet, c'est à Vienne qu'il a trouvé asile en 1956, à l'époque où la révolution hongroise l'a incité à quitter son pays natal. Ses premiers contacts avec la musique contemporaine de l'Occident, et notamment avec Boulez et Stockhausen, il les avait noués en Hongrie, en écoutant la Radio autrichienne, et c'est ainsi qu'il avait réussi à échapper à l'emprise, jusque-là toute puissante dans sa production de jeunesse, de Stravinsky et de Bartók. À peine installé en Autriche, Ligeti est invité par Herbert Eimert à se rendre à Cologne pour y faire un stage au studio de musique électro-acoustique. Ses premières œuvres dans ce domaine, notamment *Artikulation* (1958), affirment aussitôt une personnalité d'exception, de sorte qu'il sera dès lors invité chaque année à enseigner à Darmstadt. En 1960, le triomphe, au Festival de la SIMC, d'*Apparitions*, sa première partition orchestrale de maturité, composée en Hongrie et ensuite reconstituée de mémoire, amorce un tournant dans la carrière de Ligeti. Cette fois, il a découvert son style, avec tous les traits qui le caractérisent, micropolyphonie, hauteurs imprécises et complexes chromatiques, qui désormais prennent chez lui la place de la mélodie et de l'harmonie traditionnelles. Pour l'instant, la seule de ses partitions qui ait été exécutée à Vienne est, en 1958, son Premier Quatuor, achevé cinq ans plus tôt dans son pays natal et intitulé *Métamorphoses nocturnes*. Qui plus est, on ne lui a pas proposé de chaire pédagogique digne de ce nom et c'est pourquoi Ligeti sera amené à accepter successivement une classe d'enseignement au Conservatoire de Stockholm, puis à Berlin et à Hambourg. En 1970, il finira par abandonner définitivement l'Autriche pour Berlin, et cela vraisemblablement parce qu'aucune de ses grandes partitions des années viennoises n'a jamais été créée à Vienne, ni *Aventures* et *Nouvelles aventures* (Hambourg, 1963 et 1966), où Ligeti inaugure une nouvelle manière post-dadaïste extrêmement savoureuse, ni l'illustre *Requiem* (Stockholm, 1965). Quant à ses œuvres suivantes, notamment *Lontano* pour orchestre (1967), *Continuum* pour clavecin, le Deuxième Quatuor (1968) et le

Kammerkonzert (1970), elles ont fait le tour du monde avant d'être jouées en Autriche. Certes, Ligeti ne reniera jamais les années cruciales où Vienne l'a accueilli, après son départ de Hongrie, mais il n'en a pas moins ressenti une réelle frustration d'y avoir été si peu reconnu et si rarement exécuté. La vice-présidence de la section autrichienne de la SIMC lui a été confiée en 1971, donc après son départ de Vienne, ce qui n'a sans doute pas suffi à le convaincre que le pays qu'il avait tout d'abord choisi comme sa nouvelle patrie le comptait désormais parmi les siens.

Il faut encore mentionner Karl Heinz Füssl (1924) qui, après avoir été l'élève d'Alfred Uhl, a adopté le langage dodécaphonique, sous l'influence de Josef Polnauer et d'Erwin Ratz, et a enseigné à partir de 1974 à la Hochschule l'analyse des formes selon la méthode schoenbergienne. Critique musical pendant plusieurs années, collaborateur d'Universal Edition et éditeur des œuvres de Mahler et de celles de Mozart, Füssl fait à la voix une place prépondérante dans ses propres compositions et sacrifie toujours, dans sa musique, la notion de quantité à celle de qualité. De dimension restreinte, sa production, qui est, comprend deux œuvres scéniques, *Dybuck* (1970) et *Celestina* (1976), ainsi qu'un opéra d'église, *Kain* (1986) et des lieder sur des poèmes de Hölderlin (1982).

De tous les compositeurs autrichiens de sa génération, c'est Friedrich Cerha (1926) qui jouit sans aucun doute de la plus grande réputation internationale. Fondateur et chef d'orchestre du célèbre ensemble Die Reihe, professeur de musique électronique, de composition et de notation à la Hochschule depuis 1969, il doit une grande partie de sa célébrité récente au précieux travail qu'il a accompli en achevant en 1979 le dernier acte de la *Lulu* de Berg. Élève, comme Füssl, d'Alfred Uhl à la Hochschule, Cerha y a reçu une formation de violoniste et de chef d'orchestre avant de fréquenter les cours d'été de Darmstadt où l'influence de Boulez et celle de Stockhausen ont été pour lui déterminantes, tout au moins pendant quelques années. C'est d'ailleurs parce que la création viennoise du *Marteau sans maître* de Boulez, dirigée par le compositeur lui-même en 1957 au Konzerthaus, avait trouvé si peu d'écho sans la capitale autrichienne que Cerha s'est décidé à fonder l'année suivante son ensemble bien connu. Le premier concert de Die Reihe s'est déroulé le 22 mars 1959 au Schubertsaal du Konzerthaus, avec un programme Boulez, Pousseur, Webern. Deux mois plus tard, la seconde soirée, qui est tout entière consacrée à l'avant-garde italienne, attire un public si nombreux que Die Reihe se transporte alors au Brahmssaal du Musikverein. C'est ici que la première viennoise du Concerto pour piano de Cage, interprété deux fois de suite par David Tudor sous la direction de Kurt Schwertsik, provoque bientôt un scandale mémorable. De 1961 à 1968, l'ensemble donne de nombreux concerts de musique à dominante expérimentale, tantôt au Konzerthaus, tantôt dans les divers auditoriums de la Radio, tantôt au Musée du XXᵉ siècle. Interrompue pendant quelques années par la crise qu'a traversée la musique contemporaine à la fin des années 1960, l'activité du groupe a repris en 1976.

Comme compositeur, Cerha a tourné très vite le dos à l'orthodoxie sérielle pour s'ouvrir à des influences aussi divergentes que celles d'Alban Berg et de Kurt Weill. *Baal,* sa pièce de « théâtre épique », d'après Bertolt Brecht, est représentée avec succès à la Staatsoper en 1981. Elle illustre, dans une suite de scènes très brèves et avec un réalisme tout au moins apparent, le conflit qui oppose l'artiste à la société. Parmi les autres œuvres significatives de Cerha, il faut citer *Spiegel* (Miroir) I à VII pour orchestre et bande magnétique (1961-1968), où sont expérimentés des procédés nouveaux de développement non-linéaire et une nouvelle articulation du temps musical ; *Exercices,* « action théâtrale pour soprano, baryton, bande magnétique et instruments » (1968) ; *Catalogue des objets trouvés* pour 14 instruments (1969) ; *Curriculum* pour 12 instruments (1973), ainsi qu'une Symphonie (1975) et *Netzwerk* (Entrelacs), une « action musico-théâtrale pour baryton, soprano, 5 récitants, 24 musiciens et quelques danseurs » (1981), destinée au Festival de Vienne. Le second opéra de Cerha, *Der Rattenfänger,* a été co-produit en 1987 par l'Opéra de Vienne et le Festival de l'Automne styrien.

La plupart des musiciens entourant Cerha ont abandonné comme lui le langage sériel et ses disciplines strictes pour des formes plus libres, souvent même pour partir à la recherche d'une « nouvelle simplicité ». Élève de Josef Marx et d'Alfred Uhl au Conservatoire, corniste aux Wiener Symphoniker, Kurt Schwertsik (1935) ne semblait pas, de prime abord, destiné à faire carrière dans l'avant-garde. Son stage au studio électronique de Cologne et ses séjours à Darmstadt, où il subit l'influence conjuguée de Cage, de Stockhausen et de Kagel, vont pourtant stimuler en lui le goût de l'expérimentation et l'intérêt pour les nouveaux langages. Co-fondateur avec Cerha de Die Reihe, il se spécialise très jeune, comme interprète et comme chef d'orchestre, dans l'exécution des musiques nouvelles. En revanche, son désir d'être compris du grand nombre le détourne très tôt, dans ses propres compositions, du langage sériel et des préoccupations stylistiques de ses contemporains. Ses premières tentatives néo-tonales datent des années 1960. On y relève toutes sortes d'influences, notamment celles du surréalisme, du dadaïsme et même de la musique pop américaine, dans des pièces dont les titres sont souvent humoristiques, tels *Draculas Haus- und Hofmusik* (Musique pour la chambre et la cour de Dracula) pour cordes (1968) ou *Romanzen im Schwarztintenton und der geblümten Paradiesweis* (Romances dans le ton d'encre noire et sur la mélodie fleurie du paradis) pour violon et orchestre (1977). En 1965, Schwertsik fonde avec Otto Zykan un nouveau groupe qui prend le contrepied de la programmation sévère de Die Reihe. Ce sont les « Salonkonzerte », qui se spécialisent dans les collages d'éléments hétérogènes et les musiques populaires réinventées. Toujours dans le même style néo-tonal, Schwertsik a composé deux opéras qui ont remporté un réel succès lors de leur création en Allemagne : *Der lange Weg zur grossen Mauer* (Le Long Chemin vers la grande muraille) (1975), dans lequel les éléments ironiques ou parodiques sont, pour une fois, absents, et *Fanferlieschen Schönefüsschen* (1983).

L'humour et la dérision sont aussi les registres d'élection d'Otto Zykan (1935), pianiste et fils d'un guitariste de renom. Inventeur et co-fondateur, avec Schwertsik, des « Salonkonzerte » en 1966, il fait figure d'enfant terrible de la musique expérimentale viennoise, à cause de son goût de l'absurde et de ses tendances anti-élitistes. Son film *Staatsoperette* (Opérette d'État), a fait scandale à la télévision en 1978, et les titres des œuvres suivantes suffisent à faire pressentir leur esprit dadaïste : *Singers Nähmaschine ist die Beste* (La machine à coudre Singer est la meilleure), sous-titrée *Oper oder Ode oder Opern-Ode* (Opéra ou Ode, ou Ode-Opéra) (1966), ses *Sechs Chansons (die keine sind)* (Six Chansons – qui n'en sont pas) pour piano (1965), *Polemical Arias* (1968), *Kunst kommt von Gönnen* (L'Art vient de la munificence), sous-titré *Peripathese im Stil eines Boulevardstücks* (Péripathèse dans le style d'une pièce de boulevard) (1981), Singspiel créé à Stuttgart.

Il n'est pas injustifié de réunir dans une même rubrique les noms de Schwertsik, de Zykan et celui de Heinz-Karl Gruber (1943), à cause du parallélisme de leurs carrières et de l'esprit non-conformiste qui les caractérise tous les trois. Contrebassiste, membre de l'Orchestre de la Radio, élève au Conservatoire d'Alfred Uhl, de Hanns Jelinek et de Gottfried von Einem, Gruber a appartenu comme Schwertsik à l'ensemble Die Reihe. Ayant lui aussi renoncé au langage sériel dans les années 1960, il a fondé huit ans plus tard, avec ses deux collègues, le groupe MOB art & tone ART qui, en collaboration avec les Salonkonzerte, se propose de recréer un nouveau « folklore urbain », une musique de cabaret néo-tonale, assortie de divertissement scéniques et en général humoristiques inspirés par ceux de Mauricio Kagel. Les *MOB pieces* musicaux-théâtraux, pour petit ensemble, de Gruber, sa *Die wirkliche Wut über den verlorenen Groschen* (La Véritable Fureur sur le Groschen perdu) révèlent son goût de l'humour et de l'absurde. Son *Frankenstein!!*, « pandämonium » pour baryton, instruments et jouets d'enfants (1970) a été plusieurs fois transcrit pour différentes combinaisons instrumentales. Bien que, dès le début, Gruber ait posé en principe sa méfiance envers toute musique sérieuse, il n'en a pas moins composé en 1978 un Concerto pour violon dont le lyrisme prend Alban Berg pour modèle. Craignant sans doute de paraître cette fois trop grave, le compositeur s'est défendu en déclarant que, après tout, le pathos était « un moyen d'expression comme un autre ».

Pour achever ce survol, trop bref et trop superficiel, de la musique contemporaine viennoise, il faut encore citer deux compositeurs plus jeunes qui se sont spécialisés dans la musique électronique et y ont remporté d'incontestables succès : Dieter Kaufmann (1941) et Wilhelm Zobl (1950). Élève de Schiske et d'Einem, Kaufmann a également étudié à Paris avec Messiaen et Leibowitz entre 1968 et 1970. Abandonnant le langage sériel, il a monté de nombreux spectacles d'avant-garde avec le K & K Experimentalstudio, fondé en 1975, notamment au Planétarium de Vienne, et les a par la suite emmenés en tournée à travers l'Europe. Les titres de ses œuvres, – *Kakophonie-Euphonie* pour actrice, bande magnétique et live-électronique (1979), *Pupophon,* « opéra micropho-nique » pour marionnettes, acteur et bande magnétique, *Spiegelstimme,* pour voix, miroir et installation électroacoustique (1972), *Ave Marina,* créé en 1986 pendant le festival du Tabu-Theater de Vienne –, révèlent suffisamment le sens et la nature de ses recherches. Quant à Zobl, en fidèle disciple de Luigi Nono, il a cherché à concilier engagement poli-tique et utilisation de techniques nouvelles, en prenant Hanns Eisler comme modèle. Auteur de plusieurs pièces de théâtre musical et d'un opéra, *Weltuntergang* (La Fin du monde) (1984), il a collaboré au K & K Studio de Kaufmann et monté avec lui plusieurs spectacles.

À qui s'étonnerait de voir tant de musiciens de jeune génération adop-ter une attitude aussi peu conformiste, on pourrait répondre qu'ils se devaient de réagir contre le respect servile de la tradition, qui est par ailleurs la loi en Autriche. Certes, il n'est pas facile, à Vienne, d'être moderne et d'innover, d'autant moins que, jusqu'à 1988, date du pre-mier Wien Modern, il n'existait aucun Festival dédié spécifiquement à la musique contemporaine, aucune institution comparable à l'Automne styrien ou au Centre électro-acoustique de Linz. Certes, Alfred Schlee, qui a présidé depuis la guerre aux destinées de l'Universal Edition, n'a jamais cessé de militer de toutes ses forces pour la musique d'aujourd'hui et il a parfois réussi à faire croire que Vienne restait la capitale de l'avant-garde. Suivant les traces de son prédécesseur, Emil Hertzka, qui avait autrefois découvert et publié Janáček, Bartók et Kodály, Eisler et Weill, Schlee a signé dès la fin de la guerre des contrats avec Einem et Frank

Martin, Berio et Stockhausen, Messiaen et Boulez. Mais il ne pouvait pas transformer la politique culturelle de l'État autrichien. Or les pouvoirs publics se sont contentés jusqu'ici de subventionner quelques ensembles comme Die Reihe, ainsi qu'une abondante collection de disques de musique contemporaine. Mais le disque ne peut pas se substituer au concert et la vie musicale de Vienne n'accorde qu'une place infime à la musique de notre temps, de sorte que la plupart des Autrichiens de la jeune génération sont obligés de se rendre en Allemagne pour la création de leurs œuvres, à moins qu'elles n'aient été expressément composées pour Die Reihe ou pour l'ensemble Kontrapunkte.

« NOUS VÉNÉRONS NOS MAÎTRES DÉFUNTS »

En revanche, les valeurs sûres du passé continuent à faire l'objet d'un véritable culte à Vienne. C'est ainsi que se sont succédé à intervalles irréguliers les symposiums, les expositions et les festivals consacrés à des maîtres du passé. Après Bach (1950), ont été ainsi honorés Berg (1954), Mozart (1956), Haydn (1959), Wolf et Mahler (1960), Schubert (1967), Beethoven (1970), Webern (1972), Schoenberg (1974), Strauss et Bruckner (1975), à nouveau Beethoven (1977), Schubert (1978), Mahler (1979), Berg et Berio (1985), Gluck (1987). Dans le même domaine, la tradition des grands historiens de la musique et des musicologues est restée bien vivante. Après Eusebius Mandyczewski (1847-1929) et Guido Adler (1855-1941) sont venus l'illustre analyste Heinrich Schenker (1867-1935), né en Galicie, élève de Bruckner, mort en émigration aux États-Unis, et toute une pléiade de musicologues de haut rang comme Otto Erich Deutsch (1883-1967) qui, après avoir habité l'Angleterre de 1938 à 1953, achèvera à Vienne ses travaux monumentaux et fondamentaux sur Händel et Schubert ; Robert Maria Haas (1886-1960), éditeur de Bruckner et de plusieurs volumes des Denkmäler Österreichischer Tonkunst ; Anthony van Hoboken (1887-1983), né en Hollande mais intégralement formé à Vienne, spécialiste de Haydn, fondateur en 1927 des archives photographiques de la Nationalbibliothek et initiateur d'un recensement général des manuscrits musicaux de la même institution ; Erich Schenk (1902-1974), éditeur de Biber et de Schmelzer, président des Denkmäler à partir de 1964 et de la Société de Musicologie en 1973 ; Leopold Nowak (1904), bibliothécaire en chef pour la musique de la Nationalbibliothek jusqu'en 1969, biographe et éditeur de Bruckner ; et enfin Othmar Wessely (1922), éditeur de Fux et successeur de Schenk aux Denkmäler...

Au terme d'un survol de plusieurs siècles, combien de questions restent posées! Ainsi ne peut-on que se demander s'il existe bien, dans la musique née à Vienne, un style, une atmosphère, un caractère spécifiques, au-delà de ce que les Autrichiens les plus clairvoyants ont nommé le « mythe sentimental du sang viennois ». Quelle réalité profonde se cache derrière cette insouciance de surface, cet hédonisme, cet abandon heureux que nous croyons retrouver dans toutes les musiques qui nous semblent authentiquement viennoises, depuis les allegros haydniens ou mozartiens, à travers la gaieté déchirante de ceux de Schubert, jusqu'aux grands Ländler de Bruckner, et à l'heureux néo-classicisme avant la lettre de la Quatrième Symphonie de Mahler? Force nous est tout d'abord de reconnaître le sentiment d'inéluctable tragédie, qui affleure partout derrière cette heureuse façade, autant dans les grands chefs-d'œuvre de Mozart et de Schubert que dans ceux de Mahler ou d'Alban Berg. N'est-ce pas, d'ailleurs, cette ambiguïté fondamentale qui caractérise mieux que tout l'âme et le style viennois? Car l'Autriche n'a pas seulement donné naissance à la valse, à la musique de divertissement, à l'opérette. Si l'on voulait s'en tenir là, l'œuvre musicale la plus viennoise de toutes serait sans aucun doute le *Rosenkavalier* du Bavarois Richard Strauss. Le poète viennois Hugo von Hofmannsthal n'y a négligé aucun ingrédient – on pourrait même dire aucun cliché – pour peindre cette Vienne de carte postale, son goût du plaisir, ses nostalgies du passé, la somptuosité de ses palais rococos, la vie facile et les mœurs légères de leurs habitants. Pourtant, même dans cette peinture sans nuances affleure un arrière-goût de mélancolie, l'angoisse du temps qui passe et la conscience permanente de la mort. Cependant, au-delà de la Vienne de convention dont Strauss et Hofmannsthal ont génialement imposé l'image sur toutes les scènes lyriques du monde, bien d'autres traits caractérisent l'âme viennoise, par exemple cette monumentalité baroque, issue des fastes ecclésiastiques, qui s'exprime ou s'est longtemps exprimée dans les grandes fêtes et les pompeux enterrements. N'est-ce pas elle qui, après les grands édifices beethovéniens, a donné naissance aux Symphonies monumentales, on pourrait presque dire aux cérémonies symphoniques, de Bruckner et de Mahler?

Si tant de grands artistes sont nés à Vienne, au carrefour de l'Europe, s'ils ont été si profondément novateurs, c'est qu'ils appartenaient à une société qui, à l'époque de sa grandeur, était multi-raciale et multi-nationale. Pour cette raison-là avant tout, le grand art de l'Autriche a été un art européen, et même universel. Il faudrait beaucoup de pages pour énumérer les richesses de cette Vienne des premières années du XXe siècle, sécessionniste, expressionniste, supra-lucide, atonale, dodécaphoniste, de cette capitale qui a ouvert tant de voies nouvelles à l'art, à la peinture, à l'architecture, à la décoration, à la science et à la littérature, tout autant qu'à la musique. Car à la Vienne épique de Bruckner et de Mahler ont succédé la Vienne révolutionnaire de Schoenberg, la Vienne réaliste de Schnitzler, la Vienne supra-lucide de Freud, la Vienne inquiétante de Musil, la Vienne franchement terrifiante de Trakl ou de Schiele, cette ville de l'angoisse, du pressentiment, celle qui a mérité des surnoms tels que « Joyeuse apocalypse », cette « station expérimentale pour la fin du monde » telle que l'a décrite le génial pamphlétaire qu'était Karl Kraus. Mais la Vienne d'aujourd'hui, dépouillée de ses fastes impériaux, est obligée de se consoler d'un présent modeste par les prestiges de son passé. C'est sans doute pourquoi le lieu qui révèle le mieux ses valeurs traditionnelles, en matière de musique, est encore le Zentralfriedhof, ce « cimetière central » où sont enterrés les mots les plus illustres de l'Autriche. Là, en effet, on comprend mieux qu'ailleurs l'image que Vienne se fait d'elle-même et de ses valeurs essentielles. Les Viennois nomment *Pietätsinn* le sentiment très noble qui les conduit à rendre hommage à leurs illustres disparus à l'occasion du centenaire ou du bicentenaire de leur naissance ou de leur mort. En 1863, ce sentiment a conduit le Gesellschaft der Musikfreunde à exhumer les corps de Beethoven et de Schubert pour les placer dans des cercueils de métal tout neufs. En tant que membre de l'honorable société, Anton Bruckner a pu satisfaire à cette occasion son intérêt intense et morbide pour les cadavres en examinant de très près ces deux dépouilles. Vingt-cinq ans plus tard, le vieux cimetière de Währing allant être définitivement abandonné, on exhume à nouveau ces deux morts illustres pour les transférer au Zentralfriedhof tout neuf.

Le transport du cercueil de Beethoven se déroule au soir du 22 juin 1888. Des porteurs de cierges et quelques notabilités en habit de deuil l'accompagnent. Toutes les principales institutions et corporations musicales sont représentées dans le cortège qui gagne le Schwarzenbergplatz où le rejoignent des membres du Musikverein, avec une délégation de professeurs et d'élèves du Conservatoire. Au Zentralfriedhof, le monument funèbre de l'auteur de *Fidelio* reproduit exactement celui du cimetière de Währing. Et c'est là aussi que, trois mois plus tard, les restes de Schubert seront transportés à leur tour et inhumés dans une tombe qui fait pendant à celle de Beethoven. L'ancienne sépulture de l'auteur de *L'Inachevée* a sans doute été, elle, jugée trop modeste et le Männergesangverein a commandé un monument tout neuf.

En 1903, Hugo Wolf sera le dernier grand musicien viennois du XIXe siècle à être inhumé au Zentralfriedhof, non loin de Beethoven.

Toujours dans la même « section 32A », on trouve, aux côtés de Gluck et de Brahms, la quasi-totalité des compositeurs célèbres de musique légère, notamment Strauss père et ses trois fils, Lanner, Suppé, Millöcker, Eysler, non loin des deux grandes divas de l'opérette, Gallmeyer et Geistinger qui, après s'être tant haïes de leur vivant, s'étonnent peut-être d'avoir été ainsi réunies dans la mort. Mais la liste des occupants de la section 32C, où reposent les grands musiciens viennois de notre siècle, surprend plus encore par l'absence des trois géants que furent Alban Berg, Anton Webern et Gustav Mahler. En revanche, on a la surprise d'y trouver l'Allemand Hans Pfitzner et plusieurs petits maîtres comme Josef Marx, Julius Bittner, Josef Reiter, Wilhelm Kienzl et Franz Schmidt, ainsi que l'inévitable compositeur d'opérettes, en l'occurrence Carl Michael Ziehrer. Le musicologue Guido Adler et une demi-douzaine de chanteurs d'opéra de la grande époque y ont également droit à une « tombe d'honneur ».

Trois musiciens de l'après-guerre ont été honorés de la même manière posthume, Johann Nepomuk David, Hans Erich Apostel et Egon Wellesz. L'un des derniers venus aura été en 1974, vingt-quatre ans après sa mort et l'année de son centenaire, celui qui méritait le plus de s'y trouver : Arnold Schoenberg. Le premier emplacement proposé avait semblé à ses descendants trop modeste et trop à l'écart pour un tel prince de l'esprit. Ses cendres reposent donc aujourd'hui sous une sculpture géométrique de Fritz Wotruba, aussi simple que grandiose, à quelques mètres seulement du pompeux monument où sont inhumés les présidents de la République autrichienne. Il n'empêche que le transfert des cendres de Schoenberg devait se faire dans l'intimité la plus confidentielle, insigne rareté à Vienne, au point que le monde musical international l'ignorait encore il y a peu.

En 1951, au moment de la mort de Schoenberg, la municipalité viennoise qui, quelque temps plus tôt, l'avait nommé citoyen d'honneur, voulut manifester à son épouse et à ses enfants une sympathie particulière. Le télégramme expédié à Los Angeles les assurait que Vienne ne perdrait jamais le souvenir de « notre maître défunt ». Mais les liaisons télégraphiques encore peu fiables entre Vienne et Los Angeles firent disparaître le « n » d'« unseren », transformant « notre » en « nos ». Ainsi Vienne réitérait-elle cette évidence première que l'histoire avait déjà suffisamment répétée : « Nous vénérons nos maîtres défunts. » Pour une fois, la vérité toute nue sortait d'un message officiel !

ANNEXES

LÉOPOLD Ier

L'empereur est un grand artiste en musique. [...] S'il existait quelque chose au monde qui pût lui faire plaisir, c'était sans nul doute possible la bonne musique. Celle-ci décuplait sa joie, atténuait ses peines et l'on peut dire de lui que, de toutes les réjouissances, aucune ne lui a procuré une heure plus délectable que celle que lui apportait un concert bien organisé. [...] Comme il avait coutume de changer de résidence quatre fois par an, à savoir du château de Laxenburg, de là à la Favorita puis à Ebersburg, il y avait toujours une épinette précieuse à laquelle l'empereur passait tous ses loisirs. [...] Sa Chapelle peut incontestablement être nommée l'orchestre le plus parfait du monde, et il n'y a pas de miracle à cela puisque c'est l'empereur lui-même qui fait passer l'examen d'admission, l'acceptation d'un postulant dépendant uniquement de ses mérites et non des inclinations personnelles... On peut juger au grand nombre de musiciens expérimentés ce qu'ils devaient coûter à l'empereur, car beaucoup d'entre eux étaient barons et recevaient des traitements leur permettant de vivre selon leur rang... Lorsque l'empereur assistait à un concert de cet orchestre alors incomparable, il y prenait tant de plaisir qu'il prodiguait une attention infinie, comme s'il l'entendait pour la toute première fois... Quand arrivait un passage qui lui plaisait particulièrement, il fermait les yeux afin de pouvoir écouter avec plus attention. Son oreille était si exercée qu'elle reconnaissait parmi les cinquante exécutants celui qui avait donné un mauvais coup d'archet.

Gottlieb Eucharius Rinck,
Capitaine de l'armée impériale.

À l'Opéra de Vienne [...] on ne laissait pas échapper une imperfection : toute fausse note était aussitôt remarquée, toute rentrée incorrecte ou toute coupure censurée, et ce n'étaient pas seulement les critiques professionnels qui exerçaient ce contrôle lors des premières mais, soir après soir, l'oreille attentive du public tout entier, affinée par de perpétuelles comparaisons. [...] Dans les choses de l'art, il n'y avait pas de pardon; là, l'honneur de la cité était en jeu. Tout chanteur, acteur, tout musicien était constamment obligé de donner toute sa mesure, sinon il était perdu. Il était délicieux d'être le favori de Vienne, mais il était difficile de le demeurer; jamais un relâchement n'était pardonné. Et cette conscience d'être sans cesse surveillé avec une attention impitoyable contraignant tous les artistes viennois à donner leur maximum expliquait aussi leur merveilleux niveau collectif. [...] Qui a connu à l'Opéra, sous la direction de Gustav Mahler, cette discipline de fer poussée jusque dans les moindres détails, à la Philharmonique cet élan lié comme tout naturellement à l'exactitude la plus rigoureuse, celui-là est aujourd'hui bien rarement satisfait d'un spectacle ou de l'exécution d'une œuvre musicale. [...] Un Viennois dépourvu de sens artistique et qui ne trouvât pas de plaisir à la beauté formelle était inconcevable dans ce qu'on appelle la « bonne » société...

Stefan Zweig, *Le Monde d'hier,* trad. Serge Niémetz,
Belfond, Paris, 1993, p. 37.

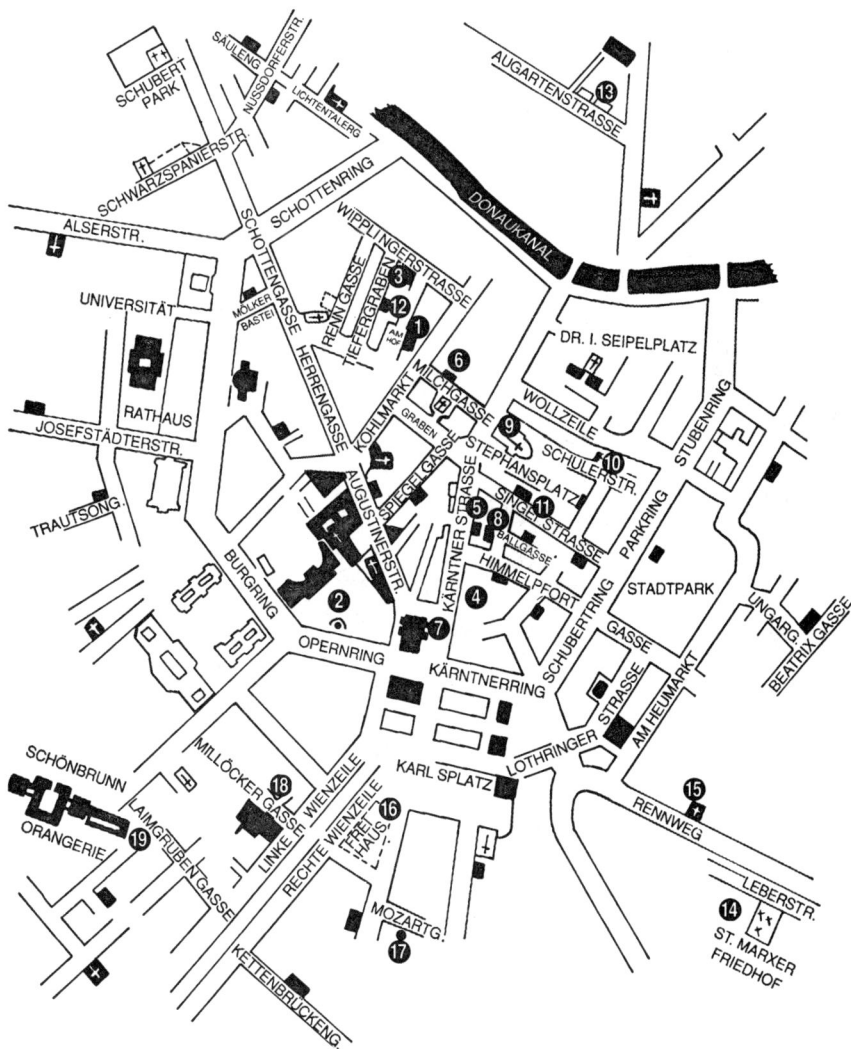

MOZART *Les lieux*

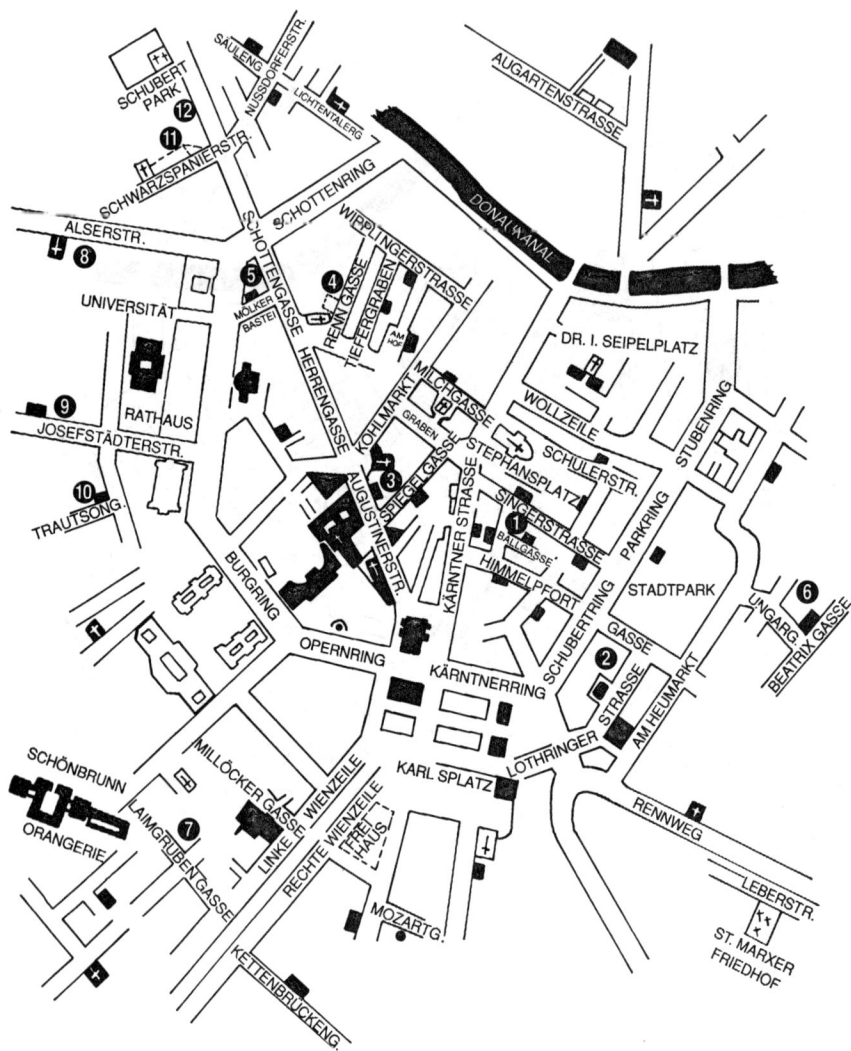

BEETHOVEN *Les lieux*

1. Ballgasse 3, 4, 6, Restaurant "Zum Blumenstöckl".
2. Beethovenplatz, monument de K.v. Zumbusch, 1857.
3. Josefsplatz 5, Palais Pallavicini, frise Beethoven.
   Lobkowitzplatz, Palais Lobkowitz.
4. Löwelstrasse 6, Palais Montenuovo, 2e étage, 1795.
5. Mölkerbastei 8, "Maison Pasqualati", pièces commémoratives.
6. Ungargasse 5, domicile 1823/24.
7. Laimgrubengasse 22, domicile 1822/23.
8. Alserstrasse 17, Eglise, bénédiction 1827.
9 Josefstädterstrasse 26, "Theater in der Josefstadt".
10. Trautsongasse 2, domicile 1819/20.
11. Schwarzspanierstrasse 15, maison de sa mort.
12. Schubertpark, tombes de Beethoven et Schubert.

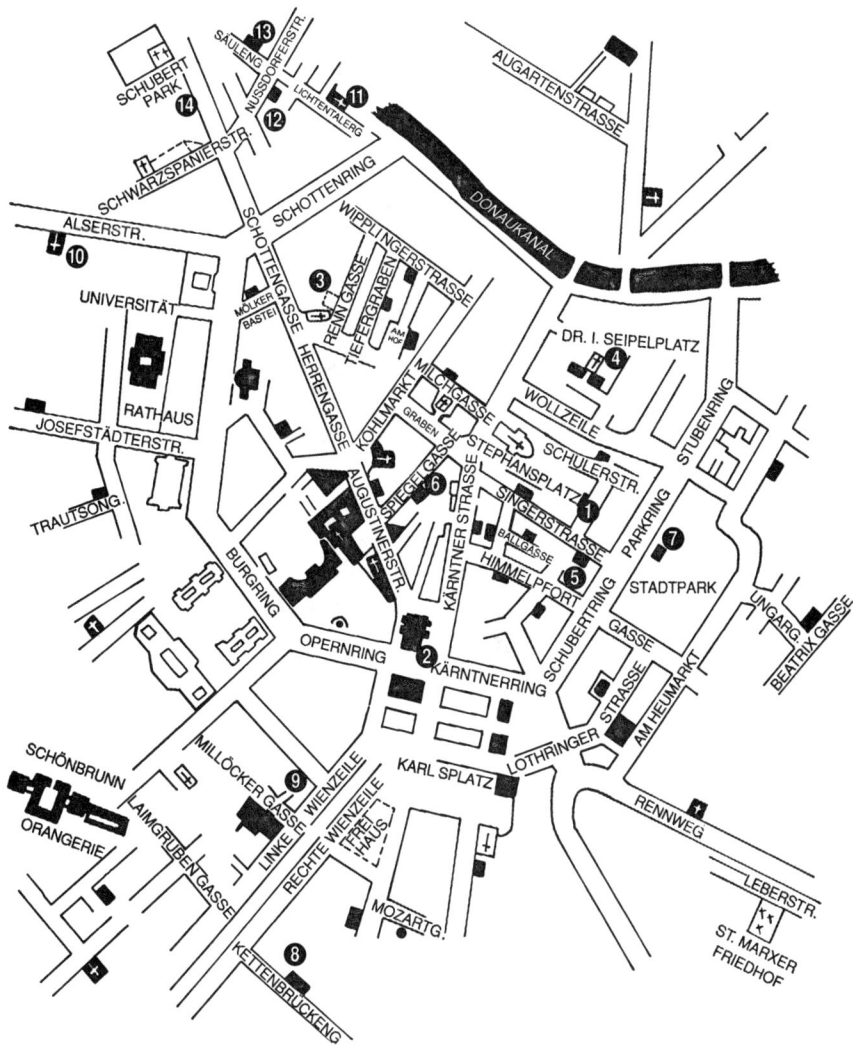

SCHUBERT *Les lieux*

1. Grünangergasse 8, Restaurant "Grüner Anker"
2. Opéra, Loggia aux fresques du Roi des Aulnes.
3. Renngasse 1, autrefois restaurant "Zum römischen Kaiser".
4. Ignaz-Seipel-Platz, Universitätskirche.
5. Singerstrasse 28, Restaurant "Zu den 3 Hacken".
6. Spiegelgasse 9, Göttweigerhof, 1822/23.
7. Stadtpark, monument de C. Kundmann, 1872.
8. Kettenbrückengasse 6, maison de sa mort, pièce commémorative.
9 Theater an der Wien, Porte Papageno.
10. Alserkirche, "Glaube, Liebe, Hoffnung", 1828.
11. Marktgasse, Eglise de Lichtental, orgue.
12. Nussdorfertrasse 54, maison natale.
13. Säulengasse 3, école.
14. Schubertpark, tombes de Beethoven et Schubert.

Johannes BRAHMS

1. Alserstrasse 20 (Th. Billroth)
2. Czerningasse 7 (appartement)
3. (Karlsgasse 4) aujourd'hui Technische Universität (appartement, plaque commémorative)
4. Karlsplatz (monument)
5. Novaragasse 7 (appartement)
6. Postgasse 6 (appartement)
7. Singerstrasse 7 (appartement)
8. Ungargasse 2 (appartement)
9. Wildpretmarkt (restaurant "Roter Igel")

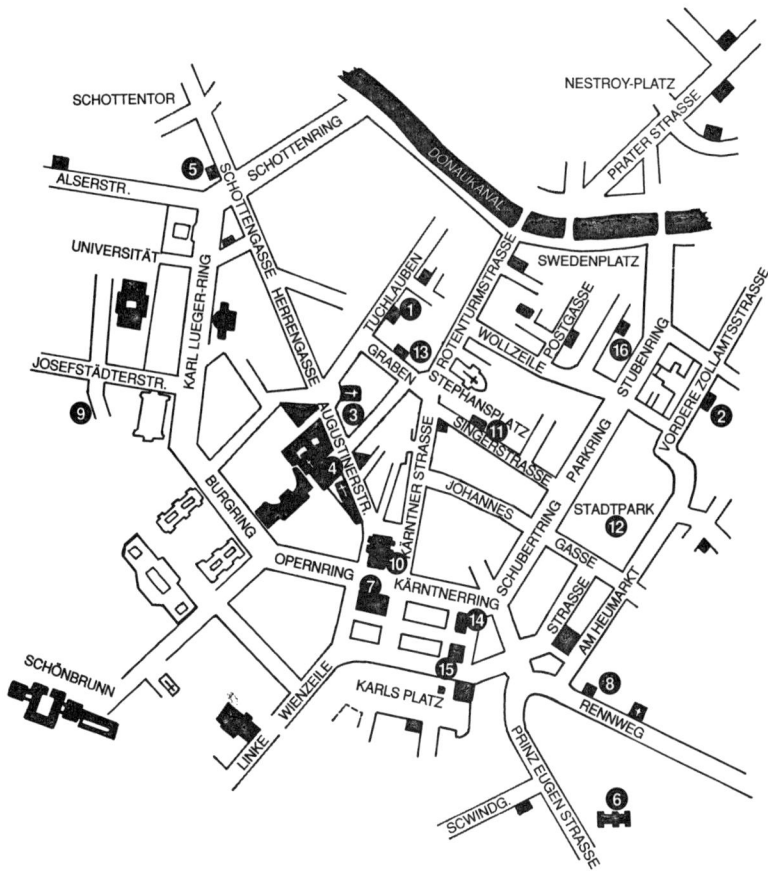

Alban BERG

1. Tuchlauben 8 (maison natale, plaque commémorative)
2. Vordere Zollamstr. (appartement)
3. Dorotheergasse 18 (Église protestante, mariage)

Anton BRUCKNER

4. Augustinerkirche (orgue)
5. Hessgasse 7 (appartement, plaque commémorative)
6. Oberes Belvedere, Kustodenstöckl (appartement où Bruckner est mort, plaque commémorative)
7. Opernring 3 - 5 (appartement à l'emplacement de l'immeuble actuel)

Gustav MAHLER

8. Auenbruggergasse 2 (appartement, plaque commémorative)
9. Bartensteingasse 3 (appartement)
10. Staatsoper (Foyer, buste de Rodin)

Johann STRAUSS

11. Singerstrasse 2 (appartement)
12. Stadtpark (monument)

Hugo WOLF

13. Graben 29, "Trattnerhof" (appartement avec Hermann Bahr, à l'emplacement de l'immeuble actuel)
14. Kärntner Ring 16 (Hotel Imperial, Richard Wagner)
15. Schwindgasse 3 (appartement, plaque commémorative)

Anton von WEBERN

16. Dominikanerbastei 10 (cabinet Dr. A. Adler)

INDEX

BRAHMS Johannes (1833-1897) : 126,
141, 142, 204, 207 à 228,231, 235 à
238, 241, 243, 246, 249, 253 à 256,
259 à 262, 269, 270, 276, 279, 285,
287, 327, 329, 339, 342, 387.
BRASSART Jean (ou Johannes) (avant
1420-1445) : 13
BRAUN baron von : 99, 100.
BRAUNFELS Walter (1882-1954) : 327.
BRECHT Bertolt : 335, 374, 375, 381.
BREITKOPF Éditions : 98, 123, 136,
164, 209.
BRENDEL Alfred (1931) : 361.
BRENTANO Bettina : 101, 102.
BRENTANO Antonie : 102.
BREUER Josef : 258.
BREUNING Stephan von : 96, 113.
BRIOSCHI Carlo : 245, 246.
BRITTEN Benjamin (1913-1976) : 141,
358, 361, 366.
BROWNE-CAMUS Johann Georg
(1767-1827) : 94.
BRUCH Amalie von : 213.
BRUCK Arnold von (ou Prugkh) (1490-
1554) : 18
BRUCKNER Anton (1824-1896) : 142,
204, 216, 218, 227 à 241, 243, 252,
255, 260, 267, 276, 281, 288, 308,
325, 326, 328, 329, 342, 384 à 386.
BRUGKMAIR Hans : 15
BRÜLL Ignaz (1846-1907) : 223, 226,
243, 250.
BRUMEL Antoine (1460?-1550) : 16
BRUNSVICK Joséphine : 99.
BRUNSVICK Thérèse et Franck : 99.
BRUNSWICK Mark : 341.
BÜCHNER Georg : 294, 366.
BULL Ole (1810) 1880) : 147.
BÜLOW Hans von (1830-1894) : 211,
221, 222, 225, 241.
BUONAMENTE Giovanni Battista
(1600?-1642) : 24.
BURNACINI Giovanni : 29.
BURNACINI Ludovico : 32, 33.
BURNEY Charles (1726-1814) : 46, 58.
BURT Francis (1926) : 371.
BURWIK Peter (1942) : 362.
BUSCH Adolf (1891-1952) : 325, 327, 332.
BUSCH Fritz (1890-1951) : 326, 358.
BUSONI Ferrucio (1866-1924) : 293,
296, 300.
BYRD William (1543-1623) : 19

CAFFARELLI Cajetano (pseudonyme de
Gaetano Majorano) (1710-1783) : 49,
CAGE John (1912) : 379, 380, 381.
CALDARA Antonio (1670?-1736) : 37,
39, 45, 60.
CALDER Alexander : 378.
CALLAS Maria (1923-1977) : 354.
CALZABIGI Raniero de : 52 à 56.
CAMMARANO Salvatore : 178.
CANTELLI Guido (1920-1956) : 360.
CAPPI : 128 à 130, 132, 133.
CARISSIMI Giacomo (1605-1674) : 27,
30.
CARL Carl : 174, 197.
CARPANI Joseph : 111.
CARRERAS José (1946) : 363.
CASALS Pablo (1876-1973) : 325, 326,
328.
CASELLA Alfredo (1883-1947) : 288,
296, 297, 326, 344.
CASTELLI Ignaz Franz (1781-1862) :
130, 165.
CASTI Giovanni Battista : 83.
CAVALLI Pier Francesco (1602-1676) :
29, 30, 34.
CEBOTARI Maria (1910-1949) : 352.
CELIBIDACHE Sergiu (1912) : 360.
CELTIS Conrad : 17.
CERHA Friedrich (1926) : 362, 364, 365,
375, 379 à 381.
CERVANTES Miguel de : 253
CESTI Antonio (1623-1669) : 30, 32 à
34.
CHAILLY Riccardo (1953) : 364.
CHARLES III : 79.
CHARLES VI (1685-1740) : 37, 39, 40,
42.
CHARPENTIER Gustave (1860-1956) :
274.
CHELIDONIUS Benedictus : 17.
CHERUBINI Luigi (1760-1842) : 38, 88,
99, 104, 166, 212, 251, 362.
CHÉZY Helmine von : 111, 131.
CHOPIN Frédéric (1810-1849) : 151 à
153, 155, 156, 160, 189, 207, 240,
260.
CIBINI Katerina (ou Katharina) (XIXe
siècle) : 152.
CIMAROSA Domenico (1749-1801) : 67,
76, 83,
CLARK Edward (1888-1962) : 298.
CLEMENCIC René (1928) : 360.

TABLE DES MATIÈRES

Mise en page réalisée par
Encre Vive – 45390 Boesses

Impression réalisée sur CAMERON par
BRODARD ET TAUPIN
La Flèche

pour le compte des Éditions Fayard
en octobre 1995

Imprimé en France
Dépôt légal : octobre 1995
N° d'édition : 1349 – N° d'impression : 6535M-5
ISBN : 2-213-59580-1
35-56-9580-01/8